经以济世
甦徐开来

贺教育部

宏观项目

成立之际

季羡林

教育部哲学社会科学研究重大课题攻关项目

WTO主要成员贸易政策体系与对策研究

STUDY OF TRADE POLICY SYSTEM AND COUNTERMEASURES OF MAJOR MEMBERS OF WTO

张汉林 等著

经济科学出版社
Economic Science Press

编审委员会成员

主　任　孔和平　罗志荣
委　员　郭兆旭　吕　萍　唐俊南　安　远
　　　　　文远怀　张　虹　谢　锐　解　丹

总　序

哲学社会科学是人们认识世界、改造世界的重要工具，是推动历史发展和社会进步的重要力量。哲学社会科学的研究能力和成果，是综合国力的重要组成部分；哲学社会科学的发展水平，体现着一个国家和民族的思维能力、精神状态和文明素质。一个民族要屹立于世界民族之林，不能没有哲学社会科学的熏陶和滋养；一个国家要在国际综合国力竞争中赢得优势，不能没有包括哲学社会科学在内的"软实力"的强大和支撑。

近年来，党和国家高度重视哲学社会科学的繁荣发展。江泽民同志多次强调哲学社会科学在建设中国特色社会主义事业中的重要作用，提出哲学社会科学与自然科学"四个同样重要"、"五个高度重视"、"两个不可替代"等重要思想论断。党的十六大以来，以胡锦涛同志为总书记的党中央始终坚持把哲学社会科学放在十分重要的战略位置，就繁荣发展哲学社会科学做出了一系列重大部署，采取了一系列重大举措。2004年，中共中央下发《关于进一步繁荣发展哲学社会科学的意见》，明确了新世纪繁荣发展哲学社会科学的指导方针、总体目标和主要任务。党的十七大报告明确指出："繁荣发展哲学社会科学，推进学科体系、学术观点、科研方法创新，鼓励哲学社会科学界为党和人民事业发挥思想库作用，推动我国哲学社会科学优秀成果和优秀人才走向世界。"这是党中央在新的历史时期、新的历史阶段为全面建设小康社会，加快推进社会主义现代化建设，实现中华民族伟大复兴提出的重大战略目标和任务，为进一步繁荣发展哲学社会科学指明了方向，提供了根本保障和强大动力。

高校是我国哲学社会科学事业的主力军。改革开放以来，在党中央的坚强领导下，高校哲学社会科学抓住前所未有的发展机遇，紧紧围绕党和国家工作大局，坚持正确的政治方向，贯彻"双百"方针，以发展为主题，以改革为动力，以理论创新为主导，以方法创新为突破口，发扬理论联系实际学风，弘扬求真务实精神，立足创新、提高质量，高校哲学社会科学事业实现了跨越式发展，呈现空前繁荣的发展局面。广大高校哲学社会科学工作者以饱满的热情积极参与马克思主义理论研究和建设工程，大力推进具有中国特色、中国风格、中国气派的哲学社会科学学科体系和教材体系建设，为推进马克思主义中国化，推动理论创新，服务党和国家的政策决策，为弘扬优秀传统文化，培育民族精神，为培养社会主义合格建设者和可靠接班人，做出了不可磨灭的重要贡献。

自2003年始，教育部正式启动了哲学社会科学研究重大课题攻关项目计划。这是教育部促进高校哲学社会科学繁荣发展的一项重大举措，也是教育部实施"高校哲学社会科学繁荣计划"的一项重要内容。重大攻关项目采取招投标的组织方式，按照"公平竞争，择优立项，严格管理，铸造精品"的要求进行，每年评审立项约40个项目，每个项目资助30万~80万元。项目研究实行首席专家负责制，鼓励跨学科、跨学校、跨地区的联合研究，鼓励吸收国内外专家共同参加课题组研究工作。几年来，重大攻关项目以解决国家经济建设和社会发展过程中具有前瞻性、战略性、全局性的重大理论和实际问题为主攻方向，以提升为党和政府咨询决策服务能力和推动哲学社会科学发展为战略目标，集合高校优秀研究团队和顶尖人才，团结协作，联合攻关，产生了一批标志性研究成果，壮大了科研人才队伍，有效提升了高校哲学社会科学整体实力。国务委员刘延东同志为此做出重要批示，指出重大攻关项目有效调动各方面的积极性，产生了一批重要成果，影响广泛，成效显著；要总结经验，再接再厉，紧密服务国家需求，更好地优化资源，突出重点，多出精品，多出人才，为经济社会发展做出新的贡献。这个重要批示，既充分肯定了重大攻关项目取得的优异成绩，又对重大攻关项目提出了明确的指导意见和殷切希望。

作为教育部社科研究项目的重中之重，我们始终坚持以管理创新服务学术创新的理念，坚持科学管理、民主管理、依法管理，切实增强服务意识，不断创新管理模式，健全管理制度，加强对重大攻关项目从选题遴选、评审立项、组织开题、中期检查到最终成果鉴定的全过程管理，逐渐探索并形成一套成熟的、符合学术研究规律的管理办法，努力将重大攻关项目打造成学术精品工程。我们将项目最终成果汇编成"教育部哲学社会科学研究重大课题攻关项目成果文库"统一组织出版。经济科学出版社倾全社之力，精心组织编辑力量，努力铸造出版精品。国学大师季羡林先生欣然题词："经时济世 继往开来——贺教育部重大攻关项目成果出版"；欧阳中石先生手书了"教育部哲学社会科学研究重大课题攻关项目"的书名，充分体现了他们对繁荣发展高校哲学社会科学的深切勉励和由衷期望。

创新是哲学社会科学研究的灵魂，是推动高校哲学社会科学研究不断深化的不竭动力。我们正处在一个伟大的时代，建设有中国特色的哲学社会科学是历史的呼唤、时代的强音，是推进中国特色社会主义事业的迫切要求。我们要不断增强使命感和责任感，立足新实践，适应新要求，始终坚持以马克思主义为指导，深入贯彻落实科学发展观，以构建具有中国特色社会主义哲学社会科学为己任，振奋精神，开拓进取，以改革创新精神，大力推进高校哲学社会科学繁荣发展，为全面建设小康社会，构建社会主义和谐社会，促进社会主义文化大发展大繁荣贡献更大的力量。

教育部社会科学司

前　言

在经济全球化和信息技术革命的共同推动下，国际可贸易的对象和交易的范畴不断扩大，导致贸易的概念和范畴不断拓展，为多边贸易体制的深化发展奠定了坚实的基础。而随着WTO（World Trade Organization，世界贸易组织）多边谈判的不断深入，更多的与贸易有关的议题不断被引入，从而使得WTO管辖的范畴也在不断拓宽，WTO对全球经济贸易和国际政治关系的影响不断加强。对于加入不久的中国，这些影响也将逐步显现出来并不断深化，值得我们关注和跟踪研究。WTO现有153个成员的GDP和贸易额的总和占世界GDP及贸易额的比重超过90%，随着新成员的加入，这一比重还将提高，从而构成了世界经济贸易的决定性力量。同时，WTO已成为国际政治关系的重要组成部分，各成员均充分利用其构筑自身的国家和地区安全战略。而且，目前有许多非WTO成员正在积极申请加入，其中很多正在经历经济制度的转轨与改革。加入WTO不仅能为这些国家和地区带来经济贸易上的利益，还将进一步推动其内部改革进程。因此，研究WTO及多边贸易体制的演变及未来发展趋势具有重要意义。

值得关注的是，随着新成员的不断加入，WTO及其成员在贸易政策体系方面的互动持续深化。在多边贸易体制持续和深化的影响下，WTO各成员贸易政策体系正在不断实现自身的调整和完善。在其约束和规范下，WTO法规体系和规则正通过直接或间接的方式逐步与各成员的内法和有关规定实现融合，WTO协定/协议正日益成为其成员贸易政策体系调整的方向或标杆。通过实施多边和区域承诺，在多边、区域和单边自主层面采取新的自由化措施，WTO成员贸易政策的开放型、外向型特征得到持续强化。而WTO法规体系和规则不断得到各成员的重视，尤其是美国逐步改变了对WTO的认识和态度，突出表现为援引301条款的情况减少而更多诉诸多边贸易争端解决机制。与此同时，各成员包括新加入成员的承诺也是WTO法规体系的有机组成部分，各成员也均在WTO的原则和框架下不断根据各自的需要提出各种要价和"例外"，对WTO的发展也产生了深远的影响。在这种背景下，研究多边贸易体系对各成员内贸政策体系的影响，从经济学、政治学和法学多角度分析研究WTO主要成员贸易政策体系的形成及运行机制，并结合其内部规制改革探究贸易政策体系发展与完善的规律，对加入WTO后的中国具有重大的理论和实践意义。

对贸易政策体系本身进行研究固然重要，我们更为关注的却是贸易政策体系变动所带来的国内和国际影响。因此，就有必要研究各成员的贸易政策体系绩效评估机制，从理论和实证的角度分析贸易政策体系变动对贸易增长、产业和企业竞争力、经济增长和经济发展的影响。同时，我们还关注贸易政策体系变动所带来的国际影响，研究对其贸易关系的影响以及其主要贸易伙伴的相应调整与对策。

我们研究WTO主要成员贸易政策体系产生、运行、变动影响的最终目的，是要探索其对中国的影响以及中国的相应对策。我们重点研究主要成员对华贸易政策的演变规律与趋势，尤其是关注在中国成为WTO成员之后其对华贸易政策的变化与调整对中国的影响。以此为基础，将使我们的对策研究更具有针对性和实际意义。我们不仅关注其他成员贸易政策体系变化对中国的影响，还看到中国对国际贸易体系的影响力，以及对其他成员贸易政策体系变化的影响。目前，中国在世界中的贸易地位和经济地位不断上升，已成为世界第三大贸易主体和第四大经济体，成为拉动世界经济增长的重要力量。

在以上研究的基础上，综合考虑各种因素，我们探索新形势下中国贸易政策体系发展与完善的途径和模式，研究其整体架构、执行与监督机制以及绩效评估机制。尤其是，我们在贸易政策体系形成的国内机制，贸易与投资及其他与贸易有关的国内政策之间的协调，以及多边、区域、双边各层次政策协调与调整等方面，努力有所创新。与此同时，针对各成员贸易政策体系调整和变动所带来的贸易摩擦压力,我们分析其产生的背景和原因,比较研究各成员相应的预警机制及摩擦、争端解决模式与综合性解决方案。

通过研究 WTO 多边贸易体制与区域、双边贸易体制的运行、发展和变化,总结国际贸易体制发展的规律与未来趋势,以及在其主导下世界贸易、投资自由化的发展规律。我们研究了国际贸易体制与 WTO 主要成员内贸政策体系改革和变动之间的联系机制和传导机制,即从国际法到内法和有关规定以及从内法和有关规定到国际法的规律与过程,为中国在贸易政策体系改革及参与多边、区域和双边贸易体制过程中提供新思路和建设性的方案。

通过密切跟踪 WTO 主要成员及中国主要经贸伙伴贸易政策体系的历史、现状和最新发展,以及各成员参与全球多边、区域和双边贸易体制的进展与趋势,全面、综合地分析研究主要成员贸易政策体系的架构、运行机制、形成机制,对国家和地区经济的影响、对贸易伙伴的影响等。在把握国际贸易摩擦和争端解决的模式、途径、最新变化及其中原因后,我们分析了 WTO 主要成员贸易摩擦预警和贸易争端解决机制改革中的经验和教训,研究未来 WTO 成员内部机制的发展趋势,为中国贸易摩擦预警和争端解决机制的建立与完善提供国际借鉴。

我们在总结分析改革开放三十年来中国贸易体制改革的历程、经验和教训及路径选择的基础上,用定性与定量相结合的方法进行绩效评估,廓清中国发展贸易政策体系演变的规律。而且运用全球贸易分析系统模型(Global Trade Analysis Project)对中国贸易政策体系进行实证分析。在分析中国目前面临的国内外发展条件、环境及约束后,我们分析了中国完成市场取向改革对经济贸易政策体系变动的影响,界定新的背景下中国经济贸易政策体系的内涵和外延,研究了中国经贸政策体系的构建和完善及其运行机制。

在详尽研究国际贸易摩擦和贸易争端解决的基本特点和 WTO 主要成员贸易争端解决机制和贸易摩擦预警机制的变化与发展,研究其中的发展规律和未来趋势,研究国家和地区经济贸易条件的变化以及内贸利益集团对贸易摩擦和争端解决的影响的基础上,我们分析中国贸易摩擦和争端解决面临的国内外形势,研究今后国内贸易争端解决机制和贸易摩擦预警机制建立与完善的条件、必要性及架构与运行机制。

四年来，课题组成员根据课题研究计划，在其已有的研究成果基础上，撰写、翻译出版了 20 多部研究贸易政策体系的相关著作和研究报告；在境内外有影响的权威学术期刊发表研究论文 150 多篇，其中 CSSCI 学术刊物上发表论文近 100 篇；提交 20 多篇研究报告，其中 12 篇研究咨询报告被相关部委采纳，较好地完成了预期的研究任务（项目批准号：03JZD0020）。

在教育部哲学社会科学研究重大课题攻关项目结项评审会上，相关专家提出了宝贵的修改意见，首席专家根据修改意见对报告作了认真的修改，鉴于篇幅的限制我们对 WTO 主要成员贸易政策体系的演进过程做了大幅度的删改，准备将来出版相关专著时再采用这些研究成果。课题组对相关部委及专家、学者对我们的长期关心和支持表示衷心的感谢。本书撰写过程中参阅了大量国内外相关研究文献，我们对这些专家、学者表示崇高的敬意，书中难免有错误与疏漏之处，敬请读者提出宝贵意见。

摘 要

本课题最终研究成果《WTO主要成员贸易政策体系与对策研究》以更接近现实的立场，通过经济学、政治学、法学等多个视角，对WTO的主要成员以及中国的主要贸易伙伴的贸易政策体系进行综合的、系统的研究，深入剖析WTO主要成员贸易政策体系的形成、运行及影响，更好地揭示贸易政策体系的本质，并将着眼点放在中国的对策上，对中国的贸易政策及相关对策的制定和执行具有重要的现实意义。主要创新和突破之处在于：

第一，建立了一个完善的贸易政策问题的分析框架，即应包括贸易政策的框架和工具、贸易政策的决策机制、贸易政策的实施状况、贸易政策的绩效评估四项主要内容。在经济全球化的背景下，贸易政策涵盖范围的不断扩展，不再局限于传统的边境措施，而是延伸到内贸政策领域。本研究与时俱进，各项分析均按照货物贸易、服务贸易、外国直接投资和与贸易有关的知识产权四个方面展开。

第二，一个国家或地区贸易政策的决策机制往往具有复杂的政治和经济背景，既有国家或地区经济发展战略、产业政策导向和宏观经济表现等宏观层面的影响，也有国家或地区内部产业、部门、地方等利益集团的影响，同时还受到来自多边贸易体制、区域贸易集团、贸易伙伴等外部压力。以欧盟贸易政策的决策机制为例，本研究构建了一个政策决策的三个层次分析框架，包括欧盟成员政治、欧盟政治、国际政治三个层次。同时，还探讨了决策过程中的诸多具有灵活和不确定性方面的因素，如大国与小国、成员方和个人偏好等对决策的不同影响。

第三，本书提出了贸易政策绩效评估的分析框架，分为经济发展和经济安全两个模块从宏观、中观、微观多个层次进行了评估。其中，经济发展包括经济增长、就业、收入差距、环境、劳工标准五个子模块，经济安全则包括粮食安全、能源安全、金融安全、产业安全、贸易安全五个子模块。尤其是，在对国别贸易政策进行绩效评估之后，得出了"大国优势"的结论，对同样为贸易大国的中国而言颇有参考价值。大国优势主要体现在两个方面：一是在经济增长方面，如专业化分工、规模经济、技术进步等方面都有小国无可比拟的优势；二是在经济安全方面，大国往往拥有更多的资源以抵御国际风险，具体而言是指资源禀赋更为丰富，生产体系更为完备，更为多样化，这使得某个部门的冲击对产量和总体经济波动的影响较小；贸易依存度较低，从而不易受国际贸易冲击的影响；能够对出口商品起"蓄水池"的作用；有更多的"内需"可依赖；出现国际收支逆差时其国内回旋余地较大；往往是国际规则的制定者，在国际谈判中具有强大的讨价还价能力；往往能够赢得贸易战。这些优势同样适用于作为新兴大国的中国。

第四，美国事实上已经构建了立体的包括多边、区域、双边多个层次的贸易政策体系与国家经济安全战略，值得中国借鉴。本研究跟踪和深入分析了美国的贸易政策体系，尤其是其WTO和FTA战略进展及其背后的政治经济因素。例如，研究认为FTA是促进美国经济发展的重要战略，是刺激竞争从而激发更为广泛的多边谈判的工具，是美国推进地区战略的工具，也是推广美国民主、价值观和维护安全的工具。最后得出结论：双边及区域经济一体化并非转瞬即逝的潮流，任何国家和地区都无法漠视和抵制这一趋势；自由贸易协定是服务于国家和地区安全及整体贸易战略的工具；高效的贸易谈判机构及决策机制是FTA谈判的内部基础；双边及区域经济一体化政策预警过程是贸易谈判过程中的一个重要环节；双边及区域经济一体化政策事后评估机制将为未来的政策及谈判提供借鉴；近期中国还不可能成为美国FTA谈判的"候选"对象；美国FTA谈判战略使中国的地区经济一体化政策目标复杂化。

第五，运用进口地区集中度、进口商品集中度、进口贸易结合度指数等指标对贸易大国的贸易结构进行了详尽的比较分析，同时在对美国和日本的进口战略及运作机制进行研究之后，在既考虑进口安全尤其是能源安全，又考虑出口的市场安全的基础上，提出了新时期中国进口战略的新思路。尤其是，提出了以下几点具有参考价值的政策建议：逐步建立稳固的战略物质储备体系，变外汇储备为物资储备；完善进口法规、强化进口安全管理，建立进口安全保障体系，包括完善进口法规、限制不良进口、维护进口的正常秩序，建立进口产业安全监控和预警机制，建立完善的贸易救济快速反应机制，引导进口结构、多方位掌握进口定价权从而实现进口利益，建立和完善自己的期货市场，推行大宗商品的集中采购模式，不断尝试参与国际定价。

第六，指出中国台湾对外商签FTA在法理上缺乏充足的法律依据，提出根据中国在处理台湾地区加入WTO问题上的成功经验，在对待中国台湾与有关国家和地区商签FTA上，争取"中先台后"，也就是说，在中国台湾对外签订区域经济一体化协议时，一是要经过主权国——中华人民共和国政府的允许；二是在签订自由贸易协议时，争取有关国家和地区首先与中国政府签订协议，然后适用于中国台湾。

第七，对加入WTO后外国对华贸易救济措施的趋势、行业特点、救济措施特点进行了深入的分析，指出"中国因素"是导致这些救济措施的重要因素，指出应本着"韬光养晦、低调处理"的原则处理贸易摩擦。因为中国是加入WTO的受益者，这一点从加入WTO几年后中国经济贸易的快速发展中得到了印证。贸易保护措施虽然带有歧视性和不公平性的特征，但其在整体贸易中的比重是下降的，也是微不足道的。另外，由于具有行政性措施的特征，贸易救济措施的政治化难以避免。然而，一旦贸易政策政治化，就会变得永无止境，因此，相关部门应做好打持久战的准备。一方面是政治层面的交涉，另一方面则是技术层面的应变。

第八，对欧盟和美国的贸易摩擦预警机制进行了详细的分析与评估，在此基础上构建了中国的贸易摩擦预警机制。提出：建立进口监督机制，特别是建立大类进口商品的预先监督机制，不仅可以分析并预测进口趋势，还有利于产业损害的分析以启动保障机制；可以参照欧盟的非食品消费品快速预警体系（RAPEX）和食品和饲料快速预警系统（RASFF），完善事关产品安全和环境保护的重要产品的快速预警系统；通过多边、区域、双边等多种渠道收集贸易伙伴的贸易政策和贸易壁垒变动的信息，完善现有的贸易壁垒调查制度，同时，对于其他国家和地区针对中国的贸易壁垒调查报告建立对应的反馈机制，给予解释或反驳，最大限度地维护我国企业的出口利益；建立外国贸易救济措施监督和反馈机制，通过作为第三方参与、双边磋商、对话等方式，争取为我国出口企业营造良好的外部环境，同时，应由相关的职能部门定期发布外国对华贸易救济措施报告，完善并公开发布相关的数据库；强化行业组织的信息服务职能，对本行业重要的出口产品数量、价格及出口目标市场当地情况的变化进行有效监控，及时对有可能发生的贸易争端提前预警并提出对策建议；鼓励出口企业与相关政府部门、行业组织、学术机构进行合作，构建外国市场准入数据库，并发布各种分析报告，实时监督外国市场变动情况。特别值得一提的是，对反倾销预警机制模型构建的一般理论进行了分析，对美国反倾销预警机制中的商业政策分析系统（COMPAS）模型及农业进口监控与分析系统（ARIMA）模型进行了详细的介绍，并提出了修改意见。

  第九，提出了完善中国的贸易政策体系的政策建议，尤其是提出应建立中国自己的针对发展中国家和地区的优惠性贸易政策体系。这不仅必要，也是可行的：一是中国虽被视为发展中国家和地区的"领袖"，但在WTO等多边舞台上，中国尚无力发挥领袖的作用。而且，在某些领域中国与发达国家和地区的利益有一致的地方。为消除"隔阂"、"让渡"经济贸易利益是值得的。二是中国之所以在世界经济中的地位上升，是由于中国庞大的潜在市场和日益强大的出口能力。但中国市场开放的利益大多被发达国家和地区所利用，而与中国强大的出口能力相竞争的却是广大的发展中国家和地区。因此，中国迅猛发展的利益相对较少惠及发展中国家和地区。因此，从"经济外交"的层面看，中国需要对其他发展中国家和地区让渡些许经济利益。三是随着中国的崛起，与其他大国之间的竞争是免不了的，中国实施该战略也是大国竞争的需要。四是该战略不会给中国造成太大的竞争压力，因为对于发展中国家和地区出口能力强的原材料、初级产品等，要么是中国发展经济所必需的，要么就是具有强大的竞争优势，发展中国家和地区的竞争压力不足为惧。

总之，本课题的研究具有重大的学术意义，能够推动和丰富相关问题的科研和学科建设，填补相关内容教学和教材建设在各大高校学科建设中的空白或改善其薄弱状态，为国家培养更多的经贸领域高级人才。除此之外，本研究更加关注成果的实践意义，特别是建成了用于反倾销与产业损害预警的统计数据库，全面收集了WTO主要成员的贸易政策和措施的资料和数据。这为有关政府部门、企业、研究机构、高等学校提供了政策制定、国际经营、科学研究和教学等各个方面的有力支持。另外，研究还提出了极具参考价值的政策建议，产生了较大的影响。

Abstract

    The final results of this study on *Trade Policy System and Countermeasures of Major WTO Members* takes a more practical approach to conducting comprehensive and systematic investigation into trade policies of major WTO members and major trading partners of China through different lenses such as economics, politics, law and so forth. The book makes in-depth analysis of the formulation, implementation and impact of trade policies of major WTO members to better reveal the nature of trade policies. Focus is placed on China's strategies, which is of important realistic significance for formulation and implementation of China's trade policies as well as related measures. Major innovations and breakthroughs are as follows:

    Firstly, the book provides a perfect analytical framework of trade policy issues, incorporating four aspects, i. e. framework and tools, decision-making mechanism, implementation, performance evaluation of trade policies. In the context of economic globalization, the coverage of trade policies continues to expand to the areas of domestic trade policy, rather than being limited to the traditional border measures. Keeping up with the times, each part of analysis of the research has been divided into four aspects as trade in goods, trade in services, FDI and trade-related intellectual property rights (TRIPS).

    Secondly, the decision-making mechanism of trade policy of a country is often facinga complex political and economic background, which could be affected by several macroeconomic elements such as the strategy for national economic development, the direction of industrial policy and macroeconomic performance, interest groups such as domestic industries, departments and local groups, and external pressures from the multilateral trading system, regional trade blocs and trade partners. Take EU's trade policy decision-making mechanism as an example, the study constructed a three-tier analysis framework of policy decision-making, including member states politics, EU politics and international politics. Meanwhile, the book discusses some flexible and uncertain factors that may affect the decision-making process, such as the size of a country, preference of a WTO member, preference of individuals and so forth.

Thirdly, the book proposes an analytical framework of performance evaluation of trade policies, which is divided into two modules as economic development and economic security, making assessment from macro, middle and micro perspectives. Specifically, economic development incorporates five sub-modules, i. e. economic growth, employment, income gap, environment, labor standards; economic security comprises five sub-modules i. e. food security, energy security, financial security, industrial security and trade security. In particular, it reaches the conclusion of "advantages of leading power" based on trade policy performance assessment of different countries, which is of referential significance for China as a trade powerhouse. The "advantages of leading power" are mainly embodied in two aspects: from the economic growth perspective, leading powers have unparalleled advantages over weaker ones in terms of professional division of labor, economies of scale, technological progress and so forth; from the perspective of economic security, leading powers usually have more resources to resist international risks. More concretely, leading powers have abundant resources, completed and diversified production systems, thus the shocks in a certain production sector have relevantly slight influence on fluctuations in production and the overall economy; the relatively lower trade dependency makes the leading powers immune to impacts of international trade; and they could function as the "reservoir" for export goods; leading powers could rely on a greater amount of "domestic demands", and have larger room for adjustment when the balance of payments presents deficit; leading powers often play a major role in the formulation of international rules and possess a strong bargaining power in international negotiations; thus, leading powers usually win out in trade wars. Those advantages are applied to China as an emerging power as well.

Fourthly, the United States has in reality established a multi-level trade policy and national economic security strategy at multilateral, regional and bilateral levels, from which China could draw lessons. The study tracks and makes in-depth analysis of US trade policy, especially its progress in the WTO and FTA strategies and the underlying political and economic factors. For example, the study suggests that FTA is an important tool to promote US economic development, enhance competition, stimulate more extensive multilateral negotiations, implement regional strategies, popularize US democracy and values, and maintain security. The final conclusion is: bilateral and regional economic integration is not a fleeting trend, a country shall not ignore and reject it; free trade agreement is a tool serving the national security and the overall trade strategy; efficient trade negotiation institution and decision-making mechanism is the domestic foundation of FTA negotiations; early warning process of bilateral and regional economic integration policy is an important aspect in the course of trade negotiations; the ex post assessment mechanism of bilateral and regional economic integration policy will provide references for future policies and negotiations; China is unlikely to become "candidate" for the US FTA negotiations in the near future; the US FTA strategies make the objectives of China's regional economic integration policies more complicated.

Fifthly, the book makes detailed comparative analysis of trade structures using indicators such as regional concentration ratio of imports, concentration ratio of imported goods, combination of import. The study analyzes import strategies and operation mechanisms of both the US and Japan while taking import security, particularly energy security, and export market into consideration. It puts forward new ideas of China's import strategy in the new era, especially the following valuable policy recommendations: to gradually establish a solid strategic material reserve system, and transform foreign exchange reserves into material reserves; to complete the import regulations, strengthen safety management of imports, and establish import security system which includes improving import regulations, restricting non-performing imports and maintaining the import order; to establish industrial safety monitoring and early warning mechanism of imports, and the rapid corresponding mechanism for trade remedy; to provide guidance for the structure of imports, maintain the pricing power in all aspects to achieve the interests of imports; to establish and improve our own futures market; to adopt the central buying mode of bulk commodities, and make constant efforts to participate in the international pricing.

Sixthly, the book suggests that legal ground is inadequate for Chinese Taipei to sign FTA with foreign countries. As for this issue, the study suggests a principle of "Mainland first, Chinese Taipei later", as the successful mode in the accession to the WTO of both China and Chinese Taipei. That is, Chinese Taipei shall get the sovereignty—China's approval before signing regional economic integration agreements; when it is going to sign a free trade agreement, it shall promote the concerned countries to sign an agreement with the mainland in the first, and then apply it to Chinese Taipei.

Seventhly, it makes in-depth analysis of the trends, characteristics of industries, and characteristics of remedy measures of our foreign trade partners after China's accession to the WTO, pointing out that "China factor" is an important factor leading to these remedy measures. It puts the principle of "hiding capacity and soft-pedaling" in dealing with trade frictions. China has benefited from its accession to the WTO, which could be confirmed from the years of rapid economic and trade development after China's accession. Although trade protection measures are somewhat discriminatory and unfair, its proportion in the overall trade is declining and it could be negligible. In addition, because of administrative characteristics of the remedy measures, it is difficult to avoid the politicization of trade remedy measures. However, once the politicization of trade policy occurs, it will become endless. Therefore, relevant departments should be ready to fight a protracted war. On the one hand, it involves political negotiations; on the other, it requires technical flexibility.

Eighthly, trade friction early warning mechanisms of the EU and the US are analyzed and assessed at length, based on which China's trade friction early warning mechanism is established. The establishment of import monitoring mechanism, in particular the pre-supervision mechanism of broad categories of imported goods, can be used to analyze and forecast the trend of imports, and it is also beneficial to the analysis of industrial damage and the adoption of safeguard mechanism. RAPEX and RASFF of the EU can be referred to in order to perfect the early warning system of important products concerning product safety and environmental protection. The changes in trade policies and trade barriers of our trading partners could be detected through multilateral, regional, bilateral and other channels, which shall be used to improve the existing trade barriers investigation system. At the same time, the corresponding feedback mechanism should be established to respond to trade barriers reports of other countries (regions) towards China, making explanation or rebuttal to preserve our export interests to the utmost. Monitoring and feedback mechanism of foreign trade remedy measures ought to be adopted, and a favorable external environment for China's export enterprises should be created by means of third-party participation, bilateral consultation and dialogue. There should also be relevant functional departments to regularly issue reports of foreign trade remedy measures towards China, improve and publicize relevant databases. The information service function of trade associations shall be strengthened, which includes monitoring the volume, price, and changes in the target market of important export products, making early warning of possible trade disputes, and putting forward policy proposals. Export enterprises are encouraged to cooperate with relevant government departments, trade associations and academic institutions, build foreign market access databases, publish various analysis reports, and carry out real-time monitoring of changes in foreign markets. What particularly deserves mentioning is the analysis of general theories of anti-dumping early warning mechanism model, the detailed introduction of COMPAS model and ARIMA model of the US, and proposed amendments to them.

Ninthly, the book makes a policy recommendation that a perfect system of China's trade policies should be established, in particular, a preferential trade policy system for developing countries. It is not only necessary, but also feasible: first, China was regarded as a head of developing countries, but it is still not so powerful to play a leader role in those multilateral systems like the WTO. Moreover, the interests of China and the developed countries have something in common. To bridge the "gap", it is worth transferring some economic and trade interests to developing countries. Second, what makes China's status rise in the world economy is China's huge potential market and growing export capacity. However, the openness of Chinese market was mostly utilized by developed countries, while a great number of developing countries are competing with China in their strong export capacities. Therefore, China's rapid development provides less benefit to the developing countries. There is a need for China to transfer some economic interests to other developing countries from the "economic diplomacy" perspective. Third, competition between China and other big powers is inevitable as China grows stronger. China's implementation of the strategy is the requirement of competition between big powers. Fourth, the strategy will not give China too much pressure of competition. As for those raw materials and primary products in which developing countries have a strong capacity to export, China either needs them for economic development or possesses a strong competitive advantage.

To sum up, this study is of great academic significance in promoting and enriching related scientific research and academic disciplines, filling the blanks or weaknesses in relevant teaching and learning materials in the discipline construction of major universities, and training more economic and trade talents for our country. In addition, this study has paid more attention to the practical significance of the results, particularly established statistical database for early warning of anti-dumping and industrial damage, as well as collected comprehensively materials and data on trade policies and measures of WTO major members. That has provided great support for various aspects such as policy making, international operation, scientific research and teaching etc of relevant government departments, enterprises, research institutes and universities. In addition, the study has raised policy recommendations of great referential significance, which have exerted widespread influence.

目 录

第一章 导论　1
　　一、贸易概念的拓宽　1
　　二、贸易政策概念的扩展　1
　　三、贸易政策的体系性及其研究　2
　　四、研究的思路与脉络　3
　　五、主要观点和创新点　6

第二章 WTO体制的发展及其对全球经济贸易的影响　26
　　一、WTO十年成就与问题共存　26
　　二、多哈回合谈判历程与现状　31
　　三、WTO《农业协议》的实施及多哈回合农业谈判进展　35
　　四、非农产品市场准入谈判进展　40
　　五、《服务贸易总协定》的实施与服务贸易谈判　44
　　六、WTO知识产权体制的发展趋势　47
　　七、贸易与环境问题谈判的进展与焦点　49
　　八、多哈回合新加坡议题谈判的进展　50
　　九、WTO规则谈判的进展与焦点　51
　　十、WTO体制的发展促进了国际贸易自由化和规范化发展　53
　　十一、WTO体制通过推动贸易自由化而促进国际贸易迅速发展　55
　　十二、WTO体制新发展对国际贸易发展与格局的影响　55

第三章 区域贸易体制的发展以及与WTO的互动　58
　　一、区域自由贸易体制的新发展和未来趋势　58
　　二、区域贸易体制的发展趋势　65

三、区域贸易体制的影响　66
　　四、WTO中关于区域贸易体制的规则　75
　　五、区域贸易体制与WTO多边体制的关系　78

第四章 ▶ 国际贸易体制对内贸政策体系的影响　82
　　一、各成员贸易政策体系形成的外部动力、约束与条件　82
　　二、WTO对成员贸易政策形成影响的传导机制及成员贸易体系的变革　87
　　三、区域、双边贸易体制与内贸政策体系的调整　93

第五章 ▶ 贸易政策体系形成的政治经济分析　95
　　一、贸易政策的政治经济学新发展　95
　　二、利益集团影响贸易政策形成的机制　102
　　三、不同利益集团影响贸易政策制定的机制　105

第六章 ▶ WTO主要成员贸易政策体系　114
　　一、美国贸易政策体系　114
　　二、欧盟贸易政策体系　138
　　三、日本贸易政策体系　157
　　四、印度贸易政策体系　168

第七章 ▶ WTO主要成员贸易政策体系对其经济贸易发展的影响　173
　　一、贸易政策体系对经济贸易发展影响的作用机制　173
　　二、美国贸易政策体系对其经济贸易发展的影响　178
　　三、欧盟贸易政策体系对其经济贸易发展的影响　192
　　四、日本贸易政策体系对其经济贸易发展的影响　198
　　五、印度贸易政策体系对其经济贸易发展的影响　207

第八章 ▶ 中国贸易政策体系绩效评估及模型分析　220
　　一、中国贸易政策体系演进回顾　220
　　二、中国现行贸易政策体系精要　222
　　三、影响中国对外贸易的主要因素的实证分析　226
　　四、GTAP模型分析中国货物贸易政策措施组合　240
　　附录　249

第九章 ▶ 中国贸易政策体系的发展与完善　275

一、中国未来贸易政策体系的架构与运行机制　275

二、中国货物贸易政策体系的发展与完善　282

三、中国服务贸易政策体系的发展与完善　290

四、中国与贸易有关的投资政策体系的发展与完善　304

五、中国与贸易有关的知识产权政策体系的发展与完善　313

第十章 ▶ WTO 主要成员贸易摩擦预警与争端解决机制　318

一、美国贸易摩擦预警机制　318

二、美国贸易摩擦与争端解决机制　328

三、欧盟贸易摩擦预警机制　339

四、欧盟贸易摩擦与争端解决机制　349

五、日本贸易摩擦预警机制与争端解决机制　354

六、印度贸易摩擦预警机制与争端解决机制　358

第十一章 ▶ 中国对外贸易摩擦预警与争端解决机制的建立与完善　362

一、中国遭遇的贸易摩擦现状、特点及趋势分析　362

二、中国贸易摩擦与争端解决政策及措施的现状分析　384

三、中国现行贸易摩擦与争端解决机制的完善　391

四、中国货物贸易的监测与贸易摩擦的预警机制　393

五、中国服务贸易的监测与贸易摩擦的预警机制　399

六、中国外资和对外投资的监测与摩擦的预警机制　400

七、贸易摩擦预警机制重点解决的几个问题　402

八、中国贸易摩擦预警与争端解决中政府管理架构与运行机制　404

九、中国贸易摩擦与争端解决行业主体的功能发挥　409

十、中国贸易摩擦预警与争端解决中企业的责任　412

缩略语一览　415

图表目录　417

参考文献　420

后记　429

Contents

Chapter 1　Introduction　1

　1.1　Extension of the Concept of Trade　1

　1.2　Expansion of the Concept of Trade Policy　1

　1.3　Trade Policy System and its Research　2

　1.4　Thought and Structure of the Research　3

　1.5　Principal Perspectives and Innovations　6

Chapter 2　The development of the WTO System and its Influence on Global Economy and Trade　26

　2.1　Achievements and Problems of WTO in the Past Decade　26

　2.2　The History and Status Quo of Doha Round Negotiation　31

　2.3　The Implementation of WTO AOA and the Progress Made in Doha Round Agricultural Negotiations　35

　2.4　Negotiation Progress of Non-Agricultural Products Market Access　40

　2.5　The Implementation of GATS and the negotiation on Trade in Services　44

　2.6　Development Trends of WTO Intellectual Property Rights System　47

　2.7　The Negotiation Progress and Focus of Trade and Environment Issues　49

　2.8　Evolution of Singapore Issues of Doha Round Negotiation　50

　2.9　The Achievement and Focus of Negotiation on WTO Rules　51

　2.10　The Development of the WTO System Boosts the Liberalization and Standardization of International Trade　53

　2.11　The WTO System Accelerates the Development of International Trade through

Trade Liberalization　　55

2.12　The Impact of New Development of the WTO System on the Growth and Pattern of International Trade　　55

Chapter 3　The Development of Regional Trade System and Interaction with WTO　　58

3.1　New Development and Future Trend of Regional Free Trade System　　58

3.2　Development Trend of Regional Trade System　　65

3.3　The Influence of Regional Trade System　　66

3.4　The Rules of Regional Trade System in WTO　　75

3.5　Relations between Regional Trade System and WTO Multilateral System　　78

Chapter 4　The Influence of International Trade System on the Domestic Trade Policy System　　82

4.1　The External Impetus, Constraints and Conditions of the Trade Policy System Formation　　82

4.2　Transferring Mechanism of WTO's Influence on Members' Trade Policy and the Transformation of Members' Trade System　　87

4.3　Regional, Bilateral Trade System and Domestic Trade Policy System Adjustment　　93

Chapter 5　Political and Economic Analysis of Trade Policy System Formation　　95

5.1　The New Development of Trade Policy in the Political Economics　　95

5.2　Mechanism by Which Interest Groups Influence the Formation of Trade Policy　　102

5.3　Mechanism by Which Different Interest Groups Influence the Making of Trade Policy　　105

Chapter 6　Trade Policy System of WTO Major Members　　114

6.1　Trade Policy System of the United States　　114

6.2　Trade Policy System of European Union　　138

6.3　Trade Policy System of Japan　　157

6.4　Trade Policy System of India　　168

Chapter 7 The Impact of WTO Major Members' Trade Policy System on the Development of Economy and Trade 173

  7.1 The Impact Mechanism of Trade Policy System on the Development of Economy and Trade 173

  7.2 The Impact of US Trade Policy System on the Development of Economy and Trade 178

  7.3 The Impact of European Union's Trade Policy System on the Development of Economy and Trade 192

  7.4 The Impact of Japan's Trade Policy System on the Development of Economy and Trade 198

  7.5 The Impact of India's Trade Policy System on the Development of Economy and Trade 207

Chapter 8 The Performance Evaluation and Model Analysis of China's Trade Policy System 220

  8.1 The Review of China's Trade Policy System Evolution 220

  8.2 The Essentials of China's Current Trade Policy System 222

  8.3 Empirical Analysis of Major Influential Factors of China's Foreign Trade 226

  8.4 Analysis of Chinese Goods Trade Policy & Measures' Combination with GTAP Model 240

  Appendix 249

Chapter 9 The Development and Improvement of China's Trade Policy System 275

  9.1 The Framework and Operational Mechanism of China's Trade Policy System in the Future 275

  9.2 The Development and Improvement of China's Goods Trade Policy System 282

  9.3 The Development and Improvement of China's Services Trade Policy System 290

  9.4 The Development and Improvement of China's Trade-related Investment Policy System 304

  9.5 The Development and Improvement of China's Trade-related Intellectual

WTO法律体系和规则正通过直接或间接的方式逐步与各成员的内法和有关规定实现融合，WTO协定/协议正日益成为其成员贸易政策体系调整的方向或标杆。例如，杰克逊教授认为："美国宪法对GATT的形成具有直接影响，反过来，只有在GATT规则的框架下才能理解现行的美国贸易立法。"在区域层面，随着全球范围内区域经济贸易安排的迅猛发展，WTO主要成员纷纷采取"战略性区域经济一体化"政策，形成"多米诺骨牌效应"，导致各大洲内部的区域整合以及重要贸易伙伴之间的贸易安排蓬勃发展，对国家和地区的贸易政策产生了深刻的影响。在对多边贸易体制和区域经济一体化进行分析之后，在第四章对国际贸易体制对内贸政策体系的影响进行综合性分析。

其次，在成员方内部层面，贸易政策的运行和决策机制包含了经济、政治、法律等各个方面的因素，甚至历史、文化、宗教等方面的因素都能够起到非常重要的作用。这是因为，贸易政策不仅仅是一个经济问题，还是一个政治问题，一个法律问题。任何一门单独的学科都难以准确、完整地揭露其实质。贸易政策有其基本的经济理论作为基础和导向。没有理论，政策往往会迷失方向，左右摇摆，自相矛盾。① 不过，贸易政策背后的政治过程也是不能忽视的。因此，贸易的政治经济学逐渐成为国际贸易政策研究中的热门话题。伯纳德·霍克曼指出，"重要的不仅仅是规则，同时还包括造就规则的经济和政治力量，以及各国遵守这些规则的动力……它的一个假设就是，政府不一定是一个初级经济学课本中所说的追求社会福利最大化的实体，而是屈从于各种利益集团的压力而制定政策的实体。"② 同时，贸易政策还是一个法律问题，是以法律的形式来体现的。贸易政策一旦以法律的形式确定下来，就要遵循法律运行的基本规律，即有其相对独立性。总之，"解决国际贸易领域中的众多问题，仅靠某个学科，如经济学、法学或政治学，远不能解决……因此，这就要求多学科的合作"。为此，本书在第五章从政治经济学的角度对贸易政策的形成和运行机制进行了充分的探讨。

（二）贸易政策体系的框架及政策工具

从纵向来看，贸易政策体系的框架可以分为货物贸易政策、服务贸易政策、与贸易有关的投资政策、与贸易有关的知识产权政策四个方面；从横向来看，则可以分为多边、区域、双边、单边四个维度。因此，在第六章选取美国、欧盟、日本、印度等较为成熟又具有代表性的国家和区域，对其贸易政策进行深入分

---

① 约翰·H·杰克逊著，张乃根译：《世界贸易体制——国际经济关系的法律与政策》，复旦大学出版社2001年版，第10页。
② 参见伯纳德·霍克曼、迈克尔·考斯泰基著，刘平、洪晓东、许明德等译：《世界贸易体制的政治经济学——从关贸总协定到世界贸易组织》，法律出版社1999年版。

Property Rights Policy System   313

Chapter 10   WTO Major Members' Trade Friction Early Warning Mechanism and Dispute Settlement Mechanism   318

10.1   Trade Friction Early Warning Mechanism of the US   318

10.2   Trade Friction and Dispute Settlement Mechanism of the US   328

10.3   Trade Friction Early Warning Mechanism of European Union   339

10.4   Trade Friction and Dispute Settlement Mechanism of European Union   349

10.5   Trade Friction and Dispute Settlement Mechanism of Japan   354

10.6   Trade Friction and Dispute Settlement Mechanism of India   358

Chapter 11   The Establishment and Improvement of China's Foreign Trade Friction Early Warning Mechanism and Dispute Settlement Mechanism   362

11.1   The Analysis of the Status Quo, Characteristics and Trend of Trade Friction China Encountered   362

11.2   The Analysis of Existing Policies and Measures about China's Current Trade Friction and Dispute Settlement   384

11.3   The Improvement of China's Existing Trade Friction and Dispute Settlement Mechanism   391

11.4   The Monitoring of China's Trade in Goods and Early Warning Mechanism of Trade Friction   393

11.5   The Monitoring of China's Trade in Services and Early Warning Mechanism of Trade Friction   399

11.6   The Monitoring of China's Foreign Investment and its Overseas Investment and Early Warning Mechanism on Friction   400

11.7   Several problems the Trade Friction Early Warning Mechanism is about to Resolve in Priority   402

11.8   The Government Management Framework and Operational Mechanism in China's Trade Friction Early Warning and Dispute Settlement   404

11.9   Function of Main sectors in China's Trade Friction and the Dispute Settlement   409

11.10 The Responsibility of Chinese Enterprises in China's Trade Friction Early Warning and Dispute Settlement   412

Abbreviations 415

List of Figures & Tables 417

References 420

Postscript 429

第一章

导　论

一、贸易概念的拓宽

一般认为，贸易是指一个国家或地区进行货物和服务交换的活动。从一个国家或地区来看，这种交换活动称为对外贸易，而从国际范围来看，这种货物和服务交换活动，则称为国际贸易或世界贸易。[①] 传统的贸易概念将对外贸易与对内贸易相区分，其内涵主要涉及货物贸易（包括农产品贸易和制成品贸易）以及服务贸易。然而，在经济全球化和信息技术革命的共同推动下，国际可贸易的对象和交易的范畴不断扩大，导致贸易的概念和范畴不断拓展，不仅仅包括货物贸易和服务贸易，还延伸到要素贸易领域。因此，"国际贸易理论研究的范围不仅包括商品和服务的国际流动，也包括生产要素的国际流动和技术知识的国际传递。与商品、服务、生产要素的国际流动及技术知识的国际转移有关的各种商业、产业和消费政策也都是国际贸易理论研究的对象。"[②] 因此，我们认为贸易的概念应更新为：一个国家或地区进行商品、服务及其生产要素交换的活动。

二、贸易政策概念的扩展

"贸易"概念的扩展也决定了"贸易政策"的内涵和外延的相应变化。对于

[①] 陈同仇、薛荣久：《国际贸易》，对外经济贸易大学出版社1997年版。
[②] 参见海闻、P. 林德特、王新奎：《国际贸易》，上海人民出版社2003年版，第27页。

贸易政策，一直缺乏明确和统一的界定，这是一个内容较为含糊的概念。科恩（Cohen，1968）认为，贸易政策是一种混合体，"它是一个国家试图影响外部经济环境的那些行动的总称"，"是一个国家整体外交政策的组成部分，服务于共同的政策目标。"① 帕斯特（Pastor，1980）认为，对于贸易政策的定义，不应排除其背后的"政治过程"。他认为贸易政策是指"政府试图影响国际经济环境的全部行为，或者是直接影响国际经济环境，或者是调整经济以适应外部环境。"② 从上述两人的表述来看，他们对贸易政策的界定非常模糊，可以说仅涉及贸易政策的内涵，而"有意"回避了其外延。因为从各个国家和地区的实践来看，贸易政策是一个动态的概念，其内容会随国际经济关系的变化而更新。以欧盟为例，邵景春（1999）认为欧盟共同贸易政策是"一个基于自主性和对外协定性的特别措施而逐渐发展的结果，因而不一定是指现存的规则体系，而是指一个逐渐形成的体系……包括所有调整与第三国经济关系以及有关货物自由流动及其范围和支付关税的自主立法措施和协定立法措施"。③ 曾令良（1992）也认为欧共体的共同贸易政策是一个动态的概念，具有不确定性，其范围一方面随着一体化的演进而扩展，另一方面又根据国际经济关系的变化而更新。④ 经过几十年的争论，《欧洲宪法条约》对共同商业政策所涵盖的范围进行了扩展，明确地将货物贸易、服务贸易、知识产权的商业方面和国际直接投资纳入了共同贸易政策的管辖范畴，⑤ 将之纳入欧盟排他性的权力范围。对美国而言同样如此，随着新贸易问题的不断产生，以及国际经济关系的演变，其贸易政策涵盖的范围也越来越广泛，甚至将汇率政策、劳工标准等国内政策与贸易政策紧密捆绑在一起。从世界主流的现状和趋势来看，贸易政策的范围已经从边境措施扩展到传统的国内政策领域，包括货物贸易政策、服务贸易政策、与贸易有关的投资政策、与贸易有关的知识产权政策。而且，随着新贸易议题的不断增多，如竞争政策、环境政策、政府采购政策等，贸易政策的范围必将进一步扩展。

三、贸易政策的体系性及其研究

贸易政策范围的不断扩大，使得贸易政策具备了体系性。在贸易政策的体系

---

① Benjamin J. Cohen (1968), "American Foreign Economic Policy: Essays and Comments".
② Robert A. Pastor (1980), "Congress and the Politics of U. S. Foreign Economic Policy, 1929 – 1976", Berkeley, CA.: Univ. of California Press, pp. 7 – 12.
③ 邵景春:《欧洲联盟的法律与制度》，人民法院出版社1999年版。
④ 曾令良:《欧洲共同体与现代国际法》，武汉大学出版社1992年版，第111页。
⑤ 《宪法条约》第Ⅲ-217条，授权欧盟机构可以达成货物贸易、服务贸易、与贸易有关的知识产权政策、外国直接投资方面的关税与贸易协定。

研究方面，美国的约翰·H·杰克逊教授做了开创性的工作。在其权威之作《世界贸易体制——国际经济关系的法律和政策》中，他对国际贸易体系进行了详尽的论述，其"国际贸易体系"概念中最主要的部分就是贸易政策体系。他将国际贸易体系概括为：一个复杂的、相互影响的国际与国内法律规范和地区有关规定，政治与经济制度相结合的综合体。他着重对美国的贸易政策从体系的角度展开研究，勾勒出了贸易政策体系的主要内容：贸易政策目标、贸易政策的决策机制、贸易政策的框架和主要的政策工具、贸易政策的监督反馈机制和绩效评估。尤其是在论述贸易政策的决策与运行机制时，他认为，"有关经济的国内与国际法律规则或体系是难以分开的。不可能将两者的运行机制隔离开来加以理解。国内规则对国际体系与规则具有极大的影响"。

综上所述，在经济全球化的时代，不仅贸易以及贸易政策本身的概念发生了深刻的变化，贸易政策与其他内部政策的联系也更加紧密，对内政策与对外政策在"非歧视"的理念下也变得越来越模糊。因此，贸易政策对国家和地区经济发展的影响越来越大。本书将在前人研究的基础上，使得贸易政策作为一个体系的概念更加明确，框架更加清晰，深入研究贸易政策运作及其产生影响的规律，并以理论指导实践活动。

四、研究的思路与脉络

贸易政策体系研究主要有三个方面：贸易政策的运行与决策体系、贸易政策体系的框架、贸易政策的绩效评估体系。本书前八章对此进行了重点分析，之后是对中国的启示和政策建议部分。

（一）贸易政策的运行与决策体系

对于绝大多数 WTO 成员而言，其贸易政策的运行与决策体系包括国际和成员方内部两个层面。

首先，在国际层面，对国家和地区贸易政策影响最深的就是多边贸易体制以及区域经济一体化的演变，这正是本书前三章所研究的内容。WTO 现有的 153 个成员（截至 2008 年 7 月 23 日）的 GDP 和贸易额合计占世界 GDP 及贸易额的比重超过 90%，随着新成员的加入，这一比重还将提高，从而构成了世界经济贸易的决定性力量。随着 WTO 管辖的范畴不断拓宽，多边贸易体制对全球经济贸易和国际政治关系的影响也在不断加强。在贸易政策方面表现为 WTO 及其成员在贸易政策体系上的互动持续深化。在多边贸易体制持续深化的影响下，WTO 各成员贸易政策体系正在不断实现自身的调整和完善。在其约束和规范下，析，既有历史演变的过程，又有现有框架和政策工具，还有对未来贸易政策趋势的动态分析。

（三）贸易政策的绩效评估

对贸易政策体系本身进行研究固然重要，我们更为关注的却是贸易政策体系变动所带来的国内（地区）和国际影响。因此，就有必要进一步研究各成员贸易政策体系的绩效评估机制，从理论和实证的角度分析贸易政策体系变动对贸易增长、产业、企业竞争力、经济增长和经济发展的影响。典型的如《农业协议》对美国和欧盟的农业革命带来了深刻的影响，农产品贸易自由化对世界范围内的农业和农村发展、农民收入的提高和反贫困目标的实现，具有重要意义和深远影响。再如，鉴于高新技术产业的重要地位，高新技术产品的多边规范对国家和地区的产业安全、国家和地区经济安全具有重要影响。因此，本课题的第七章分析了WTO主要成员贸易政策体系对其经济贸易发展的影响，第八章则对中国贸易政策体系进行了绩效评估及模型分析。

贸易政策的变动不仅对国家和地区经济产生作用，也会对国际经贸关系产生深刻的影响。一方面，一国贸易政策的变动会对其贸易伙伴产生影响，并引发贸易伙伴的"对策性"调整。例如，NAFTA的签署使墨西哥成为国际直接投资的热土，也使中国及其他国家和地区服装与纺织品在美国的市场份额下降，从而带来了相关国家和地区一系列的政策调整。另一方面，贸易政策的实施会带来国际贸易摩擦，该问题对中国尤其重要。因此，本课题从国际政治经济学的角度分析了WTO成员间发生贸易摩擦及争端解决的各种因素，总结了各成员建立贸易摩擦预警和处理贸易争端的经验与教训。如美国、欧盟等的反倾销预警机制已相对成熟和完善，这些预警机制的建立和完善具有重要的参考价值。这些问题的研究对于我们积极主动而非被动地完善中国各层次贸易争端解决机制，具有重要的现实意义。

（四）中国贸易政策体系的发展与完善

研究WTO主要成员贸易政策体系产生、运行、变动影响的最终目的，是要探索其对中国的影响以及中国的相应对策。本课题尤其关注在中国成为WTO成员之后各主要贸易伙伴对华贸易政策的变化与调整及其对中国的影响。以此为基础，将使我们的对策研究更具有针对性和实际意义。如最近的美国对华反倾销与反补贴、贸易不平衡与人民币汇率、纺织品特保措施、日本对华农产品贸易政策调整、"10+3"区域贸易协议等问题，都值得我们关注和深入研究。同时，还在比较研究和借鉴的基础上，探索新形势下中国贸易政策体系发展与完善的途径和模式，研究其整体架构、执行与监督机制以及绩效评估机制，提出中国贸易政策发展与完善的政策建议。在贸易摩擦方面，在比较研究的基础上，最终提出中国贸易摩擦预警与争端解决机制的政策建议。尤其是在有可能产生贸易摩擦的领域及热点问题上，我们都将提出若干种前瞻性的预案，以避免临阵磨枪和临时抱佛脚所带来的被动与不利。

五、主要观点和创新点

（一）关于 WTO 体制的发展及其对全球经济贸易的影响

1. WTO 十年成就与问题共存

作为世界上最具影响力的国际经济组织，WTO 的第一个十年（1995～2005年）十分值得探究，这对于我们更深刻地认识这一组织以及今后更好地参与其中都有意义。首先，WTO 规则的执行成就突出，但问题也不少，主要表现为：工业品关税减让实施良好，《农业协议》实施取得一定成绩但问题突出，《纺织品与服装协议》实施良好却难以实现利益平衡，贸易救济措施滥用现象严重，对发展中成员承诺的实施存在困境。其次，争端解决机制保障规则的执行成效明显，争端解决机制的总成功率达到 57%，是相当高的运作效率。再其次，WTO 贸易自由化极大地推动了世界经济贸易的发展。最后，新成员的增加和新规则的制定工作取得了较大的进展。

2. 多哈回合谈判的艰难进程与 WTO 成员间的利益平衡

多哈回合的启动本身就历经波折，尽管最后还是在妥协后启动了，但这种妥协是仓促的、缺乏坚定共识的，发达成员在此后经济形势的好转削弱了其对发展中成员做出让步而换取市场开放的迫切性。尽管谈判受挫，但这并不是 WTO 的末日，在多边贸易体制的历史上，谈判停滞不前、收效甚微的情况并不鲜见。特别是在成员数量日益增多、博弈过程日趋复杂的情况下，谈判过程有所延长是正常的，只要 WTO 能够保持稳定的运行和发展，在以往取得成果的基础上，终归能够取得或大或小的进展。与其匆忙得出并不被普遍接受的成果，还不如大家思考成熟之后再下结论。多哈回合的匆忙启动就是一个教训。

尽管 WTO 基本上完成了应尽的职责，但是，作为一个由成员主导的国际组织，内部权力结构的不平衡，使得 WTO 永远都无法令所有人满意。多哈回合谈判的艰难充分表明了发展中成员对现行体制的不满，这既包含了对乌拉圭回合谈判成果的失望情绪，也包含了对发达成员始终缺乏让渡贸易利益的诚意的不满。在乌拉圭回合之前，许多发展中成员曾长期对多边贸易体制保持警惕和敬而远之的心态，但其自我封闭的发展和贸易政策并没有带来繁荣。而他们积极参与建立的 WTO 在十年之后，同样令其深感失望，心理预期和现实的落差使其坚信 WTO 必须调整运行体制，对发展问题给予更多的关注和倾斜。

3. WTO 与成员贸易政策的博弈

在多边贸易体制持续和深化的影响下，WTO 各成员贸易政策体系正在不断实现自身的调整和完善。在其约束和规范下，WTO 法律体系和规则正通过直接或间接的方式逐步与各成员的内法和有关规定实现融合，WTO 协定/协议正日益成为其成员贸易政策体系调整的方向或标杆。通过实施多边承诺，在多边层面采取新的自由化措施，WTO 成员贸易政策的开放型、外向型特征得到持续强化，而 WTO 法律体系和规则不断得到各成员的重视，尤其是美国逐步改变了对 WTO 法的认识和态度，突出表现为援引本国贸易法 301 条款的情况减少，而更多诉诸多边贸易争端解决机制。与此同时，各成员包括新加入成员的承诺也是 WTO 法律法规体系的有机组成部分，各成员也均在 WTO 的原则和框架下不断根据各自的需要提出各种要价和例外，对 WTO 的发展也产生了深远的影响。然而，对于 WTO 规则，各成员也并非完全遵守。例如，欧盟希望维持那些明显违背《补贴与反补贴措施协议》的补贴计划。这些补贴要么是给予了不景气的产业部门如意大利的钢铁部门，要么是给予了已经是市场领导者而不需要国家援助的企业如"空中客车"。在标准、转基因产品等问题上，欧盟都置 WTO 规则于不顾而采取单方面的行动，在香蕉和荷尔蒙牛肉两个案件中，欧盟甚至拒绝或变相执行 WTO 的裁决和建议。除此之外，根据争端解决机构的报告，在一些案例中，以前的欧盟也违背了 WTO 项下的义务。

（二）关于区域贸易体制的发展及与 WTO 的互动

1. 区域贸易协议显现为四个发展趋势

一是区域贸易协议成为各成员制定贸易政策时优先选择的对象；二是区域贸易协议的内容和贸易管理框架，从深度上超过多边贸易规则；三是区域贸易协议对发展中国家和地区享受的优惠性贸易安排产生改变；四是区域贸易协议有进一步扩大和深化的趋势。

2. 着重分析区域贸易协议对非成员的不利影响

与一般的研究强调区域贸易协议给各成员带来的利益分析不同，着重分析了区域贸易协议对非成员的不利影响。首先，贸易转移因为对自由贸易区成员降税以致部分自非成员进口的产品转向从成员进口，因此非成员有贸易转向的不利后果。其次，从国际市场的竞争环境来看，区域贸易协议可能导致非成员贸易条件的恶化。再其次，非成员无法得到产业内进一步分工的效益。最后，区域贸易协议使得非成员在国际政治领域遭受损失，降低其抵御风险的能力和谈判的能力。

（三）关于国际贸易体制对内贸政策体系的影响

将国际贸易体制对内贸体制的影响作了全面的分析，重点阐述了多边贸易体制对一个国家或地区贸易政策体系的影响，研究了其中的直接、间接传导机制。

在国际层面，世界经济贸易格局的变化是贸易政策调整的驱动力，直接要求各成员调整贸易政策，经济贸易地位和竞争的变化促使各成员调整贸易政策；世界政治格局的变化也会影响贸易政策的制定与变革。尤其是，以 WTO 为代表的多边贸易体制对一国贸易政策的影响最为直接，这主要是由于：WTO 涉及成员贸易政策的众多领域、WTO 建立了完整和永久性的制度框架管辖成员贸易政策、贸易政策审议机制约束成员贸易政策在规范与透明体制下运行、WTO 争端解决机制的权威性增强并约束成员实施其承诺。

WTO 对成员贸易政策形成影响的传导机制主要包括：首先，通过申请加入的过程，实现贸易政策与多边贸易规则的衔接。以俄罗斯申请加入 WTO 为例，通过市场准入和关税谈判锁定俄罗斯贸易自由化改革，通过对《农业协议》的执行强化俄罗斯农业政策朝贸易自由化方向改革，通过服务贸易谈判约束俄罗斯服务贸易市场开放与《服务贸易总协定》一致，还有其他法律制度的调整。其次，可以通过多边贸易谈判确定各成员贸易与投资自由化的轨道。最后，要求各成员的贸易政策与 WTO 规则相一致，从而推动各成员贸易政策的调整。

（四）关于贸易政策体系形成的政治经济分析

重点分析了利益集团影响贸易政策决策的机制，包括直接的渠道和间接的渠道。直接的渠道包括积极参与各级选举活动、直接游说贸易政策制定者；间接的渠道包括联合政党或其他利益一致或相近的团体、制造公众舆论、法律诉讼。

利益集团对贸易政策的偏好是由该利益集团所处的行业或部门本身的特征决定的。贸易政治的最常见形式是：某些利益集团向关系密切的政党提出实行贸易保护主义政策的要求，政党代表通过国会和行政部门做出反应，继而引发国内（地区内）关于贸易政策的争论和与外国和地区的贸易争端。实际上，参与贸易的利益集团比较广泛，因此其政策要求比较复杂。关于利益集团对贸易政策的要求，有如下特点：

第一，进口竞争产业的利益集团倾向于要求政府提供贸易保护政策，而依赖出口或在国外有重大投资项目的产业集团则偏好于自由贸易。

第二，在同一产业内，劳方和资方在贸易保护的态度上是一致的而非对立的。贸易经济学家运用计量经济学进行了经验验证，结果表明，在大多数情况下，同一产业的资方和劳方在贸易保护方面经常是站在同一立场上，所以利益集团能够以产业为单位提出贸易保护要求。

第三，利益集团要求贸易保护的强弱与宏观经济状况有直接的相关性。当经济不景气时，利益集团所施加的保护主义压力就比较大，在经济繁荣时则会减弱。

第四，产业地理分布状况与保护主义势力大小有一定关联度。一般来讲，分布比较集中的产业，其保护主义压力比较强大；在地理上比较分散的产业，其政治压力就比较小。

第五，利益集团的组织能力也是决定贸易保护倾向的重要因素。组织良好，反应迅速的利益集团尽管可能规模不是非常大，但是却能够克服集团成员"搭便车"行为，往往能够得到国内立法和地区有关规定的支持，获得政府的贸易保护；而那些组织涣散、"搭便车"行为较为广泛的利益集团在形成贸易保护压力时则会遇到一些障碍。

（五）WTO主要成员贸易政策体系

1. 关于美国贸易政策体系

（1）提出现阶段美国贸易政策的特点是"竞争性自由化"。其含义是在双边、区域和多边三个层次同时推动贸易自由化，并在这三种方式之间形成一种竞争，以实现更大程度的贸易自由化。美国在促进多边贸易体制的发展上并未取得显著的成效，相反却是投入大量精力和时间在双边自由贸易协定的谈判上。竞争性自由化成为主导美国21世纪初贸易政策的理念，除了与以色列的FTA以及NAFTA安排外，美国的双边和区域贸易安排都是在进入21世纪之后完成的。

（2）深入地分析了美国各部门对中国履行WTO承诺的评估机制。美国贸易代表办公室在评估中国履行WTO承诺时表现出似乎矛盾的做法，一方面为了讨好国会而批评中国，另一方面为了履行作为政府部门的职责，又不得不讨好中国。从总体上来看，美国贸易代表办公室对中国履行WTO承诺的评估结果是有褒有贬。而美国国会则是对中国持批评态度，大多数议员通过批评中国来获得政治方面的好处，将经贸问题政治化是美国国会的习惯做法。

（3）关于中美贸易不平衡与人民币汇率问题。首先，贸易失衡是一个在政治上和经济上都非常敏感的问题。无论经济学家如何解释和证明贸易对总体国民福利是有利的，但贸易中有得有失也是个不争的事实。从目前来看，尽管美国贸易逆差处于前所未有的高点，但贸易逆差对美国整体经济的影响并不大。总体上美国的贸易政策仍然是倾向于贸易自由化的。但是，这并不排除美国在特定产业或对特定国家和地区采取某些贸易保护的做法。而中国作为美国贸易逆差的最大来源国，自然也是众矢之的。加入WTO使得中国的贸易和投资壁垒大大下降，从而使美国无法把贸易逆差归咎于中国的市场封闭。于是，在找不到其他罪状的情况下，中国的钉住美元汇率制度自然成为最大的目标。不过，美国不同势力在对待人民币汇率问题上的态度也并不一致。如专门针对人民币汇率问题而成立的一个产业团体"中国货币联盟"（China Currency Coalition），汇集了在这一问题上最强硬的行业协会和劳工组织，但这些传统制造业企业和劳工组织的政治影响力已经大不如前。而在美国最具代表性的商业组织美国商会，对人民币汇率问题的态度则相当乐观，尽管它表示这是一个重要的关切，但它支持中国政府采取的渐进性策略。相比之下，只代表美国制造业利益的全国制造商协会（NAM）在这一问题上的态度则要更为复杂。NAM 支持对中国的 301 条款调查，但是并未参与"中国货币联盟"；NAM 要求对中国的汇率政策采取更强硬的态度，但它公开反对《舒默－格拉汉姆法案》，而支持美国政府的接触和谈判策略；NAM 在对众议院的证词中，批评中国压低人民币汇率，但又指出中国不是造成美国贸易逆差的罪魁祸首，而且来自中国的进口并非与美国直接竞争。因此，NAM 一直强调，他们希望与中国保持一种建设性的贸易和投资关系，而不希望造成对抗或贸易战。

美国产业界对中美贸易逆差以及人民币汇率的不同态度也直接反映到美国政府和国会的立场上。美国政府在人民币汇率和贸易逆差的问题上尽管调门很高，但从未采取过分激烈的行动。

2. 关于欧盟贸易政策体系

（1）内部贸易政策与外部贸易政策的统一分析框架。作为区域性组织，欧盟的贸易政策体系有别于一般的国家，涵盖对内和对外两个部分。对内贸易政策体现为欧盟各成员国之间及成员国内部的贸易政策，对外贸易政策则体现为对欧盟之外第三国的贸易政策。将欧盟的内部政策与对外政策纳入统一的框架进行分析，探讨对内政策与对外政策之间的关系，这是本课题的创新之处。

传统国际贸易理论是以国家或地区为分析单位，以国内或地区内贸易机会的完全被利用为前提，考察一国或地区对外贸易的影响的。因此，它舍弃了国内或地区内贸易和对外贸易的关系这一重要问题。其实，国际贸易源自国内贸易，是后者跨越国境的延伸。从各国或地区经济系统的运行看，对外贸易和国内或地区内贸易处于同一个层次，总是同时发生和互相影响的。对于国内或地区内贸易机会未被充分利用的国家或地区而言，这两种贸易之间的关系问题更是不能回避的。这种关系主要表现在两个方面：一是内贸与外贸可以互相替代；二是发展内贸对提高国际竞争力有促进作用，内贸与对外贸易有互补关系。

然而，如果说境内贸易是国际贸易的延伸，那么对内贸易政策和对外贸易政策之间是什么关系呢？一般而言，对内和对外贸易政策的目标应该是一样的，即都应该致力于实现经济的一体化，消除商品和要素流动的障碍，从而实现资源的最优配置。然而，已有的经济理论并没有给出确切的答案。经济理论和历史事实清楚地表明，一个贸易集团的内部自由化并不必然导致对外贸易政策的自由化。关税同盟理论表明，内部贸易政策和外部贸易政策之间没有必然的经济联系，内部一体化和外部保护主义可能同时存在。20世纪60年代的安第斯条约组织、中美洲共同市场以及加勒比共同市场都印证了这一点。就欧洲一体化的历史而言，各个阶段都没有提到完成内部市场将使外部贸易政策同样自由化。但从结果上来看，随着全球贸易自由化的发展，欧盟的对外贸易政策也是趋向自由化的。总之，已有的理论并没有将内部贸易政策和对外贸易政策统一起来进行分析，并认为两者之间没有必然的逻辑上的联系。我们试图从"大国优势论"的角度予以总结：如果说欧盟对内贸易政策（一体化）的结果是带来"大国优势"的话，那么对外贸易政策则是这种优势的充分运用和体现。

（2）内外部贸易政策的取向均为自由化。从欧盟贸易政策的具体实施来看，其内部贸易政策的趋向是一体化，外部贸易政策并没有出现"欧洲堡垒"，而是趋向自由化。但从侧重上来看，内部一体化毫无疑问是首选。从实际情况来看，一体化和自由化仍然还有很长的路要走。从内部一体化的情况来看，服务的一体化较之一个真正的国家还有很大的差距。尤其是考虑到服务业占主体的经济和世界第一大服务贸易商的地位，欧盟内部还有很大的潜力可挖。从外部自由化来看，大家往往关注的是仍然存在的大量的壁垒，但忽略自由化才是主流，贸易壁垒和贸易摩擦所占的份额很少。不过，由于内部一体化进程远未完成，对于第三国而言，这也意味着各种壁垒还很多。

（3）欧共体的历次扩大都对欧盟的贸易政策体系产生了非常深远的影响。一方面，扩大需要欧共体在贸易政策上内化新成员的利益诉求，另一方面，扩大既加强了欧共体整体的实力和对外谈判能力，也使得欧共体整合各个成员国立场的能力弱化，从而在对外谈判中产生贸易代表权的混乱，甚至被谈判对手各个击破。同时，欧盟的不断扩大对其内部的决策机制也会带来深刻的影响。一般认为，共同农业政策对农业的保护在欧盟内拥有非常强大的利益集团，但随着一些农业大国的加入，法国不再是农业补贴的最主要的获益者，再加上原有的反对国（如英国）一如既往的反对，欧盟农业保护主义阵营也开始出现裂痕。

（4）扩大的"欧洲堡垒"并未出现。有人担心在扩大为27国甚至更多之后，欧盟的决策过程难以有效地发挥作用。制度上的瘫痪将使欧盟难以在WTO谈判中形成统一的立场，并对其他WTO成员做出妥协，从而导致保护主义。由于贸易政策决策机制上的复杂性，不同的欧盟机构在贸易政策决策中扮演的角色并不十分确定。人们普遍认为，扩大将弱化欧盟推动自由的多边贸易体系的能力。例如，美国就认为扩大将转移欧盟在多边体系的精力。① 由于欧盟在贸易权力分配上存在争议，对于以跨部门为特征的 GATT/WTO 协议的谈判，欧盟的贸易伙伴难以认清谁才应该是真正的谈判对手。这也使贸易伙伴试图分化各成员方的立场。② 分散的权力使得一揽子交易难以达成，并产生保护主义的动力，而新成员的加入将加重这种混乱的局面。但从另一个角度来看，扩大使成员国贸易部长们更加难以控制"133 委员会"的工作。这种官僚政治上的混淆只能是加强欧委会在贸易政策上的权力，而欧委会则致力于推动多边贸易自由化。因此，没有证据显示扩大将使得欧盟的制度结构更加倾向于保护主义。

此外，新成员国对自由抑或是保护的立场也是不确定的。一般认为，新加入的中东欧国家倾向于自由贸易，因为在 20 世纪 90 年代，其中的大多数国家进行了激进的市场导向的改革，并单方面地进行了贸易自由化。例如，对于爱沙尼亚，由于其关税水平太低，为了达到欧盟的共同关税水平，不得不大幅度提高其原来的关税水平。与此相类似，在乌拉圭回合期间匈牙利是凯恩斯农产品出口集团成员，因而要求欧盟拆除在共同农业政策领域的保护主义壁垒。③ 不过，加入欧盟可能增加新成员支持保护主义的动力，尤其是在农业和服务业方面。

3. 关于日本贸易政策体系

日本在第二次世界大战之后的迅速崛起为一切后进国家和地区提供了成功的"模板"，但十年"停滞"也使得世人开始反思日本模式的弊病。总而言之，日本的经济奇迹及其经验不可磨灭，但其长达十多年的经济停滞也使人反思其教训。无论是经济腾飞之际，还是停滞之时，贸易政策都在其中发挥了至关重要的作用。

（1）在多边贸易政策上，日本一直奉行"实用主义"的原则。在美国的庇护下，日本适时实施了"出口导向"战略和战略性贸易政策。在 WTO 中，日本一方面按照多边承诺降低关税水平，另一方面却极力保护其弱势产业和幼稚产业。随着其出口竞争力的不断增强，日本与美欧面临的贸易摩擦也越来越多，但日本在贸易争端中采用"实用主义"的原则，为捞取"好处"不惜处处忍让。而且，相对美欧而言日本较少援引贸易救济措施，并在多边贸易谈判中力主提高救济措施的门槛并规范措施的实施，这是由于日本拥有庞大的出口利益所决定的。

---

① Wayne, Anthony (2001), "EU Enlargement and Transatlantic Economic Relations," State Department speech delivered at the Conference "Europe's Continuing Enlargement: Implications for the Transatlantic Partnership".

② Meunier, Sophie and Nicolaïdis, Kalypso (1999), "Who speaks for Europe? The Delegation of Trade Authority in the EU", Journal of Common Market Studies.

③ Johnson, Michael with Jim Rollo (2001), "EU Enlargement and Commercial Policy: Enlargement and the Making of Commercial Policy", Sussex European Institute Working Paper, No. 43, P. 7.

（2）贸易政策工具单调。相比其他的"两极"而言，日本在贸易政策工具的运用上则要单调许多，支持多边贸易体系谈判一向是日本对外贸易政策的主调，在区域经济一体化开展得如火如荼之后，日本才于2002年10月由外务省制定了"日本的FTA战略"。在亚洲国家和地区的战略性FTA面前，日本反应迟缓，陷入被动。对于区域经济一体化战略最为关键的周边国家和地区，日本的FTA战略开展得极不顺利，从而导致在区域中的相对影响力下降。

（3）在双边层次，日本的贸易战略极为不平衡。美国一直是日本双边关系的核心。尽管日美之间的经贸摩擦不断，但由于"日美同盟"的存在日本始终追随着美国的步伐在各个层次展开行动从而获取贸易利益。而日本与欧盟的经贸关系则要"冷淡"许多，与中国则是"经热政冷"且处处采取掣肘和平衡策略。由于历史的原因，日本与俄罗斯仍然存在"领土纠纷"。而在东南亚地区，日本尽管拥有重要的投资和贸易利益，但由于历史的原因以及国内的保护主义，日本与东盟各国的EPA进展缓慢，已经落后于在此地区角力的其他大国。

（4）日本贸易政策的不足之处。尽管早已经是世界第二大经济实体，但日本给世人的印象更多的是"经济巨人和政治矮子"。对此，日本在贸易政策方面的失误要负一定的责任。日本的头号盟友美国，其所采取的战略则是"多管齐下"，在多边积极推动全球贸易自由化，将WTO成员（也是世界上最主要的经济体和政治体）纳入其所设定的多边规则之中；在区域层次，首先通过北美自由贸易协议巩固自己的"后花园"以应对欧洲一体化的不断深化，继而试图建立涵盖整个美洲地区的"美洲自由贸易区"，从而将这个美洲地区都彻底地纳入自己的"版图"；在双边层次，则与各地区的重要国家积极商签自由贸易协议，并借此巩固自己的势力范围；在单边层次，则通过普惠制等手段向广大的发展中国家和地区施以"恩惠"，并以此为筹码在国际舞台上迫使这些国家和地区接受其主张。与美欧相比，日本的贸易政策显得更为单薄，不成体系，也缺乏长远考虑。

4. 关于印度贸易政策体系

印度经济的迅速发展引起了国际社会的广泛关注，而将印度与中国进行比较也成为各界所热衷的话题。与中国相同，印度的发展也可以大致分为改革开放前和改革开放后两个阶段。

在1991年改革开放前，由于受到国内政治经济因素的影响，印度一直采取内向型发展的经济贸易政策，使印度在国际多边体系中更多地表现出保护主义的贸易策略，在贸易政策制定过程中显得较为被动，对战略实施过程中出现的问题缺少预见性，因此即使制定了既定的工业化发展战略，但迫于外界压力而被动制定的政策，也不能从根本上解决印度工业化道路中出现的出口乏力、贸易赤字增加以及财政恶化等问题。在贸易政策的选择上，印度长期实行进口替代的贸易保护战略，强调依靠自身发展，但是这一保护战略并没有使印度的国内企业获得预期的发展，而是造成印度国内企业产品在国际市场中缺乏竞争力，这表现为印度的出口增长长期低于进口增长，印度出口占有的国际市场份额与印度整个国家的规模极不相称。

改革开放以后，印度认识到以前贸易政策制定中的不足，开始注意战略安排，制定和实施了中长期对外贸易政策，对印度的整个对外贸易和经济增长起到了巨大的推动作用。但是由于印度政府一直坚守着任何改革都是基于良好的经济发展的需要而非政治经济因素或是谈判压力的原则，对所做出的承诺是相当保守的。

不过，印度在不同产业部门的开放也是有所侧重的。在选择开放领域时，印度将国内产业分为重点产业和非重点产业，其中重点产业是要重点吸引民间资本和外资进入，以缓解国内发展资金不足、技术力量落后的行业，对其投资实行优惠的政策。对于那些技术含量不高，资金投入要求不大的非重点产业则限制外资的进入，防止其对本国资本的冲击。同时印度也只在当国内服务业有了相当的基础后才会向国外开放，即使是在被迫接受国外援助的时候，也不会影响印度的决策过程。印度的民族性使得印度对此压力做出的决策很谨慎，印度服务业的开放，完全服从和服务于印度整个国民经济改革和发展需要。在改革开放的整个过程中，印度一直很好地坚持这一原则。有时对于那些想进入印度的外资，宁可将其拒之门外，也不允许其进入次要领域，模糊印度工业内部轻重缓急的界限。

印度的经历说明，在经济全球化成为不可抗拒潮流的今天，各国、各地区经济的相互融合度和依存度提高，在这种背景下，实行封闭经济只会被边缘化，在国际竞争中处于劣势。只有积极地参与到国际分工中，充分利用国际资源，才能最大限度地促进国家和地区的经济发展。

（六）关于 WTO 主要成员贸易政策体系的绩效评估

经济运行本身是复杂的，是各种政策因素综合作用的结果，本课题通过对 WTO 主要成员贸易政策体系对其经济贸易影响的研究分析，得出了如下结论：

1. 贸易政策体系对国内经济的影响存在差异

不同国家和地区贸易政策体系对其内部经济的影响不同，同一个国家和地区的贸易政策体系对其内部经济各个变量的影响也不同。

一般来说，发达国家和地区拥有相对完善的贸易政策体系，对贸易政策的把握比较到位，贸易政策发挥作用的条件比较成熟，对其内部经济的影响比较大。发展中国家和地区由于历史和现实的原因，没有一个相对完善的贸易政策体系，所以其发挥作用的程度也就很低。

（1）对于美国而言，其贸易政策体系特别完善，无论是在单边、双边、区域还是在多边层面，贸易政策作为一个主要的政策工具，被美国政府灵活运用，最大化地维护其相关利益群体的贸易利益；美国对世界经济趋势的把握比较到位，总是能在重要的历史时刻适时地调整或出台贸易政策，其中对服务贸易的政策规制，就是在20世纪70年代就认识到未来服务贸易的发展潜力，所以美国目前拥有比较完善的服务贸易政策，该国服务贸易的发展处于世界前列。总之，贸易政策体系对经济贸易发展的影响程度极强。

（2）对于欧盟而言，贸易政策成为经济一体化的主线，甚至可以认为贸易政策的制定、协调和实施成为其存在的基础。在现实的经济运行中，欧盟经济增长的变化率和进出口变化率，从整体上来说存在惊人的相似性。贸易政策体系对其经济的影响程度很强。

（3）对于日本而言，其贸易政策受制于国内资源、发展阶段、地理位置，政策连续性和目的性强，但是在贸易摩擦中政策回旋余地较小，往往妥协让步。一段时期内贸易政策对国内经济的影响较强，比如贸易立国战略的实施等。

（4）对于印度而言，其贸易政策体系不完善，以本身是发展中国家为掩护，常常实施保护性的贸易政策，尤其是在利用外商直接投资方面，封闭性很强。一段时期内比如20世纪90年代之前曾经对贸易政策的作用认识不清晰。在认识到贸易自由化的好处以后，又担心其带来的负面影响，加之其特殊的民主政治决策体制，使得贸易政策的出台十分缓慢。贸易政策对国内经济的影响较弱。在国家层面没有一个整体的促进经济发展的贸易政策体系。

2. 贸易政策体系对经济贸易各个变量的影响程度存在差异

（1）贸易政策体系总体上对经济增长具有正的影响趋势，但具体的贸易手段的使用上却有可能使一部分人利益受损失，一部分人获益，甚至可能在一定时期内对成员方内部经济造成负面影响。各成员方都想使贸易政策为本国、本地区带来利益，这就产生了贸易政策悖论：一方面相对自由化的贸易政策可以为本国获得利益，另一方面贸易的自由化又会导致其内部相关产业和利益群体的利益受到影响，又有一种保护的本能。经济全球化的发展使得各国、各地区之间的经济贸易政策的协调性加强，各国都认识到要在多边、区域、双边和单边各个层次上综合推进，以获得最大化的利润。贸易政策在各国、各地区之间的分配是不同的，贸易政策的正效应在各国、各地区也是不同的。

（2）贸易政策对就业的影响在不同的国家和地区是不同的，比如日本采取相对稳定的雇员政策，使得其国内失业水平很低，无论贸易政策如何变化，其国内的就业水平一般都处于稳定状态，这就无法研究出贸易政策对其的确切影响。再有就是加拿大，由于其资源和地理位置的限制导致国内失业很严重。但是欧盟在发挥贸易政策体系对就业的影响方面却很成功。

（3）贸易政策体系对国际收支有直接的短期影响，但在长期中不足以影响国际收支的总体趋势。

（4）贸易政策对通货膨胀的影响，在欧盟特别明显，因为欧盟成立本身就可以被认为是一个各国贸易政策的协调机构，所以欧盟入盟时的指标要求使得盟内各国通货膨胀率相对较低，但是随着欧盟的扩大，有进一步升高的趋势。美国相对自由化的贸易政策也使得国内保持了较低的通货膨胀率。

总之，各国、各地区贸易政策体系对其内部经济各个变量的影响程度不尽相同。对于美国而言，贸易政策体系对贸易、经济增长和国内就业的影响强，对通货膨胀的影响中等，对于国际收支的影响弱；对于欧盟而言，贸易政策体系对于所有这五个指标的影响都很强；对于日本而言，贸易政策体系对于贸易和经济增长的影响强，对于国内就业的影响弱，对于通货膨胀的影响中等偏强，对于国际收支的影响程度中等；对于印度而言，贸易政策体系对贸易、就业和通货膨胀的影响弱，对经济增长和国际收支的影响强。

3. 是否拥有一个明确、清晰、全面、连续的贸易政策体系是其对内部经济发挥作用的前提

美国拥有十分明确的贸易政策目标和具体的贸易战略，其国内贸易立法十分详细和严密。在发挥贸易政策对经济的作用上游刃有余。而印度没有一个十分明确、清晰、全面、连续的贸易政策体系，尤其是在改革开放前，对贸易和投资推动经济的作用认识不清，使得其贸易政策经常变化、波动很大。贸易政策体系对国内经济的正面作用很难得到发挥。

4. 贸易政策发挥作用有赖于内部经济基本面的支撑和其他政策的配合

贸易政策只能给成员方内部经济一个成长的机会，但它本身并不足以直接促使成员方内部经济增长，只有善于利用贸易政策，加强成员方内部企业和技术水平才能充分发挥贸易政策的作用。同时要有成员方内部宏观环境的支撑，否则贸易政策的发挥作用很难，如日本由于受其国内资源的限制，使得其不可能在单边层次上，像美国一样自由运用贸易手段，为本国企业获取利益，这也就是为什么在20世纪80年代日本在和美国的贸易摩擦中屡屡让步的原因，因为其国内资源和市场不足以支撑其贸易政策。贸易政策的实施受到很大的限制。

5. 国家和地区要准确把握世界经济发展的趋势加速调整贸易政策

美国在两次世界大战后都迅速调整自己的贸易政策，对其他国家和地区不惜单方面开放市场，结果换来了美国企业的全球市场，为其经济的发展创造了条件，在服务贸易即将成为新的贸易增长点的时候，美国早在20世纪70年代就进行了研究和政策制定。今天美国在服务贸易中的地位和当时的超前眼光是分不开的。与此对应的就是印度，印度政府历来对贸易的作用认识不清晰，也就没有一个明确和连续的贸易政策，本来是GATT的创始缔约方，却总是以发展中国家的身份保护国内市场，在利用外资上走走停停，一直比较犹豫，这和其实行的政治体制有关，因为印度实行的是三权分立的民主体制，加之特有的历史和人口众多、宗教、民族复杂的现实局限，使得在该体制下，决策者往往需要对全体选民做出回应，并选择那些使其保住职位机会最大的政策，贸易政策制定很困难，很难在短时间内制定出一个适合国际、国内环境的贸易政策。在政策的具体实施过程中又往往过于注重某一集团的利益，使得政策无法有效推进。

6. 要通晓应对贸易摩擦之道

国家和地区经济贸易发展到一定阶段，随着经济地位的上升与出口额的迅速增加，贸易摩擦就会增多。日本曾经经历了这样的阶段，其在应对贸易摩擦时的战略十分明晰：一是从贸易摩擦的根源入手，以先进技术为手段，加快国内经济与产业结构调整，使国内产业在很短的时间内优化升级，进入到下一个国际产业分工梯次中，获取更大的利益。二是从具体应对贸易摩擦的策略看，日本表面上都是采取"妥协"姿态。与贸易摩擦对象进行积极磋商，利用政治、外交渠道进行协调，在摩擦升级到一定阶段后，就做出"让步"。不过，在让步的同时，从国内政策入手，以技术、资金为手段，提升企业的竞争力，提高产品的科技含量，获得更大的利益。以美日签署《汽车出口自愿限制协议》为例，从表面上看，美国限制了日本的汽车出口，实际上，从协议实施的结果看，日本不仅使得原有出口到美国的汽车价格提高，获得收益，而且由于改进了技术，在高档轿车市场上获得了更大份额。事实证明随着日本技术水平的提高和经济与产业结构的优化升级，西方各贸易大国与美日两国之间的贸易争端明显减少，并且开始与美日发展更加紧密的贸易关系。

（七）关于中国贸易政策体系的绩效评估及模型分析

采用实证分析的方法重点研究了影响中国贸易政策体制的因素，计算结果表明：

第一，来自主要贸易伙伴的外部需求决定了中国的出口，而中国的进口一直与出口有着密切的联系，进口的增长会促进出口的增长，这与中国大力发展加工贸易产品出口的现实格局是紧密联系的。

第二，关税对于进口来说抑制效用是很有限的，但是作用会延续一段时间。

在进一步的多边谈判当中,我们可以考虑在关税削减方面做出一些让渡,而关键的问题,仍在于本国自身健全的外贸体制的建设。

第三,出口退税政策对出口产生的正向影响是很有限的,政策效果并不明显。该政策的取消在国内受到的抵触应该主要来源于国内利益群体。

第四,用全球贸易分析模型进行关税削减模拟的结果表明,在关税进一步下调时,进口品的国内价格下跌,降低中间投入与民间消费的成本,有正面的影响;进、出口方面所受到的影响幅度比实质GDP明显。中国农产品和工业品的产出都将略有减少,而纺织品部门的产出将增加。农产品、工业品、纺织品进口和出口的规模都在扩大,而增长的比例均在进口方面表现得更为突出。在贸易差额方面,除了纺织品及服装部门,其他两个部门可能出现逆差。模拟的结果在一定程度上也从侧面反映了中国目前纺织品及服装部门的国际竞争力。同时,还就不同的瑞士公式系数,讨论了不同成员承受非农产品关税减让所产生冲击时的作用。

(八)关于中国贸易政策体系的发展与完善

1. 提出中国未来贸易政策体系的目标

首先,国家利益是一国外经贸发展所追求的永恒的、核心的目标。国家利益是一个综合性、不断发展的概念,这就意味着中国贸易政策体系的全方位调整,外贸发展观念的改变,而不再仅仅局限于产业和部门利益,应该从国家的综合利益进行考虑。同时,国家利益的实现并不是无限制的,在实现国家利益的同时需要考虑国家经济安全,其具体内容主要包括:贸易安全、就业安全、资源安全、市场安全、产业安全。其次,由贸易大国走向贸易强国,是中国未来贸易政策体系的基本目标,也是中国获取国家经济利益的重要保证。具体而言:一是促进中国贸易平衡协调发展。贸易平衡发展是贸易本身的目标,主要包括贸易总量平衡、贸易结构平衡、贸易方式平衡以及贸易地区流向平衡。二是实现贸易与经济稳定和持续增长。经济增长既包括量的增长,也包括质的增长,包括经济效益的改善以及经济结构的调整和优化。三是实现贸易与经济社会协调发展。经济发展和社会发展是密切相关的,但经济发展和社会发展的目标并不总是一致的,经济增长并不能必然带来同步的社会发展。四是构建和谐的对外贸易经济环境。构建和谐社会是中国政治经济体制未来发展的首要任务,而和谐社会不仅仅是对内和谐,对外同样要和谐。

2. 论证中国对发展中国家和地区成员实施优惠贸易安排的必要性

大国的竞争是全方位的,不仅仅是市场的竞争、技术的竞争,也是经济关系的竞争。在快速变化的全球化趋势当中,国与国之间的关系也因贸易而变得更加复杂。由于发展中国家和地区在当今世界中的地位越来越重要，它们往往成为平衡的天平上至关重要的筹码。因此，发达国家和地区纷纷利用普惠制、区域贸易协议等政策拉拢发展中国家和地区，以实现自身多元化的利益诉求。自2001年加入WTO以来，中国的综合国力日益提高，经济的高速发展很大程度上得益于现行多边贸易体制。中国作为一个发展中的大国，不仅要致力于国内经济建设以及对外贸易的发展，还应促进与其他国家及区域组织的政策协调和共同发展。中国已完全有实力协助其他发展中国家和地区发展经济，从而进一步推动中国经济的国际化，并且提升对外贸易关系。因此，中国也应建立针对一些发展中国家和地区的优惠贸易安排。这不但顺应WTO促进发展中国家和地区经济发展的宗旨，也有利于中国在世界经济与政治舞台上发挥积极的作用，促进中国与其他发展中国家和地区的睦邻友好关系，并最终促进受惠发展中国家和地区的经济发展。对于中国而言，实施自己的优惠贸易安排战略不仅必要，也是可行的。

3. 提出中国未来贸易政策决策机制的原则

一是政策制定的部门协调原则。贸易政策的实施和影响并非孤立的，贸易政策制定过程中也需要多方参与，通过各方的协调从而达到政策利益的最大化。二是制定过程中的多方参与原则。多方是贸易政策制定中的制定者应该包括政府部门、企业或者利益影响者、科研机构人员、专家学者等，他们的参与往往更能够保障贸易政策的公平、合理和具有可操作性等。三是贸易政策制定过程以及实施的通知和透明度原则。通知和透明度原则是WTO对其所有成员贸易政策制定过程的要求，也是中国政府在贸易政策制定过程中必须遵守的原则。四是加强监督的原则。贸易政策监督机制中的监督主体应呈现多样化和层次性。全国人民代表大会是贸易政策实施监督的最高机构，它需要对主体法和主要部门法的实施情况进行监督，并对其实施过程中出现的问题提出解决意见，有权提出修改或废止某项法律的实施。同时，立法机构需要对贸易政策的实施过程进行定期审议，指出实施的不足并提出修改建议；国务院、各地方政府也可以对贸易政策的实施过程进行"垂直型"行政监督。五是强化反馈的原则。主要指贸易政策实施过程的监督者在发现贸易政策实施中的问题后的反馈途径。因此，立法机构或者成立独立机构负责贸易政策实施情况的反馈。这些信息反馈者包括人大代表、国务院其他部委、地方政府部门、企事业单位、团体机构、消费者个人等，他们可以通过该项反馈机制及时表示自己所发现的贸易政策实施过程中的问题，并可以提出自己的建议，这些反馈信息应该得到足够的重视，也是将来贸易政策实施过程改进的重要参考信息。

4. 提出完善服务贸易促进体系和提高服务贸易出口能力的政策建议

以外汇为基础创建服务贸易发展基金；通过多层次谈判，争取有利于服务贸易出口的市场条件；建立有利于服务出口的投、融资环境；建立有利于服务业和服务贸易发展的财税支持体制；建立中小型服务企业出口扶助中心；针对特定地区进行服务贸易出口专项支持。

5. 提出中国知识产权战略规划

完善知识产权法律法规，强化知识产权执法力度；设立专项知识产权保护基金，提升知识产权保护意识；建立国家、行业、企业间协调的知识产权预警体系；建立知识产权国际纠纷协调机制，参与知识产权国际规则制定；完善创新体制建设，促进企业自主创新。

（九）关于WTO主要成员的贸易摩擦预警和争端解决机制

在经济全球化的推动下，国际贸易自由化已是世界范围内不可逆转的潮流。但是，贸易自由化历来与贸易摩擦形成了一种相辅相成的关系，贸易摩擦作为贸易自由化的反制，一直没有停止过对自由化进程的制约和影响。发达国家和地区与发展中国家和地区之间，以及发展中国家和地区之间产生了众多的贸易摩擦与争端。

所谓机制，就是处理事务的一种固定程序或模式。从广义上讲，不论是摩擦预警还是争端解决机制，都从属于贸易摩擦应对机制的范畴，是同一个过程中两个不同阶段的具体体现。贸易摩擦的应对机制是国家和地区处理对外贸易摩擦时形成的固定程序或方式，这种程序或方式一般由静态和动态结构组成，静态结构是指应对贸易摩擦的国内立法和地区规定与行政机构设置、多边与双边协议框架、法律法规、部门规章、政策及相关主体的自身规定制度和规章等；而动态结构指应对贸易摩擦主体根据静态结构具体实施时形成的固定处理模式和程序。应对贸易摩擦主体有狭义和广义之分，狭义主体指涉案企业，广义主体则包括贸易摩擦应对机制下的宏观主体（政府部门）、中观主体（行业协会和中介组织）以及微观主体（企业）等。由于在全球的贸易地位的不同，面临的环境和贸易利益也存在着差异，各国、各地区的贸易摩擦应对机制又有不同的侧重。

为了维护国内产业、企业和消费者的利益，美国、欧盟、日本等WTO发达国家成员在各个层次建立并完善了贸易摩擦应对机制。在贸易摩擦与争端的解决方面，充分利用双边磋商、WTO多边争端解决机制和一系列单边措施，并建立了一套比较完善的国内程序。在摩擦预警方面，这些国家则建立了相关的政府部门为主导，行业组织、企业、研究机构积极参加、协调互动的"多位一体"的动态机制，比如美国的"钢铁进口监控与分析体系"、"贸易合规性监控机制"以及欧盟的"快速反应机制"等。

与此同时，印度从本国的发展战略出发，在应对国际贸易争端和保护自身利益方面，也积累了丰富的经验，建立了较完善的组织体系和法律体系，既有成功的经验，也有失败的教训，并从中探索出了有效的争端解决机制和方法。在贸易摩擦预警方面，发展中经济体在产业损害调查方面积累了丰富的经验，为产业损害预警机制的建立提供了有力的基础，比如印度的"重点商品进口监测机制"，很好地防止了国内产业受到不正当竞争冲击的威胁，也值得借鉴。

（十）关于中国贸易摩擦预警与争端解决机制的建立与完善

1. 分析了未来中国所面临的贸易摩擦的焦点所在和趋势

中国未来的对外贸易摩擦也主要集中在中国的主要贸易伙伴之间，尤其是对中国存在严重逆差的国家和地区。以美国为例，未来的摩擦焦点主要包括：贸易赤字及人民币汇率问题将使中美贸易摩擦频繁发生；工业制品是中美贸易摩擦的焦点之一，尤其是钢铁制品、纺织品服装；知识产权问题将成为未来中美贸易摩擦的主要焦点；农产品贸易方面，不合理的、不透明、不科学、繁杂的检验检疫机制导致的农产品进口贸易摩擦，尤其是一些不合理、缺乏科学依据的食品安全检验与动植物防疫检疫标准导致了国外进口受到限制，具体包括牛肉与疯牛病、小麦、零病原菌标准、食品添加剂、食品标示、政府补贴及税收措施导致的农产品贸易摩擦；服务贸易会成为摩擦的焦点之一，摩擦焦点集中体现在服务行业的开放和国内市场准入问题上。

2. 预测了中国未来对外贸易摩擦的趋势

认为贸易摩擦总体上将会继续增多，贸易摩擦具有结构性与长期性特征，贸易摩擦所涉及的利益关系多样化、复杂化，贸易摩擦可能演变为经贸体制层面的冲突，反倾销与保障措施仍是贸易摩擦的主要政策手段，以反补贴为手段的贸易摩擦将会增多，知识产权和技术性贸易措施将成为贸易摩擦的主要形式，农产品、纺织、化工、机电等传统产业仍将是贸易摩擦的主要对象，汽车、IT以及制药等新兴产业遭遇的贸易摩擦将增多。

3. 详细分析了进出口贸易的监测机制

一是进出口贸易重点监测产品的选取。（1）重点监测产品的选取原则。进口产品的进口总量（或某一国家、某一地区的进口量）大幅增加；进口产品价格大幅下降；产品的国内市场价格大幅下降；产品的产销率大幅下降，且进口产品的市场占有率上升；产品的销售价格大幅下降。（2）重点监测产品的选取方法。从进出口增量变化大的品种中筛选（在所有监测产品中，总进出口量或分国别和地区进出口量增加达10%以上，这些产品可以成为重点监测产品的对象）；从进出口价格下降幅度大的品种中筛选（在所有监测产品中，如果某一进出口产品的进出口价格或分国别和地区进出口价格下降幅度达5%以上，这些产品可以成为重点监测产品的对象）；从国内市场价格下降幅度大的品种中筛选（在所有监测产品中，如果国内某一产品的市场价格下降幅度达5%以上，这些品种就可能成为重点监测产品的对象）；从产品的产销率下降幅度大，且进口产品市场占有率上升的品种中筛选（在所有的监测产品中，如果国内某类产品的产销率低于90%，且进口产品的市场占有率上升，这些产品就可以成为重点监测产品的对象）；从产品的销售价格下降幅度大的品种中筛选（在所有监测产品中，如果某类产品的销售价格下降幅度达5%以上，这些产品就可以成为重点监测产品的对象）。二是进出口贸易监测模型。有关进出口贸易监测模型，随着产业的不同，监测模型也不一样。

4. 构建了中国的进口预警体系

进口预警体系包括：农产品进口预警体系、能源产品进口预警体系、一般（非农）产品进口监测、重点（非农）产品进口监测、基于产品质量的进口监测、基于产品安全的进口监测、基于环境保护的进口监测。

5. 构建了中国服务贸易的监测与贸易摩擦的预警机制

预警机制包括：一是服务贸易进出口监测，重点在于建立完善可行的服务行业贸易统计体系和数据库，通过数据库的信息可以监测服务贸易逆差、与贸易总额的比例关系等，从而为中国的服务发展战略提供依据。二是重点服务行业外部效应监测及预警。许多服务行业会产生各种外部效应，针对这些外部效应的监测不仅对中国服务贸易健康发展有重要意义，甚至对维护中国人民生命安全、国家经济安全也有重大意义。以旅游业为例，旅游贸易的出口方式主要是境外游客进入国门旅游，而旅游活动包括住宿、餐饮、游玩、医疗和金融交易等，容易发生疾病、事故纠纷、旅游及旅游产品价格剧烈波动等外部效应，因此对入境人员的健康检查、旅游消费及其物价指数的监测非常重要。国家旅游局在卫生部、消费者协会等部门的协助下建立旅游行业外部效应监测预警体系，发布旅游行业信息和警示，并综合制定旅游贸易的发展战略。再以金融业为例，金融业包括银行业和保险业，交易和贸易形式高度专业化，金融业关系国家经济安全，为防止和提前警示可能出现的金融违规行为、热钱和洗钱行为等，中国人民银行和银监会以中国国情为基础，利用专业化知识和技术，借鉴国际金融监管的先进经验，构建金融服务行业的监测预警体系。三是贸易伙伴服务贸易壁垒监测。中国作为发展中国家成员，服务贸易仍处在新兴发展过程。对贸易伙伴服务贸易壁垒的监测无疑非常重要，与货物贸易出口市场壁垒相似，服务贸易壁垒也主要源于各类服务技术标准、市场准入法律法规中。商务部于2006年4月成立服务贸易司，旨在促进中国服务贸易健康发展。服务贸易司可以主导贸易伙伴服务贸易壁垒的监测，建立对应的法律法规数据库。

6. 构建了利用外资的监测与摩擦的预警机制

一是利用外资的风险。主要是指"外商直接投资给东道国（地区）支配和控制关键资源能力产生的威胁，即会使东道国（地区）支配和控制关键资源的能力丧失和部分丧失的风险"。具体有如下风险：（1）资源控制权风险。东道国（地区）引进外资开发利用自然资源时，由于外资具备资金、技术等方面的优势，东道国（地区）在开发的范围、程度、加工等方面会受到外资的牵制。（2）产业和市场控制权。外资企业通过技术优势挤出东道国（地区）的传统产业，并利用本土化措施使东道国（地区）的部分技术和人才被吸引到其公司内部，使得东道国（地区）的企业人才流失。从长期看，若是东道国（地区）不注意本国或本地区的开发创新能力，将形成对外资的过分依赖。（3）产品控制权。外资企业产品的技术、质量、服务、管理优势是东道国（地区）企业不可比拟的，东道国（地区）企业产品往往被挤出市场，使外资产品占主导。特别是具有综合优势的外资企业对东道国（地区）的幼稚企业、新兴企业以及一些关键行业的发展有很大的影响。二是利用外资的监测与预警机制。可以用以下指标来对外资进行监测和预警：外资（外资控股企业或外商直接投资企业）所占市场份额（一般以销售收入占市场份额50%作为警戒标准）；关键部门外资的比例（对关键部门的外资比例要控制在20%~30%）；幼稚产业的外资占有率（同上，20%~30%）；外资企业的出口份额和出口倾向指数；外资企业的出口占全国总出口的比例，该指数大于1表示外资企业的产品销售倾向于国外市场，若小于1表示外资企业的销售倾向于国内市场；外资控股率（外方控股超过50%就是绝对控股，外资控股率的上升就表明东道国对外资控制率的下降）。

7. 构建了对外投资的监测与摩擦预警机制

一是对外投资的主要风险，分为政治风险、商业风险及其他性风险。二是构建对外投资摩擦预警机制。与其他预警机制一致，建立对外投资预警机制也分为确定指标、寻找摩擦起源、准确及时报警等步骤。"真正建立风险识别—风险评估—风险预报—风险排除预警系统"，实现对境外投资风险的实时跟踪、监督、预警与防范，来有效化解跨国投资过程中的各种商业和非商业风险。

8. 提出预警系统要有多种大型数据库和资料库提供警源

预警是需要警源的，即拿什么预警，而警源就是信息。预警是对待信息的一种处理态度，预警的主要依据就是信息。从实际经济运行来看，信息既包括产品和产业数据，也包括贸易伙伴政策法律法规修改，甚至隐身于各类官方、非官方的研究报告和工作论文里。因此建立持续性的、详细的、灵敏的数据库和资料库非常重要。根据信息获得的途径和便捷度来看，产品进出口贸易数据库应由中国海关建立；贸易伙伴法律法规数据库应由中国驻外使领馆商务部门建立，或其提供第一资料由商务部建立；国内产业数据库应由行业协会或大型垄断性国企建立；国内外政府及机构研究报告、专家意见库，应由社会研究力量建立。

9. 提出现行贸易政策决策机构设置的政策建议

本课题提出政协更要发挥经贸事务辩论场所的作用。增加"中国贸易谈判办公室"为国务院直属特设机构。增添专门委员会为全国人民代表大会的委员会成员。尤其是详细论证了需要跨部门贸易政策决策机构作载体，这个载体应当是一个以国家利益为中心的，直接向国务院负责的，高于现有各职能部委级别的常设机构——中国贸易谈判办公室。（1）中国贸易谈判办公室的职能。中国贸易谈判办公室由国务院提出设立并经全国人大给予法律地位，作为国务院在贸易政策方面的智囊团，其职能是协调中国内外贸易政策，推动中国对外贸易（包括货物、服务、直接投资、知识产权）发展，跨部门、跨区域综合衡量和调节贸易政策，指导中国参与双边、多边经贸谈判，并代表中国在单边、双边、区域和多边贸易行为的统一声音。（2）中国贸易谈判办公室的构成。中国贸易谈判办公室的工作组可按照双边、多边作横向划分，按照货物贸易、服务贸易、投资、知识产权、其他WTO协议内容作纵向划分。成员一部分可选取贸易问题、投资问题、知识产权问题、谈判等领域的专家作为常务顾问，可为兼任。另一部分成员的工作是跨部门沟通，一项贸易决策需要联合商务部、农业部、工商管理总局等各部门工作的配合，可以结合这些部门的相应机构和人员为临时或常设在办公室的委员会，针对更加具体的问题做出贸易政策建议。另外，办公室可按年度选取有代表性、工作突出的社会研究机构、行业协会等研究力量成为办公室的外部建议委员会，丰富和全面化贸易决策的信息支撑。（3）中国贸易谈判办公室以"研究活跃、成果丰富"为特点。中国贸易谈判办公室要有自己的年度报告，如同贸易政策的"年度规划"，总结上一年贸易政策的重点和实施效果，并对下一年贸易政策做出日程规划，另外上述办公室成员和委员会成员可以不定期推出自己的工作报告，这些报告需要紧跟中国在单边、双边、区域、多边贸易体制中的环境变化，选题自由，但要有时效性，犀利并鲜明地提出相关建议。中国贸易谈判办公室应该建立开放性网站，公开发布并可以无障碍共享和获得上述年度报告和工作报告，从而方便经济中宏观、中观和微观主体进一步判断，研究和反馈。每年发布各类评估报告，这些报告就成为贸易摩擦预警的重要信息来源。尤其应该发布《国外贸易壁垒国家和地区贸易评估报告》，详细分析主要贸易伙伴的各类贸易壁垒，说明政府已经或拟采取的行动，是侦查和评估国外贸易壁垒的有效工具。（4）中国贸易谈判办公室设立地方、区域办公室。中国的省情和区域发展差别较大，一项贸易政策或协议涉及和影响的范围有一定针对性，基于此，中国贸易谈判办公室除中央政府集中组织管理外，需要设立地域办公室，如华中、华南、华北、东北等地区办公室，这些区域贸易谈判办公室可以针对区域经贸发展的实际情况对贸易政策进行反馈或建议，同时协调地方政府机构工作，疏通地方适应"全国一盘棋"的渠道，加大地方政府对国家经贸政策和协议的直接影响力。

第二章

WTO体制的发展及其对全球经济贸易的影响

一、WTO十年成就与问题共存

1995年1月1日,WTO正式宣告成立,为多边贸易体制的发展掀开了新的一页。到2005年,WTO已经走过了整整十个年头,WTO除了在其官方网站上虚设了一个"WTO十周年"的链接外,却没有举行任何庆祝或纪念活动。而且除了前任总干事彼得·萨瑟兰为首的咨询委员会提交的《WTO的未来:应对新千年的体制性挑战》外,也没有相关的研究专门论及WTO成立十年来的成就或问题。这与WTO成立之前各种预测分析报告的热闹出台相比,显得冷落许多。这或许是由于眼下的WTO受困于步履艰难的多哈回合而无暇他顾,但事实上,这十年对WTO来说具有重要的意义。一方面,有关的承诺如农业和纺织品领域的承诺在2005年全面执行完毕,《与贸易有关的知识产权协定》部分对于发展中国家和地区的过渡期也于2005年结束,在此时回顾与总结WTO的运行情况很有必要。另一方面,多哈回合当前遇到的困难正是对过去WTO运行所暴露出问题的一个反映,正是出于对以往多边贸易体制表现的不满,才导致许多成员特别是大多数发展中国家和地区成员对其未来发展的疑虑和对发达国家和地区成员倡议的抵制。因此,WTO的第一个十年仍然十分值得回味与探究,这对于我们更深刻地认识这一组织以及今后更好地参与其中都有现实意义。

(一)WTO规则的执行成果及问题

WTO的首要和最主要的职能是"促进本协定和多边贸易协议的执行、管理和实施,并促进其目标的实现"。这包含了两个层次的问题:第一个层次是执行和实施《WTO 协定》及其管辖下的多边贸易协议,最主要的任务也就是促进贸易自由化;第二个层次是在此基础上达成它的宗旨,即"提高生活水平,保证充分就业,扩大货物和服务的生产和贸易,依照可持续发展的目标实现对世界资源的最佳利用,保证发展中国家和地区在国际贸易增长中获得与其经济发展需要相当的份额"等。而第一个层次可以从下述几个方面加以观察。

1. 工业品关税减让

削减工业品关税一直是 GATT/WTO 最重要的任务,但在 WTO 成立之后却也是最没有问题的话题。由于关税的明示性特点,与之相关的履行通常就不会产生什么问题。也正是因为这一点,多边贸易体制从一开始就把关税视为最优的贸易政策。根据 WTO 统计乌拉圭回合谈判使工业品关税减让达到一个前所未有的高度,甚至在某种程度上使关税的政策意义消失殆尽。谈判的结果使发达国家和地区工业品加权平均关税从 6.3% 降至 3.8%,其中 32% 的税目为零关税。

但这并不表明工业品关税已经不存在任何问题,约束关税与实施关税差距较大,使得关税波动空间较大,如土耳其的约束关税为 43%,实施关税为 8%。关税升级和关税高峰的问题依然存在,特别是针对发展中国家和地区有出口利益的产品的关税仍然偏高,如所有成员在纺织品与服装上的关税几乎都是其所有产品类别中最高的。无论是发达国家和地区还是发展中国家和地区,其对发展中国家和地区的平均关税都要高于对发达国家和地区的关税。这些问题的存在限制了发展中国家和地区的贸易发展,以及从贸易发展中获得工业化利益的机会。

2.《农业协议》

《农业协议》的执行与工业品相比要复杂许多,而且其主要不在于市场准入,而在于成员方内部支持。《农业协议》为满足发达国家和地区保护本国、本地区农业的需要,将农业成员方内部支持划分为三个"箱",特别是设置了免于削减义务的"绿箱",使得发达国家和地区有充足的空间实现保护方式的转移。《农业协议》要求发达国家和地区在 1986~1988 年的基数上在 6 年内削减"黄箱"补贴 20%,但 OECD 对农业支持的研究表明,OECD 成员对农业生产的支持不降反升。如 OECD 成员 1986~1988 年的生产者支持量(PSE,基本相当于"黄箱"补贴)为 2 410 亿美元,到 2003 年这一指标增加到 2 573 亿美元,一般服务支持量(GSSE,基本相对于"绿箱"补贴)则从 1986~1988 年的 409 亿美元提高到 2003 年的 620 亿美元。2003 年 OECD 成员的农业收入有 32% 来自于政府的转移支付。在棉花这一产品上,美国和欧盟年均向其棉农提供的补贴达 40 亿美元,这直接导致从 1997~2002 年世界棉价下跌了 50%;而中非和西非的棉花出口占其农产品出口总量的 2/3，1 000 万非洲棉农面临着 12.5 万享受补贴的棉农的威胁，非洲各国、各地区每年因棉花补贴而遭受的损失达 10 亿美元。《农业协议》和《纺织品与服装协议》被认为是发展中国家和地区能够获益的最主要领域，并且这种利益是通过在服务业和知识产权领域的巨大让步获得的，但 WTO 成立以来的现实却表明，想要获得这种利益远非那么容易。

3.《纺织品与服装协议》

作为唯一到期后失效的协议，《纺织品与服装协议》于 2005 年 1 月 1 日正式退出历史舞台。但这十年的过程却绝不轻松。发达国家和地区从一开始就把一些原本没有限制的产品列入清单中，从而使分阶段削减义务大大小于其实际应承担的责任。根据 WTO 统计，美国、欧盟和加拿大的限制项目在 1995 年 1 月 1 日分别有 757 项、219 项和 295 项，但第一阶段开放的项目分别为 0、0 和 6 项，1998 年 1 月 1 日第二阶段只开放了 13 项、14 项和 23 项，到 2002 年 1 月 1 日第三阶段只开放了 43 项、38 项和 25 项。于是到 2005 年 1 月 1 日前，就产品种类而言，美国、欧盟和加拿大仍然分别有 93%、76% 和 82% 的产品等待最后时刻的释放，而远没有达到《纺织品与服装协议》所规定的 49%。这种忽视发展中国家和地区的贸易利益、玩弄游戏规则的做法，无法不令人怀疑其一再鼓吹贸易自由化的真实用心。

4. 贸易救济措施的滥用

贸易救济措施即反倾销、反补贴和保障措施作为应对贸易自由化所带来的不可预计风险的安全阀，其意义和价值是毋庸置疑的。然而，WTO 成立十年来的实践表明，在多数情况下，所谓安全阀不过是贸易保护主义的一个借口而已，并且由于这种借口的易于使用而有被滥用的趋势。

根据 WTO 统计，从 1995 年到 2004 年底，WTO 成员共发动 2 647 起反倾销调查，176 起反补贴调查和 135 起保障措施调查。而与此相对应的，与这三种贸易救济措施直接相关的贸易争端达 145 起，占全部争端案例的近一半。而在已做出的专家组报告中，绝大多数对提出贸易救济措施的成员做出了不利的裁决。同时有反倾销法律的成员增加到 65 个，实施过反倾销调查的成员从 1995 年的 18 个（欧共体 15 国计为 1 个）增加到 42 个。反倾销调查数量也从 1995 年的 157 起一路攀升，最高纪录为 2001 年的 364 起，此后有所下降，但 2004 年仍有 212 起。根据乌拉圭回合谈判的目标，《反倾销协议》、《补贴与反补贴措施协议》和《保障措施协议》的初衷应该是规范贸易救济措施，使其避免成为贸易保护的工具。而从实际的效果来看，这三个协议不但没有制止其贸易保护的倾向，反而为许多原本没有实施过贸易救济措施的成员提供了经验，使得贸易救济措施的滥用从发达国家和地区蔓延到更多的发展中国家和地区。

5. 发展中国家和地区成员承诺的执行困境

与以往 GATT 的削减关税和非关税措施不同，执行 WTO 项下的义务不仅仅是取消坏政策，更要建立好政策，特别如《与贸易有关的知识产权协定》、《技术性贸易壁垒协议》、《植物与植物卫生措施协议》、《海关估价协议》等。要保护知识产权，需要投入大量的人力、物力和财力，而不只是制定法律；要建立科学的技术标准及其检验程序，必须购买先进设备、培训专门人才；要实现科学的海关估价，要有一整套监控体系，改革海关管理流程等等。这一切都需要大量的资金投入，而对于发展中国家和地区特别是最不发达国家和地区来说，这是难以承受的，如坦桑尼亚估计要达到《海关估价协议》的要求，需要投入 1 000 万美元左右。而与发达国家和地区在纺织业结构调整上获得了近 50 年的过渡期相比，发展中国家和地区却只有 10 年的时间去履行《与贸易相关的知识产权协定》的严格要求，而其他协议只有 5 年的过渡期。对此，WTO 不仅需要向这些成员提供技术援助，也需要切实评估执行这些协议的成本与效益。

（二）争端解决机制：保障规则的执行

争端解决机制的革新被认为是 WTO 优于 GATT 的重要标志，而从十年来争端解决机制的运行来看，它确实没有辜负人们的期望。根据 WTO 统计，从 1995 年 1 月 1 日~2004 年 12 月 31 日，DSB 共受理了 324 起争端，远远超过 GATT 近半个世纪受理的争端数量。专家组针对其中 112 个争端做出了 85 份裁决报告，有 45 个案件达成了和解，27 个案件则处于停滞状态（事实上已经和解[①]）。因此，争端解决机制的总成功率达到了 57%，这无疑是一个相当高的运作效率。上诉机构作为 WTO 的一个创新，其运行也十分繁忙，共有 67 个专家组报告被提交到上诉机构，上诉率高达 77%，通过了 64 个上诉机构报告。

从争端解决机制的利用者来看，根据 WTO 统计，截至 2004 年 12 月 31 日，共有 92 个成员参与过 WTO 争端解决机制的活动（作为案件的争端方或者第三方），美欧仍然是最大的利用者，总共向 WTO 提交了 149 起磋商请求。而发展中国家和地区提出的申诉为 131 起，占 40.4%，与 GATT 时期的 18% 相比有显著的进步。但涉及的成员仅 32 个，占全部发展中成员（125 个）的 1/4。这显示出发展中成员对争端解决机制的参与和利用能力仍急需提高。从争端涉及的问题来看，贸易救济措施（反倾销、反补贴和保障措施）依然是最主要的热点，有 44.7% 的案件纠缠于此。而像知识产权、服务贸易在 WTO 成

---

① William J. Davey (2005), The WTO dispute settlement system: the first ten years. Journal of International Economic Law, Vol. 8, No. 1, P. 46.

立后新进入的问题，并没有如预期的那样产生很多的摩擦。有 24 个案件的主要争端领域是与贸易相关的知识产权，有 5 个案件的主要争端领域是服务贸易，仅占总案件数的 9%。

（三）新成员和新规则

成员数量的不断增加被一再作为 WTO 正当性和对发展中国家和地区公平性的论据，因此吸收新的成员一直是 WTO 的重要工作之一。从 1995 年成立至 2004 年底，共有 20 个国家和地区加入了 WTO，使成员数量从 128 个增加到 148 个（截至 2008 年 7 月 23 日，WTO 成员数已经达到 153 个）。其中中国的加入被视为 WTO 成立之后最重要的一次扩张。新加入的所有成员都是发展中国家或地区，也再次证明了尽管 WTO 至今仍然背负着"富人俱乐部"的名声，但大量发展中成员义无反顾地加入，说明它仍然得到了广泛的信任。另外还有近 30 个国家和地区正在等待 WTO 的批准。

除了扩展地理覆盖范围之外，WTO 也成功地扩张了管辖领域，在三个部门达成了单独的协议。1996 年 12 月 13 日在新加坡 WTO 首届部长会议上，29 个参加方政府签署了关于信息技术产品贸易的部长宣言，提出自 1997 年 7 月 1 日开始，到 2000 年 1 月 1 日分期削减直至取消信息技术产品关税。1997 年 3 月 26 日，占世界信息技术产品贸易总量 92.5% 的 40 个参加方政府在《信息技术协议》上签字，协议正式生效。1997 年 4 月 15 日，WTO 服务贸易理事会通过"第四议定书"（即《基础电信协议》），包含了 69 个成员提交的 55 份基础电信服务的具体承诺减让表。1998 年 2 月 27 日，WTO 服务贸易理事会通过了"第五议定书"（即《金融服务协议》），包含了 70 个成员的 56 份金融服务的具体承诺减让表。准确地说，这三个协议不是多边贸易协议，而只是各参加方承诺表的汇总，但其意义仍然不容低估。这三个协议的一个突出特点在于它们不是所有 WTO 成员都必须参与的，但它对其他成员特别是新加入的成员有强烈的示范作用。中国在加入 WTO 谈判时都被要求在信息技术产品的零关税、基础电信和金融服务的开放上做出承诺。而第二特点是它们涉及的领域都是发达国家和地区占据绝对优势的。事实上，发达国家和地区挑选了这三个领域作为重点和优先解决的问题，是因为即使不能使所有成员都接受，但通过这种点菜式的部门谈判方式，仍然可以最大限度地实现其利益要求。这也是为什么只有这三个问题在 WTO 成立后迅速取得成果的原因，而在其他领域如自然人流动、海运服务等问题上却没有取得任何实质性成果。这显然与乌拉圭回合的"一揽子谈判"方式是背道而驰的，对保持 WTO 的多边性和参与性也是不利的。

二、多哈回合谈判历程与现状

（一）多哈回合谈判的准备与发起

WTO 成立以来，就一直在酝酿和策划新一轮多边贸易谈判。1996 年的新加坡部长级会议审议了 WTO 成立以来的工作以及乌拉圭回合协议的实施情况，并决定成立贸易与投资、贸易与竞争政策、政府采购透明度三个工作组，同时将贸易便利化纳入到货物贸易理事会的职责范围[①]，这就是后来的"新加坡"议题。1998 年第二次部长级会议进一步讨论乌拉圭回合协议的实施情况，并开始为第三次部长级会议和启动新一轮多边贸易谈判做准备[②]。然而，由于发达国家和地区成员之间以及发达国家和地区成员同发展中国家和地区成员之间的谈判议题分歧过大，1999 年的西雅图部长级会议未能成功启动新一轮贸易谈判，但是会议决定并没有放弃启动新一轮多边贸易谈判的计划，并决定 2000 年开始进行农业和服务业领域的谈判[③]。2001 年 1 月，15 个成员要求当时的总干事摩尔寻找适当的机会来启动新一轮谈判。经过总干事和各成员的努力，最终决定于 2001 年 11 月在多哈举行 WTO 第四次部长级会议上启动新一轮多边贸易谈判。如期举行的多哈部长级会议上，各成员最终达成《多哈部长宣言》，宣布 WTO 各成员统一按照"多哈发展议程"的工作计划，就农业、非农产品市场准入、服务、知识产权、规则、争端解决、贸易与环境、贸易与发展等 8 个领域共 21 个议题进行谈判[④]，使多哈回合成为历史上最宏大的一次多边贸易谈判。至此，经过多年努力，新一轮多边贸易谈判艰难诞生。

（二）坎昆部长会议的无果而终

虽然多哈回合谈判成功启动，但它并不是所有成员真实意图的表现，这意味着多数成员并没有对多哈回合付出应有的政治意愿和努力。多哈会议刚刚结束，许多成员就开始从自己的承诺上倒退，这就事先注定了多哈回合的艰难进

[①] WTO，WT/MIN（96）/DEC，Ministerial Conference Singapore-Declaration.
[②] WTO，WT/MIN（98）/DEC，Ministerial Conference Geneva-Declaration.
[③] WTO，WT/MIN（99）/ST/Ministerial Conference Seattle-Statements.
[④] WTO，WT/MIN（01）/DEC/1，Doha WTO Ministerial 2001；Ministerial Declaration，2001 年 11 月 20 日。这 21 个议题分别为：农业、服务业、非农产品市场准入、与贸易有关的知识产权、贸易与投资的关系、政府采购透明度、WTO 规则、争端解决谅解、贸易与竞争政策的互动、贸易便利化、贸易与环境、电子商务、最不发达国家和地区成员、特殊与差别待遇、小型经济体、贸易、债务与金融、贸易与技术转让、技术合作与能力建设、与执行有关的问题及关注、工作计划的组织与管理等。

程①。为了使坎昆会议能够顺利进行，尽可能将争论和矛盾在会议正式开始前解决，WTO秘书处、贸易谈判委员会以及相关谈判小组在不到一年的时间里，先后在悉尼、东京、埃及、蒙特利尔组织了4次非正式会议。然而除了在知识产权与公共健康问题上达成的少许共识外，在农业、特殊和差别待遇、非农产品市场准入等实质性议题上均无突破。坎昆会议上，146个成员在21个议题上展开了热烈的争论（而不是讨论）②。作为争论焦点的农业问题，各个成员集团就农业市场准入、成员方内部支持和出口补贴三个主要问题争论不休。在启动"新加坡议题"问题上，发达国家和地区成员主张马上启动"新加坡议题"的谈判，而发展中国家和地区成员极力反对。为打破讨论僵局，WTO于2003年9月13日出台了部长宣言草案的修改稿，但各成员认为该新文本并没有解决分歧，最终导致坎昆会议的失败，使原计划于2005年1月1日前结束新一轮谈判的目标难以实现，多哈回合谈判陷入停滞。

（三）2004年7月谈判框架协议达成

坎昆会议谈判破裂后，WTO谈判的重点转向了制定一份框架协议，以确定以后的谈判指导原则和谈判内容及方向，而将一些具体技术细节留待后续谈判确定。但随后于2004年3月22日举行的坎昆会议后农业问题的第一次正式会谈中，发达国家和地区成员与发展中国家和地区成员之间在农业出口补贴、市场准入、关税峰值、农产品绿色标准等方面仍存在明显分歧，谈判并未取得实质性进展。2004年6月22日，美国、欧盟、巴西、印度和澳大利亚的贸易代表就农业补贴问题进行了新一轮磋商，使得多哈回合农业谈判各方存在较大分歧的三个问题都取得了初步进展。为使谈判在7月底最后时限前达成一致，2004年7月16日，WTO公布了《多哈回合谈判指导意见草案》，涉及农产品、工业品、服务业、棉花、贸易便利化以及发展等诸多问题，但是仍然有不少成员对其内容不满。WTO总理事会在对草案修改后于7月30日向各成员代表散发。以此为基础，经过连续40小时的昼夜谈判后，8月1日，WTO的147个成员终于达成《总理事会关于多哈议程工作计划的决议》（以下简称《框架协议》）③，涉及农业、非农产品市场准入、发展问题、服务贸易以及贸易便利化等多项内容，确定了谈判的基本原则，使濒临失败的多哈回合起死回生。

---

①② 张汉林、屠新泉、张军生：《停滞中的"发展"回合——坎昆会议评述》，载《国际贸易论坛》，2003年第6期。

③ WTO, WT/L/579, Doha Work Programme, 2 August 2004.

(四) 香港部长级会议的突破性进展

为完成《框架协议》提出的在 2006 年底结束谈判的目标，根据《框架协议》确定的原则，WTO 又多次举行小型部长级会议，包括达沃斯小型部长级会议、肯尼亚小型部长级会议、巴黎小型部长级会议、大连小型部长级会议，讨论农产品征税转换问题、市场准入和发展问题，并取得了一些成果。2005 年 12 月 13~18 日，WTO 第六次部长级会议在中国香港举行，就多哈回合谈判的主要议题进行磋商，为今后的谈判提供清晰的指导路线图。尽管各成员之间的分歧依然存在，但是大会最后还是通过了《香港宣言》，就农产品出口补贴取消的期限、棉花问题、最不发达成员的"双免问题"和非农产品市场准入的关税减让公式的选择问题达成共识。各成员一致同意：规定各成员必须在 2013 年底以前取消所有形式的农产品出口补贴；发达国家和地区成员必须于 2008 年在至少占全部税号数目 97% 的产品上给予最不发达国家和地区成员免关税和免配额的待遇。发达国家和地区成员必须于 2006 年底前取消对棉花的出口补贴，多哈回合谈判一结束就给予最不发达国家和地区成员的棉花免关税和免配额待遇。在削减非农产品关税的共识上将采取两个系数的瑞士公式，明确了发展中国家和地区成员在公式之外也将享受必要的灵活性。①

(五) 多哈回合谈判进入休眠期

虽然香港部长级会议取得了局部性成果，但是各成员之间的分歧依然严重，《香港宣言》确定 2006 年 4 月 30 日前就农业和非农产品谈判达成全面模式，以争取在 2006 年底前完成谈判。但是，由于没有消除分歧，香港部长级会议以后各成员开始对具体的公式和数据进行磋商时，谈判再次受阻。出于国内政治因素的考虑，美国、欧盟、日本等发达国家成员在农业问题上的不让步，加上美国布什政府 2002 年获得国会贸易促进法案授权的谈判权将在 2007 年到期，这使得这轮争论异常激烈的谈判更加紧迫和岌岌可危。虽然如此，但在 2006 年 4 月 30 日前各成员仍未能就农产品和非农产品问题达成初步协议。2006 年 6 月 29 日至 7 月 1 日，WTO 在瑞士日内瓦举行小型部长级会议，试图就多哈回合谈判中最关键的削减农产品出口补贴和成员方内部支持以及非农产品市场准入问题达成一致。在谈判中，发达国家和地区成员继续向发展中国家和地区成员施压，要求其在非农产品准入方面做出更大的让步；发展中国家和地区成员毫不示弱，G20 集团指出多哈回合是以促进发展为目的的谈判，

---

① WTO, WT/MIN/(05)/DEC, "Doha Work Programme-Ministerial Declaration", 22 December 2005.

发达国家和地区成员理应先做出让步，削减农产品出口补贴和成员方内部支持，并降低农产品进口关税。由于各成员分歧较为严重，互不相让，致使谈判无法取得任何进展。由此在 2006 年底完成多哈回合谈判的愿望已经非常渺茫，2006 年 7 月 24 日，WTO 总干事拉米最终宣布多哈回合谈判无限期中止。至此，这轮用时近五年的新一轮全球多边贸易谈判进入休眠期。

（六）2007 年谈判重启

世界贸易组织在 2007 年 1 月 31 日在日内瓦召开由全体成员大使参加的会议，与会大使一致表示支持在瑞士达沃斯举行的世贸组织小型部长级会议做出的决定，同意全面恢复多哈回合各个议题的谈判。总干事拉米在当天的会议上说，现在是全面恢复多哈回合谈判的时候了，各方显然对此充满期待。他说，与过去几个月相比，现在具备了更有利于多哈回合谈判取得成功的政治条件，各方人员在进行谈判的时候应该确信协议是可以达成的。他还说，今后的谈判应该是有广泛参与的、内容透明的谈判，不过各成员也可以继续进行较为谨慎的非正式磋商或双边磋商。若多哈谈判失败，差不多各方都将是输家，也将损及 WTO 作为谈判论坛的可信度。届时，全球将充斥着零零散散的双边和地区间贸易协议，它们更多的作用是将贸易变得更复杂，而不是促进贸易的自由化。

欧盟以及世贸组织大部分成员都声称，要继续推动谈判，美国应该做出更大的让步。它们或许是对的，但让步的方式并不完全是它们认为的那样。美国无疑需要妥协，但它应该在减少农产品补贴方面做出更多让步，而不是大幅降低其对欧盟和印度等其他经济体开放农业市场的要求。在削减其扭曲贸易现状的农业补贴方面，根据美国目前的削减额清单推理，它每年的补贴最高达 225 亿美元。事实上，它可以毫不费力的将这一数字减少近四分之一。美国谈判代表自称，在实际操作中，他们无法使用理论上 50 亿美元的限制，因为很难找到适合的农业项目。

（七）2008 年小型部长级会议继续谈判

2008 年 7 月 21 日，WTO 35 个主要成员的贸易和农业部长在日内瓦举行会议，目的是寻求多哈回合谈判取得关键性突破。该小型部长级会议经过了 9 天的讨价还价，在美国、印度、中国三方无法达成共识，愤而放弃之后，2008 年 7 月 29 日，WTO 总干事拉米宣布历时 7 年之久的多哈回合谈判终以失败告终。

三、WTO《农业协议》的实施及多哈回合农业谈判进展

(一) WTO主要成员对《农业协议》的实施情况

1. 在市场准入方面的实施情况

在关税措施方面，虽然各成员均按照协议要求削减了关税水平，但由于《农业协议》要求以1986~1988年为基期，而此时国际农产品价格普遍较低，各成员多采取高关税保护等措施，以此为参考基准，实施效果自然会受到影响。另外，在具体实施过程中，各成员避重就轻，降低敏感农产品关税削减幅度，而以大幅削减具有不敏感性或较不具进口机会的产品作为补偿，以达到36%的降税目标。在此情形下，各成员农产品市场开放大打折扣。

关税配额管理是非关税措施关税化后的一种过渡措施，各主要成员对农产品关税配额承诺实施良好，但也存在一些问题。

2. 在成员方内部支持方面的实施情况

（1）WTO统计表明，美国基期综合支持量（AMS）为238.8亿美元，承诺在实施期末将其削减为191亿美元。1997年时美国已削减至62.38亿美元。虽然美国在1997年已经基本提前完成削减任务，但在此期间的"绿箱"支持由240.98亿美元上升到512.49亿美元。

（2）WTO统计表明，欧盟基期AMS为923.9亿美元，承诺在实施期末削减至763.03亿美元，削减幅度为17%。1996年，欧盟实际已削减至571.2亿美元。欧盟提前完成成员方内部支持量的削减义务，但欧盟"绿箱"支持呈上升趋势，由基期的103.4亿美元上升到1996年的247.95亿美元。与此同时，欧盟"蓝箱"支持也有所上升，1996年达到241.03亿美元。

（3）WTO统计表明，日本基期农业AMS为354.72亿美元，占农业生产总值的50.5%，承诺在实施期末削减为283.78亿美元，削减幅度为20%。1997年，日本已削减至244亿美元。日本对农业没有使用"蓝箱"支持，但"绿箱"支持由基期的161.92亿美元上升到1997年的247.9亿美元。

（4）WTO统计表明，韩国基期的AMS为29.86亿美元，占农业生产总值的17.86%，韩国承诺在实施期末削减为23.89亿美元，削减幅度为13%。至1998年韩国的AMS为20.17亿美元。与此同时，韩国有效地利用了关于发展中国家和地区的特殊和差别待遇，对农业的"绿箱"支持也明显上升。

3. 在出口竞争方面（出口补贴）的实施情况

《农业协议》要求发达国家和地区成员6年内对出口补贴额进行36%的削

减，出口补贴量进行 21% 的削减；发展中国家和地区成员对出口补贴额进行 21% 的削减，出口补贴量进行 14% 的削减。而根据 2005 年的统计数据，在 148 个成员中，只有 25 个成员在承诺削减的产品上被允许实施出口补贴，共计有 428 个产品项目，约束金额高达 137.18 亿美元。① 此外，除部分发展中国家和地区成员在执行期间实施的营销、降低成本与运输补贴可暂时免于削减外，其他成员皆禁止实施出口补贴。根据 WTO 成员出口补贴通报材料，1998 年实际使用出口补贴的成员共有 14 个，补贴总额 65.01 亿美元，主要集中在欧盟（58.43 亿美元）、瑞士（2.92 亿美元）、美国（1.47 亿美元）。各成员所占比重分别为 89.9%、4.5% 和 2.3%。

4. 《农业协议》实施中的问题——成员方内部支持不降反升

《农业协议》的实施比较复杂，其主要问题不在市场准入，而在于成员方内部支持。为满足发达国家和地区成员保护本国和本地区农业的需要，《农业协议》将农业成员方内部支持划分为三个"箱"，特别是设置了免于削减义务的"绿箱"，使得发达国家和地区成员有充足的空间实现保护方式的转移。

（二）多哈回合农业谈判进程

1. 多哈回合农业谈判的授权

2001 年 11 月第四次部长级会议的《多哈宣言》确定了农业谈判的内容：市场准入的实质性改进、所有形式出口补贴的削减和逐步取消、产生贸易扭曲的成员方内部支持的实质性削减。各成员同意发展中国家和地区成员的特殊和差别待遇应成为《农业协议》谈判中各个问题不可或缺的组成部分，并将非贸易关注列入《农业协议》的谈判议题②。根据这一要求，农业委员会在第 11 次特别会议中决议，新回合谈判进一步承诺内容将明确地集中在市场进入、境内支持和出口补贴等议题上，且需考虑发展中国家和地区成员和最不发达国家和地区成员的特殊与差别待遇，以及发达国家和地区成员所关切的非贸易关注等问题。根据多哈回合谈判的要求，农业议题进一步的承诺方案应在不迟于 2003 年 3 月 31 日前完成。参与谈判的成员应当最迟在第五次部长级会议前提交基于上述承诺方案的综合减让表（草案）③，最后在 2005 年 1 月 1 日完成多哈回合谈判。

---

① WTO 文件第 TN/AG/S/8 号，25 国包括澳大利亚（5）、巴西（16）、保加利亚（44）、加拿大（11）、哥伦比亚（18）、塞浦路斯（9）、捷克（16）、欧盟（20）、匈牙利（16）、冰岛（2）、印度尼西亚（1）、以色列（6）、墨西哥（5）、新西兰（1）、挪威（11）、巴拿马（1）、波兰（17）、罗马尼亚（13）、斯洛伐克（17）、南非（62）、瑞士（5）、土耳其（44）、美国（13）、乌拉圭（3）、委内瑞拉（72），括号表示其可实施出口补贴产品数目。

②③ WTO, WT/MIN (01)/DEC/1, Doha WTO Ministerial 2001：Ministerial Declaration.

2. 多哈回合农业谈判的进程

多哈回合农业谈判可以分为以下几个阶段：

（1）第一阶段（2000年3月～2001年3月）。在谈判的第一阶段，农业委员会共召开6次正式的特别会议，共有126个成员提出45份谈判提案和3篇技术报告，WTO秘书处针对重要议题提出27篇背景报告，供各成员进行谈判的参考。

（2）第二阶段（2001年3月～2002年2月）。第二阶段谈判以召开非正式及正式会议的方式进行，主要针对成员提案所涉及的各项政策改革议题进行深入研究。此阶段农业委员会共召开5次非正式会议及4次正式会议，每次会议讨论3至6个特定议题，包括关税配额管理、"黄箱措施"、粮食安全、乡村发展等共23个议题。

（3）第三阶段：谈判模式阶段（2002年3月～2003年3月）。由于各成员集团的利益与立场冲突加剧，2003年3月18日，农业谈判主席哈宾森提出采用乌拉圭回合公式为主的谈判模式草案遭到多数成员反对，最终无法在限期内确立农业谈判模式，2003年9月13日坎昆会议主席采用欧美版草案提出德贝兹草案，试图于期限内通过，但仍因出口补贴与棉花议题的争议，无法获得各成员的认同，谈判处于停滞阶段。

（4）第四阶段：《框架协议》的达成（2003年9月～2004年7月）。为了使谈判转入正轨，美国率先向发展中国家和地区成员妥协，在2004年初以公开信方式表示愿意取消所有出口补贴①，而后在3月重启的WTO农业谈判，各成员虽展现了积极沟通的态度与适度妥协的精神，然而在涉及实质性议题时，各成员再度分庭对峙，谈判再陷僵局。欧盟于5月提出在平行处理所有出口竞争议题的原则下同意取消所有出口补贴②，从而使谈判能再度向前推进。而核心五国③的出现也正式开启了主要发达国家和地区成员与发展中国家和地区成员合作与协商的通道，借由彼此政治上的妥协来达成谈判共识，并试图引导整个农业谈判达成具体协议，终于在2004年8月1日凌晨通过《框架协议》④，为以后的谈判减让模式奠定了基础与准则。

（5）第五阶段：香港部长级会议（2004年8月～2005年12月）。自从《框架协议》完成后，成员重新树立起顺利完成多哈回合的信心，贸易谈判委员会

---

① 美国贸易代表佐立克在2004年1月11日写给WTO成员的公开信，表达他对现阶段谈判进展的一般评估，以及所有WTO成员如何合作以达成多哈议程的建议，并强调谈判应集中在农业、非农产品准入以及服务业的框架性协议上。信中也重申美国的谈判立场，并承诺在各成员皆同意的基础上，美国将全面取消出口补贴。

② 欧盟贸易谈判委员拉米与农业委员费雪勒于2004年5月9日联名致函各成员，同样为谈判带来了突破，信中承诺欧盟愿就全面取消出口补贴的期限进行谈判，并同意在新加坡议题中仅保留贸易便利化议题。

③ Five Interested Parties（FIPs），核心五国由美国、欧盟、巴西、印度与澳大利亚组成。

④ WTO第WT/L/579号文件附件A。

在2005年2月14日定下2005年度的目标①,即7月底完成谈判减让模式雏形,12月香港部长级会议确立初步的谈判减让模式。基于这个目标,农业谈判主席在2004年10月至2005年7月间举行了9次特别会议,就市场准入、成员方内部支持、出口竞争的各项技术性议题积极进行磋商,完成了所有技术性议题的初步探讨,各成员集团也通过各种正式或非正式场合进行部长级会议,其结果也以提案、声明或宣言等方式公布。经过成员5个多月的冲突对立,终于在2005年5月初取得初步共识,面对香港部长级会议的压力,新任农业谈判主席于9月13~15日重启谈判,并将谈判转向以非正式小型磋商会议为主的谈判程序。2005年12月召开的香港部长级会议上,只得降低谈判目标,仅就少数议题做出决议。香港部长级会议最终决议了2013年取消所有形式的出口补贴,以及制定新的谈判议程,并同意农业谈判在2006年4月达成谈判模式,在2006年7月达成协议,并于2006年底完成多哈回合谈判。② 事实上,截至2008年10月,仍未达成协议,多哈回合谈判也没有按计划结束。

(三) 多哈农业谈判的焦点与成员立场

1. 市场准入谈判的进展与立场

市场准入议题中,各成员就非从价税换算从价税等值达成协议,同意以单位价值法作为换算公式,基期采用1999~2001年。对于关税配额管理问题,各成员倾向于支持一定原则下规范,而不需建立统一的核配方法,并将哈宾森草案的内容作为谈判提纲。

对于降税公式的细节问题,各成员同意发达国家和地区成员与发展中国家和地区成员都分为四段,但是使用不同的门槛值;各段内削减公式方面,G20主张线性单一降幅公式,非洲、加勒比海及大洋洲国家和地区集团(ACP)主张发展中国家和地区成员使用乌拉圭公式,欧盟与G10主张有弹性的核心(pivot)公式,美国主张累进关税削减公式;降税幅度方面,美国、G20主张平均削减60%以上,欧盟则主张36%;除G10外,多数成员已同意设定关税上限,目前倾向于发达国家和地区成员为100%,发展中国家和地区成员为150%。对于敏感产品,已经初步确认按照总产品项数的一定百分比选定敏感产品的项数,其中美国、G20提议发达国家和地区成员为1%,欧盟要求8%,G10则主张10%~15%。

对于特殊保障措施,并没有达成共识。

对于热带产品,对其定义并没有达成共识,泛指稻米、茶、热带花卉、热带

---

① WTO第JOB(05)/14号文件。
② WTO, WT/MIN/(05)/DEC, "Doha Work Programme-Ministerial Declaration", 22 December 2005.

油等；G20、拉丁美洲国家和地区认为应该取消热带产品的原料与加工品的关税与配额，且不得将热带产品列为敏感产品；欧盟、G10 则认为敏感产品不应列为自由化热带农产品，且此议题需要考虑优惠减损与特殊差别待遇等问题。

对于关税升级，美国认为没有必要针对原料与加工产品做关税调降，分段降税足以解决此问题，各成员对原料与加工产品的项目与定义没有达成共识，对关税调降方法也没有达成共识，G33[①] 与新西兰曾建议以哈宾森草案为谈判依据。

关于发展中国家和地区特殊产品与特殊保障措施，基本同意发展中国家和地区成员可自行挑选特别产品项数，并基本同意发展中国家和地区成员能自行制定特殊保障措施。

2. 成员方内部支持措施的谈判立场与进展

关于成员方内部支持削减公式的细节，在农业总产值方面，各成员倾向于以基本农产品的首次农场交易价格作为农业产值的统计基础，并倾向于以乌拉圭回合执行期间为基期；在总额的分段削减公式方面，各成员就总额分段数达成共识，欧盟在最高段，日本、美国次之，其他成员最后，瑞士、挪威等补贴相对较多的发达国家和地区成员多削减，但在总额的削减公式与降幅上没有达成共识，仅同意发展中国家和地区成员没有 AMS 的无须削减；在约束 AMS 分段削减公式方面，各成员同意以成员约束 AMS 的绝对补贴金额进行分段，并由 WTO 秘书处整理成员的约束 AMS 金额；在允许的微量措施方面，各成员倾向于以特定产品加上非特定产品的微量补贴为计算基础，实际比率以削减后的数值为基础。

关于"蓝箱"措施的审议各成员倾向于固定基期的面积与产量，并且不得变更；对于新"蓝箱"措施的规范，同意新"蓝箱"措施为过渡性措施，必须确保对生产与贸易的扭曲远低于 AMS；G20、澳大利亚、新西兰等主张严格规范，包括制定给付的价格基准、价差不能全额给付、个别产品不能与 AMS 同时采用，但美国强烈反对；欧盟、G10、美国等强烈反对设定个别"蓝箱"措施上限。

关于"绿箱"措施的审议，G20、新西兰、澳大利亚、加拿大主张修改定义并重新规范，欧盟、美国、G10 主张就现行定义加以澄清，不应涉及实质修改；但各成员同意增加发展中国家和地区成员能使用的"绿箱"措施，并同意改善通知与监督机制。

3. 出口补贴措施的谈判立场与进展

关于出口补贴的取消，各成员达成协议，发达国家和地区成员于 2013 年前

[①] 33 国集团（G33）是指于坎昆会议后逐渐形成的发展中国家集团，其诉求为争取发展中国家的特殊待遇，成员包括巴巴多斯、中国、古巴、多米尼加、海地、洪都拉斯、印度尼西亚、牙买加、肯尼亚、韩国、毛里求斯、蒙古、尼加拉瓜、巴基斯坦、巴拉圭、巴拿马、秘鲁、菲律宾、塞内加尔、斯里兰卡、坦桑尼亚、特立尼达及多巴哥、土耳其、乌干达、委内瑞拉、赞比亚、津巴布韦、莫桑比克等。

全面取消出口补贴,将乌拉圭回合《农业协议》第9条第4款的特殊和差别待遇期限再延长5年。

关于国营贸易企业规范,各成员基本同意制定一套规范,以加强透明度原则,但加拿大、新西兰以商业机密为由,反对提供部分出口贸易的资料,美国则不予认同;对于发展中国家和地区成员的规范问题,G20等要求可不受规范,美国、欧盟、新西兰认为基于公平应受到规范,但可保留较长过渡期。

四、非农产品市场准入谈判进展

(一)多哈回合非农产品市场准入谈判情况

在全球贸易中,非农产品贸易量占贸易总量的80%以上。由此可见,非农产品(工业、渔、林业产品)市场准入谈判的重要性。

1. 非农产品市场准入谈判授权

《多哈宣言》第16段指出:非农产品谈判应通过有待议定的模式,旨在削减或酌情取消关税,包括削减或取消关税高峰、高关税及关税升级以及非关税壁垒,特别是针对发展中国家和地区成员具有出口利益的产品。产品范围应是全面的,没有预先的例外。上述谈判应依据《1994年关税与贸易总协定》第28条第2款的规定及本宣言第50段内容的规定,尽量考虑到发展中国家和地区成员的特殊需求及利益。[①] 另外,在《多哈宣言》第31段和第50段同样涉及非农产品市场准入的问题,第31段涉及削减和取消环境货物贸易和服务的关税与非关税壁垒[②];而第50段主要涉及发展中国家和地区和最不发达国家和地区成员的特殊和差别待遇问题[③]。

2. 非农产品市场准入谈判进程

根据《多哈宣言》,WTO成立贸易谈判委员会,以负责处理部长级会议决议的各项谈判议题。2002年2月1日第一次贸易谈判委员会会议决定在现有的谈判小组架构下成立WTO非农产品市场准入谈判小组,负责非农产品市场准入谈判。按照市场准入谈判小组的计划,2002年12月31日前各成员应就谈判模式提交提案,2003年3月31日前对谈判模式要点达成一致,2003年5月31日就谈判模式达成一致。2003年9月举行的坎昆会议上进行中期评审,到2005年1月1日完成谈判。

虽然谈判启动后许多成员提交了关于非农产品市场准入的谈判提案,但仅有中国、欧盟、印度、日本、韩国和美国提出了具体的谈判方式[④]。在谈判过程

---

①②③ WTO, WT/MIN (01) /DEC/1, Doha WTO Ministerial 2001: Ministerial Declaration.

④ UNCTAD, Sam Laird, Santiago Fernandez de Cordoba and David Vanzetti, Market Access Proposals for Non-Agricultural Products.

中，由于发展中国家和地区成员所关心的农业问题没有达成协议，非农产品市场准入谈判的进展相对缓慢。各成员就谈判应包括的产品范围、是否取消所有关税、核心谈判模式、微量关税、关税峰值和关税升级、约束关税项目、约束税率、谈判的基础税率、降税期限、自愿性自由化、新成员、非关税壁垒、环保产品等多项议题争论不休。虽然在诸如自愿性自由化、环保产品等某些问题上达成了一定的共识，但是在大部分议题中均没有实质性进展。鉴于此，2003年5月16日，谈判小组主席吉拉德提出第一份谈判模式草案等①。各成员以此为基础进行了讨论，但最终未能在5月底前达成共识。随后2003年5月到7月的非农产品市场准入谈判正式会议进行逐项讨论，依然存在较大分歧。关于降税公式，发达国家和地区成员认为降税公式不公平，使低关税成员的降税幅度远大于高关税成员的降税幅度，部分成员如瑞士、美国提出建议修改公式。发展中国家和地区成员则建议依各成员发展程度确定不同的参数值。关于部门零关税，发达国家和地区成员支持强制性实施，发展中国家和地区成员则主张自愿性实施。关于辅助削减模式，各成员同意将部门零对零、部门类别关税调和及要求等列为辅助的关税削减模式。关于微量关税，美国、中国香港等支持将微量关税（3%~5%以下的关税）取消，但是欧盟等则持反对立场。关于新成员，大多数发达国家和地区成员不同意给予新成员较高的参数值，但不反对给予新成员较长的过渡期。关于非关税壁垒，各成员则重新审议所提交的非关税壁垒文件，由按照非关税壁垒类型及其应提交讨论的适当委员会或谈判小组予以分类。2003年8月12日，吉拉德在一份题为《可能出现的选择》的新文件中修改了5月的提案，坎昆会议部长宣言草案附件也强调部长们"注意到就主席模式要素草案进行的建设性对话，并确认我们旨在将这一文件作为谈判小组今后工作的一份参考。"② 坎昆会议后，总理事会与总干事自10月中旬起，分别陆续与各成员进行多场小型非正式磋商，各成员虽然明确表示愿意尽快恢复谈判，但是依然由于个别议题立场差距较大，无法就会议的核心议题找到共同立场。12月15~16日，总理事会举行坎昆部长级会议后续议题，针对非农产品市场准入的关税削减公式、部门自由化问题的强制性以及发展中国家和地区成员的特殊差别待遇等问题进行探讨，虽然并没有达成共识，但是最终决定该三项问题成为优先处理的问题。此后经过多轮谈判，于2004年5月12日举行的非农产品市场准入谈判中谈判氛围得以改善，最终在2004年8月1日达成《限定非农产品市场准入模式的框架》。

---

① WTO, "Draft Elements of Modalities for Negotiations on Non-Agricultural Products", TN/MA/W/35, 2003年5月16日。

② Draft Cancun Ministerial Text (Revision), Annex B, para.2, JOB (03)/150/Rev.1, 2003年8月1日。

（二）非农产品市场准入谈判现状与焦点

1. 关于关税减让公式问题

《框架协议》达成后，各成员对关于减让公式仍意见分歧，2005 年 6 月非农产品市场准入谈判会议期间，韩国代表 APEC 全体成员报告在韩国济州的 APEC 部长宣言内容，确认瑞士公式的降税方案已为 APEC 共识，虽对支持瑞士公式的声势较大，但 ABI① 公式（即 GIRARD 公式）的支持声音也有所提高，到 2005 年 10 月底，共有 6 个公式提案，主要为变形的瑞士公式和 ABI 公式。未来降税公式的协商将着重于系数个数及系数值的讨论，且公式降税、弹性、非约束税项三者并行讨论为未来可能的谈判趋势。

表 2-1　　非农产品市场准入各降税公式的利弊分析

公式	利	弊	立场
美国：双系数瑞士公式发展中国家和地区成员须以第八段弹性交换双系数	1. 提供发展中国家和地区成员较高的系数，符合非完全互惠协定。 2. 双系数是谈判框架第八段弹性的替代选项，故可平衡目标与弹性，提供适当市场准入机会。		发达国家和地区成员适用较低的系数，发展中国家和地区成员适用相对较高的系数。
欧盟：单系数瑞士公式变形单系数与发展中国家和地区成员第八段弹性	1. 发达国家和地区成员与发展中国家和地区成员使用相同系数，提供较佳市场准入机会。 2. 采用记点方式，鼓励成员进行自由化努力。 3. 考虑新加入成员的弹性，有利于它们利用新加入成员待遇争取较佳系数的可能性。	发展中国家和地区成员的关税结构不同，恐怕无法满足不同发展中国家和地区成员的需求。	发达国家和地区成员和先进发展中国家和地区成员使用相同的系数，但给予先进发展中国家和地区成员第八段弹性，发达国家和地区成员和先进发展中国家和地区成员*适用公式减让后的税率分别不得超过 10% 以及 15%。

---

① 发展中国家阿根廷、巴西与印度组成 ABI 集团。

续表

公式	利	弊	立场
挪威：双系数瑞士记点公式 变形双系数与发展中国家和地区成员第八段弹性	1. 满足不同发展中国家和地区成员的弹性需求。 2. 采用记点方式，鼓励成员进行自由化努力。	挪威公式较单系数瑞士公式的减让幅度更大。	以双系数的瑞士公式进行降税，加上记点的措施。记点项目包括所有税项均加以约束、放弃适用第八段的弹性（仅适用于发展中国家和地区成员）及参与发展中国家和地区成员的部门差别降税（适用所有成员）。
智利、哥伦比亚、墨西哥：弹性套案	满足不同发展中国家和地区成员的弹性需求。	提供发展中国家和地区成员过多弹性，无法提供实质性市场准入机会。	采用瑞士公式降税，然后同时利用非约束税项、公式系数、排除或减半降税及降税执行期等四项要素，组合弹性套案，发展中国家和地区成员根据其需要，选择符合其需要的套案组合。
ABI 集团：ABI 公式 发展中国家和地区成员第八段弹性	满足不同发展中国家和地区成员的弹性需求。	1. 平均约束税率较低的成员，需调降较多关税，出现不公平的现象。 2. 一些潜在的发展中市场（如东南亚成员、巴西及印度）无法提供实质市场准入机会。	以平均约束税率为基础进行降税，并主张应充分考虑发展中国家和地区成员具出口利益的产品，且给予特别优惠待遇，认为特殊和差别待遇和不完全互惠属于两种不同的概念。
加勒比海四国：ABI 记点公式 发展中国家和地区成员第八段弹性	1. 满足不同发展中国家和地区成员的弹性需求。 2. 采用记点方式，鼓励成员进行自由化努力。	1. 平均约束税率较低的成员，需调降较多关税，出现不公平的现象。 2. 给予发展中国家和地区成员过多的弹性，且记点措施无法量化不具操作性。	以 ABI 公式进行降税，另增加参数 C，将成员的自愿性自由化、创税收入的依赖性、产业发展空间的需求及经济的脆弱性等因素纳入考虑范围。

注：* 欧盟将发展中国家和地区成员分为先进发展中国家和地区成员与贫穷发展中国家和地区成员，其中先进发展中国家和地区成员为可做较大承诺的国家和地区，而贫穷发展中国家和地区成员包含最不发达国家和地区成员，即包含在非农产品市场准入谈判框架第六段和第九段的成员。

资料来源：根据非农产品市场准入工作组22次会议资料整理。

2. 非约束税项处理

目前，成员对此议题已达成非约束税项100%约束以及适用公式减让为具体目标的共识，但必须考虑非市场准入谈判框架第八段给予发展中国家和地区成员的弹性。至今成员针对非约束税项处理的提案可分为两种：一是非线性加码，可有效解决成员对于低税率非约束税项的担忧。二是目标平均关税，如ABI集团的提案，其采用非农产品市场准入谈判框架的概念，其后也主张适用公式降税，但无须逐项调降，仅需降至平均税率水准。非线性加码方式已于香港部长级会议中达成共识，即在现行税率基础上加上固定税率作为公式降税前的基础税率，目前加码税率介于5%至30%之间；此外，《香港宣言》并未指明非约束税项加码后须通过相同的瑞士公式进行降税。

3. 公式适用的弹性

目前主要的公式提案中，针对弹性部分，各成员主张最不发达国家和地区成员及适用非农产品市场准入谈判框架第六段的成员不必进行公式降税，然而对于发展中国家和地区成员适用第八段弹性的部分却有不同的意见。成员对此部分有两种看法：一是第八段弹性是独立于公式之外的，即ABI集团的主张。二是第八段弹性和公式之间存在替换的机制。

五、《服务贸易总协定》的实施与服务贸易谈判

（一）WTO成员对《服务贸易总协定》的实施情况

《服务贸易总协定》条款的运用与实施主要体现在三个方面：一是通过谈判。在《服务贸易总协定》中，涉及谈判的条款主要包括关于规则谈判的第6、10、13、15条和市场准入谈判的第19条。二是WTO成员的通报。由于服务贸易的管理主要是通过各成员方内部法规来进行，因此，《服务贸易总协定》要求各成员通报其新制定或修改的法律法规，涉及该项问题的主要包括第3条透明度、第5条区域贸易协定、第5条第2款劳动力市场一体化协定、第7条认可等。到目前为止，WTO各成员向服务贸易理事会申报的上述法律法规数量近300项。三是服务贸易争端解决，即通过WTO的法律程序，对其条款的运用和实施进行解释。在WTO争端解决案件中，涉及服务贸易规则的有美国和墨西哥的电信争端、美国和特立尼达和多巴哥的网络赌博案以及加拿大汽车案和欧盟香蕉案，这些案例涉及《服务贸易总协定》的第1、2、5、17、29条等。另外，在欧盟东扩进程中，各成员就其服务贸易减让表并撤回部分承诺一事进行补偿谈判。该谈判涉及《服务贸易总协定》的第21条，即"减让表的修改"。综观

WTO 成员对《服务贸易总协定》的实施情况，基本上令人满意，但是在以下问题还存在让人担忧的地方：一是服务领域政府采购的范围和定义；二是建立什么样的多边框架；三是《服务贸易总协定》第 13 条的授权范围问题。

（二）多哈回合服务贸易谈判进程

经过一年多时间的讨论，2001 年 3 月 28 日，服务贸易理事会在各成员提交的 70 多份提案的基础上，讨论通过了《服务贸易谈判指南和程序》（以下简称《谈判指南和程序》）这一纲领性文件，确立了此次谈判的基调。① 根据服务贸易理事会 2000 年 12 月 1 日通过的决议，针对第 6 条保障措施的谈判应在 2002 年 3 月 15 日结束，成员还应争取在关于具体承诺的谈判结束前完成关于第 6 条第 4 款（有关服务提供者资格要求等程序性事项的成员方内部法规）、第 13 条（政府采购）、第 15 条（补贴）的谈判。关于谈判方式和程序，要求服务贸易理事会定期召开特别会议举行，并定期向总理事会报告，通过双边、诸边和多边谈判来推动自由化，谈判的手段主要是要价—出价的方式② 2001 年 11 月《多哈宣言》针对服务贸易谈判再次重申，谈判应促进各成员经济增长以及最不发达国家和地区成员的发展，将《谈判指南和程序》作为继续进行服务谈判的基础，并设定了具体的谈判期限。③ 成员方内部法规、政府采购和服务补贴应当在具体承诺谈判结束前结束。服务贸易谈判的最终结果将作为多哈回合一揽子承诺的一部分。此后两年多时间内，尽管谈判总体上处于进展之中，但是有关规则谈判并未按时完成。在第五次部长级会议上，与会成员就有关议题展开了激烈争论。由于各方分歧焦点集中于农业问题和新加坡议题上，导致服务贸易谈判未取得任何新的进展。直到 2004 年 8 月总理事会通过了《框架协议》，才进一步明确各成员提交开放服务贸易承诺建议的期限，要求各成员在 2005 年 5 月前提交修改后的出价，并在附件 C 中规定了下一步的任务④ 经过紧锣密鼓的香港部长级会议谈判后，服务贸易在重重难关与压力下，成员终于达成若干共识，即服务贸易谈判应持续进行，并要促进贸易伙伴与发展中国家和地区成员和最不发达国家和地区成员的经济成长。《香港宣言》主张成员要积极参与谈判，使谈判能朝向更高水准的自由化，并要对个别发展中国家和地区与最不发达国家和地区，考虑其经济规模的不同而给予适当的弹性，以利于提出新的市场开放承诺。

---

① http：//www.wto.org/english/news_e/pres01_e/pr217_e.htm
② WTO：Guidelines and Procedures for the Negotiation on Trade in Services，adopted by the Special Session of the Council for Trade in Services on 28 March 2001，S/L/93，March 29，2001.
③④ WTO，WT/MIN（01）/DEC/1，Doha WTO Ministerial 2001：Ministerial Declaration.

（三）服务贸易谈判焦点与现状

1. 服务贸易市场准入谈判进展与现状

多哈回合谈判明确规定了各成员应于 2002 年 6 月 30 日前提交最初要价，并于 2003 年 3 月 31 日前提交最初出价。但是谈判进展并不顺利，直到 2004 年《框架协议》的达成才进一步达成共识，呼吁各成员于 2005 年 5 月前提交改善的服务出价，继续推进服务贸易谈判。根据《框架协议》的要求，自 2005 年 5 月起，各成员开始陆续提交服务贸易改进出价，根据 WTO 统计截至 2005 年 12 月底，有超过 70 个成员提交了初步承诺建议，另外约有 30 个成员进一步提交了修订承诺建议。大多数成员提交的改进出价都在原有初步出价的基础上有了改善，有的新增加了开放部门，有的提高了原有的开放水平，有的则取消了原有最惠国待遇例外等。但是总体上，大多数成员对现有的改进出价水平并不满意。2005 年 12 月在香港举行的 WTO 第六次部长级会议进一步对承诺减让表中终稿的期限做出明确规定，要求各成员在 2006 年 2 月 28 日签字或其后尽快提出诸边要价。按照既定议程，WTO 服务贸易理事会议于 2006 年 3 月和 5 月举行两次会议讨论各项要求的服务贸易诸边谈判，由 WTO 成员分数个小组就有关特定部门的市场准入诸边要价展开讨论。

2. 服务贸易规则谈判进展情况

（1）第 10 条紧急保障措施谈判。该谈判早在 1998 年 1 月 1 日前就应该结束，但由于各方分歧明显，服务贸易总协定规则工作组不得不多次对谈判延期做出决定①。10 多年来，成员已就紧急保障措施谈判提交了各种意见，但谈判取得的实际效果甚微。

（2）服务政府采购的谈判。根据《服务贸易总协定》第 13 条第 2 款规定，在《WTO 协定》生效之日起 2 年内，应就服务政府采购问题进行多边谈判。2003 年 6 月 30 日，服务贸易总协定规则工作组主席针对政府采购的谈判情况提出了一份较为全面的报告，② 但是依然无法调和发达国家和地区成员和发展中国家和地区成员间的矛盾。截至目前，关于服务政府采购并无实质性进展。

（3）服务补贴的谈判。没有对服务补贴谈判时间做出安排。因此对于服务补贴的谈判缺少授权基础，服务补贴谈判也相对松散，主要讨论内容为服务贸易

---

① 有关紧急保障措施的延期情况：第一次延期至 1999 年 6 月 30 日；第二次延期至 2000 年 12 月 15 日；第三次延期至 2002 年 3 月 15 日；第四次延期至 2004 年 3 月 15 日；第五次延期至多哈回合结束。

② WTO Working Party on GATS Rules：Negotiations on Government Procurement，Report of the Chairperson of the WPGR，s/WPGR/11，June 30，2003.

规则工作组主席准备的一份问题清单①。

3. 服务贸易谈判的其他议题

（1）《服务贸易总协定》第 2 条（最惠国（地区）待遇）豁免。目前 88 个成员在服务业承诺表中提出"最惠国（地区）待遇豁免"，其中亚洲 24 个、美洲 23 个、欧洲 22 个、非洲 6 个、大洋洲 3 个②。

（2）发展中国家和地区成员的特殊与差别待遇。目前，发达国家和地区成员并没有给予发展中国家和地区与最不发达国家和地区成员有意义的服务出价，虽然最不发达国家和地区成员在 2005 年加强了要求发达国家和地区成员实施上述承诺的努力，但最终目标并没有获得实现。

（3）经济需求测试。该议题需要个别成员通过谈判澄清其含义并在《服务贸易总协定》中加以适用。目前谈判没有实质性进展。

（4）服务贸易自主自由化。经过多年谈判，2003 年 3 月 6 日，各成员达成《关于自主自由化的待遇协议》，列出了 9 条对自主自由化措施的评估标准③。但是该协议仅仅是提纲式的建议，存在诸多实际操作问题。

（5）服务贸易评估。发展中国家和地区成员的报告普遍认为，服务贸易自由化并没有实现"促进发展中国家和地区逐步参与"的目标。

六、WTO 知识产权体制的发展趋势

根据《多哈宣言》的要求，关于与贸易有关的知识产权议题，谈判的核心问题主要包括：《与贸易有关的知识产权协定》与公共卫生议题，关于酒类产品地理标志多边注册与通知制度，关于扩大酒类地理标志保护至酒类以外的产品议题，其他包括《与贸易有关的知识产权协定》第 27 条第 3 款 B 项的审议、《生物多样化公约》与《与贸易有关的知识产权协定》的关联性以及传统知识保护议题、非违反协定的申诉议题、特殊与差别待遇议题等④。

（一）《与贸易有关的知识产权协定》与公共卫生

2003 年 8 月与贸易有关的知识产权理事会通过决议，同意设置制度许可有

---

① Working Party on GATS Rules：Negotiations on Subsidies（Article of GATS XV）—Checklists on Subsidies, Note from the Chairman, Job（00）/4519, July 17, 2000.
② JOB（04）/114 文件。
③ WTO：Modalitiy for the Treatment of Autonomous Liberalization, Adopted by the Special Session of the Council for Trade in Services on 16 March 2003, TN/S/6, March 10, 2003.
④ WTO, WT/MIN（01）/DEC/1, Doha WTO Ministerial 2001：Ministerial Declaration.

需要的成员进口治疗艾滋病等传染疾病的廉价药物,在不违反《与贸易有关的知识产权协定》规范下,授权医药品生产能力不足或无法生产的成员进口医药品,其范围则以艾滋病、疟疾、肺结核以及其他重大传染病的治疗药为主。根据2003年的决议,WTO成员接受修正案后仍须修改内部法律和地区有关规定。2005年12月6日,WTO成员通过修改《与贸易有关的知识产权协定》的决议,将2003年8月通过的决议转化为《与贸易有关的知识产权协定》的永久性规范。

(二) 酒类产品地理标志多边注册与通知制度议题

在2005年4月1日《与贸易有关的知识产权协定》特别会议中,主张自愿性制度的集团再度提出文件以重申其立场。2005年9月14日秘书处曾向各成员分送相关成员提案重点的汇总文件,期望能加速谈判进展。但稍后于9月16日及10月27日的《与贸易有关的知识产权协定》特别会议及其他非正式会议中,成员对于多边制度的参与性质及法律效果等重大议题的立场差距仍未缩小,对于该议题,目前尚未达成共识。

(三) 地理标志扩大保护议题

关于该议题,推动者和反对者对于地理标志的定义范围、政府执行成本、生产者负担与消费者认同、调和商标与地理标志规范以及同名地理标志的保护等诸多议题的立场依然歧异。在2005年6月16~17日《与贸易有关的知识产权协定》特别会议中,欧盟提案将酒类产品地理标志多边制度扩大适用于所有产品,欧盟在香港部长级会议中也主张应将本项议题纳入谈判授权,但由于美国与其他国家和地区的反对,并未能在宣言中获得明确的谈判授权。[①]

(四) 其他相关议题的谈判进展

在与贸易有关的知识产权理事会所负责有关《与贸易有关的知识产权协定》与生物多样化协定关系、《与贸易有关的知识产权协定》第27条第3款B项生物种是否具有专利性、传统知识与民俗文化保护等三项议题方面,2005年10月25~28日在日内瓦召开的《与贸易有关的知识产权协定》咨询会议中,印度要求在香港部长级会议中对此问题进行谈判,中国、巴西、秘鲁等13个成员加以支持;欧盟、瑞士等7个成员则表示目前存在许多技术性问题,时机尚不成熟;

---

① ICTSD, HongKong 05 Bridges Daily Update, Issue 6, 18 Dec. 2005. ICTSD, HongKong 05 Bridges Daily Update, Issue 7, 19 Dec. 2005.

美国对此表示强烈反对。在香港部长级会议中，印度、秘鲁、肯尼亚均提出对《香港宣言》关于《与贸易有关的知识产权协定》与生物多样化协定的关系的建议，欧盟也表示在一并将地理标示扩大保护议题纳入谈判授权的情形下，愿意支持将此项议题纳入谈判授权。① 但是由于美国、加拿大、新西兰与澳大利亚的强烈反对，《香港宣言》并未能将此项议题纳入谈判授权。② 到目前为止，该项议题并无实质性进展。其他相关议题也由于各成员之间存在较大差异而未有具体进展。

七、贸易与环境问题谈判的进展与焦点

2001 年《多哈宣言》授权 WTO 成员就贸易与环境议题进行谈判，贸易谈判委员会要求贸易与环境委员会召开特别会议负责谈判的进行。

（一）WTO 规范与多边环境协议中特定贸易义务间的关系

在 2003 年会议中，成员讨论内容主要集中在多边环境协议及特定贸易义务的含义上。部分成员已列出他们认定的特定贸易义务，目前，有关多边环境协议的范围，大部分成员同意以《濒临绝种野生动植物国际贸易公约》、《蒙特利尔议定书》、《巴塞尔公约》、《生物多样性公约》、《鹿特丹公约》及《斯德哥尔摩公约》等 6 个多边环境协议为讨论重点。至于多边环境协议中的特定贸易义务，目前各成员对本议题谈判观点分歧仍然较大，仍需要讨论以利达成共识。

（二）多边环境协议秘书处与相关 WTO 委员会间定期交换信息的程序

对于该议题，各成员均认为具有价值且应进一步推展，目前各成员对于每年针对多边环境协议固定举行一次信息会议已有共识。

（三）环保产品与服务关税和非关税壁垒的削减或取消

由于环保产品的多重用途和不易以关税税则的物理特性分类等问题，目前在环保产品定义上仍存在诸多争议。现阶段议题讨论重点仍集中在环保产品上。截至目前，日本、卡塔尔、欧盟、韩国及中国台湾等已提出环保产品清单项目。

---

①② ICTSD, HongKong 05 Bridges Daily Update, Issue 7, 19 Dec. 2005.

八、多哈回合新加坡议题谈判的进展

（一）贸易与投资议题中途搁置

从授权的内容来看，《与贸易有关的投资措施协议》问题并没有获得一个具体谈判授权。虽然《部长宣言》已认可《与贸易有关的投资措施协议》的未决实施问题谈判应成为其"工作计划"的一部分，但与农产品、服务贸易等问题相比，《部长宣言》并未对《与贸易有关的投资措施协议》问题列出具体的谈判时间表。《部长宣言》仅要求，与贸易有关的投资措施协议委员会应将《与贸易有关的投资措施协议》的未决实施问题"作为优先事项处理"，并向货物贸易理事会提交报告，以便采取"适当行动"。《部长宣言》虽未对《与贸易有关的投资措施协议》问题设定具体的谈判授权，但已确定谈判方向，《与贸易有关的投资措施协议》的未决实施问题应成为下一步谈判的基本内容。与贸易有关的投资措施协议委员会讨论的"未决实施问题"发展中国家和地区成员和发达国家和地区成员各保持自己的立场。2004年8月达成的《框架协议》决定贸易与投资将不作为工作计划的一部分，多哈回合将不再WTO范围内进行任何这些问题的谈判工作，从而取消该议题。

（二）贸易与竞争政策议题中途停止

《多哈宣言》第23段指出："意识到一个提高国际贸易与发展的竞争政策作用的多边框架的情况，以及在第24段所提的领域内更多技术援助和能力建设的必要性，我们同意在第五次部长级会议之后举行谈判，谈判以该会议上对谈判方式达成明确一致为基础"。① 根据贸易与竞争政策工作组进行的讨论应主要集中在四个方面：（1）关于核心原则，例如透明度、非歧视、程序公正等。（2）关于核心卡特尔规则。（3）关于自愿合作方式。（4）通过能力建设和技术支持使发展中国家和地区成员逐步加强竞争制度问题。由于诸多方面的原因，该项议题在2004年8月1日达成的《框架协议》中被排除在多哈发展议程之外。

（三）贸易与政府采购透明度议题中途取消

根据《多哈宣言》的时间安排，2003年工作组完成谈判模式的制定并交第五届部长会议签发，若在第五届部长级会议上明确达成一致，就启动谈判。2005

---

① WTO，WT/MIN（01）/DEC/1，Doha WTO Ministerial 2001：Ministerial Declaration.

年1月底前各成员结束加入政府采购透明度协议谈判。2004年8月各成员达成的《框架协议》则同意该议题将不作为工作计划的一部分,多哈回合将不在WTO范围内进行任何这些问题的谈判工作。

(四) 贸易便利化谈判进展顺利

《多哈宣言》规定了贸易便利化工作组的工作内容,即贸易便利化议题主要围绕三个核心议程展开工作。在2003年坎昆部长级会议期间,核心集团①、ACP集团②、发展中与最不发达国家和地区成员等强调成员应就贸易便利化的谈判模式达成具体协议。直到2004年8月,WTO的147个成员通过《框架协议》,贸易便利化成为新加坡议题中唯一继续谈判的议题。

2004年10月,便成立贸易便利化谈判小组针对《1994年关税与贸易总协定》第5、8、10条等三项条文进行研讨,正式开展谈判工作。贸易便利化谈判小组首次会议于2004年11月15日举行,在2005年先后召开10次会议,整体而言,各成员对于《1994年关税与贸易总协定》第5、8、10条已有相当广泛与部分涉及细节的意见交换与提案,该议题的谈判进展顺利。

九、WTO规则谈判的进展与焦点

(一) 反倾销规则谈判进展与现状

2001年《多哈宣言》第28段给予新一轮多边贸易谈判就反倾销问题进行谈判的授权,"鉴于过去的经验和越来越多的成员使用这些手段,我们同意,就澄清和改进《关于实施1994年关税与贸易总协定第6条的协议》……的规则进行谈判。"③虽然多哈回合谈判不顺利,但"反倾销之友"坚持其将持续推动反倾销议题谈判的决心,并确认了6项政策及提案指导目标④。在香港部长级会议中,各成员达成共识,表示将继续推动反倾销议题的谈判,并拟定于2006年年底完成谈判。同时,"反倾销之友"提议将目前讨论的33项议题缩减至17项议题。目前,反倾销议题谈判仍未取得实质性进展。

---

① 核心集团 (core group) 由19个发展中国家和地区与最不发达国家和地区于2003年8月所组成的团体,对贸易便利化议题采取保守态度,强调技术协助与能力建设的重要性,并关切各项贸易便利化措施的执行成本。
② ACP (African, Caribbean and Pacific group) 集团即非洲、加勒比海及大洋洲国家和地区集团。
③ WTO, WT/MIN (01)/DEC/1, Doha WTO Ministerial 2001: Ministerial Declaration.
④ WTO, TN/RL/W/171, Feb. 15, 2005.

（二）反补贴规则谈判进展与现状

《补贴与反补贴措施协议》生效实施后，各成员就一直对补贴的定义问题争论不休，并对"严重损害"与"不可诉补贴"也存在较大争议；鉴于渔业补贴规范逐渐受到成员的重视，国际上逐渐关心渔船产能过剩导致渔业资源耗竭等问题，自 1999 年起在 WTO 中逐渐有成员联合起来将渔业补贴议题纳入谈判之中，部分成员组成"鱼之友"① 共同提案，成功地将渔业补贴议题纳入新回合谈判，以消除渔业补贴对渔业部门贸易的扭曲效果。根据《多哈宣言》第 28 段与第 29 段的授权，贸易规则议题谈判的工作主要表现为理清并改善反倾销协议、补贴与反补贴协议（含渔业补贴）规范，但是需要保持协议的基本观念、原则及有效性，并应理清与改善 WTO 有关区域贸易协议的规范和程序的相关规定。

2005 年 12 月的香港部长级会议，《香港宣言》附录 D 再次确认规则小组的工作成果及进度。WTO 成员重申规则谈判小组将理清补贴与反补贴协议等相关协议，以增加其透明度、可预测性与明确性。

（三）区域贸易协议谈判进展与现状

在多哈部长级会议中，声明："WTO 是制定全球贸易规范及促进自由化独一无二的论坛，但认识到区域贸易协议在推动贸易扩大与自由化以及在促进发展方面可扮演重要的角色，同意理清及改进现行 WTO 适用于区域贸易协议的规定及程序。任何有关赋予现行区域贸易协议新义务的相关议题应通过磋商处理。在谈判时考虑区域贸易协议有关发展的问题。"②

在 2005 年 1 至 11 月底，区域贸易协议贸易规则谈判小组共召开 11 次会议，其中包括 7 次正式与 4 次非正式会议，主要就如何加强区域贸易协议的透明度、改善区域贸易协议审议机制、鼓励成员接受由秘书处制作事实审议报告及区域贸易协议的实质性议题等进行谈判。另外，区域贸易协议委员会于 2005 年 2 月和 7 月间分别召开第 39 次与第 40 次例会。其中，第 39 次例会主要审议欧盟与欧洲小国签署的区域贸易协议、美新、美智自由贸易协议及中国内地与香港以及澳门签署的更紧密经贸关系安排等；第 40 次例会则主要审议包括欧盟扩大为 25 个成员的货物与

---

① "鱼之友"成员主要包括冰岛、挪威、新西兰、秘鲁、美国、澳大利亚等。
② WTO, WT/MIN（01）/DEC/1, 20 November 2001.

服务业协议等 18 项区域贸易协议。目前已大致获得成员的初步共识①。

（四）争端解决谅解谈判进展

根据《多哈宣言》的决议，WTO 成员自 2002 年 3 月始，陆续提出有关争端解决谅解改革的建议方案，截至 2004 年 5 月底，共提出 53 项建议提案②，召开正式会议共计 21 次。经过一年努力，争端解决谅解特别会议主席在将各成员的提案汇总后，于 2003 年 4 月 4 日公布了一份《框架文件》③，将提案内容分为争议较小的部分和争议较大的部分，并希望争议较小的提案能够被采纳为修正草案的内容，而争议较大的部分需要进行进一步谈判。经过各成员之间的谈判和讨论，主席又于 5 月 16 日公布《主席版文件》④，并于 5 月 28 日进行更新⑤。在 2004 年 5 月 28 日的争端解决谅解特别会议中，经过成员的协商谈判，主席向贸易谈判委员会及总理事会提出报告，该问题应该在适当时机进行讨论⑥。6 月 21 日，会议主席将 5 月 28 日的会议内容⑦提交贸易谈判委员会，等待总理事会进一步指示。总理事会则在 8 月 1 日通过的《框架协议》中，采纳争端解决谅解特别会议主席的报告，继续进行谈判，同时不再限定完成谈判的时间⑧。2005 年的谈判重点则以现有《主席版文件》为基础，针对争议性较小的提案进行深入谈判，但是进展情况不甚理想。

十、WTO 体制的发展促进了国际贸易自由化和规范化发展

自 1995 年起，WTO 取代 GATT 开始全面负责全球贸易规则的制定和实施，并逐渐演变成为一个更复杂、更具影响力的框架，对国际贸易自由化和规范化发展起到巨大的促进作用。

---

① WTO, JOB (05) 63, Elements for an RTAs' Transparency Process, Informal Note by the Chairman, 29 April, 2005.
② 此处所谓建议案是指文件编号为 TN/DS/W/ 的正式官方文件，总数为 76 份，包括各文件的增、补与更新版本，其中 23 份是由秘书处发出的议程通知文件，故实际提案数为 53 份。
③ WTO, Doc. Job (03)/69, Apr. 4, 2003.
④ WTO, "Chairman's Text", Job (03)/91.
⑤ WTO, JOB (03)/91/Rev. 1.
⑥ WTO, Doc. TN/DS/M/19, Jun. 17, 2004.
⑦ WTO, Doc. TN/DS/10, Jun. 21, 2004.
⑧ WTO, Doc. WT/L/579, at 3, Aug. 2, 2004.

(一) 通过提供谈判场所和监督承诺的执行推动国际贸易自由化发展

首先,WTO 是一个成员谈判场所,而谈判始终是多边贸易体制变迁的驱动力量;WTO 正是通过主持多边贸易谈判从而促进国际贸易自由化发展。在 WTO 的主持下,在 1996 年的新加坡部长级会议上,43 个成员达成了《信息技术协议》,1995~1997 年间各成员对乌拉圭回合后的服务贸易领域展开了后续谈判,先后达成《基础电信服务协议》、《金融服务协议》,WTO 还新成立了研究环境、投资、竞争政策、贸易便利化、贸易与技术转让、政府采购透明度以及贸易、债务和财政等工作组,为进一步规范这些领域的问题做准备。2001 年,WTO 发起新一轮多边贸易谈判——多哈发展回合谈判,是迄今为止贸易领域期望及目标最高的一轮谈判。虽然目前谈判尚未结束,但是谈判的成功将会在更大程度上促进国际贸易的自由化发展。其次,WTO 又是一个多边贸易协议的监督和管理机构。WTO 正是通过其一系列协议、宣言、决定、谅解和裁定,规定了各成员在国际贸易自由化中应遵循的原则,并通过管理各具体协议来监督各成员履行其在 WTO 体系下的承诺,以推动贸易自由化发展。各成员不仅要承诺实现贸易自由化,而且要在贸易、服务、投资、知识产权等方面采取具体的政策选择。在过去的十几年中,随着更多的成员融入多边贸易体制,接受 WTO 规则的约束性承诺,WTO 管理的成员贸易占据世界贸易的份额就会越大,从而更加有助于促进国际贸易向自由化方向发展。

(二) 通过更强的履约机制和政策审议机制加强国际贸易规范

在经济全球化逐步深化的时代,各国、各地区经贸政策的联动性正在逐渐增强,作为具有国际法人地位的政府间组织,在 WTO 体系中,不仅存在翔实的实体法,还存在独立的争端解决机制和贸易政策审议机制。而 WTO 争端解决机制相对于 GATT 的争端解决具有更强的约束性,按照这一机制的要求,违反 WTO 协议的做法可以在争端解决机制中受到质疑和纠正,在某些成员不履行义务并使其他贸易伙伴受到影响的情况下,一些补救措施允许采取跨协议、跨部门的报复性贸易行动。可以说,WTO 争端解决机制是多边贸易体制提供可靠性和可预见性的一个至关重要的因素。而 WTO 贸易政策审议机制通过对其成员贸易政策的定期审议,确保了贸易政策的透明度,通过对被审议成员贸易政策措施及贸易、经济运行情况进行客观和独立评价,促进各成员更好地遵守多边贸易规则、纪律和承诺。自 1989 年该机制建立到 2008 年 7 月,WTO 已完成了 200 多次的贸易政策审议，覆盖了 WTO 153 个成员中的 130 多个，接受审议成员的贸易额占世界贸易总额的 90%。乌拉圭回合以来，贸易政策审议的范围不断扩大，而随着新一轮多边贸易谈判结束，贸易政策审议的范围将更加广泛，从而得出的结论将会更加公正和客观，势必加强国际贸易的规范化发展。

十一、WTO 体制通过推动贸易自由化而促进国际贸易迅速发展

对 WTO 来说，促进世界贸易的发展才是它的最终目标。目前，尽管多哈回合谈判仍未成功结束，由于多哈回合谈判对于各成员的重要性，而且在各成员的谈判和妥协下，将会进一步取得成果。无论如何，从目前多哈回合达成的成果来看，WTO 体制无疑在向贸易更加自由化方向发展。无论是农业出口补贴的取消、成员方内部支持的削减，还是农产品和非农产品关税的削减，以及在服务贸易谈判中所取得的成果，都是 WTO 体制所引导的国际贸易朝向更加自由化方向发展的标志。而从 WTO 成立以来世界贸易发展状况看，在促进国际贸易发展方面，WTO 的确发挥了巨大的作用。

十二、WTO 体制新发展对国际贸易发展与格局的影响

（一）WTO 体制新发展对发达国家和地区成员贸易的影响

从目前多哈回合谈判的进展情况看，发达国家和地区成员所做出的让步主要体现在取消农业补贴方面。其实发达国家和地区成员在农业补贴方面的让步对其农产品贸易不会产生太大的影响。首先，从成员方内部农业生产技术和生产率方面看，发达国家和地区成员远远超越发展中国家和地区成员，发达国家和地区成员给予内部农业补贴，在很大程度上是由于成员方内部政治利益需要。其次，在本回合谈判中，发达国家和地区成员成功地创造了两个新名词——"蓝箱政策"和"敏感产品"，也是这两个名词的出现，使得发达国家和地区在农业谈判中所做的让步化为乌有，通过"蓝箱"政策，发达国家和地区成员可以成功地进行"换箱游戏"，而对于成员方内部财政收入不足和经济发展水平欠缺的广大发展中国家和地区与最不发达国家和地区成员来说，"换箱"较为困难；而通过"敏感产品"发达国家和地区成员又可以将其试图进行高保护的农产品排除在取消补贴的范围之外，从而进一步延缓农产品市场开放步伐。另外，发展中国家和地区成员在非农产品市场准入方面的关税削减、服务贸易市场开放、知识产权保护以及贸易便利化等各个

议题做出的让步将会使发达国家和地区成员享受较大的利益。

（二）WTO体制新发展对发展中国家和地区成员贸易的影响

从多哈回合谈判达成的有限议题来看，在一定程度上反映了发展中国家和地区成员维护自身权益所取得的胜利，基本上体现了权利与义务对等原则。由于发展中国家和地区成员70%的贫困人群生活在农村，其农业收入为其主要收入来源，而发达国家和地区成员巨额的农业补贴对发展中国家和地区成员农业造成了巨大伤害。根据WTO统计，90%的农业补贴集中在23个发达国家和地区成员中，日本是农业补贴最多的国家，其次是美国和欧盟，虽然其农业补贴额明显低于日本，但年补贴额也分别达到了1 800亿美元和600亿美元。以美国棉花业补贴为例，美国2002年对棉花种植补贴总额高达37亿美元，从而使美国成为世界第一大棉花出口国，并将世界棉花价格压低了40%，导致非洲和南亚贫困国家和地区棉农收入大幅下降。所以，从《香港宣言》的内容可以看出，发达国家和地区成员对农业补贴的取消，将会使发展中国家和地区成员获利。根据世界银行的估计，如果多哈回合谈判取得成功，全球到2015年将会获得近6 000亿美元的收入，其中大部分将流向发展中国家和地区成员，并使约1.4亿人脱贫。但是，使这一预期收益变为现实的重要前提是发达国家和地区成员进行农业政策改革，从而使发展中国家和地区成员的农业能够与其公平竞争。

（三）WTO体制的新发展有利于改善失衡的国际贸易格局

当今世界经济格局的一个重要特点是经济发展的严重不平衡。发达国家和地区人口占全球的20%，占世界生产总值的76%、世界贸易的70%、吸引外资的70%。国际贸易中同样如此，而且贸易全球化的好处基本上被发达国家和地区成员所攫取。也或许是乌拉圭回合谈判中发展中国家和地区成员所做出的让步过大，比如在服务贸易自由化和与贸易有关的知识产权方面。与发达国家和地区农业出口补贴和成员方内部支持的过渡期相比，发达国家和地区服务贸易开放步伐显得过快，而且知识产权10年的过渡期实在太短。所以，由于发展中国家和地区成员的数目众多，在新一轮谈判中，经过发展中国家和地区成员的强烈争取，新一轮多边贸易谈判被命名为"发展回合"，以更多地关注发展中国家和地区成员的利益。在WTO体制的新发展中，发展中国家和地区成员多次强调给予发展中国家和地区与最不发达国家和地区成员的特殊和差别待遇，虽然并非所有议题均取得进展，但是对于发展中国家和地区成员来说，这已经是一种进步。

虽然发展中国家和地区成员在工业品市场准入、服务贸易自由化、贸易便利化等方面做出了一定的让步和承诺，但由于协议中有关发展中国家和地区成员特殊差别待遇的规定以及发展中国家和地区成员在新加坡议题上的相对胜利,成员方内部制造业和服务业所受到的冲击将是有限的,同时还能够在一定程度上利用发达国家和地区成员非农产品市场准入的承诺,扩大具有比较优势产品的出口,进一步增加收入和就业。此外,《框架协议》在发展问题上强调将特殊差别待遇纳入 WTO 规则体系,要求更多地向发展中国家和地区和低收入转型国家和地区成员提供与贸易有关的技术援助,加速推进与执行有关的议题。这些规定对发展中国家和地区成员更多地从全球贸易自由化中获取利益、提高收入都是有益的。

(四) WTO 体制的新发展将会更多地惠及发展中国家和地区成员

虽然 WTO 体制目前的发展状况有些让人担心,但是更多的专家和学者对于其发展前途充满希望,并且围绕着多哈发展回合谈判结束可能产生的经济利益做出了大量的分析和预测,而这些预测普遍认为 WTO 体制的新发展将会为全球带来巨大的福利,而却会更多地惠及到发展中国家和地区成员。世界银行预测,成功的谈判到 2015 年将使全球贸易收入增加 5 200 亿美元,其中超过 60% (约 3 500 亿美元) 会流向发展中国家和地区,从而帮助 1 440 万人摆脱贫穷。同时指出,贸易自由化将使全球收益每年增加 3 000 亿美元,其中 2/3 的增量将来源于农业贸易改革,而发展中国家和地区从贸易自由化中获得的收益增量将占全球总收益增量的 45%。国际货币基金组织分析,新一轮谈判的进行有助于恢复市场的信心,创造新的出口机会,强化多边贸易体制,通过削减货物贸易壁垒,预计所带来的潜在福利每年将在 2 500 亿美元到 6 800 亿美元,这还不包括可能获得的动态贸易利益,其中约 1/3 的福利将流向发展中国家和地区,是这些国家和地区每年获得的援助额的 2 倍,而服务贸易自由化带来的利益可能会更大。WTO 的数字表明,工业国家和地区开放市场可以为发展中国家和地区带来显著的增长和致富潜力:(1) 如果工业国将其在农业、制造业和服务业的贸易比例降低 1/3,可以带动世界经济增长 6 130 亿美元;(2) 仅仅是取消关税和非关税壁垒就可以为发展中国家和地区创造 3 760 亿美元的收入,其中服务业 1 820 亿美元,制造业 1 620 亿美元,农业 320 亿美元。全球服务业联合会最新发布的研究报告显示,尽管服务业占多数发展中国家和地区与发达国家和地区经济总量的 60% ~ 70%,但服务贸易却仅占全球贸易总量的 20% 左右。若完全实现自由贸易,2005 ~ 2015 年,服务业可为发展中国家和地区带来 6 万亿美元的收益。

第三章

区域贸易体制的发展以及与WTO的互动

一、区域自由贸易体制的新发展和未来趋势

20世纪80年代，欧、美、东南亚、非洲等地区纷纷出现区域经济整合的提议和协商，特别是有了欧洲联盟和北美自由贸易区的成立和顺利运行的典范，20世纪90年代到现在各种区域贸易协议（Regional Trade Agreement，RTA）如雨后春笋般不断涌现。根据WTO统计，最近10年产生的区域贸易协议数量与在此之前的50年成立的区域组织数量相当，在整合程度和规模上也有了质的飞跃。截至2006年10月15日，WTO秘书处共收到366个区域贸易协议通知，其中214个处于执行阶段[1]，包括货物贸易领域147个，授权条款[2] 22个，服务贸易领域45个。GATT时期通报的124个RTA到2005年仅38个仍然有效，反映出RTA自身随时间逐步进化，或纵向被更高级形式的一体化形式代替，或横向联合其他RTA组成更大的集团（见图3-1）。

目前在世界各地出现的区域贸易协议不但数量繁多，而且规模也不断地扩大。区域贸易协议规模的扩大，使国际经贸领域日渐形成欧、美、亚三大区块相互竞争的态势，其中欧洲区块是以欧盟为中心，2007年1月1日欧盟完成第六次扩大，成为27国的经济联盟；在美洲是以美国为中心，组成包含34国的美洲

---

[1] WTO, "Report (2006) of the Committee on Regional Trade Agreements to the General Council", WT/REG/17, 2006.

[2] 1979年11月28日GATT东京回合通过的《关于发展中国家差别和更优惠待遇、互惠和更充分参与的决定》中有关发达国家和地区缔约方在进口产品方面给予发展中国家和地区缔约方的优惠待遇。具体参见《世界贸易组织百科全书》，中国大百科全书出版社2007年版，第69页。

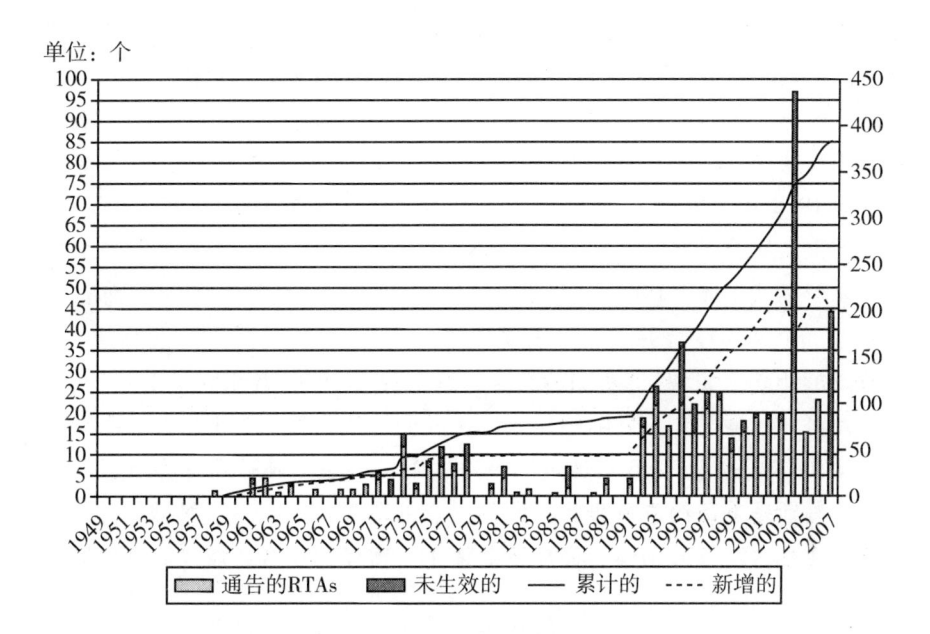

图 3-1　1949~2007 年 GATT/WTO 收到 RTA 生效通知

资料来源：WTO 秘书处。

自由贸易区；在亚洲，有中国与东盟自由贸易区（10+1）及东盟与中国、日本、韩国（10+3）磋商自由贸易区。

(一) 欧盟体制的新发展和未来趋势

欧洲一体化可以说是当代世界经济中区域经济一体化的典范。强烈的利益追求、政府的积极主导和制度保障是实现欧盟经济一体化的三个基本条件。欧盟体制发展的最大经验就是"制度化的和平共处政策"，即各成员国在政治上和经济上相互合作，彼此开放市场，并且致力于纳入一个共同的超国家组织之中，各成员政府在对内和对外政策上进行协调，将国家主权的部分让渡给超国家机构的同时需要进行讨价还价，此时，各国政府依然是国际关系中主要的行为体，正如一位德国政治学者所说，"综观整个欧洲一体化进程，无论超国家机构发挥了怎样的作用，民族国家政府的支持都是必不可少的"。

1. 欧盟体制的建立

在两次世界大战中，欧洲都是处于交战的敌对状态。然而在历史上，欧洲曾经有极长的统一经验，此种大欧洲的思想，在第二次世界大战开始受到部分欧洲国家的注意，希望能加强欧洲的团结。但是当时战争刚结束，政治的整合极为困难，因此由经济联合开始加强欧洲的合作，以减少战争机会。1946 年英国首相丘吉尔在苏黎世的演讲中，首次提到德法联盟的构想；1950 年法国提出"舒曼计划"，建议将德法煤钢的生产组织起来，取消有关的关税限制，建立一个共同的超国家机构，以协调煤钢的生产销售。此提议得到荷兰、比利时、卢森堡、意大利、联邦德国和法国 6 个国家的支持，于 1951 年在巴黎设立了欧洲煤钢共同体，并于 1952 年 7 月 25 日生效。为了增加经济方面的合作，1957 年 3 月 25 日这 6 个国家又签署了罗马条约，在 1958 年 1 月 1 日正式成立了欧洲经济共同体及欧洲原子能共同体，1965 年 4 月 8 日这三个共同体的原始成员在布鲁塞尔签约，将这三个共同体合并为一个委员会，并于 1967 年 7 月 1 日起生效，于是 6 个原始成员建立了关税同盟。1973 年、1981 年、1986 年英国、爱尔兰、丹麦、希腊、西班牙、葡萄牙先后陆续加入，使共同体成员增加为 12 国（见表 3 – 1）。1992 年共同体根据于 1986 年通过的单一法案，消除了成员间货物流通的边境管制，同年马斯垂克条约进一步将共同体整合的范围扩大到政治领域，并将欧洲经济共同体改称为欧洲共同体，完成欧共体单一市场的整合，成立欧洲联盟。

表 3 – 1　　　　　　　　欧盟的六次扩大

时　间	加入的国家
1973 年	英国、丹麦和爱尔兰加入欧共体
1981 年	希腊成为欧共体第 10 个成员国
1986 年	葡萄牙和西班牙加入欧共体
1995 年	奥地利、瑞典和芬兰加入欧盟
2004 年 5 月 1 日	马耳他、塞浦路斯、波兰、匈牙利、捷克、斯洛伐克、斯洛文尼亚、爱沙尼亚、拉脱维亚和立陶宛 10 个国家正式成为欧盟成员国
2005 年 4 月 25 日	保加利亚和罗马尼亚在卢森堡签署加入欧盟的条约，并于 2007 年 1 月 1 日正式成为欧盟成员国

资料来源：作者根据欧盟委员会资料整理。

2. 欧盟的六次扩大使成员国增至 27 个

欧盟（EU）由欧洲共同体（EC）演化而来，其创始成员国为德国、法国、意大利、荷兰、比利时和卢森堡六国。到 2007 年欧盟先后六次扩大，成员国从欧共体时代的 6 个增至 27 个。第五次欧盟东扩，除塞浦路斯、马耳他外，其余皆为前社会主义体制国家，在初期申请时，申请加入的国家曾多达 13 个，审查结果有三国尚未具备参与欧洲联盟的条件，故实际仅有 10 国加入。

3. 欧盟东扩的前景与困难

欧盟第五、六次东扩于 2004 年 5 月、2007 年 1 月正式完成，尽管整合前景仍有不少挑战，但是成员各国均认为整合对自己的政治和经济有利，所以整合得以持续。然而，欧盟东扩毕竟是两种不同体制国家间的经济整合，此外，经济联盟不同于一般自由贸易区，所需要的准备工作与政策调整特别多，包括入盟国国内法制的修改、整合期间的拉长、成员国财政负担与经济风险的增加等，这些因为整合必须付出的调整成本，所幸目前有相当的经济利益、共同的历史传统、极具吸引力的地缘政治因素来支撑，因此整合的过程得以顺利展开。但是未来在实际运作时，是否会逐渐显露体制差异的问题，是我们可以密切观察的重点。如果东扩后的欧盟能够顺利运作、持续深化，相信对于维持未来欧洲和平、安全与繁荣必有重要的贡献。然而东欧国家毕竟仍然是转型中的市场经济国家，其与西欧的市场经济国家，在贸易体制、物价水平、生产成本等方面是否已经调和到能够进行自由贸易的程度，恐怕不是只靠内政及经济政策改革达到哥本哈根标准即已足够。因为在欧盟东扩之后，这些国家的商品将以免税的方式进入西欧各国，如果普遍偏低的物价与劳动成本对西欧国家的商品竞争力形成重大冲击，则东西欧国家间贸易可能出现重大失衡。此外在产业分工方面也可能由于明显的互补，以致挤压到原来西欧的后进国家如西班牙、葡萄牙、爱尔兰、希腊等，因此各国间可能需要面对产业结构必须大幅度调整以及可能出现不公平竞争的问题。

4. 欧盟积极寻求盟外合作

欧盟吸收地缘临近的国家进入欧盟的同时，也积极进行着跨区域经济合作行动。继美国后，欧盟同智利、墨西哥和南非签署了自由贸易协定，同海湾六国海合会自由贸易协定谈判已经签订，它还仿效美国也要同亚洲国家和地区商谈自由贸易协定。同时，欧盟还计划同拉美国家，东南欧自由贸易联盟，还有非洲、加勒比、太平洋国家和地区以及环地中海的国家和地区，签订自由贸易协定。

（二）北美自由贸易区体制的新发展和未来趋势

北美自由贸易区于1994年成立，是当时全球最大的自由贸易区。北美自由贸易区的一体化完成经历了两个阶段，首先是1989年美国与加拿大签署美加自由贸易协议，由于加拿大产品在10年内可以达到免税进入美国市场的自由贸易程度，使墨西哥认为，如果墨西哥产品也能争取到同样条件，从而美墨之间经贸可以更顺利发展，无异于替墨西哥的对外经贸发展环境争取到持续、稳定和开放的保障。因此在美加自由贸易区开始实施之后，墨西哥总统即向美国表达希望加入自由贸易区的意愿，并且于1992年完成谈判，于1994年成为北美自由贸易区的一员，也使北美自由贸易区成为全球最大且最彻底的自由贸易区之一。

至2003年底，北美自由贸易区运作已满10年，美加墨均认为北美自由贸易区对本国经贸发展有利。根据国际货币基金组织贸易流向统计从1993年至2002

年间贸易状况来看，加拿大对北美自由贸易区成员的出口额增长了87%，美国对北美自由贸易区成员的出口额增长了76%，墨西哥对北美自由贸易区成员的出口额增长了234%。同时由于自由贸易协议的签署，使美加墨对于彼此的经贸政策、投资环境必须维持持续、稳定地开放，对于外部直接投资也产生了正面促进的效果。到2000年，北美自由贸易区成员在区域内的投资与1993年相比增长率已超过100%，来自非成员的投资也快速增长。

高斯、梅瑞狄斯和托维（Kose, Meredith & Towe, 2004）研究指出，北美自由贸易区对墨西哥经济的影响最重要的是使墨西哥的外国投资增加、产业内贸易比重提高、资本形成加速、经济波动幅度减缓，经济增长率由一体化之前的长期平均增长率2%，到一体化之后提高为4%[①]。不过，墨西哥经济在1994年之后明显好转，也非全然是北美自由贸易区之故，另一项不可忽视的因素是墨西哥本身的自由化政策，即在北美自由贸易区前后，墨西哥本身也进行了很多自由化改革，例如，墨西哥已与30多个国家和地区签署了自由贸易区，因此吸引到很多国际投资进入，最后综合起来推动了墨西哥经济状况的改善。

北美自由贸易区对非成员的影响，除了贸易比重在北美自由贸易区国家和地区的对外贸易中缩小外，IMF的报告显示，北美自由贸易区协议涵盖的内容在当时所有自由贸易区中是相当完整且具代表性的，对于全球贸易政策的发展，更具有分水岭的意义。此外，它也是发达国家和地区与发展中国家和地区签订的自由贸易区，对于发展中国家和地区加入区域组织之后，产生的外国直接投资与资本流入效果，颇具有代表性意义。

（三）亚太经济合作组织体制的新发展和未来趋势

1. 覆盖区域范围大，APEC踌躇满志

亚太经济合作组织（APEC）是包含亚洲及太平洋盆地周围21个经济体的区域组织，与前述各种因为个别经济体进行区域经济整合而形成的区域组织不同的是，APEC的经济体多、各个经济体经济发展程度差异大，而且APEC是开放性而又不具约束性的区域组织。所谓开放性是指区域组织内形成的决议必须适用到区域外国家和地区，如开放市场的决议必须对来自区域外国家和地区的进口品一起适用；所谓不具约束性是指APEC各经济体的市场开放措施以自愿性为原则，其决议对经济体不具有约束性，因此APEC能否在区域经济整合方面有所作为，一直是各界观察的焦点。

---

① Kose, Meredith & Towe, "How has NAFTA affected the Mexican Eonomy? Review and Evidence," IMF Working Paper series, WP/04/59.

由于目前 APEC 经济体已签署及正在洽签的 FTA 为数不少，一旦自由贸易协议的权利义务要扩大到其他经济体，对 FTA 的经济体将有相当大的影响，因此进展并不顺利。至于 FTA 目前在经济体间的积极发展，在 APEC 的正式文件中仍然认为，FTA 是协助各经济体达到茂物宣言目标（即贸易与投资自由化与便捷化）的工具，原则仍是各 FTA 应该符合 WTO 的相关规范与 APEC 的基本原则与目标。

2. 经济体复杂，APEC 成就有限

事实上，APEC 自成立以来，除了在茂物宣言设定了经济体贸易与投资自由化将于 2010 年及 2020 年完成的具体目标外，其他成就有限。其中在推动自由化方面最明显的挫折是"提前自愿性部门自由化（EVSL）"计划与"先进关税自由化（ATI）"计划的失败。此外，在亚洲金融危机中，APEC 无能力对经济体施加援助，在经济与技术合作方面也无甚进展，因此有不少人觉得 APEC 还不能算是区域合作组织，较准确地说，应该只是一个高层次的论坛，因此通过 APEC 完成贸易与投资的自由化有体制性与实质面的困难。

APEC 经济体已在 APEC 之外另寻商签 FTA/RTA 的途径，在 APEC 体制内也出现 APEC 应予改革的建议。2004 年 APEC 会议，已将 APEC 改革列为重要议题，目前已有韩国、澳洲、加拿大、日本、中国及泰国等提出改革建议。不管未来 APEC 将如何改革，目前发达国家和地区经济体在自由化方面还无具体进展，而在 2004 年 APEC 企业咨询委员会议中已有加拿大企业代表另外提出成立亚太自由贸易区（FTAAP）的意见，因此短时间 APEC 经济体自由化的方案仍无法有具体轮廓。就 FTAAP 而言，自该案提出后，目前赞成与反对者意见相当分歧，在 2004 年 11 月召开的 APEC 会议中已是主要的讨论议题。由于 APEC 的运作机制基本上采取集体共识与个别行动，对个别国家和地区没有约束力，目前只能以开路者机制（pathfinder）与成员压力带动区域内相关发展，寄希望于经济体通过示范与建立信心的方式完成自由化措施，因此成立自由贸易区的远景恐怕还需要不少时间酝酿。2004 年 APEC 会议在智利首都圣地亚哥举行完毕，由 APEC 发表的宣言来看，通过亚太经济体集体同意的事项主要是对抗恐怖主义与严格遵守"消除大规模毁灭性武器及便携式防空导弹之扩散"，对于区域自由贸易协议仅表示欢迎但不进行研究也没有订立明确的承诺，而且未来将向 WTO 推荐进行全球的自由贸易协议讨论，因此在 APEC 之下推动 FTAAP 的建议似乎仍未被列入日程表。

（四）东盟的新发展和未来趋势

东盟由印度尼西亚、马来西亚、菲律宾、泰国及新加坡 5 个国家于 1967 年创立，以促进区域内的经贸交流合作为宗旨。1984 年 1 月 8 日文莱加入后，东盟成员增加至 6 国，通称为东盟创始成员。之后，越南于 1995 年 7 月 28 日，老挝与缅甸在 1997 年 7 月 23 日加入，柬埔寨于 1999 年 4 月加入后，成员扩增至 10 个国家。其成立的主要目的为：加速区域内的经济增长，促进社会进步与文化发展；确保区域内国家的政经稳定；解决区域内的各种问题。

东盟最高决策机关为由成员领袖所组成的东盟高峰会，早期不定期开会，于 1992 年第四届高峰会时，6 个创始成员商定以后每三年举行一次高峰会。为扩大区域内合作，于同届高峰会上，泰国提出成立东盟自由贸易区。1992 年第四届东盟高峰会，六国（印度尼西亚、泰国、马来西亚、菲律宾、新加坡、文莱）领导人签署《1992 年新加坡宣言》、《东盟自由贸易区共同有效优惠关税协议》及《促进东盟经济合作架构协议》等文件，预定自 1993 年 1 月 1 日起 15 年内，逐步削减关税至 0~5%，以达成设立自由贸易区的目标，即于 2008 年前成立自由贸易区。1995 年 9 月第 26 届东盟经济部长会议，会中各国达成协议，商定东盟自由贸易区计划提前五年实施，即将预定于 2008 年的实施日期提前到 2003 年。东盟自由贸易区虽自 1992 年既已提出，但由于各国意见分歧致使初期发展缓慢。之后，在新加坡及马来西亚的积极主导下，终于逐渐步向组织化运作，成员间经济合作范围亦日趋多元化。到 1999 年 9 月召开的第 13 届东盟自由贸易区理事会中又决议，6 个创始成员协议清单内产品关税须于 2002 年降至 5% 以下，越南为 2003 年，缅甸及老挝则是 2005 年。同年 11 月举行的第三届东盟非正式高峰会议宣布，6 个创始成员须于 2010 年免除所有产品关税，而越南、老挝、缅甸、柬埔寨则于 2015 年达成完全自由化目标。新加坡自 2001 年 1 月 1 日起，已经对清单内所有来自东盟各成员的产品全部免除关税。新加坡是东盟国家中第一个达成东盟自由贸易区预定于 2002 年将清单内产品降为 0~5% 目标的国家。

不过，东盟自由贸易区降税至 0~5% 的计划，在 2003 年的最后期限并没有完成，到 2003 年底，马来西亚仍然坚持保护本国的汽车业，对汽车产品设有例外项目，延长 2 年的降税期间；菲律宾原来已经对石化产品降低关税，后来又提高；稻米则是各国一致认同予以排除的项目。为此，东盟要求各国应尽快消除关税及非关税壁垒，以促进东盟自由贸易区的发展。

在 2004 年 11 月的第十届东盟高峰会上，各国决议东盟较发达的 6 国（印度尼西亚、泰国、马来西亚、菲律宾、新加坡、文莱）须在 2007 年前开始对部分商品减免关税，比原来的期限提早三年，其余四国（柬埔寨、老挝、缅甸、越南）则为 2012 年之前。优先减免关税的领域包括农业产品、橡胶产品、木制品、纺织服装、渔业、航空运输、汽车、信息技术、电子电器、医疗保健及旅游业。东盟六国提前消除关税，被视为企图降低成本、刺激出口，是应对中国与印度快速发展的必要手段。

除了免除关税以外,东盟的经济一体化未来将深化到成立共同体。在2003年10月第九届东盟高峰会中,东盟国家计划将于2020年前实现东盟共同体,该共同体包含东盟安全共同体、东盟经济共同体及东盟社文共同体三部分,其中东盟经济共同体是东盟经济一体化的最终目标,将使东盟各国货物、服务、投资及资本更自由流通,以改善私有企业的经营环境、提升竞争力,强化东盟国家在世界供应链中的角色。

除加强本身内部化的经济一体化以外,东盟也以前瞻性的眼光和战略性的考虑,积极推动区域性政治、经济和安全合作,近来更成为周边大国争相合作的伙伴,其中东盟与中国自由贸易区的进展最快、最引人注目,但日本则积极鼓吹"10+3"自由贸易区,此外,印度与美国也积极地在此寻求经济合作机会。

东盟各成员在20世纪90年代就迈出建立自由贸易区的步伐,已有部分区域内的大部分商品实现了零关税,但是,东盟自由贸易区的未来发展存在以下问题:第一,区域内经济发展差异较大。东盟成员间工业化程度、社会经济发展程度以及竞争能力差距过大,限制住了区域同步发展的能力,这些差异将会影响到彼此的合作;第二,东盟区域内贸易程度较低,2003年只占其对外贸易总量的20%左右,远低于发达国家和地区间区域内贸易的平均水平。这使东盟在面临国际经济集团化浪潮冲击时,缺乏足够的内需市场。此外,东盟各国经济结构类似,自由贸易区将对彼此造成强烈的内部竞争。

二、区域贸易体制的发展趋势

区域贸易协议显现四个发展趋势:第一,越来越多的国家和地区,包括那些习惯依赖多边贸易自由化体制的国家和地区在内,把区域贸易协议作为其经贸政策的核心,并赋予区域贸易协议高于多边贸易体制的政策优先权;第二,区域贸易协议自身更加复杂化,其贸易管理框架大多超出多边达成的贸易规制;第三,发达国家和地区同发展中国家和地区达成优惠协议的互惠性增强,发展中国家和地区享受的非互惠性优惠协议减少,南南合作贸易模式下主要发展中国家和地区之间的优惠性安排大量增加;第四,尽管是区域性质,区域贸易协议依然呈现扩展和联合的发展态势,一方面现有区域贸易集团吸纳更多的"邻居"国家和地区进入集团,另一方面区域贸易集团作为新的子集积极寻求与其他区域贸易集团的联合,将产生更多"大型"区域贸易集团。

三、区域贸易体制的影响

(一) 区域贸易体制对成员的影响

1. 区域内贸易比重的增加

综合贸易创造与贸易转移效应，自由贸易区成员在区域协议生效后，成员间区域内贸易比重会明显提高，以下可初步说明经济一体化对成员贸易流量的影响。

北美自由贸易区自 1994～2003 年九年间共取得下列成果：加拿大、美国间贸易年平均增长 7%；加拿大、墨西哥间贸易年平均增长 19%；美国、墨西哥间贸易年平均增长 15%；美国对加拿大投资五年间增长 63%；墨西哥对加拿大投资五年间增长 20% 以上；加拿大对墨西哥投资五年间增长 324%；加拿大对美国投资五年间增长 86%。这些数字显示自由贸易区形成后，区域内贸易与投资活动大幅增长。而且，观察北美自由贸易区、欧盟与东盟三个区域经济组织的区域内贸易比重，表 3-2 可以进一步说明经济结盟对贸易流量的影响。

表 3-2　　北美自由贸易区、欧盟及东盟区域内贸易比重　　单位：%

年份	北美自由贸易区	欧盟	东盟
1980	33.20	57.21	18.12
1988	35.97	56.23	16.55
1989	36.69	63.75	17.40
1994	42.44	61.01	21.16
1996	43.45	60.90	21.08
1998	45.68	60.64	20.99
1999	46.47	62.28	21.00
2000	46.90	59.99	22.73
2002	46.05	59.87	22.51
2003	44.49	60.51	22.93
2006	53.8	64.2	25.1

资料来源：根据 IMF，Direction of Trade 整理。

在 1988 年美加自由贸易区成立以前，区域内贸易比重仅有 35.97%。1989 年美加自由贸易区成立，1994 年墨西哥加入成为北美自由贸易区，此时区域内贸易比重已增加为42.44%。五年之后，1999年北美自由贸易区内贸易比重增加到46.47%。其后到2003年，区域内贸易比重虽稍微下降，但就整体而言，比1988年区域内贸易比重仍然增加了8个百分点；反之，区域外贸易比重则减少了8个百分点。因此，如果观察非成员对北美地区的出口值，虽然其值并没有减少，但是非成员在北美自由贸易区市场的相对重要性已然降低，说明非成员在北美自由贸易区市场确实处于相对不利的情况。

欧洲联盟是欧共体国家进一步强化经济一体化后的产物，其成员组成与规模陆续扩大，其区域内贸易比重不易用近来时间序列的比重变化来观察。不过，1980年时，欧共体成员间的区域内贸易比重已高达49.75%，显示欧共体的经济一体化效果已经相当明显。1992年欧共体完成单一市场的经济一体化后，区域内贸易比重再向上提高到57.48%；1993~1999年间，欧盟区域内贸易比重提高至62.28%，区域外贸易比重相应地降至37.82%。因此，同北美自由贸易区一体化后一样，区域外国家和地区也处于极端不利的地位。

和北美自由贸易区、EU相比，东盟的经济一体化层次最低，结盟方式也最松散。东盟自由贸易区到2003年才勉强完成，加上东盟各国普遍追求出口导向型经济发展，对欧美日等经济依赖程度很高，因此区域内贸易比重最高时也只达到22.93%。

通过对一些发展中国家和地区参加区域贸易前与协议实施后5年的情况进行比较，无论是哪一种区域贸易协议安排，其从区域内成员间的进口都增加了。尽管各自增加的幅度、比重不同。如中非经济联盟，其成员的贸易占GDP比重从0.24%上升为0.79%。进一步分析贸易转移，则区域贸易协议成员与区域外国家和地区的贸易比重除了加勒比盆地外，其他变化不大，但贸易量却有明显增加。如果分析区域内进口与区域外进口的比率，则可看到9个区域协议中有7个是增大的，仅加勒比盆地（CARICOM）和GCC是例外。

由于经济一体化，区域组织成员间贸易障碍降低，相互贸易机会增加，对成员贸易结构与专业化分工可能产生两种影响：一是产业间专业化分工增强，以致贸易互补现象提高；二是为了提升竞争力，厂商可以从成员进口更多半成品，因此产业内专业化分工现象也会提高，产业内贸易比重整体上会增加。此外，以当前各国、各地区产业实际发展的状况来看，很少有国家和地区能专业于少数几项产业的生产，而随着经济增长、技术进步以及消费者需求的多样化，产业发展势必越来越多元化，国际产业内贸易比重因而越来越高。尤其是自1990年以后，多数自由贸易协议已将投资自由化议题包含在内，因此进一步促进区域内的相互投资活动，也会进一步促进自由贸易区成员间的产业内贸易机会。

2. 贸易转移的实证分析

1997年巴尤米（Bayoumi）和艾奇格林（Eichengreen）利用引力模型分析欧

共体的形成与扩大对其他工业国的影响后得出结论：在 1959~1961 年之间，欧洲经济共同体的形成使其成员与其他工业国的贸易每年减少 1.7 个百分点。由于 1957~1973 年间增长率的下降，使其他区域外国家和地区的出口在 1973 年就减少 240 亿美元。①

世界银行的经济学家索劳格（Soloaga）和温特斯（Winters）在 1999 年利用同样的研究分析方法对 1980~1996 年的 9 个主要区域贸易集团的贸易影响进行分析，其结果显示，欧盟和欧洲自由贸易联盟及北美自由贸易区域内的贸易倾向维持在一个较高的水平，大大高于与域外成员的贸易倾向。而与域外国家和地区的贸易倾向却呈下降趋势。这说明贸易转移开始出现，令人吃惊的是，区域内贸易倾向变化却很小。

欧盟的共同农业政策是贸易转移效应最好的证据。共同农业政策的实施使欧盟成员国的农产品价格结构发生巨大变化，欧盟外国家和地区的农产品难以进入欧盟市场，使消费者都趋向于购买欧盟成员国的产品。部分资金转移为欧盟农场主的收益。如果从经济上分析是很不值得的，但从一体化政策体系分析则是成功的，实现了其最初确定的目标。1998 年，麦瑟琳（Messerlin）曾分析指出，"欧盟"这一保护的成本占欧盟农场总收入的 12%。②

另一个例子是北美自由贸易区实施后的服装进口，从 1995 年 3 月开始，墨西哥对非北美自由贸易区成员的服装增加 20%~35% 的关税，这一增加的水平与其对美、加进口服装关税的降低一样。从 1994~1996 年，墨西哥从其他国家和地区的服装进口减少 66%，而同期从美国的进口则增加 47%。同样，在美国市场上，美国从亚洲国家和地区的进口服装减少的同时，从墨西哥和加拿大进口的纺织品却增加了 90%。③ 最明显的是中国及港澳台在美国市场上的纺织品和服装的市场占有率不断下降，中国已经让位于墨西哥和加拿大，在美国市场上处于第三位。

但从关于安第斯（Andean）、南方共同市场（MERCOSUR）、东盟（ASEAN）的研究中却看到完全不同的情况，虽然与域内国家和地区的贸易倾向很低，但并没有证据显示出贸易转移。尤其是东盟却出现相反现象，区域内贸易下降的同时，区域外贸易系数却明显上升。所以，从某种意义上讲，决定贸易发展及贸易关系的因素是多方面的，单纯考虑区域贸易而忽略相应的政策调整显然是不够的。

---

① Bayoumi, Tamim, and Barry Eichengreen, 1997. "Is Regionalism simply a Diversion: Evindence from the Evolution of the EC and EFTA."

② Messerlin, Patrick, 1998, "Technical Regulations and Industry Standards in the EU." World Bank, Washington.

③ USITC, 1997, "Study on the Operation and Effects of the NAFTA." Washington. DC.

引力模型可以较好地分析区域贸易协议与其他因素对贸易流向的影响,但它却不能对贸易协议中具体的政策措施的影响加以分析,如关税税率高低,产品的供求关系等对贸易流向的具体影响等。一些学者利用可计算均衡模型分析并预测大量微观经济变量的影响。并且将这些分析方法及技术不断的复杂和细化。他们把这些模型分为"三代",第一代模型假设所有市场是完全竞争的,区域一体化协议对其成员的成本和利益主要来自于贸易创造和贸易转移;第二代模型则包括规模报酬递增和不完全竞争的情况;第三代模型则包括一些动态因素,如资本积累、技术进步等。①

通过分析,第一代模型的研究结果表明贸易创造和贸易转移的共同作用带来的效应是很小的,仅是 GDP 的 1%;而第二代模型的研究表明以上效应有所增大,大约是 GDP 的 2%~3%;而第三代模型的结果是效应进一步增大,达到 GDP 的 5% 左右。所以,可以看出,如果使模型与经济活动的现实越接近,则分析结果越符合实际情况,而其贸易效应占 GDP 的比重也越大,对经济的影响也必然日益加深。

3. RTA 的投资效应

随着 RTAs 或更高层次区域经济一体化,导致区域内的市场壁垒降低,市场扩大,竞争增强,也对区域内外的投资者增加投资创造了一种竞争压力。

(1) 有利于区域内成员扩大从区域外吸引投资。大量实证分析和事实可以表明,区域贸易一体化形成后,由于贸易自由化带来的利益,而使域外国家和地区因不能与域内国家和地区一样可以享受优惠关税,而迫使其只能通过扩大在域内的投资来获得市场。要么就被迫放弃该市场或采取其他次优的竞争策略,从而有利于域内成员吸引外资。当区域贸易协议成员间组成经贸规模可观的巨大市场时,域外厂商可能通过对区域内某一成员的投资而进入这一巨大市场,这必然对区域内成员吸引外资创造了良好条件。

最典型的例子是墨西哥,由于墨西哥与美、加签订自由贸易协议,通过在墨西哥的投资,符合北美自由贸易区的原产地规则,则可自由进入巨大的美、加市场;或为了保住在美、加的市场份额,使墨西哥成为很多外国投资者看重的投资地。加之,墨西哥又借助 NAFTA 的建立,不断地完善自身的投资环境,从而使这种可能变成现实。

这种情况的出现并不是孤立的,在欧洲,伴随着统一大市场的形成,欧盟也同样经历过类似的外资的大量流入。欧盟委员会在 1998 年的单一市场回顾中指

---

① Baldwin, Richard E., and Anthony Venables, 1997. "International Economic Integration." In G. Grossman & K. Rogoff, eds., Hand book of International Economics, Vol. 3. Amsterdam: North Holland.

出,在 1982~1993 年间,欧盟在全球对外直接投资流入中的份额从 28% 上升为 33%①。在南美洲,南方共同市场的成立使其成员国的外资流入增加,南方共同市场国家吸引美国投资的存量从 1993 年的 3.9% 上升到 1995 年的 4.4%②,阿根廷、巴西、巴拉圭、乌拉圭的外资净流入均有明显的增长。

(2) 有利于增加区域贸易内部成员对域内的投资。由于贸易壁垒的取消和其他市场限制的放松,使区域贸易协议成员在区域内仍然享有得天独厚的竞争优势,也诱使其对域内产业的投入增加,以便适应变化的竞争环境。因为区域贸易协议的签署,意味着产业发展环境的改善,内部成员公司间交易障碍的取消或减少,必然使其交易成本降低,增强对区域内部投资的信心,不仅有利于增加投资,更有利于增强本地企业的竞争力。

4. RTA 有利于共同面对域外的安全威胁

区域一体化并不纯粹是区域内安全的需要,更是面对共同的区域外安全的现实选择。因为在经济领域的共同行动容易使彼此间形成共同的安全行动,并产生相互信任,最终产生区域性联盟。当然,有的区域一体化既有地区内,又有共同的域外的安全利益。例如,西非经济共同体的成立就明显是为了共同的地区内利益,以及共同防御域外军事压力的目标。

5. RTA 可以增加谈判力量

(1) 区域贸易协议可以增强在双边谈判的力量。对小国而言,彼此间的联合可以增强在双边谈判中的讨价还价实力。在欧共体成立之前,欧共体各国与美国的双边贸易关系中,欧共体各成员国均处于不利的谈判地位,但随着欧共体的建立,内部经贸政策的协调和共同利益的一致,使其与美国或其他贸易伙伴在双边贸易谈判中的地位明显发生变化,有利于欧共体成员。并随着欧共体的进一步扩大,成员数量的增多,经济贸易规模的扩大,报复能力的增强,越发使其处于有利的谈判地位。

(2) 区域贸易协议有效地提高了在多边贸易谈判中的地位。GATT/WTO 多边贸易体制的演变和发展的历程表明,有着共同利益的谈判集团或区域贸易集团的出现,更有利于维护自身的利益。例如,在东京回合谈判期间,石油输出国组织作为以产品为基础组织起来的联盟。在乌拉圭回合期间,凯恩斯集团的出现都有效地维护了自身的利益。

当然,由发展中国家和地区组成的区域贸易集团如果要想有效地发挥其影响力,必须要求其能形成统一的谈判立场、统一谈判利益。因为内部立场的不一致

---

① European Commission, "The Single Market Review4 (1), 1998."
② World Bank, "Trade Blocs" 2000, P. 37.

或不协调，可能使其丧失谈判机会，也有可能被对手各个击破。但是，一旦形成了有利的谈判地位，具有报复或威胁力或警示作用，则必然使谈判对手胆怯，从而在谈判中只做出有限的让步而获得较大的利益。

6. 通过区域贸易合作可以共同解决面临的一些问题

一些国家和地区可以通过区域经贸合作共同分享诸如河流、渔业资源、水利资源，也可共同面对诸如环境和运输瓶颈等问题。因为缺乏合作，解决这些领域的问题成本太高。不过，要想找到平等的方式以分享合作带来的成本和利益也相当困难。毕竟很多国家和地区出于自尊，政治关系紧张，缺乏相互信任，高协调成本或不对称的成本和利益分配等，使得很难达成合作意向。

7. RTA 促进强化各成员的贸易自由化改革

许多研究成果表明，区域贸易协议也可有助于强化各成员内部的改革意识，以使其贸易自由化改革成为政治议程的重要组成部分，从而确定贸易自由化改革的目标和具体政策措施。

（1）区域贸易形成一种承诺机制要求成员履行其相应义务。一般而言，任何改革通常都有可能逆转。如贸易和投资自由化改革，而投资者对投资和贸易自由化的持久性和信心对其投资行为影响巨大，在对改革的持久性缺乏信心时，通常其投资的愿望则大大降低。如果投资减少或无投资，则政府通常可能面临巨大的日益增加的改革压力。逃避这一陷阱通常需要采取制度性的措施以使投资者相信政府的改革决策，并将会锁定改革措施，即建立所谓的"承诺机制"，从制度安排上让投资者或工商界对政府政策放心。而区域一体化协议则是一种良好的"承诺机制"。

在区域贸易安排下，贸易自由化是一种设计良好的一系列建立在互惠基础上的承诺机制：一国贸易伙伴降低关税或取消非关税措施是与另一个贸易伙伴的相同行为作为条件的，也即要享受权利必须履行相应的义务，这套自我实现的规则是很有效率的。尤其当贸易伙伴间的贸易规模、相互间的贸易关系越密切时更是如此。因为当彼此间的贸易量越大，贸易依存关系越密切，如果一国不对贸易伙伴履行相应义务就相当于自己承诺不进入对方市场，反之，则需同时按区域贸易安排实现贸易自由化。何况区域贸易协议还有其他诸如争端解决机制加以某种程度的强制实施或贸易报复，则必然会促使成员间的贸易自由化共同发展，除非达不成共识，延缓贸易自由化安排。

当然，人们也许会指出，权利与义务的平衡不正是 WTO 多边贸易体制的基本要求吗？为何要借助区域贸易安排加以实现呢？这正是我们需要指出的，WTO 体制随着其成员的增多，以及各成员利益的差异，想要在众多成员间实现利益的高度协调是极其艰难的，更何况 WTO 的监督及争端解决机制的局限也很难使具有较大报复力的成员甘心接受公共道德力量的约束。因此，WTO 协议的实施与区域贸易协议的实施相比较，则显得效率要低一些，区域贸易协议是 WTO 体制的重要的有益补充，区域贸易协议更多的建立在互惠的基础上，而互惠正是有利的"承诺机制"。

（2）区域贸易协议有时也是锁定其成员经济政策的一种"承诺技术"。区域贸易协议有时也被当作锁定其成员经济政策而不仅是贸易政策的潜在的"承诺技术"。

8. RTA 表达了相关利益集团的声音

一国（地区）政府的决策也是不同利益集团各方竞争的结果。由于区域贸易一体化带来的利益或竞争压力在不同利益集团之间存在较大的差异，一些利益集团，尤其是获益者将会尽最大努力通过不同方式游说政府决策者，以便通过有利于自己的区域贸易协议或相关的政策措施的形成。不过，一般而言，受进口竞争压力的生产商通常易于形成一种利益一致的利益集团，而相反，出口商则较难形成一致的利益集团。从贸易壁垒保护的利益获得者分析，则进口替代产业生产商易形成反对进一步自由化协议的达成，出口产业部门则显得相对弱小，很难影响政府决策。

对生产商利益集团来说，区域一体化与单边非优惠贸易自由化则是比较具有吸引力的政策选择：因为，第一，它使国际竞争仅有限增加，其带来的竞争者有限，仅限于区域内的贸易伙伴，而不像单边非优惠贸易协议，不能带来最直接的利益。第二，通常区域协议是互惠的，在开放市场的同时可以获得贸易伙伴市场的开放。而在区域贸易安排下，贸易伙伴市场相对于其他国家和地区市场是被保护起来的，这种贸易转向有利于生产商集团利益的增加。

区域贸易自由化与单边自由化或多边体制相比，区域贸易协议更易达成，并易于满足一国（地区）的贸易利益。因为对一国（地区）政府而言，寻求贸易改革，区域一体化是实现其经济自由化的政治上唯一可行方式，并在进一步自由化中也是最可能迈出的第一步。时任摩洛哥工业部长的哈森·阿珀优希在 1998 年曾指出：如果第一步不加入与欧盟的自由贸易安排，贸易自由化几乎是不可能。

当然，也许有学者会指出，WTO 多边贸易体制也应是一种优于区域贸易协议的选择。对于此，笔者认为，在现实经济活动，尽管通过 WTO 也可以使其成员将其贸易壁垒降低到较低水平，但对发展中国家和地区而言，要想实施持续发展的贸易自由化，则通常很难做到，其约束关税对内是自由的零关税，并且是一般互惠的，则更利于使游说集团影响政治决策过程，这在南方共同市场的形成和发展过程中充分说明了这一点。

总之，区域贸易一体化是一国（地区）政府的政治需要，也是域内各种政治利益与经济利益集团彼此较量的政治产物。

(二) RTA 对非成员有不利影响

即使所有的区域组织均已符合自由贸易规范，区域贸易协议仍然可能对非成员产生贸易转移的不利影响。此外，自由贸易区规范的议题越广，贸易转移的效果也会越大（当然，贸易创造效果也会越大）。例如，如果自由贸易区内有关于相互承认、政府采购、通关程序简化以及投资自由化等条款或附属协议，则双边贸易在自由贸易区签署后，会使自由贸易区成员间的贸易创造与贸易转移效果进一步扩大，因此对非成员不利的程度也会进一步提高。

就现实世界来看，由于区域经济一体化的关税减让通常都是在一段时间内（如十年）逐步实施，而影响贸易流量的因素在实施区域经济一体化期间，很多政策都会影响双边贸易，一般人很难从各国、各地区的贸易流量上看出非成员方贸易是否受到区域一体化的不利影响。此外，在过去几十年，世界贸易量增长幅度很大，若以时间序列资料来看，非成员方的贸易量通常都是在持续增长，因而对非成员方是否有贸易转移效果也不容易显示出来。因此在实证研究上，到目前为止，除了 EU 与欧洲自由贸易区曾经被证实对非成员方有贸易转移效果外，一般的验证并不认为区域贸易协议对第三者有明显的贸易转移效果。另外，有些研究将不同区域贸易协议利用横截面（cross-section）资料来考察成员自非成员方的进口贸易是否因为进口障碍不一样而呈现贸易转移的现象，因为不同的区域贸易协议涵盖的自由化议题不同，也很少得到正面的结论。

若一般区域贸易协议对非成员真的没有贸易转移效果，则非成员不必担心他国区域结盟对本国经贸发展与商品竞争力的负面影响，因为如果当事国希望获得如区域贸易协议成员所享有的贸易利益，只要进行单边的自由化，仍然可以使资源配置的效率提高，再加上主要工业化国家和地区关税水平已降至很低的程度，自由贸易区非成员不必竞相加入区域组织。若果真如此，则过去十几年来区域贸易协议的快速增加，应该都不是为了经济因素，而是出于政治与外交的考虑。然而事实可能并非如此。

关税同盟的扩大，通常均会产生对非成员权益不利的影响，就像目前欧盟东扩，很多 WTO 成员向欧盟提出补偿磋商谈判一样，过去欧共体在削减内部关税以及向外扩大成员时也曾发生类似的情形，在当时是促成了肯尼迪回合与东京回合谈判。原因是新成员必须采取共同的对外贸易政策，由于新成员对非成员的开放承诺有了改变，非成员因而向欧盟或多边组织提出磋商与补偿的要求，其中 20 世纪 60 年代的欧共体一体化促成了肯尼迪回合谈判中各国、各地区共同削减内部关税的共识，以避免发生贸易转移的效果。70 年代的欧共体一体化与共同农业政策则促成了东京回合各项决议的达成,以加速削减边境贸易障碍。不过有的经济学家并不认为如此的区域贸易协议促进了多边贸易体制的谈判一定是件好事,因为如果欧共体不存在,多边自由化也许会取得更大的进展。

区域集团形成之后,区域外的国家和地区基于某些因素也希望加入区域集团,例如欧盟成员在过去 40 多年,由创始的 6 国,到 2004 年增加为欧盟 25 国。美加自由贸易区由 1989 年美、加两国到 1994 年增加为美、加、墨三国,目前则在向 34 国的目标扩张中。然而究竟是什么因素促使这些原来的非成员向区域集团靠拢,如果知道这些新加盟国的主要考虑,或许也可以说明区域协议对非成员的影响。

从经济层面来看,加盟一般是为了保障市场进入的机会,但是除了经济目的以外,同时应该还有非经济目的,因为目前多数国家和地区在最惠国待遇下的平均关税已经很低,并且许多潜在的成员在任何情况下都会得到优惠待遇,例如,中美洲国家和地区已经可以很自由的进入美国市场,但是 2004 年中美洲国家和地区仍然与美国签署了中美洲自由贸易协议。因此必然还有其他更重要的目的。

第一,从贸易理论上看,自由贸易区对成员有贸易创造与贸易转移的效果,其中贸易创造是自由贸易区成员间,因为彼此降低关税以致进口代替了部分成员内部的生产,此部分与自由贸易区成员无关,但是贸易转移则是因为对自由贸易区成员降税以致部分自非成员进口产品转向从成员进口,因此非成员的贸易被转向不利后果。

第二,从国际市场的竞争环境来看,经济结盟后市场扩大,非成员通常是小国,无法在国际市场上影响价格,为了维持市场占有率不受太大影响,通常必须调低价格,导致贸易条件的恶化。

第三,从经济一体化的理论上看,经济一体化对成员最有利的影响之一是市场扩大后可以加强专业化分工与规模经济效益,因此可能促使产业结构与资源配置效益改善,形成产业内分工更加深入的现象,反之,非成员无法得到产业内进一步分工的效益。

第四,从国际政治因素来看,通过经济联盟可以增进其与主要贸易伙伴讨价还价的地位,以及抵消其他区域集团对其产生的歧视性影响。

最后,区域集团可能导致小国不断向大国靠拢,因为地区越大而且/或者贸易伙伴的地位越重要,第三国希望加入的可能性就越高,第三国将有兴趣采取相同的产品标准,甚至相似的竞争和环境规则,以获得市场、扩大经济规模。

(三) 区域贸易体制对世界经贸的影响

多数 WTO 成员热衷于把 RTA 作为补充最惠国待遇的贸易政策工具,但经济考虑只是 RTA 战略的一方面，政治和安全考虑逐渐成为 RTA 形成的重要因素。RTA 的大量涌现给 WTO 成员和多边贸易体制提出了挑战和机遇。虽然多边贸易自由化可以帮助发展中经济体推行内部改革，迈向更加自由竞争的市场并融入世界经济，虽然多边贸易自由化也可以通过开放和竞争自由化的国际贸易关系让更多的国家和地区受益，但是非最惠国待遇的贸易关系与规制体制的发展会令发展中国家和地区处于弱势，这些贸易关系和规制体制触及了多边贸易协议难以达到的主题。相对于多边贸易体制，不断产生的 RTA 削弱了国际贸易关系的透明度和可预见性，转移了 WTO 成员对多边贸易体系的关注力。

四、WTO 中关于区域贸易体制的规则

GATT 成立之后，WTO 成立之前，GATT 缔约方对初建的多边贸易体制充满希望，全力参加和推动多边贸易框架的谈判，从本质上讲，RTA 有利于来自参加方的进口贸易，歧视了非参加方的进口产品，背离了最惠国待遇原则，但当时全球区域、双边自由贸易协议数量有限，RTA 的定位和相关议题还不是各轮贸易谈判关心的重点。WTO 成立之时，多边贸易体制开始延伸到包括服务贸易、知识产权和投资等更多的领域，成员结构更加复杂和多样化，成员们注意到这些变化，并在相关协定中更加注重对 RTA 的管理规则。随着多边贸易谈判的摩擦加大，脚步放慢，更多的成员积极寻求推进区域和双边自由贸易，RTA 快速增加，同时 RTA 对多边贸易体制的影响多元化，如果 WTO 对 RTA 的规范不到位不清楚，一方面 WTO 机构无法处理快速增加的 RTA，和履行监督责任，另一方面，WTO 在推动全球贸易自由化的进程中无法把握 RTA 的发展方向，因此从多哈回合开始，RTA 在多边贸易体制中如何定位和如何规范成为重要议题之一。

（一）已达成的关于 RTA 的规则

1. RTA 签署后应尽早通报

WTO 成员在完成 FTA 谈判或完成签署手续之后，在正式的通知尚未展开之前，应尽早将其已达成协议和其重要内容向 WTO 通报，这种通报与正式的通知、正式通知的时间、WTO 未来进行审查的时间表没有关系，也不影响成员在 WTO 的权利与义务。

2. 正式的通知

所有 WTO 成员对已签署的或已完成协商的 RTA 都具有通知的义务，包括：(1) 根据 GATT 1994 第 24 条第 7 款 (a) 项所规定的：任何成员决议将成立自由贸易区、关税同盟，或仅达成期中协议时均应进行通知。(2) 根据服务贸易

总协定（GATS）第 5 条 7（a）所规定的：任何成员将进行服务贸易自由化时所签署的自由贸易协议。正式的通知一旦经由成员通知 WTO 后，即会影响到 WTO 相关的审查及 FTA 后续的通知义务，而早期的通报与上述审查及后续通知义务无关，故规则小组希望成员能尽早提出早期通报。（3）根据授权条款（enabling clause）第四段（a）所进行的优惠贸易措施。

3. 提出通知的方式与时点

RTA 成员至少应于协议生效前或优惠贸易措施开始实施前，以两者之中何者发生的时间在先为准，依据 WTO 相关规定履行通知义务。通知的方式包括：说明根据 WTO 第几条所进行的通知义务，并附上协议全文、所有相关计划时间表、附录及议定书等。所有文件应用 WTO 认可的官方语言之一。可能的话，也应向秘书处提供有关关税税率、进口统计（至少 HS 6 位码）过去三年有关最惠国待遇（MFN）与此次优惠税率的电子数据。

4. 审查与事实质询

一旦正式通知发出之后，WTO 将根据相关条款，设定时间表进行审查，不过此时间表的详细进度尚未确定。为了协助 WTO 成员了解进行通知义务的 RTA 背景与其贸易政策的特点，秘书处将根据所收到的通知提出事实分析报告，WTO 各成员均可提出口头的或书面的质询意见。主席视情况可终结事实质询的过程，但此质询过程不能视为以争端解决为基础的相关步骤。在质询过程中得到的信息，可以作为 WTO 审议报告的一部分。

5. 后续通知与报告

任何 RTA 或优惠关税协议在开始实施之后，如果有重要修正或进展时，应以后续报告的方式通知 WTO，此外每两年应交执行报告一次。根据 GATS 第 5 条规定签署的区域协议也应该交定期报告。在进行此项通知时，成员可以提供官方网站链接以利相关问题的协商与信息的提供。

（二）尚未达成协议的 RTA 相关规范和议题

1. 应予以通知的 RTA 的界定

根据 1996 年总理事会成立区域贸易协议委员会时，成员应履行通知义务的 RTA，包含所有双边、区域的优惠贸易协议，涉及根据 GATT 第 24 条、GATS 第 5 条及 1979 年授权条款所签订的各种贸易协议。但是依照目前 WTO 的相关条文，GATS 对于通知义务的规范并不确定，授权条款则完全没有相关的规范。基于透明度的原则，若根据授权条款所签订的优惠关税协议具有通知的义务是合理的，但部分发展中国家和地区认为，优惠贸易协议有时候具有政治与外交的敏感性，如果因为履行通知义务而造成个别成员在政治或外交上的困扰，以致无法签署优惠关税协议。因此贸易规则谈判小组所建议的通知程序是否适用于所有协议，相关成员仍有不同意见，未来仍需进一步讨论以取得共识。至于如果未来通知义务只适用于部分协议，将如何规范此适用范围也是此时必须一并讨论的问题。

2. WTO相关机构设置

在现行 WTO 规范之下，根据 GATT 第 24 条成立的 RTA 已有相关的条文规范其审查程序与审查机构，但是根据 GATS 第 5 条成立的 RTA 及根据授权条款给予优惠待遇的相关协议则缺乏明文规定。其中关于服务贸易 RTA 的规定，仅有条文表示在服务贸易理事会要求下可以请求 RTA 委员会进行审查，但是目前服务贸易理事会对于每一个 RTA 皆提出审查要求，因此未来是否要在条文上加以修正，是目前讨论的一个要点。关于根据授权条款签署的优惠待遇协定，则完全没有应予审查的规定。基于加强 RTA 透明度的原则，增加审查或规范通知内容也有需要，因此欧美等成员均表赞成，但印度与巴基斯坦则持保留态度，认为现行条款已经足够，没有修改的必要。由于双方各持己见，未来仍将进一步协商。

3. 加强对RTA的监督

为了提高 WTO 对 RTA 的监督机制与效率，未来 WTO 将考虑如何协调各种不同的 RTA，包括规范的方式、如何增加 RTA 的透明度等方面，特别是在加强对 WTO 成员有关 RTA 的信息通报方面应予以规范，此外 RTA 委员会是否应该担负起所有自通知开始之相关工作，也将进一步讨论。

4. 帮助发展中国家和地区成员

关于部分成员表示对于 RTA 必须以 WTO 官方语言表现会有困难的问题，WTO 是否应帮助成员将 RTA 内容翻译成 WTO 官方语言，未来仍然需要进一步讨论。目前欧盟、印度、泰国、中国、挪威、巴基斯坦等表示应该对不发达国家和地区成员给予协助，巴西表示支持，但前提是，成员应将 RTA 协议（原本）先期通知，然后 WTO 再进行协助翻译的工作。

5. 非关税措施

为了提高 RTA 的透明度，一般而言，通知文件应该包含非关税措施，但是非关税措施包括的范围太广而且不容易完全实现，因此尚未得到全体一致的同意。

6. RTA审议机制的完善

针对加强 RTA 的透明度与审议机制是否应采取类似贸易政策审议机制的方式，美国与欧盟持赞成态度，但欧盟表示希望能看到使用问答方式进行的范例，印度、中国、马来西亚等则对此机制的必要性提出质疑，故是否采取类似贸易政策审议机制仍有待进一步讨论与协商。

五、区域贸易体制与 WTO 多边体制的关系

（一）WTO 规则成为各区域贸易协议的行为规范

无论是发达国家和地区之间的，还是发达国家和地区与发展中国家和地区之间的区域贸易安排，迄今为止，绝大多数的区域贸易协议都是在现行 WTO 框架下，按其豁免或授权条款加以规范，尤其是 WTO 成员之间的优惠安排均处于 WTO 规则之下。另一变化趋势是过去单纯由发达国家和地区给予发展中国家和地区的非互惠贸易优惠安排，也逐渐由彼此间的互惠区域贸易协议所代替，这对强化 WTO 的互惠贸易原则具有积极作用。

（二）RTA 协议是多边贸易体制的重要补充而不是替代

经过几十年的演变和发展，可以看到，现行的区域一体化成员大部分是 WTO 的成员，区域一体化的自由化进程多以比 WTO 更快的速度来推进。区域一体化与多边贸易体制并不是相互冲突和对抗的关系，不是一种安排取代另一种安排，而是多边贸易体系的一种重要补充。

1. RTA 降低了对外关税水平

1998 年，弗罗廷（Foroutan）对发展中国家和地区间实施的区域贸易一体化协议进行比较研究，她的研究结论为：拉美的区域一体化协议在发展中国家和地区中具有最低的平均关税和最小的非关税壁垒范围；对拉美区域一体化协议集团与所有非区域一体化协议国家和地区进行比较，则前者在乌拉圭回合中做出的约束关税的降低幅度比后者要大，受约束关税的数量要多。[①]

2. RTA 的动态影响使域外国家和地区积极跟进

许多国家和地区之所以积极参与区域贸易协议，究其原因，除了区域一体化协议带来的正面驱动效应外，还有以下因素：首先，非成员必然接受区域一体化协议产生的贸易流向变化的影响。尤其当非成员与成员之间的进出口贸易关系极其密切时更是如此。其次，更值得担忧的是国际直接投资流向发生变化。这正如欧洲经济共同体宣布统一大市场计划时，进入欧共体的外国直接投资大增，而欧洲自由贸易联盟每一成员的外资流入却大减。为了改变其在全球 FDI 中流入量减少的局面，欧洲自由贸易联盟成员除了选择加入欧共体外，几乎无别的选择。最

---

① Foroutan, Faezeh, "Regional Integration in Sub-Sahara Africa: Past Experience and Future Prospects". The World Economy 1993, pp. 305 – 306.

后，非成员的风险还来自于贸易战爆发时可能被边缘化。

（三）RTA 有利于推动 GATT/WTO 多边贸易谈判

1. 多边贸易谈判是对迅速发展的地区主义的一种回应

1957 年《罗马条约》的签署，对非欧共体成员构成了较大的压力，一些国家和地区积极在 GATT 范围内推动多边贸易谈判以减缓这种压力。例如，GATT 在美国积极推动下的狄龙回合和肯尼迪回合，一方面讨论了欧共体产生对 GATT 的影响，要求欧共体成员对 GATT 缔约方做出补偿，并改革 GATT 关于区域贸易的规则；另一方面，也力图通过谈判减弱欧共体成立产生的影响。而乌拉圭回合多边贸易谈判历程更是对区域一体化做出的一种应对。因为越到谈判的后期，人们越发认识到，如果谈判失败，则区域主义必将更加迅猛发展。

2. RTA 有利于多边贸易谈判的进行

区域一体化一方面可以积极整合各方成员的谈判方案，协调其利益，以便在多边贸易谈判中形成共同一致的决议；另一方面，区域一体化也为各成员提供了更多的场所和机会，以使彼此间加强互信，以及信息的交流，有利于多边贸易谈判的进行。

3. RTA 的成功有助于多边贸易谈判借鉴经验

多边贸易谈判的成功的制约因素众多，而区域范围内的利益协调较易实现，这有利于促进 GATT/WTO 成员对多边贸易谈判的新议题、新领域，谈判新方式等加以评估，对多边贸易体制的运行也可以提供很多值得借鉴的宝贵经验，有利于多边贸易体制的发展。

（四）GATT/WTO 多边贸易体制的局限使其成员转而寻求区域贸易安排

1. GATT/WTO 权利与义务实施仍缺乏强有力的保障机制

尽管 GATT/WTO 不断完善其自身的执行机制，但成员仍然在执行其承诺中不可避免地会从自身的利益考虑来决定取舍，致使一些成员明知道自己的政策措施违反承诺，违反 WTO 规则，仍坚持己见，我行我素。而现行 WTO 规则又不能从根本上杜绝类似做法，这自然对多边贸易体制的权威性有较大的削弱。如 WTO 仍有许多裁决得不到较好的执行就是明证。

2. GATT/WTO 不具有超国家性机构的强制执行力

作为国际组织的 WTO，毕竟不具有像欧盟那样的超国家性机构，以处理成员间存在的争端及监督协议的实施，这必然会影响其协议的有效实施，致使

WTO 的协议、协定实施不平衡，对其成员产生的现实及预期利益更不平衡，使不少成员对其失去信心。

3. GATT/WTO 成员利益的差异太大致使谈判达成协议的难度不断增大

随着 GATT/WTO 成员数量不断增多，一方面扩大了其影响，而另一方面，也使其平衡各方利益的难度加大，从而使每轮谈判的时间不断拉长，无形中又增加成本，费时费力，并丧失很多发展的机遇。迫使一些成员在共同利益驱动下，宁愿选择所谓"志同道合"者，在一定范围内达成一体化安排，加快实施区域内的利益整合，以免丧失机遇。

4. GATT/WTO 管辖范围的局限性

由于各成员发展水平的巨大差异，加之彼此间的相互依赖程度不同，GATT/WTO 不可能满足所有成员的自由化需要，尤其是在投资、环境、劳工标准、广泛的竞争政策等领域，这就为一些成员在较小范围就更广泛的经贸议题达成一体化安排提供了可能。

5. GATT/WTO 的非歧视原则对寻求更大程度优惠贸易安排的成员产生了激励

非歧视贸易原则是多边贸易体制的基石，对全球贸易体系至关重要。但是，由于在所有成员间按最惠国待遇原则实施相关承诺，随着成员数量的不断增多，似乎不利于一些国别、地区贸易政策的实施，使一些国家和地区追求差别性的区域、国别贸易政策的动机增大，使按意识形态或经贸利益需要而采取各种经济一体化战略的动机增大。

（五）GATT/WTO 体制对区域贸易安排的态度助长了区域经济一体化发展

1. GATT/WTO 对 RTA 的约束有限

《1994 年关税与贸易总协定》第 24 条对成员在区域贸易协定中的货物贸易安排作了有限的约束，规定区域一体化协议必须首先，不能总体上提高对域外国家和地区的保护水平；其次，将区域内关税降至零，并取消"其他限制性贸易法规"，除非按其他 GATT 条款说明是合理的；最后，零关税产品应包括"绝大部分贸易。"第 24 条对区域一体化协议是一种完善，而谈不上是一种约束。

2. 授权条款为一些 RTA 提供了依据

依据《关于区分与更有利于发展中国家互惠贸易和充分参与的决议（1979 年 11 月 28 日通过）》① 第 C 款规定，发展中国家和地区依此授权条款所签的区

---

① 根据原文 DIFFERENTIAL AND MORE FAVOURABLE TREATMENT RECIPROCITY AND FULLER PARTICIPATION OF DEVELOPING COUNTRIES, *Decision of 28 November 1979* 翻译。——编者注

域贸易协议，依规定应通知 WTO 贸易与发展委员会，经该委员会讨论同意后，送交区域贸易协议委员会进行审查，并于审查完成后，将审查报告提交贸易与发展委员会进行确认。在现实中，按授权条款通知的 10 多个区域贸易协议包括拉美一体化协会、东盟、海湾合作理事会等。其区域内贸易并不完全符合最惠国待遇。

3.《服务贸易总协定》第 5 条对服务一体化安排的规定仅限于形式约束

《服务贸易总协定》第 5 条规定"本协定不得阻止任何成员参加或达成在参加方之间实现服务贸易自由化的协定，只要此类协定：（a）涵盖大多数部门（指服务部门的数量，受影响的部门数量及服务提供模式等而言都是大多数）；并且（b）规定在该协定生效时，成员在一合理的时限的基础上，对于（a）项所涵盖的部门，在参加方之间通过以下方式不实行或取消第 17 条意义上的实质上的所有歧视：(i) 取消现有歧视性措施；和/或 (ii) 禁止新的或更多的歧视性措施，但第 11 条、第 12 条、第 14 条以及第 14 条之二下允许的措施除外。从以上规定中可以看出，WTO 成员间要满足第 5 条的规定而签署或参加某一区域贸易协议还是比较容易做到的。

（六）多边贸易体系的功能不能代替区域经济一体化

RTA 既不是若干个双边经贸关系的简单组合，也不是多边贸易体系可以取代的，多边贸易体系有别于双边，也有别于 RTA。

第一，多边贸易体系强调众多成员间的非歧视性、公平竞争与贸易摩擦争端解决、贸易政策的审议，强调规则的普遍适用；而 RTA 则更多强调利益一致基础上的共同行动，目标具体，较易实现。

第二，多边贸易体系在较大范围有实施难度，效果及谈判成本与 RTA 相比均有一定差距，在一定数量范围内就广泛议题达成协议则是 RTA 的优势。

第三，多边贸易体制的运行机制灵活性有限，而 RTA 则根据成员的关系和形成的共识允许有更多灵活的安排或创新。

第四，多边贸易体系管辖范围有限，而 RTA 则可以灵活安排，既广泛又可狭窄，选择性较强；多边贸易体系则强调一揽子接受，范围扩大，延伸制约较多。

第四章

国际贸易体制对内贸政策体系的影响

一、各成员贸易政策体系形成的外部动力、约束与条件

世界各国、各地区贸易政策体系的形成与变迁受到世界经济贸易格局变化、多边贸易体制、区域和双边以及单边贸易体制等因素的影响。

(一) 世界经济贸易格局的变化是各成员贸易政策调整的驱动力

第二次世界大战结束后的50多年中,随着多边贸易体制的迅速发展,WTO各成员贸易政策也随之不断调整,这与世界经济贸易政治格局的变化是分不开的。

1. 世界经济格局的变化要求各成员调整贸易政策

第二次世界大战前,全球市场呈现一种无序竞争状态,世界各成员经济分裂。战后,世界经济相互依存度明显增强,并逐渐向全球化、一体化方向发展。联合国、国际货币基金组织、世界银行等国际组织的建立,以及关税与贸易总协定的签订,为国际社会制定了游戏规则,世界经济的自由化程度大大提高。在此背景下,各国、各地区均对自身的贸易政策进行调整,放弃了两次世界大战期间那种以邻为壑的贸易保护主义政策,而是逐步开放市场,参与全球化进程,以适应新的世界经济格局。

2. 世界贸易格局的变化直接影响贸易政策调整

随着世界贸易的发展,国家和地区之间的贸易争端逐渐增多,各种各样与贸易有关的问题不断出现。为解决世界贸易格局变化而产生的各种问题,各成员政府有必要对其贸易政策进行适当调整。2005年初,美国国际经济研究所在研讨美国贸易政策时首先将世界贸易格局变化作为贸易政策制定的重要背景因素。当前,世界贸易的

快速发展已成为拉动经济增长的重要动力。随之而来的是贸易方式和贸易结构的变化,从而对各成员贸易利益产生影响。各国、各地区为了在世界贸易格局变化中争取机会,增加贸易利益,必然会根据世界贸易格局的变化制定并调整自己的贸易政策。

3. 发达国家和地区经济贸易地位的变化促使自身调整贸易政策

第二次世界大战后经济实力大增的美国,在国际贸易领域积极推行自由化政策,并倡议建立关税与贸易总协定,迫使其贸易伙伴开放市场,这种局面一直保持到 20 世纪 60 年代。随着欧洲、日本在 20 世纪 70 年代的崛起,美国在战后初期拥有的全面优势在许多领域里已逐渐丧失,对外贸易开始呈逆差状态,1982 年美国对外贸易逆差达到 55.31 亿美元,1995 年逆差 1 135.71 亿美元,2004 年已达 6 652.9 亿美元。① 巨额贸易逆差与长期巨额财政赤字结合在一起,成为长期困扰美国经济的两大难题。在这种情况下,美国出现了贸易保护主义的倾向,甚至运用国内法(如 301 条款)来摆脱困境。1984 年美国将"301 条款"的适用范围由货物贸易扩大到服务和投资领域,并且规定,如果其他国家和地区对美国的货物、服务和投资采取不公平的歧视性做法,美国总统可以采取报复性措施。

20 世纪 90 年代后期,美国由于信息技术飞速发展促使劳动生产率大幅度提高,其工业产品在国际市场上的竞争力超过了日本以及其他发达国家和地区。美国经济竞争力的恢复促使其在全球经济地位回升,美国经济的发展在很大程度上需要有外力的推动,在对外经济关系上,美国积极参与 WTO 创建活动等,并且更多地采取双边、区域甚至单边的方式,扩大对外贸易,以此带动国内经济增长。

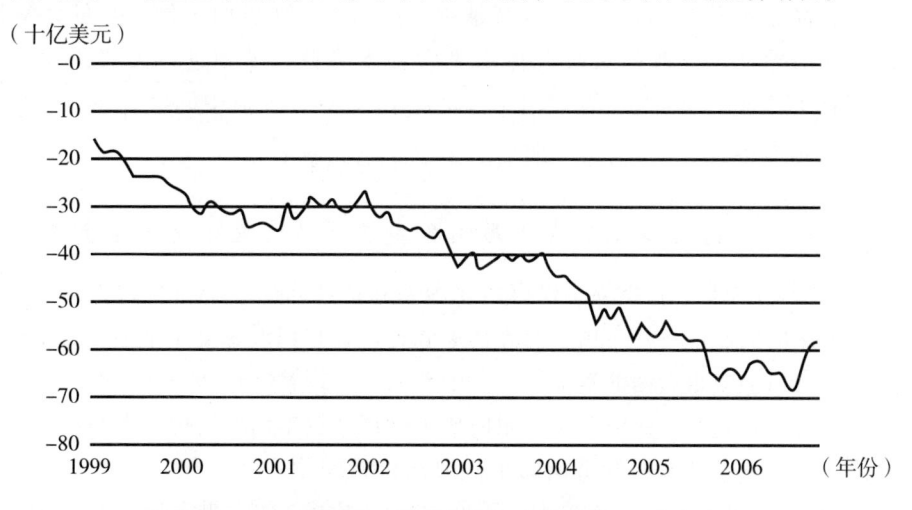

图 4-1　1999~2006 年美国对外贸易收支走势

数据来源:美国商务部经济分析局数据库资料。

---

① IMF,*World Economic Outlook*,September 2006.

日本竞争地位的变化影响其贸易政策的制定。日本经过战后几十年的发展，已一跃成为世界第二经济大国，并且取代美国成了世界上最大的债权国，在国际贸易领域有着明显的优势。日本的对外贸易顺差每年都在1 000亿美元以上，其中有一半左右是来自对美国的贸易。其2003年的对外贸易顺差是1 362.15亿美元，2004年达到1 720.59亿美元。在20世纪90年代日本经济泡沫崩溃陷入长期衰退后，2003年以来日本经济开始全面复苏，技术创新是经济增长的重要源泉，技术进步的贡献是其GDP增长的决定性因素。因此，日本政府将贸易立国战略改变为科技立国战略来发展国内经济，采取"吸收性战略"，积极引进外国技术，生产技术和水平迅速提高。同时，日本密切关注其他贸易国家和地区技术产品的贸易壁垒报告，并按照WTO协议的规定，以促进服务贸易自由化为核心，适时调整其国内的贸易政策，并在TRIPS协定的规范约束下，大力发展技术贸易。

4. 发展中国家和地区在世界经济中地位的提高促进自身贸易政策的变革

在世界经济中，广大发展中国家和地区占有的比重仍然远远不及发达国家和地区。它们在经济上仍然比较落后，力量单薄，而且发展很不平衡。但作为一类国家和地区，它们有着许多经济和政治上的共同利益。作为一个群体，它们在世界经济中的比重和地位在逐步提高。特别是发展中国家和地区中的一些大国，如中国、印度、巴西等。在发展中国家和地区经济迅速增长的时候，它们越来越多地关注并参与多边贸易组织及其政策的制定。同时，多边贸易体制对发展中国家和地区的贸易政策制定也产生了越来越重大的影响。以巴西为例，按照对WTO有关协议的承诺，巴西的关税总体水平大幅度降低，平均进口关税税率已从1995年的52%降至2005年的12.4%，略低于WTO对发展中国家和地区平均关税13.1%的要求。①

（二）世界政治格局的变化影响各成员贸易政策的制定与变革

冷战结束前50年，世界不仅有南北国家和地区间的经济对立，还有东西方国家和地区间的政治对立，由于南方国家和地区在意识形态上靠近东方国家和地区，因此东西对立也给南北对立注入了强烈的政治因素，这在一定程度上构筑了南北经济间长期存在的巨大鸿沟，阻断了国际产业资本向发展中国家和地区的转移通道，其结果是使南北经济间的生产要素价格差距不断累积。然而，20世纪80年代末和90年代初，东欧剧变、苏联解体，使第二次世界大战形成的以美国和苏联为首的两极格局在战后维持了40多年之后终于终结了，从此，世界经济

---

① 根据WTO statistics database整理。

开始处于多极化的格局之下。南北国家和地区间的政治与经济鸿沟被打破，发达国家和地区的产业资本要与南方国家和地区的低价格要素相结合，形成向发展中国家和地区进行产业转移的洪流。而此时，各国、各地区在处理国际经济问题的时候，不再以政治画线，而是出于本国利益的需要，在政治、经济、军事等各方面与他国进行多边或双边合作，目的是增强自己的综合国力。合作的同时，在不利于自己利益的领域，各大国之间仍然摩擦不断，有时甚至表现得很激烈。如在经济贸易上，美、日、欧矛盾重重，有时甚至动用制裁手段，美国就曾对欧盟、日本钢材进口加以制裁。因此可以说世界政治经济格局的继续发展，在一定时期内将主导整个世界政治经济的发展。

（三）从 GATT 到 WTO 的演变对成员贸易政策的规范与约束加强

为能有效解决贸易摩擦，世界贸易领域的国际合作越来越成为各成员贸易交往的主流，从而导致以 GATT 和 WTO 为代表的多边贸易体制的产生。作为管理世界贸易的多边贸易体制，WTO 对成员贸易政策制定和变迁的规范和约束增强了，具体表现在：

1. WTO 涉及成员贸易政策的众多领域

GATT 机制总体上已经是成功的减少了关税壁垒和促进了国际贸易的巨大发展。① 但其规则范围局限在货物贸易以及与之有关的关税和非关税措施，农产品贸易和纺织品贸易也被排除在 GATT 范围之外。而 WTO 不仅涉及货物贸易，还涉及服务贸易、与贸易有关的知识产权和投资等内容。

2. WTO 建立了完整和永久性的制度框架管辖成员贸易政策

在制度层面上，GATT 是建立在"临时性基础"上；而 WTO 承诺则是完整的、永久性的，其制度的目的是促进世界贸易的自由发展和维护正常的秩序，WTO 的规则和原则建立了国际贸易的管理框架和一整套纪律。② 因此，成员内贸易政策与 WTO 规则要求一致是成员的一项重要义务，"缔约方在不违背现有国内立法的最大范围内适用第二部分，之后各成员与 WTO 规则制度不相符合的贸易政策都要依据 WTO 的制度规则进行重新修订。"③

---

① Hudec, GATT or GABB? The Future Design of the General Agreement on Tariffs and Trade, Yale Law Journal 1299, 1971.

② 伯纳德·霍克曼、迈克尔·考斯泰基，《世界贸易体制的政治经济学——从关税贸易总协定到世界贸易组织》，法律出版社 1999 年版，第 9 页。

③ 《WTO 协定》，第 16 条第 4 款，包括地区成员方的有关规定。

3. 贸易政策审议机制约束成员贸易政策在规范与透明体制下运行

贸易政策审议机制在 WTO 成立前就已经运行了相当长的一段时间，在乌拉圭回合结束时其目标和程序的文字成为《WTO 协定》的一个附件，① 其审议的范围也从货物贸易扩大到服务贸易和知识产权事务，反映了 WTO 更广泛的职能。通过定期对每个成员的全部贸易政策和措施及其对多边贸易体制运行所产生的影响进行集体审议，一方面有助于提高成员贸易政策与体制的透明度，另一方面有助于加强对成员履行多边贸易体制的情况进行监督，确保 WTO 规则的实施。截至 2007 年 3 月，WTO 贸易政策审议覆盖了 150 个成员中的 130 多个，接受审议的成员贸易额占世界贸易额的 97%。② 从实施效果来看，这一机制提供了一种在非对抗的氛围中讨论贸易政策行为的机会，有助于减少各成员，尤其是在世界贸易中占较大份额的成员政府采取或维持与国际贸易规则相抵触的贸易政策措施。③

4. WTO 争端解决机制的权威性增强约束成员实施其承诺

与旧的 GATT 争端解决机制相比，WTO "为世界制定了更有力更明了的法律框架，其中包括更为有效而可信的争端解决机制。"④ WTO 的争端解决机制被誉为 "WTO 皇冠上的明珠"。争端裁决不易受到当事方的影响，当事方为获得对应的权利，必须保证裁决规定的执行，调整其贸易政策。自 WTO 成立以来，争端解决机制是 WTO 中最活跃、最繁忙的机构，截至 2007 年 3 月，共受理了 57 个成员的 360 件纠纷，专家组对 115 个案件做出了 85 个裁决报告，上诉机构则针对其中的 83 个上诉案件的上诉做出了 79 个上诉机构报告。⑤

（四）其他多边经贸组织为各成员进行贸易政策调整提供了条件

尽管没有一个协议规定国际货币基金组织、世界银行和联合国贸易与发展会议这些国际经济组织有权力将政策变化强加于各个国家和地区政府⑥，但它们的协定和规则对各成员贸易政策的制定和执行却有一定的方向性和警示性。国际货币基金组织为国际货币问题提供磋商和合作机制，促进国际货币合作；协助成员建立国际收支中经常业务的多边支付制度，并消除阻碍国际贸易发展的外汇管制；促进国际贸易的扩大与平衡发展，以提高就业和经济发展水平，并将开发各成员

---

① 《WTO 协定》，附件 3，《贸易政策审议机制》。
② WTO, Report of the Trade Policy Review Body for 2006, 31 December 2006.
③ Paul R. Krugman：International Economics Theory and Policy, 清华大学出版社 2001 年版。
④ Marrakech Declaration of 15 April 1994, The legal Texts, P. 3。
⑤ WTO, Appellate Body Annual Report For 2006, 2007 - 01。
⑥ Stephen Haggard, The Politics of Adjustment：Lessons from the IMF's Extended Fund Facility, International Organization（Summer 1985），P. 508.

的生产资源作为经济政策的首要目标。① IMF 的执行董事声称，IMF 可以通过成员和 IMF 之间的年会以及道德说服来影响发达工业国的政策。② 世界银行是第三世界国家和地区唯一的最大信贷提供者，其目标是通过利用发达国家和地区的资金向发展中国家和地区提供资金援助，以帮助贫穷国家和地区加速经济发展并减少贫困，就有共同利害关系的基本政策问题和国别政策问题保持广泛的接触。《国际复兴开发银行协定》第 1 条规定世界银行的目的之一在于"通过鼓励国际投资促进国际贸易长期稳定发展。"③ 联合国贸发会议早期的关注点之一，是对发展中国家和地区的关税优惠问题。采纳了普惠制是该组织执行追求发展中国家和地区共同利益，并为之谈判的职能所做的最后一次行动。该方案的最初设想是在 GATT 会议上产生的，它要求对发展中国家和地区出口的工业制成品及半成品给予优惠，以进入发达国家和地区市场④。贸发会议继续监督普惠制的有效执行情况⑤。

二、WTO 对成员贸易政策形成影响的传导机制及成员贸易体系的变革

WTO 通过其一系列的协议、宣言、决定、谅解和裁决，规定了各成员在国际贸易领域中的基本行为准则。这些通过协商一致所制定的贸易原则和规则在确定各成员的贸易条件和机会中发挥着关键作用，使 WTO 协议深刻影响着各成员内关键领域的政策制定。各成员不仅要承诺实现贸易自由化，而且要在货物、服务、投资、知识产权等方面采取具体的政策选择，以实现在国际贸易中获得更大的利益。

（一）申请方入世谈判进程中其贸易政策与多边贸易体制的衔接

以俄罗斯为例，按照 WTO 加入的议程，其"入世"谈判是在以下四个方面进行的：以关税谈判为核心的货物市场准入问题、国家和地区对农业的扶持问题、服务市场准入问题和"入世"的法律制度问题。

---

① J. Keith Horsefield (ed.), The International Monetary Fund 1945–1965 Vol. Ⅲ (Washington DC：International Monetary Fund 1969), pp. 187–188.

② Statement by Michel Candessus, Managing Director, Summary Proceedings of the Annual Meeting of the Board of Governors of the International Monetary Fund 1989 (Washington DC：1989), P. 19.

③ 《国际复兴开发银行协定》第 1 条第 3 款规定："用鼓励国际投资以发展成员生产的方式，促进国际贸易长期均衡的增长……"

④ Peter Tulloch, The Politics of Preferences (London：Croom Helm 1975), GATT/750, P. 37, 17 May 1963.

⑤ 关税优惠特别委员会每年检查一次普惠制的执行情况。

1. 通过市场准入和关税谈判锁定俄罗斯贸易自由化改革

在俄罗斯加入 WTO 谈判中,发达国家和地区成员一再坚持俄罗斯必须履行 WTO 的如下要求:一是实行所谓的"零关税方案";二是协调化工产品贸易,将这类产品的关税降至 5.5% ~ 6.5%;三是取消信息技术项下电脑、元件、软件等约 400 个品类的关税;四是取消制药用品关税。虽然尚未加入 WTO,但近几年俄罗斯进口关税平均税率已由 1997 年的 13% ~ 15% 下降到 2005 年的 9.5%。[①]

2. 通过对《农业协议》的执行强化俄罗斯农业政策朝自由化方向进行改革

在俄罗斯加入 WTO 的农业谈判方面,虽然俄罗斯对农业生产的补贴大大低于许多农产品生产地和出口地,但一些 WTO 成员,尤其是阿根廷、澳大利亚、巴西、加拿大、新西兰和印度尼西亚等 15 个主要农产品出口国(地区),仍坚持要求俄罗斯完全取消对农产品的出口补贴,并在农产品关税方面也要保证使关税保护水平达到 WTO 成员中发达国家和地区所具有的水平。关于农产品税率问题,俄罗斯的谈判对手要求俄罗斯将进口税率上限确定为 14%,然后逐渐减至 9%。

3. 通过服务贸易谈判约束俄罗斯服务贸易市场开放

服务市场准入谈判是俄罗斯加入 WTO 的一个重要部分。在与 WTO 有关成员谈判中,俄罗斯在服务贸易方面所应承担的全部义务问题是讨论重点之一。总的来看,发达国家和地区要求俄罗斯全面开放服务市场,而俄罗斯则坚持有限度地实行服务市场开放。而对一些刚刚形成并需要扶持和保护的服务领域,俄罗斯表示不能承担发达国家和地区提出的任何义务。

4. 其他法律制度的调整

加入 WTO 要求俄罗斯在经济和对外贸易调节领域大幅度修改相关法规与法律制度,并在很短的期限内充分履行 WTO 一揽子协议对大部分多边协议如关于技术贸易壁垒、卫生和植物卫生措施、投资措施贸易、知识产权贸易等方面,都要求俄罗斯自加入 WTO 之日起即开始全面执行,不提供过渡期。

(二) 通过多边贸易谈判确定各成员贸易与投资自由化轨道

多边互动谈判始终是多边贸易体制变迁的驱动力量。谈判被用来确定规则和程序,定期降低贸易壁垒,或用于新的国家申请加入 WTO 时,还被用来解决贸易摩擦。GATT 主持了 8 个回合的多边谈判,为各缔约方建立并修改规范成员行为制定了准则。在 WTO 的主持下,先后达成了《信息技术协议》、《基础电信服务协议》和《金融服务协议》等,还成立了研究环境、贸易与技术转让、政府采购透明度以及贸易、

---

① 根据 WTO,Statistics Database:Russian Federation,September 2006 整理。

债务和财政等工作组,为这些领域进一步规范做准备。① 经过乌拉圭回合的谈判,WTO"为国际贸易制定了更有力更明了的法律框架,其中包括更为有效而又可信的争端解决机制。"② 多边贸易体制也随着 WTO 这一国际贸易协调的中心机构的建立得到了进一步的加强。由此,被纳入多边贸易体制的各成员,不仅在其对外贸易政策的制定上受到 WTO 各项规则所构成的制度之拘束,而且在其他内部政策和法律的制定方面也受到 WTO 制度的影响,即须与 WTO 规则体系保持一致。③

(三) 货物贸易体系下各成员贸易政策的调整

WTO 制度最直接的影响在于限制了成员政府直接或间接采取一些可能扭曲贸易流动手段的能力。尽管到目前为止,WTO 制度主要关注的是各成员的跨境措施,但其已扩展到处理贸易的成员方内部政策。随着新成员不断加入,WTO 及其成员在贸易政策体系方面的互动持续深化。在多边贸易体制持续深化的影响下,WTO 成员贸易政策体系正在不断实现自身的调整和完善。

1. 通过多边贸易谈判使成员农业政策与《农业协议》的一致化

长期以来,农产品贸易一直作为一个特殊领域游离于国际贸易规则的有效约束之外,世界上一些主要贸易国家和地区,在农产品贸易上经常发生摩擦,导致了农产品国际价格严重扭曲和经济资源巨大浪费。在这种背景下,迫切需要有一个能够协调管理国际农产品贸易的国际农业规则,供各成员来遵循。乌拉圭回合谈判通过的《乌拉圭回合部长宣言》将农业贸易问题列为该轮谈判的中心议题。经过多次艰苦的谈判,于 1992 年 11 月 20 日达成了《布莱尔大厦协议》,并以此为基础签署了《农业协议》,各成员一方面积极采取措施,推动农产品贸易向自由化方向发展;另一方面也加强了对成员方内部农业政策的修改完善,使其既不阻碍农产品贸易自由化的进程,又能更好地保护本国农业和农民的利益。

2. 成员在关税与非关税方面的政策调整

多边贸易体制产生以来,始终贯彻通过互惠互利的安排,减少关税和其他贸易壁垒,取消国际贸易关系中的歧视性待遇来实现全球贸易的稳定、协调和可持续发展。各成员不仅要遵循 WTO 倡导的贸易自由化,对成员方内部的贸易保护政策做出相应调整,而且要利用 WTO 的贸易保护机制,降低其他成员的内贸保护政策对其产生的负面影响。比如日本 1955 年加入 GATT,1960 年便制定了《贸易、外汇自由化大纲》,标志着日本入关后实行贸易自由化改革的开始。到

---

① Jagdish N. Bhagwati, Arvind Panagariya, T. N. Srinivasan: Lectures on International Trade, 上海财经大学出版社 2004 年版。
② Marrakech Declaration of 15 April 1994, The Legal Texts, P. Ⅲ。
③ 萧凯:《WTO 的制度性影响及其法律分析》,载《法学评论》(双月刊),2000 年第 4 期。

20世纪70年代初日本出现"入关"后的贸易自由化高潮，开始对关税政策做出调整。经过调整，日本关税水平和保护程度迅速提高。从关税负担率来看，20世纪60年代中期达到最高峰，1964年的关税负担水平（平均为7.7%）相当于1955年（2.9%）的2.7倍、1959年（5.7%）的1.4倍。从关税保护程度看，1963年日本制造业的有效保护率达到32.3%。其中纺织业为54.3%，皮革橡胶产品为30.9%，机械为36.7%。① 2006年日本平均关税降至6.5%，其中农产品的平均关税是18.8%，非农产品平均关税为3.6%，从中可知日本对农产品的保护远远高于非农产品。② 作为WTO的创始成员，面对世界经济全球化和知识经济的迅速发展，巴西采取了积极参与的应对策略，20世纪90年代初，改变替代进口政策，实行市场的开放。十几年来，巴西在WTO框架下不断调整和完善有关经贸政策和法规，提高了本国经济抵御外部风险的能力和国际竞争力。在经历了亚洲和俄罗斯金融危机冲击造成的金融动荡之后，巴西经济分别实现了0.82%和4%的增长。③ 按照对GATT和WTO有关协议的承诺，巴西的总体关税水平呈下降趋势，2005年已降至12.4%。④

（四）《服务贸易总协定》对成员服务贸易政策的影响

WTO成立以来，各成员服务贸易不断向自由化推进，成员方内部政策也依据GATS做出了相应的调整。

1. 美国服务贸易政策的自由化

作为世界最大的服务贸易进出口国，美国在WTO多边贸易体系里倡导服务贸易自由化，促成了有助于美国服务出口的《服务贸易总协定》、《金融服务协议》、《基础电信协议》等文件的签署。目前，美国服务业实际上比它在WTO项下的承诺更开放。从具体的行业看，在金融服务方面，继1999年的《金融服务现代化法案》放松了1933年《葛塞法案》（Grass-Steagall Act）对混业经营限制之后，美国服务业继续促进其规制框架的现代化。通信业方面，1999年，美国制定了新的国际定价规则和新的管理办法，允许更多竞争性的国内和国际通讯服务，并进一步推进卫星服务的私有化⑤。2004年12月，联邦通信委员会又采用了新的管理办法，对在位者允许其他运营商联结其网络所要提供的条件的程度进行了新的定义⑥。

---

① World Bank, Policy Research Reports, The East Asian Miracle: Economic Growth and Public Policy, P. 201.
② WTO, Trade Policy Review of Japan, WT/TPR/S/175, 19 December 2006.
③ WTO, World Trade Report, 2000/2001.
④ WTO, Statistics Database, View Profiles of Brazil.
⑤ WTO, Trade Policy Review of U.S., 2001.
⑥ WTO, Trade Policy Review of U.S., 2006.

虽然美国对外国公司直接拥有广播业务的许可还有限制，但事实上，外国公司已经可以提供国内和国际的服务。高度的竞争使得美国在大多数通讯服务的价格上都低于 OECD 成员的平均水平①。运输业方面，美国国内空运市场占世界航空运输市场的 1/3。国内和国际的航空运输服务也正进一步自由化，主要是通过开放航空领域的协议，以及对国内航空公司和国际航空公司的联合的个例的允许②。从 1992 年美国和荷兰签订第一个双边开放航空领域的协议以来，美国已经签订了 55 个类似的协议。③

2. 印度服务贸易自由化改革

从 1991 年开始，印度开始实行单方面的贸易和投资自由化改革，鉴于国内市场自主而渐进的自由化改革在服务业和服务贸易增长中的重要作用，印度政府已开始认识到在多边贸易谈判中防守型和维持现状的策略只能使本国处于对其他成员要价被动接受和反应式调整的不利地位。因此，为进一步扩大自身已具比较优势的服务部门出口、锁定和推进国内改革，印度服务业未来的市场开放和多边谈判策略将趋于积极型和进攻型。20 世纪 90 年代以来，印度不断加快服务业的开放步伐，一方面在未作承诺的 5 个部门对外资进入有所放松，另一方面对已开放部门进一步降低市场准入壁垒，从而使服务业的实际开放度大大提高。

（五）《与贸易有关的投资措施协议》对成员投资政策的影响

在 20 世纪 80 年代末，随着经济全球化的不断深入，国家和地区之间的经济联系由传统的流通领域扩展到生产领域，国家和地区之间除了有形和无形商品的流动之外，还出现了大量的生产要素的直接流动。发达国家和地区之间、发达国家和地区对发展中国家和地区的直接投资，特别是跨国公司的直接投资，都取得了长足的发展。WTO 意识到与贸易高度相关的投资将成为多边贸易体制的关注点。所以，《与贸易有关的投资措施协议》第一次将投资问题纳入了多边贸易法律体制之中。根据 UNCTAD 世界投资报告，1995 年以来，世界各国、各地区对经济自由化和贸易保护主义之间的讨论非常激烈，大多数国家和地区都继续促进投资自由化，但是也有一些国家和地区采取保护措施，使得内部某些产业免受外国资本的竞争，其中针对 FDI 的优惠政策占主导地位。

（六）《与贸易有关的知识产权协定》对成员贸易政策的影响

《与贸易有关的知识产权协定》（TRIPS）最终的目的是通过对知识产权的保

---

①② WTO, Trade Policy Review of U. S., 2003.

③ Alejandro Micco and Tomas Serebrisky, "infrastructure, competition regimes, and air transport costs: cross-country evidence", world bank policy research working paper, July 2004.

护从而有利于促进技术的革新、转让和传播，以及促进生产者与技术知识使用者的互利，并促进权利与义务的平衡。因此WTO各成员在制定知识产权的立法上也应该充分考虑和贸易之间的关系。

1. 美国通过立法严格保护知识产权

自20世纪80年代开始，美国不仅通过国内立法延伸对知识产权的保护，而且积极开展了把知识产权保护纳入多边贸易体制的活动。在美国的推动下，经过8年的乌拉圭回合谈判产生了TRIPS，这是全球第一个全面而有效的保护知识产权的规则体系。在遵守WTO规则的要求下，WTO成员要根据TRIPS的规则使内部法规与其相一致，这样也就迫使原来对知识产权保护较弱的成员修改内部法规，提高保护的水平。但随着美国科技水平的不断提高，美国已经不能满意TRIPS所达到的保护水平，在多哈回合进展缓慢的情况下，美国又在通过区域和双边自由贸易协定寻求对美国利益的保护。2002年5月美国国会通过了包括《2002年双边贸易促进法案》在内的《2002年贸易法案》，完成实施"竞争性自由化"战略所需要的立法程序，使得美国总统可以借助贸易促进授权法案授予的贸易谈判权，从事多边、区域和双边自由贸易谈判。

2. 印度根据TRIPS调整相关法规

根据TRIPS，大多数发展中国家和地区成员都必须在此期限内调整修改本国的相关法规，使之与其承担的义务一致。印度作为重要的发展中国家，在此方面的应对举措受到普遍的关注。1994年，印度医药界人士就对TRIPS对印度的影响进行了评估，印度药品制造商协会称TRIPS协定将导致药品价格上涨5~20倍。印度政府对TRIPS协定也有一些保留，但它仍签署了这一协议，主要是权衡考虑乌拉圭回合谈判结果的全部协议还是有利于印度利益的。与此同时，印度也意识到1970年的专利法必须根据TRIPS协定进行调整，由于当时议会休会，总统便颁布《1994年专利（修订）条例》，以临时适应TRIPS的要求。1995年3月印度临时适用的行政条例到期失效，永久条例又因议会被解散而没有建立起来，这一失效造成了印度与发达国家和地区的矛盾。

（七）《政府采购协议》对各成员贸易政策的影响

《政府采购协议》于1996年1月1日正式生效，它一方面承袭了WTO的宗旨和原则，又在内容和规则的执行上有自己的特点。各成员加入《政府采购协议》后，根据《政府采购协议》的规定，各签署成员的政府及公营机构在对外采购时，必须将其他成员的货物、服务以及供应，视同本地的来源一样，以确保外来货物和供应商可以与本地货物和供应商进行公平竞争。据此，各成员根据内外企业争夺政府采购国际市场的需要，对政府采购政策做出相应的调整。如在日本，中央采购招标规定在《会计法》、《预算、决算及会计令》、《国家物品等特定采购程序的特别政令》等法规中；地方政府采购招标规定在《地方自治法》、《地方自治法施行令》等法规中。这些法规规定了适用《政府采购协议》的政府采购实体和范围。日本将内阁总理府、总务厅、法务省等 30 个中央政府部门，农林渔业金融公库、东海旅客铁道（株式会社）、日本输出入银行等 84 个政府投资企业的采购纳入该协议的使用范围。日本政府将地方政府的采购排除在协议适用的范围外。此外，日本还建立了统一的政府采购申诉新体制。1995 年 12 月 1 日，日本根据《政府采购协议》的要求，设立了政府采购申诉处理推进本部和政府采购申诉检讨委员会。①

三、区域、双边贸易体制与内贸政策体系的调整

就贸易政策体系而言，随着区域和双边贸易发展，各成员利用区域及双边贸易协议维护其本国、本地区利益，从而区域和双边协议促进了各成员对其贸易政策的调整。

（一）区域贸易协议迅速发展推动成员贸易自由化改革

根据 WTO 统计，最近 10 年产生的区域贸易协议数量与在此之前的 50 年成立的区域组织数量相当，在整合程度和规模上也有了质的飞跃。截至 2006 年 10 月 15 日，WTO 秘书处共收到 366 个区域贸易协议通知，其中 214 个处于执行阶段。② 可见，多边贸易体系下的自由化和区域经济一体化已逐渐成为经济全球化的两大趋势。签署区域贸易协议后，同参与多边贸易体制一样，域内成员需要开放内部市场，调整内部的经济贸易政策，以满足区域贸易协议的规定。如欧盟内部的经济政策趋于一致，北美自由贸易区内各成员相互进行关税减让、开放市场等行为。

（二）双边贸易协定对成员贸易政策的影响

双边自由贸易作为区域经济一体化的一种重要形式，双边贸易协定是世界各成员寻求自由贸易的最常见形式。双边自由贸易以一种新的姿态再度扮演全球自由贸易的主角，并已成为 21 世纪世界经济领域内出现的最引人注目的现象之一。

---

① WTO, Government Procurement Agreement of Japan, WT/TPR/S/32, 5 January 1998.

② WTO：Report (2006) of the Committee on Regional Trade Agreements to the General Council, WT/REG/17, 2006 年 11 月 24 日。

双边贸易协定同样对签署协定国家和地区的贸易政策产生约束力,诸如日本和新加坡签署自由贸易区协定后,日本按照承诺要求将对新加坡进口产品关税税目总数的34%实行零关税提高到77%,而新加坡则对日本所有进口成品实行零关税。① 在服务贸易方面,两国在 WTO 框架下对服务领域的 130 个部门做出承诺,但在日本－新加坡自由贸易区协定中,已超过了 130 个部门。除此以外,在投资措施和竞争政策等各方面,日本和新加坡也同样进行了调整。

---

① WTO document WT/REG140/6, 8 December 2004; Under the JSEPA, applied tariff rates for 77.9% of total tariff lines are either zero or lower than the corresponding applied MFN rates; duty-free tariff lines account for 77.8% of total lines.

第五章

贸易政策体系形成的政治经济分析

一、贸易政策的政治经济学新发展

20世纪70年代以来,贸易政策政治经济学成为贸易理论迅速发展的领域。它将公共选择的分析范式引入了传统贸易理论,从国家和地区非经济效率的目标或社会利益(特别是收入)分配及冲突的视角,去解释现实社会中贸易干预政策产生和变化的政治过程,比纯贸易理论更好地解释了现实中贸易扭曲政策的存在、形式、结构和演变。①

贸易政策政治经济学在两个方面地提供了传统贸易理论无法解释的问题。一个是解释了关税和非关税壁垒是怎样"内生"的;同时在关税和不同形式的非关税壁垒之间有福利效果的排序。例如罗森道夫(Rosendorff,1996)建立了模型成功解释了从零关税到VER贸易政策形式的连续变化。② 另一个问题是政府为什么使用低效的贸易政策作为收入分配的手段。罗德里克(Rodrik,1995)认为,较低的信息成本和收入再分配的政治成本是促成政府更偏向于贸易政策的最主要原因。③

贸易政策形成的政治经济学分析主要从实证研究入手,分为两个层次:一是国际层次的分析,从国际政治与外交关系的角度解释贸易政策的变化,各经济体

---

① 盛斌:《国际贸易政策的政治经济学:理论与经验方法》,载《国际政治研究》,2006年第2期。
② Rosendorff, B. P., Endogenous Trade Restrictions and Domestic Political Pressure, The Political Economy of Trade Policy, Cambridge: MIT Press, 1996.
③ Dani Rodrik, What Does the Political Economy Literature on Trade Policy Tell Us That We Ought To Know NBER Working Paper, No. 4870, September 1994.

相互作用决定了贸易政策的选择。二是成员方内部分析的层次，认为贸易政策是成员方内部不同利益集团和政府部门的利益表达和利益选择的结果。① 本章着重分析成员方内部各利益集团如何影响贸易政策的制定。

（一）贸易政策形成的政治经济学分析框架

政治学家对贸易政策形成的政治经济学分析早于经济学家，但他们一般是把贸易政策放在国际政治经济关系的框架中考察，并将国家和地区或政府作为一个整体，忽略了贸易政策对个体利益的影响及其反馈作用。经济学家批评政治学家的分析缺乏微观基础、行为理论和分析结构。近年来贸易政策形成的政治经济学研究，主要归功于微观假设和方法比较完备的经济学研究（见图5-1）。

通过理论基础中的三个构成要素——经济人假说以及作为交换的政治，公共选择理论经济学家们将经济市场分析推广到了政治市场分析，在经济学和政治学之间建立了联系，分析贸易政策内生的过程和形式。贸易政策导致的收入分配效应，促使政治市场中的参与者—选民或公众、政府、本国和国外利益集团—根据各自的既定目标或既得利益产生对贸易政策的需求和供给，进而决定了贸易政策选择的质量（形式）和数量（程度）。

诺迪克（Rodrik，1995）② 指出，政治需求和供给分析的基本框架和要素有四部分。从政治需求角度出发，首先明确个人对贸易政策的偏好和效用形式，主要通过影响收入分配的基础模型—特殊要素模型或H-O-S模型—确定受损者和受益者；其次用个人偏好加总进行政治表达和影响政府决策。从政治供给的角度考察，首先明确政府的政策偏好或者其目标函数；其次说明制度约束的情况③。

在政治市场分析框架中，各种模型注重从政治供给和需求的角度来研究贸易政策的形成。赫尔普曼（Helpman，1995）在一个共同的特殊要素模型和个人效用函数的框架下对表5-1中贸易政策政治经济学模型进行比较后分析发现：这些模型决定的均衡贸易保护水平和结构具有类似的结构和形式，即不同行业的经济特征变量——产出和进口需求对价格的敏感度对贸易保护率的影响完全相同。④ 产出水平越高，保护率越高，因为该行业在国民经济中占有更重要的政治

---

① 柳剑平：《从国际政治经济学的角度看国际贸易政策》，载《国际经济评论》，1998年第10期。
② Dani Rodrik, What Does the Political Economy Literature on Trade Policy Tell Us That We Ought To Know? NBER Working Paper, No. 4870, September 1994.
③ Dani Rodrik, What Does the Political Economy Literature on Trade Policy Tell Us That We Ought To Know? NBER Working Paper, No. 4870, September 1994.
④ Elhanan Helpman, Politics and Trade Policy, NBER Working Paper, No. 5309, October 1995.

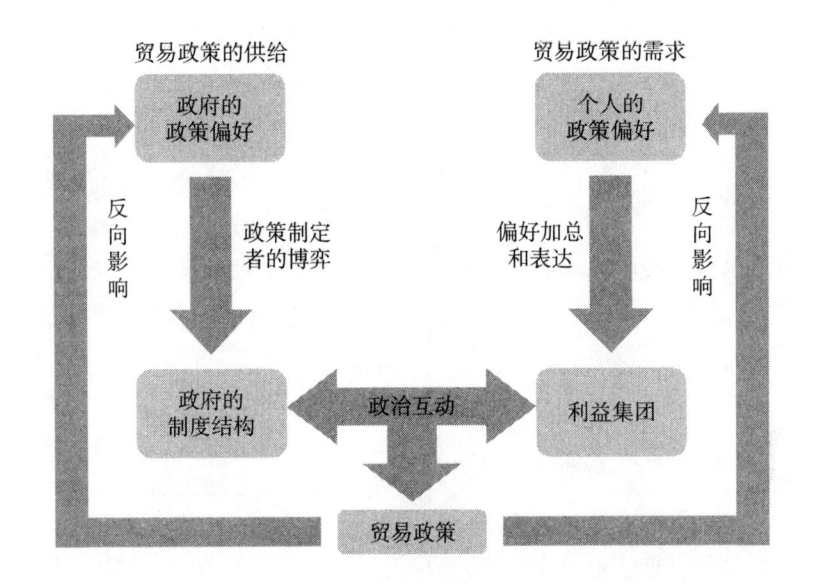

图 5-1　贸易政策形成的需求供给分析框架

资料来源：根据 Dani Rodrik, What Does the Political Economy Literature on Trade Policy Tell Us That We Ought To Know?, NBER Working Paper, No. 4870, September 1994 绘制。

地位。进口对价格的反映度越低，贸易保护程度也相应越低。模型之间的区别仅在于决定保护率水平的政治经济结构参数不同，反映了不同模型的建模思想和政治体制的差别。

前期模型对政府行为和角色的假设是完全自利型政府，而后期模型则较为贴近现实——民主政府，即政府不仅追求自身利益的最大化同时要权衡选民和消费者的利益。前期模型中利益集团影响政府是通过投票选举或是政治捐献影响选举结果，而后期的 GH 模型假设通过政治捐献改变在任政府的贸易政策。

格罗斯曼-赫尔普曼（Grossman-Helpman）模型是其中最具代表性的利益集团影响政府贸易政策形成的模型。首先它假设政府是民主的政府，兼顾个人利益和公共利益；其次较为全面地从政治供给和政治需求分析了贸易政策的形成；而且建立了较为完整的政府目标函数，许多后续的研究在此基础上进行了实证检验。

（二）对格罗斯曼-赫尔普曼模型实证检验的综述

格罗斯曼-赫尔普曼模型是在特定要素模型的框架下，假定利益集团通过资金捐献的方式能够自由地影响政府或政策制定者，政府在公共代理制的制度下，用不同的贸易政策换取政治资金，并尽可能维护普通选民的利益。决策过程分为

表 5-1　　　　　　　　　贸易政策政治经济学模型

类　型	模　型	政府行为和角色的假设	供给需求分析	均　衡
公民直接投票模型	迈尔（Mayer）模型（1984）	自利政府[1]	供给需求分析[2]	中间选民票数占优均衡
政府支持模型	希尔曼（Hillman）模型（1982）		供给分析[3]	求解政府支持函数最大化
	史德，拉-贝特兹曼（Stigler-Peltzman）模型（1976）			
关税形成模型	芬德利-威利斯（Findlay-Wellisz）模型（1982）		需求分析[4]	非合作纳什均衡
选举竞争模型	麦琪-布约克-容格（Maggee-Brack-Young）模型（1989）		供给需求分析	两阶段非合作博弈纳什均衡
政治捐资模型	格罗斯曼—赫尔普曼（Grossman-Helpman）模型（1994）	民主政府[5]	供给需求分析	两阶段非合作博弈纳什均衡或合作博弈均衡

注：1. 按照政治经济模型对政府角色和行为的假设将政府划分为"仁慈的政府"、"自利的政府"和"民主的政府"。"自利政府"方法将政府定义为一个特殊的利益团体，其成员（官员和政治家）与一般经济人一样追求个人利益最大化，比如寻求统治的稳定、选举概率的最大化等。

2. 该方法既注重了从政治需求角度分析利益集团如何对政府施加决策影响，又注重了政府也在追求利益最大化，因此从政治需求和政治供给两方面分析了贸易政策的产生。

3. 在这种方法中，政府被认为是寻求某种自利目标的社会团体，其中得到全社会的政治支持是首要目标，注重"政治供给"方面的分析。

4. 该方法的分析主体是特殊利益集团，侧重分析了经济中对立的利益集团试图对政府施加决策影响的政治斗争过程和结果，政府的偏好和目标未知，因此是一种"政治需求"方面的分析。

5. "民主政府"是指政治家出于私利仍追求个人利益最大化，但由于同时受到民主制度、规则和程序的约束，还必须自觉地从整个社会的福利出发，反映普通选民和消费者的意愿。

资料来源：根据 Elhanan Helpman, Politics and Trade Policy, NBER Working Paper, No. 5309 整理。

两个阶段，第一阶段是各个相关利益集团在已知其他利益集团的资金捐献后向政府捐献资金；第二阶段是政府在考察了所有相关利益集团游说的资金捐献后，并结合其自己的政治目标做出最优关税的决策。最后的政治均衡是两阶段的非合作博弈纳什均衡或合作博弈均衡。

格罗斯曼-赫尔普曼模型主要有三点推论：一是在游说力量所代表的产业中，进口渗透率越高，保护程度就越低。二是在一些没有良好组织的产业中，情况刚好相反，进口渗透率和保护程度是呈正相关的。三是在进口需求和（或）出口供给弹性较低的行业中，越容易出现贸易保护；原因是若保护水平给定，弹性越低，福利损失越小。

虽然格罗斯曼-赫尔普曼模型为政府与游说者相互影响提供了微观分析的基础，但是模型把游说集团的形成看成是给定的条件，而没有关注游说者形成利益集团的动机，缺乏对利益集团游说形成的研究。因此，在没有游说形成理论和对决定游说形成因素变量进行检验的情况下，难以分析贸易形成过程中游说力量的类型、强弱与保护水平的关系等。格罗斯曼-赫尔普曼模型目前成为贸易政策形成的政治经济学分析的主流理论，很多后续的研究都是在该模型上的扩展和深化，并利用计量经济学模型对模型进行检验（见表5-2）。

表5-2　　　　　　　贸易政策形成的政治经济学模型比较

模型	国家	主要内容	创新	结论
戈德堡和麦琪（Goldberg & Maggi, 1998）[1]	美国	采用美国1983年制造业的数据率检验GH模型[2]第二阶段政府如何根据利益集团捐资确定最优关税	增加了从业人数和失业率两个解释变量	1. 如果行业形成组织力量，则行业获得保护 2. 对于形成政治组织力量的行业，保护水平和进口需求弹性呈负相关关系 3. 对于未形成政治组织力量的行业，保护水平和进口需求弹性呈正相关关系
葛文德和斑迪伯德（Gawande & Bandyopad）；海昂（hyay）（2000）[3]	美国	检验GH模型第一阶段利益集团如何进行游说捐资和捐资竞争，主要是对游说方和提供保护方进行检验	1. 对于游说方，利益集团的游说竞争还来自同一行业的上下游部门。 2. 加入了中间产品，增加了解释变量	1. 在有组织的行业，如果中间产品保护率较高，则最终产品的保护率也很高 2. 政府对福利的关注程度为90% 3. 游说支出与该产品作为下游行业中间投入品的数量/行业产出的比值呈现正相关

续表

模 型	国家	主要内容	创 新	结 论
葛文德、哈瑞奎师那和罗宾斯（Krishna & Robbins, 2004）[4]	美国	国外游说力量对国内行业保护的影响		关税与非关税壁垒和国外游说活动呈负相关
葛文德和哈瑞奎师那（2005）[5]	美国	不同行业中间产品对不同行业下游企业游说贸易保护的影响		1. 如果使用中间产品作为生产投入的下游行业没有形成游说，若中间产品行业形成游说，则其保护水平会提高 2. 如果下游行业形成游说，那么中间产品行业即使形成游说，其保护水平也会低于下游行业没有形成游说时获得的保护
阿斯法罕尼和利普曼（Esfahani & Leaphart, 2001）[6]	土耳其	对土耳其1988年23个行业的贸易保护结构进行了分析，强调国营企业有助于行业获取政府贸易保护支持	研究了国营企业在行业获取政治支持能力的作用	面临更多进口竞争的国营企业和国营企业职工数比较多的企业其行业贸易保护水平相对较高
卡多、格雷特和奥拉瑞格（Cadot、Grether & Olarreaga, 2003）[7]	印度	利用印度的数据估算行业捐资水平，并通过把估算出来的捐资水平数据返回到GH模型进行检验	对发展中国家和地区的检验	印度政府对社会福利的关注程度是政治捐资的5倍
麦卡尔曼（McCalman, 2004）[8]	澳大利亚	分析了澳大利亚1968~1969年和1991~1992年两个区间内贸易自由化进程的政治经济力量	分析了模型中的结构参数：政府对社会福利的关注程度和游说所代表的选民人数占总人口比值对贸易自由化的影响	1. 支持GH模型：形成游说组织的行业获得更高的保护水平 2. 澳大利亚的贸易自由化程度随政府对社会福利的关注程度和游说所代表的选民人数占总人口比值增大而加深，而且后者比前者发挥着更为显著的作用

续表

模　型	国家	主要内容	创　新	结　论
阿奥佛罗夫（Afontsov, 2005）[9]	俄罗斯	对俄罗斯2002年制造行业的实证分析	转型经济国家	1. 俄罗斯的贸易保护水平与行业产出、就业增长率呈负相关，与进口渗透率呈正相关，而且历史关税水平高的行业会继续保持较高的保护水平 2. 俄罗斯政府关注的首先是预算收益和关税收益，其次是社会公众福利，而政治捐资则排在最后

注：1. Goldberg P. K. and G. Maggi. Protection for Sale: An Empirical Investigation. NBER Working Paper 5492, 1998.

2. GH模型是对Grossman-Helpman模型的简写。

3. Gawande K. and U. Bandyopadhyay. Is protection for sale? A test of the Grossman-Helpman theory of endogenous protection. Review of Economies and Statistics, 2000.

4. Gawande K. ed. Foreign lobbies and US trade policy. NBER Working Paper No. 1020, 2004.

5. Gawande K. and P. Krishna. Lobbying competition over US trade policy. NBER Working Paper No. 11371, 2005.

6. Esfahani H. S. and S. Leaphart. Testing the political economy models of trade policy. No. 563, Econometric Society World Congress, contributed papers, 2001.

7. Cadot O. ed. India's trade policy for sale: How much? Who buys? CEPR Discussion Papers 4168, 2003.

8. McCalman P. Protection for sale and trade liberalization: An empirical investigation. Review of International Economics 12: 81 – 94, 2004.

9. Afontsov S. Political economy of trade policy, in D. Tarr, Trade Policy and WTO Accession for Economic Development in Russia and the CIS: A Handbook (Russian Ed.) World Bank Institute Publication, 2006.

资料来源：根据《经济学动态》，2006年第7期编制。

早期的模型检验大多数是对美国进行的，用计量经济学模型检验各个行业是否符合GH模型的推论。后期的模型检验不仅对模型的变量进行了扩展，而且将模型检验扩展到更多政治体制不同的国家，澳大利亚（麦卡尔曼，2004），土耳其（阿斯法罕尼，利普曼，2001），印度（卡多，格雷特，奥拉瑞格，2003）和俄罗斯（阿奥佛罗夫，2005）得到了非常类似的结论，说明了格罗斯曼－赫尔普曼有效地解释了现实中的贸易政策。

后期的模型同时也从不同的角度对 GH 模型进行了深化：对同一行业对贸易政策形成的影响细化为上下游产业分别对贸易政策形成影响（葛文德，哈瑞奎师那，2005）；研究了国营企业在行业获取政治支持能力的作用（阿斯法罕尼，利普曼，2001）；增加了外国力量对内贸政策形成的影响分析（葛文德，哈瑞奎师那和罗宾斯，2004）；考察了游说团体形成及对贸易政策的影响（卡多，麦龙和奥拉瑞格，2004）。GH 模型还被推广到解释国际贸易关系的政治经济学，包括贸易战、贸易谈判和区域贸易协定的形成。

二、利益集团影响贸易政策形成的机制

利益集团预测某项政策对自身的利益和损失后，会积极地影响贸易政策制定。各种利益集团对政策制定实施影响的方式具有一定的共性。影响的途径可以是直接向贸易政策制定者表达自己的利益诉求；也可以是间接的，通过第三方、公众、研究机构或司法部门的判决来影响贸易政策的制定。在不同的时机和场合，利益集团会采取不同的游说策略。当利益集团与政策制定者意见较一致时，他们会多采用直接游说策略；当利益集团与政策制定者存在较大分歧时，他们多会选择外部游说策略。

（一）利益集团直接影响贸易政策制定

利益集团直接对贸易制定者施加影响，分为两种形式：一是参与各层级的选举活动，支持代表本集团利益的候选人；二是直接向贸易政策的制定者表达本集团观点并施加压力，也称为内部游说，或直接游说。

1. 积极参与各级选举活动

利益集团积极地参与选举过程，努力帮助有利于自己的候选人赢得选举胜利或与候选人建立良好关系。利益集团为候选人竞选提供帮助，必然会对议员、政府官员等政策制定者在今后政策形成过程中产生重大影响。政策制定者往往会在形成政策时提出和支持符合利益集团目标的方案，来回报利益集团在竞选中给予的支持。

利益集团把从成员中筹集的经费大量注入各级竞选活动。政治家为了在选举中获胜也要依靠这些资金。政治捐款成为政治家与利益集团联系的最密切的纽带，它不仅能够帮助利益集团接近政策制定者，获得政策制定者的认同，而且有利于利益集团与候选人沟通或促使他们将来支持利益集团的政策方案。为了增强对政策的影响力，利益集团还会系统地介入选举过程，使有利于自己集团利益的

候选人取得胜利或建立起与候选人的良好关系,从而为利益集团今后的游说活动打开通道。俄罗斯的石油部门在 20 世纪 90 年代后期大部分由本国私人公司控制,各石油公司通过对国内政治家的支持获得了影响贸易政策的发言权。①

2. 直接游说贸易政策制定者

直接游说是利益团体为了维护其成员利益、促使政策制定者制定出自己偏好的政策方案,而与立法机构代表、行政官员及其工作人员面对面进行交流的方式。在各种影响政策形成的手段中,直接游说是利益团体对政策制定者施加压力和影响时最常使用的手段,也是利益团体影响政策形成过程中最重要的手段。

游说的主体,可以是利益团体在政府的常驻代表,也可以是利益团体的负责人(大公司的董事长、总裁、协会的会长、主席),还可以是利益团体聘请的专职游说者,如公关公司、法律顾问公司、律师事务所的专职游说者。作为影响立法内容的策略,与国会议员和国会工作人员接触,特别是与起草法律的国会议员和工作人员接触十分重要,而且在直接游说的过程中在不公开的场合还可以通过种种方式收买政治家以寻求其支持。

游说的方式主要包括:一是参与议案讨论。一项议案提出,政府部门要通过各个行业的主管部门向行业中的企业广泛征求意见,此时利益集团可以充分表达自己的利益要求。比如日本的经济审议会、产业结构审议会、财政制度审议会、税制审议会等,中小企业安定审议会、米价审议会分别有中小企业利益集团的代表和农协的代表参加。通过这些审议会,利益集团表达自己的利益要求,尽力将这些要求纳入政府决策之中。二是出席听证会。对大多数游说者来说,出席听证会是利益集团直接影响立法者——起草法律者、委员会和小组委员会高层领导、国会工作人员的相当重要的活动。三是个人联系。个人联系也是利益集团的首脑人物利用私人关系接触政治家、高级官僚,从而影响政府决策过程的活动方式。在美国,游说较为有效的院外活动分子首推前政治家,其次是华盛顿律师和前政府行政官员。② 被游说对象包括国会参议院、众议院的议员及其助手,尤其是两院各委员会和各小组委员会主席,以及政府部门的行政官员及其助手,尤其是总统、各部和各委员会的行政首长。利益集团代表会直接接触这些政治家并提出本集团的观点,政治家们也会经常约见利益集团的代表以听取社会不同团体对政策的看法和建议。四是政治捐献。在民主代议制社会中,利益集团会将经费注入各级选举的竞选活动,尤其是国会竞选活动,以影响选举结果。为了在竞选中获胜,候选人有赖于利益集团的金钱支持,利益集团则以此为筹码,要求议员们在

---

① 陈郊卫、王春永:《俄罗斯政治中的利益集团》,载《今日东欧中亚》,1999 年第 5 期。
② 谭融:《美国利益集团政治评析》,载《南开大学学报》(哲学社会科学版),2002 年第 4 期。

立法中给自己以有利的政策倾斜作为回报（见表 5-3）。[①]

表 5-3　　　　　　拉丁美洲国家影响贸易政策制定的方式

	政治选举	游说国会	行业协会	人际关系网络	贿赂
智利	低*	低	高	低	低
巴西	中	中	低	中	中
哥伦比亚	中	低	高	高	中
阿根廷	中	中	低	中	高
墨西哥	低	低	高	低	中
墨西哥	中	中	中	中	中

注：*参与政治选举，游说国会，通过行业协会或个人人际关系网络，以及使用不透明的贿赂，都是拉丁美洲各国影响贸易政策制定的方式，但各个国家因体制不同利益集团采取的方式也各有侧重："高"表示经常使用，"中"表示一般，"低"表示较少使用。

资料来源：Ben Ross Schneider, Business Politics and Policy Making in Contemporary Latin America, OECD publications, 2005 (4).

（二）间接影响贸易政策制定

当利益集团通过直接游说效果不好，达不到政策目标，或者没有直接游说的有效渠道时，就会通过第三方，如选民、一般公众、利益集团的基层成员或者是其他利益集团，甚至诉诸法律以对政府的政策形成过程施加压力，以实现自己的政策目标。越来越多的利益集团以间接游说作为传统的直接游说的补充手段。间接游说又称外部游说，这一策略可以掩盖利益集团的目的，并使其游说活动给人以自发形成的假象。

1. 联合政党或其他利益一致的团体

利益集团与政党有相似性，都由有相同政治或经济理念的成员组成，都有一定的组织结构，但他们的政治目标不同，政党努力使领导人出任政府官职，利益集团目标是影响在位的政府官员，其不是由公众选举产生，可能只是为某些具体的问题而形成，理念比较单一。政党为了赢得选举的胜利，会拉拢不同利益集团的成员。而利益集团为了影响政策的制定和实施，也会积极地寻找政党候选人作为自身利益的代言人。[②] 日本企业利益集团的压力目标主要指向政党。比如在自

---

① Leo H. Kahane, Congressional Voting Patterns on NAFTA: An Empirical Interpretation. American Journal of Economics and Sociology, 1996 (5).

② 迈克尔·罗斯金等著，林震等译：《政治科学》（第六版），华夏出版社 2001 年版。

民党执政时，许多压力集团首先是向自民党施加他们的影响，而后由自民党政调会及其国会议员，把特定利益集团的要求传达给政府机关。另外那些具有共同的或相似态度、倾向的利益集团往往容易结成联盟来促成或阻止某项政策出台。

2. 制造公众舆论

在一些游说活动中，利益集团时常设法动员基层的公众向政策形成者施加压力。动员公众的办法包括在报纸上刊登广告、利用电子邮件、进行电视宣传和举行游行示威等。利益集团有时还会委托民意调查机构进行民意测验，并将结果公之于众，这样做的目的在于向政策形成者传达这样的信息：公众的意见已经压倒性地站在利益集团这一边。利益集团还会出资赞助公共电视节目、主办专题研讨会，为他们影响政府政策形成制造合适的政治"气候"。

3. 法律诉讼

法律诉讼成为近年来利益团体为实现政策目标所采取的重要的手段。在发达的宪法体制国家中，司法部门享有宪法解释权和对立法、行政行为的司法审查权，在事实上参与国家的政策形成过程，因此成为利益团体施加影响的对象，甚至成为利益团体参与政策形成过程的最后手段（见图5-2）。

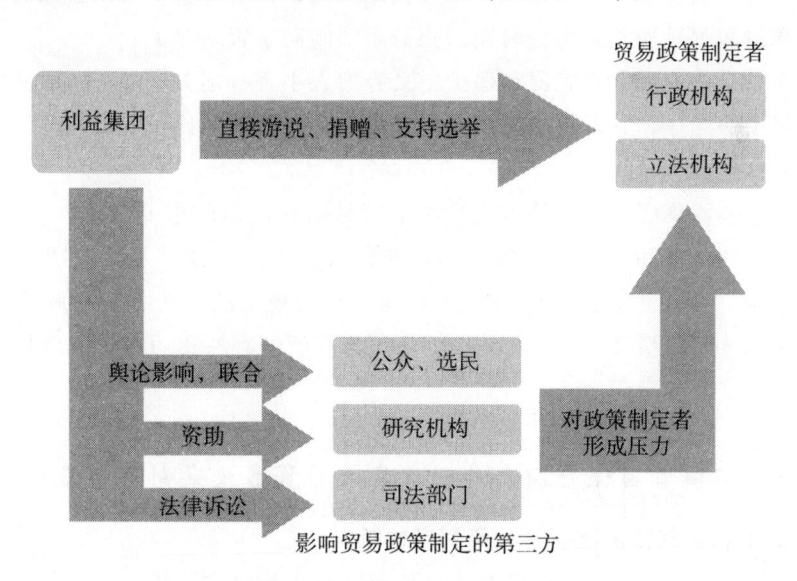

图5-2 利益集团影响贸易政策制定机制

三、不同利益集团影响贸易政策制定的机制

利益集团对贸易政策的偏好是由该利益集团所处的行业或部门本身的特征决定的。贸易政治的最常见形式是：某些利益集团向关系密切的政党提出实行贸易

保护主义政策的要求，政党代表通过国会和行政部门做出反应，继而引发国内关于贸易政策的争论和与外国的贸易争端。实际上，参与贸易的利益集团比较广泛，因此其政策要求比较复杂。关于利益集团对贸易政策的要求，有如下特点：

第一，进口竞争产业的利益集团倾向于要求政府提供贸易保护政策，而依赖出口，或在国外有重大投资项目的产业集团则偏好于自由贸易。例如，许多发达国家和地区的关税和非关税壁垒主要集中在国内（地区）逐渐失去竞争力的行业部门，包括纺织业、钢铁业、汽车业、制鞋业、家电业和糖业等；而赞成自由贸易的除了消费者团体、专门从事出口的公司之外，还包括以进口品为上游原料的制造业以及与货物贸易有关的服务业等。

第二，在同一产业内，劳方和资方在贸易保护的态度上是一致的而非对立的。贸易经济学家运用计量经济学进行了经验验证，结果表明，在大多数情况下，同一产业的资方和劳方在贸易保护方面经常是站在同一立场上，所以利益集团能够以产业为单位提出贸易保护要求。

第三，利益集团要求贸易保护的强弱与宏观经济状况有直接的相关性。当经济不景气时，利益集团的保护主义压力就比较大，在经济繁荣时则会减弱。例如当经济衰退和贸易逆差剧增的时期，利益集团倾向于贸易保护。

第四，产业地理分布状况与保护主义势力大小有一定关联度。一般来讲，分布比较集中的产业，其保护主义压力比较强大；在地理上比较分散的产业，其政治压力就比较小。

第五，利益集团的组织能力也是决定贸易保护倾向的重要因素。组织良好，反应迅速的利益集团尽管可能规模不是非常大，但是却能够克服集团成员"搭便车"行为，往往能够得到国内立法和地区有关规定的支持，获得政府的贸易保护；而那些组织涣散、"搭便车"行为较为广泛的利益集团在形成贸易保护压力时则会遇到一些障碍。

（一）具有贸易保护倾向的利益集团对贸易政策制定的影响

1. 农业利益集团影响贸易政策制定的机制

产业特征与贸易政策有密切关联。弗雷拉和法基尼（2005）发现越是集中的产业部门贸易保护的程度就越高，巴尔斯·卡若瓦利（2006）通过对1983~1998年间哥伦比亚全要素生产率和关税水平的考察，发现全要素生产率高的部门关税水平也越高。[①] 这些研究一定程度上说明了产业的特征会影响贸易政策。产业竞

[①] Baybars Karacaovali, Productivity Matters for Trade Policy: Theory and Evidence, World Bank Policy Research Working Paper 3925, May 2006.

争程度和贸易政策之间也有一定联系。拉美国家和地区在20世纪80年代前由于缺乏竞争性的产业政策，再加上采取贸易限制措施，使得内部垄断大行其道，采取种种手段阻碍贸易自由化进程。20世纪80年代至90年代的贸易政策改革，使这些国家和地区贸易自由化程度提高，部分地改善了极度垄断的产业状况。① 要创造有序竞争的环境不能只依靠贸易自由政策，必须有相应的竞争政策，如反垄断法、并购限制等措施。而要推行贸易改革，必须首先破除内部垄断势力，消除各种自由贸易的阻碍。因此，产业竞争政策不但直接影响内部良好的市场竞争环境，也影响对外贸易政策。另外，某些产业由于对国民经济具有重要意义，虽然产值不大，所占人口不多，但对贸易政策形成有很大的发言权，如农业、军事工业等。

根据OECD2004年的研究报告估计，世界75%的贫困人口居住在农村或靠农业维持生活的地区。农业对发展中国家和地区非常重要，它既保障了贫困地区的营养来源，也增加了这些地区的收入。由于拥有廉价劳动力和自然资源，发展中国家和地区通常在农业上具有比较优势。而发达国家和地区的农业占本国、本地区生产总值的比例虽然很小，且并不具有很强的比较优势，但农业部门的贸易保护程度很高，政府通过各种贸易壁垒对农业生产和出口进行补贴。OECD成员的农业部门就存在高度的贸易保护和贸易扭曲。如果OECD成员能够改革他们的农业政策，降低农业的贸易壁垒，发展中国家和地区就可以从农业贸易中得益。②

日本的农业支持是OECD成员平均水平的两倍，高度保护造成了效率低下和资源配置的扭曲。从2006年开始，日本政府修正了某些政策，使价格补贴主要集中于大型高效的农场，也允许公司租赁或管理农业用地。但支持数额并没有实质减少，OECD建议日本改变目前对农产品市场价格的支持，而直接对农民补贴，从而减少对贸易和生产的扭曲。③ 日本农业利益集团的政策诉求主要通过向政党施加影响实现。自日本保守政治势力合并成立自民党以后，农民阶层一直是其重要的社会支持基础，自民党政权为获得农业选区的支持，实施了保护性很强的农业政策。一些担任过自民党政调会"农林部会"副会长或会长乃至农林水产省政务次官或大臣的议员还组成"农林族"，以影响农业政策，在国会中形成强大势力。20世纪60年代，由于选举运动中农民利益团体农协④对自民党的支持，自民党"农林族"

---

① J. Luis Guasch, Sarath Rjapatirana "The lnterface of Trade, Investment, and Competition Policies: Issues and Challenges for Latin America".

② OECD, Key Issues for Policy Coherence for Development Public Folder: Agriculture DCD/DCD-Peer-Policy Coherence.

③ OECD, REGULATORY REFORM – Monitoring Review of Japan, 2004.

④ 农业协同组合（Agricultural Cooperative）简称"农协"，是日本农民在政府支持和指导下建立起来的农业合作组织。也有部分学者称JA（Japan Agricultural Communications）为农协，指的是日本全国农业协同组合中央会联合会，日本国内简称为JA全中。

议员在提高政府收购农产品价格（主要是大米价格）、争取更多的农业补助金和反对农产品进口自由化等农业行政方面，均发挥了重要影响力。①

在美国，农业部门是一个少数人集团取得比其人数大得多的政治权力的例子。美国农业人口占全国人口的2%左右，在农场就业人数仅占全国人口的1%左右。农场主利益集团论人数比工会成员少得多，论财富也比企业界少得多，可是他们对贸易政策的影响很大。这主要有三方面的原因：② 首先，农场主之间有紧密的联盟和各种协会，这些组织同国会议员和实施农业计划的政府部门关系十分密切，形成了著名的"铁三角"。最重要的两个全国性组织是美国农场服务者联合会和全国农场主联盟。此外，还有众多的农场、农产品协会，如全国牛奶生产者联合会、全国小麦种植者协会、美国全国棉花理事会、全国养牛人协会、全国羊毛生产者协会、全国花生理事会等等。农场主通过这些联盟对立法和政府政策施加影响。其次，美国农业选民具有较大的独立性和多变性。农场主倾向于支持他们的政党，其他集团就不轻易这样做，农场主跨党投票现象屡见不鲜，投票比其他选民更加变化无常。这使农业选民成为选举中难以估计又具有潜在意义的因素，成为各政党竭力拉拢的对象。再其次，农业在国民经济中具有重要意义。美国农业由于现代化程度和劳动生产率都很高，除满足国内需要外还大量出口，使美国成为世界上最大的农产品出口国。

2. 工会对贸易政策制定的影响

产业工人是影响贸易政策制定的重要因素。贸易自由化可能会给劳动力市场带来冲击：一方面各种贸易壁垒的降低使贸易各方内部市场面临更加激烈的世界竞争，部分企业会在竞争中被淘汰，造成失业；另一方面，参与全球竞争必然会导致贸易各方内部的产业结构调整，大量劳动力资源在不同的产业间转移，出现大量失业、提前退休的情况，即使在新的产业谋求到职位的工人可能也要接受较先前更低的工资。③ 贸易自由化可能对经济长期增长有利，但对贸易各方内部部分产业工人可能是痛苦的过程。正因如此，保护主义的呼声经常来自于这部分利益团体，这时，如果产业内雇主和雇员对贸易政策同时施加力量，就会容易使贸易保护政策得以推行。

美国在20世纪60年代前在世界经济竞争中处于霸主地位，国内产业中制造业的比重最高，产业工人数目也很多，大量的工业产品出口国外。此时，支持贸易自由化对劳工团体有利，工会组织 AFL－CIO④ 在1962年支持贸易扩张法案，

---

① 徐万胜：《利益诱导与自民党政权——以自民党农林族议员为视角》，南开大学日本研究中心，载《日本学刊》，2002年第3期。
② 王厚双主编：《各国贸易政策比较》，经济日报出版社2002年版。
③ OECD, Trade and Structural Adjustment, 2005.
④ AFL-CIO 全称 American Federation of Labor and Congress of Industrial Organization，即美国劳工联合会暨产业联合会（劳联－产联），是全美最大、最有影响力的工会组织。

还支持肯尼迪回合贸易自由化谈判。但从 20 世纪 60 年代末开始，由于国际竞争加剧，美国的产业重心开始向服务业转移，劳动力密集型产业的失业问题严重，失业工人把问题归咎于贸易自由化，保护主义呼声渐强，AFL - CIO 也转向贸易保护阵营，极力游说国会和各政府机构，反对继续降低贸易壁垒的谈判。[1] AFL - CIO 一直与美国民主党关系比较密切，通过政治捐款和支持选举对国会中的民主党成员施加影响。1983 年国会对具有高度保护的汽车法案投票时，AFL - CIO 中代表汽车产业工人的组织汽车工人联合会[2]进行了有力的游说，使大部分来自中西部和东北部的民主党人投了赞成票。另外，在 1993 年的 NAFTA 谈判和 1997 年的"快速通道"谈判中，劳工团体也是最积极的反对力量。[3]

3. 环保组织对贸易政策形成的影响

近年来，环保标准和劳工标准一样，成为某些发达国家和地区阻止发展中国家和地区产品进入本国、本地区的有效的贸易壁垒。发达国家和地区的工厂面临来自环保措施不严的国家和地区的竞争，迫使他们把生产移往海外，因而减少了发达国家和地区内部的就业机会。为此，一些环保组织常常和劳工组织联合在一起，激烈反对一些贸易自由化的协定，比如美国的劳联—产联就曾经和地球之友等环保组织结盟，在很多城市发起示威运动反对北美自由贸易协定在国会通过，直到政府与墨西哥政府签订了满足环保组织要价的环境协议后，环保组织的态度才稍有转变。事实上，如果没有政府和相关商业利益集团的支持，环保组织很难对贸易政策产生决定性的影响。[4]

4. 特殊利益集团对贸易政策形成的影响

特殊利益集团就是一些有共同政治目的、经济利益、社会背景的团体和个人为了最大限度地实现其共同目的、利益而结成同盟。一般情况下往往具有垄断性，首先是几个托拉斯集团垄断一个行业，左右市场价格；其次是排他性，在贸易政策上通常要求外国实行贸易自由而对本国产业实行贸易保护。

例如俄罗斯的天然气工业公司，它影响对外政策的方式可以归纳为：首先，利益集团代表直接进入国家权力体系，利用手中权力在对外贸易决策中为集团谋取利益。曾经长期担任政府总理的切尔诺·梅尔金就是俄罗斯天然气工业公司的奠基人和第一任总裁；曾担任政府办公厅主任的弗拉基米尔·巴比切夫和弗拉基米尔·

---

[1] I. M. Destler and Susan Collins, "Trade Politics and Labor Issues: 1953 - 1995", in "Imports, Exports, and the American Worker", Washington: Brookings Institution, 1998.

[2] 汽车工人联合会，United Auto Workers (UAW)。

[3] I. M. Destler and Peter J. Balint. Trade and Labor, in "The New Politics of American Trade: Trade, Labor, and the Environment" Institute for International Economics, 1999.

[4] I. M. Destler and Peter J. Balint "Trade and the Environment", in "The New Politics of American Trade: Trade, Labor, and the Environment" Institute for International Economics, 1999.

科瓦索夫也都曾在天然气工业公司任职。其次，谋求参与国家对外政策方针的确立，力争将集团利益上升为国家利益，将集团政策转化为国家政策。如，1993～1997 年俄罗斯酝酿制订《国家能源战略》，俄罗斯天然气工业公司等利益集团通过各种途径参与文件的制订，力图使自己的利益反映在国家政策文件当中。再其次，在国家权力机构中寻找代理人，在外交决策的各个环节展开院外活动。调查显示，在俄罗斯，从总统到政府机构，从政党到议会，都受到利益集团的强有力影响。

（二）其他利益集团对贸易政策形成的影响

1. 地方政府对贸易政策形成的影响

地方政府参与贸易政策的制定过程并不罕见。各国、各地区的地方政府通常对贸易具有一定的管理权，可以一定程度上形成有利于本区域的贸易政策。地方政府往往会根据本地区产业优势向中央政府提出建议实施有利于本地区发展的贸易政策。大多数采取联邦体制的国家，地方政府都可以制定本地区的经济政策，并参与全国政策的制定，贸易政策也包括在内。地方政府可以采取自由的贸易措施，促进进出口；也可以对本地区的产业进行补贴，或实行市场准入限制等贸易保护措施。但不同地区采取不同政策可能会造成在全国范围内资源的扭曲。中央政府必须监督地方政府的措施，使全国的贸易政策统一并符合各种国际协议。

美国的地方政府均为华盛顿政治的积极参与者，经常在国会委员会的听证会上作证，参与联邦机构法规的形成，向司法部门递交辩护状，参与司法诉讼过程等等。州和地方政府希望联邦政府减少对地方的管制，各州之间彼此竞争联邦政府的财政资助。许多州和县、市，为得到中央政府的财政帮助和有利于本地区的政策，在政治中心设有办事处，雇有专职院外活动人员。

欧盟各成员国地方政府对欧盟决策也有直接的影响。[①] 中央政府不再是欧盟与各成员国之间唯一的信息渠道，多数成员国地方政府在布鲁塞尔设有办事处和代表，欧盟地区委员会的设立也使得各成员国地方机构有了直接表达利益诉求的渠道。在涉及地方政府管辖范围的事务时，某些成员国的地方政府官员也会参加部长理事会会议，如比利时和德国。

2. 企业、行业协会影响贸易政策制定的机制

中小企业的规模小，区域分散，企业本身对政策的影响力不大，但一旦中小企业结成联盟，形成了自身的利益集团，就会成为影响政府政策的重要力量。

德国的中小企业按行业结成各种商会和协会以扩大对政策的影响力。在德

---

① 刘文秀、埃米尔·J·科什纳等著：《欧洲联盟政策及政策过程研究》，法律出版社 2003 年版，第 78 页。

国,中小企业被视为社会市场经济的支柱,分布于手工业、工业、商业、旅游业、服务业和自由职业中。2001年德国中小企业的存量为333.1万家,占国内应纳营业税企业总数的99.3%,占企业创造的总产值的57%,占总投资的46%。① 德国的中小企业结成各种商会,如工业与商业商会(简称工商会)、手工业商会、农业商会以及自由职业者商会等,这些小商会又组成地方工商会,各地工商会统一为最高联合会(德国工商总会)。商会和政府联系密切,政府通过不同形式扶植商会,同时政府也希望得到各商会的支持,中小企业主通过商会表达企业的利益和要求,工商总会在向国家和地方行政机关和议会提出建议、报告和评估意见时,综合各团体的意见,致力于总体经济利益。

近年来,行业协会在贸易摩擦处理以及行业标准的形成上发挥着越来越显著的作用。例如日本的行业协会,主要表现在日本行业协会通过收集信息、协调企业关系、实施统一的对外经贸政策、帮助国家形成各种技术法规和合格评定程序、对外开展外交公关活动等方式,不但建立了贸易摩擦预警机制,而且多次成功化解和避免了贸易摩擦。②

3. 外国投资者对东道国贸易政策形成的影响

已有的理论一般都关注国内不同的利益集团对贸易政策的影响,然而随着外国直接投资重要性的增加,特别在发展中国家和地区的制造部门,外资企业所占份额越来越高,外资对内贸政策的游说力量也在增强。传统的政治经济学理论认为外国直接投资有助于东道国(地区)的工业化进程,而且外国直接投资也能有效地降低发展中国家和地区的关税水平,减少贸易保护。这是因为当外国直接投资增加,外国公司可以不通过贸易而是直接在东道国(地区)销售,国内(地区内)企业面临的进口竞争减少了,贸易保护的压力也会随之降低。所以,外国直接投资的增加会降低贸易保护程度。③ 这种分析主要由欧美等发达国家和地区的数据支持,发展中国家和地区的数据比较少。欧美等国加入了多个区域或双边贸易组织,由于多种贸易协定约束了贸易政策的形成,国内(地区内)利益集团不是决定贸易政策的唯一重要力量,因此也很难准确地衡量利益集团在贸易政策形成中的作用。

这种分析只考虑到国内(地区内)的利益集团对贸易政策的影响。但如果外国公司有很强的游说能力,或者东道国(地区)政府比较关心外国资本的利益,情况就可能发生变化,外国直接投资甚至可能导致关税的增加。墨西哥

---

① 郑春荣编著:《中小企业:德国社会市场经济的支柱》,上海财经大学出版社2003年版。
② 马坤:《日本在处理贸易摩擦中行业协会的作用及启示》,载《现代经济探讨》,2006年第8期。
③ Bhagwati, Dinopoulos and Wong(1992)提出quid pro quo FDI的概念,当东道国的预期关税会增加时,外国直接投资会降低贸易保护水平;Hillman and Ursprung(1993)认为外国直接投资会使贸易保护达到一种低水平的均衡。

1985～1990 年间制造产业的例子比较特殊。① 墨西哥的证据显示，1990 年改革前，外国直接投资是决定贸易政策的重要力量。流入的外国资本有很大部分都进入了与进口产品相竞争的产业。② 这种竞争使这部分的外国资本更倾向于东道国采取贸易保护的政策。克雷默（1995）在分析了墨西哥的贸易政策改革后认为，如果政府不加以控制，一个产业中外国投资的份额对该产业的贸易自由化没有重要影响。在贸易政策改革前，墨西哥把外国直接投资分为进口竞争型和出口导向型，并控制不同形式的投资流向。而在外国资本占有比重更大的进口竞争型产业，贸易保护程度比外国资本占有比重较轻的产业要高。在贸易政策改革后，政府减少了对外国投资流向的控制，也使各产业的保护程度趋同。

4. 消费者对贸易政策形成的影响

消费者是自由贸易最大的受益者，因为他们可以从中获得外国商品廉价和多样性的好处，特别是在国产的制成品价格大大高于国际价格且质量低劣的情况下更是如此。进口贸易自由化不但能够使消费者的福利获得提高，而且还能减少收入分配的不平等。但在现实社会中消费者对贸易政策决策的影响却是微乎其微的，在政府的目标函数中消费者影响所占的权重很低。

首先，尽管存在消费者协会这样的社会团体，但它的功能在政治疏通职能上各国、各地区不尽相同，因此说没有真正的团体代表消费者的利益对贸易政策进行影响，相反倒是政府可能根据社会公众的观念变化来改变目标函数或社会福利函数。

其次，对于单个消费者来说，支持自由贸易的收益可能不能补偿进行利益活动的成本。此外，他还会指望其他人做出努力而使自己成为一个"搭便车"者。

最后，消费者在贸易自由化问题上的态度可能还是矛盾的，这包括情感和心理上的认为购买进口产品是"崇洋媚外"和购买国产品有民族自豪感，以及他们所具有的双重身份—既是消费品的购买者，还是进口竞争品的生产雇员。

（三）贸易政策制定者之间的博弈和选择

作为不同层级的贸易政策制定者，由于本身考虑和代表的利益不同，在具体政策制定上可能会存在分歧。在立法机构内部，由于立法代表本身可能代表不同

---

① Jean-Marie Grethert, Jaime de Melo Marcelo Olarreaga, Who Determines Mexican Trade Policy? The World Bank Development Research Group, September 1999.

② 为什么采用墨西哥的例子。首先，在这期间，墨西哥进行了广泛的贸易改革，从贸易改革中可以窥见贸易保护模式的转变。其次，墨西哥的外国直接投资流入增长很快，这对于分析外国直接投资对本国贸易政策的影响有利。再其次，墨西哥不是 GATT 成员，关税形成的自由度更大，各利益集团对贸易政策的影响也更明显。

的利益，在贸易政策立法过程中就可能对某些涉及具体行业的条款进行讨价还价。在行政机构内部也可能出现类似情况，比如重视出口企业利益的商务部可能与维护农业集团利益的农业部产生冲突。这些矛盾冲突的背后是各个机构代表了不同利益集团，最终冲突的结果取决于各个贸易政策制定者所占有政治资源的不同。

例如美国代表立法的国会内部以及国会与代表行政部门的白宫之间的冲突。首先，是国会内部的冲突。美国国会参议院和众议院中的议员是由各州选举产生的，他们的当选离不开本地区选民或者某一利益集团的支持，因此他们必须为本州的选民或者支持其当选进行竞选资助的利益集团服务，这样在国会中各议员总是代表着不同地区、不同利益集团的利益。由于美国各州的比较优势不同，而且即使在同一州内不同行业在国际贸易竞争中的地位也不一样，因而各州的选民以及各利益集团对贸易政策的偏好存在着较大的差异，因此国会议员在讨论和对一项贸易政策进行投票时，常常会出现激烈的争议和分歧。但由于在美国国会议员的选举中，议员的当选总是对利益集团竞选资金资助的依赖性较强，竞选资金的多少与其是否当选的可能性呈现一种正相关的关系。因此，往往是一些特殊利益集团对贸易政策的需求得到满足。其次，是国会与白宫之间的冲突，是以总统为代表的美国行政部门与国会的冲突。美国总统虽然没有制定贸易政策法的权力，但其可以否决国会通过的任何法案。然而总统的否决权又不是无限制的，它必须符合贸易立法中所确定的指导方针，否则，国会只要有 2/3 的多数坚持原法案，就能推翻总统的否决而成为正式法律。由于美国总统的选举中，也是需要依靠大量的竞选资金来实现当选的目标，因此总统也总是代表着某些利益集团的利益，国会与以总统为代表的行政部门之间的分歧也在所难免。克林顿总统发现大多数民主党议员反对北美自由贸易协定后公开批评劳工组织。同时政府也试图在其他政策上讨价还价，以获得更多选区议员的支持。汽车和纺织行业在北美自由贸易协定的谈判中获得了政府的承诺后，三大汽车制造商和美国纺织品制造商协会表示会积极支持该协定。同时政府从墨西哥政府处得到让步，进而获得南部糖区和柑橘业选区议员的支持。最终在 1993 年 11 月众议院表决中，以 234 票赞成 200 票反对通过了北美自由贸易协定。[①]

[①] I. M. Destler. American Trade Politics, 4th edition 2005.

第六章

WTO 主要成员贸易政策体系

一、美国贸易政策体系

自第二次世界大战结束以来，美国一直是世界头号经济、政治和军事强国，对世界包括中国的影响是全方位的，没有哪一个国家和地区可以忽视或者摆脱美国的影响力。在国际经济贸易领域，美国是世界第一大贸易国和第一大外资流入和流出国，也是许多国家和地区最重要的贸易伙伴和投资来源或目的地，而更重要的是，美国以其独特的全球影响力，主导着战后国际贸易体系的构建和变迁。因此毫无疑义，对美国贸易政策的研究具有最突出的意义和价值。

（一）美国当前的贸易政策：竞争性自由化

1993 年和 1994 年，克林顿政府在贸易政策领域取得了重大胜利，北美自由贸易协定（NAFTA）和乌拉圭回合谈判结果在国会的顺利通过，为 20 世纪 90 年代全面复兴的美国经济创造了一个良好的国际贸易政策环境。然而两次大获全胜也多少透支了美国国内对自由贸易的支持，特别是民主党在支持 NAFTA 时付出了相当大的政治代价，其最主要的选民基础——工会对这一结果相当不满，进而对国会内的民主党议员构成了压力。他们希望在贸易政策领域做出一定的后退，以满足其选区的利益要求。当 1997 年 9 月，克林顿政府提出新的快轨道授权提案时，为满足民主党支持者的要求，而加入了劳工标准和环保标准的条款。但这又遭到美国商业界以及当时控制国会的共和党的强烈不满，尽管他们支持"快轨道授权"以及贸易自由化本身。结果 1998 年 9 月该提案在众议院表决时遭到惨败，支持与反对的比例是 180 对 243 票，其中克林顿自己所属的民主党 200 位众议员中只有 29 人投票支持。1998 年快轨道授权立法的失败，反映出美国在面临经济全球化时内部不同利益之间的矛盾。而一个突出的现象是劳工标准和环保标准等非贸易关注成为反对贸易自由化的重要论据，贸易政策的范围被扩展到许多"与贸易有关"的议题。这增加了贸易政策制定的复杂性，使更多具有不同利益诉求的集团有了参与讨论的机会，贸易政策不再完全取决于过去的因经济利益而支持与反对贸易自由化的势力之间的均衡。

事实上，尽管美国的贸易逆差持续攀升，但传统的贸易保护主义在进入 20 世纪 90 年代之后日渐衰微。这不仅体现在美国对传统的贸易保护手段，如反倾销、反补贴、保障措施的运用不断减少，也表现在美国对存在贸易逆差的贸易伙伴如日本、欧盟、加拿大、墨西哥等国的宽容上（中国是个显著的例外）。美国之所以不再像 20 世纪 80 年代那样把贸易逆差当作一个严重的问题来对待，其主要原因是 20 世纪 90 年代的贸易逆差并未对美国的产业造成直接的冲击。第一，美国的大批产业已经随着资本的全球化而转移到其他国家和地区，资本的全球流动性使得它对一国贸易逆差的敏感度大大下降，与其他国家和地区拥有比较优势的资源相结合，从而获得最大的资本回报率，是资本的最终追求。实际上，美国的跨国公司参与国际竞争的方式已经脱离了在美国生产、向全球销售的阶段，2003 年美国公司通过其外国关联公司实现的销售额达到 25 000 亿美元，远高于 10 000 亿美元的跨境货物和服务出口[①]。第二，美国的比较优势已经更大程度地向服务业转移，相应的资本和劳动力等生产要素也在向服务业转移。而在服务业领域，美国不仅拥有更强的竞争力，而且由于服务业的特性，外国的竞争通常必须以在美国投资的方式进行。而这种竞争对美国就业市场的冲击较小，从而也不会产生政治上的太大影响。近年来，服务业外包，特别是印度的竞争给美国白领阶层造成新的恐慌，但是总体上看，服务业外包的规模仍然有限，美国服务业仍然享有贸易顺差。美国国家经济研究局的一项研究也表明，服务业外包并未对美国的就业造成显著的负面影响[②]。第三，美国整体经济形势仍然很好，经济增长率、就业率和通货膨胀率等指标都在相当好的范围内。这在宏观上为美国采取更自由的贸易政策创造了良好的氛围。

但是，在如此良好的条件下，美国在促进多边贸易体制的发展上并未取得显著的成效，相反却是投入大量精力和时间在双边自由贸易协定的谈判上。美国前

---

① USITC, Trends in U. S. inbound and outbound direct investment 2006. Publication 3870.

② Mary Amiti and Shang-jin Wei, Does service offshoring lead to job losses? Evidence from the United States. NBER, 2006.

贸易代表将此称为"竞争性自由化"①，其含义是在双边、区域和多边三个层次同时推动贸易自由化，并在这三种方式之间形成一种竞争，以实现更大程度的贸易自由化。竞争性自由化成为主导美国 21 世纪初贸易政策的理念，除了与以色列的 FTA 以及 NAFTA，美国的双边和区域贸易安排都是在 21 世纪之后完成的。相比之下，多哈回合谈判自发动以来一直举步维艰。由于美国在农业问题上一直不肯做出重大让步，各方无法就进一步的谈判达成一致，2006 年 7 月，WTO 总干事拉米宣布无限期中止多哈回合谈判。布什政府之所以把贸易政策的重心从多边转向双边，主要有四个方面的原因：一是 WTO 成员数量已经达到 153 个，而协商一致的决策方式使得谈判成本极高，要达成令所有成员都满意的谈判结果费时费力。二是美国新保守主义者对多边国际组织本身就存在一种根深蒂固的怀疑，他们的外交战略更强调意识形态上的盟友的作用，而不是国际组织的作用，伊拉克战争的发动已经充分显示了这一点。三是多哈回合的主题是发展，是要关照广大发展中国家和地区的贸易和发展利益。这是 WTO 发展中成员对乌拉圭回合结果过于偏向发达国家和地区的一种反弹，因此多哈回合的谈判更多是要求发达国家和地区做出更多的单方面让步，而不是寻求互惠的回报。尽管美国在原则上同意多哈发展回合，但这也给美国政府寻求国内政治支持造成了麻烦。因为美国国内最支持贸易自由化的是商业利益，特别是跨国公司，但如果无法获得实质性的相应回报，即发展中国家和地区进一步减少对贸易和投资的限制，美国的跨国公司就没有动力去游说美国政府在某些领域如农业上做出让步。多边领域难以取得进展，希望在贸易政策上有所表现的布什政府自然就转向相对容易得多的双边 FTA 国家和地区。同时，美国也希望以此对其他 WTO 成员构成压力，推动多哈回合谈判的进展。四是布什政府的政治意图十分明显，其新保守主义的外交政策秉持"只与朋友谈判"的原则，所有与美国达成 FTA 的都是美国的长期盟友或在伊拉克战争中支持美国的国家和地区。曾任美国贸易代表的佐立克曾提出与美国谈判 FTA 国家和地区的 13 个标准，其中有一条就是这些国家和地区与美国在外交和安全事务上的合作程度②。美国与秘鲁、哥伦比亚达成了 FTA，却与另两个安第斯国家厄瓜多尔和玻利维亚没有进展，其根本原因是左派领导人在这两个国家的选举中获得了胜利。布什政府 FTA 战略的强烈政治性，也体现在除了韩国、新加坡和澳大利亚之外，这些国家和地区与美国的贸易额都很小。即使算上上述 3 国，2005 年美国向这些国家和地区的出口总额也只有 1 019 亿美元，只占美国出口总额的 1/9③（见表 6 - 1）。

---

① Nicholas Lardy and Daniel H. Rosen, Prospects for a US - Taiwan free trade agreement. Washington：IIE，2004，P. 3.
② Nicholas Lardy, 2004，P. 4.
③ IMF, Direction of Trade Statistics Yearbook 2005.

表6-1　　美国签订双边及区域自由贸易协定的进展

已经签署的FTA（到2007年5月1日止，已与15个国家签署了FTA协定）		
FTA	签署和生效时间	备注
美国—以色列	1985年4月22日签署，9月1日生效	1996年就农业问题重新谈判
美国—加拿大	1989年签署	
美国—约旦	2000年10月24日签署，2001年12月生效	美国与阿拉伯国家和地区签署的第一个FTA
美国—智利	2003年6月6日签署，2004年1月1日生效	与南美国家和地区签署的第一个综合性FTA
美国—新加坡	2003年5月6日签署，2004年1月1日生效	与亚太国家和地区签署的第一个FTA
美国—澳大利亚	2004年5月18日签署	被称为"制造业FTA"
美国—摩洛哥	2004年6月15日签署	MEFTA的一个重要步骤
美国—巴林	2004年9月14日签署	与海湾国家和地区签署的第一个FTA
美国—多米尼加—中美洲（DR-CAFTA）	2003年12月中旬与萨尔瓦多、危地马拉、洪都拉斯以及尼加拉瓜4个国家达成了FTA协定。2004年1月底哥斯达黎加加入，2004年8月5日多米尼加加入，形成DR-CAFTA	与小的发展中国家和地区集团达成的第一个FTA，形成美国在拉美的第二大自由贸易区
美国—阿曼	2004年11月15日发起，2005年9月达成协定	MEFTA的一个步骤
美国—秘鲁	2004年5月与3个安第斯国家——秘鲁、哥伦比亚和厄瓜多尔发起FTA谈判，2005年12月7日与秘鲁达成FTA协定	
美国—哥伦比亚	2003年11月18日发起，2006年2月27日结束谈判，2006年11月22日签署协定	
美国—巴拿马	2004年4月发起谈判，2006年12月19日结束谈判	

续表

FTA	谈判进展	备注
美国—韩国	2006年2月2日两国宣布准备开始FTA谈判的意向。2007年4月2日结束谈判	2007年6月30日签署了自由贸易协定。但这一协定面临美国国会这一难关

尚在谈判中的FTA		
FTA	谈判进展	备注
美国—南部非洲关税同盟	2003年6月开始首轮谈判,计划2004年12月结束谈判。5个南部非洲关税同盟(SACU)国家:博茨瓦纳、莱索托、纳米比亚、南非和斯威士兰	美国在撒哈拉沙漠以南非洲的第一个FTA
美国—安第斯	2004年5月18日开始首轮谈判	2005年12月7日与秘鲁达成协定,哥伦比亚、厄瓜多尔、玻利维亚尚在谈判中
美国—泰国	2003年10月开始谈判	EAI的一个重要步骤
美国—阿联酋	2005年3月开始谈判	

潜在的谈判对象		
FTA	谈判进展	备注
马来西亚	2006年3月8日波特曼宣布与马来西亚谈判FTA的意向	
埃及		
英国		
中国台湾	2002年,USITC受美国国会要求,就美国与中国台湾签署一项FTA进行了"经济影响"评估	

区域FTA及战略计划		
北美自由贸易区(NAFTA)	1994年1月1日生效	成员包括美国、加拿大、墨西哥
APEC	1989年1月正式成立	现有成员21个
美洲自由贸易区(FTAA)	1994年12月启动谈判,计划在2005年1月前初步形成自由贸易区	美洲34个国家和地区组成
东盟谈判计划(the Enterprise for ASEAN Initiative(EAI))	2002年10月提出	根据不同发展水平,由易到难的与东盟国家分别签订FTA,最终实现美国—东盟自由贸易区

续表

美国—中东自由贸易区动议（MEFTA）	布什总统于2003年5月提出	分步骤在10年内即2013年建立美国与中东自由贸易区。目前进程：支持黎巴嫩、阿尔及利亚、也门加入WTO；签订贸易投资框架协定（TIFAs）：阿尔及利亚、埃及、科威特、卡塔尔、沙特阿拉伯、突尼斯、也门；自由贸易协定：已经实施的有：以色列、约旦、摩洛哥、巴林；达成协定的有阿曼；尚在谈判的有阿拉伯联合酋长国

注：根据USTR网站公布的资料整理。

尽管美国这种大力发展双边FTA的行为常常被称为"战略"，但其实它不过是一种权宜之计。对美国这样一个拥有全球经济和贸易利益的大国来说，多边贸易体制才是实现其利益的最佳平台[1]。但是，美国在推动贸易自由化方面还是面临着各种各样的制约。首先，发展中国家和地区在WTO中越来越团结，并且希望获得发达国家和地区切实的让步。其次，欧盟忙于扩大后的内部调整，对多边贸易体制的发展无暇顾及，难以在对双方均有利的领域给予美国有力的支持。最后，美国国内的政治氛围发生了新的变化，20世纪90年代以来长期的经济增长，并未给所有人带来实惠，公司利润在国民收入中的比重不断提高，而雇员所得的比重却在萎缩，收入差距扩大和社会不平等现象日益显著[2]。民主党在2007年再度控制了国会，布什政府几乎不可能在2007年获得贸易促进权的延期，他获得2001年的贸易促进授权也完全是依靠共和党的党内支持。众议院以215对214的惊险比分通过了该授权法案，而投票结果几乎完全按政党划界，210名民主党议员中只有21位投赞成票，217名共和党议员中只有23位投反对票。这些都意味着近期美国贸易政策难以取得更大的突破，而如何协调国内利益冲突将是决定美国未来贸易政策走向的根本性因素。

---

[1] Jeffrey Schott, "Assessing US FTA policy", in Jeffrey Schott (ed), *Free Trade Agreements: US Strategies and Priorities*, Washington: IIE, 2004.

[2] 参见 Stephen S. Roach, "The politicization of the US-China trade relationship", Morgan Stanley Research Global Special economic study. February 13, 2007.

（二）美国贸易政策的决策机制

美国国内政治错综复杂，形成了不同的利益集团和党派，每一项贸易政策的出台，都是他们相互斗争与协调的结果。影响美国贸易政策制定与实施的国内政治因素主要是国会、行政部门和利益集团。

1. 国会

美国是一个三权分立的国家，体现在贸易政策方面是贸易政策的制定、执行和监督的分立，各部门具体分工与职责如图 6-1 所示。

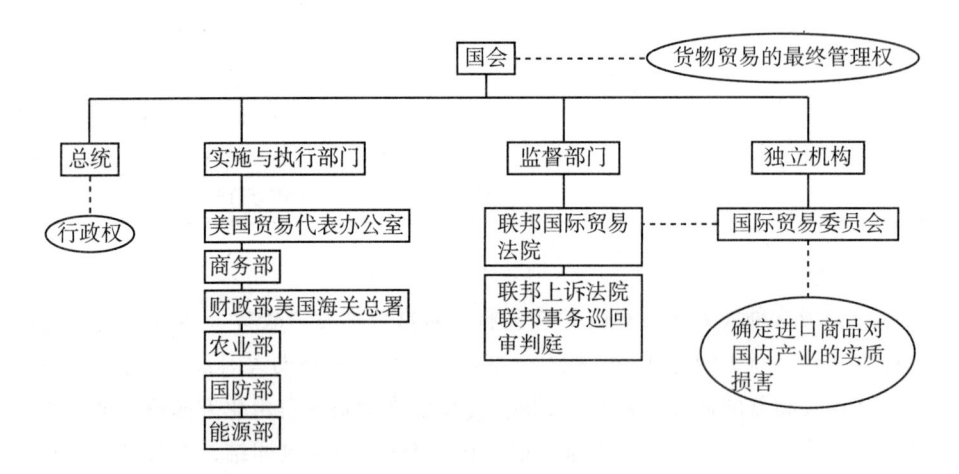

图 6-1　美国管理贸易的相关机构

美国国会的运作非常复杂，国会是两院制，包括参议院和众议院，参议院包括 100 名参议员，每州 2 名，而众议院有 435 名众议员，在各州按人口数量划分选区。国会的每个议员均有权提出议案，议案首先在两院的各个委员会进行讨论，与贸易政策关系最为密切的两个委员会是众议院筹款委员会和参议院财政委员会。委员会由来自两党的议员组成，国会多数党拥有委员会的多数席位，并享有指定委员会主席的权力。委员会主席在安排委员会的工作程序和内容上有重要的作用，他可以决定讨论议案的时间、表决方式以及召开听证会的时间、决定听证会作证者的名单等。议案在委员会讨论通过后，才能提交参议院或众议院的全体会议讨论，而一般议案均须获得半数以上的多数才能获得通过。因此，无论在委员会还是国会的全体会议上，国会多数党都具有决定性的影响力。原则上，议案可在两院中的任何一个提出，但由于与贸易有关的议案通常涉及关税，而根据美国宪法，与税收有关的议案必须先获得众议院的通过。因此，众议院的筹款委员会在美国贸易政策制定中的地位尤为重要。国会议员提出的议案有多种类型，一是提案或法律草案（bill）和联合决议案（joint resolution），这两种文件都具有法律约束力，必须获得两院通过并经总统签署生效。但联合决议案主要适用于一些较小的具体事项。二是决议，包括共同决议（concurrent resolution）和一般决议（simple resolution），这两种文件都没有法律约束力，也不需要总统签署。一般决议主要是为表达国会对某一事项的观点和看法，而共同决议主要是就一些国会议事规则和程序达成的共识。国会非常乐于采用通过一项决议的方式来表明自己的政治立场，以体现议员对各自所做出的政治承诺。

根据美国宪法规定（第Ⅰ款，第8部分），国会拥有管理贸易政策的最终权力，即国会享有立法权，有权制定必要而适当的法律；有权对贸易征收相关税收，比如关税、国内税等；国会还享有州际贸易和对外贸易的管理权。在《1934年互惠贸易协定法》（RTAA）之前，关税的制定和调整完全由国会发起和决定，但该法通过之后，国会将互惠关税减让的权力让渡给总统，即总统在与一个贸易伙伴进行互惠谈判后达成的关税减让，不再需要国会的审议。但是RTAA授权都有一定的时限，时限到期后，总统必须请求国会延期，并在申请中提出谈判的范围和幅度。只有国会同意延期，总统才能开展新的谈判。《1974年贸易法》通过了新的快轨道授权，这主要是针对贸易谈判中越来越多的非关税措施而进行的调整，将总统的谈判权扩展到原本需要国会批准的非关税措施的调整和取消上。2001年，快轨道授权被更名为贸易促进授权（trade promotion authority）。国会与总统在贸易谈判上的这种权力分配，意味着总统掌握了贸易政策走向的决定权，但国会掌握了最终结果的决定权。

一个普遍的看法是国会通常比较倾向贸易保护主义，因为国会议员比较接近各自的选区，而这些选区的经济利益较为狭隘和集中，不关心自由贸易对整个国家国民福利的提高，而只关心贸易保护可能对自身局部利益的帮助。从历史的经验来看，1934年前国会往往倾向于较高的关税，而1934年总统掌握贸易谈判权后，美国的关税就开始大幅度下降。在近些年来的贸易政策讨论中，如围绕NAFTA的激烈争论，国会总是表现得不情愿扩大贸易自由化，而更倾向于支持贸易保护。对中国来说，美国国会自1989年之后围绕中国的最惠国待遇以及1999年的永久性正常贸易关系的无休止辩论，使国会成为贸易保护和贸易问题政治化的代名词。但实际上，国会并不必然就是贸易保护的，只是国会的决策方式与总统不同。美国国内围绕贸易政策的各种不同利益和意见，反映在总统身上是一个已经经过权衡的最终结果，而国会对贸易政策的讨论，则把这个利益平衡的过程外部化和显性化了。作为民主政治最集中的体现，各种不同的意见都可以在国会找到表达的机会。由于贸易保护总是打着保护弱者、保护普通就业者利益的旗号，更容易赢得社会舆论的关注。但不同利益最终博弈的结果，是体现国会全体议员对一个问题的力量权衡情况，而这些议员背后又是美国国内不同的利益集团，因此贸易政策的最终决定还是不同利益集团之间基础力量的对比，以及在政治策略和技巧上的优劣。需要关注的一点是，国会是美国政党政治最集中的体现，共和党和民主党在利益和意识形态上代表了不同的社会阶层和团体，而他们在国会中的力量对比往往对贸易政策的走向有着关键性的影响。在高度保护的《1930 年斯穆特-霍利法》和开启贸易自由化之路的《1934 年互惠贸易协定法》之间，唯一的重大变化就是国会多数党从共和党变成了民主党。国会尽管经常被批评为贸易保护主义，但国会作为一个整体，从来没有试图夺回授予总统的贸易谈判权，从来没有否决过任何一个重大的贸易自由化法案，从来没有阻碍过任何一轮多边贸易谈判的发动和结束。当然，国会也确实曾经通过了一些贸易保护色彩较重的法律，如《1988 年综合贸易与竞争法》，制定了 301 条款，并推动了贸易救济措施的过度使用，但这些贸易保护措施仍然是局部性的，并没有逆转美国自 20 世纪 30 年代以来不断深化的贸易自由化趋势。从某种意义上，如果没有这些对局部利益所做出的补偿或让步，可能也无法获得美国国内对贸易自由化更广泛的支持。而且，国会的激烈争论往往并不会产生实际的效果，尽管每年两院议员会提出大量议案，但只有极少数议案才能获得国会通过。在第 108 届国会（2003~2005 年），有将近 100 个与贸易有关的提案被提出，但其中只有 10 个左右被最终通过、成为法律，而这 10 个提案实际上都是由行政部门主导的，尽管名义上是由议员提出的①。

2. 行政部门

总统负责贸易的行政权，并负责相关贸易法律的执行。总统经咨询参议院并取得同意，有权缔结贸易相关条约，但必须有出席的参议员总数的 2/3 的赞成。② 从法律上说，行政部门只是负责贸易政策的实施与执行，但《1934 年互惠贸易协定法》开创了国会向总统让渡贸易政策制定和贸易谈判权力的惯例，使总统领导下的行政部门实际上成为美国贸易政策的主导者。总统拥有改革贸易政策的倡议权，从而在决策过程中掌握了主动。互惠贸易协定谈判授权以及之后的快轨道授权和贸易促进授权，增强了美国政府在国际贸易谈判中的可信度，也增加了讨价还价的筹码。此外，总统还拥有一项非常重要的权力，就是否决权。

和国会相反，总统往往被视为支持贸易自由化的力量，自罗斯福总统以来的历届总统都表示支持贸易自由化。对此最通常的解释是由于总统面对的是一个全国性的选区，他考虑的是整个国家的国民福利，而贸易自由化总是有利于国民福

---

① CRS Report RL32698, *Trade legislation in the 108*th *Congress.* December 15, 2004.
② 韩立余：《美国外贸法》，法律出版社 1990 年版，第 22 页。

利的，因而总统通常会支持贸易自由化[①]。但显然这是一种过于简单的逻辑，如果真是这样，1930 年的《斯穆特－霍利法案》也就不会通过，事实上，尽管 1934 年前总统在关税的制定上缺少发言权，但毕竟所有这些法案都必须由总统签署才能实行。如果总统真的从经济逻辑上是天生的自由贸易主义者，那美国的关税政策就不会出现那么多起伏了。从美国关税政策的变迁来看，总统在贸易政策上的立场也有明显的党派色彩，1934 年前所有贸易保护色彩浓重的关税法案都是由共和党控制的国会通过，并由共和党总统签署的。第二次世界大战后，美国团结西方世界对抗苏联的外交战略，确实为美国的贸易自由化政策提供了新的激励，但共和党的艾森豪威尔总统在推动 GATT 发展上的无所作为，仍然体现出党派政治在贸易政策上的影响。但随着美国产业结构的变化、整体竞争力的增强以及随之而来的政治架构的变迁，美国总统在贸易政策上的党派色彩日益减弱。无论是民主党还是共和党的总统，都在总体上支持贸易自由化，虽然由于其所处经济形势的不同，各位总统对贸易自由化的支持程度有所区别。这背后的根本原因在于，美国经济在整体上向服务业转移，传统上的对制造业的贸易保护需求不断减弱，美国有竞争优势的产业都希望扩大对国际市场的投资和渗透，不希望美国的贸易保护影响到其全球的经济利益。因此，从进口竞争的角度来说，只有少数的美国产业需要贸易保护，而从扩大出口和对外投资的角度来说，大多数美国产业都希望获得更多的机会。这就决定了历任美国总统始终能够在方向和趋势上保持贸易自由化。

  美国贸易政策的实施和执行并非由一个部门单独完成，往往是由多个部门各司其职，合作完成。当然，这些行政机构的首长都是由总统任命的，因此在基本政策上都体现了总统的意愿。在美国，实施和执行贸易政策的行政机构主要有：①美国贸易代表办公室（USTR）：负责制定贸易政策的主要机构，它是总统行政办公室的一部分。美国贸易代表办公室从事贸易政策制定过程中广泛的机构间协调，并可对外国的不正当贸易做法进行调查和报复。这种协调通过贸易政策审查小组（TPRG）和贸易工作委员会（TPSC）来完成，这些小组受美国贸易代表办公室领导。USTR 是美国负责贸易政策制定的核心机构，其产生于 20 世纪 60 年代。由于国会不满意国务院对贸易政策的处理过分偏重其外交影响，而忽视了国内利益的要求，才通过立法设立了特别贸易代表这一新的机构，以取代国务院成为美国对外贸易谈判的执行者。1979 年特别贸易代表正式更名为美国贸易代表。由于国会在 USTR 的创立中发挥的重要作用，USTR 尽管是总统行政办公室

[①] Baldwin, Robert E., "U. S. trade policies: the role of the executive branch", in Alan V. Deardorff and Robert M. Stern (eds), *Constituent interests and U. S. trade policies*. Ann Arbor: The University of Michigan Press, 1998.

的一部分，却与国会有着密切的联系，充当着国会与白宫之间在贸易政策上的协调人的角色。同时，USTR 也与美国的产业之间保持密切的关系，建立了多个咨询小组以收集各产业对贸易政策的设想和意见。在重大谈判期间，USTR 与商业界的联系更是密切，由于 USTR 人员有限，在贸易谈判方案的制订上也严重依赖各种协会组织的信息和智力支持。②商务部：商务部负责出口管制；负责出口控制和进口管理，包括反倾销和反补贴的管理，并负责出口促进事务；国际贸易署是《1979 年贸易法》之后的重组中新出现的对外贸易行政机构。其主要使命是以与国家安全和对外经济政策相协调的方法促进和改善美国产业的贸易地位。其业务由三个领域组成：贸易管理、贸易发展和国际经济政策。每一个领域的工作均由一位助理部长主持。③财政部美国海关总署：美国海关总署的主要职责是确定和征收关税；办理人员、运输工具、货物和邮件进入美国的手续；实施各种航海法律；制止毒品走私和其他违禁品走私的执法责任；执行各种消费者保护法律；制止欺诈性进出口贸易行为；对免税品销售企业进行管制。④农业部：负责农产品和其他一般商品的贸易，包括进口和出口，并设商品信用公司为美国农产品的出口提供优惠的信用。⑤国防部：负责战略物品的出口。⑥能源部：负责原油的进口和能源政策。

除以上的行政部门外，还有一些独立机构负责美国的国际贸易，最重要的独立机构是国际贸易委员会（前美国关税委员会）。美国国际贸易委员会有 6 个委员，由国会任命，各有 3 名委员来自共和党和民主党，以保持其非党派性。国际贸易委员会的主要职责是确定进口救济调查中，申诉的产业是否确实受到进口损害或损害威胁。此外，国际贸易委员会也进行大量独立的经济和贸易研究，为国会和政府的决策提供咨询。在司法系统，与贸易政策相关的机构包括联邦国际贸易法院和联邦上诉法院联邦事务巡回审判庭；联邦国际贸易法院和联邦上诉法院联邦事务巡回审判庭（以前分为联邦海关法院和联邦海关及专利上诉法院）对依美国对外贸易法和海关法产生的民事诉讼拥有管辖权。① 司法系统并不受行政部门的控制，相反是对行政部门的政策和法律执行进行监督，为受影响的相关企业提供申诉的机会。

3. 利益集团

贸易政策制定的正式过程是在政府内部进行的，但政治家和政府部门并不是因其个人的喜好来制定政策的，而是服务于不同的利益集团。在美国的代议制民主中，这种现象尤为明显。由于总统和国会议员总是面临着竞选压力，在各自的选区内争取最大限度的支持就是他们最主要的任务。在美国政治中，贸易政策并

---

① Bruce E. Clubb：*United States Foreign Trade Law* P. 244，Little，Brown and Company 1991.

不经常是竞选的主要议题，因此一个政治家当选很少是由于他在贸易政策上采取了特定的立场。但是，贸易政策与其他议题有着相关性，比如支持自由贸易的共和党政客通常都与大企业、大跨国公司有着密切的联系，他们的政策主张往往偏向于保护商业利益，对其他社会问题如环保、劳工福利等较为冷淡；而支持贸易保护的民主党政客则与劳工利益、偏左的意识形态团体关系较为密切，有一定的民粹主义倾向。因此，政客的贸易政策立场和他在其他议题上的立场有内在的联系，共和党和民主党各有相对较为一贯的贸易政策立场，正说明了持有一定意识形态的政党也会有与之相应的贸易政策立场（见表6-2）。

表6-2 第108届国会美国两党议员的贸易政策立场

	众议院		参议院	
	共和党	民主党	共和党	民主党
自由贸易主义者	3	22	2	22
国际主义者	74	83	9	15
干预主义者	11	5	—	—
孤立主义者	2	0	—	—
立场不确定者	104	119	37	14

注：根据编制者的定义，自由贸易主义者反对贸易壁垒和补贴，国际主义者反对贸易壁垒但支持补贴，干预主义者支持贸易壁垒和补贴，孤立主义者支持贸易壁垒而且反对补贴。

资料来源：Daniel Griswold, free trade, free markets: rating the 108th Congress. Washington: CATO Institute, 2005.

由于贸易政策具有明显的再分配效应，贸易政策领域也是美国政客受到利益集团影响较为显著的领域。通常，政治家通过显示其一定的贸易政策立场，以赢得有相同立场的利益集团的竞选捐助。在当选之后，为兑现其竞选承诺，政治家会应利益集团的要求提出相应的政策主张。政治家与利益集团的互动是美国贸易政策制定过程中最核心的环节。当前，与贸易有关的利益集团主要包括商界和劳工组织，其中，商界是代表与贸易有关的企业主和投资人阶层，劳工组织则是代表与贸易有关的工人阶层，他们对贸易政策的影响是间接而非直接的——他们通过党派施加影响来实现自己的利益，即通过共和党和民主党之间在贸易政策领域内的竞争与合作来谋求利益最大化。进入20世纪90年代之后，人权和环保组织也进入到贸易政策的决策过程，并对部分贸易政策的制定产生了重要的影响。

（1）商业利益。美国的商界一直是美国国内政治中最有影响力的利益集团之一。美国一直是一个商业化色彩浓重的社会，鼓励企业家的冒险和创新精神。

商业利益集团长期以来也十分积极地参与美国政治,争取和维护自己的利益。由于其拥有的雄厚经济实力,商界可以通过各种方式影响美国政治的运作和政策的制定。商界一直是美国总统和国会选举最主要的捐献者,从1989~2002年间最大的100个捐款人中有68个是商业团体,并占总捐献资金的62%[①]。美国商界的政治策略是重点支持现任的总统和议员,以维持政策的稳定性,而不是特别在意候选人的政党。如2006年国会选举中,商界捐款人把59%的资金给了共和党,而把41%给了民主党,与其相反,工会则把94%的资金给了民主党[②]。美国最大的行业组织——美国商会支持了468个候选人中的277人,其中216人最后当选。这种政治策略保证了商界能够获得尽可能多的政府支持。当然,除了可以获得竞选资金之外,作为政治家特别是总统,支持商界也是理所当然的,因为没有企业的兴旺,也不可能有国民经济的繁荣。关键在于,某些支持商界的措施可能会损害其他社会团体的利益,比如贸易和投资自由化对美国大多数企业都是有利的,但对部分行业特别是劳动密集型行业中的资本和工人会造成一定的冲击,尤其是劳动力由于缺乏流动性而更容易受到影响。此时,总统和政府必须做出选择,而商业利益集团对政府的游说活动在这种情况下就会发挥重要的作用。

在贸易政策上,美国商界并不是一贯和全体支持贸易自由化的。从历史上看,1934年前美国之所以维持较高的关税,与美国制造业界的强烈贸易保护色彩是有直接关系的。1934年《互惠贸易协定法》制定时,当时除了还只是代表贸易商利益的美国商会支持外,美国全国制造商协会(NAM)、美国木材制造商协会、美国矿业协会等工业利益团体都是反对削减关税的[③]。但在第二次世界大战结束之后,美国制造业拥有的强大竞争力使他们看到了向全世界出口的希望,因此转而支持多边贸易自由化。但到20世纪50年代后期,纺织服装行业的竞争优势迅速丧失,该行业的企业主和工人一起改变了他们之前支持自由贸易的立场,转而寻求贸易壁垒的帮助,以抵挡从日本和其他国家和地区的大量进口。在随后的60~70年代,美国商界的一部分行业如汽车、钢铁等,也都从支持自由贸易转向了贸易保护,而半导体等行业则促使美国政府采用301条款等方式强迫日本打开其国内市场。但是,随着美国产业结构的进一步调整,目前美国80%以上的产值来自服务业,并代表了美国商界的大多数。由于美国在服务业领域的强大优势,美国商界在总体上是支持经济全球化和自由贸易的。因此,美国商界

---

① http://www.opensecrets.org/pubs/toporgs/party.asp.
② ibid.
③ Irwin, Douglas A. and Randall S. Kroszner, "Interests, institutions, and ideology in securing policy change: the Republican conversion to trade liberalization after Smoot-Hawley", *Journal of Law and Economics*, Vol. 42, No. 2. Oct. 1999, pp. 643–673.

对自由贸易的支持并非出自意识形态的偏好，而是出于对自身国际竞争力的自信以及对从经济全球化中获益的预期。在资本可以自由流动并且有许多国家和地区以各种优惠措施相互竞争的情况下，代表资本利益的美国商界在可预期的未来不会改变其支持贸易和资本自由化的立场。

(2) 劳工组织。美国劳工组织作为产业工人的代表，与贸易有着天然的联系。目前的工会组织几乎可以说是贸易保护的代名词，但在1945年，包括纺织工会、服装工会等在内的多数美国工会组织却支持互惠贸易谈判授权的延长[1]，因为他们相信这种谈判可以增加相关产品的出口利益，从而提高他们的收入，只是他们没有想到他们所拥有的竞争优势很快就消失殆尽。到了20世纪70年代，美国最大的工会组织劳联－产联已经完全站在反对自由贸易的立场上，对旨在扩大贸易、降低贸易壁垒的贸易谈判和法案想方设法进行阻挠，在不能成功的情况下，力争就个别行业和领域争取最大的利益。《多种纤维协定》、对日本的自愿出口限制、反倾销措施的加强等贸易保护措施的实施，都有美国工会组织的游说活动在起作用。但劳工组织与商界的利益并不总是冲突的，事实上，在80年代针对日本的贸易限制中，很多行业的商业利益和劳工利益是团结一致的。这既是由于两者的利益在当时都受到了日本的冲击，也是因为这种联合能够产生最有力的效果。但是在进入20世纪90年代特别是21世纪之后，美国商界和劳工组织的利益诉求日益背道而驰。美国的资本在全球寻找最高的回报率，而美国的劳动力则被迫与全世界的廉价劳动力竞争，从而面临更高的换岗率和更低的平均工资。

劳工组织拥有遍布全国的基层组织和经验丰富的职业活动分子，并且由于其成员社会层次较为接近，在涉及自己切身利益时，容易动员起来，劳工组织在美国社会上有相当的活动能量，在很大程度上间接地对贸易政策的制定发挥影响。美国劳工组织主要通过游说、政治捐款和选举投票等手段向国会议员施加压力，在很大程度上参与了贸易政策的制定与执行。在美国，劳工组织通过组织各种各样的游说活动来对贸易政策产生积极效果。他们先是通过基层动员和宣传等院外活动塑造民意，在一定程度上煽起公众对政府贸易自由化政策的不满。然后，其游说人员再通过院内活动向国会议员灌输这种民意，传递公众在这一问题上的态度。由院外活动制造气氛，由院内游说加强来自基层的信息，内外夹击促使议员对这一问题上的看法受到工会的影响。1999年11月底，WTO在美国西雅图召开会议，讨论进一步推进世界贸易自由化问题，劳工组织与人权组织、环保团体等发起大规模抗议示威，迫使克林顿政府在谈判中提出劳工标准问题，会议最后无

---

[1] Irwin, Douglas A. and Randall S. Kroszner, "Interests, institutions, and ideology in securing policy change: the Republican conversion to trade liberalization after Smoot-Hawley", *Journal of Law and Economics*, Vol. 42, No. 2. Oct. 1999, pp. 643–673.

果而终，反映出劳工组织对贸易政策的有力影响。

劳工组织虽然可以通过游说、政治捐款和选举投票等手段间接参与贸易政策的塑造，但内部的分歧、外部的工商界打压等又限制着其在贸易政策上发挥过多的影响。一方面，劳工组织与商界在贸易政策上无法达成团结一致的局面，削弱了劳工组织的影响力，另一方面，由于美国制造业比重不断下降，工会化程度最高的蓝领工人数量日益减少，工会组织的规模和影响力也随之日渐萎缩。1977年有25%的工人参加工会，而到了1997年，这一比例已降到17%，制造业的工会化比例从38%下降到18%①。此外，许多工会成员来自服务业，他们受到贸易政策的影响较小，对贸易政策并不关注，这也削弱了工会的力量。

（三）当前美国贸易政策体系

1. 与贸易有关的主要法律

美国贸易法律体系涵盖关税及海关法、进出口管理法律、贸易救济法律、基于安全考虑的贸易立法，以及为实施诸多对外贸易协定制定的国内立法等。美国是普通法系国家，其贸易法律体系既包括成文法也包括有效的法院判例，这些判例是对成文法的具体实施或有效补充。以下几部法律形成了美国贸易法律体系的支柱性立法：经修改后的《1930年关税法》是关于关税制定和征收的主要法律，并就反倾销和反补贴问题做出了规定；经修改后的《1974年贸易法》就非关税壁垒、对发展中国家和地区的普惠制待遇、保障措施及301条款调查等问题做出了规定；经修改后的《1979年贸易协定法》批准了东京回合谈判成果，将有关贸易救济、海关估价、政府采购、产品标准等成果纳入了美国的贸易法体系；《1988年综合竞争与贸易法》增强了行政部门的贸易谈判权以及对不公平贸易采取措施的权力，并全面修订了当时存在的诸多贸易法律，包括反补贴、反倾销的法律，《1979年贸易管理法》以及《1974年贸易法》的301条款等。与贸易相关的其他法律还包括：《2002年贸易法》、《乌拉圭回合协定法》和《乌拉圭回合协定法的行政说明》（1994）、《北美自由贸易协定实施法》（1993）、《美国—加拿大自由贸易协定实施法》、《1984年贸易和关税法》、《1979年贸易协定法》以及《1962年贸易拓展法》等。

2. 货物贸易制度和政策

（1）关税制度。美国关税制度是根据海关合作理事会《协调商品名称及编码制度》制定的《美国关税协调表》。世界海关组织于2004年6月接受了对

---

① Baldwin, Robert E., *The Decline of US Labor Unions and the Role of Trade*, Washington, DC: Institute for International Economics, 2003.

《商品名称及编码协调制度国际公约》的若干修改，美国国际贸易委员会于2006年4月提出美国协调关税税则最终修改建议，该修改建议于2007年1月1日起实施。美国给予所有WTO成员（古巴除外）最惠国待遇关税，除了两条税目以外，所有关税税目都受到了约束，其中，有31%的税目下的商品免税入境美国。大多数美国关税为从价税，约12%的关税税目适用非从价关税。部分进口产品，主要是农产品，需缴纳从量税。另外，也有些产品需按复合税率缴纳关税。

（2）进口管理制度。美国主要依靠关税来对进口进行管理和调节，但对相对敏感的进口产品，如农产品，美国还采用关税配额的方式。出于环保、国家安全等原因，国会通过诸多国内立法授权行政部门采取配额管理、禁止进口、收取进口附加费等方式对进口实行限制。另外，在美国的商业实践中存在着大量的产品标准，它们在一定程度上也起到了限制进口的作用。

（3）出口管制制度。美国出于国家安全、外交政策以及保障国内供给充足的考虑，对出口实行限制和管制。以《1979年出口管理法》和《出口管理条例》为核心，美国建立了一系列的出口管制制度，以防止产品出口至未经美国政府授权的目的地。美国的出口管制仍旧有效，由国际紧急经济权力法案（IEEPA）授权，该法案每年都会更新。美国政府通过许可证的形式进行出口控制，进行出口审查时主要考虑出口目的地、最终用户产品本身以及其最终用途在内的因素。同时考虑参与产品销售过程、提供销售服务的各方。包括银行、保险公司、船运路线、航空运输者，也都是审查出口许可证考虑的因素。

（4）出口促进制度。美国贸易政策的中心目标是扩大美国出口商的市场份额，基于这一目标，美国提供的出口促进政策主要包括：第一，出口融资：美国进出口银行通过一系列贷款、担保和保险计划，向出口商和海外购买商提供融资。2006财年布什政府将向进出口银行提供约2亿美元支持其项目预算。第二，对外贸易区的免税待遇：根据《1934年对外贸易区法》，美国对进入对外贸易区的外国货物和国产货物不征收关税、仓储税或消费税，在对外贸易区内用美国零部件和外国原材料装配而成的制成品，其增值部分免税。第三，退税：根据《1930年关税法》第313节，对进口货物或原材料所收取的关税或其他税费应在其出口时获得退税。第四，中小企业出口鼓励政策：美国商务部下设的小企业管理局负责向中小企业提供出口信息、咨询以及出口融资短期信贷和循环工作资金等出口帮助。同时，政府还推行市场发展合作者计划，为研究提高中小企业市场竞争力和开发国外市场的非盈利组织提供技术和财政支持，来帮助中小企业扩大出口。

（5）贸易救济措施。美国的贸易救济制度可分为影响进口和影响出口两个方面。对进口的救济措施主要包括针对不正当价格竞争行为的反倾销、反补贴措施，对进口品进行调整的保障措施，以及对侵犯美国知识产权的进口产品所采取的措施。相关法律包括美国《1930年关税法》第四小章、《1974年贸易法》201条款至204条款、337条款以及专门针对中国的421条款。

现行的美国反倾销、反补贴法的主要内容基本上都体现在美国法典第19编关税第4章经修订的《1930年关税法》中的第四小章，具体的行政法规分布在美国联邦行政法规汇编第19编中。商务部的国际贸易管理署（ITA）和国际贸易委员会（USITC）负责管理反倾销措施的法律和协议。

总统可依据《1974年贸易法》201~204条款的授权对特定进口产品采取保障措施。该授权可以在进口物品并无不正当竞争行为的情况下使用。对涉嫌侵犯美国知识产权的进口产品，美国主要通过《1930年关税法》第337条来保护美国知识产权人的权益。美国国际贸易委员会（ITC）是第337条的执行机构。该机构可以签发排除令指示海关禁止侵犯美国知识产权的货物进口。

《1974年贸易法》第301条是在现行贸易协定下维护美国公司权益，为美国产品和服务扩大海外市场准入，反对外国侵犯知识产权等行为影响美国产品出口所依据的主要法律。该法律为美国贸易代表调查外国侵权行为以及与外国政府磋商寻求解决方案提供了具体的程序。301条款的扩展应用表现为超级301条款以及针对知识产权保护的特别301条款。301系列条款具体由美国贸易代表办公室负责实施。

3. 贸易壁垒

（1）关税及关税管理措施。《WTO贸易政策审议》表明2006年，美国的平均适用关税税率为1.4%，是世界上整体关税水平较低的国家之一。但在纺织品和服装、鞋类、部分食品和农产品、皮革、橡胶、陶瓷和旅行产品等大类产品领域仍然存在高关税和关税高峰。例如《美国海关税则》第61章、62章中服装的平均关税达11%以上，约是平均适用关税的8倍，其中人造纤维长裤、滑雪衫的税率为28.2%，人造纤维汗衫和毛衣马甲等产品的税率高达32%。美国关税升级的现象仍较为严重，一些制成品或半制成品的关税随着加工程度的加深而增加。

（2）进口限制。美国基于国家安全、保护消费者健康、公共道德和环境等原因，对鱼类、野生动物、麻醉药品、酒精饮料、天然气、烟草等实行进口许可证制度。

（3）通关环节壁垒。美国海关在进口产品通关时要求出口商提供所有附加单证及相关信息，对某些进口产品，如纺织品、服装和鞋类产品，要求提供特别详细和繁多的信息，有时会涉及保密的加工处理信息，例如磨光、染色的种类等。美国海关的这些要求大多是与报关环节无关的，已经远远超出正常通关的需要，不仅手续烦琐，而且加大了出口商的成本，对出口商特别是小出口商尤为不利。

（4）歧视性实施技术性贸易和卫生与植物卫生措施。在美国，技术法规和卫生与植物卫生措施（SPS）是建立在联邦或低于联邦层次之下的，它们涉及了大多数产品，而且还包括加工和服务方面的内容。所有技术法规和 SPS 措施都由《联邦纪事》公布并编入美国联邦法典。

（5）滥用贸易救济措施。美国在实施贸易救济措施中存在诸多的不公平做法。在反倾销调查中存在的问题包括：继续拒绝承认中国市场经济地位、市场导向行业和替代国问题、单独税率政策问题、归零方法、新措施（如对生产要素中市场经济投入计算方法的修改）增加了企业应诉难度和成本、双重担保要求。除此之外还包括石蜡蜡烛反规避案中存在的问题、对中国产品进行反补贴调查的问题、特定产品保障措施问题。

（6）出口限制措施。美国出口管制制度复杂。美国商务部负责军民两用物资、技术和服务的出口管制，有关军事用途的产品、服务和相关技术数据的出口则由美国国务院管辖，而美国财政部对禁运国家和禁运交易等也有自己特殊的管制条例。长期以来，美国对军品、军民两用品以及无线、芯片、软件、安全、雷达等高科技领域产品实施出口限制政策。

（7）补贴。美国政府向企业提供的支持可以是联邦层次的，以及由州和地方政府提供的支持。补贴的手段包括税收优惠、财政支持和信贷计划等，其中绝大部分是以税收优惠的形式提供的。

（四）中美贸易关系的现状与前景：2002 年之后

1. 中国入世承诺的履行

USTR 是美国负责贸易政策，以及负责对中国入世承诺履行实施监督的机构，自 2002 年以来，USTR 每年向国会提交一份《中国入世承诺履行报告》，这也是其法定义务。USTR 作为贸易政策的协调者，会同商务部、农业部、财政部、专利商标局、国务院等部门，收集有关中国入世承诺履行的信息，汇总来自美国商界的抱怨。从 USTR 历年的报告来看，其基本结构和内容几乎没有变化，只是在语气上稍有不同。一般来说，USTR 对中国的表现从来都是有褒有贬，一方面表扬中国政府为履行承诺所做出的巨大努力，另一方面又批评中国存在的各项不足。如果仅从篇幅上来看，批评总是占去了大多数。但事实上，篇幅并不代表 USTR 的倾向。USTR 作为行政部门和国会之间的一个中间人，往往处于两难境地，为获得国会的支持，它不得不在行动上表现得更符合国会的偏好，因此批评中国总是合宜的。但是，作为总统行政办公室的一部分，它也希望能表现行政部门决策的正确性以及他们自身工作的有效性，因此 USTR 也乐于展现中国的积极变化,即使在批评了中国之后,它也一再强调对话和合作是解决问题的最佳途径。而作为技术官僚,USTR 的官员都十分了解中国入世承诺是非常广泛和大胆的,其执行也有非常大的难度,事实上,他们甚至惊讶于中国政府能够在如此短的时间内如此好地完成这么艰难的工作。如果是在美国,这样的工作根本就是不可能完成的。

国会对中国的态度则远没有那么务实,对多数国会议员甚至是那些支持中国入世的议员来说,批评中国总是能吸引更多的目光,获得更多的政治资本。除了不时召开听证会向中国和美国行政部门施加压力外,国会设立的两个专门委员会 USCC 和 CECC 都把中国的入世承诺当作重要的讨论内容。其中 USCC 的态度尤为强硬,该委员会的年度报告基本上忽略中国所取得的巨大进步,而是把问题无限放大,一再要求美国政府运用更强硬的手段惩罚中国。但具有讽刺性的是,在一再宣称中国不遵守 WTO 规则的同时,该委员会却主张美国政府应忽略 WTO 争端解决机构做出的对"伯德修正案"的裁决,继续执行违背 WTO 规则的返还反倾销税的做法,以鼓励美国企业发起反倾销调查,甚至该委员会的一位委员都对此提出质疑。

相对而言,美国商界对中国入世承诺履行的关注是出于直接的利益考量,也更为理性和平衡。美国商会(US Chamber of Commerce)每年也发表一份对中国履行承诺的评估报告,和美国国会不同,美国商会始终把中国政府当作合作对象看待,并且毫不怀疑中国政府履行承诺的意愿和决心,对他们来说,发现问题的目的是与中国政府合作去解决这些问题。美中贸易全国委员会和中国美国商会每年都对其成员进行调查,以评估中国的营商环境和履行入世承诺的情况,而从总体上看,美国在华经营企业普遍认同中国政府所做出的努力,尽管他们永远不会满足于现状。

事实上,美国对于中国入世承诺履行的监督多少有些画蛇添足,中国入世承诺中的年度过渡性审议机制已经使中国成为受到最频繁审议的 WTO 成员,而即使在过渡期后,中国也将与美国、欧盟、日本和加拿大一样,接受两年一度的贸易政策审议。而美国单方面设立的监督机制难免会有美国的主观色彩,对中国抱着超过 WTO 规则的要求,最后,中国是否遵循 WTO 规则就变成了中国是否符合美国的期待。正如美国学者皮尔森所说:"所谓合作的标准往往是与美国相一致,但在 WTO 中,合作行为应是指与该组织的正式和非正式规范相一致,从中国在 WTO 中的表现来看,中国大体上是一个合作的伙伴。"① 因此,要判断中国

---

① Pearson, Margaret M. "China's multiple personalities in Geneva: Constructing a template for future research on Chinese behavior in WTO" (mimeo), accessed on http://www.people.fas.harvard.edu/-johnston/pearson.pdf. June, 2003.

是否履行了其承诺，应由 WTO 而不是美国来加以判断。而且作为一个 WTO 成员，美国也绝不是一个有说服力的榜样。自 WTO 成立以来，美国已在 97 个争端案例中成为被告，其中在多达 35 个案例中美国被裁定违反 WTO 规则①。

2. 知识产权保护

知识产权无疑是中国入世承诺履行中最受批评的一个环节，不仅美国国会、USTR，而且一般都是表扬中国的美国商界，也把知识产权保护不力列为中国落实 WTO 承诺最大的不足。绝大多数美国在华企业都把知识产权保护作为中国入世承诺履行的最大关切，USTR 也在 2006 年的特殊 301 条款报告中，把中国再次放在"优先观察国家"的名单中，知识产权也是历次中美商贸联委会（JCCT）讨论的核心议题。

实际上，知识产权的问题是一个投资问题，是一个关系到美国在华企业竞争力和投资利益的问题。问题并不在于中国的知识产权保护与其他国家和地区相比是不是特别的恶劣，而在于与知识产权相关的竞争优势是美国企业维持其在中国市场竞争力的根本。比较来说，并没有证据表明中国的知识产权保护非常差。例如，美国声称在美国边境查获的侵犯知识产权产品有 69% 来自中国，但实际上其总价值不过 6 390 万美元，仅相当于来自中国总进口的 0.02%。美国电影协会的报告称其成员 2005 年在中国的潜在损失是 2.44 亿美元②，但实际上他们在美国的损失高达 13 亿美元③。而且，知识产权保护不足对美国企业的损害也被夸大了，或者至少他们被中国政府给予的优惠待遇抵消了，如美中贸易全国委员会 70% 的成员承认 2005 年他们在中国的收入增加了④，而中国美国商会的成员中有 42% 承认他们在中国的利润率高于世界其他地区⑤。

不过值得注意的是，在知识产权问题上投入较大精力的是美国政府，特别是 USTR，而国会则相对较为冷淡。其原因在于知识产权主要是有关美国跨国公司的在华经营利益，与美国国内的就业等则没有直接关联，国会议员自然就不会十分热心。这也是为什么国会议员已经提出过多个与人民币汇率和中美贸易逆差有关的议案，却从未提出过与知识产权问题相关的议案。因此，知识产权尽管仍然将是中美贸易关系中一个持续的热点，但可以预见的是，双方并不会在此问题上出现严重的冲突。而随着中国国家创新战略的实施，保护知识产权将日益成为一种内在需要。最终中国将和韩国一样，与美国开展合作，主动

---

① WTO, *Update of WTO dispute settlement cases*, WT/DS/OV/29 9 January 2007.
② Ibid, P. 9.
③ The Motion Picture Association of America, The cost of movie piracy. 2006. P. 5. http：//www.mpaa.org/2006_05_03leksumm.pdf.
④ U. S. -China Business Council, *Results of the 2006 USCBC member priorities survey*, 2006, P. 2.
⑤ American Chamber of Commerce China, ibid, P. 18.

和积极地保护知识产权。

3. 贸易不平衡与人民币汇率

应该说，贸易失衡成为中美贸易关系的重要问题只是 2002 年之后的事情。在此之前，美国的主要任务是通过入世谈判，打开中国市场，为美国在中国的贸易和投资创造更好的环境。尽管中国早在 1985 年就开始对美国拥有贸易顺差，到 2001 年中国超越日本，成为美国贸易逆差的最大来源国，但美国对华贸易政策的焦点并未放在这一问题上，美国也没有采取特别的措施来处理这一问题。因为当时美国并未感受到来自中国的竞争压力，而是仍然把中国当作一个潜力巨大的市场，并迫切希望通过入世谈判来打开这一市场。但在这一任务完成之后，美国才发现中国入世不仅为美国打开了市场，也开启了中国经济的另一轮高速增长，中国产品的竞争力也达到一个新的水平。加之 2001 年美国经历了一次经济萧条，虽然这次经济萧条时间很短，但随后的经济复苏却没有带来相应的就业增长，形成了所谓的"无就业增长"。这些都使得 20 世纪 90 年代在政治上并未引起太多关注的贸易逆差问题再度成为政治辩论的焦点话题之一，而这一次中国取代日本成为矛头所向。

回顾 20 世纪 80 年代和 90 年代，日本也因为与美国的巨额贸易顺差而成为美国贸易政策敲打的首要对象。但当时的日本在贸易和投资的对外开放程度上要远远小于现在的中国，中国加入 WTO 使得中国的贸易和投资壁垒大大下降，从而使美国无法把贸易逆差归咎于中国的市场封闭。于是，在找不到其他理由的情况下，中国的钉住美元汇率制度自然成为最大的目标，尽管从 1994 年开始中国就一直实行这一制度，而且在 1997 年亚洲金融危机时，中国曾因坚持人民币不贬值而受到包括美国在内的国际社会的一致赞扬。2003 年 6 月和 7 月，美国财政部长斯诺和美联储主席格林斯潘分别发表谈话，希望人民币选择更具弹性的汇率制度。此后，美国财政部每半年发表一次的《国际经济和汇率政策报告》成为各方关注的焦点，中国是否会被认定为"汇率操纵国"将预示着美国下一步对华贸易政策的走向。同时，国会在有关利益集团的鼓动下，也迅速表态，众议院金融服务委员会在 2003 年 10 月 1 日就召集了一次听证会，来自政府、国会、学界和产业的代表纷纷表达对中国低估人民币的不满，并认为这是造成美国对华贸易逆差以及美国制造业失业的重要原因。此后，美国政府也不断在各种场合向中国施压，要求中国调整人民币汇率政策，而美国国会的多位议员也提出各种议案，要求对中国的不合作行为予以惩罚，典型的如参议员舒默和格拉汉姆提出的要对中国进口产品征收 27.5% 的附加关税的议案。

不过，美国不同势力在对待人民币汇率问题上的态度也并不一致。如专门针对人民币汇率问题而成立的一个产业团体"中国货币联盟"（China Currency Coalition）汇集了在这一问题上最强硬的行业协会和劳工组织①，包括美国钢铁协会、劳联—产联、钢管进口联盟、锻造行业协会、全国纺织业组织协会、纽柯公司、弹簧制造商协会、美国商业和产业协会、美国汽车工人联合会、美国钢铁工人联合会等。可以发现这些组织均为美国的相对劣势产业，与中国进口产品有着较为直接的竞争关系，并且在过去数十年中一直是美国贸易保护主义政策的主要需求者。他们的要求是对中国援引 301 条款，实施单方面的报复措施。然而，如上所述，这些传统制造业企业和劳工组织的政治影响力已经大不如前，这也就决定了他们的两次 301 条款调查要求均被 USTR 所拒绝。而在美国最具代表性的商业组织美国商会，对人民币汇率问题的态度则相当乐观，尽管它表示这是一个重要的关切，但它支持中国政府采取的渐进性策略，并认为"汇率的急剧变化可能产生意想不到的后果，尤其在中国银行体系仍然十分脆弱的情况下"。② 而且，美国商会也从未指责中国应为双边贸易失衡负责，而只是强调双向贸易对双方都是有利的。可以说，美国商会由于其跨行业、跨地区、跨企业规模的广泛代表性，它的态度也就代表了作为一个总体的美国商界的声音，这也是决定美国政府所采取的贸易政策走向的重要因素。相比之下，只代表美国制造业利益的全国制造商协会（NAM）在这一问题上的态度则要更为复杂。NAM 支持对中国的 301 条款调查，但是并未参与"中国货币联盟"；NAM 要求对中国的汇率政策采取更强硬的态度，但它公开反对舒默－格拉汉姆法案，而支持美国政府的接触和谈判策略；NAM 在对众议院的证词中，批评中国压低人民币汇率，但又指出中国不是造成美国贸易逆差的罪魁祸首，而且来自中国的进口并非与美国直接竞争。这种看来自相矛盾的政策正反应了美国制造业对与中国的贸易和投资关系的矛盾心理，一方面，他们希望扩大对中国的出口和投资，这将提高他们的利润率，另一方面，他们又担心来自中国的竞争，这将有损于其在美国国内的生产和经营。因此，NAM 一直强调，他们希望与中国保持一种建设性的贸易和投资关系，而不希望造成对抗或贸易战。

美国产业界对中美贸易逆差以及人民币汇率的不同态度也直接反映到美国政府和国会的立场上。美国政府作为整体利益的代表，需要反映出美国大多数企业的声音，而从美国商会、美国制造商协会等行业组织的态度来看，他们显然不希望中美双方在这一问题上形成对抗。因此，美国政府在人民币汇率和贸易逆差的问题上尽管调门很高，但从未采取过分激烈的行动。USTR 从未将两国的贸易不

---

① http：//www.chinacurrencycoalition.org/members.html.

② "The U.S.-China Relationship：The Truth Behind the Rhetoric". Remarks by Thomas J. Donohue President & CEO, U.S. Chamber of Commerce Before the Asia Society CEO Series Luncheon Forum. February 26, 2004.

平衡归咎于中国，其着墨最多的知识产权问题与此并不相关，而美国财政部作为汇率政策的主要执行者，尽管其批评中国汇率政策的态度一贯强硬，但却从未把中国列入汇率操纵者之列。而且，美国财政部也并未把人民币汇率制度与两国的贸易失衡联系起来，而只是强调人民币汇率的灵活性有助于实现全球的经济平衡。美国财政部长保尔森发起的中美战略经济对话已经举行两届，但并未如预期的那样把人民币汇率当作唯一的话题，而是把两国在金融、运输、通讯、货币政策、环境保护、能源等更广泛领域的合作作为重点内容。显然，美国政府更愿意与中国建立更广泛的合作关系，而不是在人民币汇率和贸易逆差这一个问题上把关系弄僵。但国会的态度显然要强硬得多，每年都有数十个与此相关的议案被提出，造成一种相当紧张的气氛，也使众多观察者为中美两国的未来经贸关系担忧。

4. 美国对华贸易政策的前景及中国的对策

中美贸易关系当前存在许多问题，特别是贸易逆差和知识产权的问题，尽管双方在战略上和经济上的相互依赖程度很深，并且不会出现严重的贸易摩擦，但是这并不排除美国会动用一些特定的贸易政策工具来限制中国的出口，或者向中国施压，为美国企业争取更多的利益，从而缓解其国内的政治压力。从目前来看，美国可能在以下几个领域会向中国提出挑战，对此中国政府和企业应做好充分的准备，以尽可能化解风险。

（1）特保措施。特保措施曾一度被认为是中国入世协议中最不公平的条款，并且对中国的出口会造成巨大的威胁。但是，到目前为止，除了2005年对中国实施纺织品特保措施，双方在随后达成新的配额安排协议之外，美国政府没有发起一起针对中国的过渡性保障措施。应该说，布什总统坚持不对中国使用特保措施，对维护双边贸易关系的稳定具有重要意义。而他之所以这样做，并非因为特保措施有违WTO规则或者说这将损害所谓的国家经济利益，如2002年的钢铁保障措施案尽管明显违背WTO规则，而且遭到下游企业的强烈反对，但布什总统仍然屈服于影响力强大的钢铁利益集团。美国政府拒绝对中国实施特保措施，是由于申请特保措施的行业和企业影响力较小，不足以说服USTR和布什总统采用特保措施这样颇有争议的贸易保护手段，这些申请涉及的产品如床垫弹簧、刹车鼓和轴、铁丝衣架、水厂设备、轮椅制动器等，每年的进口额最多不过两千多万美元。为了这样一些产品而动用特保措施，显然并不值得。

（2）反补贴调查。美国一直是对中国发起反倾销调查最多的国家之一，但是却从未对中国实施过反补贴措施。其中的一个原因是美国现行的法律和惯例并不主张反补贴法适用于中国这样的非市场经济国家。从其法律行文上看，美国反补贴法并没有排除非市场经济地位的国家，包括中国。或者从条文法角度看，美国现行的反补贴法本身是适用于中国的。根据中国商务部公平贸易局统计，1980年至 2006 年美国共对中国发起 115 次反倾销调查、6 次保障措施和 7 次市场扰乱调查，还没有反补贴调查，而这期间美国发起了共计 459 件反补贴调查中，没有一起是针对"非市场经济国家"的。但是面对流入美国的大量"中国制造"，美国有关行业和议员一直就没有放弃反补贴的心思。2006 年 10 月，美国新页纸张公司向美国商务部提出申请，要求调查中国铜版纸出口中存在的补贴行为，而美国商务部也首次接受了这一申请。2007 年 3 月 30 日，美国商务部在对中国铜版纸的反补贴调查初裁中首度确认反补贴税适用于中国，这推翻了其 20 多年来的惯例。应该说，这一变化并不出人意料，对美国商务部来说，它没有必要独力面对国会的压力，而事实上美国商务部也确实从未在法律上放弃过自己实施反补贴调查的权力。在美国商务部接受该调查申请后，中国政府及相关中国企业立即向美国国际贸易法院提出诉讼，认为美国商务部违反了原有的裁定。但该法院认为，目前该案只是处于调查阶段，而国际贸易法院只有在终裁做出之后才能接受中国的申诉[①]。因此，如果美国国际贸易委员会裁定损害存在，而美国商务部终裁维持其初裁决定，那么中国可以就此向美国国际贸易法院提出申诉。由于此前有相关案例，中国胜诉的可能性还是比较大的。

（3）制定新的法案。当现有的政策工具库中的工具难以满足现实需要时，美国的决策者可以很轻易地发明一些新的工具，如 20 世纪 50~60 年代的纺织品配额、70~80 年代的自愿出口限制和 301 条款，或者把一些已有的武器加以重新利用，在美国的贸易政治中，国会议员与其选区内的产业和劳工组织都有着相当密切的联系，而通过这些议员提出有利于自身的新议案，是美国的产业和劳工组织维护自身利益的重要手段。如在 90 年代多次提出反华议案的美国众议员杰西·赫尔姆斯就来自美国的纺织业聚集地——北卡罗来纳州，而目前在人民币汇率问题上最为强硬的参议员格拉汉姆则来自另一个纺织业中心——南卡罗来纳州，他们对中国的不满并非仅出于其意识形态，而更重要的是反映了其所在选区的主要利益集团对中国的态度。

在中国加入 WTO 后，中美经贸关系已经进入了一个新的阶段，中国不断上升的国际竞争力已经使美国把中国当作一个真正的竞争对手，而不仅仅是一个潜在市场来看待。中国对美的巨额贸易顺差事实上反映了两国产业结构的互补性，以及经济全球化不断加深的影响，在经济利益上并未对美国造成显著的损害，甚至在一定程度上来说，美国从中受益甚至可能大于中国。这一相互依赖、相互受

[①] U. S. Court of International Trade, Government of the PRC vs. the United States, Court No. 07 - 0010. http://www.cit.uscourts.gov/slip_op/Slip_op07/07 - 50.pdf.

益的经贸合作模式决定了中美两国在可预见的未来,将继续在总体上保持互惠互利的经贸关系,美国对华贸易政策也将保持稳定的、开放的格局。但无论如何,巨额贸易顺差在政治上仍然是相当敏感的,并常常被联系到国家竞争力这类有煽动性的概念上,美国受到影响的利益集团、美国国会和美国政府,都十分关注这一问题,并进而在诸多贸易政策议题上对中国采取日益强硬的立场。对中国来说,仍要坚持一贯的通过协商解决两国分歧的策略,坚持继续扩大对外开放的基本方向,在这一基础上有步骤、有计划地按照自己的既定方针开展两国经贸合作,并力争化解两国的贸易纠纷。在这一过程中,中国应更加注意研究美国贸易政策制定过程的研究,要从根源上了解美国对华贸易政策各种变化产生的缘起和背景以及相关联的各种政治和经济力量,并力图通过积极动员和利用与中国有着相同利益的力量,从美国贸易政治内部探寻缓解或解决两国贸易摩擦的途径。

二、欧盟贸易政策体系

(一) 欧盟贸易政策决策机制

欧盟贸易政策决策是一个复杂的体系和过程。其中,政治体制决定了政策决策的制度结构,决策制度(包括正式的制度和非正式的制度)则规定了决策参与者或影响者进行利益表达和寻求利益的渠道和机制是什么。欧盟的政治体制和决策制度是通过法律的形式体现的,虽然这些法律的形成过程也经过了复杂的决策过程,但一旦这些法律得以通过便相对固定下来,为政策决策提供制度性框架。欧盟贸易政策决策机制的核心是三层次模式:欧盟层次政治、成员国国内政治、国际层次政治。利益集团对三个层次均起到重要的作用。值得注意的是,三个不同层次之间的关系是不确定的,也没有统一的模式。

1. 政治制度和决策制度

尽管国内外学术界对欧盟的性质还没有一个统一的认识,但对于欧盟是一个国家与超国家特征高度统一的独特的经济政治实体这一点并无甚争议。这种政体性质决定了欧盟政策决策的主要特征,使其没有一个统一的决策模式,只能根据具体的政策领域来确定应使用哪种决策模式。对欧盟政治的研究,一直存在着超国家主义和政府间主义的争执。事实上,超国家政治和政府间政治是欧盟政治中同时并存的两种机制,它们之间存在着复杂的联动关系。它们不仅共生于每个政策领域之内,也共生于不同的政策领域之间,并发生复杂的联动关系。

欧盟政策制定的正式制度主要体现为以下几种形式:一是四种不同的立法程序:咨询程序、合作程序、共同决策程序和同意程序。二是对外签订贸易协定的特殊程序。三是年度预算特定程序。四是"灵活性条款",允许欧盟成员国集团建立更为紧密的联系。五是共同外交和安全事务以及司法和内政领域的政府间"非立法性"决策。除了正式的立法和决策制度外,大量的政策制定是在非正式渠道进行的,包括欧洲理事会会议举行的晚餐后的讨论会、连续的多轮意见听证会、电话交谈、午餐、走廊会晤以及会议前的磋商等。对共同决策程序的经验研究证实,围绕共同决策程序产生了大量的半正式、准正式和非正式的程序,并在决策过程中发挥着重要的作用。另外,由于缺乏能够便于不同的角色间谈判的正式制度,在欧盟治理中,政策网络是特别普遍的。

2. 欧盟层次政治

欧盟决策机制的突出特点是多元互动,部长理事会、欧委会、欧洲议会等都不同程度地参与决策,并以一定程序实现互动。

(1) 部长理事会:决策的核心。部长理事会是欧盟政治中最主要的立法机构,是欧盟的"决策中心"。在对外贸易政策方面,部长理事会拥有法规的制定权、贸易保护措施的最高执行权、贸易协定的缔约权。

①"133委员会"。在部长理事会中,负责所有对外贸易事项的是由各国贸易官员组成的"133委员会"。它是根据《欧共体条约》第133条而成立的,负责审查、修改并批准欧委会的提案。"133委员会"没有固定的参加人数,它可以分两个层次的会议:一是副主管层次,由3~4名各成员国贸易官员组成,包括来自常驻代表的商务或贸易参赞,以及2~3名各国贸易专家。二是全体成员层次,包括各国贸易主管以及辅助性官员。欧委会贸易总司的官员参加所有的会议,提交其提案。与会的还包括部长理事会的各种贸易专家。若"133委员会"原则上同意欧盟的立场,将首先提请常驻代表委员会(COREPER)正式批准,最后才提交部长理事会批准。基于贸易决议日益增长的技术复杂性,更多的事项由"133委员会"中的贸易官员解决,部长们很少在政治层面讨论欧盟的谈判指示问题。与理事会中的其他咨询委员会一样,它也没有正式的行动指南,而是以一致同意和"君子协定"的方式运作,几乎没有正式的投票制度且几乎从不投票。

"133委员会"的职能显得与众不同。首先,它就不公开的欧委会提案进行讨论,并对修改欧委会的提案拥有主要的决策权。对于欧委会的提案,"133委员会"的决策没有固定的最后期限,其回应时间主要取决于提案本身的轻重缓急程度。在该期限内,布鲁塞尔的贸易顾问向其国内进行咨询并获悉其国内的立场。但并非所有成员国都参与每一项贸易问题。在"133委员会"的讨论过程中,欧委会贸易总司代表提交其提案,并评估各国修改其提案的政治意愿的强弱。由于理事会对贸易政策的决策是采取特定多数投票,要修改欧委会的提案,

"133委员会"需要得到大多数成员的支持。而大国的反对意见将起十分重要的作用。根据欧委会的一份报告,"若只有一个成员国反对,实际上就等同于一致同意"。该问题的政治敏感性以及各成员国代表的政治嗅觉是影响能否达成一致同意的主要因素。其次,它受专家和极富经验的欧委会官员的影响极深,用一位专家的话说就是,"在那里,十分积极且畅所欲言的欧委会官员起决定性作用,而非各国政府"。甚至有人称,"133委员会是由欧委会推动并主导的。在未事先与欧委会达成一致的情况下,成员国的努力仅仅是在浪费时间"。最后,它具有实际上的决策权,尤其是对欧盟的谈判指示,各国贸易部长很少参与技术性的细节问题。

② 部长理事会投票行为的特点总结。第一,大国与小国之间的平衡。从投票权的分配来看,拥有较多投票权的大国自然在理事会的表决中赢面更大。而且,大国能够对决议的起草施加更多的影响。因为,负责起草的官员需要考虑大国的意见,以确保决议能够成功地通过。另外,大国拥有更多的工作人员,不管是在国内还是在布鲁塞尔,从而能够掌握欧委会提案的准备工作。而且,经验分析显示,大国较之小国更能够对多数意见投反对票,虽然他们并不经常处于少数意见的地位。然而另一方面,各成员国的地位并非绝对地取决于其大小,因成员国大小所带来的长久的分歧难以辨明。相反,短期和中期的联盟以及当时的政治考虑决定了决策。小国的担心基于以下两点误解:一是大国之间存在天然的联盟;二是多数规则是决策的标准模式。反之,大国认为存在"小国的造反"也是误解。另外,在投票中各成员国权力的大小也与相关问题对他们的重要程度有关。例如,在农业问题上,法国比英国更有话语权;而在渔业问题上,西班牙比德国更有话语权。

第二,尽管有些应该适用特定多数投票规则,但理事会在许多议题上的决议依赖于一致同意。对于较新或者有争议的问题,一般会适用一致同意的表决规则。1998~2004年,约30%的决议是以一致同意的方式做出的,而属于特定多数决议范畴的决议中,约75%~80%的决议在理事会的部长级会议上并未明确地出现异议。由于决议的执行是在各成员国国内层次,一致同意的决议使决议更容易执行。

第三,从投票数据来看,对于一些有争议的议题,在部长理事会的最后决策中并不会体现出多大的争议。对EC第133条和反倾销规定的研究数据显示,仅有6%的决议明显具有争议。对于重大的贸易问题,如参加WTO谈判的立场,也是如此。在谈判中往往会努力达成包括全部成员利益在内的一揽子协议。对于贸易政策的"微观"决议也是如此,如贸易救济措施和反倾销措施的实施。

第四,不同的国家有不同的投票偏好。经验数据显示,对于那些要求进行特定多数投票的提案，一些成员国很少选择反对票或弃权，如比利时、芬兰、爱尔兰和卢森堡。而一些"北方国家"尤其是德国、丹麦、荷兰、英国，以及意大利，都喜欢弃权或者投反对票。法国和西班牙较之其他大国则较少扮演搅局者的身份，这部分是因为他们往往能够成功地获得利益，部分是因为他们的政治文化使得他们倾向于在最后的决策阶段站在多数的一方。

第五，投票时结盟的现象并不突出。大多数的反对票和弃权票是与具体的事项紧密相关的，许多反对票也只是与特定国家的特定情况相关。同时提出异议的情况仅是一种巧合，不同的国家有着不同的目标，而不是具有共同的反对动机。

第六，在不同的部门，投票的模式和惯例不尽相同。例如，对于农业、渔业和内部市场问题而言，在部长级会议上的投票就十分普遍并成为惯例；而在贸易问题上，则更多的是在次一级水平上的不言明的投票。

第七，欧盟预算的净贡献国较之预算的获益国更容易投反对票，轮值主席国更少投反对票。

（2）欧委会：政策执行者。掌握提案权和动议权的欧委会是决策的发动机。在对外贸易政策领域，欧委会也起着"支配性的中心作用"。具体地，欧委会在贸易领域的管辖权主要包括：第一，贸易政策与法律的动议权，在欧共体自主贸易政策立法以及与第三国谈判并签订贸易协定方面，欧委会具有排他性的提案权。第二，贸易政策的执行权与管理权。第三，贸易政策的监督权，主要包括：在主动或接受控告的情况下，对成员国违反共同贸易政策的行为进行调查并要求成员国进行纠正，若有关成员国在规定的期限内未能执行欧委会的意见，则欧委会可以向欧洲法院提起诉讼；提请欧洲法院审查部长理事会决定的合法性等。第四，国际协定的谈判权。根据《欧共体条约》第113条，欧委会是欧共体与第三国或其他国际组织之间的贸易协定的排他性谈判者。但对于不仅仅限于贸易领域的协定，成员国代表也参与谈判。

在理事会的决策过程中，欧委会的作用也是极为重要的。理事会内部从工作小组会议到部长会议各阶段都有委员会的代表参加，他们有权在任何阶段修改或撤回其提案。如果理事会想违背委员会的意愿做出决议，必须以一致同意才能生效。因此，理事会很少做出与委员会意志相左的决策。从1975年到1985年，欧委会提案数量从456件增加到617件，通过的成功率则从77.4%上升到87.4%。当然，由于理事会的地位及影响，委员会在拟订提案时通常要听取理事会的意见，并同常驻代表委员会进行磋商。另外，特定多数投票机制使得任何单个政府的正式决策不仅更多地依赖其外国同伴的投票，也更多地依赖欧委会对议程的安排。

（3）欧洲议会：在决策中的地位日益上升。与欧洲议会权力不断扩大的趋势相一致，欧洲议会在贸易领域的权力与作用也不断得到强化。根据《罗马条约》，欧洲议会的立法与决策仅限于协商与咨询权，且不具有法律上的约束力。尽管采取了诸多的努力，但《阿姆斯特丹条约》和《尼斯条约》并没有扩展欧洲议会在对外贸易领域的权力。在《尼斯条约》第133条项下，欧洲议会是最大的输家，它没有获得任何新的权力。《里斯本条约》为议会控制贸易政策开辟了许多途径。与贸易相关的立法，如反倾销规则，需要根据共同决策程序通过。议会将被通知贸易谈判的进程，并批准缔结贸易协定。当然，由于部长理事会可以持续地监督欧委会的行动，这使得部长理事会的权力仍比欧洲议会要大。值得注意的是，除了要求欧洲议会的同意之外，总体的贸易谈判架构并未发生变化：欧委会根据理事会的指令进行谈判，与"133委员会"进行协商，理事会批准这些谈判的结果。

（4）各种委员会：发挥独特作用的辅助性机构。委员会的数量随着欧洲一体化进程的发展而呈现出稳定增长的态势。而且，各类委员会一旦建立，其地位一般会得到加强，其权力会得到扩张。如果从各类委员会的法律地位上将其进行归类，对于那些基于基本法律的各种委员会大致可以分为两类：一类是属于欧盟正式机构的各类委员会，如经济与社会委员会、地区委员会，另一类是建立于特定政策领域的顾问与调控委员会，如货币委员会与"133委员会"。但这并不意味着第一类委员会发挥的作用会大于第二类。事实上，根据经济与社会委员会秘书处的自我评估，其大部分建议或完全未予考虑或仅部分被部长理事会参考。欧盟"多层次管理"的治理特征是与各类委员会的管理分不开的。它们在欧盟的日常运作中发挥着至关重要的作用：对政策发展和决策提供技术知识，联系成员国政府与欧盟机构，使欧盟法律和计划在各成员国更容易接受和实施。已有的文献倾向于将这些机构描绘为紧密而一致的群体，其典型特征是专家导向的"协商的超国家主义"。

（5）各决策主体之间的平衡。

① 欧委会和部长理事会之间的权力平衡：欧盟在不同的贸易领域采取不同的立场，这就涉及不同的专业领域。在"133委员会"会议上，实际上是欧委会官员与各成员国商务或贸易参赞之间的较量。欧委会官员往往是国际贸易领域的资深专家，拥有更多的专业知识。而各国参赞在布鲁塞尔供职仅仅2～3年左右。在"133委员会"的副主管层次会议中，各成员代表经常发生变化，其专业知识水平也较低，在全体成员或主管层次的会议上，情况则好一些。而根据所讨论问题的不同，各成员国派出的贸易专家也不同，他们很少与欧委会或其他成员国进行联系或沟通。

欧委会常常可以利用一些小技巧或以先发制人的方式，来应对可能来自

"133委员会"成员对其提案的反对意见。例如，在将提案提交"133委员会"之前，欧委会即召开新闻发布会，从而使"133委员会"面临压力。再如，欧委会给予"133委员会"的回应时间可能很短，有些情况下甚至采取事先不征求成员国的意见就提交了欧盟的立场。目前，对于欧委会贸易总司官员提交提案并没有时间限制。这使得贸易总司往往在临近谈判时才提交其提案，以减少其他利益方的干预，甚至包括来自"133委员会"的干预。欧委会不尽快提交提案的原因主要有三：一是贸易总司面临越来越多的提案要求，其工作人员人数不足；二是如果提交过早可能失去政治影响力，提交的时机至关重要；三是在欧委会内部咨询阶段，一个总司的修改意见将使其他所有人再重新审查一遍，从而占用了大量的时间。这种延迟提交提案通常被认为是欧委会的一种策略。

②"133委员会"与各成员国政府部门的沟通与平衡：收到欧委会的提案后，"133委员会"中的理事会贸易代表将就非贸易问题，如环境问题，向国内进行咨询。显然，由于国内贸易官员与其他部门（如环境部门）的官员缺乏沟通，从而妨碍了国内利益的反映。当然，咨询最终期限的限制也会使得这种咨询变得不可能。"133委员会"中的成员国贸易官员们常常会感受到时间的压力，留给他们向国内相关专家进行咨询的时间往往很短，有时甚至需要现场对欧委会的立场做出回应。同样，国内环境部门在贸易问题上的能力欠缺，阻碍了他们讨论贸易的细节问题，也阻碍了与其他部门的有效协调以达成欧盟的共同立场。这就导致"133委员会"在做出决议时不能直接听到来自国内环境专家的意见。欧委会贸易总司的官员在非正式的"贸易与环境"工作小组中能够听到来自国内环境专家的意见。但是，这种工作小组每年只召集3~4次，从而不能有效地对具体的谈判立场做出评论。

3. 成员国政治

欧盟作为由主权国家组成的国际组织的基本性质决定了其成员国在欧盟的政策决策中仍会发挥着重要的作用，尤其是与成员国的经济形势和政治形势紧密相关。

（1）成员国影响政策决策的渠道。第一，对部长理事会的影响与控制。部长理事会是各成员国利益和主张进行博弈的场所，但每个成员国对理事会决策的影响力是不同的。第二，影响欧委会。首先，通过专家组对欧委会提出意见。其次，通过参与欧委会下属的各种咨询委员会、条例委员会的活动而谋求各成员国的利益。这些委员会由各成员国的代表组成，对欧委会职权范围内的立法与执法行动起重要的作用。如在反倾销、反补贴、保障措施等共同进口制度领域，欧委会在采取措施之前，有义务与有关的咨询委员会协商。再其次，通过对欧委会委员的任命影响欧委会，以确保在欧委会中有合适的代表。欧委会委员的任命制度实际上将成员国对欧委会的影响机制化了。而且，在欧委会委员以下层次官员的任命上，也有类似的一种在成员国之间分配名额的非正式安排，而且已实施多年。最后，某些非正式的影响渠道，如与欧委会官员（不仅仅是本国委员）的各种沟通。第三，成员国地方政府对欧盟政策决策的影响。多数成员国地方政府在布鲁塞尔设有办事处和代表，欧盟地区委员会的设立也使得成员国地方机构有了直接表达利益的渠道。另外，在涉及地方政府管辖范围的事务时，某些成员国的地方政府官员也会参加部长理事会会议，如比利时和德国。第四，各成员国在欧盟政策的具体执行过程中发挥重要作用，尤其是当成员国故意抵制欧盟机构的裁决时。例如，欧盟关税、反倾销税、反补贴税等均由成员国海关征收；对进口的数量限制也具体由各成员国实施，其中许多程序性的实施规则仍由各成员国的国内法来规范。第五，在欧盟与第三国或国际组织的谈判中，除了欧委会的代表之外，各成员国也往往会参加，并缔结各项"混合协定"。而且，在与国际组织的关系上，欧盟和其成员国一道具有"双重成员国资格"，欧盟与成员国之间的协调就非常必要。

（2）影响成员国决策的因素。

一是主权意识。其极端形式是民族主义。主权意识与一国的传统、特性、意识形态相联系，并受政治文化的影响。例如，尽管在商业服务部门法国和英国具有国际竞争力并有贸易顺差，将该领域纳入欧委会的排他性权力符合他们的国家利益，但是由于意识形态的原因而选择加入"主权阵营"。另外，对欧委会的不信任也会强化主权意识的力量。主权意识的代言人往往是成员国的官僚政治集团尤其是各部的官员。

二是国内限制和多样化。成员国政府的决策还间接地受到一些结构性因素的限制，如经济结构、人口构成、法律传统或者行政架构等。新的贸易问题并没有局限于边境措施，如关税和配额，而是延伸到国内法领域。这就使得贸易政策问题容易政治化。例如，"文化条款"例外是由于法国坚持要保障其文化多样化政策，其背后则是强大的公众支持和游说集团的压力。其他的典型例子还包括农产品和纺织品，在法国和葡萄牙都是具有政治敏感性的领域。

三是成员国国内政治情况。政府间主义认为欧共体政治不过是国内政策的一种延续。对事关国家利益或至少赢得了国内有力支持的政策问题，出于大选的考虑和国内的压力，都会成为成员国在理事会中所追求的政策目标。例如，爱尔兰和法国在农业政策、丹麦和德国在环境控制、希腊和葡萄牙在结构基金问题上的强硬态度。而当某一政策问题不与国家利益得失攸关以及公共舆论没有形成明确的分界时，成员国政府的立场会更多地反映国内党派的分野。

四是成员国的国内结构。首先，政治制度越是分散和分权，社会利益团体表现得越是强大，社会和国家关系中需要的一致性就越大，而国家政府在欧盟层次上推行独立和自主的政策的能力就越小。其结果是德国和荷兰政府不会像英国和法国那样在欧盟中推行自主的策略。其次，政治制度越分散和分权，利益集团在社会中表现得越强大，各国家政府就越不可能在欧盟决策过程中作为一个整体角色活动，而越有可能把某个政策领域中的政策冲突外化到欧盟的层次上。例如，由于德国执政的常常是联合政府，不得不去满足联合的各种需要，而且联盟政府的部长和各部具有较大的自主性。这就使得德国缺乏一个具有权威性的协调机构。在欧洲货币联盟的谈判中，德国的外交部、总理和联邦银行就推行不同的政策；在共同农业政策方面，财政部和农业部就开销问题长期以来存在分歧。最后，政治制度越分散，社会利益集团的组织越强大，在欧盟制度和成员国政治与社会角色中就越可能出现跨国家政策网络，这些网络可能会影响欧盟的决策。

五是成员国具有不同的政策偏好。不同的成员国由于其经济基础的不同，对贸易政策方面的优先选择也不同。例如，欧盟在WTO中保护农业的利益远较对纺织业的保护强烈。事实上，欧盟在多哈同意加快实施乌拉圭回合对纺织品的自由化承诺，但反对所有在农业方面有所进展的提案。尽管意大利、葡萄牙和希腊反对在逐步停止《多边纤维协议》方面做出让步，但欧委会还是在纺织品方面做出了承诺。欧盟将金融服务作为WTO谈判的优先考虑，这明显是反映了荷兰、法国、德国和英国的需要。欧委会依靠服务提供国包括英国、法国、德国、荷兰和北欧国家的支持，推动了新回合谈判的启动。尽管荷兰、英国和瑞典公开要求欧盟在多哈回合农业谈判上的立场应该更具灵活性，但由于法国、德国以及一些农业国（西班牙、意大利、奥地利、爱尔兰）的反对，欧委会难以在农业立场上向其贸易伙伴妥协。

六是政党的立场和态度。欧洲是世界上政党政治最发达的地区之一。目前欧洲的主流政党是中左和中右派的政党，但近年来极右派的势力发展很快。政党对欧盟政策的影响：一是政党要员进入成员国政府或者欧盟机构；二是引导公众舆论。

4. 国际层次政治

在经济全球化的背景下，欧洲的利益遍布全球。欧盟贸易政策的决策不仅是与国际政治经济格局、地缘政治和经济潮流密切相连的，国际经济结构的变化以及与经贸伙伴尤其是大国的竞争地位的变化也会对产生影响。欧盟贸易政策的变化也与多边贸易体制的发展息息相关。最初，共同贸易政策主要规范的是货物贸易。随着多边贸易体制对关税总水平的约束，欧盟贸易政策的重点开始由关税措施转向非关税措施领域。随着服务贸易、知识产权以及外国直接投资重要性凸显，并成为乌拉圭回合之后多边贸易议程的重要议题。与此相适应，欧盟的贸易政策也开始延伸到这些领域，并将逐步过渡到变成欧共体的排他性权力。

5. 利益集团

作为非常有争议的政策领域，贸易政策向来是研究利益集团政治的沃土。利益集团对三个层次政治均发挥了重要的作用，使三个层次相互联系起来。从不同的研究视角来看，利益集团都能够影响政策结果和治理结构，至少能够非直接地影响欧委会政策提案的准备，并影响欧盟决策政府间框架下的各成员国立场。同时，欧委会在决策过程中也需要动员利益集团的力量，从而平衡各成员国的力量。例如，欧委会需要动员利益集团的力量来支持新一轮回合，并得到了商业、环境以及发展方面非政府组织的支持。然而，利益集团对决策的影响也不可高估，尤其是具有重大影响的历史性事件。

相对来说，对于贸易干预政策，如关税、进出口管制、保护措施和第三国市场准入政策等的游说活动，个别企业和专业化的跨部门联盟较之全国性或跨国性的利益组织发挥着更大的作用。对于国际贸易谈判，则需要考虑部门的整体利益，全国性或跨国性利益组织发挥着较大的作用，它们是代表私人部门利益的主要渠道。而且，不同的利益集团对欧盟政策的影响力度是不同的。农场主利益集团影响某种政策制定的成效就非常明显，法国、爱尔兰、德国和其他一些国家的农业部长几乎可以被认为是本国农场主在部长理事会的代言人。

（二）欧共体对外贸易政策框架

1. 货物贸易

（1）关税制度。欧共体关税制度立法始自统一关税的建立。在 1968 年关税同盟建成的同时，共同体颁布了一系列的基本条例，包括共同海关税则（第 950/68 号条例）、原产地规则（第 802/68 号条例）以及海关估价规则（第 803/68 号条例）等。在很长的一段时期内，欧共体关税法不仅调整欧共体与第三国的贸易关系，也调整共同体内部成员国之间的贸易关系。当统一大市场于 1992 年底建成时，关税法中关于成员国之间贸易的海关制度部分的使命才告结束。1992 年 10 月颁布的《欧共体关税法典》明确规定："法典适用于欧共体与第三国之间的贸易"。《欧共体关税法典》废除了之前的 28 个基本条例和指令，并将分散的法规编纂成单一的法律文本，对共同海关税则（包括商品分类目录、协定关税率、优惠关税税率以及普惠制等）、原产地规则以及海关估价等作了统一规定。从欧共体关税立法的实践和现行欧共体关税法典来看，欧共体关税包括以下两个部分的内容：一是共同海关税则；二是各项共同关税制度，主要为货物的海关估价规则和原产地规则，以及有关海关手续、商品的海关监控等事项的大量程序性规则。①

（2）出口体制。共同出口规则始自 1969 年制定的第 2603/69 号条例。② 该条例涵盖所有的制成品和农产品，适用于所有的第三国。一般而言，共同体向第三国的出口是完全自由的，没有数量限制。但也规定了违背自由出口原则的三项例外：一是避免共同体内必需品的短缺，或履行欧共体承担的国际义务；二是保护公共安全、公共政策、公共道德或公共健康；三是列入附录的产品（主要是石化产品）。

（3）进口体制。共同体于 1970 年颁布了第一批关于共同进口制度的基本条例，之后几经修订，但其基本的模式不变，区别市场经济国家和地区的进口和国营贸易国家的进口，并允许保持国别或地区进口数量限制措施。1994 年 3 月 7 日，共同体颁布了新的条例：适用于绝大多数国家和地区的第 518/94 号条例以及适用于特定第三国或地区的第 519/94 号条例。③ 为了履行乌拉圭回合谈判所达成的《保障协议》，共同体以第 3285/94 号条例④取代了第 518/94 号条例。第 3285/94 号条例适用于除了纺织品之外的来自第三国或地区的产品进口。第 3285/94 号条例适用于 WTO 成员以及未列入第 519/94 号条例的非 WTO 成员。第 519/94 号条例则适用于阿尔巴尼亚、独联体国家（CIS）和一些亚洲国家（朝鲜、中国、蒙古和越南）。根据这两个条例，欧盟各成员国有权采取措施，以保障共同体产品免受第三国或地区进口产品竞争所带来的损害性影响。1994 年，欧共体废止了允许成员国实行数量限制的原共同进口规定，从而消除了 6 700 多种限制措施，其中包括约 4 700 种限制从中国进口的措施。⑤ 尽管各成员国取消了针对中国产品的许多限制性规定，但第 519/94 号条例规定了欧共体的配额和监督措施，以取代尚未被取消的措施。条例规定了针对从中国进口的保障措施，其附录列举了中国消费品配额以及应由共同体审查的中国产品。⑥ 另外，第 520/94 号条例⑦建立了管理数量性配额的共同体程序。

2. 服务贸易

内部服务贸易自由化是构建欧洲经济共同体的重要目标之一，其历史渊源可追溯到 1957 年缔结的《罗马条约》。从宽泛的意义来讲，除货物外，其余都与服务业有关。虽然欧盟服务贸易政策的内部协调起步较早，且有明确的目标，但

---

① 刘星红：《欧共体对外贸易法律制度》，中国法制出版社 1996 年版，第 67 页。
② 后经第 2604/69 号条例及第 3918/91 号条例修订。
③ 后经第 839/95 号、第 139/96 号、第 168/96 号、第 1138/98 号及第 427/2003 号条例修订。
④ 后经第 139/96 号、第 2315/96 号、第 2474/2000 号和第 2200/2004 号条例修订。
⑤ WTO：《1995 年欧盟贸易政策审议报告》，1995 年 11 月。
⑥ 陈文敬等：《中国面对的贸易壁垒》，中国对外经济贸易出版社 1999 年版，第 60~61 页。
⑦ 后经第 138/96 号和第 806/2003 号条例修订。

相对于货物贸易来说其进展却比较缓慢。这一方面缘于服务业本身的复杂性，另一方面也是由于各成员国之间的差异和协调的难度。欧盟对外服务贸易政策协调大体上保持了与其内部政策协调同步发展。许多行业管理法规大都涉及对内、对外两个方面。欧盟坚持内部贸易自由化优先的原则，但在构建内部单一服务市场的同时，也非常注意与多边贸易体制相协调。欧盟积极参与乌拉圭回合服务贸易谈判，并在最终协议文本上签字。在服务贸易谈判开价中，无论是市场准入，还是国民待遇方面，都做出了较高的承诺。据 WTO 对欧盟的贸易政策审议显示，欧盟无论是内部之间还是对外服务贸易（尤其在基础电信和金融领域）的开放进展都快于 WTO 的整体步伐。

如前所述，共同体在服务贸易领域的权力经历了逐步拓展的过程，《宪法条约》生效之后，服务贸易将属于共同体的排他性权力范畴，并适用特定多数投票机制（仅余文化条款例外）。

3. 知识产权的贸易方面

1986 年共同体以 EEC 第 113 条和第 235 条作为立法依据，制定了第一部打击侵犯知识产权商品贸易的第 3842/86 号条例。该条例仅适用于来自第三国或地区的进口贸易，打击行为也限于侵犯商标权的商品贸易。经过乌拉圭回合关于与贸易有关的知识产权问题的谈判，也是出于保护统一大市场的需要，共同体于 1994 年底颁布了第 3295/94 号条例，取代了第 3842/86 号条例。新的条例不仅适用于从第三国或地区的进口，也适用于向第三国或地区的出口贸易以及第三国或地区在共同体的转口贸易，打击的范围则从侵犯商标权扩大到侵犯版权。在 1998 年至 2001 年间，欧盟在边境截获的外部假冒和盗版物品大量增加，这使得欧盟认为有必要采取立法措施加强海关系统。① 2003 年 7 月 22 日，部长理事会通过第 1383/2003 号条例，于 2004 年 7 月 1 日生效。新的条例的适用范围扩大到包括其他知识产权（如专利及其相关权利、地理标志、原产地名称和植物多样性等）②，并简化了知识产权所有人获得救济的程序。

4. 外国直接投资

从共同商业政策的演变历程来看，WTO 所包含的贸易政策终将成为共同体的权力范围。一开始外国直接投资并不属于共同商业政策管辖的领域，欧盟在外国直接投资政策领域上的权力是逐步增加的。直到《宪法条约》将外国直接投资政策纳入共同商业政策。《宪法条约》第Ⅲ-226 条规定，"……逐步消除国际

---

① 康保罗（Paul Ranjard）、黄晖、米默勤（Benoit Misonne）：《欧盟和中国知识产权立法和执法比较研究》，中国—欧盟世贸项目，项目编号 A0046，欧委会出版发行，2005 年 10 月。

② COUNCIL REGULATION (EC) No. 1383/2003 of 22 July 2003, Article 2, *Official Journal of the European Union*, L 196/7, 2.8.2003.

贸易和外国直接投资方面的限制，降低关税和其他壁垒"；第Ⅲ-227条第1款规定，"共同商业政策应建立在统一的原则之上，尤其是与……外国直接投资有关的关税与贸易协定"。

在《宪法条约》生效之前，投资政策仍属于欧盟和成员国的共有权力，根据欧盟是否已经在该部门进行立法，这种权力的分享依部门而不同。但在许多情况下各成员国的规定对外国企业有更直接的影响，一些成员国仍保留了部分限制措施，典型的如针对第三国或地区的开业权问题。

5. 贸易救济措施

欧盟的商业保障措施主要包括"两反一保"、贸易壁垒调查制度、针对船舶有害定价行为的保护措施、空运部门针对会造成损害的补贴和不公平定价行为的保护措施（第868/2004号条例）、监督第三国或地区商业防卫行为以及市场准入战略。

（1）反倾销措施。共同体反倾销措施的立法依据源自《罗马条约》第113条第1款，规定应统一共同商业政策，包括对抗不公平竞争的反倾销措施。共同体第一部反倾销法规于1968年正式生效（第459/68号条例），其后曾于1984年及1988年两次进行修订。1994年，共同体再次修正其反倾销法规（即第3283/94号条例），并自1995年1月1日后开始实施。此次修订的目的在于提高行动的效率并有效地保护内部统一市场，其结果则使欧共体反倾销法更富保护主义色彩。[①] 为了将WTO《反倾销协议》的规定转化为共同体法律，并确保适当、透明地实施新的反倾销规则，共同体于1995年12月22日通过了第384/96号条例，后经第2331/96号、第905/98号、第2238/2000号、第1972/2002号及第461/2004号条例修订。2004年3月8日，部长理事会发布了修改反倾销和反补贴规则的第461/2004号条例。新条例降低了反倾销、反补贴立案的标准，并缩短了对其他国家和地区进行反倾销以及反补贴调查的期限。

（2）反补贴措施。在关税同盟建立伊始共同体即开始制定统一的反补贴法（第459/68号条例），对来自第三国或地区的补贴进口采取反补贴措施。共同体的反补贴法规与反倾销法规被规定在同一个条例中，且相关条款所占的比重远低于后者。直到1994年共同体才制定了第一部单独的反补贴条例，即第3284/94号条例。新的条例对原来的反补贴规则做出相当大的修订，包括对决策机制的修订以及引入更为明确和严格的程序规定。为了将WTO《补贴与反补贴措施协议》的规定转化为共同体法律，并确保适当、透明地实施新的反补贴规则，共同体于

---

① Paul Waer & Edwin Vermulst, "EC Anti-Dumping Law and Practice after the Uruguay Round", Journal of World Trade, 1994, No. 1, pp. 5–21.

1997年10月6日通过了第2026/97号条例,后经第1973/2002号和第461/2004号条例修订。从实践中来看,欧共体采取的反补贴措施较少,这主要有以下三个原因:一是难以取得外国政府提供补贴的确切资料;二是共同体更愿选择直接面对生产者的保护方式,而尽可能避免与外国政府打交道;三是补贴作为一种普遍的现象在共同体也大量存在,共同体不愿意引火烧身。①

(3) 保障措施。共同体关于保障措施的立法可以追溯到关税同盟建成的1968年(第2041/68号条例),之后虽然第518/94号和第519/94号条例对共同体进口制度进行了调整,但关于保障措施的规则基本未变。为了履行乌拉圭回合谈判所达成的《保障措施协议》,共同体以第3285/94号条例取代了第518/94号条例。然而值得注意的是,第3285/94号条例仅适用于市场经济国家和地区,适用于特定第三国或地区的第519/94号条例并未根据《保障措施协议》的规则进行修正,部长理事会在2003年3月颁布了第427/2003号条例,即《关于过渡期中国特定产品保障机制及修改〈欧盟第(EC)519/94号条例〉的条例》。该《条例》对中国进口产品导致的市场扰乱和重大贸易转移的确定、开展相关调查、磋商以及针对特定产品采取保障措施等作了具体规定。

(4) 贸易壁垒调查制度。为了捍卫共同体的合法权利,确保欧共体在贸易政策管理中能够像其贸易伙伴一样迅速有效地采取行动,② 共同体于1984年颁布了针对非法商业实践(illicit commercial practices)③ 的第2641/84号条例。由于未能达到预期的目标,共同体于1994年12月颁布了针对第三国或地区"贸易壁垒"④ 的第3286/94号条例(Trade Barriers Regulation)⑤ 以取代原来的第2641/94号条例。

(5) 监督第三国或地区商业防卫行动。由于针对欧盟出口的商业性防卫调查以及使用这些调查措施的国家数量的不断增多,欧盟意识到了需要在产业界和成员国机构的支持下采取对应的措施。一方面,在相关的争端案例中,欧盟作为第三方积极参与;另一方面,欧委会针对所有的第三国或地区案件开展了一系列的行动,包括:监督所有第三国或地区商业性防卫调查的进展;对成员国参与第三国或地区调查给予建议,如在CVD案中确保成员方的答复与相关的WTO规则

---

① 刘星红:《欧共体对外贸易法律制度》,中国法制出版社1996年版,第140页。
② 第2641/84号条例序言。
③ "非法商业实践",指的是"可归属于第三国或地区的违反国际法或一般接受的规则的任何国际贸易实践"。在实际中,"国际法或一般接受的规则"指的是GATT以及欧共体所签订的双边或多边贸易协定,"第三国的实践"则是指政府的行为(第2641/94号条例第2条第1款)。
④ "贸易壁垒"是指第三国或地区的任何贸易实践,这种实践或为国际贸易规则所禁止,或国际贸易规则赋予受这种实践影响的另一方采取行动,以消除其影响的权利(第3286/94号条例第2条第1款)。
⑤ 后经第356/95号条例修订。

和共同体的国家援助规则相一致;通过双边会议讨论、相关WTO协议下的磋商、WTO争端解决程序等渠道确保第三国遵守其义务。在实践中,欧委会与相关的企业和产业组织建立了沟通机制,并趋于常规化。欧委会每年都会发布第三国贸易防卫行动报告,详细说明针对欧共体或其成员国的案件。欧委会还会公布第三国所采取的措施包括最终措施和临时措施以及所进行调查的在线更新数据。

6. 协定贸易政策

欧共体成立以来同第三国或地区、第三国或地区集团或国际组织缔结了大量的贸易协定,或者以贸易为主要内容的协定,其名称各异。其数量之巨是任何国家和地区或区域集团所不能比拟的。这些协定大致可以划分为三类,一是纯贸易协定(如自由贸易协定);二是合作协定;三是联系协定。

7. 贸易与发展:普惠制

1971年7月1日起,欧共体率先在发达国家和地区中实施普惠制方案,每10年调整一次。2005年6月,部长理事会通过了有关欧盟新的普惠制方案的第980/2005号条例,新普惠制于2006年1月1日起生效。新条例的主要修正内容如下:新普惠制类型由之前的五种安排简化为三种;新普惠制扩大了受惠产品范围;新普惠制简化了"毕业"条件,将多重标准修改为单一标准。

8. 部门贸易政策:农业和纺织品

(1)农业贸易政策。欧共体关于农产品对外贸易的规则主要是在共同农业政策的框架内决定的。共同农业政策自1962年实施以来,期间经历了多次调整与改革。欧盟委员会于2003年1月22日通过了共同农业政策改革新方案。在共同农业政策改革的新方案中,市场价格支持和生产者收入补贴(构成农业补贴)仍然是其政策的核心。市场价格支持的实施包括管理价格、出口补贴、关税和关税配额,同时还经常伴随着生产配额或土地休耕。另外,一系列旨在促进结构调整、农村发展、市场营销和促销、研究、投入补贴(input subsidies)、改善农业环境的政策措施,或由欧盟与各成员国共同融资或完全由成员国资助。

欧盟东扩是新方案最直接的背景,而应对来自WTO与贸易自由化的挑战,以及公众对共同农业政策下的环境、农村发展和农业生产方式的质疑,也是其重要的背景。长期以来,欧盟的国内价格支持和农产品出口价格补贴不仅扭曲了国际农产品市场价格,而且遭到了来自美国和凯恩斯集团的强烈反对。为了相互妥协,顺应贸易自由化的要求,欧盟在农业政策制定中不得不要考虑来自外部贸易谈判中的压力。当然,解决庞大的财政负担、提高欧盟农业国际竞争力是欧盟改革和调整其共同农业政策的内在要求。针对WTO《农业协议》确定的对各成员农业补贴政策措施进行规范和约束的基本准则,欧盟找到了比较一致的应对措施。农业补贴的方式发生了较大变化,对农产品价格补贴、出口补贴等"黄箱政策"进行了削减,但这种削减的相对一部分又以收入补贴等形式进入了"绿箱政策"的范围。虽然"绿箱"和"蓝箱"支持措施对贸易的扭曲效应弱于传统的市场价格支持措施,但这些措施很多并不是生产和贸易中性的。在 WTO 农业规则的约束下,改变的仅仅是农业补贴的方式。

(2) 纺织品与服装贸易政策。欧共体的纺织品与服装贸易政策主要有两种形式:一是共同体与纺织品与服装出口国达成的双边进口限制协定;二是共同体关于纺织品与服装贸易的自主立法。自主立法又分两类:一是为实施双边协定而进行的立法,如第 3030/93 号条例;二是适用于双边协定没有覆盖的产品,如第 517/94 号条例。为实施乌拉圭回合协议,共同体以第 3289/94 号条例对第 3030/93 号条例进行了修正,主要是分阶段按比例取消数量限制,并增加采纳《纺织品与服装协议》中的保障条款。第 517/94 号条例取代了原来分散于各共同进口制度中有关纺织品与服装的条款,统一适用于市场经济国家和地区与国营贸易国家。第 517/94 号条例废除了国别配额,但对某些前南斯拉夫国家以及中国和朝鲜例外,并对这些国家实施了审查及保障行动的不同标准。[①] 根据《中国加入工作组报告书》第 242 段,欧盟颁布了《关于修改关于从第三国某些纺织品的共同规则的第(EEC)3030/93 号条例的第(EC)138/2003 号部长理事会条例》,专门规定了适用于中国的特殊保障措施条款,其中包括双边磋商及可能采取的具体进口限制措施等内容。2005 年 1 月 1 日,《纺织品与服装协议》期满终止,纺织品与服装的数量性限制措施必须予以取消。然而,以此即断定欧盟将放弃对纺织品与服装业的贸易保护为时尚早,从与中国的双边协定来看,"自动出口限制"是目前欧盟所采取的主要应对措施。

(三) 多边贸易体制下基于实用主义的政策选择

欧盟是 WTO 的领导者,是多边规则的主要制定者,也同时是多边规则的"破坏者",一切的核心均是利益。毫不夸张地说,欧盟借其政治与经济实力的双重影响,灵活选择基于实用主义的策略,成为多边贸易体系中的受益者,更是其实现经济安全的重要途径。

1. 在利益的驱动下积极推动多边贸易自由化

欧盟不仅是世界第一大经济体,也是第一大贸易体,尤其在服务贸易领域的国际竞争优势甚为明显。一是通过多边贸易自由化,打开别国市场,从而获取出口利益。作为全球最大的货物和服务出口商,欧盟将从外国市场的进一步开放中获益颇丰。二是进口的增加也能够提高经济效率,满足生产者和消费者的需求。

[①] 陈文敬等:《中国面对的贸易壁垒》,中国对外经济贸易出版社 1999 年版,第 70 页。

这一点经常被忽视。三是通过多边协议的达成，推动各成员实施较高水平的知识产权保护，从而进一步固化和稳定了欧盟的国际竞争力。而毫无疑问，通过多边的途径可以最大化地节省双边谈判成本。四是可以为内部的改革寻求外部的压力。对于农业改革和制造业部门的补贴改革，尽管能够带来重大的经济利益，但面临着内部的重重阻力。乌拉圭回合协议的成功达成就推动了共同农业政策的改革。对于服务业而言，内部市场服务一体化进展缓慢，通过在WTO项下做出承诺可以推动内部的服务一体化。五是可以通过进一步的多边贸易谈判平衡各方利益。例如，在航空制造部门，欧盟各国存在大量的补贴且呈现出不断增长的态势，而其补贴形式违反了现行的WTO规则。而美国对其航空制造业的补贴大多是来自国防部和国家航空和宇宙航行局的政府采购，这是WTO规则所允许的。这些问题的平衡需要在新回合谈判中予以解决。在转基因产品问题上同样如此，虽然欧盟主张限制进口，但WTO专家组的裁决认为没有足够的证据证明这些产品对公众健康造成威胁。因而，欧盟希望在新回合谈判中达成新的协议以反映其利益主张。

2. 需要时不惜违背WTO规则

从欧盟执行WTO规则的记录来看，尽管从总体上看还是遵守规则的，但显然称不上是起模范作用。从历史和现实都可以看到，只要违背了欧盟的利益或者不符合国内政治的需要，欧盟从来都不惜损害多边贸易体制的权威。事实上，欧盟不愿遵守某些规则，欧共体法院也经常被批评轻视或错判《马拉喀什建立世界贸易组织协定》所建立的新的规则。[①] 例如，欧盟希望维持那些明显违背《补贴与反补贴措施协议》的补贴计划。这些补贴要么是给予了不经济的产业部门如意大利的钢铁部门，要么是给予了已经是市场领导者而不需要国家援助的企业如"空中客车"。这些措施削弱了欧盟在WTO中对发展中国家和地区的公信力。在标准、转基因产品等问题上，欧盟都置WTO规则于不顾而采取单方面的行动，在香蕉和荷尔蒙牛肉两个案件中，欧盟甚至拒绝或变相执行WTO的裁决和建议。除此之外，根据争端解决机构的报告，在一些案例中，欧共体也违背了WTO项下的义务，如在亚麻床上用品案、铁管案中，印度和巴西认为欧共体的立法政策没有遵守争端解决机构的建议；在沙丁鱼案、家禽产品案中，欧共体都通过新的条例以使申诉方满意或遵守争端解决机构的建议。然而，在绝大多数情况下，尽管会有拖延而且对其完全执行的不利裁决也存在争议，欧共体都会宣称

---

① Govaere (1997), "The Reception of the WTO Agreement in the European Union: The Legacy of GATT", in P. Demaret, J.-F. Bellis and G. García Jimenez (eds.), "*Regionalism and Multilateralism after the Uruguay Round*", P. 703.

愿意遵守争端解决机构的规则并采取相应的执行措施。① 尽管有时会超出争端解决机制设定的限制，但欧共体一般会寻求达成相互满意的解决方案。这一点得到了许多争端解决案例的佐证。②

3. 善用"原则中的例外"条款

WTO 的一个重要惯例是"原则中有例外，例外中有原则"，而欧盟善用弹性做法来保护自身的利益。最典型的即是实施农业保护主义。尽管农业在 GATT 中的豁免最初是美国开创的先例，但最大的受益者却是欧共体。根据《罗马条约》的有关规定，欧共体在 20 世纪 60 年代逐步完善和建立了共同农业政策的框架，其中农业经济比重最大，而其农产品出口遭遇困境的法国成为共同农业政策的主导者。此时，实行共同贸易政策会使对外贸易保护水平提高的效应体现出来，为了保护法国、荷兰、意大利等农业大国的利益，共同农业政策的实际保护水平以最需要保护的国家和地区为标准制定，从而使原本保护水平较低的国家和地区也纳入统一的保护框架中。尽管欧洲在农业生产上并不具有比较优势，但共同农业政策刺激了欧洲农民的生产热情，并使得他们对政府保护有越来越高的期待，导致共同农业政策的保护水平不断提高，形成了一种对贸易保护和政府补贴的惯性和路径依赖。随着美国农业比较优势的不断体现，美国开始后悔把农业排除在 GATT 之外，从肯尼迪回合开始，美国提出大幅度削减农产品进口关税、取消数量限制的要求，但共同农业政策正处于形成过程中的欧共体坚决予以拒绝。东京回合时，美国再次试图讨论农产品贸易问题，但刚刚从共同农业政策中尝到"甜头"的欧共体对此根本不予以考虑。③ 直到乌拉圭回合谈判，欧共体出于自身的多种原因，如欧共体内部各国之间为农业保护经费的分配不公而产生矛盾，农产品的严重过剩，财政补贴的不断提高，不得不开始考虑共同农业政策的改革，当然美国的压力以及欧共体对 GATT 多边自由化的期望也是促使其改革的原因。

善用"原则中的例外"条款充分体现了欧盟在多边贸易政策上的实用主义。除了农业保护之外，类似的还包括对纺织品与服装实施的保护主义。而在纺织品与服装回归多边贸易规则的规范之下后，欧盟仍不甘心放开对中国产品的市场准入，而是采取了类似"自动出口限制"的做法，与中国单独签订了纺织品与服装协议。在该协议到期后，欧盟又启动"双重监控制度"，严格监控中国输欧产品，并随时准备启动贸易救济措施。贸易救济措施是 WTO 所允许采用的贸易保

---

① Antonello Tancredi (2004), "EC Practice in the WTO: How Wide is the 'Scope for Manoeuvre'?", European Journal of International Law, Nov.

② Baroncini (1998), "The European Community and the Diplomatic Phase of the WTO Dispute Settlement Understanding", 18 Yearbook of European Law 157.

③ 杨逢珉、张永安：《欧洲联盟经济学》，华东理工大学出版社 1999 年版，第 151～155 页。

障性措施,而欧盟则是全球启动贸易救济调查最多的地区之一。值得注意的是,2006年12月欧盟公布了《贸易救济工具绿皮书》,对贸易救济工具的实施进行反思,而2007年上半年欧盟则没有提起新的贸易救济调查。

4. 多边争端解决机制的第二大用户

欧盟是WTO争端解决机制最积极的应用者之一,并赢得了其中的大部分案件。从欧共体参与和利用GATT/WTO的争端解决机制来看,欧共体对多边体制的参与也是在不断深化中的。在1980年以前,欧共体很少利用GATT争端解决机制,政治化的欧共体也更倾向于用外交和政治的方式解决贸易纠纷。而且当时欧共体的主要精力都投入到自身的区域一体化建设中。而在内部得到较好的整合之后,欧共体开始以一个单一的贸易实体和强烈的进取态度,已经有必要也有能力将GATT争端解决机制作为一种贸易政策工具加以利用。[①] 而从WTO成立后的实践来看,无论是作为申诉方还是被诉方,欧共体都是仅次于美国的第二大争端解决机制用户。从截止到2007年9月7日的统计数据来看,欧共体作为申诉方共76起,作为被诉方58起;同期,美国作为申诉方88起,作为被诉方98起。[②] 在与美国的多次关键性的贸易争端中,欧共体有得有失,但它却日益表现出多边贸易体制领导者的霸气,对美国丝毫不服软,并充分利用WTO争端解决机制,维护自身的贸易政策目标,WTO最轰动的几个案例如香蕉案、荷尔蒙牛肉案、外国销售公司案、美国钢铁保障措施案、美国贸易法301条款案等,都体现出欧共体"欧盟在WTO中发挥着至关重要的作用"。[③] 当然,对抗的结果是两败俱伤。对四个欧美贸易争端案例(荷尔蒙牛肉、香蕉、"外国销售公司"、钢铁)的研究发现,在三件案例中双方均遭受福利损失,在"外国销售公司"案中欧盟(申诉方)获益而美国遭受损失。[④]

(四) 双边/区域贸易政策:世界上最庞大的网络

在经济、历史、发展、地缘政治等诸多考虑下,欧盟拥有了全球最大、最复杂的优惠协议网络。其结果是,单纯的最惠国待遇仅适用于九个WTO成员:澳大利亚、加拿大、中国台湾、中国香港、日本、韩国、新西兰、新加坡和美国。这九个成员占欧盟货物贸易的比重约为36%。[⑤] 然而,对优惠性贸易协议的经济

---

① 陈卫东:《从国际法角度评欧共体对WTO争端解决机制的政策与实践》,《法学评论》2000年第4期。
② WTO网站。
③ WTO (2004), Trade Policy Review European Union: Report by the Secretariat, WT/TPR/S/102.
④ Fritz Breuss, "Economic Integration, EU-US Trade Conflicts and WTO Dispute Settlement", *European Integration online Papers* (EIoP) Vol. 9 (2005) No. 12.
⑤ WTO (2004), Trade Policy Review European Union: Report by the Secretariat, WT/TPR/S/136.

影响的经验分析结果却是不明确的，该结果取决于各成员之间及与世界其他国家和地区之间的比较优势和互补性、自由化的程度（尤其是那些保护水平较高的部门的自由化程度）、技术性壁垒的水平及其协调、原产地规则的宽容程度、内部反竞争行为的水平等。总体而言，大多数的研究发现，参加优惠性贸易协议所带来的福利效应是正的，且大多数情况下该福利效应相对较小。其他的一些研究则得出了效应为负的结论，原因在于公共收入的损失大于净贸易创造效益，以及参与国或地区的结构性限制。①

在过去的几十年间，欧盟曾经仅仅与其邻邦（尤其是东邻）、前殖民地国家和地区签订贸易协议。在乌拉圭回合结束之后，尤其是北美自由贸易协议签订之后，欧盟开始积极地与各类国家和地区谈判区域协议，尤其是与拉丁美洲国家和地区。2000年与墨西哥，2002年与智利分别签订了"全球协议"（包括自由贸易协议）。与南方共同体签订一个无所不包的自由贸易协议的谈判也在进行之中。欧盟还与地中海沿岸国家和地区签订了区域联系协定，目标是到2010年建立欧洲—地中海自由贸易区。2000年，欧盟与南非也在进行自由贸易协议谈判。自1999年以来，欧共体对优惠性贸易协议的策略是仅仅完成已有的谈判指令而不再开启新的谈判，以集中力量于多边谈判。② 欧盟签订了一大批的优惠性贸易协定（PTAs）。其中许多贸易安排是欧盟扩大的间接后果，或者与某些政治事件相联系。帕特里克·麦瑟林（2001）认为欧盟的贸易政策深受这些政治考虑的影响，因为"欧共体没有其他的途径（外交政策或武力）表达其政治观点"。③ 自由经济学家对欧盟的优惠性贸易协定持批评的态度，认为这些协定对欧盟及接受优惠的国家和地区都不一定有经济价值。而且，他们还认为这些协定的泛滥对多边贸易体制是一种威胁。虽然这些协定没有经济角度的支持，但从政治的方面看却很有用处。④ 欧盟的许多优惠性贸易协定是与将要加入欧盟的国家签订的临时性协定，在防止欧盟被其邻国从政治上和经济上所孤立发挥了重要的作用。而且，从那些国家和地区急切想签订协定的现实来看，这些协定还是能够为进入欧盟市场提供机会的。最为重要的是，这些协定能够用于欧盟在WTO中获取政治支持，既有利于推动欧盟所支持的新回合谈判，也有利于欧盟在与美国的WTO权力斗争中获取筹码。总之，不断扩大的市场吸引了其他国家和地区寻求与欧盟签订优惠性贸易协定，反过

---

①② WTO (2004), Trade Policy Review European Union: Report by the Secretariat, WT/TPR/S/136.

③ Messerlin, Patrick (2001), "Measuring the costs of protection in Europe", Washington D. C. : International Institute for Economics.

④ Adrian van den Hoven (2002), "Enlargement and the EU's Common Commercial Policy", Paper presented at the Bigger and Better? The European Union, Enlargement and Reform-ECSA-C Conference (30 May-1 June), Toronto, Canada.

来,这些协定又能够使欧盟获取支持并增强在 WTO 中的地位。

三、日本贸易政策体系

(一) 多边战略

尽管支持多边贸易谈判一向是其贸易政策的主调,但日本在多边贸易体制历史中可以说是一个默默无闻的角色。在 GATT/WTO 发展过程中几乎看不到日本的身影,它基本上是长期作为对美国领导权的妥协者和最后的迁就者,甚至有人评价日本是"超然物外的"。在 GATT 的各个回合谈判中,日本追随着美国或按照美国的要求,履行着关税减让和市场开放义务。而且日本几乎从未使用过反倾销这一美欧等发达国家和地区最常使用的限制措施。针对日本以及日本提出的争端解决诉讼的数量,也相应地与其贸易地位极不相称。与"默默无闻"和"忍辱负重"形成鲜明对比的是,日本的经济成功被誉为第二次世界大战后的奇迹,成为仅次于美国的第二大经济大国,它是多边贸易自由化实实在在的获益者。

有法学家喜欢用"法律的庇护"来形容法律化的多边贸易体制给予成员的影响,[①] 不过对于日本来说,它在 GATT/WTO 中所能感受到的却是挥之不去的"美国的阴影"。

日本战后初期(直到 20 世纪 60 年代中期)一直实行严格的奖出限入的贸易保护政策,这与多边贸易体制所倡导的贸易自由化原则是格格不入的。但在多数缔约方的反对声中,日本仍然于 1955 年成功地加入 GATT,而这与 GATT 的老板——美国的全力支持是分不开的。1948 年美苏关系恶化后,日本被美国作为东亚遏制共产主义势力发展的桥头堡,美国竭尽所能扶持日本的繁荣强大。1953 年朝鲜战争临近结束,美国在日本特需订货急剧减少,并引发了日本严重的国际收支恶化和经济危机。以贸易立国的日本迫切需要更大的出口市场,而这一任务又理所当然地落到日本的保护者——美国身上。推动日本入关是当时的美国决策者考虑的头等大事。而在随后的双边关税谈判中,美国也慷慨地向日本开放了其工业制成品尤其是轻工业制成品市场,而日本只是在它本来就需要进口的天然原材料和食品等产品上做出了有利于自己的关税减让。但日本并没有获得其他 GATT 缔约方的同情,虽然 GATT 以全票通过接纳日本为正式缔约方,但英国等

---

① Busch, Marc L. and Eric Reinhardt (2002), Testing International Trade Law: Empirical Studies of GATT/WTO Dispute Settlement. In Daniel L. M. Kennedy and James D. Southwick (eds), The Political Economy of International Trade Law: Essays in Honor of Robert E. Hudec. Cambridge: Cambridge University Press.

14 个缔约方（占日本出口的 40%）对日本援引第 35 条，拒绝给予其最惠国待遇。而为了取消这些互不适用，日本在美国的帮助下花了整整十年的时间。不过对日本来说，能够从美国获得优惠的关税减让就已经足够了，1954 年日本出口额为 16 亿美元，到 1959 年就增加到 35 亿美元，到 1959 年日本对美国的贸易收支出现了战后首次顺差。①

此后，在 GATT/WTO 中，日本基本上是长期作为对美国领导权的妥协者和最后的迁就者。② 在 GATT 的各个回合谈判中，日本追随着美国，按照美国的要求，履行着自己的关税减让和市场开放义务。从总体上看，由于日本产业竞争力的不断提高和国际收支地位的日益改善，日本对贸易自由化的态度也在发生转变。事实上，目前日本是开放程度最高的发达国家之一，日本的工业品关税是最低的国家之一，而且日本几乎从未使用过反倾销这一美欧等发达国家最常使用的贸易限制措施。和美、欧、加相比，针对日本以及日本提出的争端解决诉讼的数量，也相应的与其贸易地位极不相称。

应该说，日本在 GATT/WTO 中的默默无闻并不是它所能主动选择的，从一开始，美国就已经在 GATT 之外找到了解决日本问题的另类途径。在加入 GATT 之时，尽管日本的繁荣是当时美国最大的政治经济利益，但日本的"搭便车"也并非毫无代价，美国并没有忘记要防备这个正在迅速恢复元气的未来竞争对手。不同于英国等援引"互不适用"条款来全面限制日本的出口，美国只是针对日本竞争力强劲的纺织品服装，要求日本签订 GATT 之外的双边性"自动出口限制"协议，这开创了在多边体制下通过双边手段解决贸易纠纷的先例，也使日本从此无法真正获得多边体制的庇护。随着日本国际竞争力的不断增强，以及美国部分产业竞争力的相对弱化，美国和日本之间的蜜月关系很快就结束了。正如山村光三（1986）所指出的，高质量、大规模生产的日本产品向国外市场的迅速渗透，加上日本企业在最初通常采取的低价营销策略，使日本和进口大国（最重要的是美国）之间经常发生贸易摩擦。③ 1959 年日本首次出现对美贸易顺差，而美国的贸易地位不断下降，美国开始无法容忍日本的"搭便车"行为。1959 年秋天在日本东京召开的 GATT 缔约方全体大会上，美国强烈批评日本的严格限制进口的做法，并认为日本的国际收支已经明显改善，不能再继续实施数量限制措施，否则美国将对其采取相应的制裁措施。正是在美国的压力下，日本在 1960 年 6 月公

---

① 付伯新：《关贸总协定对日本产业结构的影响》，中国社会科学出版社 1999 年版。
② Ozawa, Terutomo（2002）, Japan in the WTO, in Alan M. Rugman and Gavin Poyd（eds）, The World Trade Organization in the New Global Economy. Cheltenham, UK：Edward Elgar.
③ ［日］山村光三（1986），《警惕：日本的产业政策》，载于［美］保罗·克鲁格曼主编：《战略性贸易政策与新国际经济学》，海闻等译，中国人民大学出版社、北京大学出版社 2000 年版。

布了《贸易及外汇自由化计划大纲》，开始撤销其长期实施的外汇配额管理制度，即实际的数量限制措施。但同时，日本转而将关税作为进口限制的主要手段，1961年日本修订了关税定率法和暂定措施法，对关税制度、税率和结构进行了大幅度的调整，但这种调整并不是以降低进口保护为目的的，而是为了强化关税的保护功能。经过这次调整，应税产品的平均进口关税由1958年的12.9%上升到1962年的20.1%，总体平均关税从4.2%上升到7.3%。[1]

针对日本咄咄逼人的出口增长，美国最初的办法是限制日本对美国构成竞争的产品的出口，而随着日本经济实力的不断增强以及美国对日贸易逆差的持续扩大，美国频繁地向日本施加压力，迫使日本扩大市场开放，并通过汇率政策来压制日本的竞争力。在纺织品问题上，1961年美国伙同其他进口国迫使日本等出口国签署了《长期棉纺织品贸易安排》，以有效地控制日本的纺织品服装出口。在钢铁问题上，1968年之后，日本多次被迫与美国达成出口自动限制协议。在汽车问题上，1981年5月，慑于美国的压力，日本同意实施汽车产品的自动出口限制。但是这些措施并没有能够阻止日美之间贸易不平衡的继续扩大，美日贸易逆差基本占到美国贸易逆差的50%左右。而美国将此归咎于日本的市场不够开放，为此美国又多次通过外交手段和贸易报复威胁，迫使日本在汽车、电信设备等领域上承诺自己的进口数量义务。如1993年7月达成的日美框架协议，日本在电信设备、医疗设备等方面做出了具体的进口数量承诺。

作为两个GATT/WTO的重要成员，美国与日本之间的贸易摩擦却很少在多边框架内解决，而这是由美日之间的特殊政治经济关系决定的。[2] 对日本而言，日本对美国在政治和经济上的高度依赖使得它没有足够的资本来抵制美国的要求，同时，尽管多边贸易体制在形式上可以为日本提供一个判断是非的场所，但日本清楚地认识到美国对于GATT/WTO的影响力以及GATT/WTO的局限性，多边方式并不是解决美日矛盾的有效途径。但是，随着日本经济规模的不断扩大和影响力的增强，日本对美国的态度也在发生变化。在20世纪70年代之前，日本的经济高速增长可以说是在美国的大力支持下实现的，日本与美国在政治、经济上有着显著的不对称性，而且必须承认美国为日本创造的良好外部环境是日本成功的重要因素，因此日本在双边贸易纠纷中完全处于听凭美国摆布的境地。但在日本成为仅次于美国的世界第二大经济强国之后，日本的态度也日趋强硬，"日本可以说不"正是针对美国的，日本希望能够以平等姿态与美国对话。并且尽管日本表面上一直在妥协，但它也并非一无所获，如在汽车自动出口限制中，虽

---

[1] 强永昌：《战后日本贸易发展的政策与制度研究》，复旦大学出版社2001年版。
[2] 熊良福主编：《当代美国对外贸易研究》，武汉大学出版社1997年版。

然日本汽车出口数量减少,但同时出口价格提高,日本企业获得了一部分由美国消费者损失所形成的额外收益,而且这也提高了日本企业的利润和品牌形象。在WTO 成立后,日本开始通过争端解决机制来处理日美的贸易摩擦,从1995 年到2002 年日本对美国提出了6 次诉讼,而美国对日本也有6 次申诉。① 不过这也是由于日本从90 年代开始陷入长期的经济萧条,而美国凭借新经济的兴起重新在与日本、欧盟的经济竞争中占据领先地位,美国不再对日本保持高压态度。实际上,由于中国已经取代日本成为美国贸易逆差的最大制造者,美国对日本所采取的一系列贸易压力措施从90 年代开始转向中国。②

日本的经验表明,在处理与一个政治和经济权力极不对称,而又存在直接的竞争关系的国家(美国)的关系时,多边贸易体制无法提供足够的权威和能力,来保护相对的弱者的权益。同时,日本不是一个像美国、欧盟那样热衷法律诉讼的社会,在处理对外关系时更愿意回避直接的冲突而寻求妥协。这也使日本对GATT/WTO 的态度上有更多的实用主义,而非法律主义。

(二) 区域战略

支持多边贸易体系谈判一向是日本对外贸易政策的主调,20 世纪末,当各地相继出现各种区域经济一体化协议时,日本又受限于国内经济的长期停滞,扩大出口是支撑经济的重要手段,对外贸易政策继续延续长期以来偏向出口导向的政策。1998 年韩国曾向日本提出建立日韩自由贸易区,但由于农业市场无法完全开放,双方并未展开正式协商。然而,随着世界贸易组织谈判灵活性的减弱和各国、各地区战略性FTA 的出现,日本已不能仅仅依靠世贸组织。③ 2002 年10 月,日本外务省制定了"日本的FTA 战略",确定了日本实施FTA 战略的优先顺序。日本与其他国家和地区实现FTA 的战略性优先顺序,依据"经济、地理、政治外交和实现可能"等标准加以判断,其中政治外交和实现可能的标准尤为重要。日本首先是追求与韩国和东盟建立自由贸易区,其次是在日本企业处于劣势的墨西哥,中长期将致力于与包括中国在内的东亚国家和地区建立自由贸易区。④ 截至2006 年7 月,日本已经与新加坡、墨西哥、马来西亚签订了《经济伙伴关系协议》,并与其他许多国家和区域积极进行EPA/FTA 谈判(见表6 - 3)。

---

① Holmes, Peter, et al. (2003), Emerging Trends in WTO Dispute Settlement: Back to GATT? World Bank Policy Research Working Paper 3133.
② 盛斌:《中国对外贸易政策的政治经济分析》,上海三联书店2002 年版。
③ 参见日本经济产业省:《2001 年通商白皮书》。
④ [日] 北原淳、西口清胜等:《东南亚的经济》,厦门大学出版社2004 年版,第5 页。

表 6-3　　　　　　　日本经济伙伴关系协议（EPA）行动

已经达成协议的 EPAs	
新加坡	2002 年 1 月签订协议，同年 11 月 30 日生效；2006 年 4 月决定启动进行部分审议的谈判。
墨西哥	2004 年 9 月签订协议，2005 年 4 月 1 日生效。
马来西亚	2005 年 12 月 13 日在东亚峰会上签订协议，2006 年 7 月 13 日生效。
正在进行谈判或按计划要启动的 EPAs	
泰国	2006 年 7 月的谈判最终确定了协议文本。
菲律宾	就协议文本进行谈判，以尽快签订协议。
印度尼西亚	在 2005 年 6 月 2 日的东京峰会上，双方决定就双边经济伙伴关系协议进行谈判，2006 年 4 月举行了第四轮谈判。
越南	2005 年 12 月的吉隆坡峰会上，双方决定建立联合研究小组，旨在就双边 EPA 启动谈判。
文莱	2006 年 5 月，文莱—日本外长会议达成协议，启动 EPA 谈判。2006 年 6 月举行了第一轮谈判。
东盟（整体）	2005 年 12 月的吉隆坡峰会上，东盟与日本领导人发布联合声明，承诺尽最大努力，在 2005 年 4 月之后的两年内，就 AJCEP 协议谈判达成一致。 为了加速谈判进程，在 2006 年 2 月 10 日和 11 日，东盟和日本讨论了协议的框架结构以及货物贸易的减让公式。 2006 年 6 月，举行了第四轮谈判。
与非东盟国家和地区的谈判	
韩国	2003 年 12 月启动 FTA 谈判，已经举行了 6 轮谈判；但是，自 2004 年 11 月第 6 轮谈判之后没有举行新的谈判。 日本方面欢迎恢复谈判。
智利	在 2005 年 11 月举行的峰会上，双方领导人决定就双边 EPA 启动谈判。2006 年 7 月举行了第三轮谈判。 2007 年 3 月，双方签订战略性经济伙伴关系协议。
GCC（巴林、阿曼、卡塔尔、沙特阿拉伯、阿拉伯联合酋长国、科威特）	日本和 GCC 国家决定就达成一个涵盖货物和服务贸易的 FTA 进行谈判；2006 年 5 月进行了初步的会谈。
印度	自 2005 年 7 月以来，联合研究小组进行了四次会谈，并将提交一份报告。
瑞士	2005 年 10 月底，启动联合政府研究；2006 年 5 月举行第三轮会谈。
澳大利亚	2005 年 11 月初，启动了一个政府间联合研究；2006 年 3 月举行了第三轮会谈。

注：日期截止到 2006 年 7 月。

资料来源：日本外务省。

1. 日本转变对区域一体化态度的背景

自 GATT 生效以来，多边贸易体系完成了八次多边贸易体系自由化的谈判，日本可以说是世界上受惠程度最大的国家之一。① 日本的贸易政策基本上遵循多边贸易体制最惠国待遇的原则，在 2002 年以前没有与任何国家和地区签署自由贸易区协议，究其原因主要有二，第一，在 20 世纪 80、90 年代，日本经贸快速增长，没有压力必须与他国签署特别优惠的开放协议。特别是在"广场协议"之后，日本、中国台湾与韩国的直接投资快速流向东南亚国家和地区，在东南亚地区形成一定程度的产业分工，这种由市场力量形成的经济一体化带动了东亚地区经济增长，从而使东亚国家和地区没有必要寻求签署自由贸易协议来加以一体化。② 第二，在第二次世界大战以后，日本与东亚国家和地区间存在敏感的政治性问题，日本难以积极扮演主导一体化的角色，而且日本本身也有敏感的农业部门无法大幅度开放市场。

直到 1995 年由东盟国家号召东亚国家和地区应加强合作，以及 1997 年第一次"10 + 3"高峰会后，日本才开始注意及参与有关东亚国家和地区的经济一体化。此时区域经济一体化风潮在世界各地已经如火如荼地展开，快速增加的区域经济组织对国际贸易、区域合作与国际协商和结盟等均成为国际上令人注目的新议题，再加上 1997 年亚洲金融危机，使日本对区域经济一体化的态度出现了重要转变。金融危机对东亚国家和地区最重要的影响是，让东亚国家和地区体会到当东亚国家和地区发生金融危机时，美国与国际机构不会或没有能力积极援助，东亚国家和地区必须加强合作，共同解决；同时当东亚国家和地区过分依赖欧美市场时，在国际谈判上，尤其是小国，无法维护自己的利益，因此东亚小国也应该团结合作。为了加强东亚国家和地区在金融体系方面的合作，2000 年东盟和中、日、韩首次建立货币互换机制，以预防金融危机再次发生，这种金融机制的合作成为开启东亚国家和地区经济一体化的重要动力。此外，金融危机也提醒部分国家和地区应该进行经济改革，以吸引外国直接投资，而开放市场、贸易自由化是实施经济改革的重要方法。

另外，在东盟内部，东盟成员鉴于中国的兴起对东盟国家形成的威胁，必须进一步加强东盟国家的自由化与经济一体化，以吸引外国直接投资，因此新加坡首先表现了加速一体化的意向，同时也开始向区域外国家和地区进行是否成立自由贸易区的磋商。而日本在此次东亚金融危机中曾经提供资金援助东南亚国家和地区，以及援助在东南亚的日资企业，虽然开放市场可能是东南亚国家和地区更希望日本

---

① Naoko Munakata (2001), "Evolution of Japan's Policy Toward Economic Integration", Dec.
② 1995 年 5 月日本通产省大臣 Ryutaro Hashimoto 的演讲，*Journal of Northeast Asian Studies*, Winter, 1995, pp. 25 – 34。

扮演的角色，但是日本在东亚经济一体化中所扮演的角色已经有了转变。

此外，1998年APEC原来推动的"提前自愿性部门自由化"（EVSL）计划受挫，APEC部分成员开始转向由个别成员结盟，例如，原先由美国、澳大利亚、新西兰、新加坡、智利五国于1997年展开的五国计划，到1999年转变为新西兰、新加坡、智利三国间对自由贸易区的磋商，后来再演变为新加坡—新西兰与新加坡—智利自由贸易区。由于这种国际情势的演变，日本开始注意区域经济一体化以及展开对区域经济一体化的研究。研究结果认为，日本应该参与区域经济一体化，同时应该同与日本经济及生产体系有密切关系的伙伴进行洽签活动。

2. 日本选择 EPA/FTA 合作伙伴的标准

日本外务省在《日本FTA战略》中明确提出，从日本对外经济关系、政治外交和安全保障方面考虑，具体的标准包括：（1）经济标准。具体包括：谈判对象的经济规模和发展阶段；通过EPA/FTA，能够在多大程度上促进日本经济的发展、扩大双方的贸易关系和经济关系；日本经济界的要求；对方与其他国家和地区自由贸易的状况及其对日本的影响；签署EPA/FTA对国内产业以及对经济改革和结构调整的影响；落后发展中国家和地区的对策。（2）地理标准。具体包括：加强亚洲区域内经济关系，促进区域经济一体化进而实现区域经济的发展和稳定；对欧盟和北美自由贸易区的对策；加强与其他国家和地区的战略关系。（3）政治外交标准。具体包括：通过经济关系加强友好关系；开展战略性的经济外交；谈判对象的政治稳定性、统治能力和民主化程度。（4）现实可能性标准。具体包括：对贸易自由化共识的程度；敏感产品占贸易总额的比重；对方的诚意；日本国内的呼声。（5）时间标准。具体包括：日本的市场开放能力和谈判能力；与WTO谈判的关系；与日本政治、外交和经济的关系；与其他国家和地区间自由贸易的进展情况。

日本经济产业省2003年11月公布的《关于经济合作协定的基本方针》，强调必须以"日本国家利益最大化"为基本原则，在选择谈判对象时，综合考虑如下方面的因素：国家经济利益最大化的原则、防止和消除"赶不上车"的现象、促进结构改革、对日本国际战略的重要性、考虑对象国或地区的具体情况。

2004年12月21日，以小泉首相主持下的"促进经济伙伴关系相关阁僚会议"第三次会议正式通过决议，提出了《关于今后推进经济伙伴协定（EPA）的基本方针》，其中，选择标准如下：（1）有助于形成对日本有利的国际环境，包括以下内容：是否有助于形成东亚共同体，确保东亚的稳定和繁荣；是否有助于增强日本经济的实力，解决政治、外交方面的课题；在WTO等国际谈判中，日本是否需要与该国家或地区合作。（2）确保日本的国家利益，涉及八个方面：通过贸易、投资自由化，是否有助于日本工矿业产品、农林水产品的出口以及服务贸易和投资的实质性扩大；通过知识产权保护和各种经济制度的协调以及人员流动的具体措施，是否有助于改善日本投资企业的经营环境；是否有助于改变因未缔结 EPA/FTA 所造成的被动和不利局面；是否有助于确保日本的经济安全，实现放心的食品进口并实现进口来源的多样化；是否有助于促进日本经济、社会的改革，能否提高日本的经济效率，增强日本的经济活力；在农林水产业方面，是否有助于确保粮食安全；是否会对日本正在进行的农业结构改革产生不利影响；大量接纳专业性、技术性的劳动力，是否有助于提高日本经济的活力，进一步实现日本经济的国际化。(3) 谈判对象的具体情况和现实可能性，要考虑的问题是：日本与谈判对象在相互关系方面存在什么问题；对于日本的实际困难，对方是否有设身处地的考虑；对于谈判对象以外的国家和地区，是否会产生贸易、投资方面的影响和摩擦；谈判对象是否具备实施 WTO 和 EPA/FTA 的约束机制；与谈判对象进行经济联合的方法，是否是以削减和废除关税为中心的 FTA 最为合适。①

2006 年 3 月 8 日，日本外相麻生太郎在《什么是日本的经济外交》的演讲中，再次强调为确保日本国家的经济利益，在选择 EPA 谈判对象时必须综合考虑如下几点：(1) 是否有助于扩大贸易和投资，改善当地日资企业的经营环境；(2) 因为没有缔结 EPA 而受到了排挤和损失的状况是否必须改变；(3) 是否有助于确保资源和粮食的稳定供给；(4) 是否有助于日本的结构改革；(5) 是否有助于促进专业和技术型劳动力的流入；(6) 是否有利于形成对日本有利的国际环境；(7) 根据谈判对象国的情况，缔结 EPA 是否是发展双边关系的最佳选择。② 然而，在实际的执行中，日本 EPA/FTA 的实施却具有很大的随意性。

3. 日本区域经济一体化策略的政治经济分析

根据日本外务省经济局的报告，日本参与地区合作的战略目标是，维持经济繁荣的同时，最大限度地发挥外交和安全的重要作用。具体包括以下三个方面：一是使对外投资企业获得较高的收益，确保特定国家良好的经营环境，降低贸易壁垒，提高预见能力，保护投资利益。二是通过 FTA 促进国内结构改革。三是自由贸易协定作为经济、外交、安全保障的综合体，不仅基于经济利益，更应重视外交、安全和政治战略。③ 在双边谈判上，日本以"EPA"取代"FTA"。与WTO 框架下的 FTA 相比，日本主张的 EPA 在涵盖范围上收放自如：将投资规则、金融资本、市场制度、知识产权保护等日本具有绝对优势的领域纳入谈判，

---

① 刘昌黎：《论日本政府回避中日自由贸易区的原因与中国的对策》，载《世界经济与政治》2006 年第 12 期。
② 日本外务省，http://www.mofa.gov.jp/mofaj/，2006 年 3 月 8 日。
③ 于潇：《东亚地区自由贸易发展中的日本与中国的 FTA 竞争》，载《日本研究》2006 年第 4 期。

而农林牧副渔、医疗卫生产品等日本处于相对劣势的领域却是有选择的纳入，或是纳入后有所保留。① 尤其是农业问题更是左右日本区域经济一体化战略能否顺利实施的关键因素。JSEPA 是日本第一个与外国签署的自由贸易区，当新加坡总理提出构想时，正是日本反思自由贸易区政策的时候，由于新加坡经济规模小而且没有农业，使日本农产品市场不必大幅开放，工业产品受到的影响也小，因此于 1 年内顺利完成了 JSEPA。日—墨自由贸易区是日本第一个包含农业部门的自由贸易区，其中重要的项目包括墨西哥取得猪肉及橘子汁在目前关税水平下的进口配额，墨西哥橘子、鸡肉及牛肉有免税配额，以及日本大多数农产品关税将在 6 至 16 年内取消。展望未来，由于目前媒体及舆论偏向于日本应该担负起一体化任务，因此未来日本的自由贸易区谈判，可能会进一步开放农产品市场。②

（三）日本未来的贸易政策走向

1. 日本经济外交走向

日本外务省公布的《外交蓝皮书 2006》详细规划了日本的经济外交政策，从中可以看出日本未来的对外经济贸易政策走向和趋势。日本的经济外交政策共有五项目标：

一是在 WTO 层次维护和加强多边贸易体系，在区域和双边层次则积极推动经济伙伴关系发展。

二是对全球化做出反应并为此而参与制定国际经济规则，为此积极参加 G8、OECD、IMF 和 UNCTAD 的活动。

三是加强多层次的经济关系，包括与欧洲和美国的双边合作、在亚太和亚欧层面上的区域合作，通过 APEC、ASEM、"ASEAN + 3"、"中日韩"等机制加强合作。

四是加强经济安全，确保以可持续的方式保证资源的稳定供应。

五是支持日本的海外企业并促进对日本的投资。

2. 日本的全球经济战略和贸易政策走向

日本经济产业省 2006 年 4 月公布的《全球经济战略》则详细规划了未来日本在各个层面的贸易政策和战略走向。未来积极应对经济全球化，日本制定了三大战略目标：第一，亚洲的联合发展。日本的经济活动已经深深植根于其在东亚所布下的密集的制造网络，可以说，"亚洲奇迹"的一部分事实上是"日本经济奇迹"的延续。为此，日本努力创建一个"自由和开放的亚洲经济区"，在法律

---

① 王凯：《中日 FTA 的政治经济学分析》，载《亚太经济》2007 年第 2 期。
② Neantro Saavedra-Rivano（2004），"The Political Economy of Economic Integration in Korea and Japan", Paper Presented at the Annual Meeting of the Inteonational Consortium of APEC Study Centers, May 26 – 29.

规则的管理下自由地开展贸易和商业活动。在建立"东亚自由贸易区"的模式上，日本主要是依靠双边自由贸易协议的模式。在双边谈判进展缓慢的情况下，日本对此思路进行了调整，一旦达成日本—东盟经济伙伴关系协议，即将转向将东亚作为一个整体的涵盖广泛领域的模式。有鉴于此，日本制定了两项详细的战略计划：一是建立"东亚全面经济伙伴关系"（Comprehensive Economic Partnership in East Asia，CEPEA）；二是在东亚建立一个类似于 OECD 的国际组织，作为政策论坛和智囊团。第二，充分利用日本的"软实力"，在全球推广日本文化价值和日本技术，为此日本决定大力吸引和利用外国人才，并提出了"亚洲人民基金"的概念（日本版的"富布莱特奖学金"）。第三，推动全球价值观，在建立新的全球体系和新的亚洲体系中间发挥关键性的作用。

为此战略目标，日本在四大领域制定了近期的政策方向和策略：一是进一步推动东亚经济一体化；二是加强产业竞争力；三是使日本更为开放并能够吸引外资；四是采取区域战略并推动全球性问题的解决。

（1）进一步推动东亚经济一体化

自 2001 年日本—新加坡 EPA 签订之后，区域内的一体化行动积极展开，如中国—东盟自由贸易区、韩国—东盟自由贸易区，在东亚地区已经逐步形成了 FTA/EPA 网络，而东盟则是网络的中心。

① 日本对于东亚经济一体化的基本目标：第一，推动整体东亚地区的经济一体化，建立一个无缝的经济区，其涵盖的领域则包括：东盟、日本、中国、韩国，以及印度、澳大利亚和新西兰。第二，建立有效率、成熟的市场经济和一个自由、公平、以规则为基础的经济区，涵盖贸易、服务、投资、贸易便利化、知识产权、争端解决机制等内容。第三，整个区域内的可持续和平衡发展。第四，建立一个开放的机制，东亚经济区对外实行开放主义。第五，展开功能性合作，包括贸易和投资自由化为目的的经济伙伴关系协议、能源和环境协议、货币和金融合作。第六，日本的角色旨在成为东亚经济的"稳定者"和区域冲击的"减震器"。

② 经济伙伴关系协议推动战略。第一，建立经济伙伴关系协议行动计划，明确国别或地区谈判的优先顺序，并制定时间表。第二，推动涵盖东亚范围的经济伙伴关系协议。以现在的双边谈判为基础，一旦日本和东盟达成全面经济伙伴关系协议，则转向推动东亚经济伙伴关系协议。第三，推动经济伙伴关系协议时兼顾速度与质量。日本旨在达成高质量、全面的经济伙伴关系协议，不仅包含市场自由化，而且还包括投资和知识产权方面的规定。充分利用已经达成的"协议模板"，简化和取消前期的研究会议，并利用已经达成的战略性经济伙伴关系。第四，在区域战略的基础上推动经济伙伴关系协议。例如，未来确保能源安全，加强与富有资源的国家和地区开展经济伙伴关系协议谈判。第五，适时推动

东亚全面经济伙伴关系（CEPEA）。涵盖的地域范围包括：东盟、日本、中国、韩国，以及正在与东盟商签 FTA/EPAs 的印度、澳大利亚和新西兰，总共 16 个国家。所达成的协议应是全面的和高质量的，不仅包含货物贸易，还包括投资规则、服务贸易、知识产权和经济合作，从而反映东亚经济"FDI 导向型"的事实。在启动的时机方面，鉴于以东盟为中心的 FTA/EPA 谈判已经于 2007 年 11 月全部结束，并于 2008 年 3 月正式签署，正式启动 CEPEA 谈判的可能性已经不容置疑。

③ 使各国、各地区分享日本知识和经验、增添外国投资者的声音。一是形成"亚洲标准"，概念化日本知识和经验，例如法规、商业惯例和专门知识、IT 技术标准、中小企业政策、能源保存和重复利用方法，并将之与东亚地区共享，不仅改善东亚整体的经济基础设施，而且改善日本企业的营商环境，从而进一步推动经济一体化。二是鉴于东亚生产网络对日本经济的重要性，因此需要提供良好的商业环境，并倾听外资的声音。

④ 发展与东盟、中国、印度的经济合作。

东盟：支持东盟一体化，援助商业法规和惯例的标准化，帮助进行员工培训，提供基础设施，支持东盟经济腾飞。

中国：支持向市场经济转型，通过介绍竞争法、知识产权、公司治理等方面的法规及其执行从而援助中国遵守 WTO 协议，支持能源保护和环保。

印度：支持发展工业基础，开发基础设施，推动中小企业发展，进行商业合作。

⑤ 创建东盟和东亚经济研究机构。相关的智力投入是推动东亚地区经济一体化所必不可少的。因此，日本计划建立一个研究机构，开展东盟经济一体化以及更广范围内区域经济一体化方面的研究和分析计划。

⑥ 加强亚太区域的合作与协调。在推动东亚经济一体化方面，APEC 是一个重要的公开对话的平台。日本积极推动 APEC 的论坛作用，推动贸易目标的实现从而推进东亚的经济一体化。同时，加强日本、美国和韩国之间的跨太平洋合作。

⑦ 东亚区域一体化。不同于欧洲的"一个欧洲"模式，东亚地区的经济发展面临着诸多不同的情况，在社会价值、文化、地区、政治方面存在多样性，而且存在贫富差距。因此，东亚的一体化不会出现集中化的模式，而是多层次、多平面的模式，同时在各种领域进行功能性的协作。

（2）加强日本产业竞争力

对在海外运作的 300 家中小企业进行调查，了解其关注的问题并纳入政策框架。在具体的政策安排方面，第一，支持日本企业的国际发展。通过明确政府的 EPA/投资协议行动计划、签订 EPAs 和开展经济合作、建立国别市场细分的投资和商业环境发展计划,改善日本企业在海外市场的投资和商业环境。通过信息建设、员工培训、融资安排、完善法律体系、支持国际品牌发展,为中小企业的国际扩展营造良好的环境。通过以国家战略的形式支持企业和政府的标准化工作、政府研发项目、员工培训、建立标准伙伴关系、处理独立的标准体系,强化国际标准活动。第二,准备创建以日本为中心的国际生产和分销网络。准备相关的技术与资本,完善创新环境、加强知识产权保护、建立对自国外汇回利润的适当国内分配环境;加强国际物流功能,利用IC标签提高供应链管理效率、提高空运和海运效率,加强部门之间的合作,以迅速、灵活地解决问题,从而提高国际货物分销的效率。

(3) 加强全球竞争并使日本更为开放和具有吸引力

为了应对经济全球化带来的竞争,日本需要更加地开放市场,并能够吸引外国直接投资(到2010年FDI存量达到GDP的5%),并从全球各地吸引精英人才。为此,需要提高大学、研究机构和个人的国际竞争力,并向全球"输出"日本的文化、价值观和生活方式,以加强日本的"软实力"和"硬实力"。

(4) 区域战略和对共同的全球性议题的积极贡献

随着全球经济的不断发展,多极化的趋势不断扩散并对世界经济活动产生越来越大的影响。美欧是传统的领导力量,但新兴工业化国家(BRIC,巴西、俄罗斯、印度、中国)正在崛起,而且一些非洲欠发达国家和地区的影响力也在增长,一些资源出口国家和地区的讨价还价能力不断增强。因此,日本制定了详细的区域战略并旨在发展战略性的伙伴关系。而且,面对能源的消费和涨价、环境的恶化、恐怖主义和传染病安全、贫困等全球性问题,日本希望能够发挥领导作用,确保国家经济安全,发挥自身的知识和技术优势,参与相关国际规则的制定。

四、印度贸易政策体系

(一) 印度的多边贸易政策:从积极的抵制者到积极的利用者

印度是仅次于中国的第二大发展中国家,尽管与中国相比,目前印度在世界经济中的地位和影响力还有一定差距,但在GATT/WTO的发展过程中,印度却一直扮演着一个具有相当独特而"显赫"地位的角色。不过这种显赫地位所带来的实际效应并不是积极的,印度在世界货物贸易中的份额在1948年为2.2%,而到1983年则降至0.5%,到2000年则微升至0.7%,远远落后于中国的4.0%。[①] 印度作为GATT的23个创始缔约方之一,但似乎并未从中获得应有的

---

① Srinivasan, T. N. and Suresh D. Tendulkar (2003), Reintegrating India with the World Economy. Washington, D. C.: Institute for International Economic.

利益，而这种结果与印度在 GATT/WTO 中的定位、作用和策略有着显著的关联。

　　印度的独立自主的进口替代型发展战略可以说与 GATT 的精神是格格不入的，这主要是由于在 GATT 第一轮谈判期间，尽管印度的身份发生了巨大的转变。在 1946 年参加国际贸易组织筹委会的印度是英属印度的临时政府，而 1947 年 10 月签订关贸总协定的是分治后的印度自治领（不包括巴基斯坦），但当时的印度仍然遵循着英联邦的自由进口政策，还没有形成后来自己的发展战略。但到了 1950 年 1 月 26 日，印度成为独立的共和国，同年 3 月成立了国家计划委员会，1951 年 4 月开始执行第一个五年计划。尽管有着 GATT 规则的制约和引导，但印度仍然义无反顾地走向了独立自主的内向型的工业化发展道路。一个突出的体现是，印度以维持国际收支平衡为理由，长期实行数量限制措施。

　　尽管 GATT 仍然具有一定的重商主义色彩，但印度式的工业化战略几乎排斥了贸易，无论是进口还是出口。这就注定了印度在 GATT 中不可能融入其主流，印度根本不需要其他国家和地区为其开放市场，自然更不会主动开放自己的市场。在一个谈判场中，不愿意付出的谈判者自然也很难获得什么。但值得注意的是，印度尽管经济发展速度缓慢，但其庞大的规模仍然使其足以成为在国际体系中有影响力的角色。特别是在 1961 年，正在大力实施进口替代工业化的印度率先提出了关税减让谈判的非互惠思想，要求 GATT 允许发展中国家和地区根据自身情况可以不必对发达国家和地区的关税减让做出互惠的减让。肯尼迪回合明确地提出了"发达国家不能期望从欠发达国家得到互惠"，并且发展中国家和地区对贸易自由化总体目标的贡献应由这些国家和地区的贸易和发展的需要决定。在印度等 21 个发展中国家和地区的强烈要求下，GATT 第四部分即所谓的"贸易与发展"部分在 1964 年的缔约方全体大会上被加入，这被认为是发展中国家和地区在 GATT 中争取权利的重大胜利。东京回合继续了这种非互惠的思想，对发展中国家和地区的"差别和更优惠待遇"通过授权条款的方式得到 GATT 的认同，普惠制（GSP）也成为体现发达国家和地区对发展中国家和地区优惠的一种重要方式。在这些争取发展中国家和地区权利的谈判中，印度一直是作为发展中国家和地区的代言人出现的，当然这与印度在政治上更加贴近苏联而与西方不睦有关，但更重要的是，当时印度的内向型发展战略需要印度在国际体制中找到贸易保护的合法性。致力于实现自主工业化的印度不可能由于 GATT 规则的约束，而放弃对国内产业的保护。事实上，如果 GATT 无法容忍印度的"非法"行为，印度也只可能选择退出 GATT 而不是放弃自己的发展战略。不过印度能够带领众多有着相同发展战略的发展中国家和地区，运用发展中国家和地区的道德而非经济力量，来争取贸易保护在 GATT 中的合法性，这不仅在经济上有利于印度按照自己的思路来发展，在政治上也可以凸显印度作为发展中国家和地区领袖的地位。

但这种权利并没有能够转化为利益，尽管印度在 GATT 中成功地得到了它所希望得到的，但印度的经济发展却始终差强人意。同采取更开放的发展战略的日本、韩国、东南亚的一些发展中国家和地区相比，印度的发展业绩显然相形见绌，而这些国家和地区在 GATT 中却一直默默地跟随美国。在 GATT 中的轰轰烈烈并没有能够为印度带来现实的利益，也没有能够为印度的追随者们创造财富。这种情形在乌拉圭回合中发生了变化。印度和巴西领导的 10 国集团（G-10）一贯地在乌拉圭回合的准备阶段就批评发达国家和地区的政策，并拒绝美国提出的纳入新议题的建议。但这次它们没能吸引更多的发展中国家和地区的支持，因为它们实际上已经落后于其他国家和地区参与国际经济体系的步伐。对进口替代战略的反思使多数发展中国家和地区已经认识到，改革的成功需要有一个自由的世界贸易体系，而积极参与乌拉圭回合能够使它们获得更好的国际环境。失去了其他发展中国家和地区支持的印度也没有能够再次在乌拉圭回合扮演重要角色，而 1991 年开始的改革也使印度转变了对 GATT 的态度。尽管印度的开放仍然是谨慎的，但最终印度还是做出了对它来说相当大的开放承诺，并全部接受了乌拉圭回合的一揽子协议。这标志着印度在多边贸易体制中的定位和策略发生了巨大的转变。

WTO 成立之后，印度积极参与了 WTO 的各项事务，并较好地履行了自己在乌拉圭回合谈判中所做的承诺。在 2002 年对印度的贸易政策审议中，WTO 秘书处肯定了印度在贸易政策和投资政策上的自由化努力。特别是印度为国际收支平衡而实施的数量限制措施全部取消，使关税成为主要的保护工具。在《信息技术协议》中，印度是少数的发展中国家之一，更是其中经济发展水平最落后的国家，这与印度近几年来承接美国信息技术产品的外包业务中不断增强的国际竞争力有关。同时，印度也非常"珍惜"在 WTO 中争取到的权利，如对反倾销措施的频繁运用，积极参与争端解决机制。[①] 不过总体上看，印度对 WTO 的认识并不完全是积极的，反映在新回合的谈判中，印度对谈判的启动仍然持保留态度，如 2001 年 8 月印度首相瓦杰帕伊公开反对新回合谈判的启动，直到乌拉圭回合协议的执行问题得到解决。这客观上与乌拉圭回合谈判的结果以及执行中的不平衡是分不开的，这种不平衡是必然的，并且对印度从 WTO 获益造成了阻碍。而且印度对 WTO 不断向国内政策的倾斜感到担心，这对处于改革中的印度制造了许多制度上的压力。因此，在新回合谈判的准备过程中，印度一直持抵制的态度，包括在多哈会议上，印度也没有能够阻止多哈回合的启动。正如斯瑞尼瓦森和申德伍卡（Srinivassan & Tendulkar, 2003）所说，印度与其阻止新回合的

[①] 文富德：《印度在世界贸易组织框架下发展经济的若干经验》，载《南亚研究季刊》2003 年第 1 期，第 1~16 页。

发动，不如尽可能促使体现自身利益的谈判议程达成，如要求发达国家和地区降低工业品的关税高峰和关税升级，尽可能降低非贸易问题的影响，如延长 TRIPS 的实施期限，劳工标准和环境标准不构成强制义务等，限制特惠贸易协定（PTA）的扩散及其对多边贸易体制的侵袭等。[①] 因此，对于正处在快速工业化阶段的印度来说，一个开放的世界市场对其至关重要，印度庞大的规模也有利于印度在讨价还价中处于相对有利的地位。但印度必须尽可能阻止 WTO 管辖范围的无限制扩散，印度的发展程度还无法承担更多的边境内的义务。

印度的经验突出地表明，一个国家或地区的经济发展业绩首先取决于自身制定的发展战略，而非在国际体制中的成功外交。为了一个错误的目标而努力，越努力失败就越大。只要真正明确自己的利益，为此付出的努力才是有价值的。对中国来说，印度的经验和教训更加值得吸取。

（二）印度的区域一体化战略：迎头赶上

印度在 20 世纪 80~90 年代相对热衷于多边框架下的谈判。印度过去由于没有参加任何区域性经济集团，如亚太经合组织和亚欧会议，也没能与战略伙伴结成贸易和经济合作网络，这使得印度不能保证稳定的出口市场准入。现在，印度已经从中吸取了教训。因此，印度开始积极地参与新的区域和次区域性集团的创建，如环印度洋区域合作联盟（IORARC）、孟加拉国、印度、缅甸、斯里兰卡和泰国—经济合作集团（BIMST—EC）、大湄公河合作集团，并于 2005 年 7 月成为上海合作组织的观察员。

由于南亚区域合作组织（SAARC）未能在区域经济合作方面取得有意义的成果，印度将目光从南亚转向了东亚和东南亚。随着冷战的结束和东盟的崛起，印度意识到东盟在经济与政治上对印度的重要性。自 20 世纪 90 年代早期实施"东向政策"以来，印度开始寻求并成功地与东盟加强了制度性联系。当中日韩与东盟确立了"10+1"和"10+3"合作模式后，印度意识到，在其他亚洲国家和地区与印度毗邻的东盟携手合作时，印度成了地区大国中唯一被抛开的国家。2002 年 11 月，在柬埔寨举行了首届印度—东盟领导人会议上，印度成为继中日韩之后单独与东盟举行领导人会议的国家，第四个"10+1"机制正式形成。2003 年 10 月，在第二次印度—东盟领导人会议上，印度紧随中国加入《东南亚友好合作条约》，双方正式签署了《印度与东盟全面经济合作框架协议》，这标志着印度—东盟的经济一体化进程正式启动。虽然印度与东盟和中国与东盟

[①] Srinivasan, T. N. and Suresh D. Tendulkar (2003), Reintegrating India with the World Economy. Washington, D. C. : Institute for International Economic.

的经济一体化形式的名称有所不同，但性质是一样的，同属于自由贸易区。印度—东盟区域贸易投资区的建设目标包括商品、服务贸易、投资的自由化，开辟经济合作新领域，建立制度化的经济一体化形式；涵盖的主要内容包括货物与服务贸易、投资、早期收获、其他经济合作领域、时间框架、最惠国待遇、争端解决机制、谈判的机构安排等。① 目前，"东向政策"已不再局限于东盟，还将东南亚包括进来，以扩大贸易，吸引投资并获取能源。除了经济利益之外，印度还从战略和安全的角度考虑，与亚洲国家和地区达成了更为紧密和合作性的关系。

近年来，印度启动了雄心勃勃的战略，旨在缔结优惠性贸易协议（PTAs）和自由贸易协议（FTAs）。印度的经济外交力图在一个固定的时间表内与所有的发展中国家和地区、区域性集团达成自由贸易安排。② 在1998年与斯里兰卡签订第一个自由贸易协议之后，印度签订了一系列相似的协议：泰国（2003年10月）、南亚自由贸易安排框架协议（SAFTA）（2004年1月）、孟加拉国、印度、缅甸、斯里兰卡和泰国——经济合作集团自由贸易安排框架协议（2004年2月）。顶住国内利益集团压力从而与斯里兰卡和泰国签订的自由贸易协议表明了印度融入经济一体化的决心。之后，印度与新加坡（2005年7月）、智利（2005年11月）签订了全面经济合作协议（CECA）。印度还启动了与毛里求斯、海湾合作委员会、埃及及南部非洲关税同盟的谈判（SACU）。

尽管印度的区域经济一体化取得了不错的开端，但印度与其他重要国家和地区的制度性安排还存在局限，进入美国、欧盟、中国等重要市场仍然主要依赖于多边约束。③ 总之，印度从区域性安排中获取的利益尤其是贸易利益并不大，印度的利益更多地寄希望于多边贸易制度的良好运转。④

---

① ASEAN secretariat (2003), Framework Agreement on Comprehensive Economic Cooperation Between Republic of India and The Association of Southeast Asian Nations, http：//www.aseansec.org.

② 参见印度外长 Yashwant Sinha 2002年11月18日在国防大学的讲话，"India's Foreign Policy: Successes, Failures and Visions in the Changing World Order", http：//www.meadev.nic.in/speeches/stmt-eam-nationaldefen.htm.

③ Sanjay Baru, "India launches FTA spree before Cancun," The Financial Express (New Delhi), 20 June 2003.

④ Manmohan Agarwal, "Regional Trading Arrangements in the Era of Globalization: An Indian Perspective," International Studies (New Delhi), October-December 2004, P.423; Arvind Panagariya, "What price free-trade agreements," The Economic Times (New Delhi), 28 January 2004.

第七章

WTO主要成员贸易政策体系对其经济贸易发展的影响

经济运行具有其复杂性,使得不可能将其中的一个政策变量和其他政策变量分开,来单独研究其对经济的影响①。因为经济运行是各种政策综合作用的结果,没有一个单一政策变量可以对经济造成整体性的影响。研究贸易政策体系对成员方内部经济影响的另一个困难,就是缺乏贸易壁垒的时间序列数据,很难建立一个实证模型来分析贸易流量、关税和非关税壁垒的关系②。因此也就很难建立一个用来分析贸易政策体系对成员方内部经济影响的计量模型。从纯粹量化的角度分析贸易政策对成员方内部经济的影响是很难的③。所以本章将采用理论分析与一般的量化分析相结合的方法,来研究 WTO 主要成员贸易政策体系的绩效,即对其经济贸易发展的影响(该部分主要以美、欧、日、印四个经济体为例进行分析)。

一、贸易政策体系对经济贸易发展影响的作用机制

贸易政策体系首先影响贸易增长和贸易结构,而后对成员方内部经济的宏

---

① Hildegunn Nordas, Sébastien Miroudot and Przemyslaw Kowalski, "Dynamic Gains From Trade" OECD Trade Policy Working Paper No. 43.

② The Policy Development and Review Department , "Trade Policy Conditionality in Fund-Supported Programs", February 16, 2001.

③ Robert E. Baldwin, "Trade and Growth: Still Disagreement about the Relationships" Economics Department Working Papers No. 264.

观、产业和微观层面产生影响。具体影响结构如图 7-1 所示。

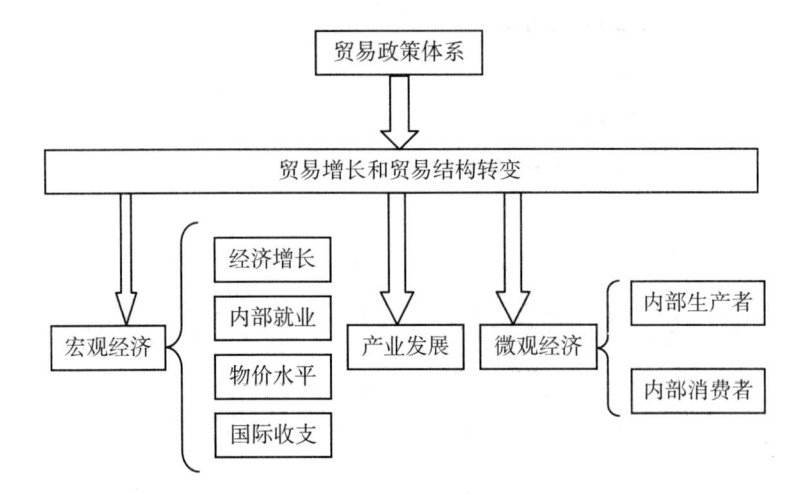

图 7-1 贸易政策体系对经济贸易影响的作用机制

（一）贸易政策体系对贸易增长和贸易结构的影响

一般来说，贸易政策变化首先会对贸易流量产生影响，贸易政策体系对贸易增长和贸易结构的影响是最直接的。例如，约翰·威尔森、凯萨琳·曼恩和宫本恒靖 2003 年 3 月从实证分析的角度研究了贸易便利化与贸易量之间的关系。美国国际贸易委员会 2003 年 8 月公布的研究报告《贸易协定的影响：东京回合、美以 FTA、美加 FTA、NAFTA 和乌拉圭回合对美国经济的影响》分别模拟了多边、区域、双边层次贸易协议的影响。该报告认为，多边协议较之区域优惠协议对美国经济贸易产生的影响更大；保守估计，贸易政策变化对美国贸易增长的直接影响有 15%～25% 来自于关税的减让；区域或双边优惠贸易协议对美国贸易的模式和流向产生了很大的影响，如与 NAFTA 相关的关税削减解释了 1990～2001 年美国进口中墨西哥所占比重上升的大约 1/3。

实施促进贸易自由化的政策，可以为本国、本地区出口企业创造良好的国际、国内（地区）环境。尤其是在当今多边贸易体制下，关税和非关税贸易壁垒大幅度降低，为各国、各地区企业有效的走向国际市场创造了条件。大多数国家和地区的出口都在迅速增长，出口的增长可以促进与国内（地区）相关产业的增长，从而可以带动整个国民经济的增长。这在那些新兴市场国家和地区与那些实施贸易促进战略的国家和地区，表现得尤其明显。一般来说，越是落后的国家和地区贸易限制越多，但同时它们面对的来自其他国家和地区的贸易限制也多。这就部分地解释了农产品的出口限制往往大于工业品，非关税措施占世界贸易保护形式的 70% 以上①。以墨西哥为例，如果其采取贸易便利化政策改革，可以为其增加 20% 的出口和 11% 的进口，因此墨西哥应该重视贸易政策对经济的影响②。

（二）贸易政策体系对宏观经济的影响

1. 贸易政策体系对经济增长的影响

各国、各地区根据国际和国内（地区）经济形势以及自身的独特竞争力，来制定贸易政策。从这个角度来说，是成员方内部经济发展水平决定贸易政策的制定。但是，贸易政策一旦被制定并实施以后，反过来又会影响整个成员方内部经济的运行。贸易政策之所以能够与成员方内部经济总量 GDP 联系在一起，主要是因为，贸易政策实质上也是调控成员方内部经济的政策之一，尤其是在调控对外经济贸易方面影响巨大。通过制定适当的贸易政策，在短期内可以影响进出口贸易的具体流向；在长期内可以通过实施一定的贸易政策，扶持成员方内部产业的发展（比如实施保护幼稚产业的贸易政策），对产业结构的调整、优化升级产生重要影响，从而可以提升国家和地区产业竞争力、拉动经济增长。OECD 对此问题进行了研究，发现贸易自由化使得 OECD 国家和地区的人均 GDP 提高了 4~5 个百分点③。另外，出口、投资、消费是拉动经济增长的"三驾马车"。从贸易政策对这三方面的影响也可以推导出贸易政策对 GDP 的影响。

2. 贸易政策体系对就业的影响

贸易自由化使得企业优胜劣汰，使得平均劳动生产率水平提高。贸易自由化的收益取决于具有竞争优势的资源的重新配置速度和范围。很显然，重新配置资源意味着有新的工作被创造出来，同时也可能有一部分工作被取代或者消失，人们常常因为贸易自由化可能产生的失业而反对贸易自由化。人力资本在贸易自由化的资源配置中发生重要作用，通过教育提高工人的能力以适应由于贸易带来的产业内部或者产业之间的工作转移。这种对教育的需求往往也是贸易自由化的一个好处。

各国、各地区一般都采取鼓励出口的贸易政策，因此以出口为导向的企业的生产规模较大，吸引的就业很多。进口部门主要是从国外进口生产资料或者原材料，来保证本部门生产的正常进行，虽然理论上不会额外增加很多就业，但是对

---

① Hiau Looi Kee, Alessandro Nicita and Marcelo Olarreaga, "Estimating Trade Restrictiveness Indices", World Bank Policy Research Working Paper 3840, February 2006.
② Isidro Soloaga, John S. Wilson and Alejandro Mejía, "Moving Forward Faster: Trade Facilitation Reform and Mexican Competitiveness", World Bank Policy Research Working Paper 3953, June 2006.
③ OECD, "The Benefits of Liberalising Product Markets and Reducing Barriers To International Trade and Investment", The OECD Economics Department Working Paper No. 463.

于本部门维持原有的就业规模起到很好的作用。如果没有全球范围内的资源支持，这一部门是无法维持正常生产和经营的。因此从这一角度来分析，促进进口的贸易政策同样对进口部门的就业做出了贡献。对于国内（地区）那些面对来自国外进口竞争的部门来说，一方面使得这类企业面对竞争有可能裁员增效，另一方面使得就业减少。贸易自由化往往导致该部门工作流失、使工作充满不确定性和不稳定性。虽然贸易自由化也可以为该部门带来就业机会，但那只是对高端人才有利①。

贸易政策体系对总就业的影响不明显。从理论上来讲，贸易增加了各国、各地区的福利，使得各国、各地区根据比较优势、资源禀赋理论生产可贸易的货物。这是吸收内部就业的一个重要方面，由于经济全球化的影响，越来越多的部门与贸易有关。但是贸易政策实施的结果有可能增加某些部门的就业，同时又会减少另一些部门的就业，因此贸易政策体系对整体就业水平的影响很难具体量化出来。不过可以从一个国家或地区各个时期失业率的大小，来间接分析研究贸易政策体系对其内部就业的总体影响。

3. 贸易政策体系对物价稳定和通货膨胀的影响

贸易政策体系可以影响货物和服务的流量，货物和服务在各国、各地区间的自由流动可以有效地调剂余缺，平衡需求总量可以有效地影响货物和服务的价格，从而可以影响内部的通货膨胀水平。但是不同的国家和地区贸易政策体系对物价和通货膨胀的影响不同。

4. 贸易政策体系对国际收支平衡的影响

贸易政策可以在短期内改变国际收支的经常项目。在国际收支极端不平衡的情况下，可以采取极端的限制进口的政策，来缓解经常项目的不平衡，但是贸易政策在长期来说对缓解贸易逆差的作用不大。因为这涉及内部产业结构的调整问题。但是贸易政策体系对经常项目的盈余的影响力却很大。一国或地区实施鼓励出口的政策，扶持内部产业，在内部形成有竞争力的生产能力，实行出口退税等鼓励政策，可以在长期内形成稳定的出口能力。从而保持国际收支经常项目的盈余。

资本项目其实与经常项目是相互联系的，要实现国际收支的平衡需要关注这两个项目。经常项目的逆差往往需要资本项目的顺差来弥补，反之则反。贸易政策实施后造成的贸易逆差，实质上是国际资本流入国内（地区），国际生产能力流向国内（地区），与之相对应的就是资本的流入顺差。否则国际收支就不可能实现平衡，如果一国国际收支长期无法实现平衡这种情况是不可持续的。

---

① Paolo Epifani, "Trade Liberalization, Firm Performance, and Labor Market Outcomes in the Developing World – What Can We Learn from Micro – Level Data?", The World Bank Development Research Group Trade May 2003.

(三) 贸易政策体系对产业发展的影响

安德鲁·柏格曼、布拉德福·延森及彼得·肖特在2003年的报告《降低贸易成本,不同企业和产业的动态分析》中认为,降低贸易成本(关税和运输成本)的产业会有更快的生产增长率。尼娜·帕吾尼克运用发展中国家和地区的数据研究发现,直接面对进口竞争的产业在贸易自由化以后有最大的生产增长率。美国国际贸易委员会的报告《贸易协定的影响:东京回合、美以 FTA、美加 FTA、NAFTA 和乌拉圭回合对美国经济的影响》,则研究了贸易协议对具体产业的影响,并指出大多数产业部门显著的产量变化与贸易政策没有直接的联系,贸易协议对部门产量的影响较之其他因素为小。而安德鲁·柏格曼、布拉德福·延森以及彼得·肖特2003年4月的论文《生存的最佳配合:低收入国家与美国制造业研究》指出,与从贫困国家和地区进口直接竞争的产业部门有较低的就业增长以及较高的企业倒闭比率。

在开放成员方内部市场的同时,采取一些保护本国、本地区市场的贸易政策措施,可以避免本国、本地区脆弱的产业体系遭到破坏,为本国、本地区的幼稚产业创造成长的时机,这本身就是对经济增长的贡献。当然这种贸易政策的有效性会因产业与国家和地区的不同而有所差异。比如在非洲保护性的贸易政策反而使其经济增长急剧下滑。世界银行在一份报告里指出:非洲只有调整其贸易政策,才能有效地增强其区域内产业出口竞争力和获得对外贸易带来的收益。[①]

(四) 贸易政策体系对成员方内部微观经济主体的影响

1. 贸易政策体系对成员方内部生产者的影响

运用企业层面数据的研究在国际贸易领域较少。大多数的研究采用产业层面的数据来研究贸易的影响,但忽略了不同企业如何对经济变化做出反应的不同。然而,已经开始有一些文章运用企业层面的数据来解释贸易及贸易政策对企业行为的影响。如美国国际贸易委员会《贸易协定的影响:东京回合、美以 FTA、美加 FTA、NAFTA 和乌拉圭回合对美国经济的影响》报告认为,多边协议较之区域优惠协议对美国经济贸易产生的影响更大;保守估计,若非这些贸易协议取消了一些可测度的贸易壁垒,美国的福利损失是560亿美元,相当于 GDP(2001年)的约0.6%。安德鲁·伯格曼和布拉德福·延森1999年的文章《异

---

① Francis Alexander Yeats, "Open Economies Work Better! Did Africa's Protectionist Policies Cause Its Marginalization in World Trade?", The World Bank International Economics Department International Trade Division, August 1996.

常的出口企业行为：原因、影响》指出，对于出口是否提高企业的长期生产增长率，还没有定论。

从现实情况来看，贸易政策最直接影响的变量就是经常账户余额，无论是贸易顺差还是逆差都可以对投资产生影响。如果是实施促进出口的贸易政策，可以增加成员方内部出口企业的投资规模，如果实施进口替代的贸易政策也有类似的效果。贸易政策自由化开放了本国市场，使成员方内部企业面临全球化的竞争，可以促使企业改善管理条件，提高技术研发能力，增强竞争力，同样可以增大对技术方面的投资。只是对具体企业而言，究竟是正的影响还是负的影响要看情况而定。世界银行关于贸易政策对研发（R&D）影响的报告指出，通过国际贸易渠道的研发和投资对企业生产率提高的总体贡献率在20%左右[1]。

2. 贸易政策对国内（地区）消费者的影响

首先，出口给国外的货物本身就是一种有效的国际需求，是国外对本国、本地区货物的消费。由于需求扩大，使得厂商扩大生产规模，实现规模经济效益，进一步降低成本，货物价格下降，反过来又会促进成员方内部消费的增加。消费者从中获得更多的货物和更低廉的价格，因此消费者的总体效用在提高。

其次，从国外进口来的货物可以满足成员方内部不同层次的需求，刺激成员方内部企业生产适销对路的货物，成员方内部产品供给增加会促使进口货物的价格下降，在其他条件不变的情况下，成员方内部居民对该货物的消费会增加。世界银行用GTAP（Global Trade Analysis Project）模型分析加入WTO和贸易政策自由化对俄罗斯家庭消费者的影响，发现俄罗斯的普通消费者的收益平均来说增加了7.3%（标准差为2.2%）[2]。

二、美国贸易政策体系对其经济贸易发展的影响

（一）美国贸易政策体系对其贸易增长和贸易结构的影响

通过对各年度美国贸易量变化的研究可以看出，贸易增长和贸易政策都呈现出明显的阶段性，部分时期贸易额增长得很快，部分时期贸易额增长很慢，还有某些阶段贸易额几乎停滞不前。从中可以推测出贸易政策体系对贸易增长的影响

---

[1] Wolfgang Keller, "How Trade Patterns and Technology FlowsAffect Productivity Growth", The World Bank Development Research Group September 1997.

[2] Thomas Rutherford, David Tarr and Oleksandr Shepotylo, "The Impact on Russia of WTO Accession and The Doha Agenda: The importance of liberalization of barriers against foreign directinvestment in services for growth and poverty reduction" World Bank Policy Research Working Paper 3725, October 2005.

是很直接的。

根据美国统计调查局（US Census Bureau）统计从 1960 年至 2006 年几乎半个世纪内，美国进出口贸易发展非常迅速。出口从 1960 年的 259.4 亿美元增加到 2006 年的 14 378.39 亿美元；而同期进口更是从 224.32 亿美元增长到 22 014.26 亿美元。除此之外，我们还可以看出在 1960 年出口是大于进口的，可是到了 2006 年时，进口却远远地超出了出口。按 2000 年美元价格计算，从 2001 年至 2004 年，美国出口量比上年分别增长了 6.3%、-4.5%、2.6%、8.8%，美国进口量比上年分别增长了 3.6%、3.4%、5.4%、10.8%。进口增长仍大于出口的增长，逆差占出口的比重仍达 80%，同样也就意味着除非美国的出口按 80% 的速度增长，才能维持目前的差距。否则，进出口之间的差距会越拉越大。

美国在区域层次上的贸易政策也对美国贸易增长起到了重要作用。自从 2001 年起，美国国会已经批准了与 12 个国家和地区建立自由贸易区的协定。2001~2005 年，美国对这些 FTA 内国家和地区的出口增速是对世界其他国家和地区出口增速的两倍。在 2005 年美国和其中的四个 FTA 伙伴国拥有 120 亿美元的货物贸易顺差，其中对这四个贸易伙伴出口 423 亿美元，进口 304 亿美元。下面从美国签订的四个 FTA 来说明美国区域贸易政策对贸易的影响（见表 7-1）。

表 7-1　　　　　　　　　FTA 对美国贸易的影响

FTA 协议	对美国贸易的影响
美国与约旦	2001 年开始实施，美国对约旦的出口已经增加了 90%；汽车出口在 2005 年已经达到 8 900 万美元，增长了约 1 700%；大米出口达到 3 500 万美元，增长 1 100%；玉米出口达到 2 300 万美元，增长了约 1 600%；电视机和无线电传输设备出口增长了 450%，达到 2 500 万美元*
美国与新加坡	从 2004 年美国与新加坡自由贸易协定实施以来，美国对新加坡的出口已经增加了 40 亿美元，增长率达 24.6%。其中成熟的出口市场是最大的受益者（2003~2005 年）：油轮出口从 8.14 亿美元增加到 13 亿美元；航空器部件从 6.35 亿美元增加到 9.21 亿美元；重型机械出口从 3.02 亿美元增加到 4.76 亿美元；视频和音频设备出口从 3.02 亿美元增加到 4.76 亿美元；同时一些新的市场机会也被创造出来了，比如：医药产品出口增加了 858%，在 2003 年仅为 2.65 亿美元；某些有机化学品达到 1.76 亿美元，增长 3 400%

续表

FTA 协议	对美国贸易的影响
美国与智利	2003年两国自由贸易协议实施时美国的出口只有27亿美元，到2005年已经达到了52亿美元，总体增长了90%。其中：石油（不包括原油）：2005年出口达8.587亿美元，比2003年净增8.053亿美元，增幅达1 508%；货车运输工具：2005年出口达到2.768亿美元，增加了2.2亿美元，增幅达到388%；小汽车和客车：2005年出口达到1.162亿美元，净增了6 340万美元，增幅达121%。1995年，美国占智利总进口的份额为25%，由于欧盟和墨西哥、加拿大都与智利谈判自由贸易协定，美国的份额进一步下降，到2003年只有14.5%，随着美国与智利自由贸易区协定的实施，美国的份额已经开始回升，2004年达到15.1%，2005年达到15.8%
美国与澳大利亚	在签署自由贸易协定的第一年，澳大利亚从美国的进口就增加了16亿美元，达到158亿美元。美国货物贸易顺差达到84亿美元；在2004年两国自由贸易协定实施前，美国有两种类别的产品对澳大利亚出口达到5亿美元；2005年美国已经有五类产品的出口超过5亿美元，还有六类新的产品出口超过一亿美元。特别是重型机械的出口增加了85%；油轮出口增加了69%；游艇和其他游乐船只出口增加了55%。2005年对澳大利亚农产品出口达到创纪录的5.53亿美元；猪肉出口达到4 820万美元；水果出口达到4 710万美元

注：* Office of the United States Trade Representative, "Trade Agreements Work for America", Trade Delivers, Benefits of Trade July 2006.

资料来源：根据USTR, "Trade Agreements Work for America", Trade Delivers, Benefits of Trade July 2006 整理。

美国历来重视贸易对经济增长的作用，所以在制定贸易政策的同时特别注意其对贸易结构的影响。通过实施与国内产业结构调整相配套的贸易政策体系，美国的贸易结构也得到了优化和升级。OECD在《来自产品市场、国际贸易和投资自由化的收益》的研究报告中，用GTAP模型就贸易自由化对美国贸易的影响进行了分析。贸易与投资自由化使美国贸易额正向变化8.21%（来自全要素生产率变化部分的为2.52%，来自关税递减影响部分的是5.69%），贸易条件变化为-0.79%（来自全要素生产率变化部分的为-0.26%，来自关税递减影响部分的是-0.53%）[1]。由此可见，贸易与投资自由化使美国的贸易额增加，无论是全要素生产率改变的部分，还是关税递减带来的改变部分

---

[1] OECD, "The benefits of liberalizing product markets and reducing barriers, international trade and investment in the OECD", Working Paper No. 463, 02-Dec-2005.

均为正,其中由于关税递减带来的贸易增加量更大,说明贸易与投资自由化以后,美国面对的世界贸易环境更加开放,但是,贸易和投资自由化也使美国的贸易条件恶化(见表7-2)。

表7-2　　　　　　贸易与投资自由化对美国贸易的影响　　　　　　单位:%

	贸易额变化率	贸易条件变化率
总体变化量	8.21	-0.79
全要素生产率部分	2.52	-0.26
关税递减影响部分	5.69	-0.53

资料来源:OECD,"The benefits of liberalizing product markets and reducing barriers",international.

(二) 美国贸易政策体系对其宏观经济的影响

1. 贸易政策体系对经济增长的影响

贸易政策对经济增长的影响主要体现在,通过实施适合经济发展的贸易政策,可以有效影响贸易的流向,提升本国贸易竞争力。而且随着经济全球化的发展,贸易和投资对于经济增长的拉动作用越来越重要。根据美国贸易代表办公室《贸易的好处》(Benefit of trade)研究发现,贸易促进经济增长、提供国内就业机会、提高生活水平、给美国家庭提供需要的物美价廉的货物和服务,在最近10年内,自由贸易促使GDP总量增长了约40%。

美国贸易政策的核心目的就是使贸易促进经济增长、增加就业、促进繁荣和保证安全。出于政治、安全和经济的原因,部分国外的市场过于封闭,美国的货物、农产品以及服务面临着各色各样的贸易壁垒。通过实施单边、双边、区域、多边层次的贸易政策,可以有效地降低美国企业所面临的贸易壁垒,给美国的农民、农场主、制造商和服务提供者,获得进入其他国家和地区市场的机会,而这些市场往往拥有世界上大部分的消费者。这对美国经济的增长和繁荣至关重要。当然美国也会采取技术性贸易壁垒措施来达到自己的目的,利用高技术标准来限制国外产品的进口。这些标准和技术要求往往成为国际贸易政策中最重要的部分也是争议较大的部分。尤其是检验程序和复杂的检验手续,对出口的影响高达3%~9%[①]。

---

① Maggie Xiaoyang Chen, Tsunehiro Otsuki, and John S. Wilson, "Do Standards Matter for Export Success?", World Bank Policy Research Working Paper 3809, January 2006.

下面对美国各个年代GDP以及进出口贸易进行具体分析，以从中看出贸易政策对经济增长的影响：

（1）在20世纪30年代之前，采取高关税政策，那时美国还只是一个发展中的大国，利用高关税可以保护国内新兴产业和市场，在一个相对没有外部冲击的稳定环境中，完成其发展经济所必需的资本原始积累。

（2）20世纪30年代，高关税政策虽然使得国内产业得到了暂时的保护和发展，但是也导致贸易战频繁发生，美国经济也深受其害。如果再实行封闭的贸易政策，将不利于经济的发展。由此开始逐渐降低关税，实施相对开放的互惠贸易政策。经济开始平稳恢复，不过这一时期的经济增长不完全是因为贸易政策的影响而有其特殊性，因为此时美国正在经历大萧条，经济处于动荡、调整和恢复中。也就是在此时，美国开始奉行政府干预经济的宏观调控政策，政府全面介入经济的发展。这一时期是一个转折，一个在国内经济学实践上的一个转折。开始将贸易政策作为国内经济政策的一部分。

（3）第二次世界大战后初期，由于美国在战争中经济得到了飞速发展，处于世界经济的领导地位。此时贸易政策对经济增长的作用，主要体现在美国把贸易政策体系作为确立起全球经济领导地位的一个重要手段，出于建立世界秩序的需要，美国在贸易政策上开始奉行自由开放的多边主义，典型的做法是建立布雷顿森林体系确立美元的世界货币地位，同时展开GATT多边贸易谈判，试图建立一个协调世界各国、各地区贸易的国际组织。此时的经济处于战后飞速发展期，贸易政策在经济的增长和美国全球地位的提升上起了重要作用，它为美国的国内企业打开了广阔的国际货物销售市场，使得美国的制造业发展迅速，国内经济繁荣，成就了美国经济发展的第一次高峰。

（4）20世纪60年代后期，由于日本、欧洲各国经济得到了恢复，开始挑战美国在全球经济中的地位，尤其是日本经济飞速增长，贸易增长更是迅速，世界经济出现三足鼎立局面。此时美国把贸易政策作为维护其世界经济领导地位的重要手段，为了维护自身优势地位，开始实行有管理的双边主义贸易政策。在必要时不惜采取单边报复行动。与日本、欧盟通过双边谈判施压，要求其开放市场、自愿限制出口以缓解其贸易收支不平衡。由于出口的拉动美国这一时期的经济总量增长较快。

（5）20世纪70年代，美国一方面向日本施压，另一方面向GATT缔约方施压使数量限制等"灰色区域"措施合法化，尤其是开始关注服务贸易领域；侧重促进出口，实行新的贸易保护主义，逐渐向公平贸易和战略性贸易转变，力图消除贸易壁垒，为货物和服务打开广阔的国际市场。

（6）20世纪80年代，反映在贸易政策上就是积极并且领导参与多边谈判、双边谈判。只有在必要时才实施单边措施施压;开始涉及与贸易有关的知识产权和对外直接投资问题;扶持高新技术出口。实行单边、双边、多边配合的多通道贸易政策,后来逐渐扩大"不公平"贸易做法的定义范围。

(7) 20世纪90年代,单边行动增加(尤其是301条款);批准"北美自由贸易协定";积极地有管理的贸易;以结果为导向的对日贸易政策;辅以驻外机构和财政支持中小企业和高科技企业,战略性贸易政策;继续强调自由和公平贸易;贸易政策强硬化,法律保护主义和贸易立法中治外法权主义趋势明显;青睐于行政手段管理贸易。这些政策有效地配合了其他经济政策,为经济的增长创造了条件。尤其是在1994年北美自由贸易协定生效时,美、加、墨的贸易开始迅猛增长,有效地拉动了经济增长①。

(8) 21世纪初,美国的双赤字和国内制造业工人的就业问题,促使布什政府采取了不少贸易保护主义的手段,来维护其政治和经济利益的最大化。区域和多边并重与双边单边同行,不过贸易政策的实施仍然取得了预期效果。

当然,美国的贸易政策体系并不是总是对经济增长有好处,其采取的某些限制进口和管制出口的贸易政策就会导致国内消费者和相关生产者利益受损,而且美国的关税结构设置使得实际保护程度远远大于名义关税水平。世界银行采用贸易限制指数(Trade Restrictiveness Indices,TRIs),对88个国家和地区的现存关税政策与其国内(地区)GDP福利损失的关系进行量化分析。结果发现,如果采用简单加权平均关税结构,美国的关税率是4%,而贸易限制指数却高达15%,每年造成国内GDP福利净损失约为70亿美元。②

2. 美国贸易政策体系对其国内就业的影响

通过实施单边、双边、区域、多边层次的贸易政策,美国有效地打开了国外封闭的市场,降低了国内企业所面对的国际贸易壁垒,使得贸易增长迅猛,国内产业也因此受益,对经济和就业产生重要影响。在最近10多年里,美国通过实施促进贸易的政策,自由贸易在促进GDP增长了约40%的同时,新增加了约1 600万的就业岗位。仅以2005年为例,在2005年美国的货物和服务出口总额1.3万亿美元,占GDP的10.04%,其中20%的GDP增长是靠出口实现的。贸易政策在促进经济增长的同时,也创造了更多、更好、报酬更高的工作机会(见表7-3)。

---

① UNCTAD, "Development and Globalization: Facts and Figures", 2004.
② Hiau. Looi. Kee Alessandro Nicita Marcelo Olarreaga, "Import Demand Elasticities and Trade Distortions" Development Research Group, The World Bank, Washington.

表 7-3　　　　　　　　　　美国贸易政策对各行业就业的影响

制造业	制造业的出口有效支持了大约 1/6 制造业岗位（美国商务部），估计有 570 万个工作（2005 年）
农业	农业出口支持了约 80.6 万人就业（2005 年，农业部）
服务业	美国 80% 的就业集中在服务业，很大的出口潜力，尤其是在多哈回合预期成功的情况下更是如此
出口部门的工资水平	美国出口部门的工资高于全国平均水平约 13% ~ 18%

资料来源：根据美国商务部、农业部资料整理而成。

其中，服务贸易政策的影响更是巨大。美国服务业是世界上最具竞争力的行业，国内服务市场是最开放的。通过积极推动多边谈判的政策，使各国、各地区签署了《服务贸易总协定》，给美国带来了巨大的机会：

（1）美国是世界上最大的服务出口国。服务出口已经占到美国出口总额的 1/3，国际服务市场为美国公司和雇员提供了机会。完全取消服务贸易壁垒可以为美国每年增加 4 500 亿美元的收入，每个四口之家增收达到 6 830 美元。[①]

（2）在过去的 10 年中美国的服务贸易出口已经增长了一倍。2004 年美国服务贸易顺差达到 480 亿美元（出口 3 400 亿美元），强劲的服务出口有效支撑了美国的高工资工作。[②]

（3）美国承诺给进入美国的国外投资者国民待遇，这些外资服务企业直接雇用美国工人达 300 万。[③]

下面我们就美国 1980 ~ 2007 年失业率与经常账户余额占 GDP 的比率（因为贸易政策对该变量的影响最直接）两个变量的关系做一下简单线性回归分析，从中可以直观地看出贸易政策对就业的影响。

变量选取：自变量是经常账户余额占 GDP 的比率，因变量是失业率。之所以选择经常账户余额占 GDP 的比率这一变量，是因为该变量受到贸易政策的影响最直接，属于直接受影响的变量，因此把其作为变量和需要研究的其他变量，可以从一个侧面看出贸易政策对相关变量的影响是否明显，以下各部分均采用这一变量。利用 SPSS 软件简单线性回归的结果如下：

[①②③] Office of the United States Trade Representative, "The General Agreement on Trade in Services (GATS): Promoting Export Opportunities with Rules that Work for States", Trade Facts, May 2006.

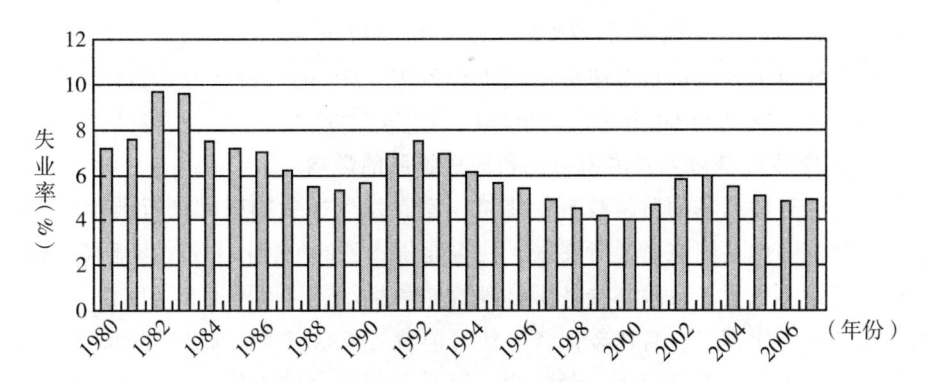

图 7-2 1980~2007 年美国失业率状况

资料来源：IMF World Economic Outlook Database and National Account.

模型结果

模型	R	R 平方	调整 R 方	标准差
1	0.564（a）	0.318	0.292	1.21677

a 预测：(常数)，比率系数 s（a）

模型		非标准的系数 s		标准的系数 s	t	Sig.
		B	标准差	Beta		
1	（常数）	7.190	0.385		18.671	0.000
	比率	0.398	0.114	0.564	3.483	0.002

a Dependent Variable：失业率。

从回归的结果可以看出，经常账户余额与美国失业率的关系并不紧密，R 值仅为 0.564。简单相关系数为 0.398，说明经常账户余额占 GDP 的比率每增加 1 个百分点，失业率平均来说将改变 0.398 个百分点。因此，美国的经常账户占 GDP 的比率和失业率的相关性不大，没有证据表明二者有因果关系，也就是说贸易政策实施的结果对美国的失业率的改变并不大。以自愿出口限制为例，在 20 世纪 80 年代，日本汽车被迫达成"自愿出口限制"（Voluntary Export Restraint，VER）。它们将"自愿"降低对美国的汽车出口数量，一般的美国消费者认为，这是美国贸易谈判代表的胜利。但是 1984 年，日本进口车要比没有 VER 时贵 2 500 美元，并且进口车的较高的价格，使得美国汽车生产商可以将国内汽车价格提高 1 000 美元。[①] VER 贸易政策确实成功地挽救了美国的就业；但

---

① 罗伯特·克兰德尔（Robert Crandall）：《进口配额和汽车产业：经济保护主义的成本》，载《布鲁金斯评论》1984 年夏季刊，转引自哈尔·R·范里安：《微观经济学：现代观点》，上海三联书店、上海人民出版社 2006 年版。

是事实上所挽救的每个就业岗位的成本为每年 160 000 美元。① 而且贸易自由化政策往往会导致国内与进口竞争部门的工作流失，IIE 的一份研究报告认为，在 1979~1999 年，大约有 64 万进口竞争部门的工人失业。②

3. 美国贸易政策体系对国内物价和通货膨胀的影响

通过实施开放市场的贸易政策，使得国家在发生通货膨胀时进行国际转移。由于在全球范围内共同应对通货膨胀，使得通货膨胀的危害性和持续时间都在减弱。美国通过实施贸易政策，维护了自身贸易利益，同其他国家和地区保持了正常的贸易关系，发挥了自身比较优势，使得消费者可以获得更加物美价廉的货物和服务，对国内物价上升起到抑制作用。贸易不仅从整体上给美国带来了繁荣，而且对每个家庭都带来了更多可选择的物美价廉的货物——从食品到家具、从电脑到汽车③。

当然贸易政策也可能导致通货膨胀，如 20 世纪 30 年代之前的高关税政策，使得国外货物很难进入美国国内，物价上涨很快，导致通货膨胀。20 世纪 70 年代对石油进口的大量依赖，也是不恰当的能源贸易政策所致。克林顿上台时，推行出口扩展计划，实施相对自由的贸易政策，通过给予中国正常贸易关系地位，使得中国大量的物美价廉的货物进入美国市场，给美国的老百姓带来了实惠。也有效地支撑了美国经济结构的转型阵痛，以及有效降低了美国的物价水平。如果没有相对自由的贸易政策的实施，价格相对便宜的中国货物就进入不了美国市场。美国也就不可能保持低通胀、低失业和高增长。

美国贸易政策体系从 20 世纪 30 年代的高关税封闭贸易政策，发展到目前相对自由的贸易政策，且随着贸易政策体系的自由化，美国的通货膨胀率也在持续下降。如下图所示：

下面对通货膨胀指数和经常账户余额做一下回归分析，看看其结果如何：

回归结果

模型	Variables Entered	Variables Removed	Method
1	经常账户（a）	.	Enter

a All requested variables entered.

b Dependent Variable：通货膨胀。

---

① 哈尔·R·范里安：《微观经济学：现代观点》，上海三联书店、上海人民出版社 2006 年版。
② Institute for International Economics，"Job Loss From Imports：Measuring the Costs"。
③ Office of the United States Trade Representative，"Trade Delivers Growth，Jobs，Prosperity and Security at Home"，Benefits of Trade，July 2006.

模型结果

模型	R	R Square	调整 R 方	标准差
1	0.846（a）	0.716	0.705	11.43858

a 预测：（常数），经常账户。
b 因变量：通货膨胀。

系数 s（a）

模型		Un 标准的系数 s		标准的系数 s	t	Sig.
		B	标准差	Beta		
1	（常数）	67.827	2.950		22.996	0.000
	经常账户	-0.064	0.008	-0.846	-8.092	0.000

a 因变量：通货膨胀。

从输出的结果可以看出，二者关系比较紧密，R 值为 0.846，相关系数为 -0.064，表明经常账户余额每增加一个百分点，通货膨胀指数平均来说将下降 0.064 个百分点。这也可以从理论上得到验证，因为经常账户余额反映的主要是贸易情况，经常账户余额增加说明出口超过进口，出口增加可以输出本国的通货膨胀，通过相互贸易使得国内的通货膨胀国际化，并最终可以降低国内通货膨胀的程度。因此贸易政策在影响通货膨胀方面具有一定作用。

4. 美国贸易政策体系对国际收支平衡的影响

美国国际收支持续逆差，实际上，美国的贸易逆差与贸易政策并没有多少联系。美国劳工部的经济学家罗伯特·谢尔伯恩对各种经济理论进行研究后认为"贸易政策对储蓄和投资的影响不大，因而对贸易平衡的影响也不大[①]"。经常账户逆差表面上看是贸易政策决定的，实质上是由流入和流出一国的投资决定的，正是这些投资形成了出口能力，而这些流量则由一国居民储蓄和投资这两个变量决定，贸易政策对这两个变量的影响很小（储蓄 - 投资 = 出口 - 进口）。因此如果国内储蓄和投资总水平不变，国际收支经常账户逆差的状况就很难发生变化（见图 7 - 3）[②]。

---

① 胡国成：《对美国贸易逆差的认识》，载《21 世纪的美国经济发展战略》，中国城市出版社 2002 年版。

② Robert C. Shelburne, "The Macroeconomic of commercial policy and the Trade balance: A Policy Perspective," International Trade Journal 10, No. 1 (Spring 1996).

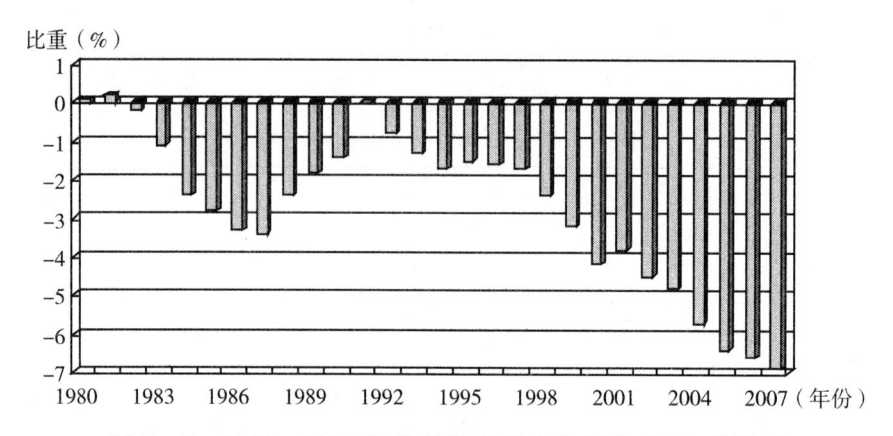

图 7-3 1980~2007 年美国经常账户余额占 GDP 的比重

资料来源：IMF World Economic Outlook Database and National Account.

（三）美国贸易政策体系对其产业发展的影响

1. 农产品贸易政策对农业的影响

为扩大出口，美国政府制定了"扩大出口计划"，并采取了一系列措施：首先，向农产品出口商提供出口补贴降低出口价格，增强其在国际市场上的竞争能力。其次，通过向进口国提供各种形式的贷款和贷款保证，或以易货等方式开拓海外市场；再其次，通过双边或多边谈判和协议，促使贸易伙伴国降低关税和非关税壁垒，疏通扩大农产品出口的渠道。同时，利用进口配额、检疫制度等非关税壁垒直接限制进口，以保护本国的农业。这些举措大大地提高了农产品的生产总量和进出口规模，对农业发展成效显著。

2. 纺织与服装贸易政策对纺织与服装业发展的影响

自从纺织和服装回归多边贸易体系后，发展中国家和地区充分发挥劳动力资源比较优势，大力发展服装和纺织业，美国则成为主要进口市场。发展中国家和地区纺织和服装品的大量涌入，使得美国长期逆差。面对全球纺织和服装品的大量进口，再加上美国本产业自身不断加强技术升级，导致美国国内纺织和服装企业大批倒闭。就业人数从 1990 年的 163 万减少到 2005 年的 65 万，其中纺织业从 70.1 万下降到 39 万，服装业从 92.9 万下降到 26 万，服装业就业人数的下降幅度最大。①

3. 汽车贸易政策对汽车业发展的影响

美国根据各国进出口数量来集中制定和实施汽车贸易政策。对经济关系比较紧密的国家如加拿大和墨西哥，或对美国出口汽车较少的区域如西欧，即使出现

---

① NBER, Working Paper Series, JimLevinsohn, Wendy Petropoulos.

暂时的汽车贸易不平衡，美国也不会采取制约措施。但对于大量占有其国内市场的国家如日本，美国通过签署美日汽车贸易协议，迫使日本从原来以出口为主的汽车贸易战略转变为投资发展战略。政策限制的对象主要是威胁本国市场或交易规模大的国家和地区。①

在区域合作方面，早在1965年，美国与加拿大签署的《美加自由贸易协议》第10章专门涉及有关汽车产品贸易自由化方面的协议。在这个协议下，美国与加拿大形成了汽车产业一体化的制造和销售体系。1994年，墨西哥进入美加自由贸易体系，形成北美自由贸易区。在北美自由贸易协议中，附件300专门形成了汽车贸易协议，主要是美国和墨西哥所达成的汽车贸易协议。墨西哥的进入使北美三个国家的汽车产业一体化进一步深化。② 美国与加拿大、墨西哥的汽车贸易大大增加。

在双边层面，美国和日本在1995年签署《日本政府和美国政府关于汽车和汽车零部件的措施》，这是世界上迄今为止唯一的一个关于汽车贸易方面的专门协议。该协议的基本目标是日本政府要消除影响国内市场准入的各种问题，促进外国汽车和汽车零部件进入日本，同时要求日本企业和海外工厂扩大对外国汽车零部件的采购量。但是该协议的实施并没有给美国汽车业带来预期效果，反而使对日本汽车的进口继续增加。

（四）美国贸易政策体系对其国内微观经济主体的影响

1. 美国贸易政策体系对生产者的影响

美国公司凭借其先进的技术水平、成熟的管理系统、完善的管理经验和技巧、灵活的资本运营以及庞大的资本在世界上非常具有竞争力，但其有一个致命的弱点就是美国的劳动力成本过高，尤其在劳动密集型产品和服务行业，导致美国的货物和服务在国际市场上丧失了竞争力。最有效的解决途径就是公司的全球化经营，在全球范围内寻求廉价资源，进行资源的优化配置，使其产品和服务更具有竞争力。美国企业要进入国际市场，进行跨国经营，就必须要求有稳定的国际环境，可以预测的国际贸易政策体系，面对这种情况，其首先解决的就是市场的准入问题。为此目的，美国在多边、区域和双边层面上实行了促进企业进入世界市场的政策，这些贸易政策的实施为美国企业进入全球市场获得利益创造了条件。下面以美国公司沃尔玛（Wal-Mart）的全球扩张为例分析贸易政策体系对国内微观经济主体（企业）的影响（见表7-4）。

---

① USTR, "National Trade Estimate Report on Foreign Barrier 2000", 2000, 3.
② 张明：《区域贸易协议下汽车贸易和投资效应》，复旦大学出版社2006年版。

表7-4　　　　　　　　沃尔玛百货有限公司全球扩张情况

年份	全球扩张情况
1962年	首家商店开业（阿肯色州）
1983年	首家山姆成员商店开业（俄克拉何马州）
1988年	首家购物广场开业（华盛顿）
1991年	首家国际分店开业（墨西哥城），经过四十余年的发展，沃尔玛百货有限公司已经成为美国最大的私人雇主和世界上最大的连锁零售商,*借与墨西哥开始谈判自由贸易的机遇，11月进入墨西哥，开始了其跨国并购和扩张的路程
1992年	进入波多黎各
1994年11月	根据美加自由贸易协定进入加拿大
1995年11月	根据WTO《服务贸易总协定》阿根廷和巴西开放零售业进入两国
1996年8月	借与中国谈判加入WTO进入中国
1998年1月	根据WTO《服务贸易总协定》开放零售业进入德国
1998年7月	根据WTO《服务贸易总协定》开放零售业进入韩国
1999年7月	根据WTO《服务贸易总协定》开放零售业进入英国
2002年3月	根据WTO《服务贸易总协定》开放零售业进入日本，沃尔玛收购西友公司37.8%的股份，进入日本市场。西友是日本主要的零售商，在日本有400多家店
2007年	沃尔玛在全球十几个国家和地区开设了超过6 700家商场，员工总数180多万。在世界500强企业中，沃尔玛公司8次在营业额排名中位居第一

注：*表示数据来自沃尔玛公司。

从沃尔玛的例子可以看出，美国公司以技术、管理、资本优势借助多边、区域、双边贸易政策体系提供的稳定的制度安排和法律框架，以及稳定的国际政治和经济环境，使国际市场准入门槛不断降低，在全球范围的扩张日益加速。

2. 美国贸易政策体系对消费者的影响

贸易政策对消费者的影响比较复杂，因为消费者比较分散，同一个政策措施对于不同的消费者会有不同的影响。一方面贸易自由化使得进口货物的价格下降，国内消费者受益。另一方面，某些限制进口的贸易政策又可能使得货物价格上涨，危害消费者的利益。仅以汽车消费为例，1981年，美国要求日本限制其向美国出口汽车的数量。这一举动导致美国国内进口车的价格上涨，并且迫使消费者购买他们明显不太喜欢的国产车。① 日本进口车要比没有 VER 前贵 2 500 美元，并且进口车的较高的价格使得美国汽车生产商可以对他们生产的汽车比通常情况下多索要 1 000 美元。②

美国贸易代表办公室 2006 年 7 月的研究报告《贸易带来增长、工作、繁荣和安全》指出，得益于 1945 年以来的贸易自由化，今天美国每年可以多收入约 1 万亿美元，每个家庭可以平均多收入 9 000 美元。③ 仅仅两个主要的贸易协议——北美自由贸易区和乌拉圭回合协议，就可以为四口之家每年带来 1 300 ~ 2 000 美元的收益。④ 如果全球贸易壁垒继续消除的话，美国每年可以净增收入 5 000 亿美元，每个家庭多收入 4 500 美元。⑤

OECD 在《来自产品市场、国际贸易和投资自由化的收益》中，用 GTAP 模型就贸易自由化对美国整体福利的影响进行了分析。因为全体国民都是消费者，对全体国民的福利影响，从一个侧面表明了贸易自由化对大多数消费者总体福利的影响。贸易与投资自由化给美国带来了大约 857 亿美元的福利（来自全要素生产率变化部分的为 1 024.71 亿美元，来自关税递减影响部分的是 – 167.7 亿美元），人均福利增加 0.93%（来自全要素生产率变化部分的为 1.12%，来自关税递减影响部分的是 – 0.18%）⑥（见表 7 – 5）。

表 7 – 5　　　　　　　贸易与投资自由化对美国福利的影响
（GTAP 模型结果）

	福利影响（百万美元）	人均福利变化（%）
总体变化量	85 701	0.93
全要素生产率部分	102 471	1.12
关税递减影响部分	– 16 770	– 0.18

资料来源：OECD, "The benefits of liberalising product markets and reducing barriers, international trade and investment in the OECD", Working Paper No. 463, 02 – Dec – 2005.

---

① Paul R. Krugman, "International Economics: Theory and Policy", Addison Wesley Longman, Fifth Edition.
② 罗伯特·克兰德尔（Robert Crandall）：《进口配额和汽车产业：经济保护主义的成本》，载《布鲁金斯评论》1984 年夏季刊，转引自哈尔·R·范里安：《微观经济学：现代观点》，上海三联书店、上海人民出版社 2006 年版。
③④⑤　Office of the United States Trade Representative, "Trade Delivers Growth, Jobs, Prosperity and Security at Home", Benefits of Trade, July 2006.
⑥　OECD, "The benefits of liberalising product markets and reducing barriers, international trade and investment in the OECD", Working Paper No. 463, 02 – Dec – 2005.

三、欧盟贸易政策体系对其经济贸易发展的影响

（一）欧盟贸易政策体系对其贸易增长和贸易结构的影响

从历史的角度来看，欧洲各国对国际贸易的依赖程度很高。从货物和服务贸易占 GDP 的比重来看，欧盟各国均大大高于美国和日本。从进口渗透率指标来看也是如此。欧盟实施共同的对外贸易政策，成员国之间相互降低关税，减少了关税和市场保护措施，使区域内贸易增加。从统计数据来看，根据 WTO《2007 年国际贸易统计》，不论是农产品还是制成品，欧盟最大的供应国（地区）是其成员国，欧盟各国前几位进口货物的主要进口来源也是来自其他欧盟成员国。

（二）欧盟贸易政策体系对其宏观经济增长的影响

1. 贸易政策体系对经济增长的影响

欧盟实行统一的对外贸易政策后，欧盟各国间以及对世界其他国家和地区的出口增加。贸易政策在整个欧盟的运行中，起了核心作用。下面分阶段考察贸易政策体系对经济增长的影响：

（1）煤钢共同体阶段。初期 1951 年欧洲煤钢联营共同体成立，煤钢共同体取消了六国间两种产品的不同价格，建立了基础价格制度，刺激了两种产品的贸易，而且也带动了其他产品贸易。整个 20 世纪 50 年代，共同体内部贸易的发展快于与其他非成员国贸易的增长。共同体内的贸易从 1952 年到 1957 年增长了 171%，同期的产量只增长 43%，与非成员国的贸易增长 51%。

（2）自由贸易区阶段。1958 年欧共体成立后，1960 年由英国倡议、丹麦、瑞典、挪威、葡萄牙、奥地利和瑞士等国成立了欧洲自由贸易区（EFTA），该自由贸易区一直存在到 1995 年，除挪威外都成为欧盟的成员。该阶段实行的贸易政策是对内实行自由贸易，对外各自保持自己国家的关税和贸易政策。在该阶段欧盟还没有一个统一的对外贸易政策，此时欧盟主要是推动区域内各经济体的自由贸易，贸易政策使得各国的货物流通更加顺畅，消除了关税等贸易壁垒，各国的经济增长迅速。该阶段主要是产生贸易创造效应。

（3）关税同盟阶段。在这一发展阶段，欧盟开始有了统一的对外贸易政策，对内实行自由贸易，对外则实行统一的贸易政策，最重要的是实行统一的关税政策。该阶段贸易政策既产生贸易创造效应，又产生贸易转移效应。区域内各国所获得的主要是贸易创造效应，各国贸易增长迅速。加之由于对内自由对外统一关税，使得区域内各国的外商直接投资增加，因为 FDI 只要进入其中的一个国家就

可以拥有整个欧盟市场，因此从这一角度来讲，此时的贸易政策对欧盟各国经济增长都很有利。欧盟六国结成关税同盟后，生产专业化程度提高得很快。例如在家用电器方面，可以在区域内部的意大利购买、咖啡机从德国购买、法国供应粮食处理机、比利时供应洗衣机等。生产者的市场扩大了，规模经济效益也就很明显。

（4）共同市场阶段。1993年1月1日统一大市场正式启动，该阶段欧盟内都在关税同盟的基础上，使得货物、服务、资本、人员所有生产要素均自由流动。除个别特例外，区域内实现了真正的全方位的自由贸易。欧盟统一大市场的形成最直接的意义就在于生产要素的自由流动，各国之间的货物、资本、人员、服务可以如同在一个国家一样畅通无阻而不存在任何障碍，最终打破了成员国民族疆界，使资源在更大范围内得以优化配置。经济边界的消除意味着企业交易成本的大幅度下降，利益一致形成的部分经济主权让渡，减少了互斥性、增加了相容性①。

从1961~1990年30年间，欧共体每10年的平均出口增长率对区内和区外分别增长了13.15%和10.03%；欧共体每10年平均进口增长率对区内和区外分别增长了13.13%和10.51%，无论是对区内还是对区外的增长幅度都是比较高的。欧共体在全球贸易的比重的提高主要是依靠其内部贸易来实现的②。

另外，中欧和东欧的一些国家由于加入或者正在申请加入欧盟，它们对于欧盟内部其他成员的贸易已经开始迅猛增长，有效地推动了其国内经济的发展③。

（5）经济联盟阶段。该阶段不仅是贸易政策的一体化，而且经济政策也实现了一体化，各国经济实现了融合。此时各国统一的对外贸易政策更加强调对区域内经济的影响，保护主义加强，对个别行业比如农业实行特别保护。对区域内没有比较优势的产业实行歧视性的贸易政策产业政策。

下面从1990年以后的欧盟15国④国内生产总值和进出口的变化情况入手，分析贸易政策变化前后对欧盟经济增长的影响。欧盟经济增长的变化率和进出口变化率，从整体上来说存在惊人的相似性。在1993年以前，经济增长率、进出口增长率一直呈下降趋势，这一年欧盟真正成为"经济联盟"，简称欧盟。就在

---

① 张汉林：《强国之路——经济全球化与中国的战略及政策选择》，对外经济贸易大学出版社2001年版，第104页。

② 赵俊杰：《21世纪的欧盟经济发展战略》，中国城市出版社2002年版。

③ United Nations Conference on Trade and Development, "Development and Globalization: Facts and Figures", 2004.

④ 实际上在1990~1995年期间欧盟是12国，2004年5月1日后扩大为25国，为了统计数量上比较的需要本图表只采用其中15国数据。

欧盟成为经济联盟的第二年，也就是1994年，欧盟15国的对外贸易总额达28 500亿美元，约占全球贸易总额的48%，是美国的2.4倍，日本的4.3倍。欧盟内部贸易占对外贸易总额的比重从58%进一步上升至63%①。经济增长率开始提高，贸易量也在此时开始急剧增加。这一阶段，欧盟贸易政策的最大变化就是，从原来的共同市场升格为经济联盟，实现了货物、资本、服务、人员的自由流通，并且对盟内各国经济贸易政策进行协调，在经济贸易政策上实现趋同化发展。正是这一贸易政策的巨大变化，带来了随后几年欧盟贸易额的增加，在2002年开始成为最大的外商直接投资流出的经济体，达到3.4万亿美元，是美国的2倍②。

欧盟贸易政策体系对经济增长影响的变化最突出的是2004年，欧盟扩大为25国以后，原来的欧盟15国经济增长由2001年以后的低迷状态恢复过来，进出口增长率均超过6%（其中出口增长6.6%，进口增长6.7%），经济增长率显著提高，2004年达到2.2%。关于这个问题WTO在2007年2月26日至28日发布的《欧盟贸易政策审议》中也认为，欧盟经济已经从2001~2003年的衰退中恢复过来，经济增长强劲。其中最重要的原因就是经济受到私人投资和出口的推动③。

2. 欧盟贸易政策对就业的影响

就业在欧盟内部具有非常重要的政治含义，因此就业市场的关注也成为欧盟制定许多政策的核心目标④。最明显的例子就是"共同农业政策"的实施，欧盟每年对农业的补贴占财政支出的很大比例。目的是确保各成员国粮食能够自给自足，并保证农业不受诸如气候、土地等无法控制的因素影响导致收入减少，使太多的农村家庭离开其耕耘的土地⑤。从1997年到2003年，欧盟15国总就业增长率虽有波动，但都是呈现出正的增长率。也就是说国内就业岗位在增加。欧盟25国在1994年就业负增长以后，开始呈现出正的就业增长率。这和1993年以后欧盟贸易政策的一个重大变革有关。

3. 贸易政策体系对通货膨胀的影响

欧盟本质上就是一个协调盟内各国经济政策的契约，因此欧盟成立本身就是贸易政策的调整与形成，欧盟成立的过程就是贸易政策体系起作用的过程，

---

① 王鹤主编：《欧洲一体化对外部世界的影响》，对外经济贸易大学出版社1999年版，第2~3页。朱淑娣：《欧盟经济行政法通论》，东方出版社2000年版，第319页。
② UNCAD, "Development and Globalization: Facts and Figures", 2004.
③ Press Release: Press/Tprb/278, "Trade Policy Review: European Communities", 26 and 28 February 2007.
④ European Communitees, "Europe in figures Eurostat yearbook 2005", 2005.
⑤ 赵俊杰：《21世纪的欧盟经济发展战略》，中国城市出版社2002年版。

这在贸易政策对通货膨胀的影响中最为明显。欧盟在马斯特里赫特条约，也就是欧盟的入盟条约中规定，凡是加入欧盟的国家，通货膨胀率要达到一定的指标要求。《马斯特里赫特条约》对实现欧洲经济货币联盟第三阶段标准的规定是，凡候选国必须达到以下三项指标：第一，公共赤字控制在占 GDP 的 -3% 以内；第二，公共债务控制在占 GDP 的 60% 以内；第三，通货膨胀率控制在 2.7% 以内。

正是这样的契约要求，使得欧盟整体和各成员国政府预算赤字和通货膨胀率在 20 世纪 90 年代后期持续下降。除了在加入欧盟时有一个总体的通货膨胀指标要求之外，在具体的政策执行中，又从技术上采取协同消费价格指标体系（The Harmonised Indices of Consumer Prices，HICPs）来保证政策的有效性。该体系包括三部分，其中消费物价指数包括所有成员，欧盟成功地利用各种政策保持了物价稳定，抑制了通货膨胀[1]。在 1999 年仅为 1.7%，在 2000 年通货膨胀率又有抬头，接近 2%，一直持续到 2005 年。不过总体通胀率很低。

4. 欧盟贸易政策体系对国际收支平衡的影响

欧盟的国际收支并无明确统计，各国在入盟时就对国际收支的指标进行限制，使得各个国家国际收支波动不会过分偏离于总体经济状况。从这个角度来说，欧盟的贸易政策体系从一开始就对其成员的国际收支进行了政策规范。

（三）欧盟贸易政策体系对其产业发展的影响

对于一体化是否会提高各国产业的专业化分工程度，在学术界并不统一。阿奎那（1978）[2]认为在 1951~1974 年间，欧洲的专业化分工降低了或者说是并没有发生变化，Sapir（1996）[3]认为从 1977 年到 1992 年，德国、意大利和英国的专业化程度保持不变，法国的专业化程度自 1986 年则有所提高。相反，荷尼（1990）[4]、格林纳威和荷尼（1991）[5]则认为 1980~1985 年间欧洲的专业化程度

---

[1] European Communitees, "Europe in figures Eurostat yearbook 2005", 2005.

[2] Aquino, A. (1978), "Intra - Industry Trade and Inter - Industry Specialization as Concurrent Sources of International Trade in Manufactures", Weltwirtschaftliches Archiv, 114, 275 - 96.

[3] Sapir, A., (1996), "The Effects of Europe's Internal Market Programme on Production and Trade: A First Assessment", Weltwirtschaftliches Archiv.

[4] Hine, R.C. (1990), "Economic Integration and Inter - industry Specialisation", CREDIT Research Paper 89/6, University of Nottingham.

[5] Greenaway, D. and Hine, R.C. (1991), "Intra - industry Specialization, Trade Expansion and Adjustment in the European Economic Space", Journal of Common Market Studies, 29 (6), December, 603 - 22.

有所提高，艾米提（1997）①考察了1968～1990年的数据也认为欧洲国家的专业化程度在提高。问题在于，这些研究测度专业化程度的方法各不相同，采取的数据也不尽相同，其结果自然也不相同。

欧委会发布的《1999年欧洲产业竞争力报告》指出②，有证据显示生产的专业化程度提高了，尤其是对于一些大国的大的产业，例如德国的汽车业、意大利的机械业、英国的食品业。但是，对于一些小国，生产的专业化程度并没有提高的迹象。爱尔兰是一个例外，其专业化生产集中于研究和技术密集型产业，劳动密集型产业所占的份额已经很低了。总体而言，专业化的趋势并不是普遍的，也并不显著。欧洲中央银行2004年的一份报告也承认了这一点。③

总之，大多数的研究认为欧洲的专业化分工程度有所提高，至少是保持不变，但是，产业的集中度并没有相应提高，甚至出现下降。这是由于小国较之大国增长得更快的缘故。20世纪70年代初期，欧共体63%的制造业集中于英国、法国和德国（三国人口占欧共体约52%），到1994～1997年间，该比例降至58.7%。南欧国家（意大利、希腊、葡萄牙和西班牙）的份额逐步上升，从19.9%上升到24.6%。其他小国如奥地利、芬兰和爱尔兰的份额也在逐步上升，从3.8%上升到5.3%。④

对于欧共体五大部门：化学、机械、食品、汽车、金属制品，1988～1998年，产量所占份额提高了2.2%，这使大多数国家的专业化率相应提高。但对于产业的地理集中度而言，由于小国的增长速度很快，大国所占的份额相对下降，这些产业的集中度也会下降。⑤伯库哈塔和奎格（2005）⑥对1975～2000年的数据分析也发现，总就业的地域集中并没有大的变化，制造业的集中度在相对下降；服务业较之制造业和农业更为集中，但运输和电信业的集中度在降低，金融、分销及其他一些服务业的集中度则没有大的变化。

总之，由于欧盟内部国家大小不一，产业发展程度也不相同，产业的集中度是否会按照理论上的假设那样趋向提高，还有待时间的进一步检验。

---

① M. Amiti, "Specialisation Patterns in Europe", Centre for Economic Performance, Discussion Paper No. 363, September 1997.

②⑤ European Commission, "The Competitiveness of European Industry 1999 Report", Working Document of the Services of the European Commission, Paris, 29 February 2000.

③ European Central Bank, "Sectoral Specialisation in the EU A Macroeconomic Perspective", Occasional Paper Series, No. 19, July 2004.

④ K. H. Midelfart - Knarvik, H. G. Overman, S. J. Redding, A. J. Venables, "The Location of European Industry", Report prepared for the Directorate General for Economic and Financial Affairs, European Commission, Feb. 2000.

⑥ Marius Brqlharta, Rolf Traeger, "An Account of Geographic Concentration Patterns in Europe", Regional Science and Urban Economics 35 (2005) 597 - 624.

(四) 欧盟贸易政策体系对其微观经济主体的影响

1. 贸易政策体系对生产者的影响

（1）FDI 的流入使企业获得竞争效应和技术溢出效应。欧盟贸易政策的协调和实施降低了欧盟企业的营商成本，而没有降低非欧盟企业的成本，从而改变了欧盟企业和非欧盟企业在欧盟市场上的竞争力。[①] 因而，许多欧洲自由贸易联盟（EFTA）国家[②]的企业决定成为欧盟的企业，从而导致了直接投资从 EFTA 国家流入 EU 国家。[③] 而且，自 1989 年之后，EFTA 国家的总投资下降很快，而欧共体的净 FDI 流入增长很快，尤其是新加入欧共体的两个国家（西班牙和葡萄牙）净 FDI 流入增长尤其快。导致这一现象的因素很多，但常被提及的就是单一市场计划。[④]区域一体化使得区域内投资增多，企业从中得到了技术溢出效应，碧丽欧和科科拉（1998）对此问题进行研究后得出三个结论：一是当地企业通过模仿外资企业采用的技术，来改进自己的生产效率；二是外资企业的进入导致当地经济的竞争程度增强，当地企业被迫提高现存技术和资源的利用效率；三是竞争迫使当地企业去寻找新的、更有效率的技术[⑤]。

（2）对中小企业贸易政策方面的扶持，促进了其快速发展。欧盟实施经济一体化以后，出于平衡区域内经济发展和增强竞争能力的需要，加大了对中小企业的政策性支持。

（3）部分贸易保护措施的实施使某些企业受益。欧盟长期以来对纺织品和服装实施配额和关税等限制进口的贸易政策，即便是根据《纺织品与服装协议》（ATC）的规定，自 2005 年 1 月 1 日起全面取消配额限制后，仍然对纺织品和服装的进口采取限制措施。正是配额和关税政策的实施，保护了纺织品和服装生产商在区域内的市场份额，使其在没有比较优势的情况下得以继续生存。而且，欧盟对纺织品和服装进口的限制，导致其和贸易伙伴贸易纠纷不断，一些和纺织品进出口有关的商业企业利益受到很大损害，付出了高昂的应诉成本，以及由于没有及时达成协议，纺织品出口商为了尽早出关付出了高昂的运输成本[⑥]。加之这些限制措施的

---

①④ Richard E. Baldwin, Rikard Forslid, Jan I. Haaland, "Investment Creation and Investment Diversion: Simulation Analysis of the Single Market Programme", 14 August 2004.

② 包括奥地利、芬兰、冰岛、挪威、瑞典、瑞士六国。

③ Oxelheim, Lars, (1994) "The global race for foreign direct investment", Springer – Verlag.

⑤ Blomstrom, Magnus and Ari Kokko, (1998), "Foreign Investment as a Vehicle for International Technology Transfer", in Giorgio Barba Navaretti, Partha Dasgupta, Karl G. Maler, and Domenico Siniscalco, eds., "Creation and Transfer of Knowledge: Institutions and Incentives", Heidelberg and Berlin: Springer Verlag.

⑥ 李善同、何建武：《后配额时期中国、美国及欧盟纺织品贸易政策影响分析》，国务院发展研究中心发展战略和区域经济研究部，2006 年 12 月 7 日。

不确定性增强,使得相关企业很难预期到政策方向和市场环境。比如2005年,由于政策的不确定性和进出口周期性因素的影响,使得大量纺织品和服装积压在欧盟港口,虽然问题得到了解决,但是对相关企业造成的经济损失不容低估。

2. 贸易政策体系对消费者的影响

贸易政策可以对国内消费者产生影响的另外一个例子就是共同农业政策,该政策起初只是一个用来保证欧洲农产品价格的措施,当农产品价格低于规定的支持价格时,由欧盟来收购农产品以保证欧洲农民能卖出高价。为了防止这一政策吸引大规模的农产品进口,欧盟最初仍然是通过关税来消除与国际市场价格之间的差额[①]。但是自20世纪70年代以来,欧盟所制定的支持价格已经高到使农产品供给过剩。为了维持价格欧盟不得不大量购买和储存大量农产品。到1985年底,欧洲各国已经储存了78万吨牛肉,120万吨黄油和1 200万吨小麦[②]。

四、日本贸易政策体系对其经济贸易发展的影响

(一)日本贸易政策体系对其贸易增长和贸易结构的影响

1. 贸易政策体系对贸易增长的影响

由于国土面积狭小,国内市场有限,对国际贸易的依赖性很大,所以日本政府特别注重贸易在国民经济发展中的作用。根据国际和国内经济发展的不同阶段,制定出相应的贸易政策来稳定国际资源供给和开拓国际货物销售市场,贸易得到了迅速发展。

2. 贸易政策体系对贸易结构的影响

日本的主要出口货物是汽车、钢铁、精密设备、集成电路、生物科技、微电子等富含科技的产品,而进口的货物主要是以原材料、能源类为主,例如石油、液化天然气、煤、矿产品、农产品、木材、纺织品、肉类等,而原油更是年年排在进口货物贸易额之首。根据日本统计局资料1991年原油进口占前十大货物进口总额的28.5%,虽然在90年代中期有所下降,但是很快又重新回升,2004年原油进口占日本前十大货物进口总额的29%。日本的进口货物中能源的色彩是非常浓重的,以1991年为例,日本当年前十大进口货物类别中竟然有4种为能源类产品,能源类产品的进口总额竟占到日本当年前十大进口货物总额的49.3%。

随着日本经济结构的优化升级,日本经济发展迅速,已经由一个相对发达国家发展成一个发达国家,其贸易结构和出口产品结构发生了本质的变化。汽车已

---

①② Paul R. Krugman, "International Economics: Theory and Policy", Addison Wesley Longman, Fifth Edition.

经连续多年出口第一，为日本出口的龙头产业。20世纪90年代以来，在日本十大出口产品类别中，半导体微电子类、光学成像设备类、有机化合物等富含高科技的货物排名在前，而钢铁、船舶等传统产业日渐衰弱，排名逐渐靠后，这与当今世界科技的潮流也是一致的。

日本是亚洲地区最重要的贸易国之一，亚洲、北美、欧洲是其主要的货物进出口地区，而与另外几个洲——南美、非洲、大洋洲的贸易量很少。其中，美国、中国、欧盟25国、韩国，以及中国台湾是其主要的出口对象。以2004年为例，根据日本统计局统计当年日本货物出口总额达5 658.1亿美元。日本对这三个地区的货物出口额分别为2 889.4亿美元、1 425亿美元和947.8亿美元，分别占其货物出口总额的51%、25.2%和16.8%。2004年日本对美国、中国、欧盟25国、韩国，以及中国台湾的货物出口额分别为1 286.9亿美元、929.1亿美元、892.1亿美元、442.6亿美元和420.1亿美元，分别占日本货物出口总额的22.7%、16.4%、15.8%、7.8%和7.4%，合计占其货物出口总额的70.1%。其中，对中国的出口额增长27.5%，已超过对欧盟25国的出口额，成为日本第二大出口对象国。

OECD在一篇题为《来自产品市场、国际贸易和投资自由化的收益》的研究报告中，用GTAP模型就贸易自由化对日本贸易的影响进行了分析。贸易与投资自由化使日本贸易额正向变化3.03%（来自全要素生产率变化部分的为－1.77%，来自关税递减影响部分的是4.8%），贸易条件变化为0.86%（来自全要素生产率变化部分的为0.41%，来自关税递减影响部分的是0.45）[1]。由此可见，贸易与投资自由化使日本的贸易额增加，其中全要素生产率带来的改变部分为负数，关税递减带来的改变部分为正，表明在贸易和投资自由化以后，日本贸易的增加主要来自于关税递减效应。说明贸易与投资自由化以后，日本面对的世界贸易环境更加开放。从贸易条件来看，也出现了正的变化，说明日本贸易的条件日益改善（见表7-6）。

表7-6　　　　　　　　贸易与投资自由化对日本贸易的影响　　　　　　　　单位：%

	贸易额的变化率	贸易条件的变化率
总体变化量	3.03	0.86
全要素生产率部分	－1.77	0.41
关税递减影响部分	4.8	0.45

资料来源：OECD, "The benefits of liberalising product markets and reducing barriers", international.

---

[1] OECD, "The benefits of liberalising product markets and reducing barriers, international trade and investment in the OECD", Working Paper No. 463, 02-Dec-2005.

(二) 日本贸易政策体系对其宏观经济的影响

1. 贸易政策体系对经济增长的影响

第二次世界大战后,日本经济从 20 世纪 50 年代的低起点到 80 年代中期迅速完成经济赶超,再到 90 年代以来深陷泡沫经济,经济的长期停滞代替了以前的高速增长。日本经济的这种大幅度的波动,很大程度上来源于日本政府干预的贸易政策。贸易政策对日本经济增长的影响可以从其贸易政策目标、具体政策上分析出来。

(1) 日本从 20 世纪 50 年代起到 20 世纪 70 年代中期,推行了以提高本国重化工业国际竞争力为主要目标的保护贸易政策,确立了"贸易立国"的基本发展战略,通过优惠政策扶持具有规模经济效应的出口产业,实现日本经济重工业化。到 70 年代中期,日本通过引进并消化世界先进技术,迅速提高了日本工业的整体技术水平。在贸易政策和产业政策的有力配合下,提高了产业结构的层次,实现了经济的重工业化,产业的国际竞争力得到了极大的提高,出口贸易迅猛发展,日本经济在整个 60 年代实现了两位数的年增长率。2006 年国际统计年鉴关于日本这一时期的经济分析指出:推动经济增长的主要因素是:①私人部门的投资增加,反过来又提高了个人储蓄率;②大量劳动力从第一产业转移到第二产业以及高素质劳动力的大量增加;③由于采取了外国技术使得国内相关部门生产率提高[①]。其实,这三个因素都与日本的贸易立国政策有很大关系,正是采取了重视贸易发展和引进国外技术的政策,才使得这一时期经济增长迅猛。

(2) 从 20 世纪 70 年代中期至 80 年代末期,日本由于经济得到了恢复,经济实力大大增强,开始逐步推行贸易和投资自由化政策。但是由于日本出口到美国和欧盟的工业品急剧增加,开始引起贸易摩擦。1971 年美国宣布美元与黄金脱钩,同年日本也使日元升值,并且改变了汇率体制,于 1973 年开始实行浮动汇率制[②]。贸易问题也影响到国内基本经济政策,不过这一时期日本的经济并没有受到太大负面影响。到 20 世纪 80 年代日本经济已经实现了向内需推动经济的初步转变。虽然增长率有波动,但是大多数年份都保持了 3% 以上的增长率,最高时达到 6.8%,这样的增长速度实现了日本经济的腾飞。

(3) 20 世纪 90 年代日本希望借助贸易政策激活停滞的经济。20 世纪 90 年代被称为日本失去的 10 年,泡沫经济破灭,经济陷入长期停滞状态,在国内政策没有取得相应效果的条件下,日本试图借助对外经济政策来达到启动国内经济

---

①② IMF,"Statistical handbook of Japan",2006.

的目的。这种对外经济政策主要包括：吸引对外直接投资与区域经济一体化制度安排。实施这样的对外经济政策实质上是日本货物与要素市场进一步对外开放的过程。日本希望借助于这样的贸易与投资政策能够促进国内各个市场间要素的流动性，增加竞争的充分性，以此来激活疲惫不堪的经济。

整个20世纪90年代，日本经济起伏不断，总体境况不佳。直到1999年4月经济才开始有轻微的复苏，但是仅仅持续了很短的时间，因为日本经济对国外需求和信息技术类产品过于依赖，加之，2000年全球IT行业不景气，日本经济在2001年又陷入了衰退①。

另外从GDP和净出口变化的相似性也可以看出日本经济严重依赖出口，贸易政策对经济的影响巨大。从1980年以来日本的GDP和净出口年度变化率可以看出，二者都是起伏不定，由于二者衡量的指标体系不同，所以在具体年份上的变化趋势有所不同，但总体上都是波动性很大，而且变化的趋势具有相似性。

之所以出现这种状况，主要是其经济对出口依赖很大，容易受到国际市场的影响。这也从另一个侧面说明了贸易政策仅仅作为推动经济增长的政策变量之一，其激活经济的作用有限。

2. 贸易政策体系对就业的影响

贸易政策在促进就业中的作用，主要体现在实施出口加工贸易政策上，因为日本是严重依赖国外资源的国家，通过实施有利于进口资源的贸易政策，使得国内的加工企业得以吸收更多的劳动力就业，由此保持了国内较好的就业水平。下面从失业率的角度，来间接分析日本贸易政策体系对其国内就业的总体影响。

日本失业率一直低于国际公认的6%的水平，这主要是由于其特殊的国内就业体制，日本大多数企业实行的是终身雇佣制度，因此一旦就业失业的可能性很小。所以，日本历来的失业率都很低。

虽然总体失业率相对于其他国家和地区较低，但是就其本国情况来看，20世纪90年代以来，日本失业率却逐渐持续的上升，而且失业持续时间也在上升，这种状况一直持续到2003年，近年来日本失业率开始下降②。之所以出现这种情况和日本在20世纪90年代试图通过贸易政策的调整来启动低迷的经济有一定关系，不过相关性不大（见图7-4）。

---

① IMF, "Statistical handbook of Japan", 2006.
② OECD, "Society at a Glance – OECD Social Indicators 2006", 2005 Edition.

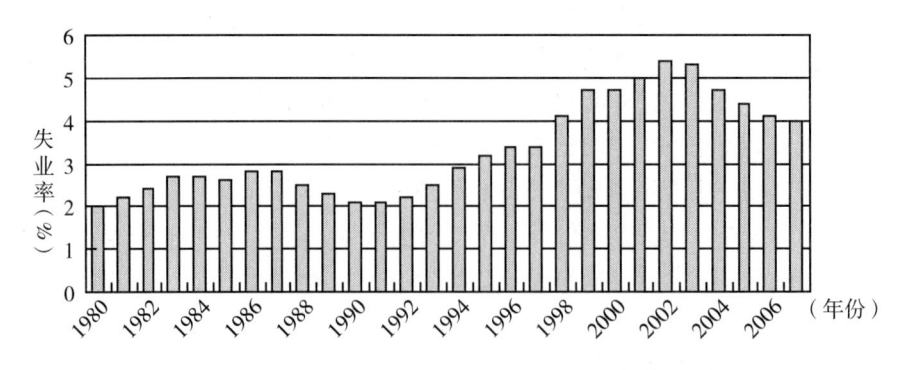

图7-4 1980~2007年日本失业率

资料来源：IMF World Economic Outlook Database and National Account.

3. 贸易政策体系对国内物价和通货膨胀的影响

日本在战后经济发展迅速，20世纪80年代以前通货膨胀相对较高，这和其所奉行的贸易政策有很大关系，因为这一时期，特别是20世纪70年代以前，日本奉行贸易立国的战略，大力促进出口，而对于"非资源类"产品则实行限制进口的政策，征收相对高的关税，增加了进口成本，导致进口货物的价格上涨，推动国内物价上涨，从而引发通货膨胀。80年代以后由于实行贸易自由化政策，使得进口货物的成本下降，国内物价水平降低，通货膨胀率开始呈下降趋势（见图7-5）。

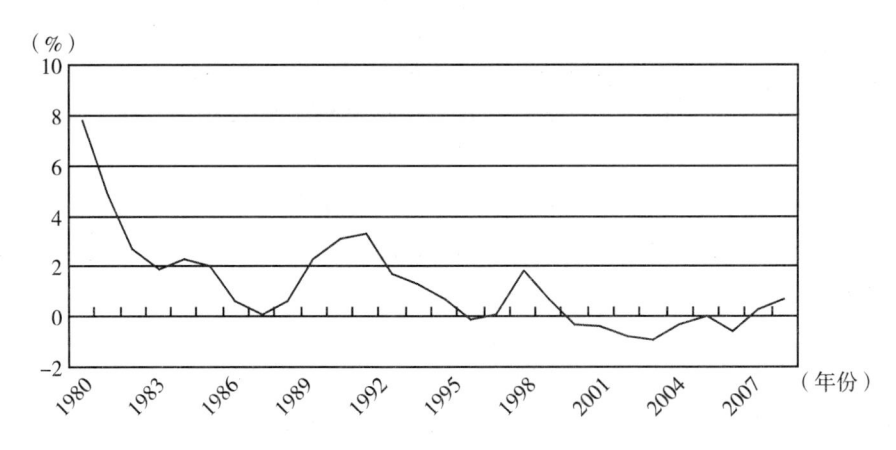

图7-5 1980~2007年日本通货膨胀率

资料来源：IMF World Economic Outlook Database and National Account.

到了20世纪90年代日本进入"失去的十年"，之所以出现这种情况，与1985年日美签订的"广场协议"有关，日元大幅升值，使得日本的出口受到影响，进口则大量增加，大量货物的进口使得国内物价下跌。这一时期，困扰日本的不再是通货膨胀，而是与之相反的经济衰退问题。日元大幅升值其实可以看做是一个贸易政策，因为其导火线是因为美日之间严重的贸易不平衡，正是在美国的压力下，才使得日本改变其贸易政策。从对"广场协议"这一特殊事件上可以看出，贸易政策在特殊的时期内可以起到有效降低通货膨胀的目的。

4. 贸易政策体系对国际收支平衡的影响

日本在贸易政策上出现何种变化，其最终目的都是为了维持国际收支的平衡和国际贸易与整体经济的健康发展。从图 7-6 可以看出日本的经常账户除 1980 年外，均是顺差。说明日本的出口超过进口，持续保持顺差[①]。

事实上，日本进口的大多是资源类产品，出口的多是经过技术加工的工业品，出口大于进口是很正常的。这与贸易政策的实施有关，但是根本原因还是日本特殊的资源禀赋。正是由于日本的资源禀赋决定了其贸易政策的实施。因此从这个角度来讲，日本的贸易政策可以直接影响到国际收支中的经常账户，但是决定日本国际收支经常账户状况的根本原因，还是日本特殊的经济资源禀赋。

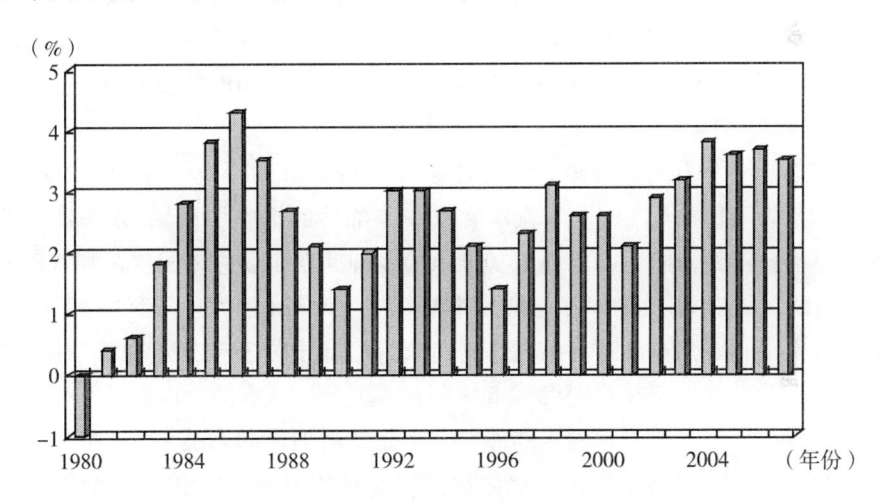

图 7-6　1980~2007 年日本经常账户余额占 GDP 的比重

资料来源：IMF World Economic Outlook Database and National Account.

（三）日本贸易政策体系对其产业发展的影响

日本产业政策是世界上最完善的，贸易政策的制定是根据其特有的国内产业竞争力状况来进行的。贸易政策在日本产业结构的优化和升级中，起到了辅助作用。从具体的贸易措施上也可以看出一些影响：

---

① IMF, "Trade, International Balance of Payments, and International Cooperation", "Statistical handbook of Japan", 2006.

1. 贸易政策体系对农业发展的影响

与其他发达国家一样，日本对国内农业部门采取保护和支持政策，对农产品贸易采取限制政策。通过限制农产品进口的贸易政策，使得国内农业免受外来竞争，2004 年日本农产品最惠国税率达 17.7%，2006 年则上升到 18.8%。2004 年日本政府对农业的转移支付（包括政府对农业的财政、金融、资金、技术研发等一般性转移支付和专项转移支付，目前以一般性转移支付为主）高达 GDP 的 1.3%，而同期农业产值仅占 GDP 的 1.4%[①]。在政府的高度保护下，农业部门的劳动生产率仍然大大低于全国平均水平，日本食品自给率只有 40%，是世界上进口食品最多的国家之一。[②]

2. 贸易政策体系对制造业发展的影响

日本制造业贸易政策保护性很小，相对比较自由，比农业和其他服务业部门更加开放，关税率很低，非关税措施也很少，制造业部门从政府获得的财政支持更少，只对新兴产业和欠发达地区产业有一些支持。虽然没有政府的贸易保护，但是日本国内制造业发展迅速，2004 年该部门对 GDP 的贡献率已经达到 21.1%，吸纳了 17.4% 的就业（2005 年为 16.9%）[③]

下面以汽车业为例，来研究贸易政策具体措施对该行业的影响。1995 年日本和美国签署《日本与美国关于汽车和汽车零部件的措施协议》，该协议的基本目标是日本政府要消除影响国内市场准入的各种问题，促进外国汽车和汽车零部件进入日本，同时要求日本企业和海外工厂扩大对外国汽车零部件的采购量[④]。该协议改变了日本汽车制造商的战略走向，从出口导向转向投资导向，通过直接投资使得日本品牌汽车在美国汽车市场占有率上升。日本的供应商继续生产着高附加值的零部件，采购当地的零部件则主要是低附加值的产品[⑤]。日本制造商继续保持着对美国整车高出口量。该协议的实施使得日本对美国汽车的出口继续增加。

（四）日本贸易政策体系对其微观经济主体的影响

1. 贸易政策体系对生产者的影响

日本贸易的发展离不开其完善的贸易促进体系。这里仅以日本吸引外国直接投资的政策措施对日本国内和在日外资企业的影响进行分析。20 世纪 80 年代以前，日本对外国直接投资相对持保守态度，许多产业限制外资进入，90 年代以

[①][②][③]　WTO, "Trade Policy Review Japan" WT/TPR/S/175, 19 December 2006.

[④][⑤]　Paul R. Krugman, "International Economics: Theory and Policy", Addison Wesley Longman, Fifth Edition.

来积极实施投资自由化的政策，并对本国企业产生较大影响。在日本吸引外国直接投资政策的支持下，从20世纪90年代中期开始，日本引进的外国直接投资有了很大的增长。据日本大藏省统计，日本引进的外国直接投资从1997年度连续4年持续增加，分别为1997年6 782亿日元、1998年13 404亿日元、1999年23 993亿日元、2000年31 251亿日元。虽然在2001年降到21 779亿日元，降幅为30.31%，但在2002年全球外国直接投资流入额连续2年下跌、发达国家和地区的流入量下跌了22%的情况下，日本却有小幅增长，达到21 863亿日元。2003年4~9月日本引进外国直接投资又有了很大增长，达到9 812亿日元，比上年度同期增长了54.7%[1]。日本引进外国直接投资取得的成绩是与其国内投资环境的不断完善密切相关的。随着日本政府的努力和所进入的外国直接投资数量的增加，日本的投资环境发生了很大的变化。

随着贸易政策的自由化，日本企业在国际上的分支机构逐渐增多。尤其是在电子机械和交通运输设备上的对外投资企业分支机构增长更加迅速。以2002年为例，这些制造类企业分支机构的劳动生产率比国内企业平均水平高60%，服务类企业的劳动生产率，比国内企业平均水平高80%[2]。在1995~2001年间日本海外服务类企业的劳动生产率均处于OECD国家和地区之首，而且企业的全要素生产率也大大提高。

除了企业海外分支机构增多以外，这些分支机构还保持了较好的盈利水平和较高的销售收入水平。全球性的商业企业网络已经形成，而且成为亚洲其他国家和地区国际商业网络的核心。日本经济产业省的研究认为随着贸易在各种产业部门间进行，企业已经把开拓全球市场，形成全球商业网络作为公司发展的战略。这些企业的研发基地多是设在日本国内，生产基地一般设在亚洲其他国家和地区，比如中国等。服务和市场开拓部门主要设在日本、美国和欧洲。日本企业之所以能够进入全球市场，在全球范围内实现资源的优化配置，本身就是由于世界贸易的自由化趋势，经济全球化和区域经济一体化的结果。由于国内市场狭小，日本历来重视开拓国际市场，国内企业凭借自身的高科技水平，生产出高质量的产品，通过贸易销往世界各地市场。在大量日本货物销往世界的同时，一大批名牌企业也成长起来，索尼、松下、本田这些世界级的品牌，见证了日本经济贸易开放的整个过程，日本企业逐步壮大、走向世界的过程，也就是日本贸易政策体系日益自由化的过程。

在经济全球化和区域经济一体化成为世界经济主要特征的今天，日本特别注

---

[1] Recent Inward Direct Investment. http//www.mof.go.jp
[2] OECD, "Strenghtening the Interation of Japan in the World Economy to Benefit More Fully from Globallsation", Working Paper, No. 526, 29 - Nov - 2006.

重在多边层次、区域层次、双边层次的贸易战略实施、政策制定。正如历史上日本以贸易立国的政策实现了经济的腾飞,现在日本已经培养出一大批拥有核心技术和自主知识产权、品牌的国际型企业。这正是中国所缺乏的,一个国家只有拥有一大批具有世界级水平的大品牌、大公司,才能保持持久的经济活力和竞争力。

不过随着日本企业走向国际市场,一些国家和地区开始模仿日本企业生产的假冒伪劣产品大量出现,不仅影响了当地企业的销售收入,也影响了企业的品牌和知名度,增加了企业恢复名誉的法律诉讼成本。现在假冒产品已经是全球性问题,为了抵消其负面影响,日本加强了知识产权保护。而这正是《与贸易有关的知识产权协定》的内容。这也就是日本为什么在多哈回合中强调知识产权保护的原因。从这里可以看出,日本的贸易政策是为企业利益服务的,以企业的需要而变化。

2. 贸易政策体系对国内消费者的影响

任何限制贸易的政策措施都会对国内消费者利益造成损害,日本由于自身资源和市场的局限,一直以来对贸易在促进经济增长中的作用都很重视。很少采用限制进口的贸易政策,所以国内的消费者很少受到损害。相对自由的贸易政策,一方面给国内消费者带来了全球多样化的商品和服务,使得国内消费者的生活质量得以提高,另一方面大量产品的进口使得商品和服务价格接近世界平均水平,消费者获得了价格下降的收益。

OECD 在《来自产品市场、国际贸易和投资自由化的收益》的研究报告中,用 GTAP 模型对贸易自由化对日本整体福利的影响进行了分析。贸易与投资自由化给日本带来了大约 102 262 百万美元的福利(来自全要素生产率变化部分的为 67 373 百万美元,来自关税递减影响部分的是 34 889 百万美元),人均福利增加 2.86% (来自全要素生产率变化部分的为 1.88%,来自关税递减影响部分的是 0.98%)①(见表 7-7)。

表 7-7　贸易与投资自由化对日本福利的影响 (GTAP 模型结果)

	福利影响(百万美元)	人均福利变化(%)
总体变化量	102 262	2.86
全要素生产率部分	67 373	1.88
关税递减影响部分	34 889	0.98

资料来源:OECD,"The benefits of liberalising product markets and reducing barriers, international trade and investment in the OECD", Working paper No. 463, 02 - Dec - 2005.

---

① OECD, "The benefits of liberalising product markets and reducing barriers, international trade and investment in the OECD", Working Paper No. 463, 02 - Dec - 2005.

不过在具体的贸易政策措施上，日本也会采取限制性的措施。其中最重要的是对农产品进口的限制。以大米为例，为了保护本国的大米生产，实行高关税、配额等措施限制进口。最高关税达到778%，即便是在多哈回合谈判中日本仍把大米列为敏感产品，不予开放。长期对大米进口实行限制政策，使得国外廉价优质的大米无法进入日本市场，国内消费者不能不花费高出世界平均水平很多的价格，购买大米。还有就是对中国农产品的进口频繁采取限制措施，对大葱、大蒜等的进口实行限制。最近几年又采取肯定列表制度，目的就是限制中国农产品大量进入日本。限制进口措施的实施使得国内消费者无法消费到物美价廉的中国农产品。如果日本能够完全开放国内农产品市场，完全有能力安置受到冲击的部分农业生产者，而且消费者获得的利益要远远大于生产者在保护状态下的收益。

五、印度贸易政策体系对其经济贸易发展的影响

（一）印度贸易政策体系对其贸易增长和贸易结构的影响

印度政府一直以来对贸易在经济中的作用缺乏统一的认识，在1991年以前采取的贸易政策配套性不强，采取促进出口的政策目的是为了进口资本物品。放宽进口限制政策也是迫于世界经济组织的压力。所以这一时期印度的贸易增长很慢，贸易结构也不合理。从1950~1980年30年间，印度出口贸易年增长率有18年在10%以下，其中还有7年是负增长；进口年增长率有18年在10%以下，其中有11年为负增长[①]。

1991年以后，印度实行改革开放的政策，开始注意到贸易在经济发展中的作用，把贸易作为经济的发动机，贸易政策相对宽松。但是国内利益集团对于在多大程度上实施贸易自由化改革，仍然无法达成共识，使得其国内贸易壁垒居高不下。但总体来讲，比起改革开放之前，印度的贸易增长较快。但是仍有个别年份贸易增长率为负。

从贸易与GDP的比重来看，也可以发现印度贸易在经济发展中的作用不大，贸易政策对贸易的影响不大。1981年印度贸易仅占全球贸易总额的0.42%，2000年印度贸易占全球贸易的比重是0.8%[②]。OECD在《来自产品市场、国际贸易和投资自由化的收益》的研究报告中，用GTAP模型就贸易自由化对印度贸易的影响进行了分析。贸易与投资自由化使印度贸易额正向变化2.87%（来自全要素生产率变化部分的为2.56%，来自关税递减影响部分的是4.8%），贸易

---

①② 赵建军：《改革与发展中的印度经济》，中南大学出版社2004年版。

条件变化为 0.23%（来自全要素生产率变化部分的为 -0.31%，来自关税递减影响部分的是 0.54%）[①]。由此可见，贸易与投资自由化使印度的贸易额增加，其中全要素生产率带来的改变部分和关税递减带来的改变部分均为正，但是全要素生产率带来的变化更大，表明在贸易和投资自由化以后，印度贸易的增加主要来自于全要素生产率的提高。从贸易条件来看，也出现了正的变化，说明印度贸易条件的改善，主要是由于关税递减带来的（见表7-8）。

表7-8　贸易与投资自由化对印度贸易的影响（GTAP模型结果）　　单位：%

	贸易额的变化率	贸易条件的变化率
总体变化量	2.87	0.23
全要素生产率部分	2.56	-0.31
关税递减影响部分	0.31	0.54

资料来源：OECD, "The benefits of liberalising product markets and reducing barriers", international.

（二）印度贸易政策体系对国内宏观经济的影响

1. 贸易政策体系对经济增长的影响

WTO 在 2002 年印度贸易政策审议报告中指出：印度经济在过去的 10 年内迅速增长，实际 GDP 年平均增长率约为 6%。由于遭受诸如亚洲金融危机以及石油价格波动等外界因素的冲击，印度经济在 1997～1998 年间增速放缓，仅仅达到 4.8%[②]。但在随后的两年时间里，其经济增长速度再度达到 6% 以上。各项社会指标，例如贫困状况及婴儿死亡率，在过去的 10 年里也有所改善。印度经济在此期间的高速增长，归功于持续的结构性改革，还包括贸易自由化所带来的效益的增长[③]。印度为进一步显著地改善贫困状况，目前将实际 GDP 的增长率定为 7%～9%（2001/2002 年预期为 5.4%）；印度当局强调，为实现该目标就必须继续加快改革的进程、增强经济的竞争力。

印度政府意识到贸易与经济增长存在紧密联系，因而已经降低了关税，取消了进口数量限制，减少了出口限制，并且计划进一步简化、降低关税。促进出口

[①] OECD, "The benefits of liberalising product markets and reducing barriers, international trade and investment in the OECD", Working Paper No. 463, 02-Dec-2005.

[②] IMF, World Economic Outlook Database and National Account.

[③] WTO Secretariat, "Trade Policy Review India", WT/TPR/S/100 22 May 2002.

的措施在抵制反对出口偏见以及进口限制及其他的约束方面发挥着越来越大的作用。由于印度采取了使本国出口货物多元化的贸易政策措施，使其对部分产品的依赖减少。尤其是农产品领域，世界上其他国家和地区往往采取限制进口的措施，有时不惜采取高额关税的办法来限制农产品的进口，这对印度产生了不利影响[①]。但是，由于其采取了出口货物多元化的贸易政策使得这一影响逐渐弱化。当然仅仅是贸易政策本身并不足以促进出口和经济增长，还要有其他相关政策和资源的协调配合。下面分阶段对此加以分析：

① 1991 年之前的贸易政策对经济增长的影响有限。独立之初，印度选择的经济发展战略就是强调自力更生的进口替代政策。计划的执行手段包括工业许可证、价格管制、企业的国有化，以及对外贸易和外汇管制。为了实现进口替代战略，印度对进口实行严厉的管制。"二五"计划（1956～1961 年）中规定：取消非必需品进口或将其保留在最低限额之内；加强外汇管制。为此，又出台了进口许可证制度。政府对经济的控制能力也越来越强，但是整个经济的运行效率却每况愈下。20 世纪 80 年代以后，经济有所好转，但是增幅波动较大，有的年份增长不足 3%，有的年份却超过 8%。这主要是因为印度在 20 世纪 80 年代末，对经济的管制开始松动，贸易政策相对自由。

② 1991 年以后贸易政策体系对经济增长的影响十分明显。印度 1991 年爆发了国际支付危机，为此在 IMF 的要求下进行了改革。经济更加开放，其中对贸易政策的改革是：从过去服务于进口替代的发展战略转向以促进出口增长为目标。具体措施包括：卢比大幅贬值，以争取尽快扭转印度面临的外汇危机；全面实现经常账户的自由兑换；大部分货物的进口不再需要进口许可证，并大幅削减进口关税；简化进出口审批程序；对出口型企业提供更多的税收刺激和金融服务。政策实施的结果是出口增长迅猛，拉动经济增长的效果明显。从经贸政策实施前后经济增长率的变动情况看（如图 7-7 所示），贸易政策对印度经济增长作用很大。

从图 7-7 可以看出，在 1991 年以后的经济增长率整体上快于之前，说明印度相对开放的贸易和投资政策对经济的增长存在正的效应。尤其是政策的滞后效应更是巨大，从 2003 年开始印度经济增长率均超过 7%，最高年份是 2005 年 GDP 增长率达到 8.5%。印度自 1991 年经济改革以后，贸易政策从进口替代转向促进出口战略，大力发展国内相关产业，促进其市场占有率提高，使得出口增加对经济的拉动作用明显。WTO 在 2002 年《印度贸易政策审议》

---

① United Nations Conference on Trade and Development, "Development and Globalization: Facts and Figures", 2004.

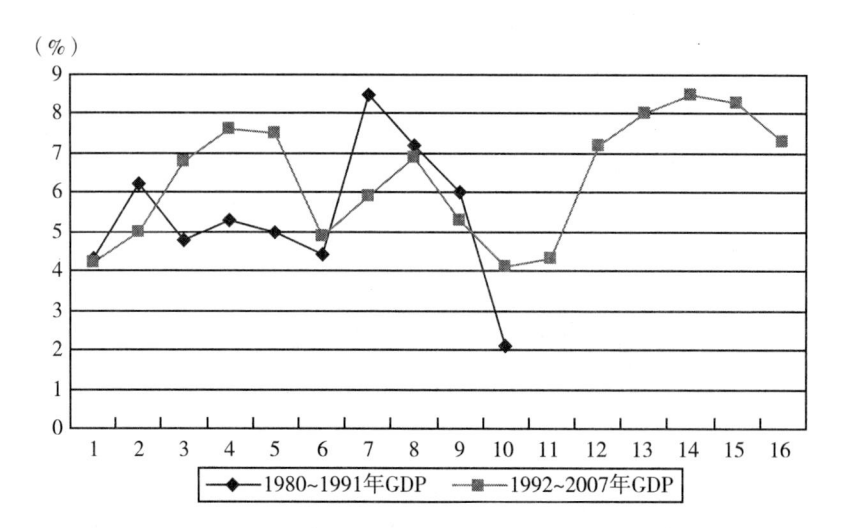

图 7-7　印度经济贸易政策改革前后 GDP 增长率比较

数据来源：IMF World Economic Outlook Database and National Account.

报告中也作了类似的分析：要想实现并保持 GDP 在 2002~2007 年均增长 8%~9%，印度就必须进行政策改革，使其在世界贸易中的份额由目前的 0.67% 增加到 2007 年的 1%，而这又需要其年均贸易增长达到 11.9%[①]。在经济全球化的今天，GDP 和出口呈现出明显的同步变化趋势，保护性贸易政策将是出口的最大障碍。采取更加开放的贸易和投资政策可以加速印度经济的发展并最终有利于减少贫困[②]。

当然，印度的贸易政策体系并不总是对经济增长有好处，其采取的某些限制进口的贸易政策就会导致国内消费者利益受损，而且印度的关税结构设置使得实际保护程度远远大于名义关税水平。世界银行的一份贸易政策研究报告，对 88 个国家和地区的现存关税政策进行了量化分析，并研究了其与国内（地区）GDP 福利损失的关系。结果发现，如果采用简单加权平均关税结构，美国的关税率是 4%，而贸易限制指数却高达 15%，每年造成国内 GDP 福利净损失约为 70 亿美元。其次就是中国、印度和墨西哥[③]。

2. 贸易政策体系对国内就业的影响

近几年印度虽然保持了经济的快速增长，但国内就业状况一直不佳，失业问题比较突出。这主要是因为：一是人口及劳动力过快增长，超过了经济发展所能

---

① Directorate General of Foreign Trade online information.
② WTO Secretariat, "Trade Policy Review India", WT/TPR/S/10022 May 2002.
③ Hiau Looi, Kee Alessandro Nicita Marcelo Olarreaga, "Import Demand Elasticities and Trade Distortions" Development Research Group, The World Bank, Washington.

提供的新增就业机会；二是经济发展过程中的资本——技术密集化趋势，导致经济增长加速而就业机会相对减少，进一步加重了就业压力，使印度的失业问题日益突出①。因此，印度政府在制定贸易政策时，特别强调促进就业型的出口加工贸易，最大限度地发挥贸易在创造就业中的作用。其具体贸易政策措施之一就是推动就业型出口。建立20个农产品加工出口区，大力发展小型工业和家庭手工业等，但是这些贸易政策对就业的影响收效不大。世界银行一份报告中指出，出口加工区作为促进经济发展的一种政策选择，其作用有很大局限性，只有经济的全面自由开放才是较好的政策选择②。著名经济学家保罗·伊普法尼也对印度1991年贸易政策的改革对国内就业的影响作了复杂计量分析，其结论是：没有证据表明贸易增加了劳动力市场的需求弹性。但是有证据表明贸易的增加加剧了工资的变动性，对工资造成了影响；没有证据表明，贸易政策相对自由化以后，与进口竞争的部门工作岗位有显著流失③。

3. 贸易政策体系对物价和通货膨胀的影响

印度贸易政策对物价和通货膨胀的影响，可以从其国民经济产业的结构比重来分析，因为印度重工业占了总体工业产出的56%左右，轻工业发展非常不足。轻工业品的短缺造成国内物价水平上涨。逐步自由的贸易政策使得轻工业产品的进口大幅度增加，调节了物价水平，降低了通货膨胀率④。通货膨胀从1980年到1990年是一种向下的趋势，这一时期的贸易政策正在逐步的开放和自由化；而从1991~1999年则是通货膨胀比较严峻时期，这主要是由于其国际收支不平衡所致。从2000年开始，印度的通货膨胀率开始明显的下降，这与贸易政策自由化有一定关系。但是从整个通货膨胀的历程来看，无法得出一个贸易政策如何影响通货膨胀的结论。

4. 贸易政策体系对国际收支平衡的影响

① 1991年以前印度把贸易政策作为维护国际收支平衡的手段。印度独立之初，政府对贸易对经济影响的作用认识不清，采取高关税政策，关税占了财政收入的很大一部分，在随后的几十年里，印度政府都是把限制进口的贸易政策作为维护国际收支平衡的一个手段。这种政策一直持续到1991年国际支付危机爆发。另外，印度政府倾向于大量利用世界银行、国际开发协会等国际组织的金融援

---

① 陈继东：《印度就业政策与社会保障体系》，载《南亚研究季刊》2003年第4期，第29页。
② Dorsati Madani, "A Review of the Role and Impact of Export Processing Zones", The World Bank Development Research Group, Trade November 1999.
③ Paolo Epifani, "Trade Liberalization, Firm Performance, and Labor Market Outcomes in the Developing World – What Can We Learn from Micro – Level Data?", The World Bank Development Research Group Trade May 2003.
④ 叶德利：《中国和印度贸易发展潜力和贸易政策修正探析》，载《国际贸易探索》2005年第5期。

助,对利用外资却采取限制政策,导致引进外资进程实际上相当缓慢,这种利用外资的政策也是导致印度国际收支失衡的原因之一。这一时期国际收支经常账户处于逆差状态,这是因为印度采取的贸易政策是进口替代战略,只是注重发展本国产业以替代进口,但是并不注重出口对经济的拉动作用。

② 1991年以后,贸易政策对国际收支的积极调整作用。1991年印度爆发了国际支付危机,当时它的外汇储备只能维持两个星期的进口,拉奥政府不得已求助于国际货币基金组织。而IMF也早已厌倦了印度"头痛医头,脚痛医脚"的危机处理模式,趁此机会迫使印度进行全面的经济改革,从政府管制走向更自由的市场经济,从封闭的进口替代走向开放的出口导向。

在利用外资政策方面也做了调整,除了少数"战略性"部门,扩大了FDI的投资领域;简化FDI的投资手续,放松外国投资者的进口限制;FDI在允许的绝大多数部门的比重升至100%;允许外国机构投资者在股票和债券市场上进行组合投资;取消进口配额等。这些改革和措施对于促进印度引进外资发展,调节国际收支起到了积极作用(见图7-8)。

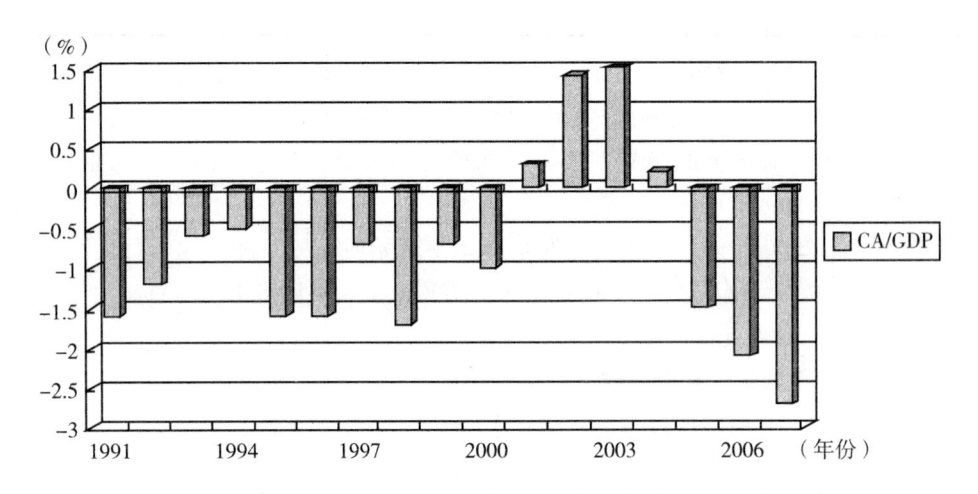

图7-8 1991~2007年印度经常账户余额占GDP的比重

资料来源:IMF World Economic Outlook Database and National Account.

(三)印度贸易政策体系对其产业发展的影响

1. 贸易政策体系对农业的影响

印度农业人口较多,却不是农业大国,直到20世纪80年代初,才实现粮食自给并有少量结余。由于国内农业缺乏竞争力,因此印度农业部门的政策主要是以保证国内供给为政策目标。对内通过财政、金融、科技、补贴政策扶持农业发展,对外则通过进出口限制,包括关税、配额、国营贸易等保护农业生产免受国际竞争①。贸易政策在农业部门的发展中,类似于一张安全网,起到了一种防御性的作用,通过实施限制性的贸易政策在国际和国内市场之间建立了一个缓冲区域,使幼稚的农业得以发展壮大。不过随着多边贸易体系的完善,这种保护性的政策措施在逐渐松动,印度农业部门也逐步对外开放。表 7-9 以 1991 年为界来分析贸易政策在印度农业部门发展中的作用。

表 7-9   贸易政策在印度农业部门发展中的作用

发展阶段	贸易政策在农业部门中的作用
1991 年以前	严格管理农产品贸易,除少数几种传统的经济作物以外,实行统一的进出口控制;只有超出国内消费需求后才允许出口;对于进口则按照国内生产缺口决定;对大多数农产品的对外贸易有定额或其他限制,如最低价格要求等;政策实施的结果使得农业稳步发展,自给自足能力增强,并且有部分出口
1991 年以后	取消对农产品贸易的限制;主要依靠其在《农业协议》下承诺较低的优势,保护国内农业免受国际农产品的竞争,积极利用"绿箱政策",强化对国内农业的支持,维持和提高生产能力;加强对本国"地方名特农产品"的品牌保护;政策实施的结果,使得国内农业可持续增长能力加强,生产效率提高,国际竞争力增强,农产品出口增加
近期	积极参与多哈回合谈判,以 20 国集团为基地与发达国家和地区就农业问题谈判,要求发达国家和地区取消农产品补贴、国内支持和增加市场准入;为国内农业创造有利的外部环境和国际市场,增强农业持续增长能力

2. 贸易政策体系对纺织品与服装业的影响

印度的纺织工业是该国历史最久、规模最大的行业,是主要的支柱产业,目前,占全国制造业的比重为 20%,其产出约占国内生产总值的 6%②。纺织品和服装是其重要的出口商品,约占出口收入的 30%。从印度纺织品和服装业发展的历史进程中可以看出,贸易政策在其中所起的作用。

首先,自印度独立以来,就认为纺织品和服装业是主要的提供工作岗位的行

---

① WTO, "Trade Policy Review India", WT/TPR/S/100, 22 May 2002.
② 高巍:《中国和印度纺织业竞争力比较与合作建议》,载《国际贸易》2006 年第 8 期。

业，在国内就业中占有重要地位，所以十分重视该行业的发展，对内给予财政金融、技术政策优惠，实行产业许可，扶持该行业的发展，使其形成生产能力。对外则实行进口限制，以保护国内市场，给现有产业一个稳定的内部竞争环境，促进了纺织品和服装业的发展。

其次，利用在多边贸易体制下关于纺织品和服装规则的不完善和自身较低的承诺义务，维持较高的关税税率，比如在2001年虽然取消了进口限制，进一步放开国内市场，但是，关税平均水平仍然高达32.5%。对其他成员频繁实施贸易救济措施，以防范国外产业对其造成的潜在危害。对于其主要的出口市场欧洲和美国，则主要是提高自身竞争力，以便在纺织品配额取消后开拓国际市场。此时，因为多边规则的规范滞后，印度主要是在提高国内产业竞争力上采取鼓励措施。这其实就是多边贸易政策对纺织品和服装业规范滞后，对印度该行业所产生的消极影响。

最后，从纺织品配额取消后印度纺织品和服装业的变化，可以看出贸易政策体系对该行业的影响。在纺织品配额取消后，印度开始大量吸收外资投资于纺织品服装业，国内纺织企业也进行了大量的投资。开始实施综合纺织园区计划、技术升级基金计划，鼓励出口，给予税收优惠待遇。加之欧美对中国纺织品和服装实施限制性措施，中美、中欧纺织品争端不断，给印度相关行业的发展提供了机会。部分欧美服装零售商店和服装公司开始在印度追加订单。这些跨国公司采购观念的变化给印度纺织业带来了不少机会，使印度纺织品和服装2003~2004财政年度的出口增长超过10%。国际劳工组织的资料显示，2005年前7个月，印度对欧盟和美国的服装出口增长29%，达到49亿美元。在2005~2006年度，印度的纺织工业的出口同比增长了22%，成衣服装和家用纺织品项目方面的出口增长更显著。2007年1月，印度政府计划为纺织工业吸引更高的投资，提高生产和出口，设法吸引外商直接投资，已经批准了26个纺织园，估计的工程总投资达到242.8亿卢比，而印度中央政府在这些工程投资中提供的份额达到86.6亿卢比。以目前的速度发展，印度政府认为，纱锭的总增长量将从2006年8月份的3 927万锭增长到2007年的3 966万锭。从这些措施上可以看出，印度政府主要是借助多边贸易体系对纺织品和服装业规则的变化之机，迅速占领国际市场，为本国纺织品和服装业的发展提供了机遇和国际市场。

3. 贸易政策体系对汽车产业的影响

印度汽车工业从起步到逐渐成长、壮大，整个行业的发展轨迹和贸易投资政策的开放具有明显的同步关系（如表7-10所示）。

表 7-10　　　贸易政策在印度汽车业发展中的作用

起步阶段 20 世纪初~40 年代	主要通过进口来满足国内需求，汽车生产实行严格的许可证制度
"国产化"战略阶段（20 世纪 50~70 年代）	1952 年，制定轿车工业"国产化"战略，对汽车工业实行严格的保护政策；外国公司整车厂必须与印度国内零配件厂配套，否则将被排挤出印度市场；对进口轿车实行严格的配额制度；封闭型的贸易投资政策严重制约了印度轿车工业与国外的交流与合作，造成技术的缺乏和市场的需求疲软，产品技术水平长期停留在 20 世纪 50 年代，难以更新换代
"市场换技术"战略逐步实施阶段（20 世纪 80~90 年代初）	1983 年，开始放开汽车市场，但对股权严格限制；如与日本铃木公司合作的马鲁蒂有限公司（MUL）74% 的股份为印度国有；1985 年，开始向国内企业发放新轿车生产许可证；小企业难以生存，马鲁蒂一家汽车生产商占据 78% 的市场份额
有条件向跨国公司开放市场的阶段（20 世纪 90 年代）	20 世纪 90 年代初，开始"以市场为中心"的经济改革，刺激了汽车产业的市场化和国际化；十多家跨国公司以合资合作、投资建厂等方式涌入印度市场，得益于外来的资金、先进的技术与管理及品牌，印度汽车工业和消费市场迅速增长，到 90 年代末已形成年产 120 万辆的生产能力
全面放开国内市场的阶段（20 世纪 90 年代末至今）	从 2001 年 4 月起，开始履行作为世贸组织成员的义务，被迫解除了在产品国产化率、出口返销上的规定，并废除了长达半个世纪的借以保护轿车工业的进口配额限制；市场的全面开放不仅使印度汽车产量持续增加，2005 年产量超过 200 万辆，而且，产品种类日益丰富，价格不断下降，部分产品已经和国际市场同步；已经成为世界最大的三轮车市场和微型车制造基地，第二大两轮车市场，亚洲第四大、增长速度最快的是乘用车市场

资料来源：根据秦永红的《印度汽车工业的"市场换技术"战略及其对中国的启示》整理，载《工业经济》2006 年第 10 期。

印度汽车产业印证了贸易与投资自由化有利于产业的发展，从主要依靠进口，到自己生产汽车并且出口到其他国家和地区这一过程，可以看出随着汽车业的开放，行业的技术、劳动生产率和出口盈利能力都得到了明显的增强，市场开放的过程，也就是汽车业发展的过程，二者具有同步变化的关系。印度汽车工业是引进外资，以外资推动国内汽车工业发展的成功例子。

4. 贸易政策体系对 IT 服务业的影响

许多国家和地区的经济增长都是按照农业——工业——服务业的次序展开的，而印度是工业革命模式的一个例外。其经济中比较发达的产业是服务业，服务业在印度 GDP 中的比例从 1990 年的 41% 上升到 2005 年的 54%[①]。在经济全球化和区域经济一体化迅速发展的今天，印度以其在软件行业的优势地位被称为"世界的办公室"。作为一个发展中国家能够在 IT 行业具有如此重要的地位非常值得研究。

首先，印度 IT 服务业的发展，是在发达国家和地区服务业大规模国际转移的背景下发生的。印度正是抓住了全球服务业国际转移的机会，以自身独特的技术、人才和语言优势，成功地发展了 IT 服务业。国际服务业的转移，本身可以看做是贸易、投资政策自由化的结果，因为正是大多数国家和地区放松对外商投资和国际贸易的限制，才使得这种转移变为可能。所以，从这个角度来讲，印度 IT 服务业的发展正是贸易、投资政策自由化的结果。

其次，印度政府在发展 IT 服务业时，因其国内市场需求有限，注重面向国外市场开展 IT 服务外包业务。制定促进 IT 服务业出口的政策，给予相关企业以优惠待遇。而且从 1998 年以来，印度对金融、电信业进行了改革，市场开放度加大，这些行业和软件业有着紧密的关系，随着这些行业的进一步放开，IT 服务业必将受益，尤其是电信关税的降低很可能会使软件行业受益颇丰，与其他行业相比，软件业的贸易和投资壁垒相对较低，而且政府通过减免税收、创建软件技术园区等措施向软件行业提供支持[②]。在这种国内支持政策和出口促进战略的共同作用下，目前印度已经成为西方企业的"海外办公室"，其 IT 服务业出口规模比仅次于它的 5 个国家——加拿大、爱尔兰、以色列、菲律宾和南非的出口总和还要多[③]。其中美国是印度最大的 IT 服务市场，占印度 IT 服务出口的 60% 以上[④]。

最后，印度 IT 服务业面对的竞争压力增大，一方面，在国际市场上面对来自其他国家和地区的竞争，比如欧美开始逐步把 IT 服务业向区域比较接近的国家和地区转移，在接受服务外包服务时，也多是选择近岸国家和地区。另一方面国内市场面对开放的压力，在过去依靠内部服务业市场的保护政策，随着多边贸易规则的逐步完善，保护性的贸易政策已经很难再发挥作用，国内市场本来就需求有限，再加上国外同类行业的竞争，使得 IT 服务业的发展环境充满不确定性。

[①][③][④] 李志能：《印度 IT 服务业面临的临界突破挑战》，载《国际贸易》2005 年第 1 期。
[②] WTO, "Trade Policy Review India", WT/TPR/S/100, 22 May 2002.

(四) 印度贸易政策体系对国内微观经济主体的影响

1. 贸易政策体系对生产者的影响

1991年的印度贸易自由化改革带来了巨大的前期竞争效应,导致了企业生产成本的下降、不断增加的规模经济以及不断增加的全要素生产率。维文(2000)对印度的机械、交通运输设备、纺织以及化工等制造业部门1988~1998年的数据进行了分析。结果发现,在贸易自由化改革之后,企业的规模报酬略有增加,尽管这比当初预测的要低得多。贝多森·沃恩(2000)应用企业层面的数据分析了印度企业技术效率的演化过程,发现印度企业的技术利用效率与一个时间名义变量有着强烈的负相关性,这表明贸易自由化会导致印度制造企业技术利用效率的不断下降。对此一个可能的解释就是印度企业在接受和掌握新技术方面是失败的。另外可能的解释就是贸易自由化改变了印度企业引进的技术种类,尤其是技术进口可以从相对短期内对利润、生产率有贡献作用的技术转移到相对长期内对企业利润和生产率有贡献作用的技术中去。如果是这种情况,这种技术进口的转移就可以解释为什么这么多研究都表明印度的贸易自由化会导致生产增长率下降的原因了。

库玛和阿加瓦尔(2000)应用1992~1997年期间企业层面的数据对贸易自由化以后的印度制造业企业中的R&D投入活动的趋势和影响因素进行了分析。在过去的十年中,世界R&D投入占世界GDP总量的百分比稳步增加,一直增加到90年代的2.5%,而与此相反,印度的该数据却从1988年的0.98%下降到1997年的0.66%。企业微观数据的分析表明,印度企业R&D投入密度和技术进口、海外扩张以及资本货物进口具有强烈的正相关关系,这仅仅是对印度本土企业而言的,对于跨国企业恰好相反,跨国企业则与它们的毛利率有很大的正相关性。最好的解释就是印度本土企业将其R&D投入主要用于吸收进口技术和海外扩张上面,而跨国公司将其R&D投入主要用于其技术的本土化,这种技术的本土化可以为其带来很大的利润。

另外,正是看到了这些利益,印度政府增加了对外资开放的领域,而且更多采用了自动投资程序,甚至包括一些需在储备银行注册的经济部门;在某些领域投资仍需要获得政府许可,且一些敏感的领域不对外资开放。尽管政策放宽了,在吸引投资方面仍不够理想,FDI仅占GDP的1%左右[1];这表明政策与基础设施环境仍然很可能是制约外商投资的因素。这也在一定程度上,阻碍了国内企业活动的技术溢出效应,提升了自身技术管理水平的进程。

---

[1] WTO, "Trade Policy Review India", WT/TPR/S/100, 22 May 2002.

从具体的贸易政策的角度来讲，如前文所说，对农产品贸易的限制政策，尤其是印度历来就利用自身在农业方面承诺较低的优势，扶持国内生产者。这些政策在一定程度上，保护了国内农业生产者，使其免受外来竞争的冲击，增强了其生产能力。而且政府对农业生产者给予补贴政策，强化了国内支持，比较重视国内农业的可持续发展能力。为了使农产品具有世界竞争力，政府给农民提供市场信息，给予技术和资金支持，提供给农业生产者最新的生化技术与广泛的市场资讯，在 WTO 的规范下给予农民更大的协助以及鼓励私人企业在这方面的投资，特别是农业研究、人力资源的规划和农产品丰收后的储存、管理与行销等。

2. 贸易政策体系对消费者的影响

因为印度国内农业相对落后，直到 20 世纪 80 年代初期才实现自给自足，所以印度对农产品的贸易实施严格的限制政策。这种政策实施的结果，一方面，稳定了国内粮食价格，使国内粮食零售市场免受冲击，为消费者提供了日常粮食所需，比如政府通过针对低收入家庭的公共分配体系（PDS）采购某些农产品，并对这些产品的销售进行补贴。另一方面，以国内消费需求为基准决定粮食贸易量，一定程度上限制了粮食的超额供给，在管制的环境中使得粮价虽稳定，但无法反映真正的市场供求变化，加之政府事前估计有误差，容易导致粮食供应不足。不过从整体上来看，印度采取对粮食贸易的限制政策，目的就是为了国内生产者和消费者的利益，力图找到二者之间的利益平衡，但是生产者和消费者之间存在利益上此消彼长的趋势，加之生产者相对集中，容易形成利益集团对政策制定者施压，政府往往侧重于生产者的利益诉求，而忽略消费者的利益。当然，因为粮食是一种关系国计民生的特殊商品，政府一般情况下总是力求二者之间的利益平衡。另外，从长期来看，由于保护性的贸易政策，会使国内粮食生产能力提高，实行相对开放的贸易政策后，出口会大量增加，粮食价格降低，消费者获得了利益。

另外，OECD 在《来自产品市场、国际贸易和投资自由化的收益》的研究报告中，用 GTAP 模型就贸易自由化对印度整体福利的影响进行了分析。贸易与投资自由化给印度带来了大约 4.42 亿美元的福利（来自全要素生产率变化部分的为 -4.80 亿美元，来自关税递减影响部分的是 9.22 亿美元），人均福利增加 0.1%（来自全要素生产率变化部分的为 -0.11%，来自关税递减影响部分的是 0.21%）[①]。由此可见，总体来说印度将从贸易与投资自由化中获益，不过获益的来源主要是关税递减的收益，这是因为印度关税水平本身很高，特别是在制造

---

① OECD, "The benefits of liberalising product markets and reducing barriers, international trade and investment in the OECD", Working Paper No. 463, 02 - Dec - 2005.

品和农产品领域关税很高。削减关税的余地很大,在贸易和投资自由化的过程中,在同等削减幅度下,仍然可以保持较高关税水平,保护国内市场,从而获得其他国家和地区关税减免的收益。但是,印度从全要素生产率变化中所获得收益为负,这说明贸易和投资自由化并没有给印度带来生产率上的正面效应,这和"拉美化陷阱"有些类似(见表7-11)。

表7-11　　　　贸易与投资自由化对印度福利的影响
(GTAP模型结果)

	福利影响(百万美元)	人均福利变化(%)
总体变化量	442	0.1
全要素生产率部分	-480	-0.11
关税递减影响部分	922	0.21

资料来源:OECD,"The benefits of liberalising product markets and reducing barriers",international.

第八章

中国贸易政策体系绩效评估及模型分析

一、中国贸易政策体系演进回顾

（一）1978年以来中国外贸体制改革的历程

中国的外贸体制与各时期的经济管理体制相联系。根据经济体制改革要求，1978年底，国内逐步转向有计划的商品经济，对外经济关系也要求进一步扩大，原有的外贸体制越发不适应对外贸易和国民经济发展的需要，进入以"建立适应社会主义市场经济和国际贸易规范的新体制"为目标的改革阶段。改革的方向是：统一政策、放开经营、平等竞争、自负盈亏、工贸结合、推行代理制。从以外贸企业为主体的角度来看，中国的外贸体制改革经历了五个阶段[①]：第一，放权过渡时期（1979～1987年）。第二，全面实行外贸承包经营责任制（1988～1990年）。第三，外贸企业经营机制转变时期（1991～1993年）。第四，近年来外贸体制的改革（1994～2001年）。第五，加入WTO后的改革新阶段（2002年至今）。2001年底中国加入WTO至今，中国的对外贸易体制经历了逐步与国际贸易体制接轨、同步发展相协调的改革过程。

（二）中国对外贸易政策体系的演变

在整体对外贸易体制改革的大背景下，改革之前的计划经济下的国家高度集

[①] 张汉林：《强国之路：经济全球化与中国的战略及政策选择》，对外经济贸易大学出版社2001年版。

权的国家统治贸易体制历经了 3 个转变，最终进入"有管理的贸易自由化"阶段（见图 8-1）。

```
计划经济下的国家统治贸易  →  贸易作为有计划的商品经济
   （1949~1978年）              一部分的开放（1979~1991年）
                                        ↓
"有管理的贸易自由化"阶段  ←  符合国际规范的贸易政策体系
   （2002年至今）              改革阶段（1992~2001年）
```

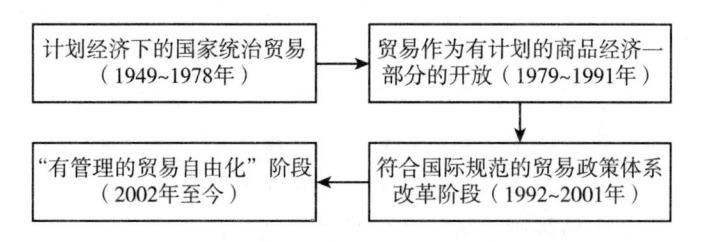

图 8-1　中国对外贸易政策体系演变

中国外贸体制的转变，根据主要推行的政策和经营主体来看可以分为几个阶段。1979~2001 年间，中国采用了进口替代和出口导向政策的混合，一方面促进具有比较优势的劳动力密集型产业产品的出口；另一方面旨在促进优势相对较弱的资本及技术密集型产业的发展。1978 年以后，以出口促进（EP）政策为主的开放型贸易体制与在出口导向型部门采取吸引 FDI 的政策共同推行，促成了大批外资公司（FIE）的形成。1985 年国家首次确立出口退税制，并且 1988 年起国家出台鼓励外向型经济发展的一系列政策，大大促进了加工贸易的发展，从此其在外贸总额中所占比例一直超过 FIE 所占比例。但是中国加工贸易的优势仅仅在于廉价的劳动力成本，这使中国的加工生产一直处于世界产业链的下端，到 90 年代后期才有所调整。从 1995 年到 1998 年，EP 类出口增长了 42%。但是从进口方面来看，EP 方式进口的往往是用于加工出口产品的原料。因而该体制对实体的进口没有很大的促进作用。

与 EP 贸易体制相对的一般贸易（OT）体制，其经营主体直到 1999 年几乎全部为国有贸易公司。在该体制下，出口商的贸易权利一般限于出口自己制造的商品，而进口商则被限制在特定的贸易品经营范围之内，因而一定程度上限制了进口商的进口能力。尽管在该种贸易体制下也同时采取了降低关税以及非关税壁垒的措施，但丝毫未动摇 OT 体制的根本；而且，仅外国的贸易公司才能在中国市场销售在特定范围之外的进口品，造成了严重的限制竞争行为并且使很多非经济手段干扰了市场力量。OT 体制下的出口量，从 1995 年到 1998 年仅增长了 4%，进口量则完全没有增长。1995 年以前由于 EP 体制下的贸易以及外国公司在贸易中所占的份额都在增长，整体贸易呈现强劲的增长，OT 体制下的贸易也明显增长。从 1995 年之后，OT 出口不断波动，但依然呈增长的趋势。1996 年，由于国家出口退税体制出现严重问题导致了出口的下滑，1997 年随着问题的解决出口量出现很大的反弹。1998~1999 年出口再次下降。从进口的角度来讲，OT 方式的进口自从 1996 年仅占中国 GDP 不到 5%，按照这种方法度量，中国的贸易开放度与 1978 年的水平相差无几。

在 1978～2000 年间，贸易政策制定的机构也多次更改，包括国务院、相应行政机关的重组，各级人代会以及作为主要的贸易政策制定的商务部的职能调整。

2001 年中国加入 WTO 之后，在多方面对外贸体制进行了"融合性"的改革：贸易政策变得更加透明，具有可预测性；逐步取消对所有产品的贸易权利的限制（少数国营贸易商品除外），并且允许国内外企业进行分销和批发经营；在国内外采取统一的贸易规则框架，并实现由计划到市场的平稳过渡。整体来说贸易体制变得更加自由化，而且结构性的改革引入了更多的竞争，同时政府对经济的直接干预在减少。但是为了达到产业政策目标，仍旧存在着一些间接措施干预着经济的运行①，如边境措施（如影响着进出口的关税和其他边境税收措施）以及一些内部措施［包括针对某些部门或活动的投资（尤其是 FDI）采取优惠税政策；行政指示以及影响信贷流入或流出某部门；采取价格控制或指导价格］等等。在贸易政策的制定机构与实施方面，中国各行政机构之间协调合作确保了贸易及贸易相关政策目标的实施。从 1999 年底至 2005 年底，中国政府共采纳、修改、废除 2000 多项法律、行政法规、部门规章。目前，中国的贸易政策的制定和实施机构，分工更细致，权责更加明确。

二、中国现行贸易政策体系精要

（一）中国贸易政策体系的制度和法律框架

1. 中国的制度结构

中国立法机构为：中华人民共和国全国人民代表大会。执行机关为国务院，即中央政府，是最高国家权力机关的执行机关，是最高国家行政机关。地方各级政府是地方各级国家权力机关的执行机关，接受国务院的统一领导。

司法机关：指审判机关、检察机关、侦查机关（公安机关、国家安全机关）和司法行政机关。

2. 与贸易相关的立法和审查规定

按照宪法及《中华人民共和国缔结条约程序法》、《建立世界贸易组织协定》（以下简称《建立 WTO 协定》）属于经由人大常委会批准的重要的国际协议。通过立法，《建立 WTO 协定》和《中国入世协定书》得以在国内实施。中国修改现行或即将出台的关于贸易、服务和与贸易相关的知识产权方面的法律、法规及

---

① 参见 WTO，WTTPRS161R1-03 文件。

行政措施,使其与《建立 WTO 协定》和《中国入世协定书》相一致。"入世"后,中国承诺建立对行政行为的司法审查,对国内立法的计划,各地政府审查其地方法规、条例和行政措施进行审查,确保法律的透明性、公正性、非歧视性。迄今为止,最高法院已经废除了约 20 项与《建立 WTO 协定》不一致的法律解释。为进一步说明法院对于国际贸易相关的行政申诉的审查权限,2002 年最高人民法院发布了《最高人民法院关于审理国际贸易行政案件若干问题的规定》、《最高人民法院关于审理反补贴行政案件应用法律若干问题的规定》及《最高人民法院关于审理反倾销行政案件应用法律若干问题的规定》。

3. 对省市之间贸易壁垒的处理

中央政府已采取措施降低由于地方保护主义可能引起的国内贸易壁垒(例如,对进入本地市场的外地产品及服务征收特殊费用、采取技术要求或检查、认证要求等措施)。在法律方面,《反不正当竞争法》第 7 条、国务院《关于禁止在市场经济活动中实行地区封锁的规定》、商务部、监察部、国务院法制办、财政部、交通部、税务总局、质监总局联合发布的《关于清理在市场经济活动中实行地区封锁规定的通知》、《中国行政许可法》第 15 条都有此类规定,这些规定使得省市之间的贸易壁垒减少。

(二)贸易政策的制定、管理及执行

1. 中国主要贸易法律

2001 年中国加入 WTO 之后,颁布了新的贸易法律法规,并修改了现行的法律,以履行在 WTO 中的承诺。涵盖国际贸易的主要法律有:《中华人民共和国对外贸易法》(2004 年修改)、《海关法》(2000 年 7 月修改)。其他贸易相关的法律包括:《中华人民共和国进出口关税条例》以及与标准法律法规,检验检疫标准(SPS),反倾销、反补贴及保障措施,知识产权等相关的法律法规。2004 年 7 月 1 日开始执行的《行政许可法》将公开、透明问题由道德自律转变为法律强制,规定了行政许可的申请、受理程序,审查、决定程序,听证程序。《行政许可法》也为履行中国的"入世"承诺提供了总的法律框架和管理框架[①]。

2. 贸易政策执行的相关机构

目前,中华人民共和国商务部(以下简称 MOFCOM)主要负责贸易相关事物的政策协调与实施[②]。MOFCOM 还通过贸易发展局、投资促进事务局、中国国际经济技术交流中心和中国外贸中心等下属单位,促进贸易的发展,提高贸易便

---

① WT/TPR/S/161/Rev.1,Trade Policy Review,Page 172.
② 详见:http://www.mofcom.gov.cn/mofcom/zhizi.shtml(2006 年 1 月 4 日)。

利化水平。其他影响贸易政策的主要部门有：国家发展和改革委员会（NDRC）、财政部以及海关总署。

在产业层面，包括中国煤炭工业协会、中国钢铁工业协会、中国纺织工业协会、中国机械工业联合会、中国石油和化学工业协会、中国轻工业协会、中国建筑材料工业协会、中国有色金属学会在内的一些中国产业协会，负责收集、分享产业相关信息，发现并处理产业问题，讨论与产业相关贸易政策问题，代表其产业与政府进行交涉。

3. 贸易政策目标

依照《中华人民共和国对外贸易法》，中国贸易政策目标主要有：扩大对外开放，发展对外贸易，维护对外贸易秩序，促进社会主义市场经济的健康发展[①]。中国希望其WTO成员身份能够促进经济增长，并加强与其他成员的贸易与经济关系[②]。中央政府将履行"入世"承诺，削减关税和去除大多数非关税壁垒。

（三）中国签订的贸易协议和贸易安排

中国积极参与多边贸易体制（如参与多哈回合谈判等）构成了中国贸易政策的一个重要部分，而且中国在参与双边及区域贸易谈判过程中做出了很大的努力。中国于2001年12月11日加入世界贸易组织，目前中国正积极参与国际贸易谈判，包括关于争端解决的谈判。目前，中国是《民用航空器贸易协议》的观察员，并且已经于2007年底正式启动了加入《政府采购协议》谈判。中国参与的区域合作机制主要有：亚太经合组织（APEC）、亚欧会议（ASEM）、东南亚国家联盟（ASEAN）、《亚太贸易协定》[③]。另外，中国也签订了多个双边协议，建立了多个自由贸易区，包括：《更紧密经贸关系安排》（CEPAs）、中国—智利贸易自由区、中国—巴基斯坦特惠贸易区，并与澳大利亚、新西兰签订了一些篇幅较短、陈述签订意向的协议[④]。中国还存在与其他国家和地区签订双边协议的潜在可能性，包括：中国与南非关税同盟（SACU）、中国与GCC海湾合作理事会、中国和印度、中国和爱尔兰等。

（四）中国的外国投资体制

1. 中国近来FDI政策的发展

中国近来开始鼓励中国企业向外投资，主要是为了技术升级、维护主要原材

---

① 参见：《中华人民共和国对外贸易法》第一章第一条。
② 参见：WTO document WT/MIN（01）/3，11 November 2001。
③ 原《曼谷协定》，经过内容修正，更名为《亚太贸易协定》，自2006年9月1日起正式实施。
④ Antkiewicz 和 Whalley（2004年）。

料（如石油、铁矿石等）供给安全。

2. 法律框架和程序

有关 FDI 的法律规定主要包括：《中华人民共和国中外合资经营企业法》、《中华人民共和国中外合作经营企业法》、《中华人民共和国外资企业法》及以上法律、行政法规的执行规则等①。上述法律 2000 年和 2001 年的修订版降低了市场准入门槛及出口平衡和技术转让方面的要求。2005 年 2 月 25 日，国务院签发了《关于鼓励支持和引导个体私营等非公有制经济发展的若干意见》，其中规定外商投资者将享有与国内投资者一样的市场准入机会。

2005 年 3 月 11 日新的《外商投资产业指导目录》生效②，该目录"增大了对外开放力度，将鼓励外国投资作为一个主要政策"③。NDRC 及 MOFCOM 也修改了 2004 年 9 月 1 日生效的《中西部地区外商投资优势产业目录》④。

3. 检查和批准程序

2004 年 6 月，国务院签发了《关于投资体制改革的决定》，该《决定》取代核准登记的审批程序；但"重要或限制"项目仍需核准。2004 年 9 月，发改委签发了《政府核准的投资项目目录》，该《目录》包括了几个行业中非政府投资，重要或限制的固定资产投资项目⑤。所有其他投资项目，无论投资额大小，只需在有关部门（如当地发改委）注册。另外，该决定准许地方发改委可核准"鼓励"和"允许"行业中投资额低于 1 亿美元的外商投资，以及"限制"行业中投资额低于 5 000 万元的外商投资⑥，简化了核准程序，增加了当地政府的核准权利。

基于《决定》和《行政许可法》，发改委签发了《关于外商投资项目审查管理的临时措施》，该《临时措施》于 2004 年 10 月 9 日执行⑦。该《临时措施》

---

① 其他关于 FDI 的法律法规包括：Law on the Protection of Taiwan region Compatriots' Investment；Income Tax Law for Enterprises with Foreign Investment and Foreign Enterprises and its Implementation Regulation；Interim Provisions on Mergers and Acquisitions of Domestic Enterprises by Foreign Investors；Provisions on Foreign Invested Investment Companies；and Interim Provisions on Foreign Invested Joint Stock Limited Companies。其他有关 FDI 的法律法规包括：公司法、合同法、保险法、仲裁法、劳动法、增值税暂行条例、消费税暂行条例、营业税暂行条例。
② MOFCOM（2004 年）。
③ WTO 文件 WT/G/L/708，2004 年 11 月 8 日。
④ 在线信息，http：//www.ndrc.gov.cn/b/b200407292.htm（中文版）（2005 年 4 月 13 日）。同时，2000 年 6 月颁布的《中西部地区外商投资优势产业目录》被废止。
⑤ 包括：农牧业、能源、运输业、信息技术、原材料、制造业、轻工业和烟草业、高新技术、城市基础设施、社会项目（包括旅游业）和金融服务。
⑥ 见《临时措施》第 20 条，该条规定国家发改委有获取项目相关信息的权力。
⑦ 商务部在线信息,http://www.fdi.gov.cn/ltlaw/lawinfodisp.jsp? id = ABC00000000000010631&appId = 1 ［6 May 2005］。

适用于中外合作企业、中外合资企业、外商独资企业、企业合并、外商收购本国企业，外商企业资本增加①。放宽服务领域市场准入限制的一系列新投资法规也已颁布②。

4. FDI 鼓励政策

（1）税收鼓励政策。企业享受低税政策，同时，投资于鼓励行业和地区的项目的外商投资企业也享受特殊税收优惠待遇③，对于将税后利润再投资，增加注册资本或将利润投资建厂的外资企业，也有相应优惠政策④。

（2）促进措施和便利化措施。OFOM 通过投资促进机构和中国国际投资促进中心来促进外国投资，并提供有关 FDI 的英文在线信息⑤，每年发表一份《中国外商投资报告》（中英文版）。《中国投资》则提供了有关 FDI 的研究和研讨会，新闻、法律法规和经济科技开发区的信息⑥。

5. 国际投资协议

截至 2005 年 7 月，中国已签订了 115 个双边投资保护协议和 86 个旨在避免双重课税的协议⑦。另外，中国内地与香港、澳门签订的 CEPA 向这些特别行政区的投资者给予了特别待遇⑧。

三、影响中国对外贸易的主要因素的实证分析

该部分研究旨在运用可识别的 ARMA 模型，讨论不同类型冲击对贸易的影响和相对重要性，将影响对外贸易的各种因素分解，并研究这些经济变量的变化规律。

---

① Interim Measures 第二条。
② APEC（2004a）。
③ 目前适用于外资企业和外商个人的税种有：企业所得税、个人所得税、周转税［包括增值税、消费税和营业税，关税、土地增值税、资源税、城市房地产税、农业税、印花税、转让税、船舶使用执照税、车辆购买税、排水吨位税（第三章（4）（ii）（b））］。
④ 中国国际贸易促进委员会在线信息：http：//www.ccpit.org/vhosts/english/IV.htm ［17 February 2005］。
⑤ MOFCOM 在线信息：http：//english.mofcom.gov.cn/。该信息包括以下内容：FDI 的统计数据和发展、FDI 政策、法律法规、鼓励行业、优惠待遇、审查核准程序、核准机构。
⑥ FDI 在线信息：http：//www.fdi.gov.cn。
⑦ 双边投资保护协定为没有获得足够赔偿的资源被征用的企业和个人提供保护，对争端解决做出规定。
⑧ 中国签订的其他国际协定包括：《联合国国际货物销售合同公约》，1991 年签订；以及《海牙海外文书服务公约》，1991 年签订。

（一）理论模型构建

该部分采用修正后的普拉萨德结构模型[①]（1999）对影响中国对外贸易的因素进行实证分析。根据研究分析需要，对模型进行修正并且引入随机冲击后，理论模型结构如下：

$$Y_t^{dd} = d_t + Y_t^{wd} + \alpha Q_t - \beta [i_t - E_t(P_{t+1} - P_t)] + \chi G_t - \gamma T_t + \xi TR_t \tag{1}$$

$$M_t^s - P_t = Y_t^{ds} - \delta i_t \tag{2}$$

$$P_t = (1-\varepsilon)(E_{t-1} P_t^e) + \varepsilon P_t^e \tag{3}$$

$$i_t = E_t(S_{t+1} - S_t) \tag{4}$$

$$TB_t = \phi Q_t - \varphi(Y_t^{dd} - Y_t^{wd}) \tag{5}$$

$$Y_t^{ds} = Y_{t-1}^{ds} + \eta_t \tag{6}$$

$$d_t = d_{t-1} + \lambda_t - \mu \lambda_{t-1} \tag{7}$$

$$Y_t^{wd} = Y_{t-1}^{wd} + \pi_t \tag{8}$$

$$G_t = G_{t-1} + \theta_t \tag{9}$$

$$T_t = T_{t-1} + \rho_t \tag{10}$$

$$TR_t = TR_{t-1} + \zeta_t \tag{11}$$

$$M_t = M_{t-1} + \sigma_t \tag{12}$$

变量及模型方程说明：

变量：Y_t^{dd}——t时期国内需求；d_t——t时期国内需求冲击；Y_t^{wd}——t时期国际总需求；$Q_t = S_t - P_t$——实际汇率；P_t——t时期价格水平；G_t——t时期财政支出；T_t——t时期关税水平；TR_t——t时期出口退税；M_t^s——t时期国内货币供给；i_t——t时期实际利率；S——即期汇率；TB_t——t时期贸易余额。参数α、β、χ、δ、ε、γ、ϕ、φ、ξ大于零。

方程说明：方程（1）代表开放经济中的 IS 曲线，它表明一国的总需求与实际汇率、世界市场需求、国内政府财政支出、出口退税成正比，与真实利率、关税成反比。我们根据研究需要对原方程做出了修正，其中关税通过影响外部需求间接作用于国内总需求，出口退税通过刺激企业生产、出口间接影响国内需求。方程（2）为标准的 LM 曲线，即货币市场均衡。方程（3）是开放经济中的价格调整方程，它表明：第 t 期的价格等于在 $t-1$ 期对 t 期的预期市场出清价格和

[①] 该理论模型原型为开放经济下标准的两国蒙代尔—弗莱明（Mundell-Fleming）模型，Clarida 和 Gali（1994）将其拓展成一个含有理性预期的随机经济模型。Prasad、Lee 和 Chinn 在他们工作的基础上加入了更多的变量，并考虑了时间和价格调整因素，使模型可以直接用来讨论有关贸易变量在长期和短期中的波动变化。

第 t 期实际的市场出清价格的加权平均，系数 ε 代表了价格调整的速度，当 $\theta = 1$ 时，价格是完全灵活的，此时经济中的产出是由供给决定的；当 $\theta = 0$ 时，价格是固定的，取决于前一期的预期。方程（4）为利率平价，但是其隐含条件是汇率自由波动和利率市场化，这与中国实际汇率波动受政策体制变迁影响很大的实际条件不吻合。1994 年之前，中国一直实行双重汇率，在并轨之前实际有效汇率的变化基本与相对价格水平是脱离的，也就是说名义汇率的贬值在中国出口体制中的刺激作用是非常有限的。而且国内、国际对于中国实际有效汇率指数的测算比较滞后或考虑的贸易伙伴较少，该方面真实有效的数据很难获得，因此本章将汇率因素作为一个外生变量。方程（5）则表明一国的贸易余额主要是由同期的相对产出、实际汇率决定的（多恩·布什，1980）[①]。方程（6）~（12）为随机冲击，其中 η（真实冲击）、λ、π（真实冲击）、θ、ρ、ζ、σ 是白噪声。在模型的变量中，除了利率和经常项外，都采用对数形式并以本国对外国的相应变量的相对量来表示。

（二）实证模型及 Choleski 分解

本章采用多变量的 SVAR 模型，并用 Choleski 分解方法进行结构模型识别[②]：$B\Psi_t = X(L)\Psi_{t-1} + E_t$[③]，化标准式为：

$$\Psi_t = B^{-1} X(L) \Psi_{t-1} + B^{-1} E_t \tag{13}$$

Ψ_t 为根据变量外生性递减排序后的方程（1）~（5）式中的内生变量，B 为相应的矩阵；$X(L)$ 是关于滞后变量 L 的多项式，E_t 为白噪声。

$$\Psi_t = \begin{Bmatrix} \ln Y_t^{wd} \\ \ln T_t \\ \ln TR_t \\ \ln G_t \\ \ln M_t \\ \ln Y_t^{dd} \\ \ln TB_t \end{Bmatrix}, B = \begin{pmatrix} 1 & 0 & \cdots & \cdots & 0 \\ b_{21} & 1 & & & 0 \\ \vdots & & \ddots & & \vdots \\ \vdots & & & \ddots & 0 \\ b_{71} & \cdots & \cdots & & 1 \end{pmatrix}, E_t = \begin{pmatrix} \varepsilon_{1t} \\ \varepsilon_{2t} \\ \varepsilon_{3t} \\ \varepsilon_{4t} \\ \varepsilon_{5t} \\ \varepsilon_{6t} \\ \varepsilon_{7t} \end{pmatrix}$$

---

① Ron Michener: A Neoclassical Model of the Balance of Payments, *The Review of Economic Studies*, Vol. 51, No. 4 (Oct., 1984), pp. 651 – 664.
② 公式推导见本章附录。详细参见 Enders, Walter 的《应用计量经济学：时间序列分析》。
③ 为简便起见，假设在结构式中各内生变量的滞后期数相同。为了识别标准式，设定变量外生性以减弱方式排列次序为：Y_t^{wd}、T_t、TR_t、G_t、M_t、Y_t^{dd}。

（三）实证处理结果及分析

1. 研究采用的数据

根据中国对外贸易发展的特征以及研究需要，本章选用 1970～2006 年度的数据，包括中国及其主要贸易伙伴的宏观经济数据（产出、价格和进出口，等等）。所有数据均采用本币计价的数据。

2. 回归中使用的变量定义及数据处理方法

回归模型中采用的变量共有 7 个，为了使 Choleski 分解方法的有效性以及确保 Granger 检验的有效性，在每个模型中变量顺序都严格按照变量外生性以减弱方式排列次序排列。由于出口退税的数据是从 1985 年开始的，所以前两个模型中没有考虑改变量的因素。而 TB 变量我们分别从进口和出口两个方面讨论。

lnEXDMD：国际需求冲击，按照美、日、德三国和中国香港地区对中国内地贸易占中国总外贸规模的比重加权的国家或地区 GDP。数据来源及处理方法：IMF World Economic Outlook Database，Dec，2006；按照样本年度上述国家和地区在中国的对外贸易规模中所占份额加权。

lnDT：中国整体关税水平；lnDG：中国中央政府财政支出；lnDM：国内的货币供给（M_2：货币及准货币）；lnDGDP：中国的 GDP。采用数据来源：《新中国五十五年统计资料汇编》，中国统计出版社，2005 年 12 月。

lnEXP：中国的出口占本国 GDP 的比重。

lnIMP：中国的进口占本国 GDP 的比重。

为了保证 VAR 模型进行回归的有效性，所有的变量都必须是平稳序列，凡是不平稳的变量都要将其平稳化。本研究对数据进行 Augmented Dickey-Fuller（ADF）单位根检验，计算结果表明变量的一阶差分是平稳的。在 VAR 模型中，如果非平稳变量之间存在协整关系（co-integration），就可以直接采用变量本身进行回归计算。对变量进行协整检验。迹检验数值表明，滞后两期时，在 5% 的置信水平上，最多有 5 个变量存在协整关系。因此，在下面的回归中，我们将采用变量数据的一阶差分进行计算。在对标准方程（13）进行回归之前，首先对所使用变量数据的自然对数值做一阶差分运算，使数据的变动能够反映变量对趋势项偏离程度的变化率，并保持平稳。其次，我们运用两个标准：SIC 和 AIC 标准、VAR 模型中的各方程的总体显著性及每个解释变量对被解释变量的显著性分别对不同模型选择滞后期。最后，对出口和进口以及进出口的互动关系进行分析。

3. 回归计算及分析

从变量的相关程度来看，与出口最为相关的变量是进口水平（lnIMPO，相关系数 0.5555，正相关），其次是外部需求（lnEXDMD，相关系数 0.3714，正相关）；出口与政府支出、国内产出及货币供给（lnDG、lnDGDP、lnDM）呈负相关的关系，与关税水平呈正相关关系。对于进口来说，与进口相关系数最大的两个变量分别是关税水平（lnDT，相关系数 0.5879，z 正相关）、出口水平（lnEXPO，相关系数 0.5555），其次是外部需求（lnEXDMD），进口与其他变量均呈正相关关系。当然，这里的相关系数描述的是变量间的线性相关，相关系数小并不代表变量之间不存在着较强的曲线关系。

模型及回归计算结果

（1）出口模型。出口模型包含理论模型中除进口变量外所有讨论的变量。对全部变量进行 4 期滞后进行回归计算。计算结果中，残差基本属于白噪声，方程拟合度较好（R^2 = 0.827219），计算结果见表 8 – 1。

表 8 – 1 出口模型计算结果

	lnEXDMD	lnDT	lnDG	lnDM	lnDGDP	lnEXPO
lnEXDMD(-1)	-0.258860	1.634325	-0.011540	-0.905380	0.253938	0.482491
	(0.32765)	(0.54306)	(0.28390)	(0.81661)	(0.19743)	(0.40588)
	[-0.79005]	[3.00950]	[-0.04065]	[-1.10871]	[1.28624]	[1.18876]
lnEXDMD(-2)	-0.240764	-1.352920	0.038218	1.146911	-0.263888	-0.360014
	(0.41845)	(0.69356)	(0.36258)	(1.04292)	(0.25214)	(0.51836)
	[-0.57536]	[-1.95070]	[0.10541]	[1.09971]	[-1.04659]	[-0.69453]
lnEXDMD(-3)	-0.598236	1.762010	-0.199046	-2.335038	-0.074343	-0.772377
	(0.49000)	(0.81214)	(0.42457)	(1.22123)	(0.29525)	(0.60698)
	[-1.22089]	[2.16960]	[-0.46882]	[-1.91203]	[-0.25180]	[-1.27248]
lnEXDMD(-4)	0.153346	-1.783251	-0.292767	0.116302	-0.080845	0.589614
	(0.29251)	(0.48481)	(0.25345)	(0.72903)	(0.17625)	(0.36235)
	[0.52424]	[-3.67823]	[-1.15512]	[0.15953]	[-0.45869]	[1.62722]
lnDT(-1)	0.095000	0.317109	0.081118	-0.198206	0.127017	-0.046678
	(0.14980)	(0.24828)	(0.12980)	(0.37335)	(0.09026)	(0.18556)
	[0.63418]	[1.27721]	[0.62496]	[-0.53089]	[1.40720]	[-0.25155]
lnDT(-2)	0.111806	-0.695918	-0.079348	0.265020	-0.052023	0.016219
	(0.14067)	(0.23315)	(0.12188)	(0.35059)	(0.08476)	(0.17425)
	[0.79382]	[-2.98491]	[-0.65101]	[0.75593]	[-0.61377]	[0.09308]
lnDT(-3)	0.112336	-0.145756	-0.091608	-0.178039	0.103961	0.130040

续表

	lnEXDMD	lnDT	lnDG	lnDM	lnDGDP	lnEXPO
	(0.12366)	(0.20496)	(0.10715)	(0.30821)	(0.07451)	(0.15319)
	[0.90839]	[-0.71113]	[-0.85494]	[-0.57765]	[1.39519]	[0.84889]
lnDT(-4)	-0.009029	0.078500	0.100484	0.449767	0.081528	0.090579
	(0.16015)	(0.26544)	(0.13877)	(0.39915)	(0.09650)	(0.19839)
	[-0.05638]	[0.29574]	[0.72413]	[1.12682]	[0.84486]	[0.45658]
lnDG(-1)	-1.468756	-1.615013	0.304582	-0.130282	-0.048852	1.167636
	(0.64209)	(1.06421)	(0.55635)	(1.60029)	(0.38689)	(0.79538)
	[-2.28747]	[-1.51757]	[0.54746]	[-0.08141]	[-0.12627]	[1.46801]
lnDG(-2)	-0.508799	4.280113	0.442015	-1.503736	0.090523	-1.219984
	(0.74271)	(1.23099)	(0.64354)	(1.85108)	(0.44752)	(0.92003)
	[-0.68505]	[3.47696]	[0.68685]	[-0.81236]	[0.20227]	[-1.32602]
lnDG(-3)	-0.027934	-2.166382	-0.518680	0.423129	-0.453128	-0.380441
	(0.65450)	(1.08479)	(0.56711)	(1.63123)	(0.39437)	(0.81077)
	[-0.04268]	[-1.99705]	[-0.91460]	[0.25939]	[-1.14898]	[-0.46924]
lnDG(-4)	-0.380282	-0.062733	0.163928	-2.100924	0.169597	-0.025022
	(0.57489)	(0.95284)	(0.49813)	(1.43281)	(0.34640)	(0.71214)
	[-0.66149]	[-0.06584]	[0.32909]	[-1.46629]	[0.48960]	[-0.03514]
lnDM(-1)	0.447906	-0.470974	0.044900	-0.552184	0.133221	-0.176076
	(0.21111)	(0.34991)	(0.18292)	(0.52616)	(0.12721)	(0.26152)
	[2.12163]	[-1.34600]	[0.24546]	[-1.04946]	[1.04728]	[-0.67329]
lnDM(-2)	0.638137	-0.817775	-0.198196	-0.484944	0.223739	-0.015069
	(0.27131)	(0.44968)	(0.23509)	(0.67620)	(0.16348)	(0.33609)
	[2.35202]	[-1.81856]	[-0.84308]	[-0.71716]	[1.36859]	[-0.04484]
lnDM(-3)	0.757956	-1.346978	-0.319965	-0.034845	0.199805	0.623782
	(0.35555)	(0.58930)	(0.30807)	(0.88614)	(0.21424)	(0.44043)
	[2.13179]	[-2.28575]	[-1.03860]	[-0.03932]	[0.93264]	[1.41629]
lnDM(-4)	0.412532	-1.035541	-0.121116	0.406748	0.057150	0.477898
	(0.25641)	(0.42499)	(0.22217)	(0.63906)	(0.15450)	(0.31763)
	[1.60886]	[-2.43665]	[-0.54514]	[0.63647]	[0.36990]	[1.50457]
lnDGDP(-1)	1.267310	-0.218541	0.259734	0.635639	0.053120	-1.100649
	(0.77250)	(1.28035)	(0.66935)	(1.92531)	(0.46547)	(0.95693)

续表

	lnEXDMD	lnDT	lnDG	lnDM	lnDGDP	lnEXPO
	[1.64054]	[-0.17069]	[0.38804]	[0.33015]	[0.11412]	[-1.15019]
lnDGDP(-2)	0.236090	-1.081343	-0.299434	0.674388	0.029300	0.930719
	(0.60507)	(1.00286)	(0.52428)	(1.50803)	(0.36459)	(0.74953)
	[0.39019]	[-1.07826]	[-0.57114]	[0.44720]	[0.08036]	[1.24174]
lnDGDP(-3)	-0.273990	0.545899	1.159569	3.632387	0.431336	1.049690
	(0.65451)	(1.08480)	(0.56711)	(1.63125)	(0.39438)	(0.81077)
	[-0.41862]	[0.50322]	[2.04468]	[2.22675]	[1.09371]	[1.29468]
lnDGDP(-4)	-1.373774	3.235292	-0.121671	-0.867301	-0.117586	-1.752440
	(0.64255)	(1.06498)	(0.55675)	(1.60144)	(0.38717)	(0.79596)
	[-2.13800]	[3.03789]	[-0.21854]	[-0.54158]	[-0.30371]	[-2.20168]
lnEXPO(-1)	-0.192163	-0.501123	-0.361526	-0.853808	0.127827	0.063647
	(0.27854)	(0.46166)	(0.24135)	(0.69422)	(0.16784)	(0.34504)
	[-0.68989]	[-1.08547]	[-1.49794]	[-1.22989]	[0.76162]	[0.18446]
lnEXPO(-2)	0.085221	-0.547755	0.052115	0.434855	0.267170	0.643723
	(0.32600)	(0.54031)	(0.28247)	(0.81249)	(0.19643)	(0.40383)
	[0.26142]	[-1.01377]	[0.18450]	[0.53522]	[1.36013]	[1.59406]
lnEXPO(-3)	0.161875	0.320013	0.142223	0.615676	0.116735	-0.057731
	(0.24332)	(0.40329)	(0.21083)	(0.60643)	(0.14661)	(0.30141)
	[0.66527]	[0.79351]	[0.67459]	[1.01524]	[0.79621]	[-0.19153]
lnEXPO(-4)	0.132080	0.304720	0.035473	0.060238	0.073167	-0.450590
	(0.21126)	(0.35015)	(0.18305)	(0.52653)	(0.12729)	(0.26170)
	[0.62520]	[0.87027]	[0.19379]	[0.11441]	[0.57478]	[-1.72180]
C	0.092086	0.510861	0.131555	0.353532	-0.047931	0.028977
	(0.11839)	(0.19622)	(0.10258)	(0.29506)	(0.07133)	(0.14665)
	[0.77784]	[2.60355]	[1.28248]	[1.19818]	[-0.67192]	[0.19759]
R - squared	0.910126	0.916523	0.805522	0.782924	0.849673	0.827219
Adj. R - squared	0.601989	0.630318	0.138741	0.038663	0.334267	0.234825
Sum sq. resids	0.053212	0.146176	0.039950	0.330532	0.019320	0.081653
S. E. equation	0.087188	0.144507	0.075545	0.217299	0.052535	0.108003
F - statistic	2.953633	3.202324	1.208075	1.051948	1.648552	1.396401
Log likelihood	56.98140	40.81290	61.56784	27.75855	73.19197	50.13018

续表

	lnEXDMD	lnDT	lnDG	lnDM	lnDGDP	lnEXPO
Akaike AIC	-1.998837	-0.988306	-2.285490	-0.172409	-3.011998	-1.570637
Schwarz SC	-0.853731	0.156800	-1.140384	0.972697	-1.866892	-0.425530
Mean dependent	0.130410	0.137538	0.122800	0.180431	0.134946	0.062462
S. D. dependent	0.138199	0.237670	0.081403	0.221626	0.064387	0.123469
Determinant resid covariance(dof adj.)						3.81E-15
Determinant resid covariance						4.18E-19
Log likelihood						404.6796
Akaike information criterion						-15.91748
Schwarz criterion						-9.046841

注释：( )内为标准差，[ ]内为t统计值；第一列是滞后三期的解释变量，第一行是被解释变量，变量交叉点为参数估计值；C为截距项。

在出口方面，外部需求对出口在滞后第一期和第四期呈现正的相关性，在滞后第二期和第三期却表现出负相关，第四期参数显著。关税水平总体来说对出口有着正向作用，参数均不显著。

国家财政支出对出口的影响在滞后第一期为正值，在滞后第二、三、四期为负值，参数均不显著。货币投放量在滞后第一期、第二期与出口呈负相关关系，其余滞后期全部与出口呈正相关，参数值均很小且都不显著。国家财政支出变量的所有滞后期的参数值基本上大于货币投放量的参数值。在其他变量不变的情况下，国内财政支出每变动一个单位对出口产生的影响大于货币投放量发生单位变动时对出口所产生的影响，但对于出口的影响有限。

国内产出与出口在滞后第一期和第四期呈现负相关关系，第二期和第三期为正相关关系，除第四期的参数以外参数均不显著。

出口与其自身的滞后值在滞后第三、四期呈负相关，其余滞后期内均呈正相关，且第四期参数显著。

去掉不显著的参数后，方程为：

lnEXPO = 0.5896 × lnEXDMD(-4) -1.7524 × lnDGDP(-4) -0.4506 × lnEXPO(-4)
　　　　　(0.2624)　　　　　　(0.1984)　　　　　　(0.2617)
　　　+ 0.0290
　　　(0.1467)

我们对模型进行下列检验。出口模型的格兰杰（Granger）因果检验表明，在出口模型里，与出口 Granger 因果关系最强的是外部需求，两者在第一期表现出很强的相互 Granger 因果关系；在第二期和第三期，外部需求是出口的很重要的 Granger 原因。

根据脉冲响应的结果，外部需求、国家财政支出每增长 1 个百分点，对出口都将产生正的影响：外部需求对出口的正相关作用在第一期末使出口增长了 0.1 个百分点，然后减少，该变量对出口的冲击作用很明显；国家财政支出在第一期内使出口增加了 0.04 个百分点。关税、货币供给和国内产出的冲击对出口产生负的影响。其中关税在第一期就使出口减少了 0.02 个百分点，对于出口的冲击作用明显；货币供给在第一期使出口减少了 0.04 个百分点，在第二期之后开始增加并进入波动调整；国内产出对于出口的减少作用并不明显，只是让出口产生 0.01 个百分比之内的波动。

根据方差分解的结果，在长期内，外部需求对出口的贡献率呈现平稳波动，贡献率能达到 46%；关税的贡献率波动并逐渐增加，最终能达到 12% 的水平；货币供给的贡献率波动并逐渐减少到 10% 左右；国家财政支出在长期内对出口的贡献率比较平稳，维持在 7% 的水平；国内产出对出口的贡献率一直平稳，约为 7% 的水平。

（2）进口模型。进口模型包含理论模型中除出口变量外所有讨论的变量，为了不过多损失自由度并保持方程拟合较好，对所有变量进行 4 期滞后。计算结果，残差属于白噪声，方程拟合度很好（$R^2 = 0.957833$），计算结果见表 8 - 2。

表 8 - 2   进口模型计算结果

	lnEXDMD	lnDT	lnDG	lnDM	lnDGDP	lnIMPO
lnEXDMD(-1)	-0.160276	1.917571	0.035508	-0.762947	0.235186	0.354022
	(0.31476)	(0.56550)	(0.28629)	(0.84967)	(0.20717)	(0.21223)
	[-0.50920]	[3.39094]	[0.12403]	[-0.89793]	[1.13525]	[1.66810]
lnEXDMD(-2)	-0.509349	-1.698784	-0.248304	0.065263	-0.287720	-0.751207
	(0.31431)	(0.56469)	(0.28588)	(0.84847)	(0.20687)	(0.21193)
	[-1.62051]	[-3.00832]	[-0.86856]	[0.07692]	[-1.39081]	[-3.54460]
lnEXDMD(-3)	-0.272741	1.727959	0.090163	-0.962068	0.003959	-0.033723
	(0.40512)	(0.72783)	(0.36847)	(1.09358)	(0.26664)	(0.27316)
	[-0.67324]	[2.37411]	[0.24470]	[-0.87974]	[0.01485]	[-0.12346]
lnEXDMD(-4)	0.127817	-1.381424	-0.330247	-0.152852	-0.095475	-0.082022
	(0.26986)	(0.48482)	(0.24544)	(0.72846)	(0.17761)	(0.18195)
	[0.47365]	[-2.84934]	[-1.34550]	[-0.20983]	[-0.53755]	[-0.45078]
lnDT(-1)	0.215286	0.522574	0.263886	0.234111	0.102745	0.145292

续表

	lnEXDMD	lnDT	lnDG	lnDM	lnDGDP	lnIMPO
	(0.16711)	(0.30023)	(0.15199)	(0.45110)	(0.10999)	(0.11268)
	[1.28828]	[1.74057]	[1.73616]	[0.51897]	[0.93415]	[1.28946]
lnDT(-2)	0.080624	-0.600933	-0.066144	0.149121	-0.179756	-0.332193
	(0.14948)	(0.26856)	(0.13596)	(0.40351)	(0.09838)	(0.10079)
	[0.53936]	[-2.23763]	[-0.48650]	[0.36956]	[-1.82707]	[-3.29590]
lnDT(-3)	0.184119	-0.072897	-0.045074	0.065252	0.071279	0.073423
	(0.14667)	(0.26351)	(0.13341)	(0.39594)	(0.09654)	(0.09890)
	[1.25529]	[-0.27663]	[-0.33787]	[0.16480]	[0.73836]	[0.74242]
lnDT(-4)	-0.147520	0.176071	0.005471	-0.022025	0.055260	0.232228
	(0.17594)	(0.31609)	(0.16002)	(0.47493)	(0.11580)	(0.11863)
	[-0.83847]	[0.55703]	[0.03419]	[-0.04637]	[0.47721]	[1.95760]
lnDG(-1)	-1.782346	-0.967038	0.066933	-1.235935	-0.177675	0.230448
	(0.62389)	(1.12087)	(0.56745)	(1.68413)	(0.41062)	(0.42066)
	[-2.85684]	[-0.86276]	[0.11795]	[-0.73387]	[-0.43269]	[0.54782]
lnDG(-2)	-0.120517	3.916318	0.657901	-0.653607	0.250492	-0.190223
	(0.83613)	(1.50218)	(0.76049)	(2.25705)	(0.55031)	(0.56377)
	[-0.14414]	[2.60709]	[0.86510]	[-0.28958]	[0.45518]	[-0.33741]
lnDG(-3)	-0.308260	-3.118981	-0.714458	-0.121142	-0.649467	-0.229321
	(0.58845)	(1.05720)	(0.53522)	(1.58847)	(0.38730)	(0.39677)
	[-0.52385]	[-2.95021]	[-1.33490]	[-0.07626]	[-1.67691]	[-0.57797]
lnDG(-4)	0.025601	0.538491	0.503608	-0.774772	0.225837	-0.656899
	(0.54767)	(0.98394)	(0.49812)	(1.47839)	(0.36046)	(0.36927)
	[0.04674]	[0.54728]	[1.01101]	[-0.52407]	[0.62652]	[-1.77891]
lnDM(-1)	0.518653	-0.530371	0.142111	-0.278282	0.139242	-0.065599
	(0.25121)	(0.45131)	(0.22848)	(0.67811)	(0.16534)	(0.16938)
	[2.06465]	[-1.17517]	[0.62198]	[-0.41038]	[0.84217]	[-0.38729]
lnDM(-2)	0.718344	-0.613010	0.015044	-0.025982	0.113192	-0.202055
	(0.32297)	(0.58024)	(0.29375)	(0.87182)	(0.21257)	(0.21776)
	[2.22420]	[-1.05648]	[0.05121]	[-0.02980]	[0.53250]	[-0.92787]
lnDM(-3)	0.826827	-0.816056	-0.141967	0.235406	0.025960	-0.454461
	(0.32415)	(0.58237)	(0.29483)	(0.87502)	(0.21335)	(0.21856)

续表

	lnEXDMD	lnDT	lnDG	lnDM	lnDGDP	lnIMPO
	[2.55074]	[-1.40127]	[-0.48153]	[0.26903]	[0.12168]	[-2.07932]
lnDM(-4)	0.361504	-0.768156	-0.127171	0.211172	-0.054055	-0.381856
	(0.21355)	(0.38365)	(0.19423)	(0.57645)	(0.14055)	(0.14399)
	[1.69286]	[-2.00221]	[-0.65475]	[0.36633]	[-0.38460]	[-2.65205]
lnDGDP(-1)	1.585514	-0.674595	0.453485	1.772379	0.266216	0.122840
	(0.66316)	(1.19143)	(0.60317)	(1.79015)	(0.43647)	(0.44714)
	[2.39084]	[-0.56621]	[0.75184]	[0.99007]	[0.60993]	[0.27472]
lnDGDP(-2)	0.040780	-1.067292	-0.384158	0.364001	0.022874	0.620850
	(0.65884)	(1.18366)	(0.59924)	(1.77847)	(0.43363)	(0.44423)
	[0.06190]	[-0.90169]	[-0.64108]	[0.20467]	[0.05275]	[1.39760]
lnDGDP(-3)	-0.567092	0.650365	0.681768	2.201417	0.502196	0.931177
	(0.57193)	(1.02752)	(0.52019)	(1.54387)	(0.37643)	(0.38563)
	[-0.99155]	[0.63295]	[1.31062]	[1.42591]	[1.33412]	[2.41471]
lnDGDP(-4)	-1.508797	2.655917	-0.224857	-1.236433	0.040304	-0.268991
	(0.61418)	(1.10343)	(0.55862)	(1.65792)	(0.40423)	(0.41412)
	[-2.45661]	[2.40697]	[-0.40252]	[-0.74577]	[0.09971]	[-0.64955]
lnIMPO(-1)	-0.125767	-0.369518	-0.273429	-0.369511	0.058477	0.032333
	(0.25833)	(0.46411)	(0.23496)	(0.69734)	(0.17003)	(0.17418)
	[-0.48684]	[-0.79618]	[-1.16372]	[-0.52989]	[0.34393]	[0.18563]
lnIMPO(-2)	-0.014762	-0.010703	-0.001290	-0.001775	0.243569	0.213692
	(0.27622)	(0.49625)	(0.25123)	(0.74563)	(0.18180)	(0.18624)
	[-0.05344]	[-0.02157]	[-0.00513]	[-0.00238]	[1.33977]	[1.14737]
lnIMPO(-3)	-0.028139	0.111578	0.063045	-0.031559	0.002415	-0.121643
	(0.24200)	(0.43477)	(0.22011)	(0.65325)	(0.15928)	(0.16317)
	[-0.11628]	[0.25664]	[0.28643]	[-0.04831]	[0.01516]	[-0.74550]
lnIMPO(-4)	0.143308	-0.076601	0.063516	0.358783	-0.006764	-0.506156
	(0.25499)	(0.45811)	(0.23192)	(0.68832)	(0.16783)	(0.17193)
	[0.56202]	[-0.16721]	[0.27387]	[0.52125]	[-0.04030]	[-2.94400]
C	0.072554	0.345653	0.070723	0.264332	0.024265	0.243007
	(0.09327)	(0.16756)	(0.08483)	(0.25176)	(0.06138)	(0.06289)
	[0.77792]	[2.06286]	[0.83372]	[1.04993]	[0.39529]	[3.86430]

续表

	lnEXDMD	lnDT	lnDG	lnDM	lnDGDP	lnIMPO
R-squared	0.908391	0.900023	0.781572	0.740433	0.817177	0.957833
Adj. R-squared	0.594303	0.557243	0.032677	-0.149513	0.190357	0.813260
Sum sq. resids	0.054239	0.175070	0.044870	0.395232	0.023496	0.024659
S. E. equation	0.088025	0.158145	0.080062	0.237617	0.057936	0.059352
F-statistic	2.892155	2.625658	1.043634	0.831998	1.303687	6.625256
Log likelihood	56.67539	37.92686	59.70965	24.89825	70.06069	69.28785
Akaike AIC	-1.979712	-0.807929	-2.169353	0.006359	-2.816293	-2.767990
Schwarz SC	-0.834606	0.337178	-1.024247	1.151465	-1.671187	-1.622884
Mean dependent	0.130410	0.137538	0.122800	0.180431	0.134946	0.053273
S. D. dependent	0.138199	0.237670	0.081403	0.221626	0.064387	0.137346
Determinant resid covariance(dof adj.)				6.24E-15		
Determinant resid covariance				6.84E-19		
Log likelihood				396.7961		
Akaike information criterion				-15.42476		
Schwarz criterion				-8.554120		

注释：( ) 内为标准差，[ ] 内为 t 统计值；第一列是滞后三期的解释变量，第一行是被解释变量，变量交叉点为参数估计值；C 为截矩项。

由计算结果可见，在进口方面，外部需求对进口影响相对较小，在滞后第一期呈现正相关性，但参数不显著。其他期数呈现负相关，在第二期的参数显著。

关税水平与进口在滞后第二期表现出负相关，其他期为正相关，且第二期、第四期参数显著，第四期参数较小。

政府的财政支出对进口的影响在滞后第一期为正，在其他期表现为负相关，参数均不显著。货币投放量与进口全部呈负相关，在之后第三期、第四期参数显著，但系数很小。总体来说国内货币投放对进口具有负面作用，但影响较小。

国内产出在滞后第一、二、三期与进口全部呈正相关，第四期呈现负相关，系数都不显著。

进口与其自身的滞后值在滞后第一期和第二期呈现正相关关系，滞后第三期和第四期呈现负相关关系，仅第四期参数显著。

去掉不显著的参数后，方程为：

$$\ln IMPO = -0.7512 \times \ln EXDMD(-2) - 0.3322 \times \ln DT(-2) + 0.2322 \times \ln DT(-4)$$
$$(0.21193) \qquad\qquad (0.10079) \qquad\qquad (0.11863)$$

$$-0.4545 \times \ln DM(-3) - 0.3819 \times \ln DM(-4) + 0.9312 \times \ln DGDP(-3)$$
$$(0.21856) \qquad\qquad (0.14399) \qquad\qquad (0.38563)$$
$$-0.5062 \times \ln IMPO(-4) + 0.2430$$
$$(0.17193) \qquad\qquad (0.0629)$$

我们对模型进行下列检验。进口模型的格兰杰（Granger）因果检验表明，与进口有着因果关系的变量主要有三个：外部需求、关税和国内产出。在滞后第二期和第三期，关税与进口存在 Granger 因果关系（关税是进口的 Granger 原因）。另外，在滞后的第二期和第三期，国内产出是进口的 Granger 原因。而外部需求在第二期和第三期都是进口的 Granger 原因。

根据脉冲相应的结果，外部需求、国家财政支出、国内产出每增长 1 个百分点，对进口都将产生正的影响：外部需求对进口的正向作用产生在第一期，能使进口增长 0.03 个百分点，而此后开始下降并波动。国家财政支出的正面作用很小，在第一期仅能产生 0.01～0.02 个百分点的进口增长效果。国内产出对进口作用很迟缓，到第二期末才使进口增长了 0.04 个百分点。关税和货币供给的冲击都对进口产生负的影响，关税的负面影响持续到第四期，使进口减少 0.08 个百分点，然后开始波动。货币供给冲击对进口的影响也一直延续，但是进口减少的百分比不大，在 0.01～0.03 个百分点范围内波动。

根据方差分解的结果，外部需求、国家财政支出对进口的贡献率都是逐渐增加的，最终贡献率分别能达到 40%、20%；关税的贡献率开始很高并逐渐减少，最终能达到 17% 的水平；货币供给的贡献率比较平稳，一直维持在 10% 左右；国内产出对出口的贡献率较为平稳，最终能稳定在 3% 左右。

进、出口单独模型结果总结。总的来说，在不考虑进口和出口相互之间的影响时，外部需求是出口增长最重要的原因；在政策方面，国家财政支出较货币投放对于促进出口增长来说更有效，但对于出口的影响很小，而且货币投放出现负的效果。同时，内部产出的波动不会导致出口剧烈的波动。

进口方面，关税对进口都有着较强的负面影响，关税的冲击造成的影响虽然不会太大但是其负面作用具有延续性。政府的财政支出只在短期内有正面的影响。货币供给（M_2）及上期进口都对进口有着负面的影响，但影响很小。总体来说，国家财政支出对于出口具有正面的影响，但延续时间很短；M_2 对进出口均有负面影响，但是影响程度均小于国家财政支出的作用。

货币投放效果不佳可能有以下原因：当国内 M_2 增加时，中央政府实际上采取的是限制货币投放的措施，要求银行提高准备金的水平，并且采取金融防范措施预防危机的爆发，造成 M_2 的增加与信贷投放的增长不成比例的现象，而信贷投放恰恰是产出增长、出口促进的一个重要的原因。而财政政策——中国的政府财政支出大多数是花费在文教、科学、卫生、国防以及基础设施建设的支出方面，给 FIEs 的财政支持极为有限，而 FIEs 的加工贸易额占总出口的很大部分。

（3）进出口相互影响模型。在相互影响模型中，我们主要讨论进口与出口之间的互动关系，根据 AIC 标准，选择第三期滞后对两者的关系进行描述。计算结果，残差属于白噪声，方程拟合度分别为：出口方程 $R^2 = 0.7329$，进口方程 $R^2 = 0.8204$。进口方程的拟合度优于出口方程。

计算结果，进出口方程去掉不显著项后分别为：

$$\ln EXPO = -0.4466 \times \ln DM(-1) - 0.6249 \times \ln DM(-2)$$
$$(0.21862) \qquad\qquad (0.29746)$$
$$-0.6938 \times \ln EXPO(-1) + 0.1808$$
$$(0.30641) \qquad\qquad (0.13139)$$
$$\ln IMPO = 0.8920 \times \ln EXDMD(-1) - 0.8410 \times \ln EXDMD(-2)$$
$$(0.27739) \qquad\qquad (0.35138)$$
$$+ 0.3321 \times \ln DT(-3) + 0.6921 \times \ln EXPO(-2) - 0.0825$$
$$(0.17169) \qquad\qquad (0.38208) \qquad\qquad (0.12802)$$

我们对模型进行下列检验。进出口模型的格兰杰（Granger）因果检验表明，总的来说，在滞后第三期内，外部需求都是出口的 Granger 原因；在第一期外部需求和出口互为 Granger 原因。外部需求在成为进口的 Granger 原因。在滞后第二期和第三期，国内产出是进口的 Granger 原因。在滞后第三期，关税是进口的 Granger 原因。值得注意的是，进口与除外部需求之外的变量相比，在滞后第三期内，均为出口的 Granger 原因。但出口并非进口的 Granger 原因。

我们在脉冲相应中进一步讨论进出口的互动关系，根据脉冲相应的结果，进口每增长 1 个百分点，对出口都将产生正的影响——在第一期内就使出口增加 0.05 个百分点，之后影响减少；而出口对进口的影响是负面的，出口每增加 1 个百分点，进口在第一期迅速减少约 0.05 个百分点，影响持续一期，然后波动调整。

根据方差分解的结果，进口对出口的贡献率在第一期就会增长到 17%，长期平稳在 8% 左右。而出口对于进口的贡献率在长期内逐步下降，并且最终稳定在 20% 左右。外部的需求对进口、出口的贡献率基本都能达到 20%；关税对于进口的效果会在前两期略有提高，然后下降，逐步稳定在 10%。国内产出对于出口的影响有一定的时滞效果，但会逐步增高，然后稳定达到 8% 左右；国内产出对出口的影响基本稳定在 10% 左右。货币供给对进、出口的贡献率都有缓步增长，最终分别稳定在 4% 和 10% 的水平。国家财政支出对进口的贡献率不断递增，最终约为 20%，对出口的贡献率逐步上升，最终能达到 7%。

总的来说，模型得出的主要结论是外部需求决定了本国的出口，而本国的进口一直与出口有着密切的联系，进口的增长会促进出口的增长，这种现象与中国加工贸易产品出口为主的贸易格局是紧密相关的。关税对于进口来说抑制效用是有限的，但是作用会延续几期。

(4) 关于出口退税的政策讨论。在进出口相互影响模型的基础之上，我们考虑 1985 年之后的出口退税政策的采用，我们在相互影响模型中引入虚拟变量研究出口退税的政策效果。

出口退税变量引入后，计算结果有以下几个特点：第一，进口主要受国外产出（滞后第一期和第二期）、上期出口（滞后一期）的影响；出口主要受到国内 M_2 投放、国内产出、上期进口的影响。第二，出口退税对于出口并没有太大影响，系数不显著而且值均很小。在长期预测当中，这种影响几乎可以忽略。第三，出口仍然表现为与进口的强正相关性，并且进口是出口的 Granger 原因。第四，关税对进口的影响并不显著。

为了进一步分析出口退税政策的引入对出口造成影响的程度，我们构造一个关于进出口的折线模型来讨论政策变化的影响。所采用的回归模型如下[①]：

$$\ln EXPO_t = \beta_0 + \alpha D_t + \beta_1 \ln EXDMD_t + \beta_2 \ln DGDP_t + \beta_3 \ln EXPO_{t-1} + \beta_4 \ln M_t + u_t$$

其中，我们采用原始的出口数据（亿元人民币），所有的数据都采用对数形式。作为虚拟变量的 D_t 在 1985 年及以后取值为 1，之前全部取值为 0。对该方程运用样本期间数据[②]使用最小二乘法进行回归计算得到结果：

可以看到，方程的拟合优度很好（$R^2 = 0.9970$），其中，$\ln M_2$ 以及 D 的系数并不显著。由于所使用的方程可能存在自相关情况，而此时不能直接用 DW 判断，因而我们去掉 $\ln EXPO_{t-1}$ 变量重新对方程进行回归，后两个参数的系数仍不显著。也就是说，在出口退税政策实施之后，对出口产生的正向影响是很有限的，政策效果并不明显。

四、GTAP 模型分析中国货物贸易政策措施组合

在中国加入 WTO 的 5 年后，为了构建未来 WTO 新回合谈判相关议题对中国总体经济与产业结构影响评估的定量分析模块，本研究采用 GTAP 模型进行分析。GTAP（Global Trade Analysis Project）模型是一个多地区、多部门、全球性

---

① 该回归模型主要依据上述文章中的出口模型以及相互影响模型的运算结果构建。
② 由于方程中使用出口的上期数据，因此我们将损失两个数据，文章中实际运算时，采用的是 1972 ~ 2006 年的样本数据，共 35 个观察值。

的可计算一般均衡全球贸易分析模型，使用 GTAP 模型进行贸易自由化分析时，可以预测 WTO 相关议题的决议，对全球每个国家及区域所造成影响（福利改善、贸易扭曲等）以及区域间经贸往来的变化。

本研究采用 GTAP 最新模型版本 V6.2，及其 2004 年所发布的第 6 版数据库①，根据 WTO 新回合谈判相关议题的可能结论，选择不同的贸易政策组合，计算各成员所需削减的进出口贸易扭曲幅度及中国国内的贸易扭曲幅度，求解各主要国家和地区总体经济与产业结构影响冲击及主要商品进出口单价变动幅度。

（一）贸易政策模拟设计

随着中国融入经济全球化进程的加深，在 2010 年中国承诺的关税水平（见表 8-3）降低到在《中国入世议定书》中承诺的水平之后，如果进一步开放市场、增大市场准入程度，中国将进一步削减关税，并且减少境内支持。由于非关税措施（NIMS）及关税配额（TRQ）在国际上缺乏统一的量化标准，且难以量化的原因，加上中国对除极个别农产品实行关税配额管理外，所有工业品均取消了非关税措施，并且实施农产品关税配额管理的进口占中国总进口的比重不到 0.1%，它们对进口的影响可以忽略不计，在本实证研究中不涉及上述两方面的讨论。另外，该部分不考虑体制障碍对贸易的影响因素。本实证研究的模拟重点将放在关税削减方面。

表 8-3　　　　2001~2010 年中国最惠国关税结构　　　　单位: %

	关税分类	2001 年	2002 年	2003 年	2004 年	2005 年	2010 年
	约束关税						
1	约束关税（所有税号）	—	100.0	100.0	100.0	100.0	100.0
2	简单平均约束税率		12.4	11.3	10.4	10.0	9.9
	农产品（HS 第 1 章~第 24 章）		17.9	16.4	15.0	14.7	14.6
	工业品（HS 第 25 章~第 97 章）		11.4	10.4	9.6	9.1	9.1
	WTO 定义的农产品		18.2	16.9	15.6	15.3	15.2
	WTO 定义的非农产品		11.5	10.4	9.6	9.1	9.0
	纺织品及服装	—	17.6	15.1	14.9	11.5	11.5

---

① GTAP 数据库为 2004 年下半年发行测试的第 6 版 GTAP 数据库。该数据库的基期为以 2001 年美元币值为计价基础，共分为 87 个国家和地区（含括 226 个国家及区域）、57 种商品品别及 5 种生产要素。

续表

	关税分类	2001年	2002年	2003年	2004年	2005年	2010年
3	关税配额（该项下所有税号产品）	—	0.8	0.7	0.7	0.7	0.7
4	免税税号下产品（% of lines）	—	4.3	5.9	6.4	7.7	7.7
5	非从价关税（% of lines）	—	0.0	0.0	0.0	0.0	0.0
6	无从价税等值的非从价关税（% of lines）	—	0.0	0.0	0.0	0.0	0.0
7	小额产品约束关税（% of lines）	—	2.0	2.3	2.4	2.6	2.6
适用税率							
8	简单平均适用税率	15.6	12.2	11.1	10.2	9.7 (9.8)	—
	农产品（HS01-24）	23.2	17.9	16.3	15.0	14.6	
	工业品（HS25-97）	14.3	11.1	10.1	9.3	8.9	
	WTO定义的农产品	23.1	18.2	16.8	15.5	15.3 (15.2)	
	WTO定义的非农产品	14.4	11.2	10.1	9.3	8.8 (8.9)	
	纺织品及服装	21.1	17.5	15.1	12.9	11.5	
9	国内关税高峰（% of all lines）	1.7	1.8	1.9	1.9	2.6 (2.7)	
10	国际关税高峰（% of all lines）	40.1	29.0	25.2	18.2	15.6 (15.9)	
11	纵体标准差	12.2	9.1	8.4	7.8	7.6	—
12	变异系数	0.8	0.8	0.8	0.8	0.8	
13	关税配额（% of all lines）	0.9	0.8	0.7	0.7	0.7	
14	免税税号下产品（% of all lines）	3.0	4.9	6.7	7.2	8.6	
15	非从价关税（% of all lines）	0.7	0.7	0.7	0.7	0.7	
16	无从价税等值的非从价关税（% of lines）	0.7	0.7	0.7	0.7	0.7 (0.1)	
17	小额产品约束关税（% of lines）	1.5	2.0	2.1	2.2	2.6	

注：括号内的数据包含从价税等值。小额税率指大于0，小于或等于2%的税率。国内关税高峰指超出总简单平均适用税率（指标8）3倍的税率。国际关税高峰指大于15%的税率。2010年数据为中国承诺的最终约束关税率。

资料来源：世贸组织秘书处的《中国贸易政策审议》，WT/TPR/S/161/Rev.1，2006年。

关税减让一直是非农产品市场进入（NAMA）谈判的重点，尤其是一些发展中国家和地区关税结构仍存在平均关税偏高、约束关税率与实施关税率差距过大的现象，即使是某些发达国家和地区也同样存在关税高峰（tariff peak）以及关税升级（tariff escalation）的问题。未来的回合谈判的主要目的之一就是拟定出一种降税模式，降低或消除诸如关税高峰、高关税（high tariff）、关税升级以及非关税壁垒等障碍，特别是针对发展中国家和地区具有出口利益的产品。中国在加入世界贸易组织以后,其所承诺的约束关税水平一直与其实际采用的关税水平差距不大,也就是说,中国目前所进行的关税减让就是中国整体关税水平的下降。

关税削减有多种模式。从以往的多个回合谈判来看,不同的削减模式有的倾向于同比例的"线性削减",有的倾向于协调化削减。

从公式本身而言,可大概分为线性公式(如 $t_1 = a + c \times t_0$)及非线性公式(主要为瑞士公式)两大类:前者降税幅度为线性,与降税前的关税高低无关,后者则与降税前关税水平有密切关系,即关税越高,则降税幅度越大。欧盟(European Communities)以及韩国、印度提议的公式属于线性公式,而若干最不发达国家(LDC 国家),如非洲集团成员仍主张使用线性公式。美国采用瑞士公式,中国采用包含一个成员特别调整系数的变形瑞士公式(见表 8-4)。

表 8-4 各成员提议的关税削减公式

提议主体	公式形式	公式说明
中国	$t_1 = \dfrac{[t_a + (B \times P)] \times t_0}{(t_a + P^2) + t_0}$	t_a 是单一平均基础税率*。P 为关税高峰($P = t_0/t_a$)。B 是关税实施年度的调整系数。2015 年,$B = 1$ 或 2010 年 $B = 3$
欧盟	$t_1 = B_1^L + (t_0 - B_0^L) \times \left(\dfrac{B_1^U - B_1^L}{B_0^U - B_0^L}\right)$	B_j^i 为对应不同的关税时间段(tariff intervals)不同的关税上限和下限。上标 U、L 分别代表时间间隔的起始期
印度	第一步:$t_1 = c \times t_0$,$c = [1 - (A \times Y/100)]$; 第二步:$t_1 \leqslant 3 \times t_{a1}$	参数 A 表示"非完全互惠";发达国家和地区 $A = 1$,发展中国家和地区 $A = 0.67$。Y 为削减的百分比(需谈判确定)。t_{a1} 为现行削减后得到的单一平均关税
日本	$t_{1a}^w = \dfrac{A \times T_{0a}^W}{A + T_{0a}^W} + \alpha$	T_{0a}^W 为应用该公式计算之前采用的加权平均关税;T_{1a}^W 为公式计算后的加权平均关税。A 为常数,根据不同的 T_{0a}^W 定义为:$T_{0a}^W \leqslant 10\%$,$A = 10$;$10\% < T_{0a}^W \leqslant 20\%$,$A = 20$;$20\% \leqslant T_{0a}^W \leqslant 30\%$,$A = 30$;$30\% < T_{0a}^W$,$A = 40$。$\alpha$ 恒等于 0.3

续表

提议主体	公式形式	公式说明
韩国	"两个标准"计算方法： 1. $t_1 = (t_0 \times 0.8) - [0.7 \times (t_0 - 2 \times t_a)]$ 2. $t_1 = (t_0 \times 0.8) - [0.7 \times (t_0 - 25)]$	关税为成员平均关税两倍以上，但低于25%时，采用公式1；关税低于成员平均关税两倍，但高于25%，采用公式2；当关税为成员平均关税两倍以上同时高于25%时，最终关税率可采用低于减让后关税率的任何值
美国	$t_1 = \dfrac{8 \times t_0}{8 + t_0}$	即将瑞士公式中的参数 A 替换为8，表明任何成员在关税减让之后，可以实行的最高关税率为8%

* t_a 等于 WTO 文件：TN/MA/20 中提到的该公式的 A 值。

	基 期		末 期	
	B_0^L	B_0^U	B_1^L	B_1^U
Interval 1	0	To less than 2	0	to 0
Interval 2	2	to 15	1.6	to 7.5
Interval 3	15	to 50	7.5	to 15
Interval 4	50	to more than 50	15	to 15

资料来源：WTO 文件：TN/MA/S/3/Rev.2，2003年4月11日。

目前主要讨论的两种公式：Girard 公式及瑞士公式均为非线性公式。瑞士公式具有较高的调和性，经该公式计算之后，各成员的关税将在一个较小的关税范围之内。比较而言，Girard 公式比瑞士公式多考虑一个降税前的简单平均税率参数，因而其调和性较低。发达国家和地区及少数发展中国家和地区成员，由于其本身平均关税已很低，大多主张调和性较低的瑞士公式，然而普遍平均关税较高的发展中国家和地区成员出于保护内部产业发展及出口能力尚且不足等考虑，偏好调和性较低的 Girard 公式。

本章在讨论非农产品的关税削减时将采用瑞士公式，不同的瑞士公式系数所代表的关税的削减通过贸易自由化的效应会为各区域带来不同的影响。瑞士公式为：$T_1 = (A \times T_0)/(A + T_0)$。其中，$A$ 为系数值，由 WTO 成员谈判决定；T_1 为减让后的关税税率；T_0 为基础税率。系数 A 越小，减让幅度越大，并且减让后的税率不会超过 A 值，因此该公式计算后的特点为：高关税的降幅远高于低关税降幅，这将使 WTO 各成员间的关税水平更为调和。

(二) 模拟方案及计算结果

在进行模拟的时候，将采取两个方案进行，分别讨论关税全面下调后的四个产业部门的情况以及讨论所分类的区域内非农产品关税减让的具体影响。

1. 模拟方案 1——关税全面下调的效果

在模拟方案 1 中，我们考虑 2015 年中国进一步降低对所有产品的约束关税水平（见表 8-5），并且主要讨论这种关税下降对于中国农产品、工业品、服务业部门、纺织品与服装部门的影响。在农产品和工业品中关税配额产品所占的比例已经非常小，可以忽略不计。

表 8-5　　　　模拟 2015 年中国关税进一步减让后所达到的水平

	约束关税	2001 年	2010 年	2015 年
1.	约束关税（所有税号）	100.0	100.0	100.0
2.	简单平均约束税率	15.6	9.9	8
	农产品（HS 第 01~第 24 章）	23.2	14.6	12
	工业品（HS 第 25~第 97 章）	14.3	9.1	6
	WTO 定义的农产品	23.1	15.2	12
	WTO 定义的非农产品	14.4	9.0	6
	纺织品及服装	21.1	11.5	8

注：由于 2001 年末中国才正式加入世界贸易组织，所以 2001 年约束关税采用实施关税替代，该数据将低于约束关税，但是以中国的实际来看两者相差并不大。

资料来源：本研究整理。

根据研究需要，本书将其原有的 87 个国家和区域加总成 24 个国家和区域。将原有 57 个产业部门综合为 4 个新的产业部门，分别为：农业品部门、工业品部门、纺织品与服装部门、其他部门（服务业部门）。

由计算结果可以看出，在关税进一步下调时，进口与出口方面皆因关税的削减使进口品的国内价格下跌，降低中间投入与民间消费的成本，从而有正面的影响；受到关税削减直接影响的进、出口面，所受到的影响幅度比实质 GDP 明显。具体来说，中国农产品和工业品的产出都将略有减少，而纺织品部门的产出将增加。农产品、工业品、纺织品进口和出口的规模都在扩大，而增长的比例均在进口方面表现得更为突出。在贸易余额方面，除了纺织品及服装部门，其他两个部门可能出现逆差。模拟的结果在一定程度上也侧面反映了中国目前纺织品及服装部门的国际竞争力（见表 8-6）。

表 8-6　　　　　　　GTAP 模拟计算结果　　　　　单位：%、百万美元

行业部门	GDP	进口（CIF 计价）	出口（FOB 计价）	进口产品的国内市场价格	贸易差额
农产品	-0.37	32.75	20.08	-11.72	-1 089.72
工业品	-1.09	28.27	17.91	-10.03	-8 865.62
纺织品	5.65	59.58	35.03	-14.89	8 315.99
其他部门	0.43	-0.86	5.61	0.21	1 605.21

资料来源：本研究整理。

2. 模拟方案 2——不同成员承受非农产品关税减让冲击的效果

该方案在多国的 GTAP 模型中，仍然将全球分为 24 个区域。部门别分类部分，除了农产品归类不变以外，将工业品部门细分为 10 个非农业部门①。为能充分探讨在各种瑞士公式系数下各成员及地区所受到的影响，在模拟时分别以瑞士公式 $A=6$、18、30 为模拟情况——以表示不同的贸易自由化程度，进行单一、全面性的非农产品关税减让的模拟计算。

由计算结果（见表 8-7）我们可以发现：对于全球整体经济而言，在不同的 A 值下，关税削减皆会为不同区域的总体生产情况带来不同的影响，但在进出口贸易方面均带来了不同程度的增长，显示关税削减能有效促进国际贸易的自由化。日本、美国、印度、巴西、阿根廷在经过关税削减、市场开放后，其出口扩大的幅度会大于进口增加的幅度。在 3 种模拟情形之下美国的出口增长均为最多，这可能由于美国本身的关税就很低，且其产品出口竞争力比其他国家和地区强，市场开放后出口扩大的幅度很大。欧盟的进出口增加幅度相差不到 2 个百分点。而其他国家和地区受到进口关税的削减影响，进口增加幅度较大。

表 8-7　　瑞士公式下不同 A 值对各区域实质 GDP、
进口量、出口量的影响　　　　　　　　　　单位：%

国家和地区	系数 项目	$A=6$			$A=18$			$A=30$		
		GDP	进口	出口	GDP	进口	出口	GDP	进口	出口
中国		-0.26	31.90	22.89	-0.18	19.10	13.82	-0.13	13.62	9.89
中国香港		0.05	11.15	9.04	0.03	7.05	5.77	0.02	5.16	4.24

---

① 包括：服装皮革羽绒及其制品业；木材加工及家具制造业；石油天然气行业；造纸印刷及文教用品制造业；化学工业；非金属矿物制品业；钢铁及金属制品；运输工具；电气、机械及器材制造业；其他制造业。

续表

国家和地区 \ 项目 系数	A = 6			A = 18			A = 30		
	GDP	进口	出口	GDP	进口	出口	GDP	进口	出口
中国台湾	0.95	24.49	18.13	0.54	14.77	10.87	0.38	10.56	7.76
日本	0.30	20.19	26.20	0.18	11.91	15.71	0.12	8.44	11.22
韩国	0.13	23.07	17.41	0.02	13.82	10.38	-0.003	9.86	7.39
东盟	2.60	24.53	17.32	1.57	14.94	10.42	1.12	10.74	7.43
印度	-0.20	18.36	22.26	-0.14	10.96	13.32	-0.10	7.81	9.50
其他亚洲国家和地区	-0.12	22.73	26.79	-0.09	14.15	16.48	-0.08	10.27	11.90
澳大利亚	-0.09	16.61	14.50	-0.07	10.12	8.79	-0.06	7.28	6.31
新西兰	-0.10	15.16	9.10	-0.07	9.32	5.56	-0.05	6.73	4.01
欧盟	0.24	18.54	16.16	0.13	11.30	9.79	0.08	8.13	7.02
其他欧洲国家	-0.13	19.76	11.82	-0.11	12.11	7.17	-0.08	8.72	5.15
美国	0.08	17.66	36.80	0.04	10.46	22.04	0	7.42	15.73
加拿大	1.02	23.65	17.57	0.58	14.22	10.48	0.40	10.16	7.46
墨西哥	0.22	23.36	18.51	0.12	14.10	11.13	0.08	10.09	7.95
巴西	-0.01	19.54	21.24	-0.03	11.66	12.69	-0.03	8.31	9.05
阿根廷	0.05	15.56	16.48	0.02	9.37	9.90	0.01	6.70	7.07
智利	-0.26	14.94	9.93	-0.17	9.15	6.10	-0.13	6.59	4.41
其他美洲国家	-0.07	17.57	17.95	-0.07	10.75	10.95	-0.05	7.74	7.88
俄罗斯*	-0.06	15.10	7.93	-0.04	9.15	4.81	-0.03	6.56	3.46
其他独联体国家	-0.28	24.68	22.56	-0.19	14.68	13.37	-0.14	10.44	9.50
中东国家	0.12	14.23	10.13	0.06	8.75	6.16	0.03	6.32	4.43
非洲	-0.33	17.89	12.25	-0.22	11.00	7.45	-0.17	7.95	5.36
世界其他国家和地区	0.51	13.49	13.22	0.27	8.32	7.79	0.18	6.02	5.51

注：* 为非 WTO 成员。

资料来源：本研究整理。

此外，东盟和加拿大的实质 GDP 的成长较其他国家和地区显著。这可能是由于两个地区原本就存在比其他地区高的关税，故在关税削减后会受到较为大幅度的冲击；另外，由模型市场开放运算中，各成员生产将会受到两种主要影响效果，一是进口品的大量涌入而排挤区域内生产的负面影响，二是要素价格（中间投入要素）的降低，节省了成本，给生产带来正面影响，因此两者的总和效果构成关税削减对各成员在生产面的影响。这两个区域可能由关税调降所引起的成本下降的正面影响相对大于其他国家和地区，因而表现于实质 GDP 上。

在不同的系数 A 下，各成员受到的影响各不相同。系数 A 越小，表示开放幅度越大，为全球各区域带来的经济影响的幅度越大。

从中国非农产业表现来看（见表 8-8），在全面开放的 3 种模拟种类下，纺织品及服装、木材加工、金属矿物制品等工业制造业的产出会增加，而其他则减少。在参数 A 为 6 的模拟情况下，国内的纺织品及服装产品的进口将大量增加，这可能是由于在参数 A 为 6 时，纺织品及服装的平均关税可能到达 4.7%[①]的水平，相对削弱了纺织品服装业的巨大出口优势。

表 8-8　　　　瑞士公式下不同 A 值对中国非农产业的影响　　　　单位：%

系数 类别 项目	$A=6$			$A=18$			$A=30$		
	GDP	进口	出口	GDP	进口	出口	GDP	进口	出口
纺织品及服装	7.65	88.8	37.43	5.17	54.54	24.25	3.9	39.21	17.92
木材加工等	2.63	30.91	20.66	1.49	17.98	12.05	1.03	12.68	8.48
能源	-3.19	28.27	38.72	-2.08	16.55	21.86	-1.54	11.7	15.22
造纸印刷等	-2.92	29.93	23.37	-1.82	17.67	13.53	-1.33	12.54	9.49
化学工业	-5.15	30.51	18.55	-3.25	18.12	10.71	-2.37	12.89	7.5
金属矿物制品等	0.18	33.65	20.07	0.07	19.59	11.69	0.04	13.82	8.23
钢铁及金属制品等	-3.2	37.09	27.28	-2.15	21.54	15.7	-1.62	15.17	10.99
运输工具	-5.39	33.14	13.95	-3.34	19.68	8.13	-2.42	13.99	5.72
电气、机械及器材制造业	-2.41	33.47	22.72	-1.86	19.98	13.01	-1.46	14.23	9.08
其他制造业	5.08	50.61	14.26	3.04	28.92	8.5	2.15	20.22	6.03

资料来源：本研究整理。

① 如果以 2001 年纺织品及服装平均关税为 21.1% 计算。

附 录

附录1 choleski 分解方法的推导

双内生变量情况下,首先写出计量模型的结构式,x_t 和 y_t 是由其当期值和过去值共同决定的:

$$x_t = b_1 y_t + \sum \gamma_{11}(L) x_{t-1} + \sum \gamma_{12}(L) y_{t-1} + \varepsilon_{1t} \qquad (1)$$

$$y_t = b_2 x_t + \sum \gamma_{21}(L) x_{t-1} + \sum \gamma_{22}(L) y_{t-1} + \varepsilon_{2t} \qquad (2)$$

假定 ε_{1t} 和 ε_{2t} 代表的是方差分别为 δ_1 和 δ_2 的白噪声冲击,且 $\{\varepsilon_{1t}\}$ 和 $\{\varepsilon_{2t}\}$ 序列不相关。方程(1)和(2)组成了一个 n 阶的 VAR 模型。由于模型中存在 x_t 与 ε_{2t}、ε_{1t} 与 y_t 的相关性,为了使模型能够被用于计量回归,将上述结构式转化为标准式如下:

$$\begin{pmatrix} 1 & -b_1 \\ -b_2 & 1 \end{pmatrix} \begin{pmatrix} x_t \\ y_t \end{pmatrix} = \begin{pmatrix} \sum \gamma_{11}(L) & \sum \gamma_{12}(L) \\ \sum \gamma_{21}(L) & \sum \gamma_{22}(L) \end{pmatrix} \begin{pmatrix} x_{t-1} \\ y_{t-1} \end{pmatrix} + \begin{pmatrix} \varepsilon_{1t} \\ \varepsilon_{2t} \end{pmatrix} \qquad (3)$$

令

$$B = \begin{pmatrix} 1 & -b_1 \\ -b_2 & 1 \end{pmatrix}$$

两边同乘以 B^{-1},得到模型标准式:

$$\begin{pmatrix} x_t \\ y_t \end{pmatrix} = \begin{pmatrix} A_{11}(L) & A_{12}(L) \\ A_{21}(L) & A_{22}(L) \end{pmatrix} \begin{pmatrix} x_{t-1} \\ y_{t-1} \end{pmatrix} + \begin{pmatrix} e_{1t} \\ e_{2t} \end{pmatrix} \qquad (4)$$

写成向量形式就是:

$$\Psi_t = A(L) x_{t-1} + E_t \qquad (5)$$

其中 $E_t = B^{-1} \{\varepsilon_t\}$,即标准式中的残差项是白噪声冲击 ε_{1t} 和 ε_{2t} 的线性组合。可以证明 $\{e_{1t}\}$ 和 $\{e_{2t}\}$ 是零均值、同方差、无自相关的向量[①]。在标准式(4)中,由于 x_t 不与 e_{2t} 相关,y_t 不与 e_{2t} 相关,可以采用普通的 OLS 方法对其进

---

① 证明参见 Enders, Walter 的 Applied Econometric Time Series (1995),P.296。

行回归。回归可以得到$4L$个系数估计值，以及$Var(e_{1t})$、$Var(e_{2t})$、$Cov(e_{1t}, e_{2t})$，一共$4L+3$个参数。但是要得到模型的结构式中所有参数估计值，必须知道2个当期参数b_1、b_2，$4L$个滞后参数$\gamma_{11}(L)$、$\gamma_{12}(L)$、$\gamma_{21}(L)$、$\gamma_{22}(L)$，以及ε_{1t}和ε_{2t}的方差δ_1、δ_2，一共$4L+4$个参数。因此，必须对（1）、（2）两个结构式附加一个额外的约束，才能够通过标准式（4）的估计式来得到出标准式（3）所包含的系统信息，进而识别结构式。

附录2 附表及附图

EVIEWS5.0回归计算结果及模型检验结果

附表1   ADF单位根检验结果（1阶差分）

Null Hypothesis：Unit root（individual unit root process）		
Sample：1970 2006	Automatic selection of lags based on SIC：0 to 3，1st difference	
Total number of observations：239		
Method	Statistic	Prob.**
ADF-Fisher Chi-square	65.5715	0.0000
ADF-Choi Z-stat	0.57251	0.7165

** Probabilities for Fisher tests are computed using an asympotic Chi-square distribution.

附表2   回归分析所使用变量的相关系数

Corralations	lnEXDMD	lnDT	lnDG	lnDM	lnDGDP	lnEXPO	lnIMPO
lnEXDMD	1.0000	0.2752	0.1163	0.2875	0.3975	0.3714	0.5362
lnDT	0.2752	1.0000	-0.0923	0.0391	0.0507	0.0250	0.5879
lnDG	0.1163	-0.0923	1.0000	0.3124	0.5298	-0.1034	0.0855
lnDM	0.2875	0.0391	0.3124	1.0000	0.2896	-0.0243	0.0132
lnDGDP	0.3975	0.0507	0.5298	0.2896	1.0000	-0.0291	0.1070
lnEXPO	0.3714	0.0250	-0.1034	-0.0243	-0.0291	1.0000	0.5555
lnIMPO	0.5362	0.5879	0.0855	0.0132	0.1070	0.5555	1.0000

注：笔者根据EVIEWS5.0计算结果整理。

附表 3　　　　出口模型回归方程中参数的显著性及符号
（显著水平 5%）

	LNEXDMD (-1)	LNEXDMD (-2)	LNEXDMD (-3)	LNEXDMD (-4)	LNDT (-1)	LNDT (-2)	LNDT (-3)	LNDT (-4)
LNEXPO	不显著	不显著	不显著	显著	不显著	不显著	不显著	不显著
符号	+	-	-	+	-	+	+	+
LNEXPO	不显著	不显著	不显著	不显著	不显著	不显著	不显著	不显著
符号	+	-	-	-	-	-	+	+
	LNDGDP (-1)	LNDGDP (-2)	LNDGDP (-3)	LNDGDP (-4)	LNEXPO (-1)	LNEXPO (-2)	LNEXPO (-3)	LNEXPO (-4)
LNEXPO	不显著	不显著	不显著	显著	不显著	不显著	不显著	显著
符号	-	+	+	-	+	+	-	-

注：笔者根据 Eviews5.0 计算结果整理。

附表 4　　　　出口模型的格兰杰（GRANGER）检验结果

滞后期数	零假设	Obs	F 统计量	概率（%）
1	出口 does not Granger Cause 国外需求	35	4.32098	4.58
	国外需求 does not Granger Cause 出口		4.52142	4.13
	出口 does not Granger Cause 关税	35	0.14541	70.55
	关税 does not Granger Cause 出口		0.20910	65.06
	出口 does not Granger Cause 国内财政支出	35	2.68100	11.14
	国内财政支出 does not Granger Cause 出口		1.00276	32.42
	出口 does not Granger Cause 货币供给	35	0.65618	42.39
	货币供给 does not Granger Cause 出口		0.00331	95.45
	出口 does not Granger Cause 国内产出	35	0.05355	81.85
	国内产出 does not Granger Cause 出口		0.01561	90.14
2	出口 does not Granger Cause 国外需求	34	1.60617	21.80
	国外需求 does not Granger Cause 出口		4.66056	1.76
	出口 does not Granger Cause 关税	34	0.22603	79.91
	关税 does not Granger Cause 出口		0.42766	65.61
	出口 does not Granger Cause 国内财政支出	34	0.62451	54.26
	国内财政支出 does not Granger Cause 出口		0.29292	74.83
	出口 does not Granger Cause 货币供给	34	0.35396	70.49

续表

滞后期数	零假设	Obs	F 统计量	概率（%）
3	货币供给 does not Granger Cause 出口	34	0.68658	51.13
	出口 does not Granger Cause 国内产出	34	0.38448	68.42
	国内产出 does not Granger Cause 出口		0.05611	94.55
	出口 does not Granger Cause 国外需求	33	1.55093	22.51
	国外需求 does not Granger Cause 出口		3.08824	4.46
	出口 does not Granger Cause 关税	33	0.20032	89.52
	关税 does not Granger Cause 出口		0.28974	83.24
	出口 does not Granger Cause 国内财政支出	33	0.49329	69.01
	国内财政支出 does not Granger Cause 出口		0.47782	70.05
	出口 does not Granger Cause 货币供给	33	0.15731	92.40
	货币供给 does not Granger Cause 出口		0.32946	80.41
	出口 does not Granger Cause 国内产出	33	0.303	82.29
	国内产出 does not Granger Cause 出口		0.70266	55.90

附表5　　进口模型回归方程中参数的显著性及符号（显著水平5%）

	LNEXDMD(-1)	LNEXDMD(-2)	LNEXDMD(-3)	LNEXDMD(-4)	LNDT(-1)	LNDT(-2)	LNDT(-3)	LNDT(-4)
LNIMPO	不显著	显著	不显著	不显著	不显著	显著	不显著	显著
符号	+	-	-	-	+	-	+	+

	LNDG(-1)	LNDG(-2)	LNDG(-3)	LNDG(-4)	LNDM(-1)	LNDM(-2)	LNDM(-3)	LNDM(-4)
LNIMPO	不显著	不显著	不显著	不显著	不显著	不显著	显著	显著
符号	+	-	-	-	-	-	-	-

	LNDGDP(-1)	LNDGDP(-2)	LNDGDP(-3)	LNDGDP(-4)	LNIMPO(-1)	LNIMPO(-2)	LNIMPO(-3)	LNIMPO(-4)
LNIMPO	不显著	不显著	显著	不显著	不显著	不显著	不显著	显著
符号	+	+	+	-	+	+	-	-

注：笔者根据 Eviews 5.0 计算结果整理。

附表6　　　　　　　　　　进口的格兰杰因果检验

滞后期数	零假设	Obs	F统计量	概率（%）
1	进口 does not Granger Cause 外部需求	35	0.00167	96.76
	外部需求 does not Granger Cause 进口		0.18177	67.27
	进口 does not Granger Cause 关税	35	0.08537	77.20
	关税 does not Granger Cause 进口		0.73147	39.88
	进口 does not Granger Cause 国内财政支出	35	0.90429	34.88
	国内财政支出 does not Granger Cause 进口		0.35968	55.29
	进口 does not Granger Cause 货币供给	35	1.29107	26.43
	货币供给 does not Granger Cause 进口		0.00182	96.63
	进口 does not Granger Cause 国内产出	35	0.00481	94.52
	国内产出 does not Granger Cause 进口		0.72538	40.07
2	进口 does not Granger Cause 外部需求	34	0.15984	85.30
	外部需求 does not Granger Cause 进口		4.20986	2.48
	进口 does not Granger Cause 关税	34	0.49494	61.47
	关税 does not Granger Cause 进口		2.06037	14.57
	进口 does not Granger Cause 国内财政支出	34	1.70452	19.96
	国家财政支出 does not Granger Cause 进口		0.09449	91.01
	进口 does not Granger Cause 货币供给	34	1.08535	35.11
	货币供给 does not Granger Cause 进口		0.95991	39.48
	进口 does not Granger Cause 国内产出	34	0.62445	54.26
	国内产出 does not Granger Cause 进口		2.3324	11.50
3	进口 does not Granger Cause 外部需求	33	0.04354	98.76
	外部需求 does not Granger Cause 进口		3.16075	4.14
	进口 does not Granger Cause 关税	33	0.16317	92.02
	关税 does not Granger Cause 进口		1.8715	15.92
	进口 does not Granger Cause 国内财政支出	33	1.16315	34.27
	国内财政支出 does not Granger Cause 进口		0.12762	94.29
	进口 does not Granger Cause 货币供给	33	0.77426	51.89
	货币供给 does not Granger Cause 进口		0.67141	57.73
	进口 does not Granger Cause 国内产出	33	0.63034	60.20
	国内产出 does not Granger Cause 进口		1.95208	14.60

附表7　　　　　　　　　　　　　相互影响模型计算结果

	LNEXDMD	LNDT	LNDG	LNDM	LNDGDP	LNEXPO	LNIMPO
LNEXDMD (-1)	0.428778	1.129687	-0.152467	-0.101107	0.099287	0.472312	0.892004
	(0.25327)	(0.58224)	(0.20695)	(0.52594)	(0.14139)	(0.28470)	(0.27739)
	[1.69300]	[1.94025]	[-0.73674]	[-0.19224]	[0.70328]	[1.65901]	[3.21575]
LNEXDMD (-2)	-0.470354	-0.876532	0.106021	0.185991	-0.253351	-0.416780	-0.841018
	(0.32083)	(0.73756)	(0.26215)	(0.66625)	(0.17911)	(0.36064)	(0.35138)
	[-1.46607]	[-1.18843]	[0.40443]	[0.27916]	[-1.41451]	[-1.15567]	[-2.39346]
LNEXDMD (-3)	-0.157498	0.658491	-0.328426	-0.768637	-0.121523	-0.162828	0.155136
	(0.25114)	(0.57735)	(0.20521)	(0.52153)	(0.14020)	(0.28230)	(0.27506)
	[-0.62714]	[1.14055]	[-1.60045]	[-1.47382]	[-0.86677]	[-0.57678]	[0.56402]
LNDT (-1)	0.199840	0.320768	0.078383	0.248593	0.138184	-0.325982	0.324197
	(0.18661)	(0.42901)	(0.15248)	(0.38753)	(0.10418)	(0.20977)	(0.20439)
	[1.07088]	[0.74770]	[0.51404]	[0.64148]	[1.32640]	[-1.55399]	[1.58621]
LNDT (-2)	-0.086978	-0.035096	0.019308	0.086827	-0.033046	-0.270007	-0.038565
	(0.17008)	(0.39099)	(0.13897)	(0.35319)	(0.09495)	(0.19118)	(0.18628)
	[-0.51140]	[-0.08976]	[0.13894]	[0.24584]	[-0.34804]	[-1.41229]	[-0.20703]
LNDT (-3)	0.230459	0.091436	-0.068896	0.377702	0.110795	0.179477	0.332055
	(0.15676)	(0.36037)	(0.12809)	(0.32553)	(0.08751)	(0.17621)	(0.17169)
	[1.47016]	[0.25373]	[-0.53788]	[1.16026]	[1.26603]	[1.01853]	[1.93406]
LNDG (-1)	-1.430058	-0.934506	0.251477	-1.074213	-0.379503	0.786673	0.287247
	(0.47450)	(1.09083)	(0.38772)	(0.98637)	(0.26490)	(0.53338)	(0.51969)
	[-3.01384]	[-0.85669]	[0.64861]	[-1.09017]	[-1.43264]	[1.47488]	[0.55273]

续表

	LNEXDMD	LNDT	LNDG	LNDM	LNDGDP	LNEXPO	LNIMPO
LNDG(-2)	0.848464	2.786715	0.356735	0.776772	0.249244	-0.770425	0.753114
	(0.66109)	(1.51979)	(0.54018)	(1.37285)	(0.36907)	(0.74313)	(0.72405)
	[1.28344]	[1.83362]	[0.66039]	[0.56581]	[0.67534]	[-1.03673]	[1.04014]
LNDG(-3)	-0.702780	-1.335021	-0.273356	-0.755981	-0.318195	-0.149471	-0.342730
	(0.45993)	(1.05735)	(0.37582)	(0.95512)	(0.25677)	(0.51701)	(0.50374)
	[-1.52800]	[-1.26261]	[-0.72736]	[-0.79150]	[-1.23923]	[-0.28911]	[-0.68037]
LNDM(-1)	0.175074	-0.117044	0.074934	-0.668488	0.190778	-0.446598	-0.052229
	(0.19961)	(0.45889)	(0.16311)	(0.41453)	(0.11144)	(0.22438)	(0.21862)
	[0.87707]	[-0.25506]	[0.45942]	[-1.61266]	[1.71197]	[-1.99033]	[-0.23890]
LNDM(-2)	0.067392	0.026033	-0.095753	-0.799262	0.227562	-0.624826	0.030380
	(0.27159)	(0.62436)	(0.22192)	(0.56400)	(0.15162)	(0.30529)	(0.29746)
	[0.24814]	[0.04170]	[-0.43148]	[-1.41714]	[1.50086]	[-2.04664]	[0.10213]
LNDM(-3)	0.118636	0.357040	-0.125288	-0.317717	0.147299	-0.280271	0.179077
	(0.20111)	(0.46235)	(0.16433)	(0.41764)	(0.11228)	(0.22607)	(0.22027)
	[0.58989]	[0.77223]	[-0.76240]	[-0.76073]	[1.31194]	[-1.23974]	[0.81300]
LNDGDP(-1)	1.561460	-0.294856	0.687269	2.741132	0.558416	-0.268227	-0.078617
	(0.55153)	(1.26792)	(0.45066)	(1.14533)	(0.30790)	(0.61997)	(0.60406)
	[2.83115]	[-0.23255]	[1.52502]	[2.39331]	[1.81361]	[-0.43264]	[-0.13015]
LNDGDP(-2)	-0.257304	-1.452967	-0.443637	-0.576604	0.120037	1.048928	-0.806808
	(0.59995)	(1.37924)	(0.49023)	(1.24589)	(0.33494)	(0.67440)	(0.65709)
	[-0.42887]	[-1.05345]	[-0.90496]	[-0.46280]	[0.35839]	[1.55415]	[-1.22785]

续表

	LNEXDMD	LNDT	LNDG	LNDM	LNDGDP	LNEXPO	LNIMPO
LNDGDP (-3)	-0.275192	-0.665628	0.343199	1.747653	-0.010837	0.865504	0.021648
	(0.62296)	(1.43215)	(0.50903)	(1.29368)	(0.34778)	(0.70027)	(0.68229)
	[-0.44175]	[-0.46478]	[0.67422]	[1.35092]	[-0.03116]	[1.23595]	[0.03173]
LNEXPO (-1)	-0.177918	0.681480	-0.114026	0.002505	0.220373	-0.693830	0.378708
	(0.36155)	(0.83117)	(0.29542)	(0.75080)	(0.20184)	(0.40641)	(0.39598)
	[-0.49211]	[0.81991]	[-0.38597]	[0.00334]	[1.09182]	[-1.70720]	[0.95638]
LNEXPO (-2)	0.010637	0.946985	0.079531	0.306913	0.128481	-0.132142	0.692138
	(0.34886)	(0.80199)	(0.28506)	(0.72445)	(0.19476)	(0.39215)	(0.38208)
	[0.03049]	[1.18079]	[0.27900]	[0.42365]	[0.65970]	[-0.33697]	[1.81150]
LNEXPO (-3)	0.446949	0.489883	0.111728	0.739603	0.090292	-0.115024	0.351338
	(0.32556)	(0.74844)	(0.26602)	(0.67607)	(0.18175)	(0.36596)	(0.35656)
	[1.37287]	[0.65454]	[0.42000]	[1.09397]	[0.49679]	[-0.31431]	[0.98534]
LNIMPO (-1)	-0.111932	-0.786587	-0.227948	-0.595015	-0.156007	0.884992	-0.261049
	(0.38659)	(0.88875)	(0.31589)	(0.80282)	(0.21582)	(0.43457)	(0.42341)
	[-0.28954]	[-0.88505]	[-0.72161]	[-0.74116]	[-0.72285]	[2.03649]	[-0.61654]
LNIMPO (-2)	0.188725	-0.893288	-0.046983	-0.225623	0.012072	0.240392	-0.362208
	(0.37227)	(0.85582)	(0.30419)	(0.77307)	(0.20783)	(0.41847)	(0.40772)
	[0.50696]	[-1.04378]	[-0.15445]	[-0.29185]	[0.05809]	[0.57446]	[-0.88836]

续表

	LNEXDMD	LNDT	LNDG	LNDM	LNDGDP	LNEXPO	LNIMPO
LNIMPO (-3)	-0.391446	-0.231593	0.062299	-0.730252	0.036547	-0.141420	-0.389601
	(0.28583)	(0.65711)	(0.23356)	(0.59358)	(0.15957)	(0.32130)	(0.31306)
	[-1.36949]	[-0.35244]	[0.26674]	[-1.23026]	[0.22903]	[-0.44015]	[-1.24451]
C	0.062251	0.155160	0.089043	0.132369	-0.017149	0.180809	-0.082511
	(0.11689)	(0.26871)	(0.09551)	(0.24273)	(0.06525)	(0.13139)	(0.12802)
	[0.53258]	[0.57742]	[0.93230]	[0.54533]	[-0.26281]	[1.37611]	[-0.64453]
R-squared	0.833144	0.708491	0.700137	0.715947	0.774327	0.732786	0.820379
Adj. R-squared	0.514599	0.151975	0.127670	0.173665	0.343496	0.222650	0.477465
Sum sq. resids	0.101538	0.536634	0.067794	0.437881	0.031646	0.128303	0.121800
S.E. equation	0.096077	0.220873	0.078506	0.199518	0.053637	0.108000	0.105227
F-statistic	2.615473	1.273082	1.223018	1.320248	1.797288	1.436452	2.392376
Log likelihood	48.60825	21.13766	55.27343	24.49324	67.84425	44.74785	45.60612
Akaike AIC	-1.612621	0.052263	-2.016572	-0.151106	-2.778439	-1.378658	-1.430674
Schwarz SC	-0.614949	1.049935	-1.018900	0.846566	-1.780767	-0.380986	-0.433003
Mean dependent	0.134358	0.146759	0.118376	0.176202	0.131616	0.065139	0.062673
S.D. dependent	0.137901	0.239849	0.084054	0.219484	0.066198	0.122494	0.145569
Determinant resid covariance (dof adj.)	8.03E-16						
Determinant resid covariance	3.67E-19						
Log likelihood	372.6224						
Akaike information criterion	-13.24984						
Schwarz criterion	-6.266141						

附表8　　相互影响模型回归方程中参数的显著性及符号（显著水平5%）

	LNEXDMD(-1)	LNEXDMD(-2)	LNEXDMD(-3)	LNDT(-1)	LNDT(-2)	LNDT(-3)	LNDG(-1)	LNDG(-2)
LNEXPO	不显著	不显著	不显著	不显著	不显著	不显著	不显著	不显著
符号	+	-	-	-	-	+	+	-
LNIMPO	显著	显著	不显著	不显著	不显著	显著	不显著	不显著
符号	+	-	+	+	-	+	+	+
	LNDG(-3)	LNDM(-1)	LNDM(-2)	LNDM(-3)	LNDGDP(-1)	LNDGDP(-2)	LNDGDP(-3)	LNEXPO(-1)
LNEXPO	不显著	显著	显著	不显著	不显著	不显著	不显著	不显著
符号	-	-	-	-	-	+	+	-
LNIMPO	不显著	不显著	不显著	不显著	不显著	不显著	不显著	不显著
符号	-	-	+	+	-	-	+	+
	LNEXPO(-2)	LNEXPO(-3)	LNIMPO(-1)	LNMPO(-2)	LNIMPO(-3)			
LNEXPO	不显著	不显著	显著	不显著	不显著			
符号	-	-	+	+	-			
LNIMPO	显著	不显著	不显著	不显著	不显著			
符号	+	+	-	-	-			

注：笔者根据 Eviews 5.0 计算结果整理。

附表9　　相互影响模型的格兰杰因果检验

滞后期数	零假设	Obs	F统计量	概率（%）
1	出口 does not Granger Cause 外部需求	35	4.32098	4.58
	外部需求 does not Granger Cause 出口		4.52142	4.13
	进口 does not Granger Cause 外部需求		0.00167	96.76
	外部需求 does not Granger Cause 进口		0.18177	67.27
	出口 does not Granger Cause 关税		0.14541	70.55
	关税 does not Granger Cause 出口		0.2091	65.06
	进口 does not Granger Cause 关税		0.08537	77.20
	关税 does not Granger Cause 进口		0.73147	39.88
	出口 does not Granger Cause 国内财政支出		2.681	11.14
	国内财政支出 does not Granger Cause 出口		1.00276	32.42
	进口 does not Granger Cause 国内财政支出		0.90429	34.88

续表

滞后期数	零假设	Obs	F 统计量	概率（%）
	国内财政支出 does not Granger Cause 进口		0.35968	55.29
	出口 does not Granger Cause 货币供给		0.65618	42.39
	货币供给 does not Granger Cause 出口		0.00331	95.45
	进口 does not Granger Cause 货币供给		1.29107	26.43
	货币供给 does not Granger Cause 进口		0.00182	96.63
	出口 does not Granger Cause 国内产出		0.05355	81.85
	国内产出 does not Granger Cause 出口		0.01561	90.14
	进口 does not Granger Cause 国内产出		0.00481	94.52
	国内产出 does not Granger Cause 进口		0.72538	40.07
	进口 does not Granger Cause 出口		2.66327	11.25
	出口 does not Granger Cause 进口		0.77927	38.40
2	出口 does not Granger Cause 外部需求	34	1.60617	21.80
	外部需求 does not Granger Cause 出口		4.66056	1.76
	进口 does not Granger Cause 外部需求		0.15984	85.30
	外部需求 does not Granger Cause 进口		4.20986	2.48
	出口 does not Granger Cause 关税		0.22603	79.91
	关税 does not Granger Cause 出口		0.42766	65.61
	出口 does not Granger Cause 国内财政支出		0.49494	61.47
	国内财政支出 does not Granger Cause 出口		2.06037	14.57
	进口 does not Granger Cause 国内财政支出		0.62451	54.26
	国内财政支出 does not Granger Cause 进口		0.29292	74.83
	进口 does not Granger Cause 关税		1.70452	19.96
	关税 does not Granger Cause 进口		0.09449	91.01
	出口 does not Granger Cause 货币供给		0.35396	70.49
	货币供给 does not Granger Cause 出口		0.68658	51.13
	进口 does not Granger Cause 货币供给		1.08535	35.11
	货币供给 does not Granger Cause 进口		0.95991	39.48
	出口 does not Granger Cause 国内产出		0.38448	68.42
	国内产出 does not Granger Cause 出口		0.05611	94.55

续表

滞后期数	零假设	Obs	F统计量	概率（%）
	进口 does not Granger Cause 国内产出		0.62445	54.26
	国内产出 does not Granger Cause 进口		2.3324	11.50
	进口 does not Granger Cause 出口		2.06379	14.52
	出口 does not Granger Cause 进口		0.48518	62.05
3	出口 does not Granger Cause 外部需求	33	1.55093	22.51
	外部需求 does not Granger Cause 出口		3.08824	4.46
	进口 does not Granger Cause 外部需求		0.04354	98.76
	外部需求 does not Granger Cause 进口		3.16075	4.14
	出口 does not Granger Cause 关税		0.20032	89.52
	关税 does not Granger Cause 出口		0.28974	83.24
	进口 does not Granger Cause 关税		0.16317	92.02
	关税 does not Granger Cause 进口		1.8715	15.92
	出口 does not Granger Cause 国内财政支出		0.49329	69.01
	国内财政支出 does not Granger Cause 出口		0.47782	70.05
	进口 does not Granger Cause 国内财政支出		1.16315	34.27
	国内财政支出 does not Granger Cause 进口		0.12762	94.29
	出口 does not Granger Cause 货币供给		0.15731	92.40
	货币供给 does not Granger Cause 出口		0.32946	80.41
	进口 does not Granger Cause 货币供给		0.77426	51.89
	货币供给 does not Granger Cause 进口		0.67141	57.73
	出口 does not Granger Cause 国内产出		0.303	82.29
	国内产出 does not Granger Cause 出口		0.70266	55.90
	进口 does not Granger Cause 国内产出		0.63034	60.20
	国内产出 does not Granger Cause 进口		1.95208	14.60
	进口 does not Granger Cause 出口		1.58355	21.73
	出口 does not Granger Cause 进口		0.37915	76.88

附表10　考虑出口退税政策影响后的进出口相互影响模型计算结果

	LNEXDMD	LNDT	TR	LNDG	LNDM	LNDGDP	LNEXPO	LNIMPO
LNEXDMD (-1)	0.376677	0.963791	-0.538080	-0.123502	-0.107880	0.124724	0.459747	0.860845
	(0.33063)	(0.71791)	(0.40572)	(0.22570)	(0.56716)	(0.16798)	(0.34620)	(0.34784)
	[1.13928]	[1.34249]	[-1.32625]	[-0.54720]	[-0.19021]	[0.74249]	[1.32799]	[2.47482]
LNEXDMD (-2)	-0.445105	-0.538939	-0.403414	0.193856	0.463853	-0.225763	-0.498068	-0.837498
	(0.40978)	(0.88979)	(0.50285)	(0.27973)	(0.70295)	(0.20820)	(0.42908)	(0.43112)
	[-1.08620]	[-0.60569]	[-0.80226]	[0.69300]	[0.65987]	[-1.08437]	[-1.16078]	[-1.94262]
LNEXDMD (-3)	-0.235384	0.420779	-0.528117	-0.287236	-0.790899	-0.088676	-0.174260	0.124756
	(0.36362)	(0.78956)	(0.44620)	(0.24822)	(0.62376)	(0.18475)	(0.38075)	(0.38255)
	[-0.64733]	[0.53293]	[-1.18358]	[-1.15718]	[-1.26794]	[-0.47999]	[-0.45768]	[0.32611]
LNDT (-1)	0.181822	0.536496	0.215584	0.226714	0.650495	0.221157	-0.475971	0.219911
	(0.24767)	(0.53779)	(0.30392)	(0.16907)	(0.42486)	(0.12584)	(0.25934)	(0.26057)
	[0.73412]	[0.99759]	[0.70934]	[1.34095]	[1.53107]	[1.75751]	[-1.83534]	[0.84397]
LNDT (-2)	-0.126418	-0.185128	0.411586	0.013738	-0.010992	-0.036554	-0.239974	-0.013059
	(0.22676)	(0.49238)	(0.27826)	(0.15479)	(0.38899)	(0.11521)	(0.23744)	(0.23857)
	[-0.55750]	[-0.37599]	[1.47915]	[0.08875]	[-0.02826]	[-0.31728]	[-1.01068]	[-0.05474]
LNDT (-3)	0.208539	-0.209043	0.221896	-0.147079	0.132321	0.086759	0.250805	0.326635
	(0.23816)	(0.51713)	(0.29224)	(0.16257)	(0.40854)	(0.12100)	(0.24937)	(0.25056)
	[0.87563]	[-0.40424]	[0.75928]	[-0.90469]	[0.32389]	[0.71701]	[1.00574]	[1.30363]
TR (-1)	-0.033353	0.469860	0.835893	0.258822	0.655937	0.118252	-0.224989	-0.078518
	(0.21585)	(0.46869)	(0.26487)	(0.14735)	(0.37027)	(0.10967)	(0.22601)	(0.22709)
	[-0.15452]	[1.00250]	[3.15586]	[1.75656]	[1.77150]	[1.07828]	[-0.99546]	[-0.34576]
TR (-2)	-0.035851	-0.703419	0.003053	-0.284621	-0.899745	-0.149231	0.316326	0.196796
	(0.32008)	(0.69500)	(0.39277)	(0.21849)	(0.54906)	(0.16262)	(0.33515)	(0.33674)
	[-0.11201]	[-1.01211]	[0.00777]	[-1.30264]	[-1.63869]	[-0.91766]	[0.94384]	[0.58441]

续表

	LNEXDMD	LNDT	TR	LNDG	LNDM	LNDGDP	LNEXPO	LNIMPO
TR (-3)	0.038195	0.218065	0.001418	0.084862	0.361742	0.068300	-0.142621	-0.164424
	(0.20012)	(0.43454)	(0.24557)	(0.13661)	(0.34330)	(0.10168)	(0.20955)	(0.21054)
	[0.19086]	[0.50183]	[0.00578]	[0.62119]	[1.05373]	[0.67174]	[-0.68061]	[-0.78095]
LNDG (-1)	-1.440361	-0.767458	-0.524638	0.284326	-1.056725	-0.398649	0.807551	0.412290
	(0.58612)	(1.27268)	(0.71923)	(0.40011)	(1.00544)	(0.29779)	(0.61372)	(0.61664)
	[-2.45745]	[-0.60302]	[-0.72944]	[0.71062]	[-1.05101]	[-1.33869]	[1.31582]	[0.66861]
LNDG (-2)	0.837211	3.270183	-0.703458	0.585537	1.392737	0.353005	-0.979129	0.677574
	(0.79433)	(1.72479)	(0.97473)	(0.54224)	(1.36261)	(0.40358)	(0.83174)	(0.83569)
	[1.05398]	[1.89599]	[-0.72169]	[1.07985]	[1.02211]	[0.87469]	[-1.17720]	[0.81080]
LNDG (-3)	-0.670187	-1.639572	0.222736	-0.492143	-1.333218	-0.438498	0.065388	-0.199957
	(0.56052)	(1.21709)	(0.68782)	(0.38263)	(0.96152)	(0.28478)	(0.58691)	(0.58970)
	[-1.19566]	[-1.34712]	[0.32383]	[-1.28621]	[-1.38657]	[-1.53976]	[0.11141]	[-0.33908]
LNDM (-1)	0.227223	0.079415	-0.013072	0.100302	-0.471056	0.214988	-0.518561	-0.136419
	(0.28288)	(0.61424)	(0.34713)	(0.19310)	(0.48526)	(0.14372)	(0.29620)	(0.29761)
	[0.80325]	[0.12929]	[-0.03766]	[0.51942]	[-0.97073]	[1.49584]	[-1.75070]	[-0.45838]
LNDM (-2)	0.102984	0.299504	0.256563	0.001210	-0.424342	0.291559	-0.764155	-0.099203
	(0.35963)	(0.78088)	(0.44130)	(0.24549)	(0.61691)	(0.18272)	(0.37656)	(0.37835)
	[0.28636]	[0.38355]	[0.58138]	[0.00493]	[-0.68785]	[1.59570]	[-2.02929]	[-0.26220]
LNDM (-3)	0.127418	0.492742	0.304741	-0.061013	-0.102556	0.187770	-0.361196	0.108131
	(0.24706)	(0.53646)	(0.30317)	(0.16865)	(0.42381)	(0.12552)	(0.25870)	(0.25992)
	[0.51573]	[0.91851]	[1.00518]	[-0.36177]	[-0.24198]	[1.49588]	[-1.39622]	[0.41601]
LNDGDP (-1)	1.554538	-0.545302	0.949721	0.577205	2.408748	0.501567	-0.151186	-0.009308
	(0.64886)	(1.40892)	(0.79622)	(0.44294)	(1.11307)	(0.32967)	(0.67942)	(0.68264)
	[2.39579]	[-0.38704]	[1.19278]	[1.30314]	[2.16406]	[1.52143]	[-0.22252]	[-0.01364]
LNDGDP (-2)	-0.269259	-2.334606	1.355349	-0.863120	-1.822683	-0.102266	1.493178	-0.528095
	(0.80033)	(1.73781)	(0.98209)	(0.54633)	(1.37290)	(0.40662)	(0.83802)	(0.84200)
	[-0.33644]	[-1.34342]	[1.38007]	[-1.57984]	[-1.32762]	[-0.25150]	[1.78179]	[-0.62719]

续表

	LNEXDMD	LNDT	TR	LNDG	LNDM	LNDGDP	LNEXPO	LNIMPO
LNDGDP(-3)	-0.148018	-0.487727	0.787342	0.225749	1.683209	-0.062010	0.897586	-0.008400
	(0.78480)	(1.70410)	(0.96304)	(0.53574)	(1.34627)	(0.39874)	(0.82176)	(0.82567)
	[-0.18861]	[-0.28621]	[0.81756]	[0.42138]	[1.25028]	[-0.15552]	[1.09227]	[-0.01017]
LNEXPO(-1)	-0.213486	0.665779	-0.221949	-0.039722	0.161436	0.269577	-0.763419	0.310228
	(0.43339)	(0.94106)	(0.53182)	(0.29585)	(0.74345)	(0.22020)	(0.45380)	(0.45596)
	[-0.49259]	[0.70748]	[-0.41734]	[-0.13426]	[0.21714]	[1.22426]	[-1.68226]	[0.68038]
LNEXPO(-2)	-0.037169	0.974865	0.242057	0.168687	0.460237	0.170311	-0.189501	0.679031
	(0.41963)	(0.91118)	(0.51493)	(0.28646)	(0.71985)	(0.21320)	(0.43939)	(0.44148)
	[-0.08858]	[1.06989]	[0.47007]	[0.58888]	[0.63936]	[0.79882]	[-0.43128]	[1.53808]
LNEXPO(-3)	0.428380	0.298037	-0.391095	0.040584	0.487466	0.048142	-0.023734	0.424069
	(0.39129)	(0.84963)	(0.48015)	(0.26711)	(0.67122)	(0.19880)	(0.40971)	(0.41166)
	[1.09480]	[0.35079]	[-0.81453]	[0.15194]	[0.72624]	[0.24216]	[-0.05793]	[1.03015]
LNIMPO(-1)	-0.104844	-1.020035	0.877670	-0.343324	-0.904911	-0.209729	0.991269	-0.218259
	(0.45935)	(0.99742)	(0.56367)	(0.31357)	(0.78798)	(0.23338)	(0.48098)	(0.48327)
	[-0.22824]	[-1.02268]	[1.55706]	[-1.09490]	[-1.14840]	[-0.89865]	[2.06093]	[-0.45163]
LNIMPO(-2)	0.264890	-0.971922	-0.457728	-0.195710	-0.480750	-0.052597	0.331354	-0.358290
	(0.46917)	(1.01874)	(0.57572)	(0.32027)	(0.80482)	(0.23837)	(0.49126)	(0.49360)
	[0.56460]	[-0.95405]	[-0.79505]	[-0.61108]	[-0.59734]	[-0.22065]	[0.67449]	[-0.72588]
LNIMPO(-3)	-0.342570	0.426629	0.522844	0.303924	0.073323	0.164519	-0.422658	-0.570858
	(0.45450)	(0.98688)	(0.55772)	(0.31026)	(0.77965)	(0.23092)	(0.47590)	(0.47816)
	[-0.75373]	[0.43230]	[0.93747]	[0.97959]	[0.09405]	[0.71246]	[-0.88812]	[-1.19386]
C	0.076497	0.168727	-0.203290	0.056321	0.054634	-0.041918	0.216458	-0.039664
	(0.14789)	(0.32113)	(0.18148)	(0.10096)	(0.25370)	(0.07514)	(0.15486)	(0.15559)
	[0.51725]	[0.52542]	[-1.12018]	[0.55788]	[0.21535]	[-0.55788]	[1.39780]	[-0.25492]

续表

	LNEXDMD	LNDT	TR	LNDG	LNDM	LNDGDP	LNEXPO	LNIMPO
R-squared	0.836913	0.745818	0.980430	0.795445	0.810553	0.817310	0.773380	0.838005
Adj. R-squared	0.347651	-0.016730	0.921721	0.181779	0.242212	0.269242	0.093520	0.352019
Sum sq. resids	0.099244	0.467920	0.149441	0.046247	0.292042	0.025618	0.108812	0.109848
S.E. equation	0.111380	0.241847	0.136675	0.076032	0.191063	0.056589	0.116625	0.117179
F-statistic	1.710563	0.978061	16.69983	1.296217	1.426174	1.491255	1.137558	1.724341
Log likelihood	48.98525	23.39845	42.23147	61.58449	31.17658	71.33069	47.46665	47.31033
Akaike AIC	-1.453652	0.097064	-1.044332	-2.217242	-0.374338	-2.807920	-1.361615	-1.352141
Schwarz SC	-0.319934	1.230781	0.089386	-1.083524	0.759380	-1.674203	-0.227897	-0.218423
Mean dependent	0.134358	0.146759	0.636364	0.118376	0.176202	0.131616	0.065139	0.062673
S.D. dependent	0.137901	0.239849	0.488504	0.084054	0.219484	0.066198	0.122494	0.145569
Determinant resid covariance (dof adj.)	1.67E-20							
Determinant resid covariance	1.99E-25							
Log likelihood	563.8850							
Akaike information criterion	-22.05363							
Schwarz criterion	-12.98389							

附表 11　出口退税政策的引入对出口造成影响程度的回归计算结果

变量名称	系数	标准差	t-统计值
LnEXDMD	0.1518	0.0930	1.6324
LnDGDP	0.4407	0.2999	1.4695
$LnEXPO_{t-1}$	0.5610	0.1531	3.6635
LnM2	0.0061	0.1641	0.0372
Dt	0.1185	0.0985	1.2026
C	-2.6822	1.2718	-2.1090
R-squared	0.9970	Mean dependent var	7.6997
Adjusted R-squared	0.9965	S.D. dependent var	2.1559
S.E. of regression	0.1281	Akaike info criterion	-1.1172
Sum squared resid	0.4759	Schwarz criterion	-0.8506
Durbin-Watson stat	1.3643	F-statistic	1920.2840

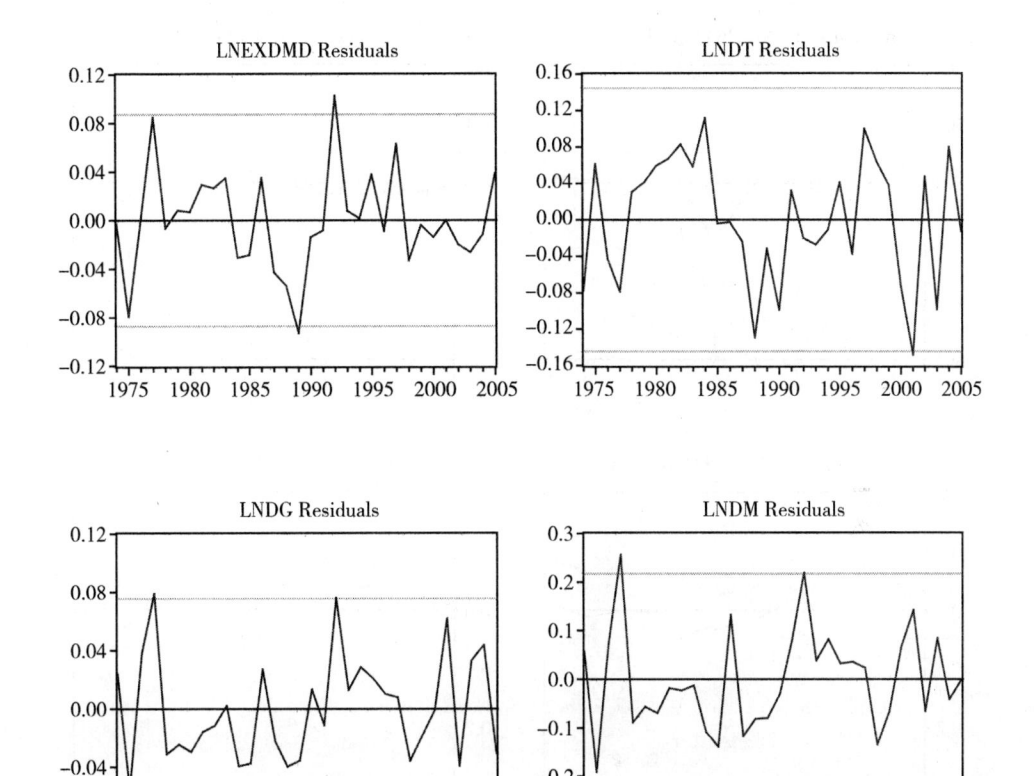

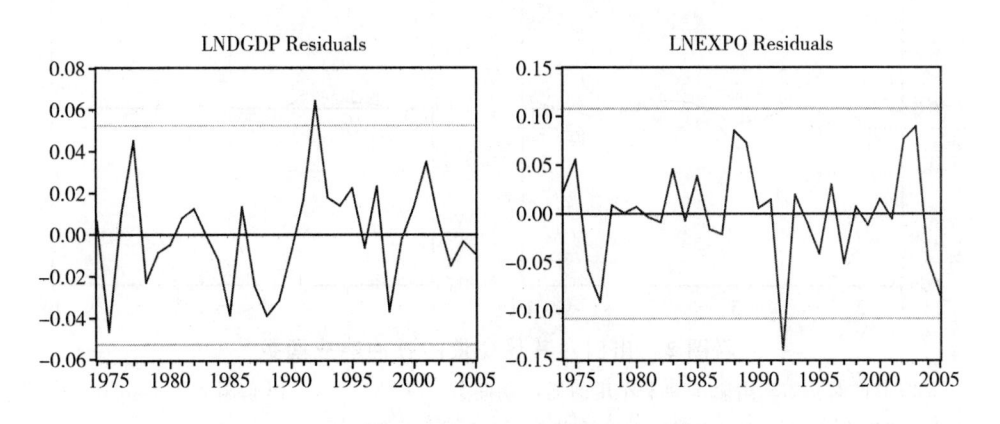

附图1 出口模型的残差

附图2 出口对其他变量的脉冲响应函数

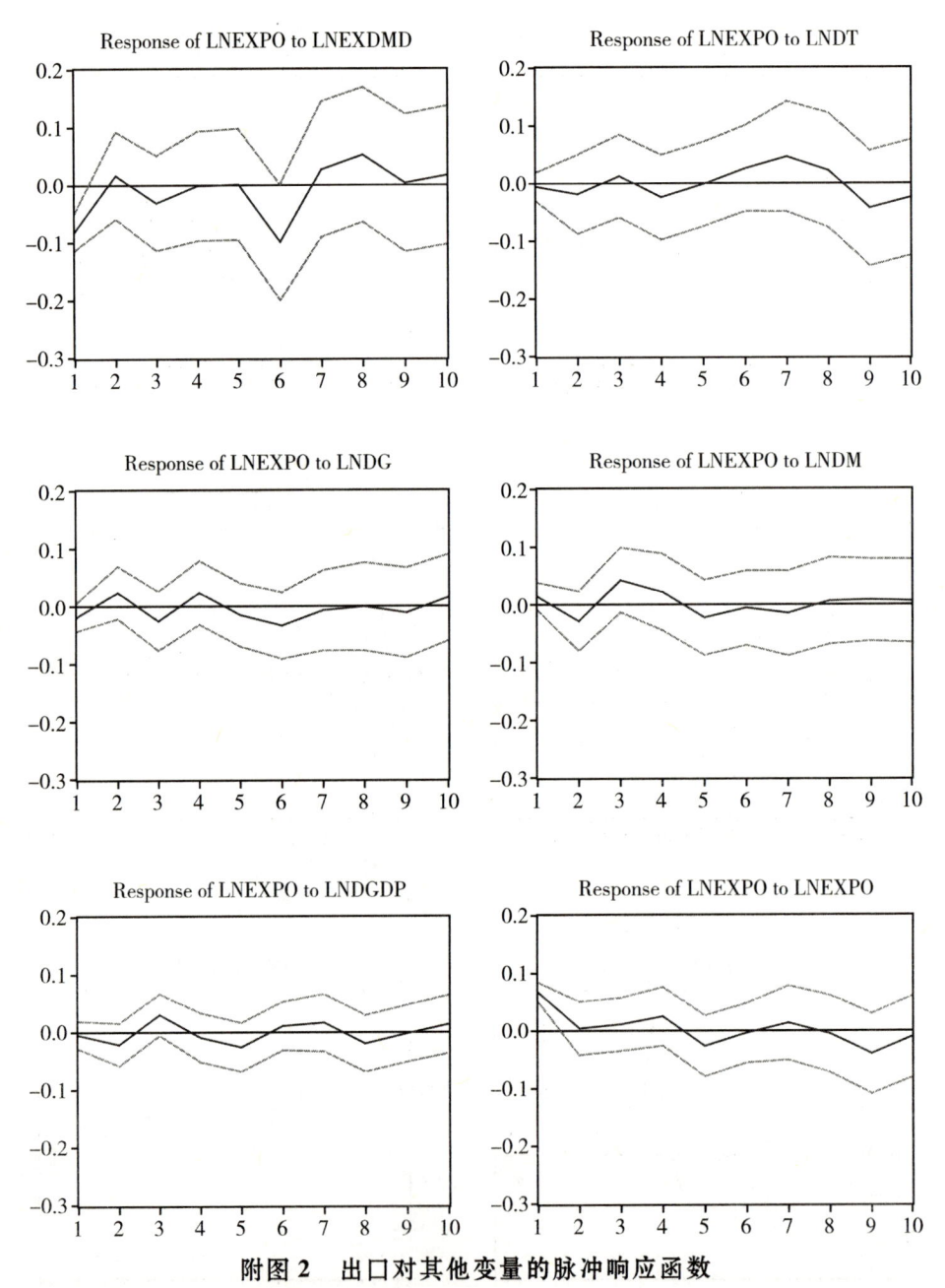

图形说明：横轴附表示冲击作用的滞后期间数（单位：年），纵轴附表示出口增长率的变化，实线附表示脉冲响应函数，虚线附表示正负两倍标准差偏离带。

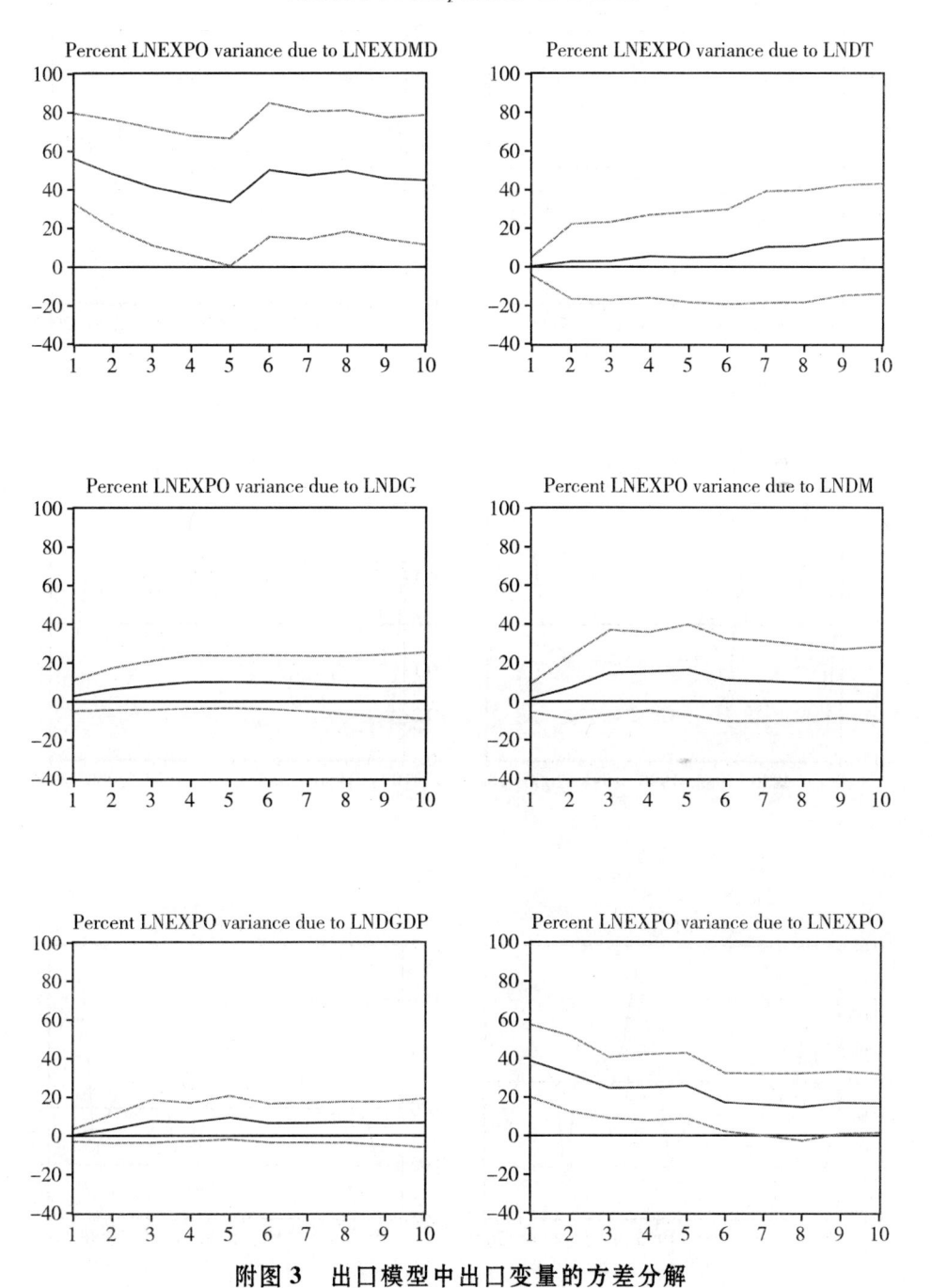

附图 3　出口模型中出口变量的方差分解

图形说明：横轴附表示滞后期间数（单位：年），纵轴附表示该变量的变动对出口的贡献率（单位：百分数）。

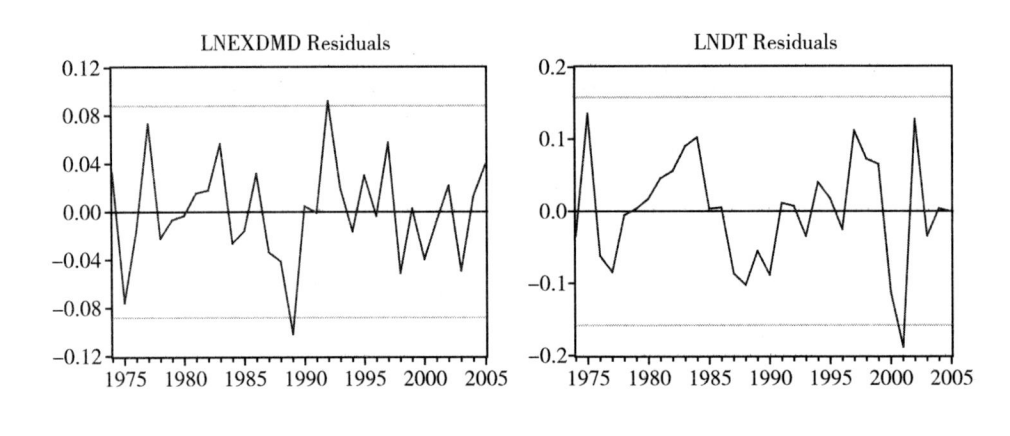

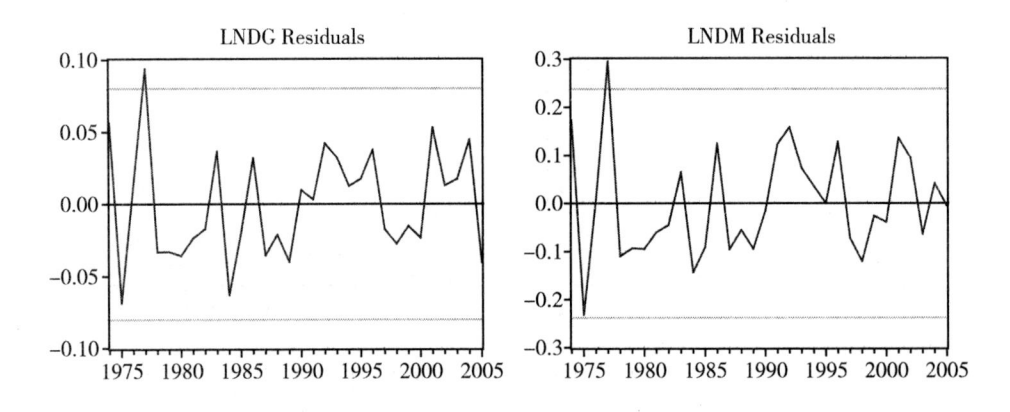

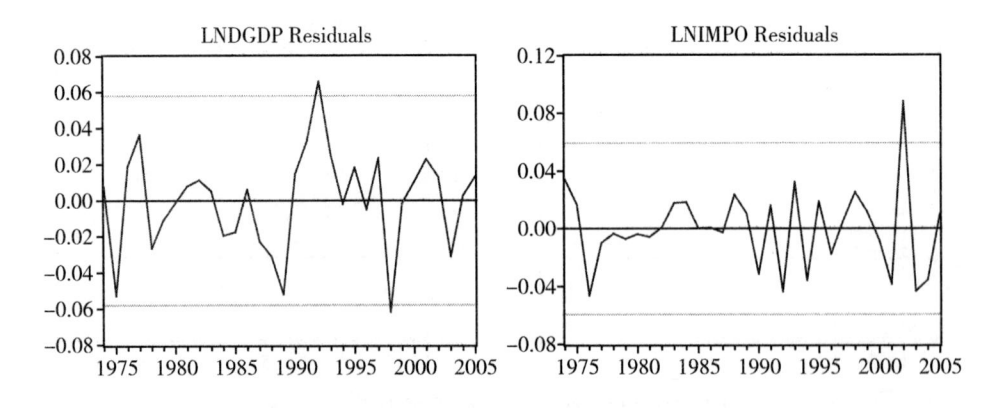

附图 4 进口模型的残差

Respones to Cholesky One S. D. Innovations ± 2 S. E.

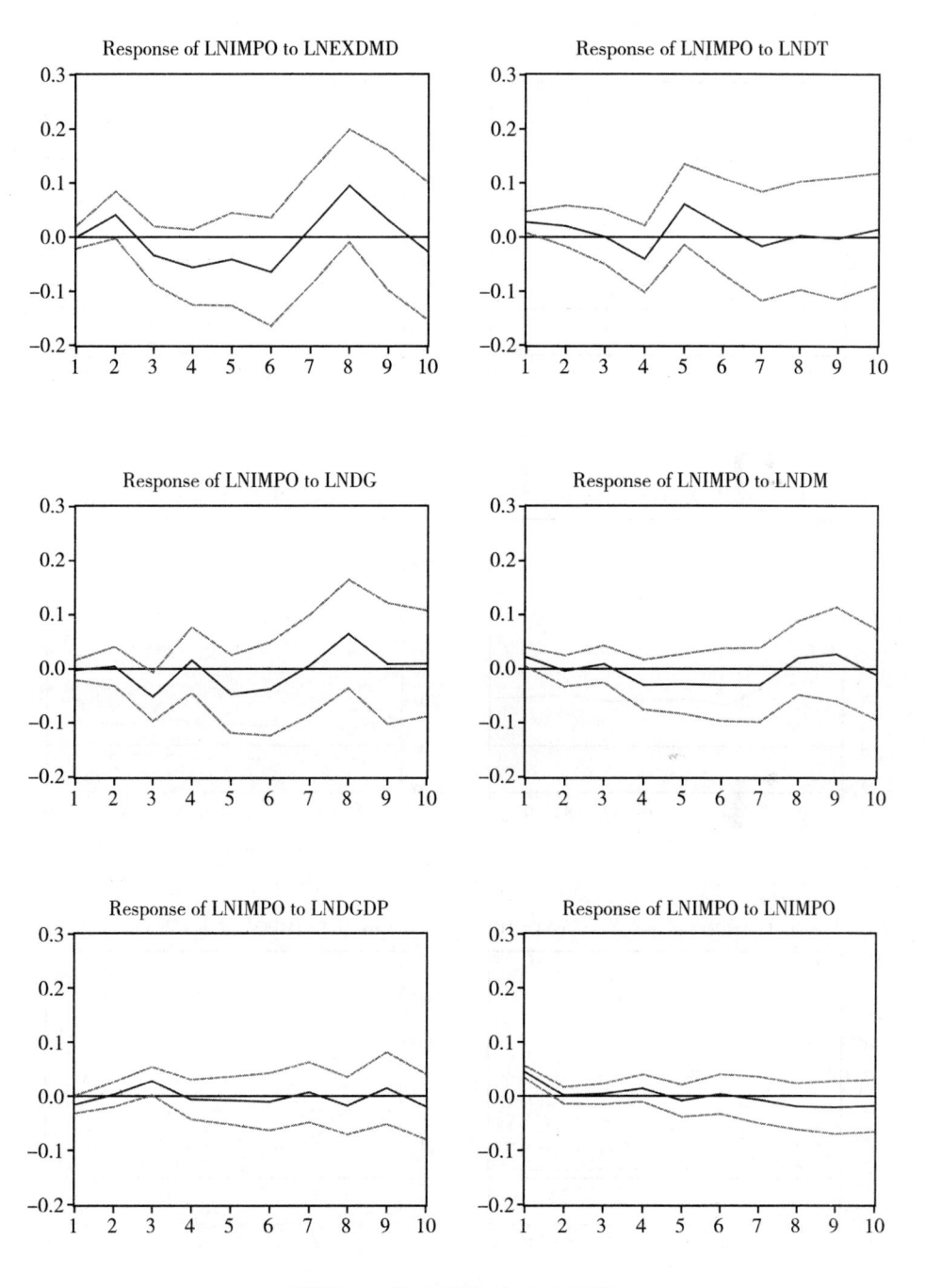

附图 5 进口的脉冲响应函数

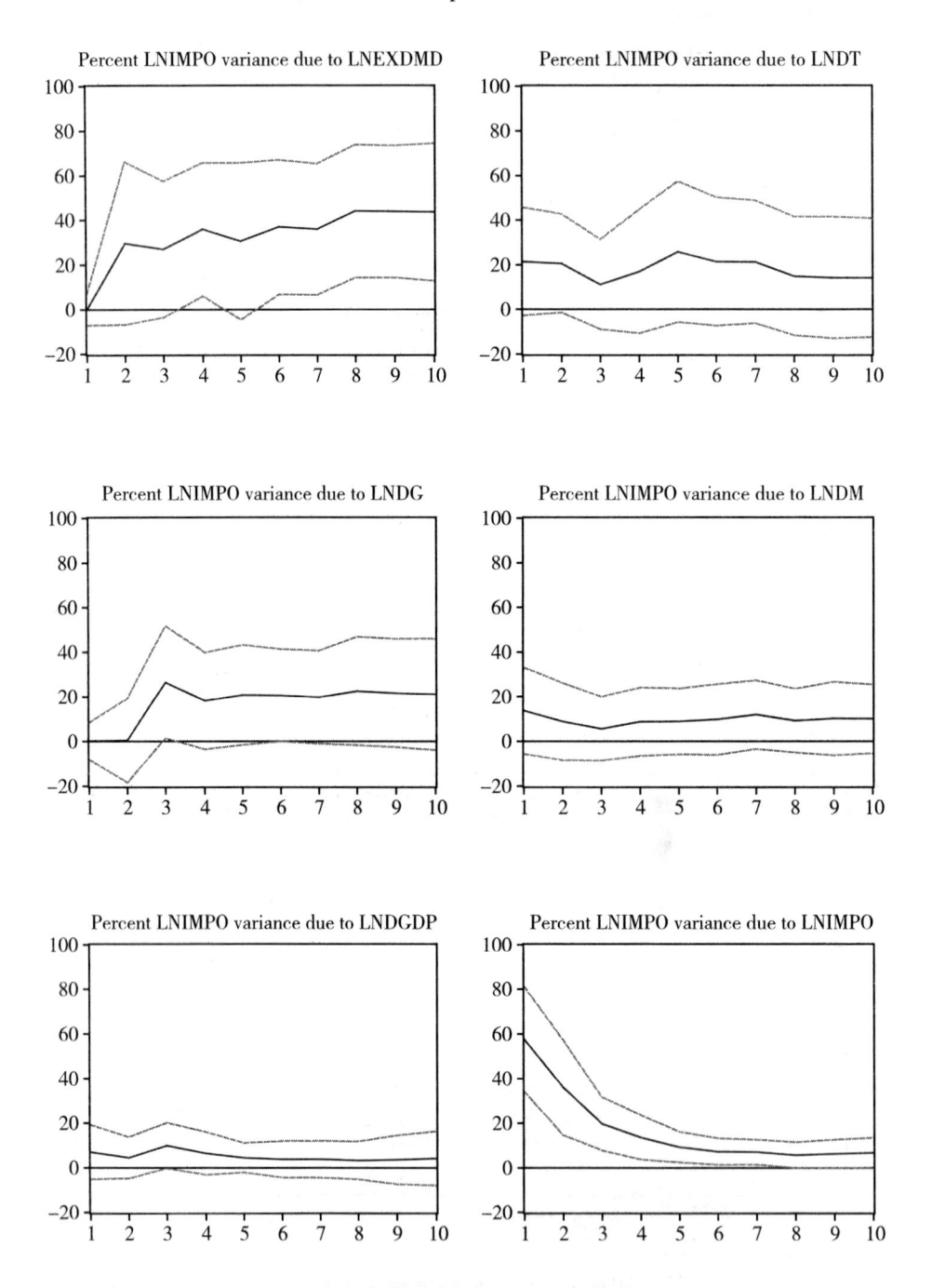

附图6 进口模型的方差分解

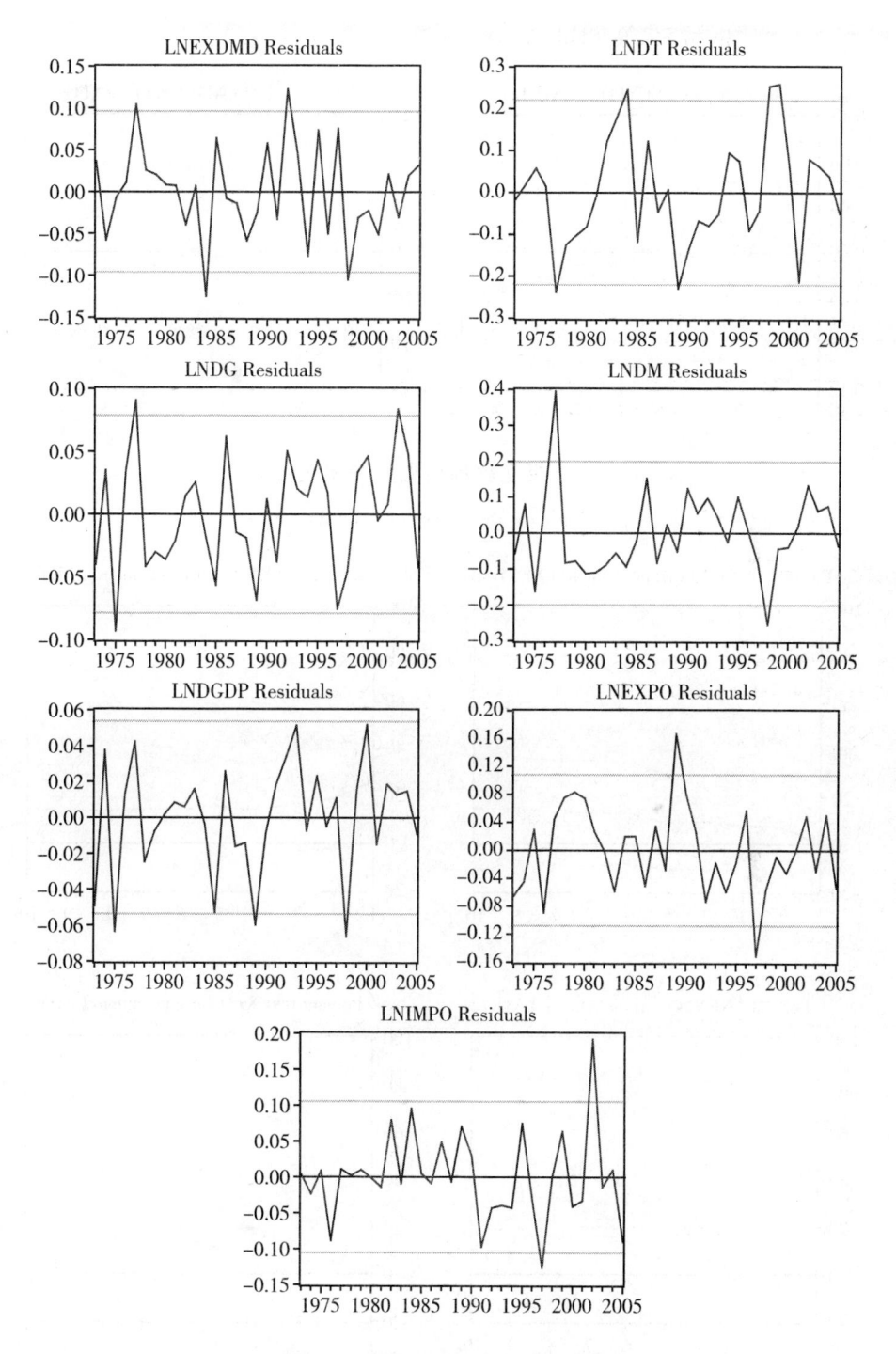

附图 7 进出口相互影响模型残差

Response to Cholesky One S. D. Innovations ± 2 S. E.

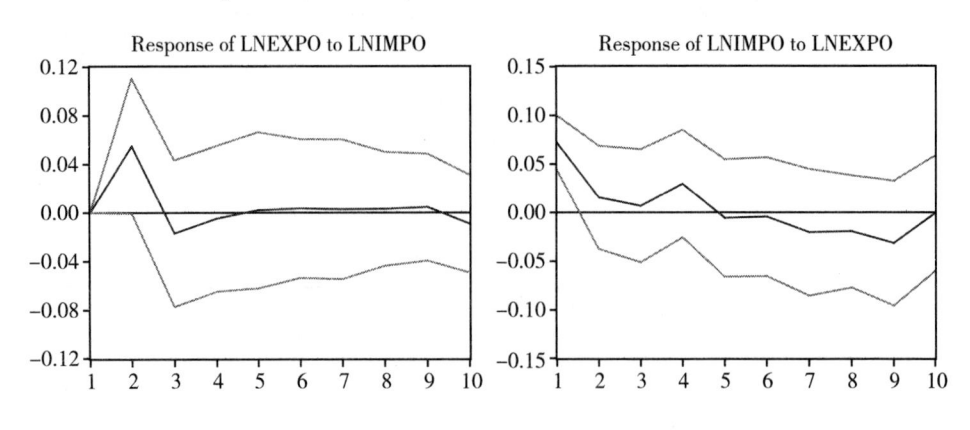

附图 8 相互影响模型脉冲相应结果

Variance Decomposition ± 2 S. E.

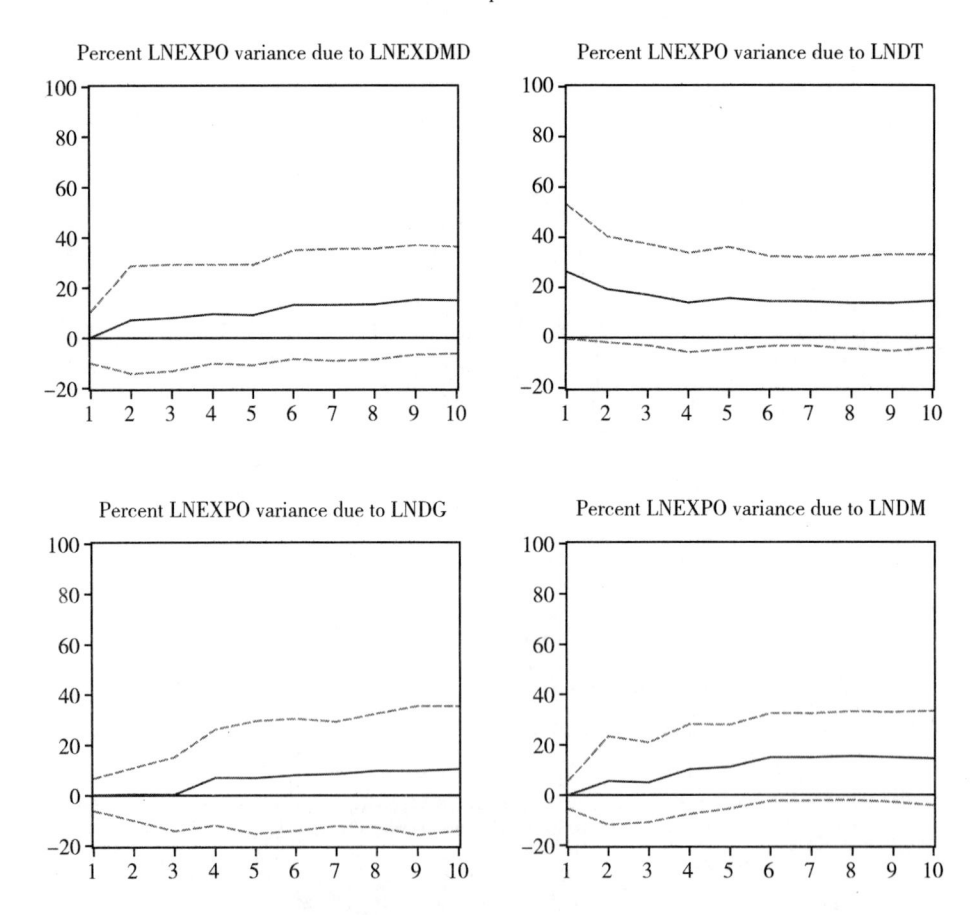

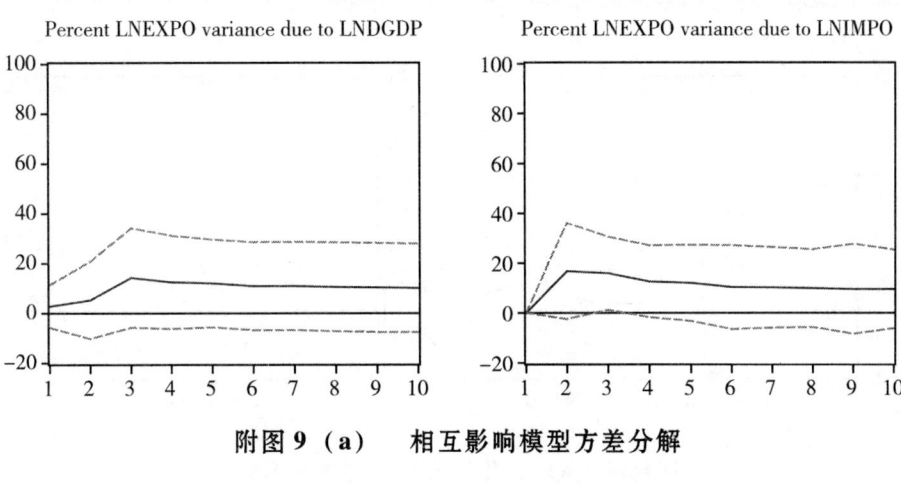

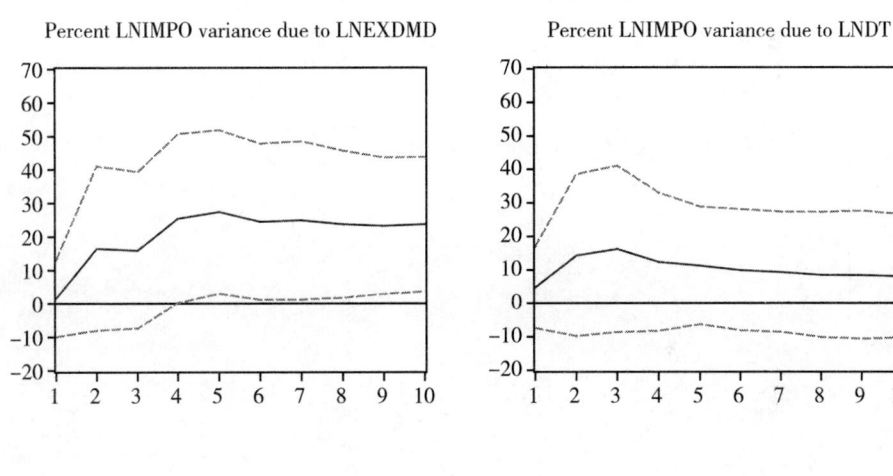

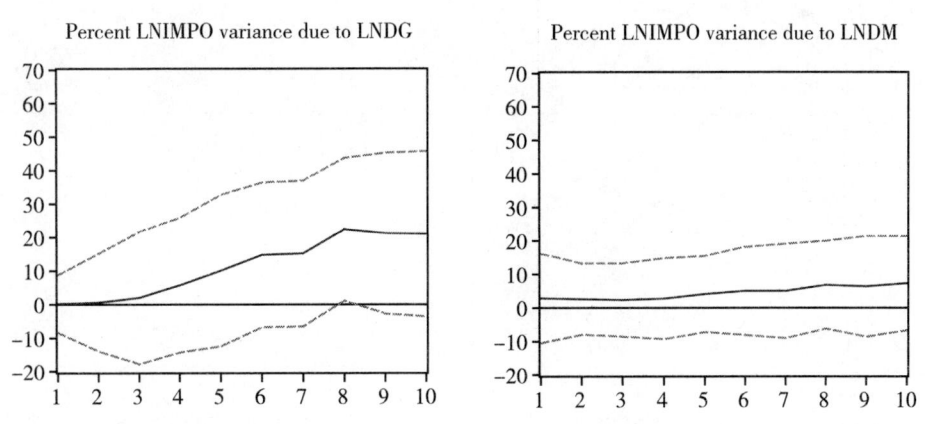

附图 9（a） 相互影响模型方差分解

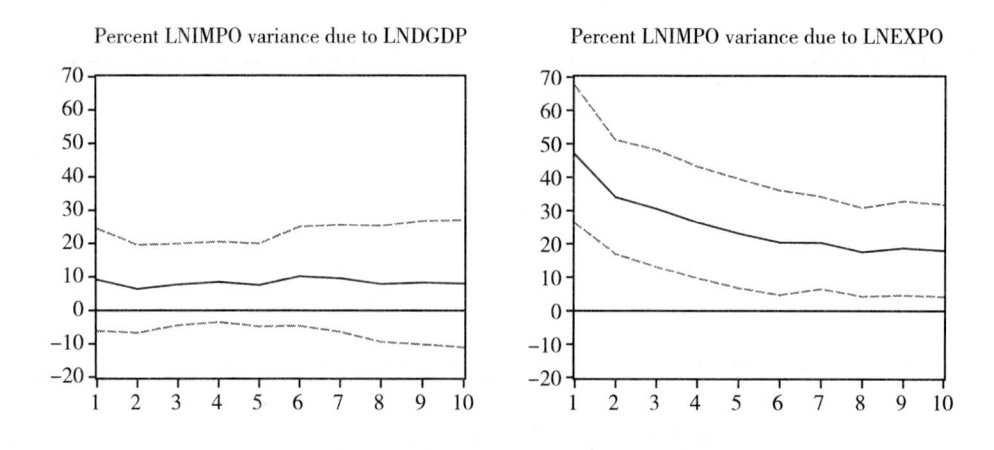

Percent LNIMPO variance due to LNDGDP　　　Percent LNIMPO variance due to LNEXPO

附图 9（b）　　相互影响模型方差分解

第九章

中国贸易政策体系的发展与完善

一、中国未来贸易政策体系的架构与运行机制

改革开放以来，随着中国对外贸易制度的不断调整和完善，中国对外贸易获得了快速发展，并带动了中国经济的快速增长。当前，国际经济格局发生了较大的变化，中国经济发展和外贸发展均处于新的发展阶段，中国贸易政策体系面临着调整与完善的压力。

（一）中国未来贸易政策体系的目标

贸易政策体系的目标是贸易政策制定者希望通过贸易政策所达到的目的，未来中国贸易政策体系的目标需要着重关注以下内容：

1. 维护国家利益，保障国家经济安全

国家利益是一国外经贸发展所追求的永恒的、核心的目标。国家利益是一个综合性、不断发展的概念，这就意味着中国贸易政策体系的全方位调整，外贸发展观念的改变，已不再仅仅局限于产业和部门利益，应该从国家的综合利益进行考虑。同时，国家利益的实现并不是无限制的，在实现国家利益的同时需要考虑国家经济安全，其具体内容主要包括：第一，贸易安全。贸易安全主要针对贸易争端，这就要求未来的贸易政策体系需要有完善的贸易救济措施和贸易预警及快速反应机制。第二，就业安全。解决就业问题的根本途径在于创造新的就业机会，而不是保护既得利益。第三，资源安全。资源安全要求资源能够得到可靠和合理的供应保障，以维持中国经济和外经贸的健康持续发展，这里资源不仅包括

能源、水资源，还应该包括资本、人力资本等。第四，市场安全。市场安全主要包括国内市场需求安全和国外市场需求安全，力求达到国内、国际市场以及内外市场的供需基本平衡。第五，产业安全。产业安全主要是指贸易政策体系需要重视一些关系国际民生的产业发展安全，主要包括粮食安全和金融安全等。

2. 贸易政策长远目标是实现中国的贸易强国地位

由贸易大国走向贸易强国，是中国未来贸易政策体系的基本目标，也是中国获取国家经济利益的重要保证。

第一，促进中国贸易平衡协调发展。贸易平衡发展是贸易本身的目标，主要包括贸易总量平衡、贸易结构平衡、贸易方式平衡以及贸易地区流向平衡。

第二，实现贸易与经济稳定和持续增长。经济增长既包括量的增长，也包括质的增长，包括经济效益的改善以及经济结构的调整和优化。

第三，实现贸易与经济社会协调发展。经济发展和社会发展是密切相关的，但经济发展和社会发展的目标并不总是一致的，经济增长并不能必然带来同步的社会发展。

第四，构建和谐的对外贸易经济环境。构建和谐社会是中国政治经济体制未来发展的首要任务，而和谐社会不仅仅是对内和谐，对外同样要和谐。

（二）有管理的自由贸易理论——中国未来贸易政策理论选择

中国未来贸易政策体系建设要以有管理的自由贸易理论为指导，其核心是以贸易—投资自由化为导向。

1. 贸易—投资自由化进程中管理的依据和必要

无论一国经济有多发达，其贸易—投资自由化必将带来经济风险，对作为发展中国家的中国来说，更是如此。贸易—投资自由化进程的风险便成为对其管理的依据。风险主要表现在：贸易自由化进程中进口方面存在的风险、贸易自由化进程中出口方面存在的风险、投资自由化进程中的风险等。

2. 正确处理贸易—投资自由化与"管理"的关系

贸易—投资自由化与"管理"是相互依存的关系。管理是贸易—投资自由化的需要和体现，贸易—投资自由化要以管理作为保障。管理的目的是在于推动贸易—投资自由化进程的平衡发展，规避和化解贸易—投资自由化进程中可能出现的风险。但管理不等于全面保护，管理并不阻碍贸易—投资自由化总体进程，管理不对国际贸易造成不必要阻碍。贸易—投资自由化进程应有重点、有选择地逐步推进。那些总体上倾向于实行自由贸易—投资政策的国家和地区，在某些特殊部门也实行一定程度的保护政策；那些总体上实行保护政策的国家和地区，则在某些部门实行自由化政策。

贸易—投资自由化过程中的"风险"管理。在贸易—投资自由化过程中面临风险和困难时，一国应采取必要的救济措施，包括进口限制措施以及其他贸易扭曲措施等。值得注意的是，这种"风险"管理不应成为保护的借口，而是应有合理的决策、评估和监督机制，并在法制框架下实施。贸易—投资自由化进程中扶持重点产业的战略管理。扶持重点产业与贸易—投资自由化进程并不矛盾。

（三）中国未来贸易政策体系的架构

中国未来贸易政策体系需要有完整的规范领域，在各领域具备详细和完善的法律法规及其实施细则加以支撑；另外，需要考虑贸易政策体系的多层次性，以协调和规范各种层次的贸易关系。

1. 中国未来贸易政策体系的规范领域

贸易政策体系集中于与贸易有关的政策措施，在内容上主要包括货物贸易政策、服务贸易政策、与贸易有关的投资措施、与贸易有关的知识产权措施。

（1）货物贸易政策。货物贸易政策主要包括：进口管理政策、出口管理政策以及其他影响货物贸易的国内政策。其中，进口管理政策主要包括海关关税、原产地规则与管理制度、关税配额、配额与许可证、海关估价制度、装运前检验制度、反倾销与反补贴、保障措施等；出口管理政策主要包括：出口税、出口许可证与出口限制措施；出口补贴、出口退税等；其他影响货物贸易的国内政策主要包括：国内税费（增值税、消费税）、技术性贸易措施、卫生与动植物检疫措施等。当然，其中也包括政府引导货物贸易结构、流向、方式、主体等的促进措施或限制措施及优惠措施等。

（2）服务贸易政策。服务贸易在跨国界移动时是以人员、资本、信息等的流动表现出来的，各国对服务贸易的管理往往是以国内立法的形式或国内条例的形式来实现的。服务贸易政策可以分为市场准入方面的政策和国民待遇方面的政策，主要包括：国内税收、企业形式要求、股权要求、数量要求、区域限制、自然人流动政策、期限要求、资格要求、业务限制等。在服务贸易政策中，同样包括促进某些部门服务贸易发展的优惠和促进措施。

（3）与贸易有关的投资措施。投资措施分广义和狭义两种。广义的投资措施是指任何主体采取与跨国投资直接相关的行为，其范围如联合国跨国中心编制的投资措施一览表，分为四大类20多项，该四大类是：投资激励、经营要求、限制性商业惯例、母国限制。狭义的投资措施是指直接或间接由东道国政府通过政策法令实施的，针对外国直接投资项目或企业所采取的措施，它包括鼓励性措施（如各种政府保证、所得税及进出口关税减免、信贷优惠、资金补贴、原材料及土地的优先提供、资本和利润的自由汇出等）和限制性措施（如投资部门和出资比例的限制、贸易平衡要求、外汇平衡要求、出口实绩和当地成分要求等）。

（4）与贸易有关的知识产权措施。知识产权政策主要涵盖版权、商标、地理标志与原产地、工业品外观设计、专利、植物新品种、集成电路布图设计、未披露信息等。知识产权的执法措施主要包括：民事申诉和救济程序、临时保护措施、行政救济程序、海关特殊边境措施，以及对侵权处罚的刑事程序等。与此同时，知识产权政策需要能够对国内知识产权进行有效保护，并有助于企业创新。

2. 中国未来贸易政策体系规范的多层次性

中国未来贸易政策体系不仅要考虑国内因素，同时需要考虑双边、区域和多边等多个层次的内容，以国内为基础、双边为核心，区域和多边两翼齐飞，建立和完善积极的外经贸发展战略。

（1）国内层次要建立和完善支持与保障体系。国内层次，贸易是一国经济活动的一个组成部分和表现形式，贸易发展目标也应与经济、社会发展目标实现融合。因此，未来贸易政策体系在国内层次，需要提高劳动生产率，推动经济增长；推动贸易和投资自由化改革，改善资源配置效率；国内各区域协调发展，农村和城市协调发展；实施积极、有效的管理，维护国家安全。在策略和措施上，需要推动贸易、投资自由化进程，加强政府基础能力建设、建立和完善贸易促进与保障体系。其中政府基础能力建设主要包括完善社会主义市场经济体系、开放型经济下的中国规制改革与完善、完善贸易政策体制、完善社会保障体系四个方面。贸易促进与保障体系建设方面，需要建立区域和全球范围内的贸易便利化机制，制度化、规范的出口退税机制，稳定、强有力的金融支持机制，外国贸易、投资壁垒调查和报告机制。

（2）双边层次积极发展和谐的外经贸关系。国际贸易的产生主要由双边贸易形成。在双边层次，中国需要积极建立和谐的外经贸关系，并以大国为关键、周边为重点，发展中国家和地区为基础。所谓大国，要从不同的侧面和层面去界定和选择，包括现实的和潜在的，一是 GDP 和贸易额在全球中的比重；二是重要产品的世界主要供应国；三是应囊括中国的主要贸易和投资伙伴。所谓周边，主要包括：东亚、东南亚、中西亚、大洋洲等周边国家和地区。中国是最大的发展中国家，未来的贸易政策体系要旨在扩大发展中国家和地区之间的经贸合作，提升发展中国家和地区的整体经济和外贸实力。中国双边层次贸易政策的总体目标就是共同推动世界经济贸易发展，维护世界和平与稳定；稳定并扩大双边经济贸易、科技、社会、军事和政治合作与发展；扩大双边市场准入，实现双赢；逐步创建多元化的资源供给和市场需求来源；建立对话与合作机制，通过协商解决共同关注的国际问题；建立有效的摩擦、争端解决机制，维护国家利益。

（3）区域层次积极推动和参与区域经济一体化进程。在区域层次，中国需要在全球范围内推动区域一体化进程，并通过区域协作维护经济安全和政治安全，建立互信机制,推动区域经济合作,逐步实现区域内贸易与投资自由化、便利化,获得稳定的市场准入机会和资源、技术、投资及管理经验。具体策略上,以中华经济区为基础,周边地区为重点,重要贸易伙伴为突破口。在东南亚、东亚地区推动"10+1"、"10+3"自由贸易区,通过贸易和投资自由化进程共享繁荣。利用上海合作组织加强边境地区经贸联系,尝试在边境地区创建自由贸易区;继续加强在科技、能源等重点领域的合作。积极开展与南锥体共同市场组织及其成员方的经贸合作,以获取稳定的市场准入机会,充分利用其各种资源。先行与智利、巴西、阿根廷等重要成员签订自由贸易协议,最终与南锥体共同市场组织签订自由贸易协议,并在此基础上推动中美自由贸易区。推动APEC加快制度性建设,加强其凝聚力和向心力;在APEC框架下加强双边的协调与合作,共同推动区域发展;在APEC框架下推动成员内贸与投资自由化、便利化。加强与非洲、南亚、中美洲等发展中国家和地区协商,协调共同立场,团结一致,共同维护发展中国家和地区的正当权益;提供力所能及的经济援助,适时减免债务;鼓励中国企业到该地区投资;加强集体对话与合作。对于OECD等次区域组织要加强合作,通过积极沟通,增加对话,获取信息;争取成为该组织或其内部部门、委员会的观察国成员。

我们认为,中国台湾地区对外商签FTA在法理上缺乏充足的法律依据,根据我国在处理中国台湾地区加入WTO问题上的成功经验,在对待中国台湾地区与有关国家商签FTA上,也应当通过与WTO及有关国家和地区协商,争取"中先台后",也就是说,在中国台湾地区对外签订区域经济一体化协议时,一是要经过主权国——中华人民共和国政府的允许;二是在签订自由贸易协议时,争取有关国家和地区首先与中国签订协议,然后适用于中国台湾地区。

(4)多边层次主动融入经济全球化进程,妥善解决国际经贸事务。GATT及WTO的成立与发展是第二次世界大战以来世界经济发展中最为瞩目的事件,中国成为WTO成员已经有6年多的时间了。融入经济全球化进程之中已是中国贸易政策不可回避的现实,在未来贸易政策体系中,中国更加需要主动地融入这一进程,充分发挥中国在WTO中发展中大国的作用,充当发达国家和地区成员与发展中国家和地区成员的桥梁,妥善解决国际经贸事务。

3. 针对广大发展中国家和地区实施贸易优惠

(1)WTO针对发展中国家和地区成员的差别和优惠待遇。自20世纪70年代以来,许多亚洲及非洲新兴发展中国家和地区逐渐加入GATT,GATT条款中开始有向发展中国家和地区提供特殊差别待遇以及关税优惠的条款,即S&D和GSP,这主要是指当发展中国家和地区执行协定遇到困难时提供技术援助,允许发展中国家和地区在适用协定时有更为宽松的时间,及在程度上有更大的灵活性和对某些规则的例外。由于WTO成员大部分为发展中国家和地区,WTO非常重视对发展中国家和地区的援助，以求让所有成员从多边贸易体制中受益，并致力于确保发展中国家（特别是最不发达国家）和地区的经济发展需求能在国际贸易中得以发展，即"以贸易促发展"。

（2）中国对发展中国家和地区成员实施贸易优惠的必要性。对于普惠制，既可以说是发展中国家和地区为了自身贸易条件而与发达国家和地区长期斗争的结果，也可以说是体现了发达国家和地区的发展中国家和地区政策。大国的竞争是全方位的，不仅仅是市场的竞争、技术的竞争，也是经济关系的竞争。在快速变化的全球化趋势当中，国与国或与地区之间的关系也因贸易而变得更加复杂。由于发展中国家和地区在当今世界中的地位越来越重要，它们往往成为平衡的天平上至关重要的筹码。因此，发达国家和地区纷纷利用普惠制、区域贸易协议等政策拉拢发展中国家和地区，以实现自身多元化的利益诉求。

自2001年加入WTO以来，中国的综合国力日益提高，经济的高速发展很大程度上得益于现行多边贸易体制。中国作为一个发展中的大国，不仅要致力于国内经济建设以及对外贸易的发展，还应促进与其他国家及区域组织的政策协调和共同发展。中国已完全有实力效仿发达国家，回馈国际社会，协助其他发展中国家和地区发展经济，从而进一步推动中国经济的国际化，并且提升对外贸易关系。因此，中国也应建立针对一些发展中国家和地区的普惠制待遇和特殊差别待遇。这不但顺应WTO促进发展中国家经济发展的宗旨，也有利于中国在世界经济与政治舞台上发挥积极的作用，促进中国与其他发展中国家和地区的睦邻友好关系，并最终促进受惠发展中国家和地区的经济发展。

（3）中国针对广大发展中国家和地区实施贸易优惠的可行性。对于中国而言，实施自己的贸易优惠不仅必要，也是可行的。第一，中国虽被视为发展中国家和地区的"领袖"，但在WTO等多边"舞台"上，中国尚无力发挥"领袖"的作用。而且，在某些领域中国与发达国家和地区的利益有一致的地方，为消除"隔阂"，让渡经济利益是值得的。第二，中国之所以在世界经济中的地位上升，是由于中国庞大的潜在市场和日益强大的出口能力。但中国市场开放的利益大多被发达国家和地区所利用，而与中国强大的出口能力相竞争的却是广大的发展中国家和地区，中国崛起的利益并没有惠及发展中国家和地区。第三，随着中国的崛起，与其他大国之间的竞争不可避免，中国实施贸易优惠是大国竞争的需要。第四，对于发展中国家和地区出口能力强的原材料、初级产品等对中国实施贸易优惠不会造成太大的竞争压力。

（四）中国未来贸易政策体系的运行机制

中国未来贸易政策的运行机制主要包括贸易政策的决策机制、贸易政策绩效分析机制以及贸易政策实施中的监督和反馈机制。

1. 中国未来贸易政策体系的决策机制

贸易政策的决策机制主要指贸易政策制定前以及制定过程中的原则、贸易政策的需求机制等。

（1）中国未来贸易政策决策机制的影响因素。影响贸易政策决策机制的因素分为三个层次：第一个层次包括国际制度、国际关系和国际组织，如多边贸易体制、国际货币制度、区域组织、双边关系等；第二个层次包括经济和社会发展目标、政治目标、经济发展战略和产业政策、贸易发展战略等；第三个层次为影响决策的各利益主体，包括政党、中央政府、地方政府、国有与民营企业、外资企业、消费者等。

（2）中国未来贸易政策决策机制的原则。第一，政策制定的部门协调原则。贸易政策的实施和影响并非孤立的，贸易政策制定过程中也需要多方参与，通过各方的协调从而达到政策利益的最大化。第二，制定过程中的多方参与原则。多方是贸易政策制定中的制定者应该包括政府部门、企业或者利益影响者、科研机构人员、专家学者等，他们的参与往往更能够保障贸易政策的公平、合理和具有可操作性等。第三，贸易政策制定过程以及实施的通知和透明度原则。通知和透明度原则是WTO对其所有成员贸易政策制定过程的要求，也是中国政府在贸易政策制定过程中必须遵守的原则。

（3）中国未来贸易政策决策机制中的政策需求机制。制定某项贸易政策并非空穴来风，而是有所需求。因此，在贸易政策的需求方面，除政府部门根据中国经济贸易发展的需要而主动制定外，更需要建立贸易政策需求机制，也就是各个企业、机构、团体包括个人等均可以通过该项平台反映在对外贸易方面制定某项贸易政策的要求，中国政府需要充分考虑这些需求，确定该项需求的合理性，并在合适时机对该项贸易政策进行制定和起草。

2. 中国未来贸易政策实施过程中的监督和反馈机制

贸易政策实施过程相当复杂，因此，未来贸易政策实施过程中一定要建立有效的政策监督和反馈机制，对贸易政策实施过程中的问题加以监督。

（1）贸易政策的监督机制。贸易政策监督机制中的监督主体应呈现多样化和层次性。全国人民代表大会是贸易政策实施监督的最高机构，它需要对主体法和主要部门法的实施情况进行监督，并对其实施过程中出现的问题提出解决意见，有权提出修改或废止某项法律的实施。同时，立法机构需要对贸易政策的实施过程进行定期审议，指出实施的不足并提出修改建议；国务院、各地方政府也可以对贸易政策的实施过程进行"垂直型"行政监督。

（2）贸易政策的反馈机制。贸易政策的反馈机制主要指贸易政策实施过程的监督者在发现贸易政策实施中的问题后的反馈途径。因此，立法机构或者成立独立机构负责贸易政策实施情况的反馈。这些信息反馈者包括人大代表、国务院其他部委、地方政府部门、企事业单位、团体机构、消费者个人等，他们可以通过该项反馈机制及时表示自己所发现的贸易政策实施过程中的问题，并可以提出自己的建议，这些反馈信息应该得到足够的重视，也是将来贸易政策实施过程改进的重要参考信息。

3. 中国未来贸易政策实施后的绩效分析与调整机制

除了贸易政策实施过程的监督和反馈机制，对贸易政策实施后的绩效也需要进行分析，以便于将来对贸易政策进行修正和调整。与贸易政策实施过程中的监督和反馈机制不同，贸易政策的绩效分析与调整机制主要是针对贸易政策的实施效果，而前者主要是针对贸易政策在实施过程中出现的不当行为。

通过对贸易政策的实施绩效进行分析，找出贸易政策在实施过程中的缺陷，以便以后的实施中加以完善；同时可以发现现行贸易政策的缺点以及需要进行修正的地方，然后组织专家，包括审议者提出的政策建议，对贸易政策进行重新修订。固然，没有某一项贸易政策是完美无缺的，同时也没有一个明确的标准，贸易政策的绩效分析和修正机制仅仅是根据贸易政策实施的效果而不断调整贸易政策实施的方向和重点，以便达到贸易政策实现利益的最大化。

二、中国货物贸易政策体系的发展与完善

（一）中国货物贸易发展现状与特点

1. 货物贸易规模迅速扩大，中国贸易地位逐步提升

（1）中国货物贸易规模迅速扩大，贸易顺差逐步扩大。改革开放以来，中国货物贸易取得飞速发展。根据中国海关统计进出口总额由1978年的206.4亿美元上升到2007年的21 738.3亿美元；其中出口额由97.5亿美元上升到12 180.2亿美元；进口额由108.9亿美元上升到9 558.2亿美元；贸易差额由逆差11.4亿美元转变为顺差2 622亿美元。

（2）中国货物贸易进出口在世界贸易中的地位迅速提升。在贸易规模不断扩大的同时，中国货物贸易在世界贸易中的地位不断提升。根据WTO统计1981年中国进出口总额在世界排名第22位，占世界进出口总额的1.10%；2005年开始保持在第3位，占世界出口额和进口额的比重分别为7.31%和6.12%。2000～2007年间，中国对外贸易增长对世界贸易增长的贡献度一直维持在10%左右的水平。

2. 中国进出口贸易结构依然存在优化空间

随着改革开放进程的不断发展，中国对外贸易结构得到了优化：初级产品出

口比例由1990年的25.60%下降到2007年的5.05%，工业制成品出口贸易的比重相应上升。初级产品进口比例由1990年的18.48%上升到2007年的25.42%，工业制成品进口的比重相应地下降到74.58%（见表9-1）。

表9-1　　　　　　　　1990~2007年中国进出口贸易的
结构变化趋势　　　　　　单位：亿美元、%

年份	出口贸易				进口贸易			
	初级产品		工业制成品		初级产品		工业制成品	
	出口额	比例	出口额	比例	进口额	比例	进口额	比例
1990	158.9	25.60	461.8	74.40	98.6	18.48	434.9	81.52
1995	214.9	14.45	1 272.8	85.55	244.1	18.48	1 076.7	81.52
2000	254.6	10.22	2 237.5	89.78	467.4	20.76	1 783.6	79.24
2001	263.5	9.90	2 398.0	90.10	457.7	18.79	1 978.4	81.21
2002	284.8	8.75	2 970.8	91.25	492.7	16.49	2 495.3	83.51
2003	348.1	7.94	4 035.6	92.06	727.8	17.63	3 400.5	82.37
2004	405.5	6.83	5 528.2	93.17	1 173.0	20.89	4 441.2	79.11
2005	490.4	6.44	7 129.6	93.56	1 477.1	22.38	5 124.1	77.62
2006	529.3	5.46	9 161.5	94.54	1 871.4	23.64	6 044.7	76.36
2007	615.5	5.05	11 564.7	94.95	2 429.8	25.42	7 128.4	74.58

资料来源：商务部的《中国商务年鉴》，商务部网站，www.mofcom.gov.cn。

3. 中国货物贸易的流向比较集中

中国货物贸易进出口流向比较集中，主要集中于欧美以及中国的周边国家和地区，包括日本、韩国、中国台湾、中国香港、东盟等国家和地区。2001年，中国出口前10位国家和地区的出口额占中国出口总额的比重为87.26%，到2006年该比例提高到89.59%，2007年该比例为78.7%（见表9-2）。

表9-2　　　　　2002~2007年中国主要出口贸易伙伴　　　　单位：亿美元

国家和地区	2007年		2006年		2005年		2004年		2003年		2002年	
	金额	%	金额	%	金额	%	金额	%	金额	%	金额	%
日本	1 020.7	11.4	916.4	9.50	839.9	11.02	735.10	12.39	594.20	13.55	484.4	14.88
欧盟	2 451.9	29.2	1 819.8	18.80	1 437.1	18.86	1 071.00	18.06	721.50	16.46	482.1	14.81
东盟	941.8	32.1	713.1	7.40	553.7	7.27	429.00	7.23	309.30	7.06	235.7	7.24
韩国	561.4	26.1	445.3	4.60	351.1	4.61	278.20	4.69	201.00	4.59	155.0	4.76
美国	2 327.0	14.4	2 034.7	21.00	1 629.0	21.38	1 249.00	21.06	924.70	21.09	699.5	21.49
俄罗斯	284.9	79.9	158.3	1.60	132.1	1.73	91.00	1.53	60.30	1.38	35.2	1.08
巴西	113.7	0.1	113.6	1.64	116.5	1.53	81.60	1.38	56.30	1.28	43.0	1.32

资料来源：商务部的《中国商务年鉴》，商务部网站，www.mofcom.gov.cn。

在进口贸易方面，进口来源地主要分布在亚洲地区，中国从该地区进口在中国总进口中的比重由2001年的62.8%上升到2007年的64.9%。就进口国家和地区分析，2001~2006年中国前10位进口来源地在中国进口总额中所占比重一直保持在75%以上，不过该比重呈现逐步下降趋势，2007年该比重下降为74.2%（见表9-3）。

表9-3　　　　　　2002~2007年中国主要进口来源地　　　　单位：亿美元

国家和地区	2007年		2006年		2005年		2004年		2003年		2002年	
	金额	%	金额	%	金额	%	金额	%	金额	%	金额	%
日本	1 339.5	15.8	1 157.2	14.6	1 005	15.2	943.7	16.8	741.5	18	534.7	18.1
欧盟	1 109.6	22.4	903.2	11.4	736	11.1	701.2	12.5	530.6	12.9	385.4	13.1
中国台湾	1 010.2	16	871.1	11	747	11.3	647.8	11.5	493.6	12	380.6	12
东盟	1 083.7	21	895.3	11.3	750	11.4	629.8	11.2	473.3	11.5	312	10.6
韩国	1 037.6	15.6	897.8	11.3	768	11.6	622.5	11.1	431.3	10.4	285.7	9.7
美国	693.8	17.2	592.1	7.5	487	7.4	446.8	8	338.6	8.2	272.3	9.2
俄罗斯	196.8	12.1	175.5	2.2	159	2.4	121.3	2.1	97.3	2.4	84.1	2.8
澳大利亚	258.5	33.8	193.2	2.4	162	2.5	115.5	2.1	64.8	1.6	58.5	2

资料来源：根据商务部网站数据整理，www.mofcom.gov.cn。

4. 中国货物贸易方式结构

改革开放以来，中国政府大力鼓励发展"两头在外"、"大进大出"的加工贸易政策，促使中国加工贸易在对外贸易中的比重越来越大。1993年以来，加工贸易出口在中国货物总出口的比重一直保持较高水平，1996~2005年均超过50%，2006年下降到42.96%，2007年又上升到50.71%（见表9-4）。

表9-4　　　　　　1993~2007年加工贸易在中国对外
贸易中的比重　　　　单位：亿美元、%

年份	出口			进口		
	出口总额	加工贸易	比例	进口总额	加工贸易	比例
1993	917.4	442.36	48.22	1 039.6	363.60	34.97
1994	1 210.1	569.76	47.08	1 156.2	475.66	41.14
1995	1 487.8	737.18	49.55	1 320.8	583.59	44.18
1996	1 510.5	843.27	55.83	1 388.3	622.75	44.86
1997	1 827.9	996.02	54.49	1 423.7	702.06	49.31

续表

年份	出口			进口		
	出口总额	加工贸易	比例	进口总额	加工贸易	比例
1998	1 837.1	1 045.53	56.91	1 402.4	685.99	48.92
1999	1 949.3	1 108.82	56.88	1 657.0	735.78	44.40
2000	2 492.0	1 376.52	55.24	2 250.9	922.58	40.99
2001	2 661.0	1 474.19	55.40	2 435.5	940.10	38.60
2002	3 255.7	1 799.40	55.27	2 952.0	1 222.20	41.40
2003	4 383.7	2 418.50	55.17	4 128.4	1 629.40	39.47
2004	5 933.6	3 279.90	55.28	5 613.8	2 217.40	39.50
2005	7 620.0	4 164.80	54.66	6 601.2	2 740.30	41.51
2006	9 690.8	4 163.20	42.96	7 916.1	3 214.90	40.61
2007	12 180.1	6 176.5	50.71	9 558.2	3 684.0	38.54

资料来源：根据商务部网站数据整理，www.mofcom.gov.cn。

5. 中国进出口贸易主体的构成情况

就进出口贸易主体而言，中国同样存在不均衡的情况，外资企业在中国进出口贸易中占据较大比例，私营企业比例有所上升，而国有企业比重有所下降（见表9–5）。

表9–5　　　　　2002~2007年中国出口企业性质构成变化趋势

单位：亿美元、%

行业	2002年		2003年		2004年		2005年		2006年		2007年	
	金额	占比	金额	占比	金额	占比	金额	占比	金额	占比	金额	占比
总值	3 255.7	100	4 384	100	5 934	100	7 620	100	9 691	100	12 180.1	100
国有企业	1 228.6	37.7	1 380	31.49	1 536	25.88	1 688	22.15	1 913	19.74	2 248.1	18.46
外资企业	1 699.4	52.2	2 403	54.83	3 386	57.07	4 442	58.3	5 638	58.18	6 955.2	57.1
集体企业	188.6	5.79	251.3	5.73	317.9	5.36	365.1	4.79	410.9	4.24	468.9	3.8
私营企业	137.8	4.23	347.5	7.93	692.5	11.67	1 122	14.73	1 707	17.62	2 474.9	20.32

资料来源：根据商务部网站（www.mofcom.gov.cn）数据整理计算而得。

在货物贸易进口方面，外资企业进口在中国进口总额中所占比重逐渐增大，由2001年的51.66%增加到2007年的58.530%（见表9–6）；国有企业进口份额则呈现不断下降的趋势；集体企业的份额基本保持不变；由于对外贸易经营权的开放，私营企业进口所占份额有所上升。

表9-6　　　2002~2007年中国进口企业性质构成
变化趋势　　　　　　　单位：亿美元、%

行业	2002年		2003年		2004年		2005年		2006年		2007年	
	金额	占比	金额	占比	金额	占比	金额	占比	金额	占比	金额	占比
总值	2 952	100	4 128.4	100	5 164.2	100	6 601.2	100	7 916.1	100	9 558.2	100
国有企业	1 144.9	38.78	1 424.8	34.51	1 764.2	34.16	1 972	29.87	2 252.4	28.45	2 697.2	28.22
外资企业	1 602.7	54.29	2 319.1	56.17	3 245.6	62.85	3 875.1	58.7	4 726.2	59.7	5 594.1	58.53
集体企业	94.8	3.21	132.4	3.21	177.2	3.43	205.2	3.11	199.6	2.52	231.7	2.42
私营企业	95.6	3.24	245.7	5.95	419.8	8.13	539.8	8.18	728.4	9.2	1 000.9	10.47

资料来源：根据商务部网站数据整理计算而得，www.mofcom.gov.cn。

（二）中国货物贸易政策体系完善与发展的目标

贸易政策体系建立必然有确定的目标，根据当前中国货物贸易发展特点，未来中国货物贸易政策体系的完善与发展中，应该追求的目标是：

1. 转变贸易增长方式，走质量效益型发展道路

在中国货物贸易政策体系制定过程中，一定要时刻关注"大国贸易"问题，处理好规模与结构贸易数量与贸易质量，即贸易速度与贸易效率之间的关系。改革开放以来，中国对外贸易实现了飞跃式发展，在贸易量上取得了进步。但是，与此对应的是：中国出口量的增长大大高于出口值的增长，贸易条件开始恶化；出口市场秩序混乱，贸易摩擦日益频繁；加工贸易占据中国对外贸易半壁江山，加工贸易收益低下；出口产品附加值、技术含量低。在这种情况下，中国未来货物贸易政策体系必须注重转变货物贸易增长方式，走质量效益型发展道路。

2. 调整贸易结构，提升贸易竞争力

贸易结构的调整包括产品结构调整、贸易流向结构调整和国内区域结构调整。在货物贸易出口产品结构中，中国基本实现了工业制成品占绝大多数比例，但是制成品中高新技术产品的比重依然较低；货物贸易进口产品结构中，中国初级产品的进口开始增加，但是依然处于较低水平。中国货物贸易进出口基本上延续与传统贸易强国以及中国周边国家和地区的贸易，贸易集中程度较高。中国对外贸易多半由东部地区创造，而中西部地区对对外贸易的贡献较低。

3. 实现贸易利益，确保贸易安全

实现贸易利益是中国贸易政策体系制定的基本要求，贸易利益并非仅仅指某个企业或某个机构、团体的利益，而是整个国家的利益，贸易政策体系的建立必须以国家利益为最高目标。出口贸易利益包括有利于贸易结构优化和贸易竞争力提高的出口贸易顺利进行、出口创汇顺利回收、出口贸易摩擦解决等；进口贸易利益主要是指有利于经济可持续发展的战略资源引进和技术引进的顺利进行，同时确保贸易安全。未来贸易政策体系不仅要有出口战略，而且要制定进口战略。

4. 改善贸易环境，树立良好的贸易大国形象

国际贸易环境是开放贸易条件下一国对外贸易健康发展的根本保证。要实现中国由贸易大国向贸易强国的转变，必须具有和谐的国际贸易环境，不仅包括国际贸易环境，而且包括国内贸易环境。在国际贸易环境的改善中，需要建立立体的、多层次的货物贸易发展战略，加强同不同经济发展程度的国家和地区的联系，树立中国贸易大国的形象。在国内环境方面，扩大对内开放，加强国内经济体制改革，创建流畅的贸易服务促进体系，为国内贸易开展提供便利。

（三）中国货物贸易政策体系的发展与完善

1. 加强货物贸易立法，完善配套实施细则

日、美等货物贸易发展强国和地区对外贸易的发展与其比较完善的对外贸易法规是分不开的。中国未来的贸易政策体系中，货物贸易立法的完善主要包括：

（1）继续完善货物贸易法律体系。2004年7月1日，中国开始实施新《对外贸易法》，确立了中国新时期对外贸易改革与发展的基本法律框架。但货物贸易规范的一些条款表述略显笼统和简单，缺乏具体实施程序和操作方法。货物贸易法律体系并非仅仅指对外贸易法，还包括为执行对外贸易法中的某些规定而出台的实施细则、管理办法、指导意见等相关的法律法规文件。在中国新《对外贸易法》实施后，一些新的具体细则法规措施都应该陆续出台。最后，仅仅是《对外贸易法》和其实施办法、实施细则并不能构成完整的外贸法体系，还要包括与货物贸易相关的《政府采购法》、《产业认证法》、《保护国内产业法》、《反垄断法》等。

（2）完善货物贸易管理体制。在宏观的政府调控中，需要建立完善的货物贸易管理体制，该管理体制应该按照公开、公平、竞争、有效的原则不断改进。首先，管理办法、管理措施、管理程序要公开透明。其次，在货物贸易管理体制中，要遵循公平的原则。再其次，竞争是市场经济的基本原则，也是提高企业竞争力的重要途径，因此一定要考虑竞争因素，防止出现垄断现象。最后，是有效地反映政府执政能力的重要指标，它要求不仅有效率，还要有效果。

（3）货物贸易促进措施的完善与发展。无论是哪一种经济制度，也无论是实施哪一种贸易政策，世界上没有一个国家不曾制定促进货物贸易的措施，在未来实施有管理的贸易自由化政策的中国更是如此。因此，第一，强化财政外贸支持政策，建立稳定的中央外贸发展基金来源。第二，完善货物贸易促进的金融、财税体系。第三，促进贸易和产业相联合，建立贸易增长与产业发展的良性互动机制。第四，推动进出口中介机构的合作与协调，为促进贸易服务。

2. 内、外结合，逐步扩大对外开放，加快实现对内改革和对内开放

国内发展和对外开放紧密联系、相互促进。逐步扩大对外开放必须与加快国内改革和对内开放结合，这样对外开放才能成为国内经济发展的动力，而国内改革和对内开放也能进一步促进对外贸易的迅速发展，二者形成良性互动关系。

（1）根据中国经济发展实际逐步扩大对外开放。经济全球化充分表明每个国家和地区均已成为经济全球化体系中的一个组成部分，不管是主动开放还是被迫开放，都必须开放。中国的社会主义市场经济是世界市场的一部分，不可能独立于世界市场而存在；中国社会主义市场经济也不可能在封闭的小环境中建立，只能在开放的环境中形成。

（2）加快实现国内改革和对内开放。历史发展表明，不同层次的具体制度体制并不一定总是与社会生产力的发展要求相适应，社会主义制度同样如此。因此，社会主义要保持强大的生命力，就必须通过改革不断完善自己，用改革的办法解决阻碍经济发展的体制性、机制性问题。在完善社会主义市场经济建设道路上，依然存在着诸多妨碍经济社会发展的体制性、机制性障碍和弊端，同时又出现了不少新情况、新问题、新矛盾。而这些体制性、机制性障碍和弊端的消除以及新问题的解决，必须依靠深化改革。

开放性的市场包括国外市场和国内市场，对于对内开放的认识，应该包括两个方面的含义：一是对外资开放的，应该对内资开放，其中最主要的是对民营资本的开放；二是地方保护主义应该破除。整个中国国内市场应该是一个统一的市场，一个通畅和无阻碍的市场。

3. 质、量并重，在适度量的基础上突破质的改善

质和量是经济贸易发展中两个对立统一的方面。量主要表现为发展规模和发展速度；质主要表现为出口产品的质量和出口创造的效益。未来货物贸易政策体系应坚持质、量并重原则，在适度量的基础上，突破质的改善。

（1）中国货物贸易出口量增价跌，效益递减。统计数据表明，改革开放以来，中国货物贸易出口量的增长大大高于出口值的增长。从1981年到1989年，中国出口贸易量平均每年递增11.6%，而出口贸易值仅增长9.5%，单位出口价格则每年平均递减1.8%。

根据崔津渡、李诚邦（2006）的研究，自1995～2005年来，中国进口价格指数总体呈上升趋势，2005年比1995年相比上升了17%，而出口价格指数下降约为17%。在收入贸易条件方面，由于中国出口量迅速增加，在1997～2005年间呈现改善趋势。

其中，初级产品的价格贸易条件指数和收入贸易条件指数的变化呈相反趋势，其中价格贸易条件指数基本上呈现下降趋势。工业制成品价格贸易条件总体走势为下降，收入贸易条件总体呈上升趋势。同样，其主要原因是中国工业制成品出口数量指数的大幅度上升。

根据林丽、张素芳（2005）的研究，发展中国家和地区贸易条件整体上呈现上升趋势，而中国价格贸易条件恶化最快。1994～2002年间，发展中国家和地区的价格贸易条件指数总体上呈现上升趋势，而中国价格贸易条件由1.00下降到0.63，印度下降到0.92，巴西下降到0.89，墨西哥上升到1.03。由此可见，价格贸易条件的恶化主要原因就是中国产品的低价出口造成的。

（2）品牌战略与标准战略——以质取胜战略的深化与升级。以质取胜战略是中国提高出口竞争力、缓解贸易摩擦的主要手段和方法，它主要包括品牌战略和标准战略两个方面：对于品牌战略，中国政府需要完善促进外向型企业出口自有品牌商品、名牌商品的激励机制，营造创造出口品牌的动力。第一，完善进入品牌扶持范围的标准和品牌出口绩效评价机制。第二，重点扶持和鼓励与所扶持品牌的广泛性和代表性相结合。第三，鼓励企业自主研发掌握核心技术的产品。第四，加强指导与协调，保护名牌发展。第五，协调各相关部门，运用综合手段，实行动态管理。标准战略中的标准包括一系列标准，诸如行业标准、劳工标准、产品标准、环保标准、技术标准等。

4. 效益并进，进口战略中的贸易安全与贸易利益

长期以来，中国对外贸易政策带有严重的"重商主义"色彩，过分强调出口的作用，而对进口的作用重视程度不够。在长期粗放型增长模式下，中国面临着持续增长的压力，而此时进口战略的制定成为必然。进口战略主要目标是在规避进口风险的同时，根据国内经济和产业发展的要求，主动调整进口商品结构，保障进口经济利益的实现。

（1）防御进口中存在的各种经济风险。进口中存在的经济风险主要包括两类：一是进口增加对国内行业产生的冲击。二是战略资源进口的稳定供给安全。目前，中国战略性资源产品进口相对集中，比如能源资源的原油、成品油、天然气等，矿产资源的铁矿石、氧化铝等；粮食资源的大豆、谷物等。另外，根据发改委等部门数据中国GDP占全球GDP的8%，但是消耗了全世界8%的石油、20%的钢铁、50%的水泥。根据有关部门预测，到2020年，中国的石油对外依存度将高达58%，铁矿52%、锰矿38%、铜82%、铅52%、锌69%。在如此高的对外依存度的情况下，如果没有稳定的供给安全，将会对中国国内经济发展带来灾难性影响。

（2）保障中国进口贸易中所应有的利益。进口贸易中所应有的利益同样主要包括两个方面：一是进口战略需要保障进口的合理公平。进口的合理公平主要表

现在进口价格方面。目前，由于中国没有制定相应的进口战略，尤其是在大宗商品方面，中国进口战略严重缺失，进出口贸易往往呈现出"高进低出"的状态。另外，由于中国没有完备的进口战略体系，导致中国在大宗商品进口时丧失价格谈判权，不得不接受国外高额定价。比如在 2005 年，中国不得不接受铁矿石价格狂涨 71.5％ 的价格；而 2004 年由于国际油价上涨，导致中国多支出了 40 亿～80 亿美元。二是进口战略应该能够充分体现其目的与作用。从理论上分析，进口的基本目的是弥补国内资源的不足，达到调剂余缺的作用；而深层次的目的就是促进国内产业结构调整，提升国内企业的经济效益，进而提高国家整体竞争力。

（3）进口战略的基本内容。首先，进口战略需要解决进口的内容和结构。中国进口战略的制定的最根本的目的之一，就是要提高国内企业的竞争力，进口战略就需要解决中国进口的内容和结构，以解决要素约束的问题。其次，进口战略需要解决如何进口的问题。在明确了该进口哪些产品后，接着需要解决的就是如何进的问题。要达到进口的目的，在保障进口利益的同时防范进口风险，必须完善如何进口的问题。

（4）进口战略的实施措施。第一，实施进口多元化战略，降低对某一市场或产品的高度依赖局面，增强中国进口的主动性和灵活性。多元化主要包括自我供给、进口来源地的多元化、运输途径的多样化、供给方的多样化。一是通过政府区域经济一体化谈判，实现进口来源地的多元化。二是积极推行重要战略物资的进口多元化策略，通过政府颁布法规，谨慎开采国内资源，保障国内物资的基础供应。三是鼓励企业开辟新的战略物质资源进口来源地，通过加强海外投资，保障稳定进口来源，特别是争取份额资源；逐步建立稳固的战略物质储备体系，变外汇储备为物资储备。第二，完善进口法规、强化进口安全管理，建立进口安全保障体系。一是要完善进口法规、限制不良进口、维护进口的正常秩序；二是要建立进口产业安全监控和预警机制；三是要建立完善的贸易救济快速反应机制。

在实现进口利益方面，主要就是多方位掌握进口定价权。要掌握进口的定价权，可以通过以下途径：一是建立和完善自己的期货市场；二是推行大宗商品的集中采购模式；三是借鉴发达国家和地区的经验，不断尝试参与国际定价。

三、中国服务贸易政策体系的发展与完善

（一）中国服务贸易发展现状与特点

1. 中国服务贸易稳步发展，但规模仍然偏小

（1）近 20 年来中国服务贸易获得稳步发展。1985～2005 年间，中国服务

贸易除1989年略有下降外，其余年份均保持快速增长趋势，由1985年的51.9亿美元上升到2006年的1 928.3亿美元；其中出口额由29.3亿美元上升到920.0亿美元；进口额由22.6亿美元上升到1 008.3亿美元。2007年服务贸易出口为1 222.06亿美元，进口1 301.11亿美元，逆差为79.05亿美元（见表9-7）。

表9-7　　　　　　　1985~2007年中国服务贸易情况　　　　单位：亿美元

年份	进出口总额	出口额	进口额	贸易差额
1985	51.9	29.3	22.6	6.7
1986	56.4	36.1	20.3	15.8
1987	65.2	41.8	23.4	18.4
1988	80.2	46.9	33.3	13.6
1989	79.7	44.0	35.7	8.3
1990	98.1	57.0	41.1	15.9
1991	107.3	67.9	39.4	28.5
1992	182.4	90.5	91.9	-1.4
1993	224.9	109.5	115.4	-5.9
1994	319.2	162.4	156.8	5.6
1995	430.7	184.3	246.4	-62.1
1996	429.4	205.7	223.7	-18.0
1997	525.4	245.7	279.7	-34.0
1998	505.7	239.0	266.7	-27.7
1999	578.4	262.5	315.9	-53.4
2000	664.6	304.3	360.3	-56.0
2001	726.1	333.4	392.7	-59.3
2002	862.7	397.4	465.3	-67.9
2003	1 020.4	467.3	553.1	-85.8
2004	1 345.6	624.3	721.3	-97.0
2005	1 581.9	744.0	837.9	-93.9
2006	1 928.3	920.0	1 008.3	-88.3
2007	2 523.17	1 222.06	1 301.11	-79.05

资料来源：中国外汇管理局《国际收支平衡表》。

（2）中国服务贸易增长率高于世界平均增长率。在服务出口方面，1996年来，除1998年中国服务出口呈负增长外，其余年份的增长率均高于世界服务出口增长率；在服务进口方面，同样除1996年和1998年外，其余年份的出口增长率均高于世界服务出口平均增长率（见表9-8）。

表9-8　中国服务贸易与世界服务贸易增长率比较　　单位：亿美元、%

年份	世界出口	增长率	中国出口	增长率	世界进口	增长率	中国进口	增长率
1995	11 851	—	184.30	—	12 007	—	246.35	—
1996	12 707	7.22	205.67	11.60	12 660	5.44	223.69	-9.20
1997	13 696	7.78	245.04	19.14	13 014	2.80	277.24	23.94
1998	13 497	-1.45	238.79	-2.55	13 308	2.26	264.67	-4.53
1999	14 053	4.12	261.65	9.57	13 851	4.08	309.67	17.00
2000	14 910	6.10	301.46	15.21	14 746	6.46	358.58	15.79
2001	14 929	0.13	329.01	9.14	14 912	1.13	390.32	8.85
2002	16 005	7.21	393.81	19.70	15 776	5.79	460.80	18.06
2003	18 282	14.23	463.75	17.76	17 955	13.81	548.52	19.04
2004	21 858	19.56	620.56	33.81	21 305	18.66	716.02	30.54
2005	24 143	10.45	739.09	19.10	23 474	10.18	831.73	16.16
2006	26 732	12	914	24	25 704	11	1 003	21
2007	32 600	18	1 270	38.9	30 600	16	1 290	28.6

资料来源：根据世界贸易组织历年《国际贸易统计》整理。

（3）中国服务贸易规模相对较小。虽然中国服务贸易迅速增长，但是相对于发达国家和地区的服务贸易额，中国服务贸易规模仍然相对较小（见表9-9）。

表9-9　2001~2007年世界主要国家和地区服务贸易发展　　单位：亿美元

国家和地区	出　口						进　口					
	2007年	2005年	2004年	2003年	2002年	2001年	2007年	2005年	2004年	2003年	2002年	2001年
全世界	32 600	24 143	21 858	18 282	16 005	14 929	30 600	23 474	21 305	17 955	15 776	14 912
北美	5 330	4 223.0	3 837	3 383	3 252	3 171	4 400	3 663	3 352	2 914	2 709	2 642
美国	4 540	3 540.0	3 218	2 831	2 732	2 667	3 360	2 812	2 578	2 223	2 094	2 045

续表

国家和地区	出口						进口					
	2007年	2005年	2004年	2003年	2002年	2001年	2007年	2005年	2004年	2003年	2002年	2001年
墨西哥	170	160.5	139.3	124.8	124.7	125.5	240	209.2	192.5	175.7	170.3	165.2
欧盟	16 620	11 208	10 395	8 739	7 338	6 697	14 340	10 382	9 703	8 341	7 034	6 507
非洲	840	569.0	507	421	333	313	970	693	575	482	414	394
中东	790	549.0	488	428	338	319	1 250	854	726	604	509	469
亚洲	7 450	5 253.0	4 593	3 636	3 311	3 059	7 780	5 735	5 130	4 130	3 785	3 607
日本	1 360	1 079.0	949.2	758.9	701.0	686.3	1 570	1 326	1 303	1 077	1 050	1 060
中国	1 270	739.1	620.6	463.8	393.8	329.0	1 290	831.7	716.0	548.5	460.8	390.3
中国香港	820	621.8	551.0	465.0	445.5	410.6	400	323.8	309.8	260.0	258.3	248.0

资料来源：根据世界贸易组织历年《国际贸易统计》整理。

2. 中国服务贸易在世界的地位越来越高

（1）中国服务贸易在世界服务贸易中的比重越来越高。1993年中国服务出口占世界服务出口的1.17%，到2003年这一比例提高到2.54%，2007年则达到3.9%；中国服务进口占世界服务进口的比例也由1.21%上升到3.08%和3.8%（见表9-10）。

（2）中国服务进出口在世界服务进出口中的排位不断提高。1993年，中国服务出口在世界中排在第19位，到2000年上升到第12位，2006年上升到第8位。而中国服务进口在世界中的排位也由1993年的第18位上升到1996年的第12位和2007年的第7位（见表9-10）。

表9-10　　　　　　1993~2007年中国服务贸易
占世界份额和排位情况　　　　　　　单位：亿美元、%

年份	出口额	世界	份额	排位	进口额	世界	份额	排位
1993	109.92	9 406	1.17	19	115.63	9 583	1.21	18
1994	163.54	10 368	1.58	14	157.81	10 436	1.51	14
1995	184.30	11 851	1.56	15	246.35	12 007	2.05	11
1996	205.67	12 707	1.62	14	223.69	12 660	1.77	12
1997	245.04	13 696	1.79	14	277.24	13 014	2.13	11
1998	238.79	13 497	1.77	13	264.67	13 308	1.99	12
1999	261.65	14 053	1.86	14	309.67	13 851	2.24	9
2000	301.46	14 910	2.02	12	358.58	14 746	2.43	9

续表

年份	出口额	世界	份额	排位	进口额	世界	份额	排位
2001	329.01	14 929	2.20	12	390.32	14 912	2.62	9
2002	393.81	16 005	2.46	10	460.80	15 776	2.92	8
2003	463.75	18 282	2.54	10	548.52	17 955	3.05	8
2004	620.56	21 858	2.84	9	716.02	21 305	3.36	7
2005	739.09	24 143	3.06	9	831.73	23 474	3.54	7
2006	914	27 550	3.3	8	1 003	26 500	3.8	8
2007	1 270	32 600	3.9	7	1 170	30 600	3.8	7

注：由于统计差异，世界贸易组织的统计数据与中国的统计数据存在差距，这里为了进行国际比较，故选用世界贸易组织的统计数据。

资料来源：世界贸易组织《国际贸易统计》。

3. 中国服务贸易发展的产业构成变化突出

（1）国家外汇管理局统计的中国服务贸易产业结构。服务贸易产业结构是指各服务行业在服务贸易中的份额，它能够反映一国服务贸易结构的优化程度，也能够从侧面反映一国服务贸易的竞争力情况（见表9-11）。

表9-11　　　　1998~2007年中国服务贸易进出口情况　　　　单位：亿美元

项目	1998年		1999年		2000年		2001年	
	出口	进口	出口	进口	出口	进口	出口	进口
服务	239.0	266.7	262.5	315.9	304.3	360.3	333.4	392.7
运输	23.0	67.6	24.2	79.0	36.7	104.0	46.4	113.2
旅游	120.6	92.1	141.0	108.6	162.3	131.1	177.9	139.1
通信	8.19	2.07	5.90	1.93	13.45	24.20	2.71	3.26
建筑	5.94	11.20	9.85	15.40	6.02	9.94	8.30	8.47
保险	3.84	17.58	2.04	19.21	1.08	24.71	2.27	27.1
金融	0.27	1.63	1.11	1.67	0.78	0.97	0.99	0.77
计算机及信息	1.34	3.33	2.65	2.24	3.56	2.65	4.61	3.44
专利特许	0.63	4.20	0.75	7.92	0.80	12.81	1.10	19.38
咨询	5.18	7.58	2.80	5.24	3.56	6.40	8.89	15.02
广告宣传	2.11	2.65	2.21	2.19	2.23	2.02	2.77	2.58

续表

项 目	1998 年 出口	1998 年 进口	1999 年 出口	1999 年 进口	2000 年 出口	2000 年 进口	2001 年 出口	2001 年 进口
电影音像	0.15	0.39	0.07	0.34	0.11	0.37	0.28	0.50
其他商业服务	62.12	54.36	69.09	65.90	70.84	61.17	72.82	57.44
未提供政府服务	0.17	2.05	0.83	6.22	2.85	17.28	4.33	2.35

项 目	2002 年 出口	2002 年 进口	2003 年 出口	2003 年 进口	2004 年 出口	2004 年 进口	2007 年 出口	2007 年 进口
服务	397.4	465.3	467.3	553.1	624.3	721.3	1 222.1	1 301.1
运输	57.2	136.1	79.1	182.3	120.7	245.4	313.5	432.7
旅游	203.9	154.0	174.1	151.9	257.4	191.5	372.3	297.8
通信	5.50	4.70	6.38	4.27	4.40	4.72	11.7	10.8
建筑	12.46	9.64	12.90	11.83	14.67	13.39	53.8	29.1
保险	2.09	32.46	3.13	45.64	3.81	61.23	9.03	106.6
金融	0.51	0.90	1.52	2.33	0.94	1.38	2.3	5.6
计算机及信息	6.38	11.32	11.02	10.36	16.37	12.53	43.4	22.1
专利特许	1.33	31.14	1.07	35.48	2.36	44.96	3.4	81.9
咨询	12.85	26.31	18.85	34.50	31.52	47.34	115.8	108.6
广告宣传	3.73	3.94	4.86	4.58	8.49	6.98	19.1	13.4
电影音像	0.30	0.96	0.33	0.69	0.41	1.76	3.2	1.5
其他商业服务	87.61	49.32	150.5	64.6	159.5	84.78	269.1	182.4
未提供政府服务	3.63	4.48	3.59	4.54	3.78	5.31	5.5	8.6

资料来源：根据国家外汇管理局 1998～2007 年《中国国际收支平衡表》数据整理。

由表 9-11 可以看出，运输服务、旅游服务和其他商业服务三项服务在中国服务贸易中占据较大比重。

（2）中国服务贸易差额结构。中国服务贸易 1998～2007 年一直呈逆差状态，并呈逐步扩大趋势：其中运输服务、保险服务、专利特许、咨询服务、电影音像等一直保持逆差状态，运输服务、保险服务、专利特许是中国服务贸易逆差的主要来源；旅游服务和其他商业服务则是中国服务贸易顺差的主要来源；通信服务、金融服务、广告宣传、未提及政府服务等呈现顺差和逆差的交替状态，且贸易差额均较小（见表 9-12）。

表 9 - 12　　　1998~2007 年中国服务贸易各项目差额情况　　　单位：亿美元

项目	1998 年	1999 年	2000 年	2001 年	2002 年	2003 年	2004 年	2007 年
服务	-27.7	-53.4	-56.0	-59.3	-67.9	-85.8	-97.0	-79.0
运输	-44.6	-54.8	-67.3	-66.8	-78.9	-103.2	-124.7	-119.5
旅游	28.5	32.4	31.2	38.8	49.9	22.2	65.9	74.5
通信	6.12	3.97	-10.75	-0.55	0.8	2.11	-0.32	0.9
建筑	-5.26	-5.55	-3.92	-0.17	2.82	1.07	1.28	2.5
保险	-13.74	-17.17	-23.63	-24.83	-30.37	-42.51	-57.42	-97.6
金融	-1.36	-0.56	-0.19	0.22	-0.39	-0.81	-0.44	-3.3
计算机及信息	-1.99	0.41	0.91	1.17	-4.94	0.66	3.84	21.4
专利特许	-3.57	-7.17	-12.01	-18.28	-29.81	-34.41	-42.6	-78.5
咨询	-2.4	-2.44	-2.84	-6.13	-13.46	-15.65	-15.82	7.2
广告宣传	-0.54	0.02	0.21	0.19	-0.21	0.28	1.51	5.8
电影音像	-0.24	-0.27	-0.26	-0.22	-0.66	-0.36	-1.35	1.6
其他商业服务	7.76	3.19	9.67	15.38	38.29	85.9	74.72	86.8
未提政府服务	-1.88	-5.39	-14.43	1.98	-0.85	-0.95	-1.53	-3.0

注：差额为约数，各个项目总和与总额略有差异。

资料来源：根据国家外汇管理局 1998~2007 年《中国国际收支平衡表》。

4. 中国服务贸易竞争力变化趋势与国际比较

目前，国内学者采用多种指标来衡量中国的服务贸易竞争力，具体来说，主要有竞争优势指数、显性比较优势指数、显性竞争优势指数和净出口显性比较优势指数。

（1）中国服务贸易竞争优势指数变化趋势及国际比较。国际贸易竞争优势指数分析是行业结构国际竞争力分析的一种工具，总体上能够反映出计算对象的竞争优势状况。所谓竞争优势指数，又称国际贸易专业化系数，是指一国进出口贸易的差额占进出口贸易总额的比重，其计算公式为：TC =（出口 - 进口）/（出口 + 进口），其取值范围为 [-1, 1]，当其接近 0 时，说明竞争优势接近平均水平，大于 0 时，说明竞争优势大，越接近 1，竞争力越强；反之，则说明竞争力小（见表 9 - 13）。

表9-13　　1993~2007年中国服务贸易TC指数变化情况　　单位：亿美元

年份	服务出口	服务进口	服务贸易总额	净出口	TC指数
1993	109.92	115.63	225.55	-5.71	-0.0253
1994	163.54	157.81	321.35	5.73	0.0178
1995	184.3	246.35	430.65	-62.05	-0.1441
1996	205.67	223.69	429.36	-18.02	-0.0420
1997	245.04	277.24	522.28	-32.2	-0.0617
1998	238.79	264.67	503.46	-25.88	-0.0514
1999	261.65	309.67	571.32	-48.02	-0.0841
2000	301.46	358.58	660.04	-57.12	-0.0865
2001	329.01	390.32	719.33	-61.31	-0.0852
2002	393.81	460.8	854.61	-66.99	-0.0784
2003	463.75	548.52	1 012.27	-84.77	-0.0837
2004	620.56	716.02	1 336.58	-95.46	-0.0714
2005	739.09	831.73	1 570.82	-92.64	-0.0590
2006	920.0	1 008.3	1 928.3	-88.3	-0.046
2007	1 222.06	1 301.11	2 523.17	-79.05	-0.031

资料来源：根据世界贸易组织历年《国际贸易统计》数据计算。

（2）中国服务贸易显性比较优势指数国际比较（RCA指数）。为了更准确地反映一个国家在进出口贸易中的比较优势，巴拉萨提出了显示性比较优势指数，也称"相对出口绩效指数"。对服务贸易来讲，该指数的计算公式为 RCA =（该国服务出口/该国服务和货物总出口）/（世界服务出口/世界货物和服务总出口）。一般而言，显示性比较优势指数小于1，说明该产业处于比较劣势；该指数大于1，说明该产业处于比较优势，值越大比较优势越大（见表9-14）。

表9-14　　1993~2007年中国服务贸易RCA指数变化情况　　单位：亿美元

年份	中国服务出口	中国总出口	世界服务出口	世界总出口	RCA指数
1993	109.92	1 027.52	9 406	47 416	0.5393
1994	163.54	1 373.94	10 368	53 628	0.6157
1995	184.30	1 672.10	11 851	63 491	0.5905
1996	205.67	1 716.15	12 707	66 717	0.6292
1997	245.04	2 072.96	13 696	69 586	0.6006

续表

年份	中国服务出口	中国总出口	世界服务出口	世界总出口	RCA 指数
1998	238.79	2 175.91	13 497	68 487	0.5569
1999	261.65	2 210.96	14 053	71 143	0.5991
2000	301.46	2 793.49	14 910	79 430	0.5749
2001	329.01	2 989.99	14 929	76 789	0.5660
2002	393.81	3 649.77	16 005	80 865	0.5452
2003	463.75	4 846.03	18 282	94 062	0.4924
2004	620.56	6 553.82	21 858	113 888	0.4934
2005	739.09	8 358.63	24 143	128 453	0.4705
2006	914	10 603	27 550	148 380	0.4643
2007	1 270	13 450	32 600	168 300	0.4875

资料来源：根据世界贸易组织历年《国际贸易统计》数据计算。

(3) 中国服务贸易显示竞争优势指数国际比较（CA 指数）。由于一个产业内可能既有出口又有进口，而显示性比较优势指数只考虑产业出口所占的相对比例，没有考虑该产业进口的影响。为消除进口影响，沃尔拉斯等设计了显示性竞争优势指数，即从出口比较优势中减去进口比较优势，从而得到该国该产业的真正竞争优势。显示竞争优势指数 = 显示比较优势指数 - [(该国服务进口额/该国进口总额)/(世界服务进口额/世界进口总额)]。由此可见，当该指数为正值时，说明该国服务出口显性比较优势大于该国服务进口显性优势，则该国服务出口具有较强的竞争力，值越大竞争力越强；当该指数为负值时，说明该国服务出口比较优势小于进口比较优势，则该国服务出口竞争力较弱（见表 9 - 15）。

表 9 - 15　　　1993 ~ 2007 年中国服务贸易 CA 指数变化情况　　单位：亿美元

年份	中国进口	中国总进口	世界进口	世界总进口	CA 指数
1993	115.63	1 155.23	9 583	48 323	0.0345
1994	157.81	1 314.01	10 436	54 696	-0.0138
1995	246.35	1 567.19	12 007	64 847	-0.2585
1996	223.69	1 612.02	12 660	68 110	-0.1173
1997	277.24	1 700.94	13 014	70 394	-0.2811
1998	264.67	1 667.04	13 308	70 118	-0.2797

续表

年份	中国进口	中国总进口	世界进口	世界总进口	CA 指数
1999	309.67	1 966.66	13 851	73 051	-0.2313
2000	358.58	2 609.52	14 746	81 986	-0.1891
2001	390.32	2 825.85	14 912	79 722	-0.1724
2002	460.8	3 412.5	15 776	83 176	-0.1668
2003	548.52	4 676.12	17 955	96 525	-0.1382
2004	716.02	6 328.31	21 305	116 865	-0.1273
2005	831.73	7 431.76	23 474	131 304	-0.1555
2006	1 003	8 918	26 500	150 630	-0.175
2007	1 290	10 850	30 600	170 000	-0.173

资料来源：根据世界贸易组织历年《国际贸易统计》数据计算。

(4) 中国服务贸易净出口显性比较优势指数国际比较。由于存在着产业内贸易，导致了进口影响了出口竞争力。为了剔除产业内贸易的影响，巴拉萨设计了改进的显性比较优势指数，又称为净出口显性比较优势指数（NC），其含义为：该国服务出口在总出口中的比重与该国服务进口在总进口中的比重之差，表示服务贸易的竞争优势。如果得出的指数值为正数表示服务贸易存在竞争优势，为负数则表示服务贸易存在竞争劣势。其实，如果将减法改为除法，能够表示相同的概念，只是在衡量指数时，标准不再是 0，而是 1，如果大于 1 说明该国服务贸易具有竞争优势，小于 1 则不具备竞争优势。中国服务贸易净出口显性比较优势指数除 1993 年呈现正值外，其余年份一直呈现负值。从 NC 指数值变化来看，在 1993~1996 年间，NC 指数值存在较大的波动，而在 1997~2004 年间，NC 指数逐渐增大，越来越接近于零，这说明中国服务出口在总出口中的比重越来越接近于服务进口在总进口中的比重，但是到 2007 年，该数值又有所降低，仅为 -0.02447（见表 9-16）。

表 9-16　　1993~2007 年中国服务贸易 NC 指数变化情况　　单位：亿美元

年份	中国服务出口	中国总出口	中国服务进口	中国总进口	NC 指数
1993	109.92	1 027.52	115.63	1 155.23	0.0069
1994	163.54	1 373.94	157.81	1 314.01	-0.0011
1995	184.30	1 672.10	246.35	1 567.19	-0.0470
1996	205.67	1 716.15	223.69	1 612.02	-0.0189

续表

年份	中国服务出口	中国总出口	中国服务进口	中国总进口	NC 指数
1997	245.04	2 072.96	277.24	1 700.94	－0.0448
1998	238.79	2 175.91	264.67	1 667.04	－0.0490
1999	261.65	2 210.96	309.67	1 966.66	－0.0391
2000	301.46	2 793.49	358.58	2 609.52	－0.0295
2001	329.01	2 989.99	390.32	2 825.85	－0.0281
2002	393.81	3 649.77	460.8	3 412.5	－0.0271
2003	463.75	4 846.03	548.52	4 676.12	－0.0216
2004	620.56	6 553.82	716.02	6 328.31	－0.0185
2005	739.09	8 358.63	831.73	7 431.76	－0.0235
2006	914	10 603	1 003	8 918	－0.02627
2007	1 270	13 450	1 290	10 850	－0.02447

资料来源：根据世界贸易组织历年《国际贸易统计》数据计算。

（二）中国服务贸易政策体系的发展与完善

1. 加强服务贸易立法，完善服务贸易管理体制

与国际货物贸易不同，国际服务贸易无法通过关税管理，而只能通过国内法律、法规进行对外开放、促进服务业及服务贸易发展和进行保护。长期以来，中国服务业和服务贸易发展滞后，服务贸易立法工作更没有得到应有的重视，直到最近几年才逐步走上正常轨道。为使中国服务贸易尽快融入世界大环境，未来的服务贸易政策体系中，中国首先需要按照 WTO 有关原则，尽快建立健全符合中国经济发展目标的服务业和服务贸易法律体系，以增强服务业发展的法律支撑和规范力度，增加中国服务贸易的透明度，使服务贸易真正实现制度化和规范化。

（1）以《对外贸易法》为基础制定专门的服务贸易法。虽然中国服务贸易于新修订的《对外贸易法》已有所规定，但是内容较为简单和原则性。建议中央政府尽快对《对外贸易法》中的服务贸易部分内容进行研究，并适时以《对外贸易法》为基础制定专门的服务贸易法，对服务贸易经营者的资格问题、市场准入问题、管理指导原则、救济措施、促进措施等内容加以明确规范。

（2）完善服务行业各部门立法，加强立法和实施的协调。近年来，中国各服务行业和部门立法状况有了很大改观，但是立法状况仍不能令人满意，主要表现在：一是许多部门都无专项法律法规，还有一些部门的法律法规不完善、不系

统,法律条文比较抽象、模糊,缺乏可操作性,造成虽然中国存在着服务贸易法律,但是几乎都在等待着实施细则的出台的状况;二是服务业及服务贸易立法以行政法规居多,大量部门规章、地方性法规以各种"通知"、"复函"、"批复"代替法律法规;三是服务贸易立法的形式比较单一,无论是相关法律还是行政法规,基本上都是针对"商业存在"这一服务提供方式而规定;四是服务贸易的大部分领域只有行政和部门法规加以规范,并存在多头立法、政出多门、相互冲突、重叠以及缺乏透明度和改动频繁等弊端。

(3) 加快国内服务业体制改革,完善服务贸易管理体制。在国内服务业体制改革方面,中央政府首先要调整产业政策,在总体上支持服务业及服务贸易发展。在加快国内服务业体制改革方面,主要考虑以下问题:第一,推进和完善垄断性服务行业的改革。对电信、金融、保险、铁路运输、航空运输、广播电视等垄断性行业的改革,除个别涉及国家安全和必须由国家垄断经营的领域外,都要进一步推进改革和完善改革措施。第二,加快推进国有服务企业的改革改组,加快国有服务企业的战略性结构调整和建立现代企业制度的进程。第三,加快服务业行业标准和行为规范的制定和完善。

在服务贸易管理方面,应该以服务贸易主管部门为核心、各部门密切配合综合发挥合力、中央和地方互动、政府和企业紧密联系的服务贸易管理体制,统筹中国服务贸易统计、规划、立法、政策协调、对外谈判和市场促进工作。由中央政府负责成立服务贸易协调小组或委员会,负责全面的服务贸易发展规划、立法和对外谈判及政策协调工作;商务部作为服务业政策的归口管理部门,主要规划服务贸易进出口发展战略,制定或参与制定服务贸易法律、法规,对外协调与其他国家和地区的服务贸易关系,落实《服务贸易总协定》的有关条款;其他各部门负责参与服务贸易法律的制定和实施,加强各部门的协调和配合。

2. 分层次逐步开放国内服务贸易市场

(1) 适应全球贸易发展趋势,加大服务贸易市场开放。服务贸易对外开放是经济全球化发展的必然趋势,历史经验表明,哪些领域较早对外开放,哪些领域的发展就较快。中国的服务贸易政策体系一定要将服务贸易对外开放放在重要位置,积极扩大中国服务贸易市场的开放程度。

(2) 服务贸易开放的逐步性和层次性。虽然服务贸易自由化是全球服务贸易发展的必然趋势,但是服务贸易自由化也是一个渐进的过程。鉴于中国服务业尚处于初始发展阶段,中国服务贸易的对外开放需要结合国际服务贸易发展趋势,根据中国服务业以及服务贸易发展的具体情况,在充分遵循《服务贸易总协定》原则和国际惯例的基础上,稳妥、慎重、有重点、有步骤、分阶段地开放国内服务贸易市场:首先,在开放程度上,应该有禁止性开放、限制性开放和鼓励性开放三种类型；其次，在开放区域上，强化政策的引导作用，对东西部采取分层次的开放政策。

3. 尽快建立和完善服务贸易统计指标体系以获取准确的政策决策信息

随着国际服务贸易的快速发展以及中国签订《服务贸易总协定》，服务贸易统计范围从《国际收支平衡表》进行服务贸易统计向商业存在和自然人流动等多种形式的国际服务贸易统计演化。中国对服务贸易的统计只限于传统的国际收支统计，远远不能全面反映服务业在国际竞争中的地位和服务业对外开放的状况。因此，需要研究现有国际服务贸易统计体系对中国的适用性，逐步将中国服务贸易统计与国际统计接轨。

4. 加快国内服务业发展，优化服务贸易行业结构

服务业发展滞后是服务贸易发展缓慢的决定性因素，也是制成品和农产品贸易竞争力难以提升的关键因素。因此，要促进服务贸易的发展，必须将国内服务业发展摆在重要的战略高度加以重视，为服务贸易的快速发展奠定坚实基础：一是制定连续的服务业、服务贸易发展战略和行动规划，在每个五年计划中加入服务业及服务贸易发展的目标，保证目标和规划的延续性。二是积极引导地方政府加快服务业、服务贸易的发展，主要是减少中央与地方政府关于服务业的共享税种；通过激励的财政政策鼓励地方政府投资于服务业基础设施的建设；将服务业及服务贸易发展作为地方政府政绩的重点考核对象。三是优化服务业结构，鼓励生产性服务业的发展。

（三）完善服务贸易促进体系，提高服务贸易出口能力

1. 以外汇为基础创建服务贸易发展基金

（1）以外汇为基础建立服务贸易出口奖励金。在中国对外贸易环境发生变化的情况下，建议国家利用外汇储备的一部分设立出口奖励基金，根据服务贸易的特点以及以往对货物贸易出口奖励的经验，出台服务贸易出口奖励办法，专门用作鼓励服务贸易出口奖励。

（2）建立服务出口项目研发支持基金。建议在保留一定外汇比例的基础上，将一定比例的外汇储备作为服务出口项目研发支持基金，由外汇管理局统一管理服务出口项目研发支持基金的运作，协助企业提高研发水平，增强服务出口竞争力。

（3）建立服务贸易出口市场开拓支持基金。中国服务行业普遍规模较小，资金比较匮乏，单靠服务企业自身进行国际市场开拓较为困难，因此要对中国服务出口行业的国际市场开拓提供资金支持。建议外汇管理局利用一定比例的外汇储备建立服务贸易出口市场开拓支持基金，专门为服务出口企业提供资金支持，

鼓励其向国外开拓国际市场。

2. 通过多层次谈判，争取有利于服务贸易出口的市场条件

为很好地促进中国服务贸易出口，一个良好的市场环境非常重要。虽然中国服务贸易发展规模仍然相对较小，但是中国服务业以及服务贸易增长较快，中国服务贸易额已跻身全球前10强，对世界经济发展以及国际服务贸易仍然具有一定的影响力。另外，中国服务贸易开放度较其他发展中成员来说要高，我们可以以此作为新一轮服务贸易谈判的基础。

3. 建立有利于服务出口的投融资环境

建立有利于服务出口的投融资环境，一是要打破服务业垄断现象，降低服务业市场准入条件，尽快打破行政垄断，放开包括银行、邮电通信业在内的市场准入，消除供给不足带来的"卖方市场"；二是设立服务业担保基金为服务业发展提供融资担保支持，采取中央政府为主要出资人、地方政府按照各地的实际情况按一定比例出资的模式进行；三是加大政策性金融机构对服务出口的支持力度。

4. 建立有利于服务业和服务贸易发展的财税支持体制

（1）确定重点发展行业的税收优惠政策。由于中国服务业发展的不平衡性，该不平衡包括行业间的不平衡和地区间的不平衡，因此，中央政府可以鼓励地方政府根据本地区服务业发展的特点和区位优势，制定符合本地服务业及服务贸易发展的优惠政策措施。

（2）规范和完善政府采购制度，拓展服务业类政府采购。与发达国家和地区相比，中国政府采购规模相对较小。发达国家和地区政府采购一般占本国、本地区 GDP 的 10% 左右，占政府支出的 30%，而中国 2002 年的政府采购额占 GDP 的 1.2%，占财政支出的 5.5%。中国政府采购主要是公共工程的招标和办公用品的采购，服务业类的采购比较少。今后要把扩大服务业领域如公务消费、会展、会议、物业管理、培训、公务旅行等纳入其中，引进竞争机制，面向全社会服务行业公开招标、投标，以刺激这些行业改善服务态度、优化服务方式、丰富服务内容、创新服务项目，引导服务业的发展方向。

（3）实施服务贸易出口企业的优惠税制。首先，应从税收入中双倍扣减服务出口市场的开拓费用；其次，对服务出口企业实施所得税优惠政策。

（4）积极探讨实施服务贸易出口零税率。目前，中国政府可以考虑对服务贸易出口零税率，并在区域和行业、产业上进行试点。在试点地区上应由国务院统一选定，选择的标准主要是考虑当地发展服务贸易出口的潜力。此外，在服务贸易出口零税率的行业选择上，应重点选择具有一定国际竞争优势、出口有较大潜力的行业。

5. 建立中小型服务企业出口扶助中心

虽然规模较小，但是由于数目众多，中小企业逐渐成为国民经济发展的另外一支生力军。但由于中小型企业规模较小、数目众多、资金匮乏，使得中小型企业在融资、研究开发、人才培训、提高国际竞争力等方面存在较大的困难。因此，我们建议成立中小型服务业出口扶助中心，专门解决中小型服务企业在中国服务贸易出口过程中遇到的问题。诸如为中小型企业服务出口项目提供资金支持；为中小型企业服务出口提供政策、信息咨询服务；加强对中小型服务企业服务人才进行培训；提供中小型服务企业需要的其他服务等。

6. 针对特定地区进行服务贸易出口专项支持

由于中国地缘辽阔，不同的地方具有发展不同服务行业的优势，因此，需要制定对特定地区服务贸易出口的专项支持措施，以充分发挥中国服务业的比较优势，加快服务业及服务贸易的发展，提高服务业及服务贸易的国际竞争力。比如对中西部地区旅游服务出口进行专项支持：可以成立西部旅游项目开发基金，对西部旅游服务出口提供资金支持；出台相应的政策措施，鼓励西部旅游服务对外开放。对少数民族地区文化服务出口进行专项支持：加强中国少数民族地区文化基础设施的建设；为中西部地区文化创意产业提供贷款补贴；有计划地组织中国少数民族地区的文化展和出访活动；鼓励中国民族文化产品的制作与出口。

四、中国与贸易有关的投资政策体系的发展与完善

（一）中国利用外资和境外投资现状

1. 中国利用外商投资的现状

中国长期以来都是资金短缺的国家，从20世纪70年代末期以来，中国开始吸引外商直接投资，对中国经济增长和外经贸发展发挥了巨大的作用。

（1）中国利用外资规模不断扩大。1978～1982年间，中国外商投资项目数920个，合同外商投资金额为49.58亿美元，实际利用外资金额为17.69亿美元。2007年中国实际利用外资金额达到835.2亿美元（见表9－17）。

表9－17　　　　截至2007年外商直接投资情况　　　单位：个、亿美元

年份	项目数	合同外资金额	实际使用外资金额
1979～1982	920	49.58	17.69
1983	638	19.17	9.16
1985	3 073	63.33	19.56
1990	7 273	65.96	34.87
1995	37 011	912.82	375.21

续表

年份	项目数	合同外资金额	实际使用外资金额
2000	22 347	623.80	407.15
2001	26 140	691.95	468.78
2002	34 171	827.68	527.43
2003	41 081	1 150.70	535.05
2004	43 664	1 534.79	606.30
2005	44 019	1 890.65	724.60
2006	41 485	1 890.65	694.68
2007	37 871	2 001.74	835.20
总计	552 960	12 856.73	6 345.06

资料来源：商务部外资司。

（2）中国利用外商直接投资的方式。利用外商直接投资的方式主要有中外合资企业、中外合作企业、外资企业、外商投资股份制、合作开发和其他等六种方式，其中中外合资企业和外资企业所占比重较高。

（3）中国利用外商直接投资占全社会固定资产投资比重。1992年以来，中国利用外商直接投资额呈现逐步上升的趋势，由于中国固定资产投资长期保持高速增长，实际利用外资额占固定资产投资的比重呈现逐步下降趋势，但是依然保持较高的比例，对中国经济发展做出了较大的贡献（见表9-18）。

表9-18　　　　　1992~2007年实际使用外资占全社会
固定资产投资情况

年份	全社会固定资产投资		实际使用外资金额（亿美元）	占固定资产投资比重（%）
	（亿元人民币）	（折合亿美元）		
1992	8 080.10	1 465.22	110.08	7.51
1995	20 001.30	2 397.23	375.21	15.65
2000	32 619.00	3 944.26	407.15	10.32
2001	36 898.00	4 458.11	468.46	10.51
2002	43 202.00	5 223.94	527.43	10.10
2003	55 118.00	6 664.81	535.05	8.03
2004	70 073.00	8 466.20	606.30	7.16
2005	88 604.00	10 816.30	724.06	6.69
2006	109 998.2	15 068.25	694.68	4.61
2007	137 239	18 799.86	835.20	4.44

资料来源：历年《中国统计年鉴》，商务部外资司资料。

虽然利用外商投资额占全社会固定资产投资比重呈现不断下降趋势，但是外商投资企业工业产值占全国工业总产值的比重呈现不断上升的趋势。

(4) 中国利用外商投资来源地相对集中。截至 2005 年，中国利用外商直接投资前 15 位的国家和地区对华投资项目数总计达到 511 424 个，占总数的 92.49%；合同外资额 11 690.75 亿美元，占中国利用外资合同额的 90.93%；实际利用外资额达到 5 752.51 亿美元，占实际利用外资总额的 90.66%（见表 9-19）。

表 9-19　　　　　截至 2005 年对华投资前十五位的
国家和地区的情况　　　　　单位：个、亿美元、%

国家和地区	项目数	比重	合同外资额	比重	实际使用外资额	比重
中国香港	254 059	45.95	5 278.86	41.06	2 595.22	40.90
日本	35 124	6.35	785.69	6.11	533.75	8.41
美国	49 006	8.86	1 121.20	8.72	510.90	8.05
英属维尔京群岛	14 011	2.53	1 034.36	8.05	459.17	7.24
中国台湾	68 095	12.31	896.93	6.98	417.57	6.58
韩国	38 868	7.03	703.24	5.47	311.04	4.90
新加坡	14 367	2.60	532.05	4.14	277.44	4.37
英国	4 897	0.89	240.49	1.87	131.96	2.08
德国	4 762	0.86	214.20	1.67	114.39	1.80
开曼群岛	1 429	0.26	178.22	1.39	86.59	1.36
法国	2 933	0.53	102.80	0.80	74.19	1.17
荷兰	1 687	0.31	124.45	0.97	69.18	1.09
中国澳门	9 829	1.78	157.19	1.22	63.37	1.00
萨摩亚	3 457	0.63	151.50	1.18	57.85	0.91
加拿大	8 900	1.61	169.57	1.32	49.89	0.79
以上合计	511 424	92.49	11 690.75	90.93	5 752.51	90.66
其他	41 536	7.51	1 165.97	9.07	592.55	9.34
总　计	552 960	100.00	12 856.73	100.00	6 345.06	100.00

资料来源：商务部外资司。

(5) 中国利用外商直接投资的地区结构。中国利用外商直接投资的区域结构不平衡，东部地区利用外资额占中国总利用外资额的比重远高于中西部地区的比重。

（6）中国利用外商直接投资的产业结构。在产业结构上，外资投向极不平衡，对第一产业和第三产业投入较少，而对第二产业投入较多。制造业和第三产业的房地产业一直是外商直接投资的主要行业（见表9-20）。

表9-20　　　　2007年分行业外商直接投资及其增长速度

行业名称	企业数（个）	增速（%）	实际使用金额（亿美元）	增速（%）
农、林、牧、渔业	1 048	10.2	9.2	54.2
采矿业	234	12.5	4.9	5.4
制造业	19 193	-22.6	408.6	-4.6
电力、燃气及水的生产和供应业	352	-6.1	10.7	-16.6
建筑业	308	-12.5	4.3	-36.9
交通运输、仓储和邮政业	658	-1.1	20.1	1.1
信息传输、计算机服务和软件业	1 392	1	14.9	38.7
批发和零售业	6 338	35.9	26.8	49.6
住宿和餐饮业	938	-11.5	10.4	25.8
金融业	51	-1.9	2.6	-12.4
房地产业	1 444	-39.8	170.9	107.3
租赁和商务服务业	3 539	22.9	40.2	-5.2
科学研究、技术服务和地质勘察业	1 716	65.8	9.2	81.8
水利、环境和公共设施管理业	154	16.7	2.7	39.8
居民服务和其他服务业	270	14.4	7.2	43
教育	15	-44.4	0.3	10.4
卫生、社会保障和社会福利业	13	-35	0.1	-23.7
文化、体育和娱乐业	207	-14.1	4.5	86.9
总　计	37 871	-8.7	747.7	13.6

资料来源：国家统计局：《2007年国民经济和社会发展统计公报》。

（7）外商投资企业在中国进出口贸易中的地位。随着中国对外开放程度的不断扩大和引资规模的不断上升，外商投资企业在中国对外贸易中的比重呈现逐步上升的趋势。在中国外商投资企业中，进出口商品的国家和地区相对集中，主要集中在中国香港和台湾地区、日本、欧盟和美国等5个国家和地区（见表9-21）。

表 9-21　　1992~2006 年外商投资企业进出口增加值及占全国比重　　单位：亿美元、%

年份	进出口			进口			出口		
	全国	外资企业	比重	全国	外资企业	比重	全国	外资企业	比重
1992	298.24	147.92	49.60	167.94	94.79	56.44	130.30	53.13	40.78
1993	301.78	233.23	77.28	233.74	154.46	66.08	68.04	78.77	115.77
1994	409.18	205.77	50.29	116.56	111.01	95.24	292.62	94.76	32.38
1995	442.27	221.72	50.13	164.63	100.09	60.80	277.64	121.63	43.81
1996	90.56	272.91	301.36	67.60	126.61	187.29	22.96	146.30	637.20
1997	351.56	155.10	44.12	35.22	21.16	60.08	316.34	133.94	42.34
1998	-11.37	50.59	—	-21.94	-10.03	45.72	10.57	60.62	573.51
1999	367.26	254.54	69.31	255.52	91.67	35.88	111.74	76.66	68.61
2000	1 136.59	535.81	47.14	593.79	313.39	52.78	542.81	308.13	56.77
2001	354.60	223.84	63.12	185.16	86.40	46.66	169.43	137.94	81.41
2002	1 110.02	711.12	64.06	515.87	344.07	66.70	594.15	367.05	61.78
2003	2 304.40	1 420.40	61.64	1 176.40	716.40	60.90	1 128.00	704.00	62.41
2004	3 035.80	2 089.30	68.82	1 485.80	1 106.60	74.48	1 550.00	982.70	63.40
2005	2 673.30	1 505.40	56.31	987.00	449.40	45.53	1 686.30	1 056.00	62.62
2006	3 385.60	2 047.30	60.47	1 314.90	851.10	64.73	2 070.70	1 196.20	57.77

资料来源：根据中国海关总署、商务部统计资料计算。

2. 中国境外投资现状与特点

（1）中国境外投资规模较小。中国对外直接投资始于 20 世纪 50 年代末 60 年代初，当时中国在境外设立了一批贸易、金融和远洋运输企业，这些企业的投资主体均为国有企业。改革开放以来，特别是 1991 年以来，中国对外投资规模不断扩大，投资领域开始广泛化，但是相对于利用外资，中国投资规模仍很小。2006 年，中国对外直接投资净额（以下简称流量）211.6 亿美元，其中非金融类 176.3 亿美元，比上年同期增长 43.8%，占 83.3%，金融类 35.3 亿美元，占 16.7%。2007 年，我国对外直接投资（非金融类）仅为 187.2 亿美元，同比增长 6.2%。

根据国际资本输出规律，关于输出国际直接投资和引进国际直接投资的比例，发达国家和地区平均为 166:100，发展中国家和地区平均为 18:100。根据张汉亚（2006）研究，中国这一比例 2002 年为 5.12:100，2005 年上升到为 9.53:100，虽然比例有了较大提高，但是与国际平均水平相差甚远，甚至低于发展中国家和地区的水平。由此可见，中国外资政策存在失衡的现象。未来的投资政策不仅要解决中国利用外资问题，也要解决促进中国对外投资的问题，更需要解决引进来与走出去的失衡问题。

（2）中国对外投资地区较为分散。从地区分布情况看，根据商务部统计截至 2006 年底，中国 5 000 多家境内投资主体共在全球 172 个国家和地区设立境外直接投资企业近万家，对外直接投资累计净额（简称存量）906.3 亿美元，其中非金融类 750.2 亿美元，占 82.85%，金融类 156.1 亿美元，占 17.2%。

（3）中国对外直接投资（股本投资）行业相对集中。从行业分布情况看，根据商务部统计 2005 年中国对外直接投资（股本投资）主要集中在制造业、采矿业、信息传输和计算机服务及软件业，所占比例均在 26% 以上，合计达到 84%。2006 年采矿业、商务服务业、金融业和批发零售业占 70%。

（4）中国境外投资企业的企业性质和地区分析。根据商务部和国家统计局的统计，2006 年有限责任公司所占比重仍超过国有企业居首位，国有企业占 26%，居第二位；私营企业 12%，排第三位；中央企业占 11%，地方占 89%。浙江省的境内投资主体数量居首位，占境内主体总数的 22%；七成的私营企业投资主体来自浙江、福建两省。

（二）中国未来外资政策体系的构成

未来投资政策体系从对一国利用外资的长远发展及政策影响的重要性来看，未来中国投资政策体系的内容应该包括以下几个方面：

1. 中国外资政策体系的目标

投资政策体系的目标体现了利用外资和对外投资的目的和基本要求。中国自改革开放以来，利用外资主要有两个目标：一是引进资金，以弥补国内建设资金的不足；二是引进技术，以加快国外技术在国内的学习和扩散进程。对于第一个目标，在改革开放初期，对中国的经济发展发挥了巨大的作用。在注重第一个目标而忽视了第二个目标的同时，也造成了中国利用外资呈现粗放型或数量型增长。因此，具体来说，未来中国外资政策的主要目标是：从以利用外资来弥补建设资金不足为主转向以引进技术来提高中国竞争力为主；在保障中国国家经济安全的基础上，促进中国产业经济和区域经济的协调发展，提升中国经济的整体竞争力。

2. 中国外资政策体系的内容

中国外资政策体系的主要内容应该包括：完善的外资法律法规体系，不仅包括利用外资法，而且也包括对外投资法；系统的政策性优惠措施，包括吸引外资享受优惠的基本原则和前提条件，行业导向政策措施、区域导向政策措施、效益导向措施；系列鼓励对外投资的政策措施，它包括：鼓励与限制相结合的境外投资目录、政府信息服务体系、支持性金融体系和税收优惠体系。

（三）中国未来外资政策体系的发展与完善

1. 制定和完善外资法，改善国内投资的法制环境

这里的外资法是一个广泛的概念，实际上是规范外资和对外投资的法律体系，它包括：外商投资法及与外商投资法相关的政策措施，主要有外资的优惠措施、管理措施等相关法制体系；境外投资法及与境外投资法相关的政策措施；中国外资法与国内其他法律法规以及国际相关法律法规的协调。

（1）建立统一的、综合性的外商投资法。中国政府自 1979 年以来相继制定了《中外合资经营企业法》、《中外合作经营企业法》、《外资企业法》等 500 多部涉及外商投资的法律法规，运用法律手段来调整和管理外国投资，建立了初步的法律体系。但是，由于中国的外资政策一直在摸索中前进，现有的外商投资法律体系仍存在某些缺陷，需要加以调整，建立统一的、综合性的外商投资法。

（2）建立和完善境外投资法制体系。中国现在人均 GDP 已超过 1 200 美元，因此中国对外投资应处于系统投资向大规模对外投资的过渡时期。到目前为止，中国尚未制定专门的《境外直接投资法》，国内政策法规数量稀少，一些主要的政策法规尚不成熟和规范，有的是试行稿；有的是暂行规定；有的仅是意见，明显具有探索性和临时性的特征。由于缺乏政策指导和立法工作滞后，导致中国境外投资中出现了一定程度的盲目性，投资的区位结构和产业结构不够合理，投资输入与输出的比例失调。因此中国境外投资法律制定也应该是一个体系，包括境外投资鼓励与限制措施、金融措施、财税措施、支持措施等。

（3）促进外资法与国内法的协调，营造良好的外资法制环境。加强外资法与国内其他立法的协调，完善国内投资法律环境。外资法的制定并非孤立的，它同时需要考虑与国内相关法律的协调，来共同达到所预定的经济和社会发展目标。所以，在外资法的制定过程中，一定要考虑与国内其他相关法律法规的协调，完善国内的投资法制环境。

（4）促进外资法与国际法律法规的协调，营造良好的国际投资环境。进一步清理外资立法中与 WTO 规则不符合的法律法规，并遵循 WTO 要求的法律法规透明度要求。当然，中国政府在"入世"初期就已经对一系列不符合 WTO 规则的法律法规进行了清理，使其基本符合 WTO 规则的要求。在外资政策方面，一定要保证中央政府和地方政府法规的统一性，地方政府需要严格履行中央政府的法律法规，而不得制定本地的法律法规。

2. 利用外资优惠的调整，调整利用外资结构

（1）利用外资优惠政策调整的总体思路。在外资优惠政策的调整过程中，需要遵循以下原则：第一，优惠措施不分内资、外资，实施统一、公平的政策待遇。根据调查表明，大多数跨国公司投资也并非全部是因为中国的外资优惠政策，其看重的是中国庞大市场的发展潜力。第二，变普遍优惠为重点优惠，并强调优惠措施的层次性。比如，在行业层次中享有一定的优惠，如果投资在东南沿海等相对发达的地区，则优惠幅度较小，投资在中西部地区则优惠幅度较大等。第三，变事前优惠为事后优惠，强调外资的正溢出效应。

（2）取消外资企业的超国民待遇政策，为国内企业创造公平的竞争环境。许多国家和地区在利用外商直接投资的过程中，对外商直接投资企业和内资企业给予同等的国民待遇，像韩国、泰国、新加坡、印度等。但是在中国，长期以来一直对外资企业实施超国民待遇措施，使得国内企业长期不能获得公平的竞争环境，不仅抑制了国内企业发展的积极性，也阻碍了本国企业的健康成长。

（3）提高提供优惠措施的门槛，保证利用外资的利益。过去的外资政策是只要是外资都受到欢迎，对于鼓励性行业的外资，还享受优惠措施，而不管外资能否带来利益。当然，在中国国内经济建设资金短缺的情况下，这种做法对于加快国民经济发展做出了贡献。在目前中国国内资金充裕的情况下，外资享受优惠的条件需要重新制定，即提高提供优惠措施的门槛，保证利用外资的利益。这里要强调技术优势而非资金优势；强调环保优势而非规模优势。

（4）按进入行业提供差别优惠措施，调整国内产业结构。自1990年以来，发达国家和地区之间的相互投资50%以上投放在现代服务业及相关产业，主要发展中国家和地区服务业外商直接投资比重也占30%左右，而中国在利用外资结构中，服务业利用外资的比重同样较低。因此外资政策的一个重要任务就是引导外资投向服务业，尤其是生产性服务业。对于制造业中的高新技术产品行业的投资和农业领域中技术含量高的非土地密集型产业，也可以在一定程度上享受优惠政策。

（5）按进入区域提供差别优惠措施，实现区域协调发展。中国社会发展的重要战略目标就是建立社会主义和谐社会。在经济发展方面，区域经济差距的不断扩大，影响着中国和谐社会的构建。建设资金的不足和技术的缺乏是影响中西部经济发展的重要原因。因此，从外资政策方面，应该将外资作为中西部地区经济发展的动力，对于投入到这些区域的外资提供优惠措施，而对于这些地区急需发展的行业的投资，将提供进一步的优惠措施。

（6）按进入的效果提供差别优惠措施，提高外资正溢出效应。中国利用外资的主要目的就是获得外资的正溢出效益，最主要的就是技术溢出效益。通过引进具有先进技术的外资进入国内,东道国企业的技术人员、管理人员甚至普通工作人员通过"干中学"提高其技术水平、管理水平和工作技能。一般来说,中外合作经营企业和中外合资经营企业与国内产业的关联度较高,其技术和知识"溢出效应"就较高,而外商独资企业知识溢出效应相对较低。在外商直接投资中,还有一种就是那种大进大出纯粹提供加工服务的外商直接投资,由于"两头在外",只是利用中国的资源优势以降低生产成本,对于这种外资,明显也没有什么溢出效应。

(7) 特殊性质投资实行特殊优惠措施。还有一种投资就是直接在中国设立研发机构或进行教育和培训,这种投资就属于特殊的投资,这种投资本身就是知识或技术,并直接产生知识和技术的溢出效应。外资在中国设立研发机构,有利于中国科学技术的进步。通过与这些投资企业的研发人员进行合作研究与开发,必然可以提高中国科技人员的研发技能和水平,从而获得技术外溢效应。对于这种直接性的技术投资和知识投资,可以实行特殊的优惠措施。

3. 完善境外投资促进措施,鼓励中国企业走出去

(1) 鼓励与限制相结合,重在国家整体利益的实现。同利用外资政策一样,中国境外投资也存在鼓励和限制相结合的政策。在中国境外投资政策措施的完善与发展过程中,同样要考虑中国经济发展状况和实现的目标,中国企业境外投资的战略目标主要应该放在以下三个方面:第一,获取中国经济发展中的战略资源,主要包括中国日益短缺的铁矿、石油、木材等;第二,继续发挥中国比较优势和劳动力成本优势向国外市场拓展;第三,境外投资同样以获取技术为目的。中国境外投资的法律体系应该以上述目标作为境外政策制定的重点,尽快制定中国境外政策投资目录,明确鼓励那些资源开发型、市场服务型、出口导向型和技术获取型的境外投资。

(2) 为中国企业境外投资建立信息服务体系。为促进中国企业境外投资规模的发展,中国政府需要建立境外投资信息服务体系,主要包括投资国和地区环境调研分析、海外法律服务等方面的内容。法国最近几年对外直接投资的快速增长就得益于法国政府境外投资服务中介结构的支持。

(3) 为中国境外投资企业建立完善的金融支持措施。在境外投资方面,政府鼓励政策对于本国境外投资发展起到决定性作用。韩国政府在将限制为主的政策转变为鼓励为主的政策后,其境外直接投资5年内扩大了近10倍。一些发达国家和地区为了鼓励本国企业发展境外投资,大都实行优惠的金融政策,如法国政府对于本国企业向发展中国家和地区的投资,可由官方的援助协作基金机构提供类似出资的超长期贷款。

(4) 为中国境外投资企业提供优惠税收政策。税收政策是最为有效和最为直接的优惠措施,"税轻则利厚、税重则利薄",税收对一国发展境外直接投资既可能构成障碍,也可能成为刺激和鼓励因素。可以借鉴发达国家和地区的经验,采用税收抵免、税收减让、延期纳税和免税等方式,对本国境外投资企业实行税收减免;在税收优惠方面,可以从所得税、从国内进口的出口关税、资源产品进口的进口税等方面给予优惠。另外,对于加强科技交流,获取技术为目的的科研支持也同样给予税收优惠。

五、中国与贸易有关的知识产权政策体系的发展与完善

(一)中国与贸易有关的知识产权立法与保护现状

1. 中国与贸易有关的知识产权立法与发展现状

(1) 中国与贸易有关的知识产权立法现状。目前中国的知识产权保护法律体系主要由法律、行政法规和部门规章三个部分组成。其中,专门法律主要包括《商标法》、《专利法》、《著作权法》等;专门行政法规包括《商标法实施条例》、《专利法实施细则》、《著作权法实施条例》、《知识产权海关保护条例》、《计算机软件保护条例》、《集成电路布图设计保护条例》、《植物新品种保护条例》等;专门部门规章包括《驰名商标认定和保护规定》、《集体商标、证明商标注册和管理办法》、《专利实施强制许可办法》等。此外,中国的《民法》、《刑法》、《对外贸易法》以及最高人民法院和最高人民检察院发布的有关司法解释中也包括了知识产权保护的专门规定。

加入WTO后,中国政府根据"入世"承诺的要求,对国内知识产权立法进行了修改和完善。修改后的法律法规扩大了权利保护的范围,增强了对权利人的保护力度和司法审查的有关内容,从而完善了中国的知识产权保护法律制度,使中国的知识产权保护法律同WTO规定趋于一致。如中国政府在2004年12月22日起施行了《最高人民法院、最高人民检察院关于办理侵犯知识产权刑事案件具体应用法律若干问题的解释》;于2005年3月1日开始实施的《著作权集体管理条例》;2006年5月国务院通过了《信息网络传播权保护条例》,并于2006年7月1日起正式施行。

(2) 中国与贸易有关的知识产权发展现状。根据国家知识产权局统计信息显示,经过20多年的发展,中国知识产权数量和质量明显提高。"十五"时期,中国专利、商标、版权、植物新品种保护、软件登记、集成电路布图设计、地理标志等各种知识产权的申请数量大幅增长。实用新型专利、外观设计专利和商标的年申请量连续多年位居世界第一;发明专利国内外年申请总量位居世界第4

位，植物新品种保护年申请总量位居世界第4位；专利申请总量为1 594 762件，是"九五"时期643 853件的2.5倍，年均增长22.8%；商标注册申请量显著增长，先后认定400多件驰名商标。截至2005年底，中国共受理集成电路布图设计登记申请950件，登记公告并颁发证书833件；累计受理2 984件农业植物新品种保护申请、378件林业植物新品种保护；中国农业植物新品种保护申请数量从2000年的112件上升到2005年的938件，以年均53%的速度递增；累计对539种地理标志产品进行了保护。截至2007年底，国内外三种专利申请量为4 028 284件。

2. 中国与贸易有关的知识产权保护现状

（1）中国知识产权执法渠道。中国的知识产权执法保护有行政和司法两个平行渠道。权利人在被侵权时可以向法院起诉，也可以向知识产权主管机关申诉。1995年6月，中国海关总署设立了知识产权边境保护处，全国各海关也指定了本地区内负责知识产权保护的主管部门和联系人。因此，知识产权权利人除通过司法途径外，还可以通过这些行政途径保护其知识产权。在司法方面，中国各级法院已经建立起专门负责审理知识产权案件的审判庭；在申诉中，法院可以采取财产保全和证据保全的临时措施；对于民事侵权行为，人民法院除可以依法责令侵权人承担停止侵害、消除影响、道歉、赔偿损失等民事责任外，还可以对行为人给予没收非法所得、罚款、拘留等制裁；构成犯罪的，依法追究其刑事责任。

（2）中国知识产权执法的新成果。近年来，中国政府对知识产权的执法倾注了极大的人力和物力，严厉打击各种假冒伪劣、侵权盗版的行为，取得了引人注目的成绩。1996~2003年10月，中国境内已破获非法光盘生产线163条；中国环淮海经济区、华东三省一市、东北三省都建立了商标执法网络。同时，各执法部门还注意加强相互间的协调配合，如中国知识产权司法、行政部门已建立了相应的联席会议制度，开展了积极有效的合作。根据国家知识产权局统计信息显示，截至2005年9月，工商部门共查处侵权案件5万多件，罚款3.76亿元；新闻出版部门查缴的各类违法音像制品5 000多万件，取缔非法经营单位1.9万家；专利部门受理专利侵权纠纷案件2 818件，受理其他专利纠纷案件331件，查处冒充专利3 176件，查处假冒他人专利304件，向公安部门移交案件23件。截至2004年底，农业行政部门共受理植物品种侵权案件299件，查处假冒授权品种案件564件。

（3）中国政府保护知识产权的行动。第一，中国政府实施政府软件正版化。国务院于2000年发文，要求政府机构和国有企业使用正版软件。2001年，为了全面贯彻国务院文件精神，国家版权局、国家计委、财政部和信息产业部联合发文，要求政府机关和国有企业必须使用正版软件，并建立定期检查制度。中国政府已在中央和国务院系统进行了清理和检查，并于 2002 年 5 月前完成了使用软件正版化工作。第二，国家保护知识产权工作小组行动。2004 年 8 月，为加强知识产权保护方面的组织领导，国务院调整充实了国家保护知识产权工作小组，负责统筹协调全国知识产权保护工作，督办重大案件。第三，建立与外商投资企业的定期沟通协调机制。为了进一步改善外商投资环境，加大打击侵权和假冒伪劣商品的工作力度，保护知识产权，中国政府于 2003 年建立了"政府部门与外商投资企业定期沟通协调机制"，主要负责定期与外商投资企业互相沟通情况，了解他们在打击假冒商品，保护知识产权，改善外商投资环境，维护统一开放、公平有序的市场秩序等方面反映的问题、提出的意见和建议，并协调组织有关部门进行研究。第四，保护知识产权专项行动。国务院决定从 2004 年 9 月至 2005 年 8 月，由国家保护知识产权工作小组牵头在全国范围内组织开展保护知识产权专项行动，对重点领域、重点环节、重点地区的知识产权保护进行专项整治。

（二）中国未来知识产权政策体系的发展与完善

加入 WTO 以来，中国对外贸易中高新技术产品的进出口增长迅猛。根据中国海关统计 2002 年高新技术产品进出口达到 1 504 亿美元，占外贸进出口总额的 24.2%；2007 年高新技术产品进出口达 6 843.2 亿美元。值得指出的是，高新技术产品的核心就是知识产权，高新技术产品进出口的大幅增加，表明知识产权在中国对外贸易中的地位日益突出。不过，中国的自主知识品牌较少，2004 年中国出口额最大的 200 家企业中，名牌生产企业不足 20 家，其出口额仅占 200 强出口总额的 10%，而且这 10% 中大部分还是贴牌出口，其主要原因在于知识产权保护措施不完善，不能形成有效的创新激励机制，因此就没有自有品牌和自主知识产权，在国际贸易竞争中处于下游地位。

1. 完善知识产权法律法规，强化知识产权执法力度

虽然目前中国具有完整的知识产权立法，也与 WTO《与贸易有关的知识产权协定》以及中国参与的其他国际知识产权组织法规具有一定的一致性，但是在法规的具体内容上还存在改善的余地。从配套法律制度来看，中国现有的《专利法》、《商标法》和《著作权法》等对进口知识产权、知识产权滥用和中国知识产权的国际保护还缺乏有效的规制。另外对于知识产权转让、许可中的限制竞争和不正当竞争还缺乏具体的法律规定。因此，中国应该建立起以知识产权专门立法为核心，《对外贸易法》、《知识产权海关保护条例》等贸易环节的法律法规为补充，《反垄断法》和《反不正当竞争法》等市场秩序方面的立法为支持，以《商标法》、《专利法》、《著作权法》等为骨干，以《职务发明办法》、

《民间文学艺术作品著作权保护办法》、《广播电视播放作品付酬办法》、《植物新品种保护法》等为枝叶的完整的法律框架体系。在知识产权法律法规的制定和修订中,要鼓励自主创新、优化创新环境、建立和维护良好的贸易投资环境和公平竞争环境。

2. 设立专项知识产权保护基金,提升知识产权保护意识

无论是在国内经营还是走向国际市场,中国企业都缺乏知识产权保护意识,一方面表现为侵权;另一方面表现为对专利、发明等的申请不积极。根据调查,中国企业申请国际专利件数不足2.2%,企业注册国外商标仅占22%,中国50个最著名的品牌商标在被调查的5个国家和地区注册情况中,未注册的比率高达53.2%。中国商标在国际市场上被抢注的现象也非常严重。据不完全统计,中国驰名商标在海外丧权的事件已达200余起,有超过80个中国企业商标在印度尼西亚被抢注,有近100个商标在日本被抢注,有近200个商标在澳大利亚被抢注。在国内,企业的商标、专利等知识产权的保护意识同样薄弱。中国政府对知识产权申请提供资金支持政策,不应只针对知识产权保护申请,也应该从知识产权的开发、推广方面提供支持。

3. 建立国家、行业、企业间协调的知识产权预警体系

近年来,中国对外贸易中的知识产权纠纷案件频繁发生,而且在对中国的贸易政策审议中,欧美等发达国家和地区的成员依然对中国知识产权保护制度吹毛求疵,认为中国政府在知识产权保护方面所做的远远不够,要求中国政府进一步加强知识产权保护。2002年以来,中国DVD、彩电、数码相机等行业发展迅猛,但在其发展中均出现了全行业的知识产权问题,后来发展到U盘、光盘、光盘刻录机、摩托车等产品上,现在又转移到计算机、移动通信、生物医药等高科技领域及向相关主导产业蔓延。2005年10月,日本、美国、瑞士已在WTO向中国提出《与贸易有关的知识产权协定》透明度要求。因此,在应对知识产权贸易摩擦方面,需要建立国家、行业、企业间协调的知识产权预警体系,主要包括:中央政府或地方政府的知识产权直通热线;行业协会的知识产权预警联络点;知识产权联盟——企业自行组织的团体机构等。

4. 建立知识产权国际纠纷协调机制,参与知识产权国际规则制定

(1)建立知识产权国际纠纷协调机制。目前,中国的政治体制在经济问题方面最大的问题就是分工不甚具体、明确,协作意识不强。其中最主要的原因就是中央政府各部门以及地方政府各部门,中央政府与地方政府部门之间缺少有效的沟通渠道和协调机制,政策和管理之间衔接不上,不能形成合力。其实,一些市场经济国家和地区的政府都已成立专门机构代表本国、本地区和企业的利益协调贸易中的知识产权保护问题,其中表现最为突出的就是美国。虽然在本国各部门之间也是明争暗斗，但是在国家利益问题上，却相当团结。美国联邦国际贸易委员会专门负责外来产品对美国知识产权的侵犯案件；贸易代表办公室根据"特殊 301 条款"的授权，负责处理海外对美国知识产权的侵权事宜，并领导和从事与其他国家和地区的谈判。根据此项经验，中国政府完全可以建立相应的机构负责知识产权的国际纠纷，加强对国内消费者和企业的保护。具体来说，应当进一步加强商务部与国内知识产权主管部门、海关以及司法部门的协调配合，积极研究对外贸易中知识产权保护的整体战略。

（2）加强理论研究，积极参与国际知识产权规则的制定。中国加入 WTO 后，其贸易政策制定的范围大大缩小，但中国政府完全可以通过影响 WTO 规则来争取自身的利益实现，这也是美国、欧盟、日本等发达国家和地区成员在 WTO 中的常规行为。作为发展中大国、作为 WTO 中举足轻重的成员，中国更应该发挥在 WTO 关于知识产权协定规则制定中的作用。通过 WTO 的各轮谈判，表明中国在知识产权保护方面的立场和原则。当然，中国参与国际知识产权规则的制定不能仅仅表现在 WTO 中，在其他的有关知识产权国际公约和区域经济组织中，中国同样要表明自己的立场。

5. 完善创新体制建设，促进企业自主创新

（1）完善中国对科技成果的评价体系，制定有利于知识产权保护的政策措施。在重点鼓励技术发明的同时，在非发明创造的商品化、产业化方面，特别在鼓励新技术产业化和加强技术创新方面更要加大力度。应将专利作为评价科技投入产出的一项重要指标，并将专利奖酬机制在实践中贯彻落实，才能真正实现与国际接轨、才能真正推动技术发明的产业化。

（2）建立完善的机制，促进技术发明的商业化。在专利或知识产权商品化方面，必须建立一项完善的制度。当然，根据规定，对于某些药品、疫苗等是不能申请专利保护的，但是对于这些发明创造，国家应该给予资金和政策奖励，使其创造者得到利益，也只有这样，发明创造才能得以继续。

第十章

WTO 主要成员贸易摩擦预警与争端解决机制

在经济全球化的推动下，贸易自由化已经成为世界范围内不可逆转的潮流。不过，贸易自由化历来与贸易摩擦形成了一种相辅相成的关系。WTO 发达国家和地区成员与发展中国家和地区成员就市场准入问题，发达国家和地区成员之间就产品补贴、产业扶持政策、非关税壁垒问题，发展中国家和地区成员之间就相互开放市场问题产生了大量的贸易摩擦与争端。由于各国、各地区面临的环境和贸易利益存在着差异，因此在处理贸易争端和实施贸易摩擦预警过程中，有着彼此不同的侧重点。本章对 WTO 主要成员的贸易摩擦预警与争端解决机制进行阐述。

一、美国贸易摩擦预警机制

为了维护国家经济安全，保护国内产业、企业和消费者的利益，美国在各个层次上建立并完善了贸易摩擦预警机制。总体而言，其预警机制是以相关的政府部门为主导，行业组织、企业和消费者个人积极参加的动态体系。美国贸易摩擦预警机制可分为出口预警机制和进口预警机制两部分。

（一）美国出口贸易摩擦预警机制

出口贸易摩擦预警主要包括出口市场信息的提供、发布对出口市场的研究报告、产业评估报告、对外国贸易政策变化的跟踪以及发布的评估报告等。

1. 出口市场信息、市场研究和产业评估报告

（1）商务部。美国商务部外国商业服务局（USFCS）是国际贸易署（ITA）

的贸易促进机构，在美国有 108 个办事处，在全球超过 80 个国家和地区设有 150 个办事处，覆盖了美国出口市场的 96%。① USFCS 通过美国政府的出口促进和融资入口（Export. gov）发布网上信息和提供各项服务。Export. gov 联合美国 19 个提供出口援助计划和服务的联邦机构，共同为企业开拓国内外市场提供更好的服务。Export. gov 还成立了中国商业信息中心、中东欧商业信息中心等部门，发布各类商业信息；成立贸易推动中心，作为集中的协调机构整合贸易促进协调委员会内的 19 个政府机构的资源；与贸易信息中心一道发布各类信息；USFCS 市场研究图书馆拥有超过 10 万份产业和国别市场研究报告，还针对特定的需求定制市场研究服务；建立了贸易导航数据库，包括及时的贸易导航信息和政府招标信息。

美国商务部制造业和服务业局（MAS）下设的两个机构负责发布各种贸易和产业数据及评估报告。竞争与经济分析局（OCEA）评估政府经济和规制政策对制造业和服务业的影响，包括出口贸易公司事务、竞争与规制分析两个计划。贸易与产业信息局（OTII）提供贸易和产业数据以支持贸易政策的发展，其数据包括美国重要的贸易伙伴、美国贸易快速参考表、贸易政策信息系统、贸易统计快递、全球电子账户。

（2）农业部。农业部提供综合的农产品进出口贸易数据、预测和研究报告，主要包括：美国农业季度出口预测；生产、供应和分销数据库；大宗、中间和消费导向（BICO）统计；美国贸易研究体系；美国农业对外贸易（FATUS）数据库；食品和农业进口法规和标准（FAIRS）数据库；世界市场和贸易出版物；FAS 附属机构报告；国别出口商指导；贸易政策；当前的贸易谈判；贸易新闻、趋势和协议；国别贸易协议；商品商情快讯；各州商情快讯；经济贸易报告；贸易政策经济报告；商品展望报告；国家动物进出口中心；农产品出口商；谷物出口商；生产评估和谷物评估处（PECAD）。另外，农业部还设有国家农业图书馆（NAL）和国家农业统计服务局（NASS），负责发布各类数据和信息。农业部还与康奈尔大学 Albert R. Mann 图书馆共同开发了经济、统计与市场信息系统（ESMIS），包括 2 500 份报告和数据，涵盖美国与国际农业的相关问题。

农业部海外农业服务局（FAS）负责收集、分析、散发有关全球供需、贸易趋势和市场机会的信息，寻求改善美国产品的市场准入，管理出口融资和市场开发计划，提供出口服务，执行食品援助和与市场相关的技术援助计划，提供世界资源和国际组织的链接。FAS 提供的市场和贸易数据主要包括：美国农产品贸易展望、国别贸易数据、生产及供应和分销在线数据库、出口销售数据库、进出口

---

① 资料来源：美国商务部国际贸易管理局。

数据、美国对外农产品贸易数据库、农业市场准入数据库（AMAD）、世界市场和贸易报告、商情快讯；当前世界生产及市场和贸易报告、美国出口销售报告；具体市场和商品报告。

FAS 实施的市场准入计划（MAP）帮助美国生产商、出口商、私人公司及其他贸易组织资助美国农产品的促销活动，如市场研究、技术援助和贸易服务等。外国市场开发计划（FMD）旨在通过消除贸易壁垒和限制从而开发、维护和扩大美国农产品的长期出口市场。新兴市场计划（EMP）为推动、扩大美国农产品向新兴市场的出口，资助技术援助活动，包括可行性研究、市场研究、部门评估、适应性参访、专门培训、商务实践等。专业农作物技术援助（TASC）计划帮助美国相关组织提供项目资金，处理禁止或威胁美国转移农作物出口的卫生、植物卫生与技术性壁垒问题。

（3）其他联邦机构。美国贸易与发展署旨在促进和开发新兴市场，主要是南非、泰国和克罗地亚市场，也资助和支持其他地区的项目。与商务部、进出口银行、海外私人投资公司一起资助各种形式的技术援助、可行性研究、培训、适应性参访和商务实践，以营造公平和开放的贸易环境。

海外私人投资公司鼓励新兴市场的经济发展，帮助美国企业投资海外，支持美国的对外政策。

小企业管理署提供出口信息和发展援助，帮助小型企业扩大出口市场。其"美国出口中心"提供贸易出版物、法律援助、在线指导等服务。

国际贸易署帮助小型企业开拓国际市场，提供出口信息、发展援助、贸易咨询、培训、法律援助和出版服务。与其他出口促进机构一样，该机构的主要工具也是信息和培训计划。

2. 扩大市场准入和消除贸易壁垒

（1）商务部贸易政策分析局。商务部制造业和服务业局（MAS）下属的贸易政策分析办公室（OTPA）寻求从贸易谈判中最大化美国的利益。发布市场准入报告、部门报告和机会报告；负责列出由美国贸易代表办公室所执行的所有美国报复清单，分析该清单的经济影响；发布贸易报复预警，包括美国的报复以及外国的报复。

（2）商务部市场准入与合规局。商务部市场准入与合规局（MAC）确定和克服贸易壁垒，解决贸易政策问题，确保贸易伙伴完全遵守贸易协定下的义务，从而帮助美国企业进入世界市场并在公平的竞技场上进行竞争。MAC 专家集中解决在知识产权和盗版、配额、标准、海关、透明度、国民待遇、良好治理、卫生与植物卫生标准等方面的贸易申诉和市场准入问题。MAC 的贸易合规中心（TCC）与各类企业一起确保它们能够从扩大美国产品和服务市场的超过 270 个贸易协定中获益。TCC 旨在监督外国政府是否遵守这些贸易协定。TCC 的服务主要包括：一是建立贸易壁垒申诉机制，美国的出口商和投资商可以在线申诉外国的贸易壁垒和与贸易协定不一致的行为。二是建立贸易及其相关协定数据库，包括了美国与贸易伙伴在制成品和服务方面的协定。三是国别市场研究，包括 WTO 贸易政策审议概要、国别贸易壁垒报告、ITA 国别市场研究图书馆、全球采购机会信息。四是外国贿赂报告。

（3）美国贸易代表办公室。美国贸易代表办公室（USTR）每年都会发布各类评估报告，构成了贸易摩擦预警的重要信息来源。尤其是《外国贸易壁垒国家贸易评估报告》详细分析了主要的贸易伙伴的各类贸易壁垒，说明了美国政府已经或拟采取的行动。该报告采用数量估测的方法，分析并评估外国壁垒对美国出口价值的影响程度，是侦查和评估外国贸易壁垒的有效工具。报告所使用的信息来自贸易代表办公室、商务部、农业部及其他政府机构，以及联邦公报（Federal Register）提供的信息、私人行业贸易顾问委员会和美国驻外使馆提供的信息。

（4）国务院。国务院仍然保留了在贸易政策和贸易促进方面的角色，其下属的经济与商业事务局负责促进美国在国外的商业利益。该局的贸易政策和计划处负责扩大国外市场，促进货物、服务和资本的自由流动。该局与 USTR 和其他政府机构一起扩大市场，消除外国贸易壁垒，提高透明度，加强执法，打击外国阻碍美国市场准入的行为，在 WTO 和区域性贸易组织如 APEC、NAFTA、FTAA 内争取美国的贸易利益。

3. 对国外实施贸易救济措施的监督预警机制

（1）商务部贸易救济合规监控。商务部进口管理局（IA）贸易救济合规小组（TRCS）与 IA 的国外官员一道，支持美国反倾销法和反补贴法的执行，监督外国贸易趋势和贸易救济政策，帮助美国的贸易伙伴遵守其与不公平贸易和贸易救济相关的国际义务。TRCS 网站涵盖了丰富的信息和工具，包括美国重要进口产品的进出口数据、在线资源目录并提供链接、外国贸易救济法、以表格形式编辑的外国针对美国出口商的贸易救济行动。

"贸易救济合规监控"系统（TRCM）是国会为了监控阻碍美国贸易发展的不公正做法而建立的一种机制。其主要执行机构是进口管理局，它专门建立了由各个领域贸易专家和专业分析人士组成的"贸易救济合规事务小组"（Trade Remedy Compliance Staff, TRCS），与常驻国外的进口管理司的官员（IA Officers）通力合作，对目标国家和地区的贸易政策、贸易趋势，以及正在发生的和潜在的不公正贸易行为进行监控。贸易救济合规事务小组也设立了专业网站，提供了大量的信息分析工具，包括美国重点进口产品的进口数据和部分出口数据、[①] 大量

[①] 信息以图表和柱状图形式提供，可下载为 MS-Excel 格式的图表。

的网上资源及网站的链接、外国贸易救济立法及法规的副本以及对外国针对美国出口商的贸易救济行动的汇总信息等。

常驻美国和海外的 TRCS 人员还为研究外国贸易政策和市场动态的现状和变动提供重要的信息渠道和数据库资源。从更广泛的职责范围来讲，TRCS 还对目标贸易伙伴的反倾销和反补贴活动进行持续的监控，以监测和及早发现由于目标国家和地区的不公正行为而给美国出口商造成的潜在困难和/或摩擦。

贸易救济合规监控是进口管理司最新增加的一项职能。目前这一系统尚处于运行的初期阶段，侧重对东亚主要贸易伙伴（中国和韩国）的进口趋势、贸易政策、商业环境及企业做法的持续监控（on-going monitoring），并在此基础上监测可能导致潜在贸易摩擦的政策和趋势，并保护美国企业的利益免受损害。①

（2）USTR 对贸易伙伴贸易救济措施实施情况的监控。USTR 协助商务部 ITA 监督外国政府履行贸易协定的情况，并利用争端解决程序和在必要时实施《美国贸易法》，从而采取执行行动。USTR 所采取的各种措施包括：在 WTO 及其机构和监督执行委员会中宣称美国的权利；积极地监控并执行双边协定；援引《美国贸易法》以及双边和 WTO 机制促进协定的履行；对贸易伙伴提供技术援助以确保协定的按时执行；通过工作计划、加快关税减让、使用或威胁使用争端解决机制维护美国在自由贸易协议中的利益。

监督争端解决：监督 WTO、NAFTA 涉及美国的争端解决案例，并发布相关的信息和年度报告。为确保 WTO 协议的履行，美国是 WTO 争端解决程序最主要的使用者之一。美国利用通过磋商消除违约的情况，而非提交专家组程序。对于那些不属于 WTO 和自由贸易协议范围内的问题，USTR 会有效地援引美国贸易法，如《1974 年贸易法》"301 条款"处理不公平的外国政府措施，"特殊 301 条款"执行知识产权保护，《1988 年综合贸易与竞争力法》"1377 条款"处理电信贸易问题，《1988 年综合贸易与竞争力法》第 VII 节处理外国政府采购问题，另外还有《反倾销法》与《反补贴法》、《1930 年关税法》"337 条款"处理所谓的知识产权侵权行为、《1974 年贸易法》"201 条款"所规范的保障措施、"421 条款"所规范的特殊保障措施、针对中国纺织品进口的特保条款、"贸易调整援助计划"及普惠制计划等。

监督补贴执行情况：美国《乌拉圭回合协定法》"281 条款"规定了 USTR

---

① 根据 TRCS 网站的信息，在适当的时候，这一体系将扩展到对其他贸易伙伴的贸易政策和趋势的监控。

和商务部在履行 WTO《补贴与反补贴措施协议》时的责任和义务。USTR 协调与执行美国在补贴方面的贸易政策,在 WTO 补贴与反补贴措施委员会中代表美国,在政策问题方面的机构间小组中起领导作用。商务部补贴执行局(SEO)负责审查补贴申诉,而一旦得到可靠的评估信息,USTR 和商务部及与一个机构间小组进行协商,以决定最为有效的解决方案。

监督外国反倾销和反补贴行动:监督其他国家和地区实施反倾销与反补贴措施的工作主要是由商务部来负责的,但 USTR 会发布相关的信息和年度报告,同时还会提供各成员反倾销与反补贴措施"WTO 通报"的网站链接。

(二)美国进口贸易摩擦预警机制

1. 商务部进口监督和预警机制

(1)《美国和墨西哥水泥贸易协定》监督机制。根据该协定,进口受"区域出口限制"的约束,美国商务部和墨西哥经济秘书处负责监控出口许可和进口许可体系。根据该协定,如果墨西哥水泥生产商成功地履行协定条款达到 3 年,反倾销税将撤销。

(2)补贴执行实施情况监控与预警机制(SEM)。补贴执行实施情况监控(Subsidies Enforcement Monitoring)的主要功能是帮助私人行业监控外国补贴的做法与变化趋势,并辨别 WTO 补贴协议允许救济的补贴,从而为私人部门和企业提供外国补贴方面的信息预警。这一机制主要由商务部进口管理司(Import Administration)负责操作,协调多边补贴执行的工作。补贴执行局(SEO)负责监督外国补贴,确定在 WTO《补贴与反补贴措施协议》下可寻求救济的补贴。

为此,SEO 成立了补贴电子图书馆,提供外国政府补贴行为的信息。监控系统将外国补贴的做法分为"可补贴做法"、"不可补贴做法"、"已终止使用的做法"、"未使用的做法"和"未发现存在的做法"五大类,并设置 5 个代码。同时,按照总体和行业两种类型,对各国、各地区的补贴进行详尽的分析并发布国别分析报告,以确定这些国家和地区所采取的补贴项目的合规性,预测特定国家和地区、行业或领域的补贴行为的变化趋势。

(3)钢铁进口监控与分析体系(SIMA)。由于钢铁"201 条款"案,商务部自 2003 年 1 月中旬开始通过钢铁进口许可体系收集进口数据。但从 2005 年 6 月 9 日起,商务部开始报告所有的钢铁产品。进口监控体系详细记录了许可信息,能够进行每周分析。自 2005 年 6 月 9 日,所有美国普查局界定的钢铁产品的进口都需要进口许可证。许可体系所收集的数据与美国普查局的相关数据一起构成"进口监控",进行预警并改变进口模式,其目的是为了减轻钢铁产品进口对美国钢铁行业的影响。

SIMA 汇总有关钢铁产品的详细许可证信息，并发布每周分析报告。数据分析的对象涵盖了美国普查局（US Bureau of the Census）"钢铁产品"目录中规定的全部进口产品。该系统将从许可证体系中收集到的资料与美国普查局公布的其他类似数据相对比，从而检测钢铁产品进口趋势的变化。

（4）纺织品与服装产品进口监控。国际贸易署纺织品与服装局负责提供海外市场要求和法规方面的信息，与美国企业一道消除贸易壁垒，促进美国纺织品与服装的销售；发布各类贸易数据和报告，如主要托运人报告、基本进口数据、知识产权报告和其他报告、进口配额现状报告、关税配额现状报告及其他的报告。

2. 农业部农产品进口监测和预警机制

（1）预警信息的收集。农业营销服务局（AMS）及时公布国内外市场的价格和海运信息，并通过互联网、印刷品、电话、传媒等方式进行发放。其产品和服务主要包括市场信息、海洋运费公告、国别运输报告、谷物运输报告等。

农业研究服务局（ARS）是美国农业部主要的本部研究机构，其最主要的服务是国家农业图书馆（NAL），包括八大中心：可选择农产系统信息中心（AFSIC）、动物福利信息中心（AWIC）、食品和营养信息中心（FNIC）、食品安全信息中心（FSIC）、入侵物种信息中心（ISIC）、农村信息中心（RIC）、技术转移信息中心（TTIC）和水质量信息中心（WQIC）。

动植物健康检验服务局（APHIS）积极参加动植物国际标准的制定；建立离岸有害物信息体系（OPIS），提供动植物检验服务，关注国外动植物健康事件和信息；推动国际能力建设，向发展中国家和地区提供培训和技术转移，识别和确定国外的健康危险并降低风险；实施走私、禁止与规范贸易（SITC）计划，防止动植物有害物、疾病或入侵物种的非法入境和禁止产品的非法分销。

经济研究服务局（ERS）向公众和私人部门提供农业、食品、自然资源和农村方面的经济研究和信息。通过一系列的产品和服务，ERS 不仅仅提供事实数据，而且，对许多重大的问题提供专业的经济分析。研究成果通过简报室、出版物、数据或其他的产品和服务的形式向公众发布。

食品安全和检验服务局（FSIS）发布肉类、家禽和蛋类产品检验名录，定期发布各类通告信息。在进出口方面，FSIS 负责确保进口到美国的肉类、家禽和蛋类产品符合美国的检验标准，并便利美国出口产品的认证。为此，FSIS 也发布各类进出口信息和数据。

（2）动植物健康检验服务局（APHIS）预警和反应机制。①动植物产品进出口许可。②动物健康监控体系。③疯牛病监控体系。④植物健康体系。⑤有害物和疾病申报、反应机制。⑥紧急反应。

（3）食品安全检验、保障、紧急反应机制。美国在制定和实施农产品等标准时，都将其与食品安全紧密联系在一起，强调法律法规的制定和实施都必须达到保护公众健康、安全以及环保的目的。美国食品安全已成体系，而这一体系则是建立在灵活、科学的联邦和州的法律基础之上，同时也赋予食品行业必要的食品质量控制权利。政府各有关机构和食品生产部门基本上都能做到有效的配合与协作。同时，美国食品安全体系重视以科学为基础的风险分析和预防，也就是说，美国食品安全法律、法规及政策都考虑了风险，并制定了相应的预防措施。

食品安全和检验服务局（FSIS）负责执行《联邦肉类检验法》、《家禽类产品检验法》、《蛋类产品检验法》，以确保满足美国的食品安全要求。

FSIS 还实行产品召回制度以及食品保障与紧急反应机制。FSIS 成立了食品保障与紧急反应局（OFDER）。对于自然灾害和其他紧急事件，FSIS 帮助产业和政府积极准备、监控、探察、做出反应并帮助灾后恢复工作，并为此建立了本土安全咨询体系。FSIS 的监督体系主要有：自动进口信息系统（AIIS）、消费者申诉监控体系（CCMS）和以绩效为基础的检验体系（PBIS）。同时，FSIS 还积极加强监督能力，建立了食品和农产品生物监督一体化系统（FABIS）、食品紧急反应网络（FERN）和电子图书馆交换网络（eLEXNET）。

（4）谷物检验、包装和仓储管理局违规申诉机制。谷物检验、包装和仓储管理局（GIPSA）建立了违规申诉机制，任何个人都可以向 GIPSA 报告谷物、家畜、肉类、家禽产业方面的违规或疑似违规行为。

3. 食品和药品管理局进口食品卫生监测和预警机制

健康与人类服务部下属的食品和药品管理局（FDA）负责确保食品的安全、卫生和正确标签，监控药品、医疗设备、血液产品、疫苗、化妆品、兽医药品、动物饲料、散发辐射的电子产品，确保其是安全和有效的。

（1）进口警报系统。进口运作和政策处（DIOP）负责管理和维护 FDA 的进口警报系统。进口警报系统在以下方面提供指导：向地方办事机构提供关于影响进口产品的不常见的或新的问题方面的指导，对疑似违法但没有进行检查的产品进行扣押方面的指导。

（2）拒绝进口报告（IRR）。取代之前的进口扣押报告（IDR）。《食品、药品和化妆品法》授权 FDA 对疑似违法的产品予以扣押。FDA 的地方办事机构发布"FDA 行动通告"，具体描述违法货主的性质状况。货主有权参加非正式的听证会，以提交证据。如果货主提交的证据仍旧显示违法或者未能提交使产品合法的计划，FDA 即发布另一个"FDA 行动通告"，拒绝该产品的进口，该产品须返回原出口地或在 90 日内销毁。IRR 的数据和信息来源于 FDA 进口支持运作与行政系统（OASIS），每月进行更新。IRR 按照国别和产品进行分类，其中，产品分类以产业编码（产品编码的前两位）为基础。IRR 提供的违法产品信息包括：原产国、制造商、拒绝进口的产品名称和城市名称、FDA 地方办事机构的名称、进口编号、产品编码、产品描述、日期、原因、部分拒绝进口行动等。

（3）进口食品预先通报。2002 年国会通过了《生物反恐法》，防止恐怖分子通过进口食品进行恐怖袭击活动。该法要求 FDA 在食品进口前得到预先通报或进口发盘。进口的预先通报使得 FDA 可以与海关与边境管理局（CBP）一起，有效地检验进口，帮助保护食品的安全供应以及应对其他的公共健康紧急事件。2003 年 10 月 9 日，监控与人类服务部（HHS）发布了两个新的 FDA 规则以加强食品供应安全。根据预先通报法规的规定，自 2003 年 12 月 12 日起，进入到美国的食品均需要提交预先通报。

（4）伪造品警报网络。2004 年 2 月，FDA 创建了伪造品警报网络，有三大目标：向公众发布关于伪造药品的具体警报信息以及曝光措施（如召回信息）；发布教育信息，使公众知晓消费者、药剂师、其他健康专业人员、批发商在确定伪造药品、报告可疑药品、防止伪造药品进入分销系统的过程中所发挥的作用及责任；为各个组织、消费者团体、产业代表建立发布信息的平台。如果确认为伪造事件，FDA 即发布警报。

（5）消费者安全警报。对于网上购买的药品和医疗产品，FDA 会列出危险产品名单，警报公众不要购买，提示公众这些产品有安全限制，非经过 FDA 批准，其生产过程没有受到 FDA 控制，其生产设备没有得到 FDA 的检验。

（6）问题申报制度。申报分为紧急情况和非紧急情况两种。针对不同的产品，可以申诉的渠道包括：消费者申诉协调员、FDA 地方办事机构、FDA 相关的机构和系统、申报电话。FDA 在网上公布了申报的表格。FDA 将对每一份报告进行评估，如果需要将向申报者要求更多的信息。

4. 其他重要的进口预警信息来源

国际贸易委员会（USITC）在授权范围内以公平和客观的态度管理美国的贸易救济法，并向总统、USTR 和国会提供独立的分析信息。USITC 的产业和经济分析计划包括：《1974 年贸易法》"131 条款"和《2002 年贸易法》"2104 条款"调查的经济影响，《1930 年关税法》"332 条款"下的贸易和竞争力问题分析，以及对新兴贸易问题的广泛的独立研究。适应美国贸易立法及新的国别和部门贸易动议的要求，ITC 也会在双边、多边和部门贸易谈判、第三国协定、区域和发展中国家和地区优惠计划、各种纺织品优惠计划、农产品贸易等领域，提供分析报告。

美国具有贸易职能的主要联邦机构共有 19 个。除了上面提及的政府机构之外，还主要有：

劳工部国际事务局与其他政府机构一起协调国际经济贸易、移民和劳工政策，制定国际童工标准，研究美国及国际贸易和移民政策对美国工人的影响。

健康与人类服务部进口规制事务局与海关一起监控进口法规的实施。向零售商人、代理商、批发商和消费者警报扣押的进口品。国际事务局与 FDA 一起参与美国产品进入外国市场以及外国产品进入美国市场的谈判。

财政部海关服务局负责巡逻边境以截取非法药品和其他的非法商品，执行美国关税政策，向进口企业和公众提供咨询。外国资产控制局负责管理针对外国的经济和贸易制裁、恐怖组织和国际麻醉药商人，必要时可以对交易进行控制并冻结外国资产。

司法部计算机犯罪和知识产权部门负责协调打击计算机犯罪以及知识产权侵权行为，执行《经济间谍法》，阻止并惩罚盗窃商业秘密行为。

联邦贸易委员会（FTC）负责打击国内外企业潜在的市场扭曲和不公平行为，从而保护消费者利益，还执行各种联邦反托拉斯和消费者保护法律。

环境保护署国际事务局负责协调国际环境政策，共享信息和技术，设定环保质量标准。杀虫剂计划局负责通过对使用杀虫剂的研究、测试和控制来保护美国食品的标准和安全，并与其他政府机构一起确保相关的国际协议与美国的国内标准相一致。

（三）美国产业及企业层面的预警机制

行业组织层面的预警机制主要包括以下几个方面：一是提供详尽、及时的数据信息，发布统计数据和研究报告；二是对进口商品的趋势进行监控，并发布评估报告；三是当有可能遭遇指控时，在事前发出警示；当指控已经立案生效时，则组织企业集体应诉；四是对外国市场动态和贸易政策变化的调查和监控，通过在外国的派出机构搜集各类信息。

美国在处理贸易争端解决问题时存在着一条国内政策程序的运作路径，这就是"企业/企业行会—商务部—国会—总统"。也就是说，当企业在对外贸易中与贸易伙伴发生贸易争端时，能够通过一条畅通的路径动员所有能够动员的政策机构乃至国家首脑为维护自身利益、解决贸易争端进行积极而有序的政策操作，最大限度地实现自己的政策意图。这种运作路径在钢铁、纺织品、农产品等贸易争端中表现得淋漓尽致。当国际贸易争端发生之时，美国企业首先要做的也不是到 WTO 对簿公堂，而往往是先要通过取得国内行业组织和商会的支持，这种贸易争端的解决程序一方面争取了有利于利益砝码向自己一方倾斜的法律依据；另一方面也能够尽力开拓讨价还价和斡旋妥协的谈判空间。

在企业层面，美国的大企业在经济贸易预警方面每年都投入很大，很多企业都有专人来负责对自己公司的目标市场进行监控。如果没有本部（in-house）分析员，他们将委托专门的咨询公司，为他们提供量身定做的市场分析服务。

二、美国贸易摩擦与争端解决机制

（一）美国贸易摩擦与争端解决机制的管理架构

美国贸易争端解决机制涉及的管理机关主要有贸易代表办公室、商务部，以及一个独立机构——国际贸易委员会。此外，国务院、财政部、海关总署以及农业部、劳工部、能源部等也在其各自职权范围内参与争端解决。

除了国会和上述具有对外贸易管理职能的行政部门外，由于司法部门也具有司法审查的功能，因而对贸易摩擦与争端解决发挥着重要影响。美国专门设有国际贸易法院和联邦巡回区上诉法院，分别受理一审和二审的国际贸易案件。

1. 国会（US Congress）

国会最主要和最明显的任务是立法。在美国国内，国会是最高级别的立法机构，制定影响每一个美国人的法律。立法经常需要在一些有争议的问题上做出决定，例如，联邦预算等。但是，国会最终考虑的大部分提案并不是由它本身发起的。大部分提案来自于执行机构，也有很多提案来自政党和国内利益集团。提案的拥护者的目的是通过一系列妥协、利益交换以及大量的辩论和讨论，建立一个占据多数的联盟来制定国家政策。

2. 贸易代表办公室（USTR）

（1）USTR——统领全局的总统"代理人"。USTR是总统贸易政策制定和协调的全权代表，是负责贸易政策（行政方面的）最高政府机构。它负责制定和协调美国的国际贸易、商品与直接投资政策，以及领导和指导与其他国家和地区谈判等事务。贸易谈判代表作为内阁成员，是总统的首席贸易与投资政策顾问、谈判代表和发言人。因此，美国国内许多学者将USTR称为总统贸易方面的"经纪人"或者"代理人"。[1]

（2）USTR的三级跨部门协调机制。美国贸易代表办公室的运作机制是通过三级跨部门的委员会（Three Tiers of Committees），即国家经济委员会（National

---

[1] Saxonhouse, Gary R., "Dispute Settlement at the WTO and the Dole Commission: USTR Resources and Success" August 2, 2001. In Robert M. Stern, ed., *Issues and Options for U. S. Trade Policies*, University of Michigan Press, 2002, pp. 363 – 383.

Economic Council)、贸易政策审议委员会（TPRG）和贸易政策工作委员会（TPSC）之间的跨部门贸易政策协调来实现的。TPSC 和 TPRG 归属贸易代表办公室管理，由 19 个联邦政府机构组成，主要负责美国国际贸易政策及与贸易相关的投资政策制定和协调，这些机构构成了有关贸易政策制定和政策协调的次内阁级运行机制（Sub-cabinet level mechanism）。① 这种跨部门贸易政策协调的最高层次是国家经济委员会（NEC），它直接在总统领导下工作。

（3）USTR 的顾问委员会制度。美国国会于 1974 年建立了私人部门顾问委员会制度。贸易政策顾问委员会制度由 26 个顾问委员会构成，大约有 700 名顾问。这一制度采用三级运行模式：即包括总统贸易政策与谈判顾问委员会、4 个政策顾问委员会和 22 个技术性专门顾问委员会。这 22 个技术性专门委员会主要覆盖工业和农业两大领域，其代表分别由 USTR 与商务部部长、USTR 和农业部部长共同任命。每个技术性专门顾问委员会都代表一个特定的部门或产品集团（比如，纺织品、奶制品等），并就特定决策对该部门或集团的影响提供专业技术性建议。

美国贸易代表办公室集中几方力量为合力，对各部门及其相关领域做到专业、细致的分工，这种模式为贸易谈判、争端解决奠定了坚实的专业基础（见图 10 – 1）。

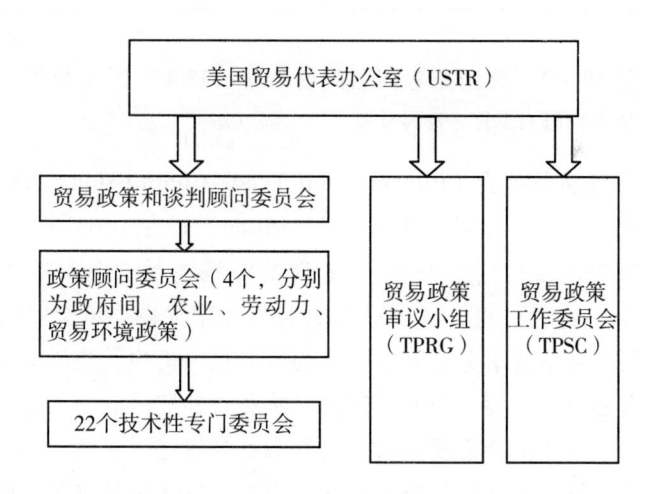

图 10 – 1　美国贸易代表办公室（USTR）组织架构

资料来源：笔者根据 USTR 官方资料整理。

3. 商务部国际贸易署（International Trade Administration，ITA）

美国商务部统领贸易事务的行政机关，其下设的诸多局、办，在美国的行政

---

① James McCall Smith, "Domestic Politics and WTO Dispute Settlement Reform."

架构和行政程序下享有相当的独立性，同时又能进行有效的协作。商务部下属国际贸易署的职能在于鼓励、促进和发展世界贸易，把美国本土的公司推向世界，寻求出口销售的海外市场。具体而言，美国之所以设立这个行政部门，其主要意图是向国内企业和公司提供信息，帮助它们了解"何地、何时以及如何"从事进出口业务，进口和出口"何种产品"才能有利可图（见图10-2）。

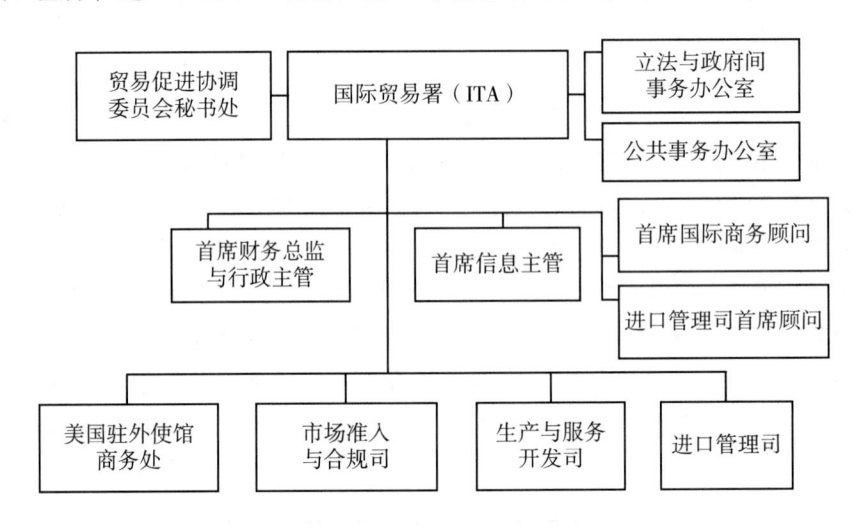

图 10-2　美国商务部国际贸易署（ITA）组织架构

资料来源：笔者根据 ITA 官方资料整理。

4. 美国国际贸易委员会（International Trade Commission，ITC）

国际贸易委员会是一个两党联立（bipartisan）的独立准司法（independent quasijudicial）机构，其前身是 1916 年成立的关税委员会（U. S. Tariff Commission），《1917 年贸易法》将关税委员会更名为国际贸易委员会。国际贸易委员会的现行职能是负责贸易事务的调查，并为政府执行机构、美国国会及其他政府机构和美国公众起草和撰写各类有关国际经济和对外贸易的书面报告。为了履行上述职责，国际贸易委员会需要进行广泛的调查与研究，并就美国商业政策和国际贸易政策提出建议。国际贸易委员会在调查与研究领域具有很高的专业水准。

国际贸易委员会在评估产业竞争力和国内产业损害时，开发和使用了商业政策分析系统（Commercial Policy Analysis System，COMPSA）[①]。COMPAS 主要适用于反倾销等贸易争端的调查期间或调查之前。国际贸易委员会在评估进口产品对国内产业的影响时，经常参照 COMPAS 模型的分析结果。该模型可以用来估计不存在倾

[①] Commercial Policy Analysis System 是一种可计算的局部均衡（Computable Partial Equilibrium，CPE）模型，用来分析进口品数量与价格、关税等变化对国内产业的影响。

销时,国内某行业的市场价格和销量,并以此来估计倾销对国内某行业收益的冲击。

5. 美国国际贸易法院（Court of International Trade）

国际贸易法院根据《美国宪法》第 3 条设立,它行使下列案件的司法审查权（judicial review）：第一,因进口交易引起的民事申诉（civil actions）；第二,因某些联邦成文法引起的民事申诉[①]。美国国际贸易法院对因下列事项提起的民事申诉拥有专属管辖权：进口交易；政府机构做出的有关反补贴税和反倾销税的最终行政决定；因外国进口而遭受经济损害的工人、公司和社会团体请求获得贸易调整援助的资格问题；披露商业机密引发的纠纷；报废或吊销报关经纪人资格证而引发的纠纷。

6. 贸易摩擦与争端程序中各政府行政部门的职责分工与互动

（1）行政部门在贸易摩擦与争端调查程序中的分工与互动。贸易摩擦与争端的调查程序可以由美国商务部依据其职权启动,也可以由美国国内的"受害产业"（受害企业、团体或协会）申请启动。商务部国际贸易署（ITA）决定是否存在可抵消的补贴,或是否存在低于公平价值销售的情况,以及需要征收多大幅度的额外关税才能够抵消补贴或低价倾销带来的损害。国际贸易委员会（ITC）决定国内产业是否实际遭受了实质性损害或受到实质性损害的威胁。

（2）行政部门之间的协调配合与资源共享。美国国际贸易的最高权力机构是美国国会,贸易政策的执行主体包括总统、美国贸易代表办公室、商务部、国际贸易委员会等。这些主体机构在贸易法规范的不同领域,相互之间密切配合、共享资源,并与不同产业部门保持有效的协调。比如,美国《乌拉圭回合协定法》确立了美国贸易代表办公室（USTR）和美国商务部（DOC）的特殊补贴执行职责,行使美国的多边权利、应对和救济有损美国生产者利益的补贴行为。根据该法案第 281(f)(4) 款的规定,贸易代表办公室和商务部的共同职责之一是向美国国会提交年度报告,汇报过去一年美国政府对非法补贴的监控和执行情况。2007 年 2 月 1 日,贸易代表办公室和商务部向国会提交了《2007 年补贴执行报告》。该《报告》详细列举了贸易代表办公室和商务部在同其他职能部门的密切合作下,为加强国际贸易规则、打击非法补贴以及反对外国政府在工业领域（包括航空业、钢铁行业、造纸业、半导体和肥料行业）而采取的各种努力,以及对全球范围内的非法补贴行为进行监控和提起申诉的情况。

[①] 国际贸易法院之前曾经存在过两个机构：其一是总估价官委员会（the Board of General Appraisers）和美国海关法院。前者是内设于美国财政部的一个准司法的行政单位。凡是由美国海关官员根据关税法做出的进口税额之评定结论,都需要经过总估价官委员会的最后审查。后者是一个本质上职能重叠的机构,享有与前者相同的管辖权和权力。

（二）美国贸易摩擦与争端解决的法律制度

1. 双边磋商解决机制

（1）制度基础。美国签署的双边自由贸易协定（FTA）为争端解决机制提供了制度基础。20 世纪 80 年代后期以来，美国贸易政策的一个突出变化，就是一改过去对自由贸易协定的漠视态度，转而采取多边、区域及双边并重的政策，近两年来更是逐步推进，一个以美国为中心，覆盖全球的双边自由贸易协定网络正在计划和形成之中。① 截至 2007 年 1 月，美国已经与澳大利亚、巴林、智利、以色列、约旦、马来西亚、摩洛哥、阿曼、巴拿马、韩国、新加坡、南部非洲关税同盟、泰国、阿拉伯联合酋长国以及多米尼加—中美洲 5 国（哥斯达黎加、萨尔瓦多、危地马拉、洪都拉斯、尼加拉瓜）签署了自由贸易协定。这些双边贸易协定都具有针对争端解决的条款，并规定了公开、透明的争端解决程序，涉及公开听证、各方提交法律文件、特殊的劳工或环境方面的经验以及第三方向争端解决小组提出观点的机会等方面。②

（2）体制层面。为了加强贸易摩擦和争端的双边磋商，美国政府设立了一些专门的机构，这些机构的职责是搜集信息，与外国相应部门进行接触和对话，并指导美国企业同贸易伙伴就多种多样的贸易摩擦和争端进行双边磋商。这一体制由贸易代表办公室、商务部国际贸易署（下属的"贸易合规中心"）等部门组成。

（3）工作程序层面。以贸易合规中心（TCC）为例，TCC 隶属于商务部国际贸易署（ITA），是监控外国贸易协定遵守情况以及贸易政策的核心部门。倘若 TCC 及政府贸易专家认为，某种贸易壁垒是由于未能履行有关的贸易协定而导致的结果，它就会搜集和汇总相关事实和信息，并通过政府高级官员和美国驻外使领馆与外国相应部门接触和对话。如果必要，商务部部长、负责国际贸易事务的副部长及其他高层官员将与这些国家和地区的相应部门联系和接触③。

2. 美国利用区域贸易协议解决贸易争端

美国积极利用 NAFTA 解决与加拿大和墨西哥等国的贸易争端。首先，NAFTA 第 11 章确定了解决投资者与东道国之间有关财产权利争端的解决机制；第 20 章规定了缔约国之间的一般性（general）争端解决机制；第 14 章对如何利用

---

① Andriamananjara, Soamiely and Marinos Tsigas. 2003. Free Trade Agreements with the United States: What Can We Learn from 65 Simulations? U. S. International Trade Commission, Washington, D. C. (June 5).

② Office of the United States Trade Representative, 2000 Trade Policy Agenda and 1999 Annual Report of the President of the United States on the Trade Agreements Program (Washington, D. C., 2000), Chapter 2.

③ 笔者根据美国商务部国际贸易署（Internatiobnal Trade Administration, Department of Commerce USA）网站资料整理。

第20章争端解决程序解决金融部门争端作了具体规定；第19章建立了一套审查机制，确定国内法庭做出反倾销和反补贴税的最终决定是否与其国内法一致。其次，NAFTA第11章是对于投资问题的专门规定，其中A节（第1101~1114条）规定适用于投资的实体规范；B节（第1115~1138条）则规定了缔约国与投资者之间的争端解决机制。此外，NAFTA成员根据北美环境合作协定和北美劳工合作协定分别建立了关于国内环境法和劳工法的政府间争端解决机制。NAFTA不仅设立了一个一般争端解决机制，而且在此基础上，针对各种特殊问题设立了不同的争端解决机制。这种机制针对性强，有利于问题的解决，但机制选择的冲突也在所难免。[①] 对于缔约国之间争端的解决，NAFTA规定的贸易争端解决程序是：协商（贸委会干预）—向法庭提出申诉—法庭程序—付诸实施[②]。

（1）协商——贸易委员会干预（调停、斡旋、协商等）。只要出现任何可能影响成员方权利的事情，该国（地区）政府可要求和其他有关国家和地区的政府进行磋商，后者将尽快给予答复。自由贸易协定规定首先以协商作为解决争端的方式。第三国（地区）有权参加两国（地区）间的磋商，或自行进行磋商。倘若磋商在30~45天内仍不能解决问题，任何一国（地区）都可召集贸易委员会召开全体会议。贸易委员会将力求通过调停、斡旋、协商或其他调解争执的手段，迅速找到解决争端的办法。

（2）向法庭提出申诉（包括法庭的选择）。如果在贸易委员会干预后，仍不能找到互相满意的解决办法，任何当事方都可要求设立解决争端的法庭。如果争端可提交WTO或自由贸易协定所在地设立的法庭，要求方可在两者中自由择一；如第三国（地区）希望提交另一个法庭，争端的两个当事国将协商决定选择一个；一般情况下，如两国（地区）不能达成一致意见，申诉将在根据协定规定的仲裁法庭进行。

（3）法庭程序（court proceeding）。如果要求国决定通过自由贸易协定程序解决争端，可以要求设立一个仲裁法庭。第三国（地区）可作为请求方参加，或只限于保持口头和书面联系。法庭负责提出事实结论、确定特定行为是否违反自由贸易协定义务，并提出解决争端的建议[③]。

---

① 费赫夫：《北美自由贸易区——一般争端解决机制的运行分析》，载《法制与经济》2006年第6期。

② Brown, Drusilla K., Alan V. Deardorff, and Robert M. Stern, "Impacts on NAFTA Members of Multilateral and Regional Trading Arrangements and Initiatives and Harmonization of NAFTA's External Tariffs" June 15, 2001; in Richard G. Harris, ed., *North American Linkages*: *Opportunities and Challenges for Canada*, Calgary: University of Calgary Press, 2003, pp. 359 – 390.

③ 法庭由5位成员组成，一般是从三方一致同意的名单中挑选，名单中包括法律、贸易或其他有关方面的专家，他们可来自任何国家和地区，包括自由贸易协定的非成员方。协定预定一份解决有关金融服务方面争端的特别专家名单。

（4）付诸实施和不执行（non-implementation）。自收到法庭报告之日起，争端方应就争端的解决办法达成一致意见，解决办法一般应遵循法庭的建议（见图10-3）。

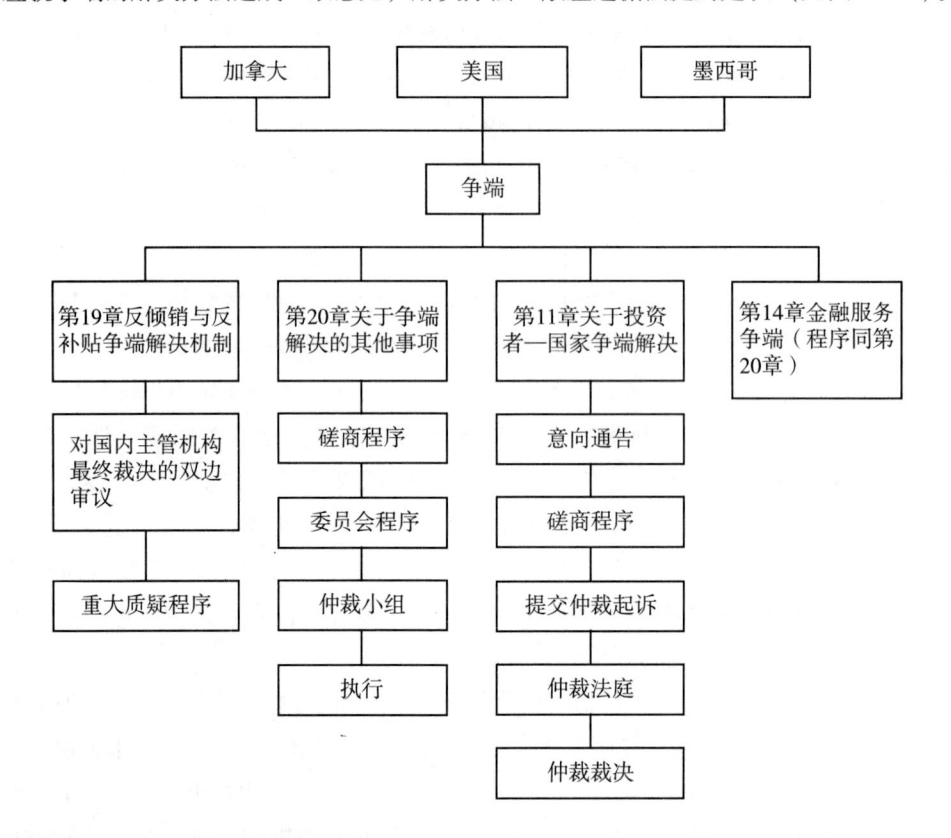

图10-3　北美自由贸易区（NAFTA）争端解决机制流程

资料来源：笔者根据加拿大国际贸易部（Foreign Affairs and International Trade Canada, DFAIT）资料整理。

诚然，北美自由贸易区毕竟是发达国家和发展中国家之间的一种合作机制，因此，这一机制不可避免地带有某些实用主义色彩，如争端解决管理机构——自由贸易委员会——本身就是行政性机构。同时，这一机制保留了斡旋、调停、调解等ADR方式。即使进入专家组程序，也只是诉诸仲裁的方法，而不是WTO的那种如同法院审理案件的方法。①

3. 美国利用WTO多边机制解决贸易争端

按照WTO的争端解决机制，完整地处理一场争端要分为如下几个步骤：双

---

① President of the United States. 1997. Study on the Operation and Effects of the North American Free Trade Agreement. Washington, D. C. （July）.

边磋商（大约 2 个月，可延长）、成立专家组（45 天）、专家组展开调查并向争端方公布裁决报告（6 个月）、专家组向所有成员公布裁决报告（3 周）、争端解决机构通过裁决报告（2 个月），所有这些程序完成要用 1 年多的时间，而如果被告对判决有疑问并提出上诉的话，则还要再耗费至少 3～4 个月的时间。可见，完整地解决一场争端是一个漫长的过程。①

从本质上讲，WTO 争端解决机制还是一种鼓励通过协商解决争端的机制。WTO 自身对其争端解决机制是这样描述的：争端解决机制的要旨并不在于裁决孰是孰非，而是尽可能地促使有关方以协商的方式解决争端；虽然从运作程序上看，这种机制像是法庭审理案件，但实际上它更倾向于促使有关成员通过讨论和协商的方式自行解决争端。②

作为世界第一经济强国和最大的进出口国，美国是利用 WTO 争端解决机制最多的国家。根据美国贸易代表办公室（USTR）的统计数据，截至 2008 年 10 月 2 日，美国作为申诉方提起的案件共 86 起，其中 57 起已经结案，4 起并入其他申诉案件，7 起尚处于申诉程序，18 起处于申诉前磋商阶段或暂时搁置状态。具体是 26 起未完成申诉程序但已按美国满意的方式解决，29 起美国在核心问题上胜诉，4 起美国未在核心问题上取胜，3 起处于上诉阶段，14 起处于专家小组阶段，2 起处于磋商阶段，16 起处于监控进展或搁置状态。③

另一方面，根据美国贸易代表办公室（USTR）的统计数据，截至 2008 年 10 月 2 日，美国作为应诉方的案件共 122 起，其中 70 起已结案，26 起与其他案件合并，6 起尚处于申诉程序、20 起处于申诉前磋商阶段或暂时搁置状态。其中有 19 起未完成申诉程序即解决，15 起美国在核心问题上胜诉，36 起未在核心问题上取胜，1 起处于上诉阶段，5 起处于专家小组阶段，1 起处于磋商阶段，19 起处于监控进展或搁置中。④

4. 单边机制——国内法律程序及政府部门互动

贸易摩擦与争端解决机制是一国处理对外贸易争端时形成的固定程序或方式，这种程序或方式一般由静态和动态结构组成，静态结构是指应对贸易摩擦的相关法律法规、部门规章、政策及相关主体的自身规定和规章等；动态结构指应对贸易摩擦的主体根据静态结构具体实施时所形成的固定处理模式。

---

① William J. Davey, "The WTO Dispute Settlement System," Journal of International Economic Law Vol. 3 No. 1.

② Deardorff, Alan V. and Robert M. Stern. 2001. "What the Public Should Know about Globalization and the World Trade Organization," Review of International Economics, August 2002.

③④ 单项数据与总数不吻合的原因是美国贸易代表办公室提供的原始资料可能有误，参见 USTR：Snapshot of WTO Cases Involving the United States, http：www.ustr.gov/Trade Agreements/Monitoring Enforcement/Dispute Settlement/WTO/Section Index.html。

(1) 反倾销措施的执行机构与主管部门互动机制（见图10-4）。

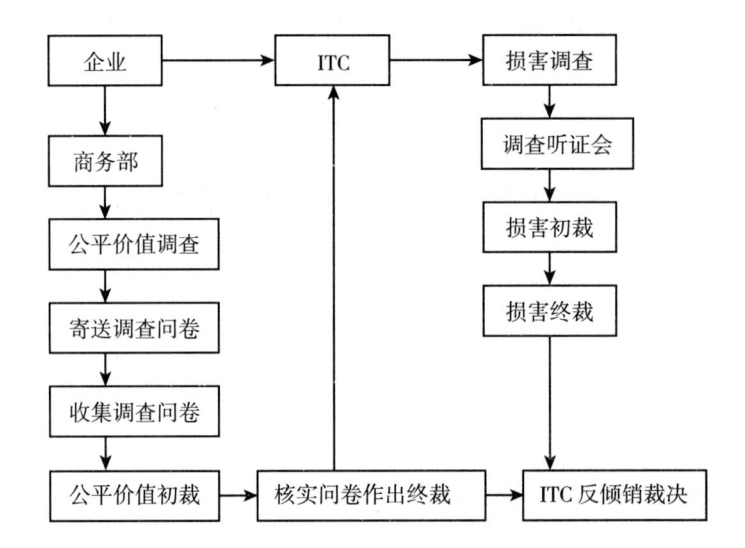

图10-4 美国反倾销案件的调查与解决程序流程

（2）反补贴案件的解决机制与主管部门的互动。一旦商务部（DOC）发现出口到美国的产品存在补贴，将计算出企业所得到的补贴额，并征收相应的反补贴税。

（3）"反不公平竞争"贸易争端的解决与行政部门的互动。《美国关税法》第337条款规定，凡是通过不公平的做法将产品出口到美国进行竞争，而该产品对美国同类产业带来了实质性损害，或者妨碍了同类产业的建立，都要给予惩罚（见图10-5）。

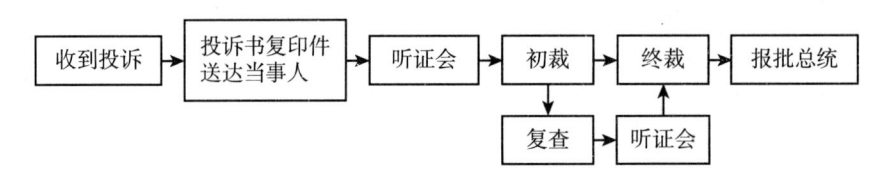

图10-5 美国"反不公平竞争"贸易争端的解决程序

（4）美国贸易摩擦解决机制的核心："301条款"。从某种意义上讲，美国的争端解决机制是一种带有强烈"进攻性"的机制，而这种机制的核心就是"301条款"。实施"301条款"的法律程序为：投诉—调查和磋商—行动。"301条款"的执行部门是贸易代表办公室（USTR），负责接受投诉，进行调查和磋商，主持跨机构组织"301委员会"，决定是否采取行动及采取何种行动。虽然美国总统有权根据"301条款"主动采取措施，但通常来看，总统所做出的决定都是经过 USTR 调查后才做出的（见图10-6）。

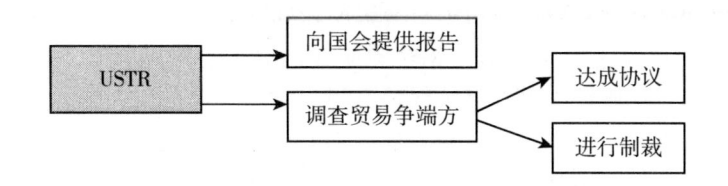

图 10-6　美国"301 条款"调查与争端解决的流程

（5）与美国贸易摩擦严重国家和地区的贸易争端解决。针对与美国贸易摩擦严重国家和地区的贸易争端采取单边措施的法律依据是"超级 301 条款"。贸易代表办公室每年向国会提交"外国贸易壁垒"报告，并以此确定进行贸易自由化的重点国家和地区，即确定对付各国、各地区及各种不公平贸易行为的"优先次序"，然后寻求通过谈判消除报告中所列举的障碍。

（6）解决知识产权保护争端的单边机制。针对知识产权保护贸易争端采取单边措施的法律依据是"特别 301 条款"。

（7）"201 条款"保障措施。"201 条款"保障措施的调查机构是国际贸委会（ITC）。在由于不公平进口竞争而导致同类产业受到损害时，任何受害的贸易团体、协会、工会、企业等都可以向 ITC 提出申诉，对于"201 条款"，除了根据原告申诉发起调查以外，ITC 也可以根据总统或 USTR 的指令进行调查，甚至可由 ITC 本身主动发起调查（见图 10-7）。

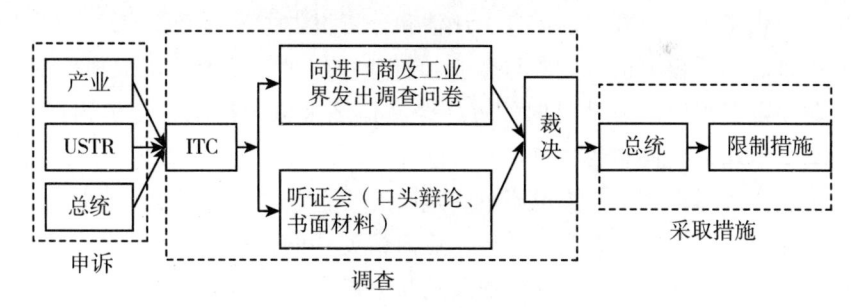

图 10-7　"201 条款"争端调查与解决的流程

（8）农业部"保护美国农业发展计划"项下的贸易争端解决机制。如果农业部长认为，进口的某项农产品对美国农业计划带来了干扰，或使得美国的某项农业计划无法实现，他可以向总统报告并提出措施建议。

5. 美国贸易争端解决机制的局限性

日、美两国于 1972 年 1 月签署《日美纺织品协定》后，美国相继与韩国和中国香港地区签署了纺织品协议，1974 年在 GATT 框架内签署了《国际纺织品协定》（MFA）。根据 MFA，美国、欧盟、加拿大、澳大利亚等发达国家相继与发展中国家和地区签署协议，对进口纺织品实施数量限制，纺织品成为完全贸易管制商品。2005年1月1日后，虽纺织品配额取消，但以美欧为首的发达国家继而采用特保或反倾销等措施继续保护本国纺织业。但是，美国的贸易保护主义政策并没有带来美国纺织业的重新崛起，而是带来消费者、零售商福利的下降。因此，美国虽然在利用争端解决机制方面经验丰富，娴熟地使用各种贸易救济措施，但从国内产业的竞争力的意义上说，从国家利益、产业发展和安全的角度综合考量，美国是某种程度上的失败者。一方面，这种失败表现在争端解决并没有带来国内产业竞争力的真正跃升。另一方面，对于发展中国国家和地区来说，妥协让步不是解决贸易摩擦最适当的政策选择，这种自行放弃本国在世界经济中的长期利益的行为，降低了一国的竞争力，并且还会招致摩擦升级，助长贸易保护主义范围扩大并对发展中国家和地区的产业升级形成严重障碍。

（三）美国贸易摩擦与争端解决中的企业及行业协会组织

行业协会是一些为达到共同目标而自愿组织起来的同行或商人的团体。行业协会作为企业主的利益集团，代表企业界的各种利益。在贸易争端解决过程中，美国政府与企业、行业协会之间沟通顺畅，配合默契。美国产业界维护自身利益的意识很强，而各类行业中介组织在为企业提供国外贸易壁垒信息服务，游说政府采取相关措施方面也发挥着重要的作用。一方面，企业和行业中介组织为政府调查工作提供了大量的数据、信息、评估和分析报告；另一方面，政府在实施调查和采取措施的过程中也有义务与企业和行业组织进行协商，听取他们的意见。上述机制保证了美国政府针对国外贸易壁垒措施采取的措施符合美国产业的利益，提高了争端解决机制的针对性和有效性。

美国协会团体不是工会，也不单纯是政府与企业之间的桥梁。它是一个利益集团，行业协会团体中既有商界领袖、业内精英，也有一批专家学者。协会团体为成员提供全面服务，不仅包括组织展览与会议、出版刊物、举办讲座，而且还制定行规与产业发展规划，并代表成员向政府争取有利的立法支持。美国的政府官员与国会议员都十分尊重美国的协会团体，因为这是他们为社会服务的具体表现，也可以通过商会团体来争取竞选捐款和票源。归纳起来，行业协会在贸易争端解决中的角色主要有以下三个方面：

1. 信息沟通平台

为成员、政府和市场提供信息是行业协会的一项主要职能。行业协会大都有健全的信息渠道，提供包括市场、技术、社会甚至政治情报等信息。美国的行业协会组织在向立法和政府机构建议时，往往不以个人或整个组织名义讲话，而是以具体的定量数据反映本协会成员中有多少赞成或反对某项法案，并说明其理由。

2. 组织协调者和提供证据者

美国行业协会对内注重协调行业规划、业务指导、市场调查；对外注重协调成员与政府、成员与公众、成员与其他社会团体之间的关系，具体表现在利用多边保障机制，维护国内企业的利益。行业协会在这一工作当中担当了发起者、组织协调者和提供证据者的角色。这是因为提出贸易救济调查申请必须出具产业损害证据，单个企业的资源毕竟有限，而行业组织往往拥有本行业的统计数据，同时能够调动行业内成员企业收集资料。

3. 贸易争端解决中的代表行业利益

在参与贸易争端的申诉或应诉方面，行业协会的作用主要体现在：在为了国家安全目的实施保障措施的过程中，美国参议院指出，总统应考虑外国竞争对国内单个产业经济福利的影响，并考虑失业、技能的丧失等因素。因此，行业协会成为沟通政府和企业之间信息交流的有力渠道；在反倾销调查程序中，美国法律规定："利益方包括大多数成员在美国制造、生产或批发国内相同产品的贸易或商业联合体；大多数成员为上述利益方组成的联合体；在涉及从事生产加工农产品的产业调查中，作为加工商、加工商和生产商、加工商和种植商代表的联盟或贸易协会。"同时，美国国际贸易委员会在《反倾销与反补贴手册》中建议："申诉人应尽可能清楚地证明他们是代表某一产业提起申诉的。"在反补贴调查程序中，法律甚至明确规定，反补贴调查的申诉必须由行业或代表行业提出。

三、欧盟贸易摩擦预警机制

为了保护企业和消费者的利益，欧盟逐步建立并完善了贸易摩擦预警机制。

（一）欧盟政府层面的预警机制

1. 欧盟的进口预警机制

（1）进口监督机制。共同体于1970年颁布第一批关于共同进口制度的基本条例，之后几经修订，但其基本的模式不变，区别市场经济国家和地区的进口和国营贸易国家（地区）的进口，并允许保持国别进口数量限制措施。1994年3月7日，共同体颁布了新的条例：适用于绝大多数国家的第518/94号条例以及适用于特定第三国的第519/94号条例。[①] 为了履行乌拉圭回合谈判所达成的《保障协议》，共同体以第3285/94号条例[②]取代了第518/94号条例。第3285/94号条例

[①] 后经第839/95号、第139/96号、第168/96号、第1138/98号及第427/2003号条例所修订。

[②] 后经第139/96号、第2315/96号、第2474/2000号和第2200/2004号条例所修订。

适用于除了纺织品之外的来自第三方的产品进口。第 3285/94 号条例适用于 WTO 成员以及未列入第 519/94 号条例的非 WTO 成员。第 519/94 号条例则适用于阿尔巴尼亚、独联体国家（CIS）和一些亚洲国家（朝鲜、中国、蒙古和越南）。根据这两个条例，欧盟各成员国有权采取措施，以保障共同体产品免受第三方进口产品竞争所带来的损害性影响。这两个条例规定了欧盟所采取的监督措施，包含追溯性监督、预先监督和区域预先监督三种，后两种措施要求以进口单证作为产品自由流入共同体及其区域市场的条件。共同体各国任一产业部门的进口商均可在规定时间内免费获得其所申请数额的进口单证。第 519/94 号条例和第 3285/94 号条例规定了对进入共同体市场的进口产品进行的监督。这两个条例在此方面的规定大都一致，但在重要条款上则存在着差别，即前者规定的监督比后者缺乏贸易中立性，更加带有贸易限制倾向。第 519/94 号条例和第 3285/94 号条例实施监督的条件迥然不同。前者规定了两个条件，即监督应在"进口趋势构成对共同体厂商的威胁"或"共同体利益有此要求"时。而后者仅有"共同体利益有此要求"一种情况。实际上，根据第 519/94 号条例而实施的预先监督措施意在监督进口趋势。可见，第 519/94 号条例在实施监督措施的标准方面并不像第 3285/94 号条例那样严格。而且，当出现与保障措施适用条件相似的情况下，根据"共同体利益条款"的规定，进口单证的有限期会受限，单证的发放也可能附带其他条件，此时的预先监督措施便具备了限制进口的效果。[①]

为对这些进口单证进行管理，欧盟专门建立了 SIGL 系统。该系统是欧委会贸易总司专门针对纺织品和服装、鞋类、钢铁产品进口许可管理而设立的"许可证一体化管理系统（Système Intégré de Gestion de Licences，简称 SIGL 系统）"。①针对来自某些第三方特定钢铁产品的预先监督。②针对来自某些第三方的特定纺织品进口的单一预先监督。③针对来自某些第三方的特定鞋类产品进口的预先监督。

（2）基于产品安全目的而实施的快速预警机制。①非食品消费品快速预警体系（RAPEX）根据关于一般产品安全（GPSD）的第 2001/95 号指令，[②] 欧盟建立了针对危险的非食品产品的快速预警体系。RAPEX 完全适用于不属于部门指令之外的所有消费品，部分适用于有部门立法的消费品。目前，RAPEX 涵盖的地域范围包括欧盟 27 国以及欧洲自由贸易联盟/欧洲经济区成员国挪威、冰岛以及列支敦士登。2004 年 4 月，欧委会通过了 RAPEX 指导手册，详细规定了确定严重风险的标准、RAPEX 通报的内容、提交通报的最后期限及通报的传播、通报后的后续行动、欧委会对通报的审查、RAPEX 下沟通信息的网络、RAPEX

---

① 陈文敬等主编：《中国面对的贸易壁垒》，中国对外经济贸易出版社 1999 年版，第 63～64 页。
② 1992 年欧共体通过了一般产品安全指令（92/59/EC），后被第 2001/95 号指令所修订，也称新一般产品安全指令，并于 2004 年 1 月 15 日之前转化为成员国法律。

和其他通报机制的协调、不构成严重风险的产品的通报程序。同时，对于RA-PEX下所通报的措施，如果存在其他的通报机制，也同样需要予以通报。为此，欧委会还专门公布了处理GPSD与某些部门指令之间关系的指导文件。②食品和饲料快速预警机制。欧盟自1979年始在其成员国中间建立快速警报系统，各成员国有责任在消费者的健康遭受严重风险时提供信息。根据第178/2002号条例，① 在欧盟委员会的网站上，每周都会有对一周所发布的通报进行的总结。每年，还会发布详细的年度报告，对全年的情况进行分析。根据2005年的年度报告可知，通过RASFF所发出通告的数量呈现出逐年上升的态势：1999年为698条、2000年为823条、2001年为1567条、2002年为3024条、2003年为4414条、2004年为5562条、2005为6897条。2005年向欧盟出口食品及饲料的国家被通报的次数依次是伊朗474次、中国249次、土耳其199次、印度138次、西班牙126次、巴西125次、越南124次、泰国117次、德国115次、意大利114次（见图10-8）。② ③其他产品部门的预警和通报机制。尽管欧盟建立了针对一般消费品的快速预警体系及其一般规则，但同时也在发布的部门立法和指令中规定了通报机制，而且，原则上这些部门规定优先于一般规则。GPSD第1条第2款规定了其与部门指令的关系，但仅限于原则性的规定。为处理两者之间的关系，欧委会先后公布了两份处理GPSD与某些部门指令之间关系的指导文件。根据GPSD第1条第2款的规定，GPSD不适用于那些具体部门立法所涉及的具有风险或风险类型的产品。当特定部门的共同体立法规定了对特定风险或风险类型的安全要求时，由该特定立法决定相关的义务，GPSD适用于其他风险。然而对于何为风险或风险类型，并没有明确的法律界定，但从GPSD的范围来看［GPSD第2条（b）段］，它仅涵盖与人类健康和安全相关的风险和风险类型，如化学风险、机械风险、热风险、电风险、噪音和易燃性。但不包括诸如环境风险、动植物健康风险和金融风险等风险。从欧盟的立法来看，这些特定的部门立法主要包括玩具指令③、关于有电压限制的设备的指令④、个人保护设备指令⑤、化妆品指令⑥（见表10-1、表10-2）。

---

① 该条例设定了欧盟食品法的总体原则和要求，设立了欧洲食品安全管理局并确立了食品安全方面的程序性规定。条例第50~52条规定了RASFF的范围和程序。
② EC, "The Rapid Alert System for Food and Feed (RASFF) Annual Report 2005".
③ EEC第88/378号指令，后被EEC第93/68号指令所修订。
④ EEC第73/23号指令，后被EEC第93/68号指令所修订并引入CE标志。
⑤ 1989年12月21日通过，后几经修订，最近一次的修订是EC第96/58号指令。
⑥ 1976年7月27日通过的第76/768号指令，后几经修订，最近一次的修订是EC第2003/15号指令。

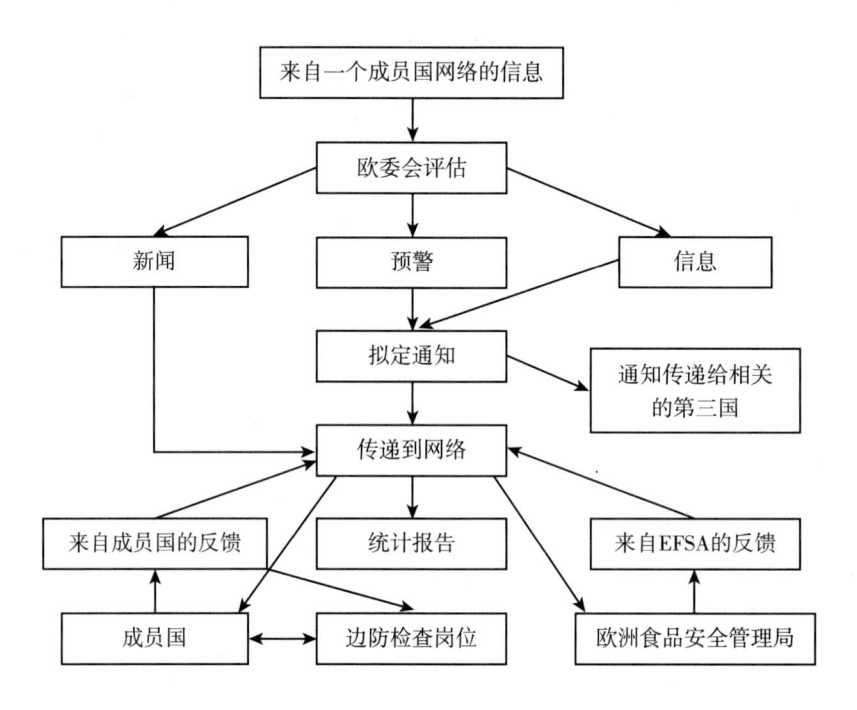

```
                    ┌─────────────────────┐
                    │ 来自一个成员国网络的信息 │
                    └──────────┬──────────┘
                               ↓
                    ┌─────────────────────┐
                    │      欧委会评估      │
                    └──────────┬──────────┘
          ┌────────────────────┼────────────────────┐
          ↓                    ↓                    ↓
     ┌────────┐           ┌────────┐           ┌────────┐
     │  新闻   │           │  预警   │           │  信息   │
     └────┬───┘           └────┬───┘           └────────┘
          │                    ↓
          │               ┌────────┐        ┌──────────────┐
          │               │ 拟定通知 │────→ │通知传递给相关 │
          │               └────┬───┘        │  的第三国    │
          │                    │            └──────────────┘
          ↓                    ↓
        ┌──────────────────────────┐
        │       传递到网络          │
        └──┬──────────┬──────────┬─┘
           ↓          ↓          ↓
     ┌──────────┐ ┌────────┐ ┌─────────────┐
     │来自成员国 │ │统计报告 │ │来自EFSA的反馈│
     │  的反馈   │ └────────┘ └─────────────┘
     └──────────┘
     ┌──────┐   ┌──────────┐   ┌──────────────┐
     │成员国 │←→│边防检查岗位│   │欧洲食品安全管理局│
     └──────┘   └──────────┘   └──────────────┘
```

图 10-8　欧盟食品和饲料快速预警机制信息流程

表 10-1　欧盟一般产品安全（GPSD）与某些部门指令之间的关系之一

GPSD 义务	玩具指令	有电压限制的设备指令	个人保护设备指令	化妆品指令	关系总结
生产商投放安全产品的义务	有	有	有	无	GPSD 适用于化妆品指令或其他部门指令所没有涵盖的化妆品风险
生产商向消费者通知风险的义务	有	有	有	有	GPSD 不适用（因为所有的部门指令都有规定）
生产商身份证明	有	有	有	有	GPSD 不适用（因为所有的部门指令都有规定）
产品证明	无	无	无	有	除化妆品外，GPSD 适用（因为部门指令没有规定）

续表

GPSD 义务	玩具指令	有电压限制的设备指令	个人保护设备指令	化妆品指令	关系总结
产品投放市场后生产商追踪产品安全的义务	无	无	无	无	GPSD 适用（因为部门指令没有规定）
生产商向相关机构通报危险产品及所采取的防止风险的行动的义务	无	无	无	无	GPSD 适用（因为部门指令没有规定）
生产商与相关机构合作采取行动防止风险的义务	无	无	无	无	GPSD 适用（因为部门指令没有规定）
分销商不供应危险产品、参加产品安全监控和跟踪危险产品等的义务	无	无	无	无	GPSD 适用（因为部门指令没有规定）
成员国建立或指定执行机构的义务	有	有	有	有	GPSD 不适用（因为所有的部门指令都有规定）
成员国通过并执行惩罚规则的义务	无	无	无	无	GPSD 适用（因为部门指令没有规定）
市场检查和取样的权力	有	无	有	有	GPSD 适用于有电压限制的设备
设置营销条件的权力	有	无	有	有	GPSD 适用于有电压限制的设备，部分适用于个人保护设备
禁止投放市场或召回产品的权力	有	无	有	有	GPSD 适用于所有指令中的召回产品，也适用于有电压限制的设备
市场监督战略	无	无	无	无	GPSD 适用（因为部门指令没有规定）
成员国相关机构间建立行政合作程序	无	无	无	有	除了化妆品外，GPSD 适用（因为部门指令没有规定）

续表

GPSD 义务	玩具指令	有电压限制的设备指令	个人保护设备指令	化妆品指令	关系总结
通报限制产品投放市场的措施的义务	有	有	有	有	当各国安全措施没有在各部门指令的保障条款或 GPSD（RAPEX）框架下进行通报的情况下，GPSD 适用；有电压限制的设备由于涵盖了所有的相关措施，因而 GPSD 不适用
在 RAPEX 下通报所有措施和其他的与严重风险产品相关的行动的义务	无	无	无	无	GPSD 适用（因为部门指令没有规定）
共同体采取快速干预措施的权力和程序	无	无	无	无	GPSD 适用（因为部门指令没有规定）
委员会程序	无	无	无	无	存在 GPSD 程序如快速干预的情况下适用
获取产品风险信息和保密规定	无	无	无	无	GPSD 适用（因为部门指令没有规定）
与有缺陷产品责任指令的关系	无	无	无	无	GPSD 适用（因为部门指令没有规定）
动因	有	无	有	无	适用于有电压限制的设备，适用于玩具的召回措施，对个人保护设备和化妆品的适用有一些限制

注：表中没有显示部门规定即意味着适用 GPSD 规定。

资料来源：EC DG SANCO（2003），"Guidance Document on the Relationship Between the General Product Safety Directive（GPSD）and Certain Sector Directives with Provisions on Product Safety（First Chapter）"，November。

表10-2　　欧盟一般产品安全（GPSD）与某些部门指令之间的关系之二

GPSD义务	医疗设备	建筑产品	机械	医药产品	机动车辆
生产商投放安全产品的义务	有	有	有	有	有
生产商向消费者通知风险的义务	有	无	有	有	有
生产商身份证明	有	有	有	有	有
产品证明	有	有	有	有	有
产品投放市场后生产商追踪产品安全的义务	有	无（仅在附件III.2中规定了工厂控制）	无	有	有
生产商向相关机构通报危险产品及所采取的防止风险的行动的义务	有	无	无	有	有
生产商与相关机构合作采取行动防止风险的义务	无（部门机构按照适用于医疗设备的规定进行合作）	无（部门机构按照适用于建筑产品的规定进行合作）	无（部门机构按照适用于机械的规定进行合作）	有	部门机构按照适用于机动车辆的规定进行合作
分销商不供应危险产品、参加产品安全监控和跟踪危险产品等的义务	无	无	无（但在总体规定中有涉及）	有	无
成员国建立或指定执行机构的义务	无（但有暗含意思）	有	有	有	有
成员国通过并执行惩罚规则的义务	无	无	无（拟修订指令中有）	有	无
市场检查和取样的权力	无	无	无（但此权力属于执行范畴）	有	有

续表

GPSD 义务	医疗设备	建筑产品	机械	医药产品	机动车辆
设置营销条件的权力	有	无	有	有	有
禁止投放市场或召回产品的权力	有	有	有	有	有
市场监督战略	无	无	无	有	有
成员国相关机构间建立行政合作程序	无（但部门机构在实际中有）	无（但部门机构在实际中有）	无（但部门机构在实际中有）	有	有
通报限制产品投放市场的措施的义务	有	有	有	有	有
在 RAPEX 下通报所有措施和其他的与严重风险产品相关的行动的义务	有	无	无	无	无
共同体采取快速干预措施的权力和程序	有	无	无	无	无
委员会程序	无	无	无	无	无
获取产品风险信息和保密规定	有	无	无（拟修订指令中有）	有	无
与有缺陷产品责任指令的关系	无	无	无	无	无
动因	有	无	有	有	有

注：表中没有显示部门规定即意味着适用 GPSD 规定。

资料来源：EC DG SANCO（2005），"Guidance Document on the Relationship Between the General Product Safety Directive（GPSD）and Certain Sector Directives with Provisions on Product Safety（Second Chapter）"，November.

（3）基于环境保护目的而实施的市场监督机制。欧盟还会授权成员国进行市场监督，并及时反馈和沟通相关信息，这也构成了预警机制的一部分。例如，用能产品（EuPs）在共同体自然资源和能源消耗中占有很大比例。它们对环境有许多重要的影响。在 EuPs 的设计阶段即应采取措施，因为产品生命周期内产生的污染是在这一阶段决定的，产生的大部分费用也可归咎于此。因此，产品的生态设计作为一种预防性的措施，旨在保持产品功能质量的同时，通过设计使产品环境性能最大化。为此，欧盟于 2005 年 7 月 6 日发布了第 2005/32/EC 号指令。[①] 各成员国应于 2007 年 8 月 11 日前使遵守本指令所需的法律、法规和行政规定生效。该指令要求各成员国应确保有必要的措施进行有效的市场监督。各成员国应指定机构负责市场监督。

2. 欧盟的出口预警机制

（1）市场准入战略。自 1996 年启动以来，欧盟的市场准入战略旨在：为消除全球范围内货物、服务、知识产权和投资方面的壁垒提供一个框架；为欧盟出口商提供第三国市场准入条件的信息；建立具有操作性的工具：市场准入数据库。

为了捍卫共同体的合法权利，确保欧共体在贸易政策管理中能够像其贸易伙伴一样迅速有效地采取行动，[②] 以美国的"301 条款"为蓝本，共同体于 1984 年颁布了针对非法商业实践[③]的第 2641/84 号条例。该条例建立了针对第三国的非法贸易实践提出申诉、进行调查、采取措施的程序，加强了共同商业政策，弥补了已有规则未能调整的领域。然而从实践情况来看，该条例的效力实在有限。究其原因，从法律的角度来看，共同体在该条例下的权力远小于美国"301 条款"下的权力；从政治的角度来看，则是因为该条例是共同体成员国之间妥协的产物，法国和委员会希望按美国"301 条款"的模式采取行动，而德国、丹麦、荷兰和英国则反对贸易保护主义的新形式，反对取代 GATT 多边体制的任何办法。[④] 由于未能达到预期的目标，共同体于 1994 年 12 月颁布了针对第三国"贸易壁垒"[⑤]的第 3286/94 号条例[⑥]，以取代原来的第 2641/94 号条例。第 3286/94 号条例的实质性修改主要表现在以下几个方面：一是从针对非法商业实践到针对包括违法与不违法的贸易障碍；二是从要求严重损害到仅要求不利的贸易影响；三是从对整个共同体工业提供保护到同时为个别企业提供保护[⑦]。可见，新条例赋予的保护范围极大地扩展了，保护的效率也得到提高。同"301 条款"相比，

---

① 即为规定用能产品的生态设计要求建立框架并修订第 92/42/EEC 号和第 96/57/EC 号理事会指令与欧洲议会和欧盟理事会第 2000/55/EC 号指令。

② 第 2641/84 号条例序言。

③ "非法商业实践"，指的是"可归属于第三国的违反国际法或一般接受的规则的任何国际贸易实践"，在实际中，"国际法或一般接受的规则"指的是 GATT 以及欧共体所签订的双边或多边贸易协定，"第三国的实践"则是指政府的行为（第 2641/94 号条例第 2 条第 1 款）。

④ 刘星红：《欧共体对外贸易法律制度》，中国法制出版社 1996 年版，第 156 页。

⑤ "贸易壁垒"是指第三国的任何贸易实践，这种实践或为国际贸易规则所禁止，或国际贸易规则赋予受这种实践影响的另一方采取行动，以消除其影响的权利（第 3286/94 号条例第 2 条第 1 款）。

⑥ 后经第 356/95 号条例修订。

⑦ 在共同体贸易保护立法中，该条例第一次赋予"共同体企业"就第三国的贸易行为向共同体提出申诉的权利。

第3286/94号条例比较注意国际合法性，并注重协调统一、充分透明、司法监督、反应快速、措施节制有力等原则。① 从 TBR 实施10年来委员会所受理的23起申诉来看，有20起是产业申诉，其他3起申诉则是由欧盟企业提起。可见，行业协会在执行 TBR 以消除欧盟企业在第三方遭遇的贸易壁垒方面发挥着重要作用。虽然成员国自动具有申诉资格，提起申诉的证据要求相对较低，但他们迄今未提起过申诉，估计各成员国将来仍然极少诉诸 TBR。从申诉涉及的贸易措施来看，主要为进口许可、歧视性税收、补贴、原产地名称或地理标志的保护、著作权保护、海关估价、原产地规则、产品标签、技术标准、滥用贸易防护工具等方面的措施。②

（2）监督第三国商业防卫行动。由于针对欧盟出口的商业性防卫调查以及使用这些调查措施的国家数量不断增多，欧盟意识到了需要在产业界和成员国机构的支持下采取对应的措施。

（3）多边、区域/双边层次的预警机制。欧盟是 WTO 的领导者和最重要的成员之一。WTO 能够为欧盟产品出口提供的预警包括几个方面：一是争端解决机制。从 WTO 争端解决机制中，欧盟可以获悉贸易伙伴的贸易障碍和与 WTO 规则不一致的地方。二是贸易政策审议机制，通过对贸易伙伴的贸易政策进行审议，可以获得贸易伙伴贸易政策变动的情况，并能够与贸易伙伴进行磋商。三是利用 WTO 各协议下的通知、监督和磋商机制做出相应的反应。四是 WTO 要求各成员通报所签订区域/双边贸易协议、贸易政策如技术性贸易措施变动的情况，从而获悉相关的信息。五是通过多边贸易谈判，可以知道各贸易伙伴所关注的焦点和重点以及贸易政策变化的方向。

欧盟拥有世界上最庞大的区域/双边贸易协议网络。在经济、历史、发展、地缘政治等诸多考虑下，欧盟拥有了全球最大、最复杂的优惠协议网络。其结果是，单纯的最惠国待遇仅适用于九个 WTO 成员：澳大利亚、加拿大、中国台湾地区、中国香港地区、日本、韩国、新西兰、新加坡和美国。这九个成员占欧盟货物贸易的比重约为36%。③

（二）欧盟产业及企业层面的预警机制

欧盟援引贸易救济措施时，行业组织作为申诉人的案件占大多数，而以政府机构或单个企业作为申诉人的情况较少。这是因为提出贸易救济调查申请必

---

① 余敏友：《欧共体贸易壁垒条例评述》，载《外国法译评》2000年第1期。
② 朱宏文：《欧盟贸易壁垒条例的实施状况与法律分析》，载《法学评论》2005年第5期。
③ WTO (2004), Trade Policy Review European Union: Report by the Secretariat, WT/TPR/S/136.

须出具产业损害证据，单个企业的资源有限，而行业组织往往拥有本行业的统计数据，同时能够调动行业内成员企业收集资料。从另外一个角度来看，这些行业组织所定期发布的信息能够对贸易摩擦预警起到非常重要的作用。例如，英国钢铁统计局（ISSB）不仅收集和提供钢铁行业方面的统计数据，也为英国政府、欧委会和客户提供世界钢铁工业的统计资料。而这些数据，对于行业损害证明的出具，具有至关重要的作用。又如，德国钢铁行业协会和德国钢铁贸易协会每年举行 4 次例会，互相交流有关钢铁的生产和销售信息，共同分析市场需求、价格升降、进口数量等情况，研究提出保护国内市场的建议和要求，适时地发动"不公平贸易"申诉。另外，这些行业组织的另外一个重要职能就是进行全球市场分析和预测，为企业提供世界范围内的产品信息和商业环境信息，帮助本国企业走向国际市场，从而能够提供贸易摩擦预警信息。

在欧盟的技术标准化战略中，行业协会等非政府组织的地位日益突出。这些组织不仅是技术性贸易壁垒的主要参与者和执行者，在与技术性贸易措施相关的国际组织中也发挥着重要的作用。大多数欧洲国家的行业标准，一般都是由欧盟或该国的行业标准协会如欧洲标准化委员会（CEN）制定的。

四、欧盟贸易摩擦与争端解决机制

（一）欧共体与多边争端解决机制：第二大"用户"

在 1980 年以前，欧共体很少利用 GATT 争端解决机制，政治化的欧共体也更倾向于用外交和政治的方式解决贸易纠纷。① 而且当时欧共体的主要精力都投入到自身的区域一体化建设中。而在内部得到较好的整合之后，欧共体开始以一个单一的贸易实体和强烈的进取态度（已经有必要也有能力），将 GATT 争端解决机制作为一种贸易政策工具加以利用。而从 WTO 成立后的实践来看，无论是作为申诉方还是被诉方，欧共体都是仅次于美国争端解决机制的第二大"用户"。② 在与美国的多次关键性的贸易争端中，欧共体有得有失，但它却日益表现出多边贸易体制领导者的霸气，对美国丝毫不服软，并充分利用 WTO 争端解决机制，维护自身的贸易政策目标，WTO 最轰动的几个案例，如香蕉案、荷尔

---

① 参见陈卫东：《从国际法角度评欧共体对 WTO 争端解决机制的政策与实践》，载《法学评论》2000 年第 4 期。

② Holmes, Peter, et al. (2003), Emerging Trends in WTO Dispute Settlement: Back to GATT? *World Bank Policy Research Working Paper* 3133.

蒙牛肉案、外国销售公司案、美国钢铁保障措施案、《美国贸易法》"301 条款"案等，都体现出"欧盟在 WTO 中发挥着至关重要的作用"。①

根据 WTO 秘书处的统计，截至 2008 年 9 月，欧盟作为申诉方提起的案件共 79 起，作为应诉方的案件共 62 起。

（二）欧盟解决贸易摩擦与争端的双边机制——借助全球最庞大的双边网络

在过去的几十年间，欧盟曾经仅仅与其邻邦（尤其是东邻）、前殖民地国家和地区签订贸易协议。在乌拉圭回合结束之后，尤其是北美自由贸易区协议签订之后，欧盟开始积极地与各类国家和地区谈判区域协议，尤其是与拉丁美洲国家和地区。② 2000 年与墨西哥、2002 年与智利分别签订了"全球协议"（包括自由贸易协议）。与南方共同体签订一个无所不包的自由贸易协议的谈判也在进行当中。欧盟还与地中海沿岸国家和地区签订了区域联系协议，目标是到 2010 年建立欧洲—地中海自由贸易区。③ 2000 年，欧盟与南非也在进行自由贸易协议谈判。自 1999 年以来，欧共体对优惠性贸易协议的策略是仅仅完成已有的谈判指令，而不再开启新的谈判，以集中力量于多边谈判。④ 这些双边贸易谈判的签订，为欧盟通过双边磋商与谈判解决贸易争端提供了有效的途径和制度基础。

（三）单边机制——欧盟解决贸易争端的单边措施及内部决策机制

1. 欧盟反倾销政策及其内部决策机制

欧盟反倾销制度的自主立法程序属于一般立法程序，是通过欧委会与部长理事会之间的对话完成的，即欧委会动议并做出正式提案提交部长理事会，部长理事会根据欧委会的提案做出决定。⑤ 在自主立法领域，欧洲议会尚没有强制咨询

---

① WTO（2002），Trade Policy Review European Union：Report by the Secretariat，WT/TPR/S/102.
② WTO（2004），Trade Policy Review European Union：Report by the Secretariat，WT/TPR/S/136.
③ Rolf J. Langhammer, Daniel Piazolo and Horst Siebert, Kiel Institute for World Economics, "Assessing Proposals for a Transatlantic Free Trade Area", Aussenwirtschaft, 57. Jahrgang (2002), Heft II, Zürich: Rüegger, S. 161 – 185.
④ Deardorff, Alan V. and Robert M. Stern, "EU Expansion and EU Growth," October 29, 2002; in Alan V. Deardorff, ed.，*The Past, Present and Future of the European Union*，IEA Conference Volume No. 138, London：Palgrave Macmillan, 2004, pp. 74 – 102.
⑤ Dr Konstantions Adamantopoulos & Maria J. Pereyrafriedrichsen, EU Anti‑subsidy Law and Practice, Palladian Law Publishing Ltd, 2001.

权,但在实践中,部长理事会在决策中越来越多地征求了欧洲议会的意见。①

欧盟处理反倾销案件的主要机构是部长理事会、欧委会、反倾销咨询委员会和欧洲法院。

(1) 部长理事会(Council of Ministers,COM)。作为欧盟主要立法与决策机关,部长理事会是欧盟反倾销领域的最高管理机关,一切反倾销事项的最终裁决权均由它行使,其中包括:反倾销政策的制定权;反倾销法的最高执行权,决定是否实施最终反倾销措施;反倾销国际协定的缔结权。

(2) 欧委会(European Commission,EC) 欧委会行使反倾销的执行和管理职权,是欧盟反倾销措施的主要执行部门,在欧盟反倾销过程中发挥着极其重要的作用:决定是否开始或结束调查程序,并决定是否接受价格承诺或征收临时反倾销税。欧盟有关反倾销的事务由欧委会所属的贸易总司负责,其中倾销调查和产业损害调查又分别由不同的部门负责。贸易总司下设 A、B、C、D、E、F 六个司,其中 B 司和 C 司专门负责反倾销、反补贴和保障措施的调查及其措施实施中的监督。B 司负责产业损害和共同体利益的调查,以及政策研究和一般事务。C 司负责倾销和倾销幅度的调查,监督价格承诺的执行情况。②

(3) 反倾销咨询委员会(Advisory Committee,AC)。反倾销咨询委员会由各成员国的代表组成,欧委会派出一名代表担任主席。咨询委员会的代表通常是反倾销领域的专家,但他们也代表各成员国监督欧委会的反倾销工作,成为各成员国与欧盟就反倾销工作达成共识、协调立场的纽带。咨询委员会对欧委会的决策有很大影响,主要对反倾销的调查和应采取的措施向委员会提供咨询意见,但不能制约欧委会。

(4) 欧洲法院(European Court of Justice,ECJ)。欧洲法院则负责对欧盟机构所实施的反倾销措施的司法审查。欧洲法院对反倾销措施的司法审查主要是根据《欧共体条约》第 230 条规定,应有关当事人的请求,对理事会或欧委会采取的反倾销措施进行的。由于欧委会享有广泛的自由裁量权,因而欧洲法院对反倾销法的使用进行司法审查就显得十分必要。

值得注意的是,欧洲法院本身并无权实施反倾销程序,无权指定征收反倾销税或扩大权力保护范围,也无权责成行政机构实施此类具体措施。也就是说,在法院做出判决之后,完全由反倾销行政机构决定遵守判决应采取何种措施,法院

---

① Paul Waer & Edwin Vermulst, "EC Anti-Dumping Law and Practice after the Uruguay Round", Journal of World Trade, 1994, No.1, pp.5 – 21.

② 参见刘光溪主编:《他山之石——WTO 成员应对入世的实践与经验》,上海人民出版社 2003 年版,第 167~168 页。

不再干涉。①

就反倾销程序来讲，通常要经过"立案—调查问卷—初裁—临时反倾销税—价格承诺—终止调查—终裁—司法审查"的过程。

欧盟的反倾销调查机构采取的是垂直模式，即进行反倾销调查并做出初步裁定与最终裁定的机构均为同一主管机构，但这两个机构却存在上下级的隶属关系。具体来说，由欧盟委员会调查倾销与损害，由欧盟部长理事会根据咨询委员会的意见，做出最终决定。这种垂直型有利于节约成本、提高效率，而且由于司法审查制度的确立，同样可以保持结果的客观性。②

2. 欧盟反补贴政策及工作程序

欧盟反补贴基础条例，即第 2026/97 号条例第 10 条规定，某一确定产品的共同体产业向欧委会（European Commission）提交书面申诉，发起反补贴程序。但在特殊情况下，委员会也可以主动开始反补贴程序。在没有人提出申诉时，某一成员国如果拥有补贴及其对共同体产业造成损害的证据，要把该证据交给委员会。委员会负责分析提交的申诉书，以便确定申诉是否满足必要的要求。

反补贴基础条例规定，一项申诉必须得到其产量之和占共同体相关产业生产总量的 50% 以上的共同体生产商的支持；如果一项申诉只得到其产量之和占共同体相关产业总产量的 25% 以下的共同体生产商的支持，委员会就不得展开调查。如果满足表面证据要求，这个事项将作为咨询委员会下次会议咨询的事项提上议事日程。如果没有补贴和损害存在的充分证据，申诉将会被驳回，拒绝发起调查程序。

当有足够的证据证明发起调查合法时，委员会应在提出申请后 45 天内发起调查，并在欧共体官方公报上发布调查公告。调查分为问卷调查、抽样调查和实地调查三种形式。

欧委会应当为利害关系方提供听证的机会。《反补贴基础条例》第 11 条第 5 款规定："如果委员会已知的利害关系当事人在欧共体官方杂志通知中规定的期限内提出听证申请，并表明其利益可能受该程序结果影响的，在说明他们要求听证的特别原因后，委员会应对其进行听证。"一般认为，在提交完整的调查问卷后，利害关系当事方（尤其是出口商或者受反补贴调查影响的第三国）至少会要求举行一次初步听证会，目的在于提交有关损害和补贴存在的最新证据，并对

---

① 参见刘光溪主编：《他山之石——WTO 成员应对入世的实践与经验》，上海人民出版社 2003 年版，第 166~167 页。

② Paul Waer & Edwin Vermulst, "EC Anti-Dumping Law and Practice after the Uruguay Round", Journal of World Trade, 1994, No.1, pp. 5–21.

其他当事方书面提交的材料进行评论。听证会为利害关系当事人了解在每一个案件中委员会如何考虑争端的具体问题提供了指导。

《反补贴基础条例》第 30 条第 1 款规定，披露是申诉方、进口商、出口商及其代表协会以及原产国和/或出口国的基本申诉权利。他们可以要求委员会披露相关措施所依据的基本事实和审议的细节情况。就临时措施而言，要求披露的请求应当在采取临时措施之后立即以书面形式提出，委员会接到披露的请求后，应当尽快做出适当的披露。

在实践中，在所有的核实性审查完成之后，委员会办案人员开始就补贴、损害及共同体利益做出临时决定。在此过程中，委员会办案人员与出口商/制造商及其申诉代理人、进口商或共同体产业之间会有许多非正式接触。

委员会仅披露对每一当事方的调查结果，不披露公告中未提到的程序或者其他当事方的信息。委员会进行临时披露之后，当事人可以进一步向委员会提交有关补贴、损害和共同体利益的材料。临时反补贴税的有效期最长为 4 个月，办案人员应当提前 1 个月向理事会提出最终反补贴税建议。实践中，这意味着办案人员必须在临时反补贴税措施到期前 6~8 周做出最终决定。利害关系当事方也有权要求委员会披露最终决定，或者是采取最终反补贴税措施的根据，或者是未采取最终反补贴措施就结束调查或申诉的依据。反补贴基础条例规定，最终披露的要求应以书面形式在委员会规定时间内提出。

3. 欧盟保障措施立法

共同体关于保障措施的立法可以追溯到 1968 年（第 2041/68 号条例）。虽然第 518/94 号和第 519/94 号条例对共同体进口制度进行了调整，但关于保障措施的规则基本未变。为了履行乌拉圭回合谈判所达成的《保障措施协议》，共同体以第 3285/94 号条例取代了第 518/94 号条例。然而值得注意的是，第 3285/94 号条例仅适用于市场经济国家和地区，适用于特定第三国的第 519/94 号条例并未根据《保障措施协议》的规则进行修正，这是因为这些特定的第三国并非 WTO 成员，因而不需要受多边规则的约束。从实践中来看，以 1982 年颁布的关于共同进口制度的第 288/82 号条例和第 1765—66/82 号条例为界，之前共同体很少使用保障措施，之后则趋于频繁，结果是采取进口数量限制或接受出口国的"自动出口限制"。而且，共同体的保障措施较之 GATT 第 19 条的规定更为明确和严格，在实践中也不乏违背 GATT 第 19 条的地方，如保障措施的选择性实施、大量诉诸"自动出口限制"等灰色措施。[①]

[①] 刘星红：《欧共体对外贸易法律制度》，中国法制出版社 1996 年版，第 141 页。

五、日本贸易摩擦预警机制与争端解决机制

（一）日本贸易摩擦与争端解决机制

1. 日本贸易摩擦与争端解决机制的管理架构

在日本，负责贸易摩擦与争端的行政机构有三个，即大藏省（具体来说是国税局下属的计划法律部）、有关产业主管省和经济产业省。日本的对外贸易管理机构以经济产业省为核心，主要包括贸易会议、大藏省、日本银行、日本进出口银行、经济企划厅、公正交易委员会等，它们之间协调合作，共同应对和解决贸易摩擦与争端。

（1）日本大藏省（Ministry of Finance，MOF）。日本大藏省是主管日本财政、金融、税收的最高行政机关。大藏省与日本垄断财团有密切联系，在制定国家政策及资金使用上都受到财团的很大影响。大藏大臣是大藏省的主要负责人，由内阁总理大臣任命。在贸易争端解决过程中，申诉方必须首先向大藏省国税局计划法律部提交10份申诉书副本。

（2）经济产业省（Ministry of Economy，Trade and Industry，METI）。日本经济产业省是日本最重要的三个行政部之一，承担宏观经济管理职能，负责制定产业政策并从事行业管理，管辖国内工业、商业、资源能源、工业技术、专利权，以及对外贸易、对外经济合作等，是对产业界有很大影响的综合性政府部门。日本机构改革后①的经济产业省的机构设置框架如图10-9所示。

（3）日本贸易摩擦与争端解决程序中行政机构的分工与协作。在贸易摩擦与争端解决实践中，所有的贸易争端调查事项均由大藏省、有关产业主管省和经济产业省这三个机构各自派出几个人共同组成调查小组进行，但终裁权由大藏省单独行使。

2. 日本贸易摩擦与争端解决机制的法律制度

（1）双边磋商解决机制。日本已经与新加坡、马来西亚和墨西哥签订了双边自由贸易协定。这些贸易协定为日本通过双边机制解决贸易摩擦与争端提供了制度框架和有效途径。

（2）利用WTO多边机制解决贸易摩擦与争端。WTO成立以后，日本逐步由过去单边贸易解决方式，即通过自主出口限制的措施过渡到通过WTO贸易

---

① 在日本的机构改革中，自2001年1月1日起，通产省将更名为"经济产业省"，相应地，其内设机构及职能任务也将进行相应调整。其下属的行政机构和研究机构，譬如与资源有关的资源能源厅、日本地质调查所，也将陆续进行巨大变革。

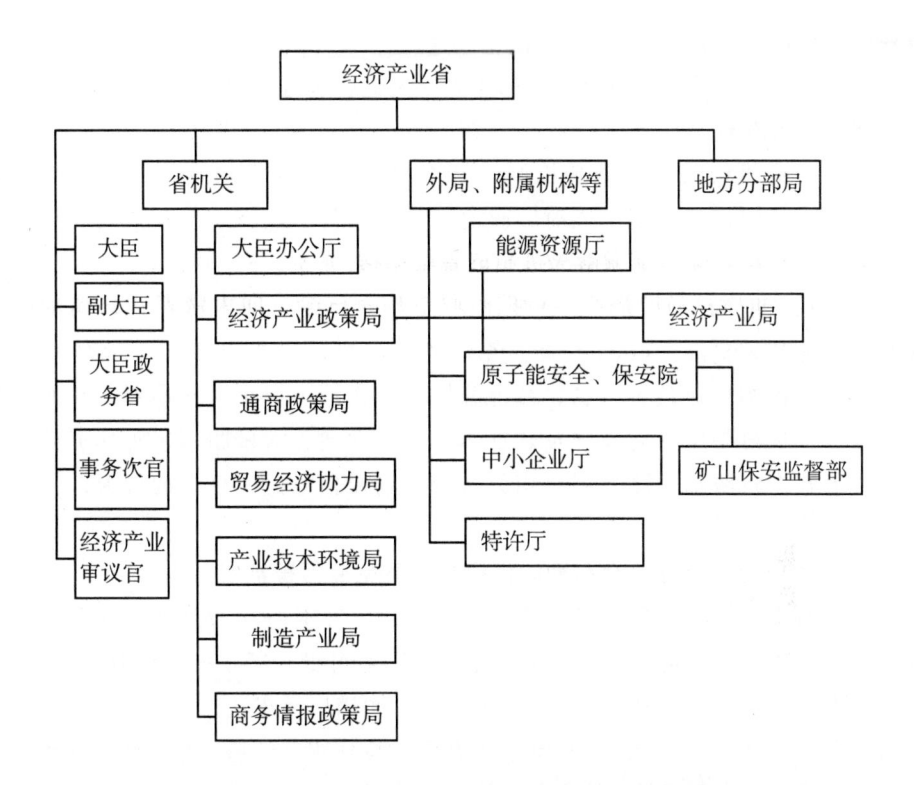

```
                           经济产业省
                               │
        ┌──────────────────────┼──────────────────────┐
      省机关                外局、附属机构等          地方分部局
        │                        │
   ┌────┼────┐              ┌────┼─────┐
  大臣   大臣办公厅         能源资源厅
  副大臣  经济产业政策局                    经济产业局
  大臣政务省                 原子能安全、保安院
         通商政策局
  事务次官                    中小企业厅           矿山保安监督部
         贸易经济协力局
  经济产业                    特许厅
  审议官   产业技术环境局

         制造产业局

         商务情报政策局
```

图 10-9 日本经济产业省的机构设置框架

资料来源：笔者根据经济产业省（Ministry of Economy, Trade and Industry, METI）资料整理。

争端解决机制进行多边贸易谈判。根据 WTO 秘书处的统计数据，截至 2007 年 1 月，日本作为申诉方提起的案件共 12 起，作为应诉方的案件共 15 起。

（3）单边机制——日本国内法律程序及政府部门的分工与互动。在日本，贸易争端的调查工作主要由大藏省、有关产业主管省和经济产业省共同负责。实践中，所有的调查事项均由这三个机构各自派出几人共同组成的调查小组进行，但终裁权却由大藏省单独行使。在反倾销调查方面，是按照"申诉—受理—调查—初裁—终裁—行政审查"的程序进行的。

（二）日本贸易摩擦预警机制

1. 日本政府层面的贸易摩擦预警

（1）日本贸易摩擦预警的宏观管理体制。日本对外贸易方面的宏观控制和管理主要是通过对外贸易管理的服务机构实施的，其主要作用是为日本对外的发展提供决策，对日本企业的对外经营提供咨询。日本的对外贸易管理机构以经济产业省为核心，主要包括贸易会议、大藏省、日本银行、日本进出口银行、经济企划厅、公正交易委员会等，它们之间协调合作，对国家层面的贸易经济安全态势进行预警，对涉及国家贸易安全的重大冲突进行预报，对影响国家贸易安全的重大问题做出应对。

（2）政府机构的信息预警机制。日本政府所有的机构及下设的各级组织都具有相当高的信息职能，同时，政府还设立了许多经济贸易信息功能很强的专门机构，包括：日本贸易振兴会、亚洲经济研究所、科学技术厅、大藏省的印刷局、总统府的统计局等，并要求各级人员利用包括出国参观、访问、会谈、洽商等各种机会，收集各国、各地区，特别是主要出口国（地区）的经济、政治情报和产业政策信息，综合分析后提供给出口企业作参考。从而以最快的速度发现海外贸易对象国及其具体客商的动向，对威胁国家对外贸易安全的各种因素进行跟踪监测，制定相关对策，以便指导民间企业的行为，规避随时可能出现的贸易摩擦。

2. 日本企业、行业协会和民间机构的贸易摩擦预警机制

（1）日本企业积极参与贸易摩擦预警机制。日本商社和对外贸易企业都建有自己的信息网，不仅在国内总部设有专业信息组织，还在海外设有大量网点，负责收集有关竞争对手的情况、出口国有关反倾销、反规避法律的具体规定、出口国的市场状况、相关产品市场动态等方面的海外贸易信息。企业将收集到的信息加工整理，形成合理化对策方案，提交决策部门，供其决策时参考。

（2）日本的行业协会在贸易摩擦预警中的作用。日本的行业协会是沟通政府和企业、国内和国外市场的桥梁，它一方面协助政府管理对外贸易，发挥着灵活管理外贸的作用；另一方面，它又是企业利益的代表，为企业提供高质量的服务，发挥协调和监督作用。日本的行业协会，如经济团体联合会、日本贸易振兴会等在获取信息、提供外贸咨询和协助政府及企业开拓并调整对外贸易关系，缓解对外贸易摩擦等方面发挥着管理与服务、监督与协调的职能。

（3）日本民间机构的信息预警机制。日本商社和对外贸易企业也建立有自己的信息收集、加工和传播机制，将其形成的合理化对策方案提交决策部门作为参考，其信息收集方法主要有三种：商社和公司内部；企业海外据点；员工信息管理。

3. 日本贸易摩擦预警的法制基础与保障

随着日本对外贸易摩擦的日益增多，尤其是第二次世界大战后在对美国的出口中，如彩电、汽车、微波炉、半导体等诸多产品均成为美国反倾销的对象，日本于1994年启动了反倾销调查，并加快"保障措施"的立法进程。

（1）贸易摩擦法律预警机制的作用。贸易摩擦法律预警机制的作用主要有两点：第一，可以威慑他国的如反倾销等"不公平"的贸易行为，阻止他国对本国任意提起如反倾销等的指控，保护国内产业免受他国贸易的侵害；第二，可以减少乃至杜绝本国企业的不合理的竞争行为，净化出口主体，健全出口秩序，避免由于私人企业财务不公正的贸易行为而引起进口国限制进口的事件发生。

（2）贸易摩擦预警的法律体系。在减少和杜绝本国企业的不合理竞争行为方面，日本制定有非常完备的出口贸易管理法令。包括《出口贸易管理令》、《外汇及外贸管理法》、《出口贸易管理规则》等三个基本法令及20多个专门法令。其法令相关措施为：对于影响交易秩序的货物实行进出口价格规则和出口数量规则，对影响日本产品及生产企业形象、影响出口产品及生产企业相关的社会经济效益、产业经济效益的货物出口实行价格、数量限制或禁止出口。

（三）日本应对与解决贸易摩擦的经验和教训

1. 日本应对和解决贸易摩擦的经验

（1）重视发挥民间组织和行业协会的作用。行业协会具有协调同行、避免过度竞争以及自主对外沟通的功能。[①]

（2）由政策协调转向制度协调，提高市场准入度。

（3）主动调整发展战略，促进产业结构优化，提高国内产业竞争力。

（4）在战术上采用"以柔克刚"、"迂回战术"。在应对贸易摩擦时，日本常常采取"以柔克刚"的战术。比如，日本在对美贸易摩擦谈判过程中，表面看来软弱，常常采取低姿态，但取得了一次又一次的成功。实际上，在过去的日、美贸易摩擦中，在市场上日本处于优势，而在贸易谈判上，美国处于优势。一方面，日本的产品不断冲击美国产品，占领美国市场；另一方面，在摩擦谈判上，日本采取拖磨兼用的手段，直到最后再让，帮助日本消除了一次又一次摩擦，取得了重大的成功。

2. 日本应对和解决贸易摩擦的教训和体制的局限性

首先，贸易妥协招致更为严厉的贸易限制。1957年《日美棉纺织品协议》签订后，美国相继要求日本对鞋类、电器产品、胶合板、陶瓷器、地毯、缝纫机实施自愿出口限制；20世纪60~70年代要求对钢材制品、汽车、汽车零部件、彩电等诸多产品实施自愿出口限制。20世纪50年代开始的由日本承担贸易保护主义调整成本的做法成为惯例，导致后期周期性发生摩擦的范围不断扩大。

其次，自愿出口限制实质上是由出口国承担贸易摩擦调整成本。在自愿出口

[①] 参见李智：《应对贸易摩擦，确保经济发展——日本应对贸易摩擦对我国对外贸易持续发展的启示》，载《国际贸易》2006年第5期。

限制约束下，出口企业易形成卡特尔，加入卡特尔体系的企业相互监视，处罚违规企业。但是，由于企业间利益不同，利害对立是长期存在的，一般情况下卡特尔将最终走向崩溃。因此，在政府不参与的前提下，由行业组织负责实施自愿出口限制制度本身是极不稳定的，难以确保实效性，并会导致摩擦周期性发生。

六、印度贸易摩擦预警机制与争端解决机制

（一）印度贸易争端摩擦与解决机制

1. 印度贸易摩擦与争端解决机制的管理架构

印度对外贸易的主管部门是印度工商部（Ministry of Commerce and Industry, India），该部下设两大部门，即商业总局和工业总局。商业总局主管对外贸易事务，负责制定国际商务政策、进出口贸易政策及实施相关管理，制定并执行政府采购政策等。工商部下属的外贸总局负责部分具体的对外贸易管理事务。商业总局下属的反倾销管理局负责反倾销调查，贸易政策司负责在印度出口企业受到国外反倾销调查时采取应对措施。印度海关负责征收关税，监管企业的进出口活动。印度储备银行负责管理和监督企业的外汇使用情况。商业银行负责企业的外汇收付。印度民间商会也为企业提供各种服务，并协调企业与政府、企业与企业之间的关系，在国际贸易中发挥了重要作用。

2. 印度贸易摩擦与争端解决的法律制度

（1）印度积极利用WTO争端解决机制维护自身利益。

WTO争端解决机制是WTO多边贸易体制的核心机制之一，对于WTO成员之间的贸易活动具有重要的保障作用。而从实践上来看，在WTO争端解决机制下，无论作为申诉方还是应诉方，印度作为发展中国家的正当利益都得到了较为有效的保护。[①] 印度是利用WTO多边争端解决机制较多的发展中国家，根据WTO秘书处公布的数据，截至2007年1月，印度作为申诉方提起的案件共17起，作为应诉方的案件共18起。

① 机构建设。印度驻日内瓦代表团扩大了编制、增加调研和谈判力量，每逢重大规则的制定，都会积极向WTO提交阐述其立场和观点的文件；国内合并了商业部和工业部。农业部和纺织部设专门机构研究产业应对政策。农业方面，印度曾利用争端解决机制击败了美国、欧盟等对其大米、海产品等的不当限制，为农产品出口赢得了市场空间。另外，印度积极修改相关法律，成立反倾销管理

[①] 参见余盛兴：《印度反倾销及其对华法律与实践》，载《WTO经济导刊》2005年第5期。

机构，积极参与规则制定，以充分利用 WTO 争端解决机制。

② 微观层面。政府鼓励国内企业对进口国采取的倾销制裁，进行积极应诉和抗辩；政府通过外交渠道加以援助，必要时向 WTO 争端仲裁机构提出申诉；对来自国外的不平等竞争，政府及时运用 WTO 框架内的争端解决机制，使本国的利益得到保护。印度对反倾销工作不遗余力，积极应对。反倾销管理总局的主要职责就是受理企业提出的倾销投诉并开展调查。印度目前从对倾销案件开始调查到裁定是否征收反倾销税通常只需 7 个月时间，甚至比欧盟国家效率还高。印度商业总局还计划进一步加强反倾销管理局的力量，继续缩短调查和决策时间。同时，印度激烈批评西方发达国家和地区利用反倾销作为设置贸易壁垒的手段，即经常对发展中国家和地区的出口产品施以反倾销制裁，有违 WTO 的有关协议。为了维护印度出口商的利益，印度政府鼓励国内企业采取"反"反倾销措施，积极应诉和抗辩，政府通过外交渠道加以援手，必要时向 WTO 争议仲裁机构提出申诉。

③ 法律体系。印度为了使本国的法律体系与 WTO 的"游戏规则"相适应，在国际贸易争端中有法可依，加强了相关立法和法律修订工作；与此同时，政府还建立健全相关机构，如印度商务部于 1994 年就指定专门部门和官员负责反倾销工作，在此基础上又于 1998 年成立了反倾销管理总局。此外，印度政府还在第九个五年计划期间（1997~2002 年）斥资 7.5 亿多卢比，对成立于 1911 年的印度专利办公室进行改组和现代化改造。在一切与 WTO 有关的问题上，印度政府广泛征求专家学者、研究机构和工业企业联合会的意见。商务部还与印度大学国家法学院和印度特许会计师学院保持密切联系，从而有了一支精通国际商法的律师队伍和业务熟练的会计师充当顾问。

（2）单边机制——应对贸易摩擦与争端的对抗工具。

在应对贸易摩擦与争端过程中，印度也积极通过反倾销、反补贴、保障措施等单边途径维护自身利益。

对于反倾销调查，其基本程序是"起诉—立案—调查—初裁—终裁—最终措施—司法审议"，主管调查的机构是印度商务部（the Department of Commerce）下属的反倾销管理总局，贸易政策司负责在印度出口企业受到国外反倾销调查时采取应对措施。在反倾销程序的实践中，申诉方代表国内产业提交起诉书后，倘若反倾销调查主管机关经审查发现申诉方申诉书的证据不充分，将在 20 天内通知申诉方资料不全。反倾销调查主管机关在收到合格的申诉书后 45 天内决定是否立案。如果决定立案，反倾销调查主管机关将予以公告。初裁通常在立案后的 150 天内做出，并予以公告。

财政部（the Ministry of Finance）将根据反倾销调查主管机关的初裁裁定，

征收不超过倾销幅度的临时反倾销税。临时反倾销税只能在立案后 60 天后征收，而且征收期限不能超过 6 个月，在特殊情况下，可以延长至 9 个月。一般在初裁后的 150 天内做出终裁，如果终裁是肯定的，应当包括裁定依据的主要事实原因和法律原因（factual and legal basis）。财政部在终裁做出后的 90 天内，可在官方公报上发布通知，对涉案产品征收不超过倾销幅度的反倾销税。最终的反倾销措施自财政部发布公告之日起生效。自财政部公告征收最终反倾销税之日起 90 天内，若利害关系方（stakeholders）不服裁定，可上诉到上诉法院（the Court of Appeal），即进入司法审议程序（judicial review procedure）。

在保障措施方面，基本的程序是"起诉—立案—调查—初裁—终裁—最终措施—司法审议"，印度保障措施的主管机构是保障措施局局长（Director - General）办公室。印度中央政府可以委任一名印度政府"联席秘书"（Joint Secretary）级别以上的官员作为保障措施局局长，也可以委任合适的官员担任。

印度保障措施调查的发起也有依申请发起和调查机关自行发起两种方式。进口同类产品或直接竞争产品的国内生产商或其利益的代表者均可向保障措施局局长办公室提出申请，局长办公室可以接受并根据该申请发起调查，以确定进口产品绝对数量或相对数量增加是否对国内产业造成了"严重损害"（substantial damange）或"严重损害威胁"（threats of substantial damange）。

印度保障措施调查期限为 8 个月，中央政府可以决定予以延长。调查开始，保障措施局局长可以发布通知，要求出口商、国外生产商和有关利害关系国政府按照规定的格式提交信息。有关利害关系方和政府应当自收到通知后 30 天内或保障措施局局长同意延长的期限内，提交书面信息。自邮寄登记之日或交给出口国外交代表之日起 7 日后，视为收到通知。调查过程中，有关进口产品的国内使用者以及有代表性的消费者组织（representative consumer groups）也可以向保障措施局局长提供与调查相关的信息。在调查过程中，局长将评估影响国内产业状况的所有客观情况并可以量化的相关因素（quantifiable factors）。除非调查所依据的客观事实证明，被调查产品进口增加与国内产业损害之间存在因果关系（causal relationship），否则保障措施局局长不能做出国内产业处于"严重损害"或"严重损害威胁"的裁定。

调查期限结束后，保障措施局局长应当做出终裁决定，裁定的内容包括：（1）被调查产品进口数量增加是否给国内产业造成"严重损害"或"严重损害威胁"；（2）进口数量增加和"严重损害"或"严重损害威胁"是否存在因果关系。如果上述两项确定存在，保障措施局局长可以提出征收保障措施税的建议，包括税率及措施实施的期限。措施实施期限超过 1 年的，保障措施局局长应当同时提出逐步放宽措施的建议。终裁应当以公告的形式予以公布。

（二）印度贸易摩擦预警机制

印度建立了"重点商品进口监测机制"，它很好地防止了印度该产业受到不正当竞争冲击的威胁。印度实行对外贸易经营权登记制以加强管理。政府将进出口产品分为：禁止类、限制类、专营类和一般类。所有外贸企业均可经营一般类产品。对限制类产品的经营实行许可证管理。对石油、大米、小麦、化肥、棉花、高品质铁矿砂等少数产品实行政府指定国有外贸企业专营。印度政府的进口政策保护 5 种基本进口产品：生产资料、原料、消费品、元件、工具和备件，这 5 种产品的进口均须向印度政府主管部门申请进口许可。印度政府对出口企业免征服务税和中央销售税。

为防止过量进口冲击国内经济，印度长期以来一直以"维护收支平衡"为由对一批进口商品实行数量限制。1997 年 5 月受到进口数量限制的商品达 2 714 种。在西方发达国家特别是美国的巨大压力下，印度要在不到两年的时间内取消对 1 429 种商品的进口限制，2000 年 4 月 1 日首批 714 种商品已经宣布取消限额。印度商业总局明确提出，在全部解除商品进口限制后，印度政府将通过提高关税来限制进口，保护本国工农业，在 1 429 种取消限制的商品中，对 863 种没有做出最高关税承诺，另有 362 种虽然有过承诺，但是承诺标准高于现行税率，也就是说印度可以对 1 225 种解除进口限量的商品采取加税措施。商业总局已经要求海关将这些商品的税率提到尽可能高的程度，其中农产品的税率分别是原产品 100%、加工产品 150%、食用油 300%。

此外，印度建立了一套严格的外国投资管理体系，外国投资者在印度投资必须首先接受政府的审查并获得批准，有些行业和活动是禁止外资进入的，而外资在一个企业中所占的比例也受到限制，很少能达到 100%。通过这些规定，政府可以有效地调控外资的流向，防止资金雄厚的外国大企业冲击和威胁本国的中小型企业和不发达产业，还可以保证外汇收支的平衡。比如，印度汽车工业就得益于政府的投资政策，外国汽车公司在印度投资必须和当地公司合作，联合开发生产的新款车型既能部分实现国产化，又保留了国外原车型的优势，在价格上与缴纳了较高关税的进口车相比又有较大的优势，避免了印度国产汽车市场受到外国产品的过大冲击。

第十一章

中国对外贸易摩擦预警与争端解决机制的建立与完善

一、中国遭遇的贸易摩擦现状、特点及趋势分析

(一) 中国遭遇的贸易摩擦现状及特点

1. 遭遇贸易摩擦的数量持续增加

随着中国经济的发展，对外贸易增长迅猛，贸易顺差和外汇储备也在迅速增加，尤其是加入 WTO 以后，中国的外贸更是呈直线上升趋势。进出口贸易总额从 2001 年的 5 097.7 亿美元增加到 2007 年的 21 738.3 亿美元；顺差由 2001 年的 225 亿美元扩大到 2007 年的 2 622 亿美元。目前，中国是美国和德国之后的世界第三贸易大国。与此同时，中国遭遇的贸易摩擦在迅速增多。中国遭遇包括反倾销、反补贴与保障措施、技术性贸易措施、绿色贸易壁垒、知识产权壁垒和社会责任标准等贸易摩擦显著增多。

2. 与大多数贸易伙伴存在贸易摩擦

中国与大部分贸易伙伴都存在贸易摩擦，其中与主要贸易伙伴之间的摩擦更多。从整体来看，在反倾销、反补贴和保障措施上与发展中国家和地区的贸易摩擦较多，比如在世界贸易组织成员对中国发起的反倾销案件中，发展中国家和地区占 60% 以上。因为发展中国家和地区侧重于应用传统的贸易救济手段，而且其国内（地区）关于反倾销、反补贴与保障措施的立法和有关规定相对不完善，随意性较大，比较容易实施，而且效果相对明显。

3. 贸易摩擦涉及的领域较多

中国遭遇的贸易摩擦涉及农产品、非农产品等货物贸易领域，也涉及服务贸易、与贸易有关的投资、与贸易有关的知识产权领域。就具体行业而言，轻工和纺织产品遭遇的传统贸易摩擦比较多，鞋类、服装、玩具、家具等行业遭遇的贸易摩擦较多。另外化工产品和钢铁产品、机电产品也经常受到贸易摩擦的困扰。

（二）中国遭遇贸易摩擦的原因

贸易摩擦是随着国际贸易的发展而出现的，是世界经济贸易发展过程中的正常现象。只不过在世界经济发展的特定阶段，贸易摩擦在形式、范围和所涉及的对象上有所不同。贸易摩擦从本质上来说，是各国、各地区对贸易利益的争夺。因为在世界经济发展的过程中，全球产业结构也经历着剧烈的调整与变化，各国、各地区产业优势发生转变，在国际分工中的地位发生变化，从而导致其在贸易中的相对地位也发生变化，所获得的贸易利益也就发生了变化。为了保护贸易各方内部产业，获取更多的贸易利益，各国、各地区往往采取保护性的贸易政策，由此贸易摩擦也就产生了。

1. 世界经济贸易格局的不断变化

第二次世界大战以后，发达国家和地区之间的经济实力此消彼长、不断发生变化，从而形成了多极化的资本主义世界经济格局。至20世纪70年代初步形成了美国、日本、西欧三足鼎立的局面。在发展中国家和地区内部，经济差距也在逐渐扩大，形成了多样化的国家和地区类别，大致可以划分为石油生产和输出国、新兴工业化国家（地区）、原料及初级产品生产和出口国及最不发达国家和地区。随着20世纪90年代以来，经济全球化的迅速推进，世界各国、各地区在世界经贸中的地位发生了变化，对世界经济格局产生了深远影响。各国、各地区在世界贸易中的份额、进出口增速存在严重的不平衡。尤其是一些发达国家和地区出现了严重的贸易逆差。

整体上来看，出现这种现象，从根本上说是世界经济全球化的必然结果。跨国公司财富积累到一定程度后，要求为其资本在国际市场上寻求出路，需要利用其他国家和地区的劳动力和原材料进行低成本的生产，并更多地占领国际市场。在美国，劳动力密集型和高能耗、高污染产业纷纷向国外转移。而国内则着重发展技术研究、技术创新、金融等服务业。另一方面，美国的批发零售业采取全球采购的策略，在全球范围内配置资源，加之国际产业的转移加快，国际分工发生改变，使世界经济出现了全新的局面，传统的平衡关系和发展格局发生了深刻的变化。

2. 全球产业结构调整与国际分工的变化

世界经济和贸易格局从20世纪70年代以来，发生了很大的变化，伴随着经济与贸易格局的变化,全球产业结构的调整正在加速进行,各国、各地区在国际分工中的地位也在发生着剧烈的变化。尤其是最近10多年,信息技术和新经济的发展,使得产业结构的调整加快,国际产业间的转移比以前更加迅猛,某些国家和地区的优势产业还没有培植出来,已经开始受到来自其他国家和地区的竞争。在产业结构调整和国际产业分工转移的过程中,发达国家和地区在劳动密集型制造业领域的竞争力减弱,失去了制造业的比较优势。但是,由于国内(地区)制造业结构的调整和改造十分缓慢,对保护性产业和贸易政策形成"路径依赖",在受到国际产业冲击时,各发达国家和地区往往会以保护国内(地区)制造业部门就业为理由,实施保护性的贸易政策,由此就很容易产生贸易摩擦。

3. 经济全球化与区域经济一体化的发展

多哈回合启动以来,谈判进程一波三折。2003年在墨西哥坎昆召开的WTO第五次部长级会议无果而终。此后,经广大成员共同努力,各方于2004年7月达成"多哈框架协议"。但这一协议只设定了指导原则和基本内容,不包含具体的减让数字,框架协议明确了多哈回合谈判结束的时间将推迟,并确定了WTO第六届部长级会议于2005年12月在中国香港举行。2005年12月18日,经过各方的不懈努力,终于在香港会议上通过了世界贸易组织《部长宣言》。不过随后的多哈回合谈判并不顺利,在重要议题上仍然没有达成一致。

4. 部分国家和地区贸易保护倾向增强

根据世界贸易组织的统计,从1995～2006年,中国已连续12年成为全球遭受反倾销调查最多的国家。各国、各地区对进口产品的质量指标和要求越来越高,按照WTO的相关规定,一个国家或地区的产品除了本身质量、包装、标志与标签等指标应当符合有关规定外,其"相关加工与生产方法"也应当符合有关的规定。实际上是把产品加工与生产过程中可能产生的环境污染问题也纳入了WTO的规则。

5. 主要发达国家和地区对中国经济发展的担心与"遏制"

中国出口贸易的迅速发展和世界经济全球化、贸易自由化进程的加快,正在改变着中国与美、欧、日等发达国家的比较优势结构。中国正从国际贸易舞台的边缘走向中央,其一举一动都备受各国瞩目。随着中国综合实力迅速崛起,对传统贸易强国,也即发达国家而言,如何认识中国的和平发展以及中国和平发展到底对他们会产生什么样的影响,是这些国家必须面对的问题。多方都在试图趋利避害,试图从中国的和平崛起中得到利益,而不是动摇自己的国际地位和现有利益。于是来自各方的疑虑、不合作甚至对抗都不会停止。

6. 主要发展中国家和地区与中国经济的竞争性增强

中国与部分发展中国家和地区的贸易摩擦,关键原因在于中国的出口产品对这些发展中国家和地区原有产业产生了巨大的竞争压力。双方经济结构趋同,而且这些国家和地区都面临着失业、贫困等共同的挑战，很多国家和地区的产业缺乏核心竞争力，对政府保护的依赖程度很高，对"中国制造"和"中国价格"心存恐惧。

7. 中国经济贸易增长迅猛，并且出现持续的顺差

近年来，中国贸易总量增长迅猛，随之而来的贸易摩擦也相应增多，况且，中国一直保持货物贸易顺差，尤其是对主要贸易伙伴美国的顺差持续增多，一定程度上引发了贸易摩擦。

8. 中国出口产品结构不尽合理

从中国遭受国外贸易救济措施的行业来看，主要集中在轻工业、纺织行业和电子行业。从1979～2005年，国外对华启动的贸易救济案件数为745起，而在国外对中国出口产品发起的贸易救济措施的全部案件中，轻工业约有240多起，化学工业有180多起，纺织业有110多起，这三个行业总共占60%以上[①]。而这些行业的出口产品恰恰都是一些劳动密集型的低附加值产品，在出口市场上仅以数量和低价取胜，自然易遭受他国实施贸易救济措施。中国很多行业出口产品结构不合理的情况也很突出，其中钢铁行业就是一个典型的代表。

9. 对部分发达国家和地区的市场依存度过高

外贸进出口市场过度集中也是导致贸易摩擦趋于频繁化的原因之一。目前，中国外贸进出口主要集中于少数国家和地区，对美、日、欧三大贸易伙伴的贸易额占中国进出口总额的1/2左右。

10. 中国国内市场需求不足

根据IMF统计，1995～2005年，世界最终消费占国内生产总值比重平均约78%，而中国仅占58.5%，比世界平均消费率低近20%。近5年来，中国居民最终消费率持续走低，自2000年到2004年，居民最终消费率分别为61.1%、59.8%、58.2%、55.5%、53.9%，而2005年仅为33%。从这些数据中可见，中国目前存在较为严重的内需不足和消费不足的问题。然而，与此相对应的是，中国的外贸依存度已经从2002年的51%上升到2005年的80%，成为世界上外贸依存度较高的经济体之一。部分国家和地区外贸依存度的相关情况详见表11-1。

表11-1　　部分国家和地区外贸依存度高峰时期情况对照

国家和地区	依存度高峰年份	依存度（%）
英国	1909～1913	43.5
法国	1905～1913	53.7
德国	2002	65.2

---

① 数据引自中国贸易救济信息网的国外对华贸易救济案件数据库。

续表

国家和地区	依存度高峰年份	依存度（%）
丹麦	1910～1914	61.6
瑞典	1911～1913	40.4
澳大利亚	1816～1870	40.0
新加坡	1990	361
马来西亚	2002	211
中国台湾	2005	112
韩国	2002	79
墨西哥	2002	56

资料来源：中华人民共和国商务部。

内需不足与外需旺盛之间形成的反差并不是毫无联系，而是相辅相成的。由于内需不足，进口速度远远赶不上出口速度，从而导致进出口贸易失衡，造成对外贸易摩擦不断加剧。

11. 国内知识产权保护有待完善

与国外特别是发达国家和地区相比，中国的知识产权确实存在很大差距：一是人均数量差距。以发明专利为例，据国家知识产权局2005年统计，中国发明专利申请量已超过17万件，名列世界第4位，但人均专利拥有量世界排名则在第89位。在这17万件专利产品中，还有一半由外资公司申请，主要是跨国公司。而美国在中国申请专利，每年的增长量都超过20%，2005年申请量已超过2万件。二是质量差距。在发明专利、实用新型专利和外观设计专利中，发明专利的含金量较高。中国个人和企业申请的每100件专利中，发明专利只占18件。而国外的申请，每100件有86件是发明专利。

12. 投资过热导致产能过剩，国内出口企业无序竞争

（1）从经济发展看，经济发展中长期存在的增长方式粗放和经济结构不合理，中国经济的高增长主要靠投资尤其是政府的投资拉动，属于政府主导型经济。在这种经济发展模式下，导致不惜代价的高投入、高消耗、高污染、低效率、不协调的增长方式。

（2）从社会发展看，不科学的政绩考核体系促使地方政府单纯追求GDP增长，忽视社会事业发展，弱化公共服务职能，带来经济发展与社会发展中的众多问题。在对外贸易领域，各地政府为了通过外贸拉动本地经济，只图眼前利益，建立各种地区性和行业性贸易壁垒，不但没有在维护市场出口秩序方面发挥其应有的职能，反而在一定程度上扰乱了国家整体的出口秩序，导致贸易摩擦的日益增长。

（3）国内行业纷纷扩大出口，释放生产力，在国际市场上进一步拓展生存空间，促进了竞争的国际化；同时，一些生产能力过剩的国内行业为了扩大出口，将其在国内市场的竞争延续到国际市场上，形成了国际竞争国内化。由于中国出口产品多为劳动密集型产品，成本低，市场容易进入，易引起投资过剩，投资过剩又导致生产过剩、供给过剩。特别是一些出口企业经营者的短期趋利意识严重，片面地将企业资源集中于当时的需求热点上，缺乏经营决策中的长期理性思维，只要出现市场机会，出口往往一拥而上，大量进行同类重复投资，其生产能力大规模过剩。最终导致大量中国企业同时在国际市场上进行竞争，大打价格仗，盲目压价竞争，造成了出口经营秩序的混乱。

13. 部分企业对国际经贸规则不熟悉，应诉不积极

在处理对外贸易摩擦时，企业法律意识淡薄，对国际竞争规则不熟悉，也是造成中国在贸易争端中处于不利局面的重要因素之一。加入 WTO 后，中国更多地参与到国际事务中，就会更多的接触国际规则。而随着世界市场的进一步形成，中国企业将更多地走出国门，参与国际竞争，如果不熟悉国际规则，将会举步维艰。

（三）贸易摩擦对中国经济贸易发展的影响

出口、投资与消费是拉动经济发展的"三驾马车"，贸易在中国经济发展中起着重要的作用，随着贸易摩擦的日益增多，中国宏观经济将会受到不利影响。

1. 贸易摩擦增多会损害经济贸易发展的外部环境

今后一个时期，包括贸易摩擦在内的国际经济环境中的一些不确定因素，不可避免地会对中国经济的稳定发展、特别是对中国充分利用未来十五年的战略机遇期发展带来一定的影响。例如，对我国实施贸易保护的重点随着中国出口结构的优化而发生转移这一趋势，不仅妨碍我国对外贸易规模的进一步扩大，而且在各国、各地区为保持和提升国际竞争力，争相抢占高科技产业制高点和加快传统产业高科技化的背景下，对中国加快产业结构优化及经济布局调整，大规模承接新一轮国际产业转移而言，都构成严重阻碍，进而影响中国经济的持续快速发展。而且，贸易摩擦持续增多，所涉及的领域扩大，从微观、产业层面上升到了宏观制度层面，比如汇率问题等经济问题被过分夸大，在经济不景气或者国外大选之年，很容易将经济问题政治化。从而影响中国与其他主要贸易伙伴之间的政治、外交关系。

2. 贸易摩擦增多影响中国内部经济稳定发展

当前，中国经济增长较快，只是就业问题比较严峻，迅猛发展的经济无法提供足够多的就业机会，就业关系着中国经济是否能稳定发展，如果贸易摩擦继续增多将会严重影响中国的就业，尤其是技术水平较低的制造业工人就业，因为对外贸易给中国提供了大量的就业岗位，直接和间接涉及大多数劳动者的利益。中国遭遇的贸易摩擦主要集中在劳动密集型产业领域，该类产业吸纳了大量剩余劳动力，有助于提高社会低收入群体的收入水平；占中国外贸出口超过一般份额的机电产品出口目前以加工贸易为主，也创造了大量的就业机会。如果贸易摩擦增多导致出口受阻，必将增加失业人口，加剧当前面临的就业压力。

3. 贸易摩擦对中国产业发展造成一定程度的负面影响

贸易摩擦对涉案产业造成不利影响，因为中国的很多产业都是外向型的，对国外市场严重依赖，贸易摩擦频繁发生使得国际市场需求减少，影响产业的可持续发展。20 世纪 80 年代，国外对中国提起的反倾销指控大多是小商品和农副土特产品，后来扩大到矿产品、工业制成品等，当前我国受国外贸易摩擦影响的行业主要集中在五矿化工、轻工、纺织、机电等产业领域。贸易摩擦对这些行业的影响是复杂的，短期内由于行业的生产能力已经形成，贸易摩擦发生时，外部市场需求受到限制，就会形成过剩的生产能力，从而使得产业正常发展进程受阻。

不过有些贸易摩擦对中国相关产业的影响微乎其微，以纺织业为例，为了防止 2005 年世界纺织品配额取消后，中国纺织品出口猛增，欧盟在 2005 年与中国就发生了贸易摩擦，先是对出口文胸实施限制，随后又对中国实行临时配额限制，以抑制从床上用品到内衣裤等纺织品的激增。最终，双方达成协议，临时性限制措施持续到 2007 年底。《世界贸易报告 2006，2007 年展望》指出，配额限制对中国纺织品和服装出口到世界各地几乎没有什么影响。尽管存在配额限制，但中国在所有主要发达国家和地区的市场份额依然在扩大。2006 年中国纺织品和服装出口增长 25%，而 2005 年仅增长 21%。相反，中国台湾、中国香港、韩国等东亚发达经济体在纺织品和服装出口上反而失去了一些市场份额[1]。

4. 贸易摩擦使涉案企业损失惨重

20 世纪 80 年代外国对中国反倾销案件中，没有一件涉案金额超过 1 亿美元，涉案金额超过 1 000 万美元的也不足 10 件。进入 20 世纪 90 年代，涉案金额超过 1 000 万美元的案件不断增加，上亿美元的大案也屡见不鲜。2004 年，美国商务部初步裁定中国出口的木制卧室家具存在倾销行为，涉案金额近 10

---

[1] WTO, "Risks lie ahead following stronger trade in 2006", World Trade 2006, Prospects for 2007, PRESS RELEASES Press/472.

亿美元。

5. 贸易摩擦使相关企业利益受损

贸易摩擦首先损害的是涉案企业的利益，不过在现实经济运行中，各个企业是相互联系紧密的，特别是上下游企业，一旦其中的一个企业受到牵连，其他相关企业的经营就会受到损失。外国对中国出口产品征收的反倾销关税税率越来越高，且呈直线上升趋势，由过去的平均20%左右上升到50%左右，有的则达到百分之几百乃至上千。

6. 出口企业的国际市场环境不确定性增大

当前国际贸易摩擦的矛头主要指向中国产品，不但减损了中国外部环境优化的整体效果，也使得一些出口企业对拓展国外市场持观望态度，优化后的贸易环境在实效上受到影响。而且，专门针对中国的歧视性贸易摩擦措施，使中国企业在国际市场上难以获得公平的贸易环境。比如反倾销调查，往往以"非市场经济"问题，明显针对中国企业。日益增多的贸易摩擦使得中国企业所面对的国际经贸环境充满不确定性和不稳定性，对企业的正常生产、经营造成损害。

7. 贸易摩擦是一把"双刃剑"，应对得当则对经济发展具有一定的促进作用

涉及技术性贸易措施和知识产权、社会责任标准的贸易摩擦，对中国经济贸易的发展具有客观的促进作用。技术性贸易措施给中国企业以一种外部的压力，使其不得不加强技术研发，提高技术水平，从长期来看，那些没有技术支撑的企业注定要在市场竞争中被淘汰，所以技术性贸易措施摩擦增多，客观上推动了企业进行技术研发，只是这种过程是痛苦的。知识产权问题日益严重，客观上要求中国对知识产权实施保护，特别是在无形资产占有重要地位的今天，知识产权是一种重要的资产，一个国家只有拥有足够多的知识产权才能够在经济发展中立于不败之地。

从社会责任标准来看，虽然短期内国内企业很难适应，会加重企业的成本负担，因为人权、劳工标准以及工作环境的要求都比较严格。但是从长期来看，社会责任标准的实施有利于中国经济的可持续发展，使老百姓获得经济发展的成果，分析经济发展带来的收益，最终有利于科学发展观的推进以及和谐社会的建设，使中国社会经济平稳健康地发展。

（四）中国未来对外贸易摩擦焦点

通过对历年贸易摩擦的分析可以看出，贸易摩擦主要发生在主要贸易伙伴之间，尤其是进出口严重不平衡的国家和地区之间。2005年中国内地前10大贸易伙伴是：欧盟、美国、日本、中国香港、东盟、韩国、中国台湾、俄罗斯、中国澳门和加拿大,其中欧盟、美国、中国香港是中国内地前三大出口市场。2006年中国前10位顺差来源地是中国香港、美国、荷兰、英国、阿联酋、西班牙、加拿大、意大利、土耳其和墨西哥。如果把欧盟作为一个整体,则对欧盟的顺差达到916.6亿美元,同比增长30.7%,成为仅次于美国的中国第二大顺差来源地。

中国未来的对外贸易摩擦也主要集中在中国主要贸易伙伴之间,尤其是对中国存在严重逆差的国家和地区。因为与中国香港签署了CEPA协议,二者之间贸易摩擦很少。美国、欧盟、日本是中国主要的贸易伙伴,而且美国、欧盟又是中国主要的顺差来源地,目前中国与它们之间的贸易摩擦较多。

1. 中美贸易摩擦焦点

(1) 贸易赤字、人民币汇率问题将使中美贸易摩擦频繁发生。贸易不平衡一直是引发中美贸易摩擦的主要因素,特别是在美国经济不景气或者政治选举之时,相关利益团体就会要求国会或者政府对中国施压,因为美国一直认为来自中国的巨额进口是赤字的根源。正是巨额贸易赤字的存在,美国在人民币汇率问题上对中国频繁施压,因为从历史数据来看,每当美元升值的时候,贸易赤字就会增多,每当美元贬值的时候,贸易赤字则会减少,这种规律性的特征,可以从(图11-1)1980~2005年美国的贸易赤字与美元走势上体现出来。

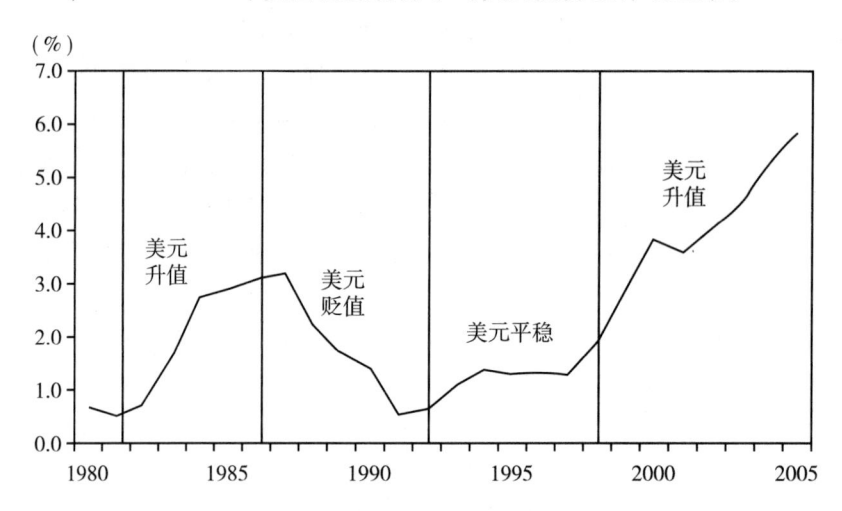

图11-1 1980年以来美国贸易逆差状况

资料来源:Robert E. Scott, Rapid growth in oil prices, Chinese imports pump up trade deficit to new record, EPI, February 10, 2006.

所以,在过去的3年里,频繁向中国施压要求人民币升值,美国国会扮演了一个相对强势的角色对中国施压,而美国政府在人民币升值问题上则相对温和,采取磋商、协调的手段,与中国展开双边对话。目前这种策略已经取得一定效果,截至 2007 年 4 月,人民币升值幅度已经达到 5%,但是美国国内相关利益集团仍然认为人民币应该继续升值。从 2007 年 1 月 31 日财政部对国会做的《国际经济与汇率政策》报告,以及后来的国会议员以及相关利益团体的观点来看,美国想继续促使人民币升值,近期目标是 2007 年年底升值 10%[①]。在迫使人民币升值的策略上,改变过去国会和政府观点相左的被动局面,更多地强调行动的协调与观点的一致[②]。同时借助 7 国集团和 IMF 等国际组织向中国施压,在必要的时候以其他贸易问题为手段向 WTO 提起申诉,从侧面给中国施压。未来美国的经常账户赤字仍然会继续下去,对中国的进口仍然会增加,汇率问题仍然会成为焦点问题,在经济波动或者政治选举时仍然会对中国产品实施限制,贸易摩擦不可避免地会继续发生。

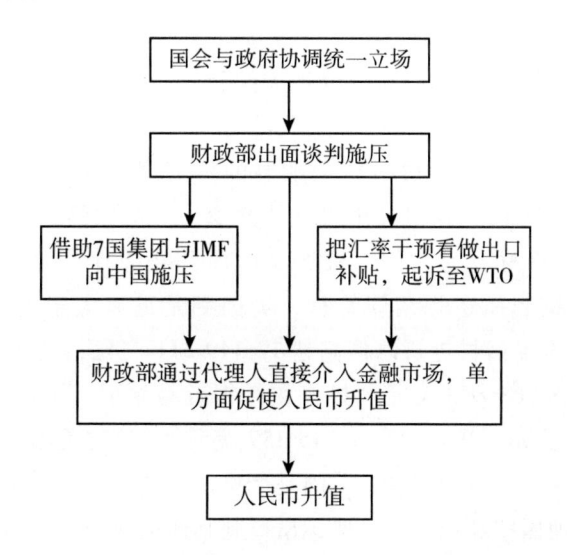

```
        ┌─────────────────────────┐
        │    国会与政府协调统一立场    │
        └─────────────┬───────────┘
                      │
        ┌─────────────▼───────────┐
        │      财政部出面谈判施压      │
        └─────────────┬───────────┘
           ┌──────────┴──────────┐
┌──────────▼────────┐  ┌─────────▼──────────┐
│ 借助7国集团与IMF  │  │ 把汇率干预看做出口  │
│   向中国施压       │  │  补贴,起诉至WTO   │
└──────────┬────────┘  └─────────┬──────────┘
           └──────────┬──────────┘
        ┌─────────────▼────────────────┐
        │ 财政部通过代理人直接介入金融市场,单 │
        │      方面促使人民币升值         │
        └─────────────┬────────────────┘
                      │
              ┌───────▼───────┐
              │    人民币升值   │
              └───────────────┘
```

图 11-2 未来美国迫使人民币升值的策略路线

(2)工业制品是中美贸易摩擦的焦点之一。中国在美国工业品市场上占有很大的市场份额。根据罗伯特·斯科特等(2006)研究计算,在 1997 年美国在其国内工业品领域的市场份额是 92%,2005 年下降到 78.2%,下降了 13.8%。其中在非耐用品领域的份额由 1997 年的 94.9%,下降到 2005 年的 82.6%,下降幅度为 12.3%。耐用品领域的市场份额由 1997 年的 90.1%,下降到 2005 年的 75.4%,降幅为 14.8%。与此相反的是,中国在美国工业品消费市场上的份额却在增加,在耐用品市场上的份额由 1997 年的 2.9%,上升到 2005 年的

---

①② C. Fred Bergsten, "The Chinese Exchange Rate and the US Economy", Peterson Institute for International Economics, January 31, 2007.

9.7%；在非耐用品市场上的占有率由1997年的2.5%，上升到2005年的5%。如此高的市场占有率，很容易造成贸易摩擦。

根据罗伯特·斯科特等（2006）研究计算，在中国工业制品在美国市场份额上升的同时，美国制造业的增长率却在下降，由1989～2000年平均增速3.5%，下降到2000～2006年平均增速0.8%。制造业的生产率仅仅由1989～2000年平均增速3.9%增加到2000～2006年平均增速4.2%。与此同时，制造业吸纳就业量一直为负增长，1989～2000年平均为-0.2%，2000～2006年制造业吸纳就业的平均增长率为-3.2%，虽然制造业领域吸纳的就业人数减少，但是美国服务业吸纳的就业人数却在迅速增加。另外，一个值得注意的趋势是，美国不仅在技术含量较低的工业制品贸易中处于逆差地位，在高科技工业制品贸易中的逆差也在持续增多。由下文可以看出，在2001年以前，美国的高技术工业制品处于顺差，自2001年以后，高技术工业品的进口超过出口，而且在高科技工业制品领域的逆差有继续扩大的趋势，未来高科技领域的工业品贸易摩擦会逐渐增多。

（3）在工业制品中，钢铁制品是主要的贸易摩擦焦点。①从美国自身钢铁贸易情况来看，美国钢铁对外出口继续减少，对钢铁的进口却大量增加。仅以2006年美国的钢材贸易为例，根据美国商务部统计，无论是半成品轧钢、平滑压辊钢、长钢制品还是钢管管材，美国都是进口大于出口，存在大量逆差。其中对平滑压辊钢材进口总值高达12 349 211美元，其次是对钢管、管材的进口，总值为8 768 823美元。只有在废钢贸易领域，美国是存在顺差，废钢出口4 231 877美元，进口仅为1 245 357美元①。这与美国历来注重环境保护有关，对于那些污染环境的产品，美国是严格控制进口的。对于污染环境的产品则大量出口到其他国家和地区。虽然，出口到其他国家和地区的废钢在价值总额上很小，但是从出口量的角度来看，废钢的出口量是最多的，达到14 872 679公吨，进口量仅为4 816 415公吨②，废钢出口量是进口量的3.08倍。②从中国的钢铁出口情况来看，中国近年来在世界钢铁贸易中的出口份额持续增加，仅以2005年为例，中国钢铁出口较多的国家和地区是美国、欧盟、加拿大、澳大利亚、巴西与新西兰，其中对美国的钢材出口最多，是其他国家和地区总和的几倍。随着对美国钢铁出口的增多，未来中美钢铁贸易摩擦将会持续增多。③根据OECD研究报告，大部分OECD成员的钢产量要么继续递减要么停滞不前，而非OECD成员，特别是中国的钢产量以平均每年12%的速度递增（印度为6%，巴

---

①② SOURCE：U. S. Department of Commerce.

西为 3%)①。目前，中国已经成为全球钢产量最多的国家，2005 年为 2.9 亿吨，几乎是全球第二大产钢国的三倍②。根据国际钢铁协会（IISI）统计，从 1992～2005 年中国钢铁产量一直呈上升趋势，尤其是在 2001 年以后，出现了一个拐点，钢铁产能迅速攀升，目前已经是全球最大的钢铁生产国。

(4) 纺织品服装业是未来中美贸易摩擦的焦点之一。①从美国自身的纺织品服装进口来看，美国已经不具备纺织品服装业的比较优势，对纺织品服装的进口日益增加。②从中国对美国出口情况看，根据美国商务部纺织品服装办公室统计，2005 年中国对美国的纺织品服装出口最多，几乎是其他国家和地区的总和。2006 年美国从中国的进口也是最多的，占总体进口的 29%，几乎占了 1/3 的份额，其中服装进口占了总进口的 69%，可见美国主要是从中国进口服装。其次是墨西哥占 6.8% 的份额，再其次是印度占了 5.4% 的份额。③从中国国内纺织业生产情况来看，根据中国纺织工业协会统计 2004 年国内纺织品企业比 2003 年有所增加，2005 年虽然有些企业倒闭破产，但是总数仍然高达 20 000 多家，如此多的纺织企业，使得国内纺织品产能过高，产值从 2003年的 7 725 亿元，增加到 12 600 亿元，如此高的产能国内市场无法消化吸收，只好求助于国际市场，依靠大量出口来保持企业的生存。所以纺织品出口从 2003年的 2 248 亿元，增加到 2005 年的 3 330 亿元。随着中国对美纺织品出口的增多，美国纺织行业协会、企业等利益集团开始游说、施压，对纺织品服装进口采取限制性的贸易措施。与中国就纺织品服装贸易发生摩擦，后来达成了中美纺织品协议。

通过对中美纺织品贸易情况、中国国内纺织业生产情况的分析可以看出，中美纺织品协议到期后，可能重现 2005 年初出口量增价跌的混乱局面，到时美国肯定会继续采取限制措施，不过具体的措施可能多种多样，反倾销可能是未来美国限制纺织品服装进口的主要手段，因为 2006 年美国已对我国聚酯短纤启动了涉案金额近亿美元的反倾销调查，相信未来美国仍然会对中国纺织品贸易进行限制。纺织品服装将成为贸易摩擦的焦点之一。

(5) 知识产权问题将成为未来中美贸易摩擦的主要焦点。中美之间存在的知识产权问题可以细分为两个方面，一个是加强知识产权的保护问题，另一个就是制止侵犯知识产权问题。前者是美国要求加强对美国在华企业知识产权的保护，后者是要求中国从法律和制度以及行政实践层面，制止侵犯知识产权的行为。其实二者的本质是一致的，都是要求对美国相关利益主体的知识产权进行保护，从而使其利用技术优势获得更多的经济贸易利益。随着中美贸易规模的增大

---

①② OECD, "Economic, Environmental and Social Statistics", OECD Factbook 2007.

以及中国出口产品结构的调整,科技含量不断上升,美国开始对中国频频发起337调查。

从美国政府的关注程度来看,也可以预测到知识产权问题是未来中美贸易摩擦的焦点问题,2006年美国贸易代表办公室就中国履行入世承诺问题向国会提交报告,提出中国存在的几个主要问题,第一个问题就是中国缺乏知识产权保护,假冒产品、盗版侵权,给美国几乎所有经济部门中的企业造成重大损害[①]。所以美国开始加大对知识产权的保护力度。2007年4月美国针对中国向WTO提出两起申诉,其中一起申诉针对的是中国对国内盗版行为的打击不力,另一起则针对的是中国音像制品和图书出版行业的配额限制。要求中国取消给予盗版和假冒行为提供避风港、避免刑事处罚的主要结构性壁垒,打击非法进入中国边境的假冒产品,给予版权所有者更多的权力,以防止未经授权的复制。同时要求中国取消限制美国音像制品进口和国内销售的壁垒,促使这些产品在正常的市场条件下进入中国市场。

(6) 农产品仍是贸易摩擦焦点。农产品贸易方面,不合理、不透明、不科学、繁杂的检验检疫机制导致的农产品进口贸易摩擦。尤其是一些不合理、缺乏科学依据的食品安全检验与动植物防疫检疫标准导致了国外进口受到限制,具体摩擦焦点如下:①牛肉与疯牛病。②小麦。③零病原菌标准。④食品添加剂。⑤食品标示。⑥政府补贴及税收措施导致农产品贸易摩擦。

(7) 服务贸易会成为摩擦的焦点之一。服务贸易摩擦焦点集中体现在服务行业的开放和国内市场准入问题上,为了进入中国市场,在外资准入门槛、外资持股比例等方面可能会发生贸易摩擦。①银行、保险及证券业。②批发、零售、特许经营及直销。③快递、运输、仓储及电信业。④旅游业。⑤法律、会计及管理顾问服务。⑥对于新兴、高附加价值制造业与服务业,加快并消除投资障碍的步伐是中国政府的当务之急。中国政府对入世有关利用外资和对外投资的承诺执行与否也是贸易摩擦发生的要素之一。

2. 中日贸易摩擦焦点

从中日贸易情况来看,近年来,日本一直是中国的主要贸易逆差来源地,日本对中国贸易存在顺差,所以中日之间的贸易摩擦,比中美、中欧之间的贸易摩擦要少得多。日本很少对中国实施反倾销、反补贴以及保障措施等贸易救济措施。中日之间的贸易摩擦主要集中在下面一些领域(见表11-2)。

---

① USITC, "Foreign Trade Barriers Report", Assistant U. S. Trade Representative for Policy Coordination, 2007.

表 11-2　　　　　　　　中日贸易摩擦焦点一览

政策工具	产品/行业	具体措施
关税及关税管理	农产品、水产品	征收高关税
	果酱、果冻、茶饮料等	
	魔芋	关税配额
非关税措施	大米	招标制度
	紫菜	进口配额
通关环节	鲜活产品	通关耗时较长
技术性标准	水产品、农产品	检验检疫
卫生与植物卫生	药物、水产品、稻草、大闸蟹、荞麦、茶叶、双壳贝类	检验检疫
贸易救济	硅锰、棉府绸、大葱、鲜香菇、蔺草席、毛巾	反倾销及保障措施
关税及关税管理	半导体增值税问题	中国国内半导体生产商可享受退税政策
	胶卷减税问题	中国未履行其入世承诺实行减税
非关税措施	二手服装	中国禁止从日本进口二手服装
	汽车及汽车零部件	进口配额
服务贸易	批发零售、特许经营	严格限制
	建筑业	
	交通运输行业	
	电信行业	
	金融行业	

资料来源：笔者根据日本经济产业省：《日本国际经济报告》，2006；USTR 及中国台湾 WTO 中心摘译资料：《2006 年中国大陆对外贸易障碍评估报告》、《加拿大市场优先进入报告》整理。

(1) 农产品是中日未来贸易摩擦的焦点。

农产品贸易问题将是未来中日贸易摩擦的主要焦点。①日本对农产品进口实施限制引发贸易摩擦日本的农产品、水产品关税普遍偏高，相当多的大宗产品税率超过了 15%，日本对农产品征收高关税阻碍了中国相关产品对日出口。而且存在着严重的关税升级现象，例如，根据 WTO 统计，日本多种水果关税税率为

10%~50%，其中经过加工的果酱、果冻、果泥等关税税率高达40%。茶叶关税为3%~20%；以茶、咖啡制成的部分饮料的关税税率最高达29.8%。鱼类关税税率一般在2%~3.5%，但是经赶制、盐渍、熏制或加工成粉、团状后，其关税税率就提高到10%左右。同时，日本还对部分农产品实施关税配额。比如对消费需求很大的魔芋产品实行配额制，并且对中国出口的魔芋产品配额内产品征收40%的关税，配额外征收2 796日元/千克关税。日本这一措施限制了中国魔芋对日出口，中国芋农遭受了巨大损失。②日本对农产品进口实施严格的检验检疫制度，制定了较高的技术标准。对农药残留量以及其他技术指标都有近乎苛刻的规定。中国是日本第二大农产品和食品供应国，对于中国输日农产品，日本坚持采取一些非常规入境检疫措施。在药物残留、国际标准相协调问题、检验检疫程序、水产食品加工设施认证制度、稻草消毒问题及进口限制、鲜活大闸蟹进口许可、荞麦等产品命令检查、茶叶农残检测标准、双壳贝类产品歧视性检验检疫措施等问题上，中日之间存在贸易摩擦。日本发布的"肯定列表制定"使得中国农产品对日出口大幅度减少。③日本为了与周边国家和地区签署自由贸易协定，有意限制中国农产品进口，转而从周边其他国家和地区进口。这反映在对农产品进口配额的分配上，给予中国的配额明显偏少。这些都是未来贸易摩擦的引发因素。

（2）部分工业品将成为贸易摩擦焦点。日本历来对半导体产业实施保护性措施，半导体行业是在日本政府的扶持下成长起来的，最近几年由于中国在半导体贸易上增长迅猛，中日之间的半导体贸易摩擦将会成为未来中日贸易摩擦的一个焦点。

（3）知识产权和技术性贸易壁垒将成为焦点。随着日本从"贸易立国"到"科技立国"的转变，更加关注对知识产权的保护，以此来维护本国企业的利益和保护本国的产业不受冲击。比如，2007年4月份美国向WTO提起知识产权申诉，日本很可能要以"利害关系第三方"身份提出关于食品原产地标签的要求。而且，根据日本《农林物资规格化和质量表示标准法规》，从2000年12月开始，在日本市场上销售的食品都必须标注原产地。日本还经常对水产品品质和原产地表示进行检查，甚至对表示为"国产"的鳗鱼加工品进行DNA分析，并在官方网站上公布检查结果。由于日本政府政策措施的诱导加上日本媒体多次片面渲染中国农产品药残超标，导致日本消费者产生食用中国农产品不安全的错误印象。

3. 中欧贸易摩擦焦点

（1）反倾销、保障措施、知识产权与技术性贸易壁垒是摩擦焦点。欧盟是中国最大的贸易伙伴，对欧盟的出口持续增多，目前欧盟是中国主要的顺差来源国。

未来中欧之间的贸易摩擦将会继续增多,涉及的具体政策措施以及涉及的领域都将增多,反倾销、保障措施、知识产权与技术性贸易壁垒将成为中欧摩擦焦点。根据WTO统计,2006年欧盟已经超过印度成为发起反倾销最多的国家,共发起35起反倾销调查,印度共发起31起反倾销调查,阿根廷发起了19起反倾销立案调查。以中国为目标的案件所占比例日益增长,从2003年的23%升至2006年的37%。可见,中欧在反倾销问题上,一个是最大的发起国,一个是最大的被调查国,未来反倾销摩擦会增多。另外,保障措施、知识产权与技术性贸易壁垒都是欧盟惯用的贸易政策保护工具。2007年4月18日欧盟贸易委员曼德尔森在布鲁塞尔宣布要采取措施减少欧盟出口遭受的贸易壁垒。欧盟认为由于中国的贸易保护措施,欧盟成员国的公司每年要损失200亿欧元。欧盟委员会准备派遣一个"搜查队"到中国,搜集中国贸易保护主义做法的"黑材料"[①]。其中重点支持知识产权保护、服务贸易市场准入、技术标准与环保要求等。其实这是欧盟未来对中国贸易政策的一部分,中国已经成为欧盟重点关注的国家,未来中欧贸易摩擦将持续增多,相关方面的贸易摩擦将成为焦点(如表11-3所示)。

表11-3　　　　　　　　中欧贸易摩擦焦点一览

政策工具	产品/行业	具体措施
关税及关税管理措施	肉类、蔬菜、水果、植物油、食品、饮料、烟草、纺织品、鞋类、自行车	高关税
	番茄、橙子、柑橘、葡萄、苹果、梨、杏、樱桃、桃、梅子	季节性关税
	糖、可可食品、饼干、面包、马铃薯	根据农业成分不同含量征收技术性关税
进口限制	纺织品、鞋类、钢铁	进口数量限制、进口监督
技术性贸易壁垒	电子电气指令、化学品、能耗产品、电磁兼容器、玩具、一次性打火机	技术法规、技术标准约束
卫生与植物卫生措施	食品、营养素、矿物质保健食品、有机食品、转基因食品、致敏性食品、农药	技术法规、技术标准约束

---

① 德国之声电台网站:《欧盟"搜查队"要整中国黑材料》,2007年4月19日,转引自《参考消息》,2007年4月21日。

续表

政策工具	产品/行业	具体措施
贸易救济措施	劳保鞋、皮鞋、柑橘罐头、冷冻草莓	反倾销、保障措施
补贴	飞机、船舶制造、渔业、烟草、酿酒、采煤、海运	共同农业政策、政府补贴
服务贸易壁垒	银行业	各国对中资银行的限制
展览业	珠宝首饰、光学仪器、纺织服装、卫生洁具	限制中国企业参加或给予位置不好的展位
旅游业	导游	意大利政府规定欧盟以外的国家旅游从业者不能在意大利做导游
知识产权保护	地理标志	其他国家和地区向欧盟申请地理标志程序十分复杂

资料来源：笔者根据中国商务部公平贸易局《2006 年国别贸易环境投资环境报告》与《2007 年国别贸易环境投资环境报告》整理。

（2）纺织品与服装行业是贸易摩擦的主要焦点。根据 WTO 统计，欧盟是世界上最大的纺织品服装进口地和第二大纺织品服装出口地，1994 年，欧盟 15 国纺织品服装进口额占世界总出口额的 43.5%，比世界第二大纺织品服装进口市场——美国高出大约 26 个百分点；1997 年欧盟占到 42.4%，比美国高将近 24 个百分点；2003 年欧盟占到 38.9%，比起 20 世纪 90 年代所占比重虽有所下降，但仍比美国高出 16.2 个百分点。2004 年，欧盟 25 国进口的纺织品服装占世界纺织品服装总出口额的比重回升到了 41.9%。2003 年欧盟从盟内国家进口纺织品服装额占其总纺织品服装进口额的比重是 47.8%，2004 年东扩后从盟内进口纺织品服装所占比重迅速上升了 7.4 个百分点，高达 54.2%。

由于纺织业是 2004 年欧盟东扩新加入 10 国的主要产业，加之对 2005 年配额取消后纺织品进口会大幅增加的担心，欧盟出台了题为《扩盟后纺织服装业的未来》等一系列救助其纺织服装工业的政策措施。中国纺织品大量进入，使得欧盟开始对中国纺织品实施保障性限制措施。2005 年中欧达成了纺织品协议，对纺织品实施配额限制，但是，配额实施的结果并没有对中国的纺织品出口造成太大影响，WTO 在《世界贸易报告 2006，2007 年展望》报告中指出，配额限制对中国纺织品出口到世界各地没有多大影响。加之该协议 2007 年底到期，欧盟服装和纺织业联合会开始寻求保护，以防止 2007 年底到期后，中国纺织品大量涌入。由此可见，未来中欧纺织品服装贸易摩擦仍然会发生，只是发生的形式可能会有所变化,会更多的使用反倾销、技术壁垒和环保壁垒、"社会责任标准 SA8000 认证"等非关税手段对纺织品服装进口设置障碍。未来欧盟在纺织品问题上启动反倾销限制措施的可能性很大。

(3) 钢铁贸易摩擦将会增多。从中欧钢铁贸易情况的变化可以预见到,钢铁贸易摩擦未来将成为焦点。根据国际钢铁协会(IISI)统计,2005 年,中国从欧盟进口钢材 176 万吨,出口仅有 136 万吨,净进口 40 万吨。而 2006 年由于中国钢材出口强劲、进口适度减少,对欧盟彻底转变为净出口,净出口量达 600 万吨。对欧盟钢材出口呈现"爆发式"增长态势,对全部 25 国的钢材出口量达 737.93 万吨,同比增长 443%。其中,意大利、西班牙、比利时、英国、德国分列中国对欧盟出口前五国,出口量分别为 297 万吨、168 万吨、133 万吨、47 万吨和 18 万吨,增幅分别为 468%、738%、483%、182%、230%。

如此快速的增长,加之欧盟东扩后国内利益的分化,利益集团的压力增大,对中国钢铁出口的限制将会出现。特别是 2006 年,对欧盟钢材出口的"暴增"已经引起欧盟的忧虑,欧洲钢铁联盟已对中国的热轧板卷、中厚板和线材提起反倾销申诉。不过在中欧钢铁谈判中,中国已承诺将进一步降低和取消对出口钢铁产品的出口退税优惠,甚至对部分品种另行加征出口税。根据国际钢铁协会统计,2006 年,中国共出口钢材 4 300 万吨,其中出口约占 65%(约 2 800 万吨),按照新的出口退税政策,一般材质产品(包括热轧板卷、螺纹钢和线材)的出口将不再享受任何退税。8% 的出口退税取消将削减中国对欧洲和北美出口钢材的价格优势,出口量在一定程度上将出现下降,可能会部分减弱中欧钢铁贸易摩擦的激烈程度。

4. 中国与主要发展中国家和地区贸易摩擦焦点

中国本身就是发展中国家,在经济结构、产业结构上同主要发展中国家和地区存在很大的相似性,在优势产品的出口上存在竞争关系。部分发展中国家和地区为了保护国内(地区)产业,获取更多的国际市场份额,对中国频繁挑起贸易摩擦,尤其是印度,是历年来对中国实施反倾销最多的国家,其次是巴西,另外土耳其和南非也对中国迅猛发展的出口实施限制。未来和这些国家的贸易摩擦焦点,主要将会存在于具有相同优势的轻工业领域。尤其是在纺织品领域,印度和土耳其是欧盟的主要纺织品出口国,在欧盟市场上占有很大份额,在中欧纺织品贸易摩擦以后对欧盟的出口增加迅猛。

电子信息产品、化学品、机电产品也是与主要发展中国家和地区摩擦的焦点,根据中国海关统计,2006 年 1~12 月电子信息产品累计进出口总额达 6 517.2 亿美元,同比增长 33.3%,增速比上年同期高 7.5 个百分点。其中累计出口额为 3 639.8 亿美元,同比增长 35.7%,高于全国外贸出口增速 8.5 个百分点,占全国外贸出口额的 37.6%。由于电子信息产品也是这些发展中国家和地区优先发展的产业，与中国存在潜在的利益冲突，一旦对这些国家和地区的出口迅速增长，贸易摩擦将不可避免。

（五）中国未来对外贸易摩擦的趋势

1. 贸易摩擦总体上将会继续增多

因为中国经济贸易继续快速发展，世界经济贸易发展不平衡仍然存在，各国、各地区从世界贸易中获得的利益仍然不平衡，贸易摩擦存在的根源依然存在，所以从整体上来看，未来中国遭遇的贸易摩擦会继续增多。未来贸易摩擦会从产品、企业这样的微观层面，进而带动政策、体制、行业这样宏观层面的调整发展。在表现形式上，除了传统贸易之外，还会朝着环境保护、劳工标准、知识产权保护、技术要求等领域发展。从国别来看，与美国、欧盟等发达国家的摩擦仍然会增加，不过就对华进行反倾销立案的国家和地区来看，已经从发达国家和地区迅速向发展中国家和地区蔓延。反倾销案涉及中国出口的众多产业，中国具有比较优势的出口产品成为反倾销重点，前六位的涉案产品分别为贱金属制品、化工产品、机电和音像设备、杂项制品、纺织品、玻璃和陶瓷制品。

2. 贸易摩擦具有结构性与长期性特征

中国遭遇的贸易摩擦，实质上是中美、中欧、中日之间不同经济制度与企业制度的相互竞争。中国拥有与美、日、欧等国不同的经济体制和企业制度，甚至在贸易体制方面与美、日、欧都不相同，中国的经济发展模式是一种基于中国国情，全新的发展模式，和美、日、欧的发展方式差别很大，加之中国的政治社会制度和美国不同，所以美、日、欧等国特别担心。特别是在产业领域，中国以低廉的劳动成本获得了在劳动密集型制造业中的比较优势，顺利实现了国际分工的转移，承接了来自世界各发达国家和地区的制造业投资，投资的增加带动了制造业产能的增加，国内市场无法完全消化过剩产能，就转向国际市场，所以中国对世界的出口迅速增加，在世界贸易中的份额持续扩大，获得了贸易利益。而同期，美国、日本、欧盟部分制造业已成为夕阳产业，无法和中国产品竞争。加之其国内产业结构调整进程缓慢，使得大量的制造业工人失业，在政治大选之年，出于政治考虑，频繁挑起贸易争端。

与制造业相对应的是服务行业，美、日、欧在服务业领域具有比较优势，在世界服务贸易中占有重要份额，为了获得更多的服务贸易利益，这些国家就要求中国开放国内服务业市场，由于中国是发展中国家，服务业开放需要一个过程。这就和这些国家的期望存在差异，于是它们就会以知识产权保护、技术性贸易壁垒、社会责任标准等为手段，挑起贸易争端，逼迫中国在服务业开放问题上让步。从而进一步开拓中国广阔的市场。

正是这些结构性贸易摩擦的存在，使得贸易摩擦同时又具有了长期性，因为各国、各地区经济结构与产业结构的调整需要一个很长的过程。就中国而言，在制造业领域具备的生产能力已经形成，这种生产能力肯定会持续到3~5年或者10年，甚至是更长的时间，中国服务业能力的提升同样需要一段时间。发达国家和地区制造业处于衰落之中，产业结构的调整在艰难地进行，服务业的优势却继续增强。发展中国家和地区在制造业领域与中国又具有明显的竞争性。所以，中国对外贸易摩擦具有长期性的特征，会持续较长的一段时间。

3. 贸易摩擦所涉及的利益关系多样化、复杂化

中国遭遇的贸易摩擦持续增多，表面上看，是主要发达国家与中国在经济贸易方面的正面冲突。实际上，主要发达国家开始利用各种经济政治手段，把部分发展中国家和地区也拉入自己的阵营，同时向中国挑起贸易摩擦。而中国又与这些发展中国家和地区有特殊的政治经贸关系，使得贸易摩擦涉及的利益关系呈现出多样化和复杂化，中国在应对贸易摩擦中显得特别被动。例如，以钢铁贸易争端为例，发展中国家和地区也想发展自己的钢铁工业，而且很多发展中国家和地区把钢铁产业作为自己的支柱产业加以扶持，在这种情况下，中国钢铁工业产能的急剧增加，对外钢铁出口的爆发式增长，不仅使得发达国家和地区的钢铁工业受到冲击，也使发展中国家和地区的钢铁工业无法有效建立起来。除了钢铁工业，在其他很多产业上也存在类似的情况，因为中国虽然是发展中国家，但是在经济发展特别是国内工业体系的建设上，已经取得了很大成就，中国已经成功地接纳了全球产业的转移，使得国内相关产业发展迅猛，与此同时，其他发展中国家和地区相对落后于中国，面临着发展国内（地区）重工业的任务，与中国存在竞争关系，发达国家和地区就是利用这一情况，把贸易问题和政治外交问题纠缠在一起，使得中国遭遇的贸易摩擦涉及多样化，复杂化的利益关系。

4. 贸易摩擦可能演变为经贸体制层面的冲突

中国遭遇贸易摩擦日益增多，表面上来看，是因为中国出口增长迅猛，与其他经济体的贸易不平衡性加剧。实际上，是经济体制之间的摩擦。也就是说，贸易摩擦表面上是某种具体贸易或投资政策或技术壁垒规定的冲突，但实际上其核心问题是不同体制或经济贸易制度之间的摩擦。

中国现在遭遇的贸易摩擦大多是涉及微观领域，如逆差、顺差、贸易量激增、倾销带来的损害等。不过，随着中国经济持续增长，贸易规模迅猛增加，特别是未来几年，中国可能成为第一大货物贸易出口国，贸易摩擦将会更加激烈，利益冲突会更加严重。各贸易伙伴，特别是发达国家和地区开始注重解决导致摩擦产生的体制和制度性因素。随着服务业在GDP中所占比重的扩大和高新技术产业出口的扩大，已经由主要是货物贸易摩擦转向与服务贸易摩擦同时存在。而引发摩擦的因素不仅是货物贸易的关税问题，更多的是有关服务贸易的国内法律的规定，相关产业准入的限制、产业竞争政策等制度性问题。因此，解决贸易摩擦的手段不仅仅只是针对某项具体规定的改变或完善，而是对宏观经济政策的协调，对现有国内体制或制度的完善或改变。未来贸易摩擦的发生，将更加集中地反映制度层面的冲突，要求对方调整或改变引发贸易摩擦的制度性因素，成为发达国家和地区解决与中国贸易摩擦的着眼点。

从表面上看，是因为中美贸易不平衡，是中美之间贸易地位的竞争，是对中国货币政策的制约，实质上是美国对中国经济体制、发展方式的干预，其最终目的是让中国的经济发展按照欧美等发达国家所希望的方式进行。从而达到压制中国经济发展，保持自己的国际优势地位。在这种经贸体制层面的贸易摩擦中，任何消除摩擦和解决争端的结果均取决于双方政治经济力量的对比和对自身体制或制度性因素妥协的意愿和可接受程度。

5. 反倾销与保障措施仍是贸易摩擦的主要政策手段

就反倾销而言，WTO 大多数成员都能游刃有余地运用它，达到保护成员方内部产业的目的。特别是中国仍然被很多主要贸易伙伴视为非市场经济国家的情况下，对中国实施反倾销特别容易，可以有效地应对中国商品对成员方内部相关产业的冲击。就保障措施来看，未来中国遭遇的保障措施调查会持续增多。具体原因包括：首先，保障措施是世界贸易组织规则允许的保护成员方内部产业的一种行政措施，是各成员政府依法维护本国产业利益的重要手段。因此，各成员不会轻易放弃这一保护成员方内部产业的手段。其次，随着全球能源价格的上涨，部分商品特别是大宗商品的价格有上升的趋势，对于这些产品实施反倾销措施就比较困难。所以，各成员会更加关注全球经济形势和成员方内部产业的变化，在反倾销与保障措施之间，斟酌使用，当大宗商品价格下跌时，就用反倾销，当价格上涨时，就用保障措施。最后，就中国的具体情况而言，在入世时关于保障措施有特殊的规定，比如，过渡期保障条款、特保条款与纺织品第 242 节等，这些条款，仍然有可能被其他国家和地区利用。虽然，部分不利条款会相继到期，但是一般意义上的保障措施将会继续增加。所以，未来一段时期以保障措施为手段的贸易摩擦会持续增多。

6. 反补贴为手段的贸易摩擦将会增多

由于反补贴更多的涉及政府层面，加之中国被视为"非市场经济"国家，利用反倾销限制中国产品比较容易，所以一直以来，中国遭遇的反倾销比较多。但是，随着中国经济贸易的迅速发展，世界经济贸易发展不平衡的加剧，贸易摩擦开始涉及宏观领域和制度层面，反补贴就是其中的一种。加拿大已经连续三次对中国产品提出反补贴，美国和欧盟也开始研究将属于其国内法的反补贴法用于中国。而且，美国目前把汇率问题当做出口补贴，试图诉诸 WTO 迫使人民币升值。未来国外针对中国的反补贴的产业将主要为：汽车、钢铁、化工、纺织、电子信息产业和部分农产品及资源性产品。

7. 知识产权和技术性贸易措施将成为贸易摩擦的主要形式

技术性贸易壁垒目前是贸易摩擦的形式，将来会成为主要的形式。未来二十年，中国将完成从贸易大国向贸易强国的转变。在这一过程中，中国除了在纺织品、鞋类、家具等产品上与其他贸易强国发生贸易争端外，更多附加值高的产品也将与美欧发生贸易摩擦。这种剧烈程度还体现在摩擦形式的日趋多样化。除了遭遇反倾销调查，中国也开始面临反补贴和特保调查。除了遭遇传统贸易壁垒，今后一段时间，中国产品将更多地遭遇来自发达国家和地区的技术性贸易壁垒。

8. 纺织、化工、机电等传统产业仍将是贸易摩擦的主要对象

原因很简单，从这些行业的生产能力和出口增长情况上就可以看出来。因为这些轻工行业生产能力的形成大约需要 3～5 年，生产能力一旦形成将至少持续 5～10 年的时间，况且，现在中国这些行业的生产能力一直处于上升趋势。如此高的产能，国内市场无法完全消化，必然要求助于国际市场，发达国家和地区的相关行业处于衰退期，中国相关产品出口的增多会冲击其相关产业。发展中国家和地区与中国在这些行业上又具有竞争性，出于保护国内（地区）产业的需要，对中国迅猛增长的出口肯定会采取限制的措施。

9. 汽车、IT 以及制药等新兴产业遭遇的贸易摩擦将增多

从汽车业生产情况来看，中国的汽车产业发展比较迅猛，已经成为中国重要的支柱性产业，特别是 2006 年，中国汽车产量为 728 万辆，比上年增长 27.6%，其中轿车产量为 387 万辆，增长 39.7%。新增汽车产量为 157 万辆，其中轿车为 110 万辆，新增汽车产量为 157 万辆，其中轿车为 110 万辆，已超过德国，仅次于美国、日本，居世界第三位。除了产量迅速增长以外，2006 年还推出了 100 多款新车型。另外，轿车在汽车中的比重不断提高，2005 年为 48.49%，2006 年为 53.15%，提高了 4.66%[①]，在总量中的比重已经过半。

而且，到 2010 年中国汽车生产能力将达到 1 200 万～1 300 万辆。如此高的产能国内市场无法消化，对国外市场的出口必然增多，关于汽车业的摩擦将会增多，以反倾销、反补贴和保障措施为代表的传统的摩擦会增多，同时关于知识产权、技术标准的摩擦都会增多。

---

① 数据来源：中国机械工业联合会汽车产业统计。

就 IT 与制药行业来看，IT 行业主要是在知识产权和技术性贸易壁垒方面的摩擦会增多，因为发达国家和地区比较注重对知识产权的保护，各大跨国公司也都对侵犯知识产权的行为提起申诉。IT 行业是最容易发生侵犯知识产权问题的行业之一。

2006 年，中国医药行业累计完成出口交货值 670.59 亿元，同比增长 25.51%。但良好的出口增长势头对中国的医药企业而言并不完全是好消息，由于中国化学原料药的出口占了 44.4%，大量低价出口将招致贸易摩擦。而且，专利药品很容易引起知识产权纠纷，药品仿制、商标侵权案件不断增多。西方国家和地区的医药公司也特别注重中国的市场，尤其是在消炎类和抗病毒类药品上投入很大。与中国制药业发展相对应的是，由于非专利药范围的扩大和知识产权保护问题的存在，全球医药产品销售额增长速度放缓。2007 年预计涨幅为 5% ~ 6%。中国制药业的增长速度明显高于这一速度，预计 2009 年就会超过西班牙，成为世界上第 7 大药品市场。

二、中国贸易摩擦与争端解决政策及措施的现状分析

中国贸易摩擦与争端解决的政策和措施可以分为以下四个层次分析：国内、双边、区域以及 WTO 体制下的争端解决机制。下面是具体阐述：

(一) 中国国内体制下的贸易摩擦与争端解决机制的现状

国内体制下的贸易摩擦与争端解决机制有其自身的法律法规体系、行政机构、运行模式，下面分别从这三方面进行分析。

1. 中国国内体制下的贸易摩擦与争端解决机制的法律法规体系

国内体制下的贸易摩擦与争端解决机制可依照的法律为《中华人民共和国对外贸易法》、法规为各项条例和相应的行政法规，具体如下：

(1)《中华人民共和国对外贸易法》有关贸易争端解决的规定。《外贸法》的第七章、第八章是专门针对对外贸易调查及对外贸易救济的。在反倾销、反补贴、保障措施问题上，《外贸法》第八章第四十一条规定："其他国家或者地区的产品以低于正常价值的倾销方式进入中国市场，对已建立的国内产业造成实质损害或者产生实质损害威胁，或者对建立国内产业造成实质阻碍的，国家可以采取反倾销措施，消除或者减轻这种损害或者损害的威胁或者阻碍。"第八章第四十三条规定："进口的产品直接或者间接地接受出口国家或者地区给予的任何形式的专向性补贴，对已建立的国内产业造成实质损害或者产生实质损害威胁，或者对建立国内产业造成实质阻碍的，国家可以采取反补贴措施，消除或者减轻这

种损害或者损害的威胁或者阻碍。"第八章第四十四条规定:"因进口产品数量大量增加,对生产同类产品或者与其直接竞争的产品的国内产业造成严重损害或者严重损害威胁的,国家可以采取必要的保障措施,消除或者减轻这种损害或者损害的威胁,并可以对该产业提供必要的支持。"

(2) 反倾销条例及相关行政规定。中国于1997年3月5日颁布了《中华人民共和国反倾销和反补贴条例》,并于2004年3月31日修订,形成现行的《中华人民共和国反倾销条例》。该条例规定了倾销与损害的调查与确定、进口产品的价格确定、反倾销调查流程、反倾销措施、反倾销税的确定等事项。

(3) 反补贴条例。与反倾销条例相类似,中国于1997年3月5日颁布了《中华人民共和国反倾销和反补贴条例》,并于2004年3月31日修订,形成现行的《中华人民共和国反补贴条例》。该条例规定了反补贴的调查方式、流程、确认机构;补贴金额的计算以及补贴对国内产业损害的审查事项。

(4) 保障措施条例。中国于2001年11月26日颁布了《中华人民共和国保障措施条例》,并于2004年3月31日修订。该条例规定了保障措施立案调查的主要机构、工作流程、保障措施的形式、公布方式事项。

2. 中国国内体制下的贸易摩擦与争端解决机制的行政机构

处理在国内框架下的贸易摩擦与争端,其主体为中国商务部,其他部委配合执行。下面分别从这些部委的职能来观察其在争端解决中所起的作用。

(1) 有关贸易摩擦与争端解决机制方面商务部整体职能。受理反倾销、反补贴、保障措施调查申请并对申请是否由国内产业或者代表国内产业提出、申请书内容及所附具的证据等进行审查,决定立案调查或者不立案调查;负责倾销及倾销幅度、补贴及反补贴幅度、产业损害及损害程度的调查和确定,认定倾销和损害之间的因果关系,根据调查结果做出初裁决定和终裁决定;受理反倾销退税、征收反补贴税、新出口商复审、期中复审、日落复审、反规避的申请,决定是否展开调查,根据调查做出相关裁定;对采取要求提供现金保证金、保函或者其他形式担保的临时反倾销措施做出决定;提出征收临时反倾销税、反补贴税、最终反倾销税、退税、保留、修改或者取消反倾销税的建议;负责与价格承诺协议相关的磋商、谈判,商签承诺协议并监督实施,做出保留、修改、或者取消价格承诺的决定;对外公告的发布、产品范围调整、信息披露、对有关利害关系方的通知等;同时,负责与反倾销有关的对外磋商、通知和争端解决事宜。

商务部下设进出口公平贸易局和产业损害调查局分别处理相关事务。

(2) 有关贸易摩擦及争端解决的商务部各司局职能。为了清晰起见,用表格形式展现商务部各司局职能中有关贸易摩擦及争端解决部分:

表 11-4　　中国商务部贸易摩擦及争端解决有关司局具体职能

各司局	有关贸易摩擦及争端解决的职能
综合司	负责经济预警及预测
条法司	负责世界贸易组织中涉及中国的贸易争端的起诉、应诉和上诉及中国作为第三方参与谈判及对外磋商
地区司	负责主管国（地区）经济贸易的综合调研、监测
国际司	参与各种区域经贸安排的谈判，多变、双边、自贸协定谈判工作
世贸司	世界贸易组织框架下的多、双边谈判；负责中国在世界贸易组织中承担的关于中国有关贸易和投资等方面的政策、法律、法规；合同条法司、地区司及相关司局，负责涉及中国贸易争端在诉诸世界贸易组织争端解决机制前的对外磋商工作；配合条法司做好世界贸易组织中涉及中国的贸易争端的起诉、应诉和上诉
外资司	协调解决外商投资企业运行过程中的问题
合作司	协调实施"走出去"战略，保障、监管、监测、分析对外经济合作运行情况
公平贸易局	对进口产品进行反倾销、反补贴和保障措施调查；指导国内企业积极应诉；调查并应对国外实施的针对中国的贸易和投资壁垒；负责涉及进出口公平贸易工作的多边谈判
产业损害调查局	审核反倾销、反补贴、保障措施及其他贸易救济案件中国内产业损害的调查和裁决；建立并完善产业损害预警机制，监测分析国际经济发展变化及进出口异常情况对国内产业及产业竞争力的影响；定期报送产业损害预警报告
国际贸易谈判代表办公室	负责对外谈判的政策研究、业务协调、法律咨询、信息管理、新闻发布、对外联络、参与谈判等事务
中国企业境外商务投诉服务中心	负责中国境外商务投诉服务事项；包括货物进出口、技术进出口、服务贸易和知识产权

资料来源：中华人民共和国商务部。

从以上商务部各司局及下属单位的职责可以看出中国的贸易争端解决涉及的机构庞大、分类复杂是不容置疑的，这样难免会出现机构职能重复，管理交叉的现象，影响了工作的效率。农业部，同商务部对涉及农产品的反倾销国内产业损害进行调查。财政部参加涉外税收和国际关税谈判，签订涉外税收协议、协定草案。中国进出口银行的主要职责是贯彻执行国家产业政策、外经贸政策、金融政策和外交政策，为扩大中国机电产品、成套设备和高新技术产品出口，推动有比较优势的企业开展对外承包工程和境外投资，促进对外关系发展和国际经贸合作，提供政策性金融支持。国务院关税税则委员会根据商务部的建议做出征收临时反倾销税和最终反倾销税等与关税有关的规定。海关总署是反倾销案件中的具体执行机关，负责执行临时反倾销措施和征收反倾销税及退税事宜。①

从以上各部委及与贸易有关的机构来看，商务部在面对贸易摩擦、处理贸易争端时无不是责任最大、负担最重的机构。以下以美国和欧盟的反倾销机构为例与中国相比较，从中引发几点思考：

美国反倾销机构由其商务部、国际贸易委员会、海关、国际贸易法院、联邦巡回法院等联合管理，各机构具体职能如下：商务部（Department of Commerce，DOC）是负责调查与裁决的机构，具体事宜由下属的国际贸易管理署处理；国际贸易委员会（International Trade Commission，ITC）是负责损害调查和裁决的机构；海关是计算和征收反倾销税的机构；国际贸易法院（Court of International Trade，CIT）是对裁决进行司法审查的机构；联邦巡回上诉法院（Court of Appeal for the Federal Circuit，CAFC）是对国际贸易法院裁决进行审查的机构。

欧盟的反倾销机构是由欧盟委员会、欧盟理事会、欧盟咨询委员会、欧盟法院共同管理，其各部门具体职能如下：欧盟委员会（EU Commission）是欧盟实施反倾销调查的主要机构，负责决定立案、调查、中止或终止案件、征收反倾销税和接受承诺等事项，其下属两个部门：董事会 C（Directorate C）是负责倾销调查的机关，董事会 E（Directorate E）为负责损害调查的机关；欧盟理事会（EU Council）是欧盟有权命令实施和征收反倾销税的机构；欧盟咨询委员会（EU Advisory Committee）为欧盟委员会在反倾销审理的各个阶段提供咨询意见；欧盟法院（EU Court of Justice）是对反倾销裁决进行司法审查的机构。

3. 中国国内体制下的贸易摩擦与争端解决运行模式

国内体制下的贸易摩擦与争端解决，通常是由政府出面，而不是企业、行业冲锋陷阵去完成，这样就非常容易使政府陷入被动的局面；本来在企业、行业就可以解决的问题，偏偏拿到政府层面去解决，使政府难免有时会失去退路，所以，这样的运行模式亟待解决。

（二）中国在双边体制下的贸易摩擦与争端解决机制现状

在此以中美和中欧为例，来阐述中国在双边体制下的贸易摩擦与争端解决机制。

---

① 资料来源：《进出口贸易反倾销条例》载进出口贸易网。

1. 中美经济战略对话机制及其相关内容

中美经济战略对话机制于 2006 年 9 月 20 日建立，是继中美商贸联委会、经济联委会、科技联委会之后的又一个双边对话、磋商的机制。中美经济战略对外机制主要讨论两国共同感兴趣的话题和关切的全球战略性经济问题，对话一年两次，轮流在两国首都举行。中美经济战略对话机制的建立使中美之间许多贸易问题增加了一个交流、磋商的平台，从某种程度上避免了贸易摩擦的发生。例如，美国总统大选年的对华政策、"中国威胁论"的偏颇、美国国会对经济的干预、美国制造业的不公平待遇、非关税壁垒、贸易保护主义等问题都可以在对话机制下进行。

另外，中国政府在处理与美国的贸易争端时，应该做到防患于未然，关注美国动态，在具体处理纠纷时，灵活运用适当的筹码针锋相对地"以牙还牙"，例如钢铁保障措施案中，灵活采取大豆作为抵抗美国对华不公平待遇的筹码；同时，中国出口产品还应进一步把好质量关和价格关，做到既具有出口规模，又有经济利润，又不至于引起贸易争端，当然，这里涉及一个平衡点的掌握，要反复思量。

2. 中欧纺织品协定及其相关内容

由于纺织品服装是中欧主要的贸易摩擦焦点，中国政府于 2005 年 6 月 10 日与欧盟达成纺织品协议，根据双方协议，中国须在 2007 年年底之前，保证出口到欧洲的纺织品增长平稳过渡；欧盟承诺到 2008 年不再限制中国纺织品，而在 2007 年底之前，只对 10 种中国纺织品设置增长率限制。中国政府还与欧盟签订了《中华人民共和国与欧盟委员会关于中国部分输欧纺织品备忘录》。在《备忘录》中，双方一致同意，对今后纺织品贸易中出现的问题，将通过磋商予以解决，不能单方面对中国纺织品设置配额限制。可以说，以上协议和备忘录为处理中欧纺织品贸易摩擦奠定了良好的基础，起了较好的参照作用。

另外，中欧贸易争端还应考虑以下方面：一是加大宣传中国为"市场经济"的国家，扩大中国影响力，单凭中国贸易代表在谈判桌上证明中国是"市场经济"是远远不够的，所以平时的工作一定要到位，工作要细化到方方面面；二是提高中国出口商品的质量，加大质检力度，争取保证产品一旦走出国门，被退货的几率非常小；三是行业协会要针对企业开展大整风工作，加强"黑名单"机制，对于不法或有不利影响的企业，要坚决摘牌、毫不手软。

（三）中国在区域体制下的贸易摩擦与争端解决机制现状

目前为止，中国参与的有具体实质性优惠安排的区域经济合作组织有曼谷协定和东盟与中国"10＋1"自由贸易区，中国和智利、巴基斯坦签署了自由贸易协议。"曼谷协定"的成员有印度、韩国、孟加拉国、斯里兰卡、老挝和中国，其目的是通过提供优惠关税和非关税减让来扩大相互间的贸易、促进成员方经济发展。东盟与中国"10+1"自由贸易区尚处在建设阶段，其目的是促进中国与东盟关系长远发展，以农业、信息通信、人力资源、互相投资和湄公次河的开发作为近期合作的重点领域。

中国参与的论坛形式的区域经济合作组织有亚太经合组织（APEC）、亚欧会议。中国参与的具有一定机制的区域经济合作组织有"10+3"区域经济合作、上海合作组织、图们江地区的次区域经济合作、澜沧江—湄公河地区的次区域经济合作。

"中国—东盟自由贸易区"争端解决机制。2005 年 1 月 1 日开始实行的《中国—东盟全面经济合作框架协议争端解决机制协议》标志着一个具体的、成熟的中国—东盟自由贸易区的争端解决机制的建立。因为可以利用多种方式解决争端，既有通过"外交手段"、友好、温和的谈判、调解或和解；也有法律手段，如仲裁，这种多元化的做法有利于争端各方灵活利用各种方式解决争端，尤其是仲裁手段具有的一裁终局性、时间限制等特点可以使争端解决机制的效率得到保障，使争端解决机制的原则性和灵活性达到统一。① 该协议还为各成员参加争端解决提供了可能性，如协议有第三方参加争端解决机制，使得非争端直接当事方能够参与到争端解决中来，使争端解决具有广泛的代表性。

"中国—东盟自由贸易区"具有很强的软法特征，例如其决策机制是通过东盟国家首脑会议—东盟经济部长会议—东盟自由贸易区理事会—经济高官会议这一体系完成，协商机制是通过财政部长会议、农业部长会议、能源部长会议和环保部长会议等一系列会议来运行。当然，欧盟之所以有较为完备的司法性的贸易争端解决机制，与其成员国有着共同的宗教、文化、经济背景是不无关系的；然而，美国采取的是"两条腿走路"，既有政治性的磋商、斡旋、调解、调停，也有法律性的仲裁措施。

对比起来，"中国—东盟自由贸易区"要建立纯粹的高度一体化的争端解决机制，以让渡部分国家主权作代价，建立超越国家性质的法制机构，来专门处理贸易争端不太现实，所以北美自由贸易区的做法更值得考虑。中国作为这一自贸区的贸易大国，在贸易争端解决机制的建立上应该发挥其应有的作用，中国现阶段还不具备良好的法律环境和法律专业人才，要加强这两方面的培养，特别是加强对 WTO 贸易争端机制法律条文的学习，取之所长，避之所短，同时加强社会

---

① 沈四宝：《论中国—东盟全面经济合作框架协议争端解决机制协议》，载《上海财经大学学报》，2006 年第 2 期。

对法制的认识与遵守，最终建立完备的法律机制来处理贸易争端。

（四）中国在 WTO 体制下的贸易摩擦与争端解决机制现状

1. 中国在 WTO 体制下争端解决途径

（1）通过 WTO 争端解决机构（DSB）处理争端。

（2）通过 WTO 贸易政策审议机制预防、减少及解决争端。这一机制有利于改善世界贸易组织成员间的贸易关系，预防和减少贸易摩擦。

（3）通过修改贸易规则解决争端。现在中国面临的贸易争端有些是由于贸易规则不合理引起的，比如中国面临的大量反倾销案例很多都是由于国外滥用反倾销规则造成的，修改反倾销规则成为当务之急。另外，修改中国现行的有关贸易的法律法规，比如《外贸法》，使其能够更好地作用于贸易争端的方方面面。

（4）通过设置 WTO 加入障碍来解决争端。回顾中国加入 WTO 的漫漫长路，其间谈判无数，尤其是货物贸易的关税、服务贸易的开放程度、投资的持股比例等事项成为中国加入 WTO 的障碍。换位思考，如果发生贸易争端的对方国正好欲加入 WTO，以这些方面作为谈判的要件来促使谈判获胜不失为良策妙计。

（5）通过 WTO 司法审查处理贸易争端。WTO 司法审查制度指国家通过司法机关对其他国家机关行使国家权力的活动进行审查监督，纠正违法活动，并对因其给公民法人权益造成损害给予相应补救的法律制度。通过司法审查，可以使行政行为程序化、公开化，转变行政理念，逐步适应 WTO 规则，强化平等和服务理念，强化科学理念，强化效能理念，为处理贸易争端的行政层面扫清障碍。

2. 中国在 WTO 体制下争端解决的问题及对策

中国作为发展中国家和地区在面临 WTO 争端解决中，由于总体经济实力不济，对 WTO 规则不熟悉，在 WTO 磋商谈判中面对发达国家难免会底气不足、缺乏发言权；同时，作为同样是发展中国家的印度和巴西，由于加入 WTO 多年，在经验的积累上和国内法律制度的适应上要明显强于中国。另外，中国的市场经济地位还得不到国际社会的普遍承认，在反倾销调查的价格可比性问题上，WTO 明确规定"将要求受到调查的生产者能够证明生产该同类产品的产业在制造、生产和销售该产品方面具备市场经济条件。"[①] 这就说明，如果中国的市场经济地位如果得不到承认的话，其出口产品的价格就不具备可比性，而要寻找作为"替代国"的第三国同类产品的价格作为参考。这样对中国出口产品价格极为不利。

面对以上这些问题，中国首先要在搞好经济建设的同时，加强对 WTO 规则

---

① Anti‐dumping: Article VI of GATT 1994.

的学习和熟悉，多借鉴发达国家的经验，增进谈判实力。同时，要建立完善的国内法律机制，包括完善法律条文和设立专门的法制机构，来应对和处理有关贸易争端问题。另外，充分应用WTO机制中针对发展中国家和地区的优惠条款，也会带来一定的成效，必要的时候，要能够灵活利用WTO争端解决机制，例如，作为东方国家，中国和日本偏重于磋商方式解决争端，而欧美等西方国家和地区偏重于仲裁或者DSB裁决等方式，中国要充分考虑到不同国家和地区的不同特点，具体情况具体分析。

三、中国现行贸易摩擦与争端解决机制的完善

中国贸易摩擦与争端解决涉及政府、行业协会、企业三个层面，下面就从这三方面来剖析中国贸易摩擦与争端解决机制的完善。

（一）正确定位政府在贸易争端解决中的作用

贸易摩擦大多数是涉及微观经济主体，政府可以在信息、法律方面给予帮助，既不能缺位也不能越位。比如在反倾销案件中，中国政府过多地强调了自己的作用，其实反倾销针对的是企业层面的问题，市场经济地位问题也只不过是在确定倾销幅度时的技术性规定，可是这个问题现在已经演变为一个国家层面的问题，这与当初政府在处理贸易争端中的作用认识不清有关。目前，在解决贸易争端中仍存在政府缺位及越位问题，例如，中欧纺织品贸易摩擦当中，中国的纺织品进出口商会不能完全代表企业的利益，更不能代表国家的利益，商务部同样是在国家利益和企业利益两边徘徊，所以政策措施难免会处于某种考虑而丧失其针对性及有效性。而且由于商务部与其他部委均隶属于国务院，与其他部委是平级机构，商务部不能协调其他诸如农业部、财政部、外交部等部委，而这些部委又恰恰需要在贸易争端解决中与商务部紧密配合、相互协作，虽然商务部牵头处理贸易争端，却又左右不了相关部委，工作很难开展。

政府错位及越位问题，还是纺织品贸易摩擦的例子，中国纺织品进出口商会并不能很好地履行其代表企业的利益，为企业积极申诉，争取贸易争端的解决办法，企业对行业协会也不信任，所以问题还是上升到政府层面来解决。可是贸易争端往往一上升到政府层面其性质就会发生根本性的变化，政府会变得十分被动，贸易摩擦的矛盾会更加凸显，解决争端会更加棘手。

（二）充分发挥行业协会在贸易争端解决中的作用

行业协会应该是贸易争端解决中的主力，起着连接企业和政府的桥梁作用。

应该做好给企业提供信息、积极协调沟通、发挥承上启下的作用。不过在现实中，由于特殊的原因，行业协会却成了政府和各大部委的"安置办"，其作用不是帮助企业解决实质性问题，不是协助政府处理贸易纠纷，而是成为办展会、搞交易会的组织机构，这大大违背了行业协会的职能与作用，应该改变这种状况，充分发挥行业协会的作用。

1. 明确界定各行业协会的职能范围

现在中国的行业协会大致分为两类：一类是商务部下属的七大进出口商会，即纺织、轻工、五矿、食土、机电、医保、承包；二是各大部委及地方政府机关下属的行业协会。众多的行业协会带来的职能交叉重复的现象比比皆是，工业归口与贸易归口的行业协会就存在这种现象，同一个产品，例如羊绒，就难以界定其到底是归轻纺协会负责还是食品土产品协会负责。这种职能交叉的现象导致了企业在遇到贸易争端时不知向何方投诉，协会之间还存在互相推诿、不愿承担责任的现象，因此要明确界定各行业协会的职能。

2. 扩大行业协会的代表性

由于现在各企业有外贸自主权，所以现在的进出口商会，即行业协会很难像过去那样把企业统一起来，控制其进出口。同时，一些老企业只认过去工业归口的行业协会，对现在的进出口商会的认可度不够，新生的企业对行业协会就更不了解了，所以行业协会还要扩大其覆盖范围，争取到更多的企业。

3. 行业协会要加强行业自律

行业的自律性不够主要体现在企业的定价和信用两方面。

在价格方面，有些企业为了获得出口利润，单方面打压价格，这样一方面导致了国外的反倾销投诉，另一方面也降低了整个行业的利润。

在信用方面，有些企业在贸易中的信用不好，过去行业协会的做法是对企业的信息掌握得比较好，一旦发生问题，即列入"黑名单"，禁止其进出口，或者在海关签章的时候进行扣押；现在行业协会不直接控制企业的进出口，在整顿行业风气、惩治"问题"企业时力度明显不够。所以，应该发挥行业协会在行业自律中的作用。

（三）促使企业积极参与贸易争端解决

1. 引导企业积极参与应诉

企业应诉不积极有以下几个原因：一是缺乏相关知识；二是许多企业存在畏难情绪，在面对贸易摩擦时怕麻烦，甘愿退出国际市场。三是个别企业在国外市场份额较小，一旦遇到调查，宁愿放弃市场，也不愿承担应诉费用。

2. 对企业进行法律知识培训

就中国目前的情况来看，企业法制观念差、不懂法、不依法经营的现象时有发生，这样不仅会使企业经常被告上争端解决机构，还会在面对外商的不法行为时不能很好地保护自己。WTO规定复杂、文字晦涩的多边协定和协议，繁杂冗长的条款在非法律专业的学者看来尚且困难，更别说是以营利为目的的企业界人士了。

3. 企业要加大投入培养处理贸易摩擦的专门人才

目前中国企业在处理贸易摩擦，特别是反倾销应诉时，一般都是聘请外国律师办案。外国律师固然有经验丰富、外语流畅、熟悉国外情况等优势，但是其高昂的收费令一般的中国企业不敢接受；另外，外国律师在应诉和抗诉过程中，往往无法充分反映中方的意图，不利于维护中国企业的正当权益。换个角度来想，如果我们自己有贸易争端解决的专业人才，何至于仰仗他国律师，支付大笔申诉费等系列开支，到头来胜负还未卜？

4. 企业要保持与政府、行业协会之间的信息沟通

在贸易摩擦中，有些是由于信息了解不够造成的，有些是由于各种壁垒。前者企业可以自己解决，后者企业在解决时就会遇到很大的阻力。企业面对各种壁垒时，需要政府的协助和支持。作为本国政府而言，政府需要知道企业应对各种不公正待遇，包括技术性壁垒，作为外国政府和企业而言，本国企业如果能够寻求帮助，会取得意想不到的效果。

5. 企业应设法直接参与贸易争端解决

企业无法直接使用DSB，这就可能造成贸易争端会因为政府出于利益的考虑而"搁浅"在国内阶段。企业不能参与也可能造成贸易争端解决过程中，专家组缺乏直接的听证。WTO已经对非政府机构（NGO）等中介性组织开辟了参与的渠道，但企业做到有效参与还遥遥无期。

6. 企业要密切关注、跟踪研究贸易摩擦趋势与最新动态

中国很多企业，特别是中小企业，单纯以营利为目的，经营过程中缺乏长远的目光和全局性的通盘考虑，只顾眼前利益，没有考虑到企业长远发展中的潜在动力和问题，导致发生贸易纠纷时措手不及，匆匆处理了事，未能很好反思，吸取教训，为避免犯同样的错误，企业要密切关注、跟踪研究贸易摩擦趋势与最新动态。

四、中国货物贸易的监测与贸易摩擦的预警机制

（一）国家有关进出口监测的规定及主管部门

《中华人民共和国货物进出口管理条例》第五章第五十四条明确规定："国

务院外经贸主管部门负责对货物进出口情况进行监测、评估，并定期向国务院报告货物进出口情况，提出建议。"《中华人民共和国海关统计条例》中也提到了进出口监测与预警，例如，该条例第二条规定："海关统计的任务是对进出口货物贸易进行统计调查、统计分析和统计监督，进行进出口监测预警，编制、管理和公布海关统计资料，提供统计服务。"

商务部产业损害调查局职能中明确规定："建立并完善产业损害预警机制，监测分析国际经济发展变化及出口异常情况对国内产业竞争力的影响。"由于进出口货物贸易涉及的主要为农产品和工业品，所以进出口货物贸易监测的主管部门有农业部、商务部、海关总署、质检总局等部门。

（二）进出口贸易的监测

1. 进出口贸易重点监测产品的选取

（1）重点监测产品的选取原则。进口产品的进口总量（或某一国家的进口量）大幅增加；进口产品价格大幅下降；产品的国内市场价格大幅下降；产品的产销率大幅下降，且进口产品的市场占有率上升；产品的销售价格大幅下降。

（2）重点监测产品的选取方法。从进出口增量变化大的品种中筛选（在所有监测产品中，进出口总量或分国别进出口量增加达10%以上，这些产品可以成为重点监测产品的对象）；从进出口价格下降幅度大的品种中筛选（在所有监测产品中，如果某一进出口产品的进出口价格或分国别进出口价格下降幅度达5%以上，这些产品可以成为重点监测产品的对象）；从国内市场价格下降幅度大的品种中筛选（在所有监测产品中，如果国内某一产品的市场价格下降幅度达5%以上，这些品种就可能成为重点监测产品的对象）；从产品的产销率下降幅度大，且进口产品市场占有率上升的品种中筛选（在所有的监测产品中，如果国内某类产品的产销率低于90%、且进口产品的市场占有率又上升，这些产品就可以成为重点监测产品的对象）；从产品的销售价格下降幅度大的品种中筛选（在所有产品监测产品中，如果某类产品的销售价格下降幅度达5%以上，这些产品就可以成为重点监测产品的对象）。

2. 进出口贸易监测模型

有关进出口贸易监测模型，随着产业的不同，监测模型也不一样，这里仅就化工品（这里具体指丙烯）进口为例来简要介绍一下进出口贸易监测模型所需要的基本方法及流程。利用单根检定程序，确定对丙烯价格的监测标准；利用因果关系检定，确定丙烯进口价格与国产价格呈现显著双向因果关系；利用滞后回归系数分析，得知丙烯进口价格的变化确实会影响国内售价而冲击国内业者；整合因果关系与冲击效果评估，发现丙烯进口价格走向确实会显著影响国产AN价格;此在认定倾销要件上,是不可忽略的条件;分别以量化和质化监测指针进行监测,发现丙烯价格下降的趋势严重,所以国内丙烯业界应该对其价格下降所带来的各种影响进行充分估计。

从上例可以得知,对于进出口货物贸易的监测来说,单根检定程序、因果关系检定、落迟回归系数分析、因果关系与冲击效果评估、量化和质化监测指针监测这些都是可以利用的数学方法,通过这些方法可以对进出口货物的价格做很好的监测。

(三) 进出口贸易摩擦预警机制

1. 各国、各地区贸易摩擦预警机制概览

根据前文的阐述,各国、各地区贸易预警机制可分为以下几类:

(1) 行成专门系统的预警机制。例如,欧盟在其网站上建立了消费品风险快速信息交换和预警系统。

(2) 通过法规和报告形式的预警机制。

(3) 通过行政机构执行的预警机制。例如,日本以经济产业省为主体,政府还设置了许多经贸信息很强的专门机构,以及民间自发组成的团体,来实行预警。印度的重点商品进口监测机制也主要是由政府控制和执行。

2. 中国进出口贸易摩擦预警机制的现状及问题

(1) 中国进出口贸易摩擦预警机制的现状。2003年5月以来,商务部确定了对456个大类、2 733个税号的重点商品、敏感商品进行预警监测分析,还先后在汽车、化肥、钢铁、防止和电子信息产品等行业建立了产业损害预警机制。同时,商务部还与一些省市合作建立了产业损害预警机制,例如,2005年6月21日,商务部产业损害调查局宣布在长三角(具体为江苏省、浙江省、上海市、宁波市和苏州市)建立区域性产业损害机制。

(2) 中国进出口贸易摩擦预警机制存在的问题。中国贸易摩擦预警机制方面的研究尚处于起步阶段,所以这方面的理论研究还比较欠缺。预警主体分工尚不十分明确,职责尚未完全理清,这一点在后文中会详细介绍。预警的时效性还不是很强。因为企业在及时捕捉摩擦信息的能力还不够,导致预警的时效性大打折扣。预警机制的受益人覆盖面还不够宽。由于企业对参与行业协会的热情并不高,即使知道了一些贸易摩擦预警信息后也不能很快传递到同行被影响的企业中去,限制了预警功效的充分发挥。没有建立起系统地针对农产品、能源产品、非农产品等产品的预警系统与机制。

3. 中国货物贸易摩擦预警系统与机制的构建

货物贸易是中国贸易摩擦的多发地带,货物贸易摩擦预警对于中国在贸易摩

擦中的"持久战"有重大意义。贸易摩擦预警机制是通过对重点敏感产品进出口数量、价格、市场占有率以及国内生产情况等重要参数变化的监测，来分析国内产业所受到的影响，当某一产业或产品受到实质性损害、实质性损害威胁或阻碍某一产业发展的情况下，及时发出预警；或者在产品大量低价出口时能够及时发现、警示这种出口行为，避免遭受国外的贸易救济指控，实行产业保护的前置化。因此，贸易摩擦预警机制的建立包括国外产品进口至国内的预警以及中国出口产品遭受国外贸易摩擦的预警，即包括进口预警机制和出口预警机制。

图 11-3 阐释了货物贸易摩擦预警系统的简明流程。

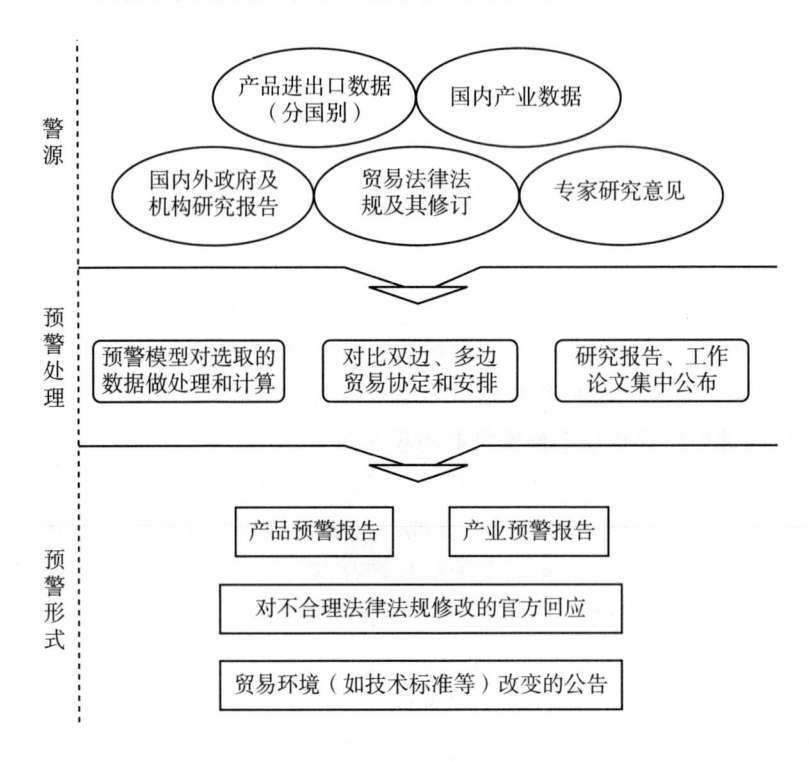

警源: 产品进出口数据（分国别）、国内产业数据、国内外政府及机构研究报告、贸易法律法规及其修订、专家研究意见

预警处理: 预警模型对选取的数据做处理和计算、对比双边、多边贸易协定和安排、研究报告、工作论文集中公布

预警形式: 产品预警报告、产业预警报告、对不合理法律法规修改的官方回应、贸易环境（如技术标准等）改变的公告

图 11-3 货物贸易摩擦预警纵向系统流程

进口预警体系构建包括：

（1）农产品进口预警体系。通过分析进口农产品信息，对比国内同类农产品产业指标情况，来判断国内农业受到损害或损害威胁的状况，从而发出预警，主要针对中国不具有国际竞争力的，对国家经济影响大的进口农产品。其中进口农产品信息包括月度或季度进口农产品价格、数量及变动趋势，进口农产品的国别集中度，国外农产品生产的实力和未来发展的趋势。国内同类农产品产业指标情况包括国内同类产品价格变化的趋势、农产品的市场占有率、农业生产者的利润率以及失业率等方面。预警结论可以以模型计算的预警程度按月或季发布提供

信息，当预警程度达到一定级别后，可以发起产业损害调查并寻求相应的救济方式。该体系中由海关或商务部监控并发布农产品进口相关数据，农业生产者和企业建立农业协会，对国内农业生产状况追踪观察，并在必要时代表农业生产者申诉的声音，商务部产业损害调查局帮助和指导农业协会分析产业和预警信息，商务部公平贸易局负责接受和审理贸易救济申诉。同时农业协会整理中国国内农产品产业指标情况和分析报告给中国贸易代表谈判办公室，作为贸易磋商和谈判的资料准备和进一步政策变动的实证依据。

（2）能源产品进口预警体系。通过分析世界能源产品信息和中国能源产品进口信息，判断能源产品的可获得性、能源产品价格变动趋势和能源输送线路安全性等关键趋势，为中国能源安全乃至经济安全提供预警和政策导向。由于影响能源产品价格等波动的因素可来自多个领域，需要跨领域研究的结合，而能源安全关系国家经济安全，因此建议成立中国能源安全委员会，专门负责中国的能源产品进口预警，委员会成员需要集国际政治、经济和军事等各领域的专家于一体，通过海关提供中国能源产品进口价格、数量和国别等信息，结合国际情况，对中国的能源产品进口提出短期、中长期趋势报告，方便中国能源战略的制定和修改。

（3）一般（非农）产品进口监测。通过一般性进口产品的进口数据月度或季度统计分析，拿出其中指标波动显著的产品做进一步产业和市场分析，并发布预警度报告的预警体系。由海关负责提供各类进口产品的进口数据，包括价格、数量和国别集中度等，各类产品行业协会根据企业市场行为反馈重点选择观察产品，并做出国内该产品产业情况报告，如未达到预警度级别，则及时给企业提供相关市场信息，辅助企业改变市场战略，如果达到一定的预警度级别，就可以明确发布预警公告，协助有需要的企业进行申诉。商务部公平贸易局负责申诉的处理和调查工作。

（4）重点（非农）产品进口监测。对与中国经济贸易关系密切的重点产品进口信息实行专门监控，并发布预警程度报告的预警体系。重点产品是一个动态清单时，不定期地有产品加入重点清单或有产品从重点清单上"毕业"，产品的选取可以是中国的主要进口产品、与主要贸易伙伴的主要进口产品、贸易摩擦严重的产品等，各行业协会也可根据需要选取各行业的重点监测产品。如商务部统计数据显示，2006年中国进口产品除能源和农产品外，前五位是集成电路及微电子组件、液晶显示板、初级形状的塑料、自动数据处理设备及其部件、电视、收音机及无线电讯设备的零附件，这些产品可在考察价格波动及国内产业状况进入重点产品清单时，进行较为严格的进口监测。

（5）基于产品质量的进口监测。基于进口产品质量和质量标准，旨在保护消费者权益的监测体系。进口产品的质量信息可来源于产品质量标准是否符合国家标准、消费者协会调查的消费意见反馈,还要关注国外产品质量标准升高后是否有低质量的产品涌入(如作为生产资料的机器设备)等。国家质量监督检疫检验总局是该监测系统的主导部门,综合进口产品质量和消费反馈意见后,定期公布《进口产品质量报告》,披露产品名称、厂商信息等预警。对违反技术标准政策的进口产品采取禁止进口、进口警告和消费警示等措施。

(6)基于产品安全的进口监测。与动植物卫生、人类健康安全相关的进口产品监测体系。该体系覆盖的进口产品主要是进口的动植物、食品等,这类产品易携带有害病毒,危害很大。因此国家质检总局、卫生部门及海关检验部门应严格检验进口产品的相关卫生指标是否合格,并且根据国际标准和实际情况及时制定和修改安全的卫生标准及检验检疫程序。对发现的问题要及时反馈给企业和消费者,且监督机制要持续,避免危险的进口产品卷土重来。

(7)基于环境保护的进口监测。与进口材料安全和环境保护相关的产品监测体系。该体系覆盖使用或消费过程中对环境影响较大的进口产品,由国家环保总局主导建立,成立经济—环境协调发展委员会。以进口矿石金属为例,首先在工作过程中,国家环保总局通过对企业进口商品进行抽查,将抽查结果存入数据库,如遇到不合格产品,将商品数量、进口时间和企业状况转入预警数据库。另一方面对国家环境监测、国家环保标准形成进口商品需要检验的合理指标指数进入预警数据库,当进口产品抽查质量与环保指标不符时,国家环保总局通报商务部进行必要的贸易限制措施,同时形成报告提交给经济—环境协调发展委员会。

出口货物贸易摩擦预警体系构建:

(1)农产品出口预警体系。与农产品出口竞争环境、国内生产供给安全相关的预警体系。该体系的预警从三个角度出发,一是出口农产品的价格、数量等统计数据,判断可能遭受贸易救济等摩擦的警示度;二是出口目的地国家和地区农产品标准和政策变化对中国出口农产品的影响;三是结合国内资源、国内市场供给情况判断相关出口农产品的安全数量范围。商务部可以从观测出口农产品价格和数量趋势判断其可能遭受贸易救济措施或其他贸易限制措施的可能性,农业部可以从国内农业资源和市场情况综合分析农产品出口的宏观战略,农业协会针对地区差异和国别农产品标准与政策变化为农业生产者和农产品贸易商提供及时的信息。2006年5月商务部对外贸易司与中国食品土畜进出口商会曾联合发布《对日出口农产品风险评估报告》,这是很好的尝试和开始,但农产品的出口预警体系仍需更加全面和机制化。

(2)能源产品出口预警体系。通过对出口能源产品的价格、数量、国别等信息,和国内能源资源、产品生产各类指标信息的监测,旨在维护国家经济安全和环境保护等目的的预警体系。该体系中商务部和海关监测出口能源产品的相关信息，国土资源部和国家环保总局负责对出口能源产品在国内的资源消耗情况、生产情况进行监督，二者结合分析，如有损害或可能损害国家能源安全战略。

（3）一般（非农）产品出口监测。通过对中国出口产品的价格、数量、市场容量、产业反应及对出口国的有关政策等信息进行收集，就中国出口产品遭受贸易阻碍措施的可能性进行分析。预警机制的目的是发现其可能对中国出口产品采取限制措施的苗头，评估出口受阻对中国产业将产生的影响并积极采取应对措施，尽可能减少由此带来的负面影响。以反倾销措施为例，商务部与海关联合建立数据库，反映出口信息、国外市场信息以及国外反倾销调查部门的立案信息等，再按产品进行分类指导，当发现国外某一地区出现反倾销苗头时，将这一信息反馈给相应的行业协会或者企业，由其立即采取行动，防患于未然。这样便于企业尽快调整出口价格，规范出口秩序，避免被立案调查，为企业争取充分时间进行立案前的游说和交涉磋商工作，为反倾销立案后的问卷答复、资料收集工作争取更多的时间。

（4）重点（非农）产品出口监测。对重点产品出口信息和出口国有关政策信息的监测，及时警示可能遭到的贸易限制措施的预警系统。重点产品的选取可以是中国主要出口产品，经常发生贸易摩擦引起贸易救济措施的出口产品，以及该出口产品行业对国内经济指标如就业率等影响巨大的产品，如钢铁产品、纺织品与服装等。监测和预警原理与过程同上述一般产品出口监测类似。

（5）贸易伙伴市场壁垒监测。对影响中国出口贸易的政策法规的监测体系。市场壁垒可源于出口目的国的市场准入条件、国内贸易和消费要求、技术型标准要求等。商务部、国家质检总局等相关部门要对这些法律法规的变动及时告知行业协会和企业，便于企业及时调整贸易实务操作。同时汇总为市场壁垒报告，对不符合多边规则的市场壁垒迅速进行磋商或者争端解决等反应措施。

五、中国服务贸易的监测与贸易摩擦的预警机制

（一）服务贸易进出口监测

服务贸易进出口监测的重点在于建立完善可行的服务行业贸易统计体系和数据库，通过数据库的信息可以监测服务贸易逆差、与贸易总额的比例关系等，从而为中国的服务发展战略提供依据。

（二）重点服务行业外部效应监测及预警

许多服务行业会产生各种外部效应，针对这些外部效应的监测不仅对中国服务贸易健康发展有重要意义，甚至对中国生命卫生、国家经济安全也有重大意义。

以旅游业为例。旅游贸易的出口方式主要是外国游客进入国门旅游，而旅游活动包括住宿、餐饮、游玩、医疗和金融交易等，容易发生疾病、事故纠纷、旅游及旅游产品价格剧烈波动等外部效应，因此对入境人员的健康检查，旅游消费及其物价指数的监测非常重要。国家旅游局在卫生部、消费者协会等部门的协助下建立了旅游行业外部效应监测预警体系，发布旅游行业信息和警示，并综合制定旅游贸易的发展战略。再以金融业为例，金融业包括银行业和保险业，交易和贸易形式高度专业化，金融业关系国家经济安全，为防止和提前警示可能出现的金融违规行为、热钱和洗钱行为等，中国人民银行和银监会以中国国情为基础，利用专业化知识和技术，借鉴国际金融监管先进经验，构成金融服务行业的监测预警体系。

（三）贸易伙伴服务贸易壁垒监测

中国 WTO 的发展中国家和地区成员，服务贸易仍处在新兴发展过程中。对贸易伙伴服务贸易壁垒的监测无疑非常重要，与货物贸易出口市场壁垒相类似，服务贸易壁垒也主要源于各类服务技术标准，市场准入法律法规中。商务部于 2006 年 4 月成立服务贸易司，旨在促进中国服务贸易健康发展。服务贸易司可以主导贸易伙伴服务贸易壁垒的监测，建立对应的法律法规数据库。

六、中国外资和对外投资的监测与摩擦的预警机制

（一）利用外资的监测与摩擦的预警机制

1. 利用外资的风险

利用外资的风险主要是指"外商直接投资给东道国支配和控制关键资源能力产生的威胁，即会使东道国支配和控制关键资源的能力丧失和部分丧失的风险。"具体包括如下风险：

（1）资源控制权风险。东道国引进外资开发利用自然资源时，由于外资具备资金、技术等方面的优势，东道国在开发的范围、程度、加工等方面会受到外资的牵制。

（2）产业和市场控制权。外资企业通过技术优势挤出东道国的传统产业，并利用本土化措施使东道国的部分技术和人才被吸引到其公司内部，使得东道国的企业人才流失。从长期看，若是东道国不注意开发本国的创新能力，将形成对外资的过分依赖。

（3）产品控制权。外资企业产品的技术、质量、服务、管理优势是东道国企业不可比拟的，东道国企业产品往往被挤出市场，使外资产品占主导地位。特别

是具有综合优势的外资企业对东道国的幼稚企业、新兴企业以及一些关键行业的发展有很大的影响。

由于外资还具有长期性、隐蔽性及结构性等特征,建立完善的利用外资预警机制十分必要。

2. 利用外资的监测与预警机制

发达国家在测量利用外资对东道国主权的影响程度上,形成了一套较为成熟的主权风险评级标准,如商业环境风险指数、《欧洲货币》国家风险评级、《机构投资者》国家风险评级等,中国在这方面尚处于起步阶段,但可以大致用以下指标来对外资监测和预警:外资(外资控股企业或外商直接投资企业)所占市场份额(一般以销售收入占市场份额 50% 作为警戒标准);关键部门外资的比例(对关键部门的外资比例要控制在 20%~30%);幼稚产业的外资占有率(同上,20%~30%);外资企业的出口份额和出口倾向指数;外资企业的出口占全国总出口的比例,该指数大于 1 表示外资企业的产品销售倾向于国外市场,若小于 1 表示外资企业的销售倾向于国内市场;外资控股率(外方控股超过 50% 就是绝对控股,外资控股率的上升就表明东道国对外资控制率的下降)。

确定了以上指标,就需要对这些指标进行监测,并在指标出现异常时,进行预警。具体的预警流程参照进出口贸易预警机制。

(二)对外投资的监测与摩擦预警机制

1. 对外投资的主要风险

对外投资主要面临着政治风险、商业风险及其他风险,具体如下:

(1)政治风险。政治风险是指东道国国内的政治事件以及东道国与第三国政治关系变化给跨国投资企业经济利益带来不利的影响。政治风险对于企业来说是不可预见的,因为它涉及政治、经济、社会、文化、法律等多方面环境的影响。还有一些国家因为宗教或者内部冲突等原因使中国企业海外投资存在非常大的风险。

(2)经营性风险。经营性风险,亦称商业性风险,包括国际市场变化风险、企业技术创新风险、国际企业管理风险、汇率变动风险和人事风险等。经营风险是企业可以控制的。

(3)其他风险。其他风险包括自然灾害、传染病及恐怖活动等风险。

2. 构建对外投资摩擦预警机制

与其他预警机制一致,建立对外投资预警机制也分为确定指标、寻找摩擦起源、准确及时报警等步骤。"真正建立风险识别—风险评估—风险预报—风险排除预警系统,实现对境外投资风险的实时跟踪、监督、预警与防范,来有效化解跨国投资过程中的各种商业和非商业风险。"

七、贸易摩擦预警机制重点解决的几个问题

(一)预警系统要有多种大型数据库和资料库提供警源

预警是需要警源的,即拿什么预警,而警源就是信息。预警是对待信息的一种处理态度,预警的主要依据就是信息。从实际经济运行来看,信息既包括产品和产业数据,也包括贸易伙伴政策法律法规修改,甚至隐身在各类官方/非官方的研究报告和工作论文里。因此建立持续性的、详细的、灵敏的数据库和资料库非常重要。

根据信息获得的途径和便捷度来看:

1. 产品进出口贸易数据库应由海关建立

目前虽然中国商务部和中国海关网站上有进出口产品的主要统计数据,但数据时间滞后,如 2007 年 3 月的中国海关网站上仅更新至 2006 年 12 月,中国商务部的数据统计也依然停留在 2006 年 12 月份,且多以简报、网页文件形式出现,数据笼统,不利于统计信息的再次使用。产品进出口数据库应以用户友好为特征,使用者做出时间选项、国别选项和产品选项的选择后得到所需的数据。

2. 贸易伙伴法律法规数据库应由商务部建立

贸易伙伴法律法规数据库应由中国驻外使领馆商务事务部门建立或提供第一手资料并由商务部建立,贸易法律法规影响和规范着国际贸易运作,是中国企业进军海外市场的必备工具,同时这些法律法规的变动,和发生变动的可能都是贸易预警的信息,如 2007 年美国新一届国会召开后,参议院部分议员的提案集中在中国的汇率制度和针对中国的反补贴制度上,并提请美国反补贴法做出相应法律修改,尽管最终美国总统是否会签署还不确定,但这还是给中国的出口产品发出一个反补贴的预警信号,从而积极着手反补贴理论和实务研究避免"措手不及"。再如各类技术标准的更改信息的及时公布也是非常重要的。

3. 国内产业数据库应由行业协会或大型垄断性国企建立

行业协会贴近企业,贴近企业生产环境和条件,建立产业相关指标的数据库不仅给企业进出门槛做出提示,更可以为进口预警提供论据支持。另外国内大型垄断性国企占据了某类产品的大部分贸易交易,有条件、动力和需要建立对应的产品产业数据库。

4. 国内外政府及机构研究报告和专家意见库应由社会研究力量建立

事实上国外政府及机构的研究报告一般均可在相应网站上下载,且比较系统,这里的研究报告库,并非重新复制一个,而是洞察最新的报告发布并给予简

单摘要和访问路径,方便有需要的人去搜集获得,专家意见库可以以"百人论坛"等形式出现,由其个人负责,各抒己见供参考使用。

(二) 政府、行业协会、企业在预警体系中互有职责

预警体系的有效运行需要政府职能部门、中介机构(主要是行业协会和研究机构)、企业三方形成良性互动的关系。

政府是预警系统建立的主要力量和发起方,承担整个预警系统的协调规划工作。同时主导或辅助建立各种数据库,建立为企业服务的平台和窗口,有针对性地提出调整和完善预警信息系统的建议和报告。根据预警信息系统的结论适时做出官方回应。

行业协会是预警信息系统运行的组织方,在政府和企业支持下不断扩大预警系统的受益面,及时分析和提供产品、产业预警信息,并且为企业进入贸易摩擦应诉或起诉阶段时提供法律帮助。另外行业协会更加贴近地区和行业的生产环境和市场条件,可以有重点、按需要建立适合企业的数据信息资料库,并定期发布行业或产品预警报告。需要指出的是,行业协会的行政模式应当参照美国、欧盟和日本等国行业协会的经验,采取企业入会制,交纳适量会费,免费得到行业数据库和预警报告的使用,或至少是电子版本的使用。这比当前行业协会报告出售动辄几千元的做法更符合行业协会的职责和作用。

企业是经济生活的微观主体,企业积极关注预警信息的同时更要敏锐地反馈经济信息,使其成为预警信息库的信息来源之一,同时要主动或配合政府与行业协会进行相关信息和措施的调查与实施。

(三) 建设一个信息开放与共享的环境

中国从政府到行业协会,其研究报告和数据库的运行都显现出强烈的"功利性"或"保密性",要么以用户密码限制,要么需要交纳不菲的费用,这都与政府和行业协会自身"非盈利的服务提供者"的身份非常不符,这些做法不仅违背了研究报告和数据库发挥作用价值的效用,也不利于行业研究人员和企业获得信息进行分析研究和企业决策。对比国际组织(如WTO、世界银行、联合国、国际货币基金组织),区域性组织(如经合组织),主要经济贸易成员(远到美国、欧盟,近到中国台湾),电子形式的信息和报告不仅免费而且方便快捷,使用方法清晰友好。事实上信息的开放与共享环境,更可以吸引研究力量,得出有意义的研究结论,促进问题的解决或现状的改进,所谓"泄密"和"赔本"的担心太无谓了。因此贸易摩擦预警体系里众多的电子数据库中大多数都应该是免费开放的,研究报告的印刷本可以采取定价销售方式,但电子版本应当可以无障

碍公布，从而努力建设有透明度、信息对称的环境，充分发挥贸易摩擦预警体系的社会价值。

八、中国贸易摩擦预警与争端解决中政府管理架构与运行机制

由于美国在贸易摩擦与争端解决的政府管理架构与运行机制方面做得比较好，对中国有借鉴意义，在此特做对比，以便取长补短，为中国的政府架构与运行机制做出政策建议。

（一）中国贸易政策决策与管理机构

1. 中国人民政治协商会议——决策前的协商

政协是人民民主统一战线的组织，是人大在决策表决前的协商场所。其职能是政治协商、民主监督、参政议政。

2. 全国人民代表大会——协商后的表决

全国人民代表大会是中国的最高国家权力机关，常设全国人民代表大会常务委员会，共同行使国家立法权。

3. 中国经济社会理事会——全国性经济社会研究咨询组织

中国经济社会理事会前身是中国经济社会研究会，成立于2001年7月2日。隶属于中国人民政治协商会议全国委员会，是中国全国性的经济社会研究咨询组织。由中国经济学界、社会学界等方面的专家、学者和有关单位的管理者、经营者联合组成。是经社理事会和类似组织国际协会正式成员，并是其管理委员会成员。

4. 国务院——最高国家权力执行机关

国务院是中国中央人民政府。

5. 中国 WTO 执行体系

中国国务院下设的许多部委和机构都在 WTO 的执行体系中发挥着作用，其中又以商务部为主。商务部系中国外贸基本法——《中国对外贸易法》中的"国务院对外贸易主管部门"，是 WTO 执行的核心部门，是形成贸易、经济合作和外商投资等相关立法的主要部门。商务部还负责制定（formulating）中国对外经济政策，进行双边和多边经济谈判和签署双边和多边条约与协议。商务部不仅是中国 WTO 相关事务的主要代表，还有大部分协议的司法权。

（二）中美对外贸易政策决策与管理机构特征对比

因为贸易摩擦预警与争端解决属于一国政府对外贸易管理的一部分，所以在

考虑贸易摩擦与争端解决的政府管理架构与运行机制时，不妨从政府对外贸易管理这个大方向入手。同时，因为美国政府在对外贸易管理体制方面有许多成功的经验，在此特将中国两国贸易管理体制做对比，以便取长补短。

总体来说，美国对外贸易管理的主要决策与管理机构和部门包括：国会、总统、国际贸易委员会、贸易代表办公室、商务部和美国进出口银行。此外，美国财政部和农业部也在不同程度上参与对外贸易的管理。美国的对外贸易体制呈现出法制化、具体化、可操作性强的特征，具体表现如下：

1. 美国对外贸易管理体制法制化程度较高

上述美国对外贸易管理的主要机构分别承担着不同的职责和被赋予了相应的权力。而且这些职责与权力均在《美国贸易法》中以明确的法律条款加以规定，其内容涉及美国对外贸易流程的各个方面。

尽管随着计划经济向市场经济的转型，以及国家法制化进程的不断推进，中国对外贸易管理领域依然保留着非常严重的行政化色彩。客观地分析，中国现阶段涉及的对外贸易管理诸多法律依然过于粗放和不精细。为了弥补这一缺陷，国家又授权相关部门制定了许多与对外贸易法律相配套的管理条例和实施细则，但这些并不是严格意义上的法律，而且由于受到很多行政和人文因素的影响，导致这些管理条例及实施细则没有起到应有的作用。这就使得国家对外贸易管理机构缺乏一定的法律依据来按原则及章程办事。

2. 职能范围及权力配置比较具体

美国对外贸易管理机构职能范围及权利配置比较具体，而中国的则是宏观性、原则化特征。或许是因为文化的因素，也可能是处于具体国情的考虑，美国的对外贸易领域始终是以"美国利益"和"美国权力"为目标，通过对不同的国家和地区、产品、贸易谈判目标、市场破坏程度、贸易管理实施措施、对外贸易管理手段、贸易协定、贸易管理权限执行措施、贸易管理流程、贸易管理级别执行措施以及贸易待遇等对贸易管理对象类别特征的具体划分，确定美国各对外贸易管理机构的职责范围及相关权力配置。

相比较而言，中国却以"发展趋势"、"中长期发展规划"、"国内外贸易和国际经济合作宏观运行状况"、"处理国别（地区）经贸关系"、"制定政策和方案并组织实施"、"参与监管"等作为国家对外贸易管理的重点，从而表现出强烈的宏观性及原则化特征。

3. 操作性强弱存在差别

美国对外经济贸易管理机构所确定的职责范围及相关权利配置具有较强的可操作性，而中国这方面显示的操作性较弱。

正是由于美国对外经济贸易管理机构的高度法制化，以及其对国家贸易环境和业务流程的独特理解、合理分类，极大地强化了其在职责范围确定及相关权利配置方面的可操作性。而中国由于特殊国情，以及对国家贸易环境和业务流程的不同理解和判断，加之中国对外贸易管理机构在职责范围确定及相关权力配置方面的法制化程度较弱、相关法律条款的粗放化、原则化等诸多不利因素所产生的负面影响得以扩大，极大地弱化了中国对外贸易管理机构在职责范围确定及相关权力配置方面的可操作性。

纵观中美贸易管理机制，由于中美两国的文化背景、国情差异的不同，导致在贸易管理机制上存在非常明显的区别，美国的机制虽然不能完全适用于中国，但从法制化、具体化以及可操作性方面来说，对中国还是有一定的借鉴意义的。

（三）中国现行贸易政策决策机构设置的问题与建议

1. 政协更要发挥经贸事务辩论场所的作用

一项经贸政策的制定、一次经贸内容的谈判、一份经贸事务的协议不是政府几个官员或几个专家的事，也不是模仿其他国家和地区就能学来的事，而是真正要服务于中国经济的发展需要，是国内相关利益的一次综合衡量后的结果，这个结果必然意味着一些利益的让渡与放弃，而让渡与放弃这些利益或承受随之而来的风险的这部分群体，或利益团体对政策制定、经贸谈判和协议达成是有发言和争辩的权利的。政协及其下设的专门委员会就是他们充分发言和辩论的场所。从国家利益角度，经贸政策决议之前的充分辩论也是十分必要的，它不仅使一项政策实施的利弊充分暴露，同时也为中国参与国际谈判提供要价和谈判资料，从而使协议更加适应中国的利益。

目前政协下设的专业委员会，包括经济委员会、社会与法制委员会、外事委员会、人口资源环境委员会等都与经济贸易直接或间接相关，政协要充分利用这些委员会委员来自基层、贴近中微观经济主体的特点，在一项经贸政策达成之前做充分的辩论和提案。另外考虑到这些委员会衡量经贸问题延续性的需要，建议将这些委员会改为政协常设机构。

2. 增加"中国贸易谈判办公室"为国务院直属特设机构

中国商务部是中国目前主要的贸易政策建议和执行部门，但是当代多边贸易体制的内涵和外延早已突破了简单的贸易实务单一领域，是经济、政治、外交，甚至语言艺术和心理学等多领域的综合体，一项贸易政策的制定可能涉及多部门、多行业利益的协调，一次贸易谈判需要反应多产业综合战略的声音。下表显示的是WTO主要协议/协定对应的中国主管部门，多数协议/协定的管理和实施是需要多部委共同完成的。作为一个部级单位，商务部很难做到这一点。

表 11 – 5　　　　　中国主管 WTO 协议/协定部委一览

职　　责	主管机构
入世工作管理	商务部
关税与贸易总协定	商务部、海关总署
关税义务和减让承诺执行	财政部、商务部、海关总署
基于 WTO 协定/协议的通知	商务部、其他机构
农业协议	商务部、农业部、财政部
卫生与植物卫生措施协议	质检总局、海关总署
纺织品与服装协议	商务部
技术性贸易壁垒协议	质检总局、其他机构
与贸易有关的投资措施协议	商务部、国家发改委、工商总局
反倾销协议	国家关税税则委员会、商务部
海关估价协议	海关总署
装运前检验协议	质检总局、海关总署
原产地规则协议	海关总署、质检总局
进口许可程序协议	商务部
补贴与反补贴措施协议	商务部
保障协议	商务部、国家发改委
服务贸易总协定	商务部、其他机构
金融服务贸易议定书	商务部、中国人民银行
基础电信协议	商务部、信息产业部
与贸易有关的知识产权协定	商务部、国家知识产权局、国家工商行政管理总局、海关总署、其他机构
关于争端解决规则与程序的谅解	商务部、其他机构
政府采购协议	财政部、商务部
其他 WTO 事务	商务部

资料来源：笔者根据相关协议和各部委职能整理。

跨部门的贸易政策决策体系需要跨部门贸易政策决策机构作载体，这个载体应当是一个以国家利益为中心的，直接向国务院负责，高于现有各职能部委级别的常设机构——中国贸易谈判办公室。

（1）中国贸易谈判办公室的职能。中国贸易谈判办公室由国务院提出设立并经全国人大给予法律地位，作为国务院在贸易政策方面的智囊团，其职能是协调中国内外贸易政策，推动中国对外贸易（包括货物、服务、直接投资、知识产权）发展，跨部门、跨区域综合衡量和调节贸易政策，指导中国参与的双边、多边经贸谈判，并代表中国在单边、双边和多边贸易行为的统一声音。

（2）中国贸易谈判办公室的构成。中国贸易谈判办公室的工作组可按照双边、多边作横向划分，按照货物贸易、服务贸易、投资、知识产权、其他WTO协议内容作纵向划分。成员一部分可选取贸易问题、投资问题、知识产权问题、谈判等领域的专家作为常务顾问，可为兼任。另一成员部分是跨部委沟通机制，一项贸易决策需要联合商务部、农业部、工商管理总局等各部局工作的配合，可以结合这些部局的相应部门和人员为临时或常设在办公室的委员会，针对更加具体的问题做出贸易政策建议。另外，办公室可以年度选取有代表性、工作突出的社会研究机构、行业协会等研究力量成为办公室的外部建议委员会，丰富和全面化贸易决策的信息支撑。

（3）中国贸易谈判办公室以"研究活跃、成果丰富"为特点。中国贸易代表办公室要有自己的年度报告，如同贸易政策的"年度规划"，总结上一年贸易政策的重点和实施效果，并对下一年贸易政策做出日程规划，另外上述办公室成员和委员会成员可以不定期推出自己的工作报告，这些报告需要紧跟中国在单边、双边、多边贸易体制中的环境变化，选题自由，但要有时效性，并鲜明地提出相关建议。中国贸易代表办公室应该建立开放性网站，公开发布并可以无障碍共享和获得上述年度报告和工作报告，从而方便经济宏观、中观和微观主体进一步判断，研究和反馈。中国贸易代表办公室应该像美国贸易代表办公室（USTR）那样，每年发布各类评估报告，这些报告将成为贸易摩擦预警的重要信息来源。尤其应该发布《外国贸易壁垒国家贸易评估报告》详细分析主要贸易伙伴的各类贸易壁垒，说明政府已经或拟采取的行动。该报告采用数量估测的方法，分析并评估外国壁垒对美国出口价值的影响程度，是侦查和评估外国贸易壁垒的有效工具。报告所使用的信息来自贸易代表办公室、商务部、农业部及其他政府机构，以及回应联邦公报（Federal Register）时提供的信息、私人行业贸易顾问委员会和美国驻外使馆提供的信息。中国设立贸易谈判代表办公室后，可以进行类似的研究与信息发布。

（4）中国贸易谈判办公室设立地方、区域办公室。中国的省情和区域发展差别较大，一项贸易政策或协议涉及和影响的范围有一定针对性，基于此，中国贸易谈判办公室除中央政府集中组织管理外，需要设立地域办公室，如华中、华南、华北、东北等地区办公室，这些区域贸易谈判办公室可以针对区域经贸发展实际情况对贸易政策进行反馈或建议，协调地方政府机构工作，疏通地方适应"全国一盘棋"的渠道，加大地方政府对国家经贸政策和协议的直接影响力。

3. 增加专门委员会为全国人民代表大会的委员会成员

政府和学术界一直都鼓励和呼吁社会利益代表,尤其是行业协会在国家经济贸易发展中的声音和作用,但其实问题的关键是在于发出声音和发挥作用的渠道上。这类社会利益代表或组织在行为上附属于商务部,加之行政机构与生俱来的官僚性,声音很难"发自肺腑",更别提发挥更巨大的作用了,要改变这一状况就要改变这种声音传导机制,赋予这类社会利益代表和机构以更强的立法地位。全国人民代表大会及其常务委员会是中国的立法机构,应该让社会利益代表和组织在这一层面上就进入角色,参与经济贸易的立法环节,而商务部门只是在法律的执行上,从而避免社会利益代表和组织不愿给"领导"提意见的尴尬。

具体而言,常设中国经济安全审议委员会为全国人民代表大会的委员会成员,可以根据开放条件下,中国经济贸易阶段性主题设立临时委员会,如中国—欧盟经济合作与安全委员会、中国—东盟经济合作与安全委员会等,这类委员会角色相对中立,主要面对贸易政策利益团体、行业协会等通过听证会、座谈会、简讯、报告等多种形式反映和沟通意见和建议,同时也可以监督中国单边或参与双边、多边协定与组织的决策与行为,同时为中国的贸易谈判代表提供代表国内利益团体的谈判对价和建议。

九、中国贸易摩擦与争端解决行业主体的功能发挥

中国贸易摩擦争端解决的行业主体即行业协会,在国外,许多贸易争端都是由行业协会发起申诉,最后也是行业协会协调解决的;而在中国,行业协会却没有很好地履行其应尽的责任和义务,本可以由行业协会出面解决的贸易争端最后却由政府出面完成,这样给政府带来了极大的被动。所以,先来看看国外的行业协会是如何起作用的。

(一)国外行业协会作用及职能

1. 政策建议职能

国外的行业协会代表本行业出具相关的行业报告以及收集、提供有关国内产业损害翔实证据,向政府提请采取临时限制措施。

日本在这方面做得不错。例如,日本"经济团体联合会"通过与政府沟通,征集成员企业意见,发挥整体交涉力量,影响政府宏观经济政策。

2. 制定行规、规范行业风气职能

日本"工业会"虽为民间组织,由各行企业自愿参加,但各"工业会"都包含本行企业的90%以上。"工业会"与"通产省"、"大藏省"联系有关技术

政策、环境保护及财税问题,向成员企业传达政府法令、政策、提高本行业要求及建议、制定本行业要求,规定行业产品规格等行业标准。

再如,美国经纪人行业协会对经纪人进行逐年考核、严格监管,在某种程度上也规范了经济人行业的秩序和风气。

3. 组织协调职能

行业协会协调本行业的生产、销售;调节本行业的出口产品数量、价格;对出口市场进行合理布局;在贸易争端中组织协调企业应诉。

4. 服务企业职能

帮助中小企业开拓市场;帮助企业建立预警机制;帮助企业利用并协调司法审议。

(二)中国行业协会现状及问题

从覆盖产品范围来看,中国的行业协会数量并不少。但地方特色行业协会较少,且没有统一的行业协会申请、设立程序与法律条例。中国行业协会存在以下问题:

1. 行政干预太强,行会无法进行自治管理

借用比较通俗的说法,中国的行业协会是"二政府",其人员大多为部委分流或者退休的老干部,其专业知识缺乏直接导致了行业协会失去了其成为智囊中心,争端解决"排头兵"的重要作用。由于行业协会是在民政部登记、政府机关部门主管,使得行业协会不得不照顾到这些政府部门的利益,利益难以平衡的时候,行业协会顾及不到企业的利益,使得企业遭受损失。中国的行业协会还存在由于历史原因,导致的归口不一、职能交叉现象。

2. 行业协会的覆盖面窄、代表性不强

由于行业协会本身相关法律制度建立得不完善,行业协会中存在"寻租"现象,导致某些企业对行业协会的不信任,行业协会的覆盖面窄,代表性不强,不能代表本行业的利益。另外,行业协会信息掌握不充分,也导致了行业协会在贸易争端解决中缺乏信息和资料,增大了解决难度。

3. 行业协会的组织、协调职能缺乏

中国的出口产品屡遭国外反倾销调查,其中很重要的一个原因就是中国的行业协会没有起到应有的作用。如果行业协会能够充分掌握贸易资料,及时通知企业产品的需求度、市场情况,就不至于发生因为企业各自为战、出口市场过于集中而引起的反倾销贸易争端。

在很多贸易争端中都需要联合应诉,行业协会应联合企业共同应诉,有时需要说服并帮助企业应诉,这样才会有胜诉的可能。

4. 行业协会的服务企业职能缺乏

到目前为止，除了汽车、化工、钢铁等少数几个行业协会有自己的产业预警机制和资料库，大多数行业协会还未建立行业预警机制。行业协会在这方面对企业所做的宣传又大多数是以营利为目的，即开设培训班等。

5. 行业协会"功能模糊"与"权威不足"恶性循环

中国的行业协会多由政府组织设立，自然地成为政府在行业里的代表，有很浓的官僚气氛，这是不利于行业协会本身这个中介组织发挥作用的。行业协会由政府出资组成，但由于资金短缺，行业协会也不得不靠向企业高价出售研究报告和数据来维持运行，得不到企业的支持，不能打造行业协会里的"名牌"，行业协会的"行业权威"大大削弱，处境比较尴尬。

有效的行业协会运作模式应当是企业驱动的，单一企业，除大型垄断性质国企外，很难对经贸政策和决议发表自己的看法，即使这项政策和决议对自身而言生死攸关。大量同行企业集合在一起，"众人拾柴火焰高"，出资建立一个服务于自己的组织，这个组织对行业的国际发展和贸易情况做专门针对性研究，这个组织有专职专业人才帮助企业应对来自贸易领域的各种摩擦和问题，企业出资建立组织，这种组织只需在政府部门简单申报备案，企业有权管理这样的组织，企业也有权使用这个组织的研究报告和产业数据库等服务，这个组织代表整体行业的利益和声音，这个组织可以为了这个行业的企业利益在政协等有效途径上发出建议，甚至抗议，这个组织才是有效的行业协会。

（三）贸易摩擦预警与争端解决中行业协会的发展方向

行业协会应发挥其应有的作用，很好的起到承上启下的桥梁作用，以下几点是要做到的：

1. 尽快出台《行业协会法》

一部好的法律对于建立机构完善、功能齐全、秩序规范的行业协会是必不可少的，中国行业协会的法规远远不可能建立在原经贸委发布的诸如《反倾销条例》及相关文件的只言片语的规定上。

2. 重新架构行业协会的布局、划分职能及归口

针对行业协会"归口不一"的问题，商务部应联合其他等相关部委在全国范围内对行业协会进行"大梳理"，包括"归口"的统一、职能的划分和人员的配置。要力争把业务精干的行家里手配置到最需要的岗位上去。

3. 要努力实现行业自治，减少政府干预

政府要完全信任行业，让行业自己推荐合适的人选作为行业协会的会长，副会长等领导职务。领导人选最好从经验丰富的企业总裁和学术水平颇高的高校教授中产生，这样既可以从理论层面指导企业，也能从实践经验上具体操作，有利于争端解决，还不受行政干预。

4. 应建立高新技术行业协会及预警机制

目前，传统行业的行业协会已经纷纷建立，诸如电子、信息、生物、医药等高新技术产业的行业协会还处于空白状态，而这些产业的贸易争端无论从数量上还是规模上都不可小觑，所以，建立高新技术产业的行业协会及预警机制是非常有必要的。

十、中国贸易摩擦预警与争端解决中企业的责任

贸易摩擦预警与争端解决的微观经济主体是企业，因此，这部分从企业产生贸易摩擦的原因、企业的预防、预警机制和争端解决机制的途径这三个角度展开论述。

（一）生产者企业的责任

企业在贸易摩擦与争端解决中应该改变以下行为：

1. 销售市场过于集中化、产品多为劳动密集型低端产品

中国产品出口市场过于集中化，且出口产品以劳动密集型的低端产品为主，高科技产品不足，企业在出口时不从产品性能、质量、包装及服务等硬件方面改良，而是一味地采取"以价取胜"的战略，导致国外对中国反倾销调查此起彼伏。

2. 企业法制观念淡漠，法律专业人才匮乏，且没有建立良好的预警机制

企业在日常经营中往往忽略了对出口市场和竞争对手的调查，缺乏第一手资料，导致贸易争端发生时措手不及，草率了结争端。企业法律专业人才匮乏，对WTO各项复杂烦琐的规定深刻理解的人如凤毛麟角，所以，在面对争端时，由于对WTO条款不熟悉导致的不敢应诉或者败诉也是预料之中的事情。

3. 企业应诉积极性不够

发生贸易摩擦时，企业由于资金原因，无力支付高额申诉费用，所以企业大多选择不应诉，待其他企业应诉成功之后再采取搭便车的形式"坐享其成"，这样既是对应诉企业的不公平待遇，也使某些企业养成"不应诉"的惯性。

4. 缺乏与行业协会的配合及沟通

许多贸易争端如果在企业不能得到解决，完全可以通过行业协会来出面解决，但企业往往忽略了行业协会的作用，遇到贸易争端直接向政府申诉，最后给政府带来了很大的被动性，这也从一个侧面反映了中国行业协会的代表性不强，

覆盖面不广、被信任度不高的特征。

(二) 企业预警机制的建立

这里所讲的预警机制既包括预警系统的建立和企业日常经营需要做到"未雨绸缪"的几点措施。

1. 企业要建立良好的信息系统

信息系统包括工艺设计与生产控制系统、企业内部管理信息系统及企业电子商务系统。工艺设计与生产控制系统是针对企业产品的生产过程的，企业可以根据市场销售的情况及客户需要情况，及时改进产品性能及技术，以达到顺应市场、满足需求、减少贸易摩擦的目的。企业内部管理系统首先要从财务管理入手，财务电算化是企业管理信息系统建立的首要标志。企业的财务状况也是反映企业经营、发现经营当中问题的一个最明显的标志。及时发现问题可以预防贸易争端。电子商务系统的建立可以简化很多进出口的手续，通过网络订单的方式简化了手续、提高了效率。

2. 企业要加强扩大市场，提高产品质量，加强对外投资

企业要通过多边谈判、双边谈判的契机，开辟广阔市场，以避免由于市场过分集中在某几个国际而带来的贸易摩擦；同时，提高产品质量，大力加强高科技产品等高附加值产品的出口，也可以使企业避免单纯以价格取胜而遭到贸易调查的风险。加强直接投资也是避免贸易摩擦的一个很好的途径。

3. 企业要加强法制观念和对 WTO 条款的学习，引进和培养专业人才

只有对 WTO 规则谙熟于心，才能做到得心应手地处理贸易争端，这方面专业人才的引进和培养对企业来说也是责无旁贷的。

4. 加强与行业协会的沟通与配合

企业的发展离不开行业协会的指导与帮助，尽管中国目前行业协会现状不容乐观，但行业协会无论从信息的掌握，还是行业内的协同沟通方面比企业"单打独斗"还是要有效得多，所以加强与行业的沟通与配合，及时掌握资料，对于企业，特别是"势单力薄"的中小企业是非常必要的，也是预防贸易摩擦的一个必要措施。

5. 建立争端解决预警机制

企业建立争端解决预警机制要考虑到以下这些方面的预警：国内政策的预警、外商投资预警、对外投资预警、知识产权预警、不正当竞争行为的预警以及对已签订的重大项目、合同的履行情况进行监控。

国内政策的预警对于国有大型电信企业尤其有用，政府的监管行为、政策、法律的变化都可能对企业的生存与发展产生重大的影响。因此，与政府部门搞好关系，及时沟通，跟踪法律、法规、部门规章的制定、颁布情况，及时了解可能发生的变化，预先采用应对措施，避免因政策变化导致争端发生。

中国企业要注意收集外资进入中国市场的信息资料，监督其是否有违背中国法律的行为；同时，在对外投资中，中国企业应跟踪外国法律、法规的变化趋势，在发现有阻碍中国企业进入该国市场的法律、政策时，应及时采取措施，寻求救济。

中国企业还要维护自己的知识产权，当发现其他人有侵权行为时，及时采取措施。中国企业还应对已签订的重大项目、合同的履行情况进行监控，如产品质量、施工质量、技术标准、交货期限、支付情况等，一旦发现问题时要在公司内部及时预警。

（三）企业争端解决机制的选择与应用

企业的争端可以大体上分为三类：一是平行主体之间的经济合同；二是涉及行政机关的法律法规；三是其他具有涉外因素的争端。

对于第一类争端，最好采取仲裁的方式解决，因为仲裁有花费少、效率高、更中立等特点，特别是在国际贸易争端解决中，仲裁更容易被对方所接受。需要注意的是，如果选择仲裁方式，一般应该发生在争议之前，就订立仲裁协议或在合同中订明仲裁条款，明确适用法律、仲裁机构等。

对于第二类争端，可以首先寻求行政机关的裁决，行政救济方式具有快速、简便、有强制约束力等优点，但同时行政机关由于人为因素又无法完全做到公平、公正，因此，如果事先没有约定是否要经过行政裁决，可以直接提起申诉。

对于第三类争端，可供选择的方式有多种，当事方可以选择协商、仲裁、申诉、国内行政救济、双边政府磋商以及投诉WTO争端解决方式。具体选择哪种应根据企业的实际情况而定。

以上就是企业建立贸易摩擦预警与争端解决机制的主要内容，企业只有在充分预警、及时应对、与行业协会密切配合、必要时求助于政府，才能在争端解决中立于不败之地。

缩略语一览

AMS	综合支持量
APEC	亚太经济合作组织
ABI	发展中国家阿根廷、巴西与印度组成ABI集团
ASEM	亚欧会议
ASEAN	东南亚国家联盟
ATI	先进关税自由化
CEPEA	东亚全面经济伙伴关系
CEPA	更紧密经贸关系安排
CECA	全面经济合作协议
COM	部长理事会
CECC	美国国会—行政部门中国委员会
EU	欧盟
EC	欧洲共同体或欧委会
ECJ	欧洲法院
EVSL	提前自愿性部门自由化计划
EMP	新兴市场计划
EPA	经济伙伴协定
FDI	外国直接投资
FTA	自由贸易区（协议）
FTAAP	亚太自由贸易区
GSSE	一般服务支持量
GATT	关税与贸易总协定
GTAP	全球贸易分析系统
ISSB	英国钢铁统计局

ITA	美国商务部国际贸易管理署
ITC	美国国际贸易委员会
IORARC	环印度洋区域合作联盟
IMF	国际货币基金组织
IEEPA	国际紧急经济权力法案
JCCT	中美商贸联委会
MOFCOM	中华人民共和国商务部
MAS	美国商务部制造业和服务业局
NDRC	中华人民共和国国家发展和改革委员会
NAFTA	北美自由贸易区（协议）
NAM	代表美国制造业利益的全国制造商协会
OCEA	竞争与经济分析局（美国）
OECD	经济合作与发展组织
PECAD	生产评估和谷物评估处（美国）
PTAs	优惠性贸易协议
RTA	区域贸易协议
SAARC	南亚区域合作组织
SAFTA	南亚自由贸易安排框架协议
SACU	南部非洲关税同盟
SPS	卫生与植物卫生措施协议
SEM	补贴执行实施情况监控与预警机制
SIMA	钢铁进口监控与分析体系
TASC	专业农作物技术援助
TRCS	贸易救济合规部门
TRCM	贸易救济合规监控系统
TRIPS	与贸易有关的知识产权协定
USTR	美国贸易代表办公室
USITC	美国国际贸易委员会
UNCTAD	联合国贸易与发展会议
USCC	美中经济和安全审议委员会
WTO	世界贸易组织

图表目录

图 3-1　1949~2007 年 GATT/WTO 收到 RTA 生效通知　59
图 4-1　1999~2006 年美国对外贸易收支走势　83
图 5-1　贸易政策形成的需求供给分析框架　97
图 5-2　利益集团影响贸易政策制定机制　105
图 6-1　美国管理贸易的相关机构　120
图 7-1　贸易政策体系对经济贸易影响的作用机制　174
图 7-2　1980~2007 年美国失业率状况　185
图 7-3　1980~2007 年美国经常账户余额占 GDP 的比重　188
图 7-4　1980~2007 年日本失业率　202
图 7-5　1980~2007 年日本通货膨胀率　202
图 7-6　1980~2007 年日本经常账户余额占 GDP 的比重　203
图 7-7　印度经济贸易政策改革前后 GDP 增长率比较　210
图 7-8　1991~2007 年印度经常账户余额占 GDP 的比重　212
图 8-1　中国对外贸易政策体系演变　221
图 10-1　美国贸易代表办公室（USTR）组织架构　329
图 10-2　美国商务部国际贸易署（ITA）组织架构　330
图 10-3　北美自由贸易区（NAFTA）争端解决机制流程　334
图 10-4　美国反倾销案件的调查与解决程序流程　336
图 10-5　美国"反不公平竞争"贸易争端的解决程序　336
图 10-6　美国"301 条款"调查与争端解决的流程　337
图 10-7　"201 条款"争端调查与解决的流程　337
图 10-8　欧盟食品和饲料快速预警机制信息流程　342
图 10-9　日本经济产业省的机构设置框架　355
图 11-1　1980 年以来美国贸易逆差状况　370

图11-2　未来美国迫使人民币升值的策略路线　371
图11-3　货物贸易摩擦预警纵向系统流程　396

表2-1　非农产品市场准入各降税公式的利弊分析　42
表3-1　欧盟的六次扩大　60
表3-2　北美自由贸易区、欧盟及东盟区域内贸易比重　66
表5-1　贸易政策政治经济学模型　98
表5-2　贸易政策形成的政治经济学模型比较　99
表5-3　拉丁美洲国家影响贸易政策制定的方式　104
表6-1　美国签订双边及区域自由贸易协定的进展　117
表6-2　第108届国会美国两党议员的贸易政策立场　125
表6-3　日本经济伙伴关系协议（EPA）行动　161
表7-1　FTA对美国贸易的影响　179
表7-2　贸易与投资自由化对美国贸易的影响　181
表7-3　美国贸易政策对各行业就业的影响　184
表7-4　沃尔玛百货有限公司全球扩张情况　190
表7-5　贸易与投资自由化对美国福利的影响（GTAP模型结果）　191
表7-6　贸易与投资自由化对日本贸易的影响　199
表7-7　贸易与投资自由化对日本福利的影响（GTAP模型结果）　206
表7-8　贸易与投资自由化对印度贸易的影响（GTAP模型结果）　208
表7-9　贸易政策在印度农业部门发展中的作用　213
表7-10　贸易政策在印度汽车业发展中的作用　215
表7-11　贸易与投资自由化对印度福利的影响（GTAP模型结果）　219
表8-1　出口模型计算结果　230
表8-2　进口模型计算结果　234
表8-3　2001～2010年中国最惠国关税结构　241
表8-4　各成员提议的关税削减公式　243
表8-5　模拟2015年中国关税进一步减让后所达到的水平　245
表8-6　GTAP模拟计算结果　246
表8-7　瑞士公式下不同A值对各区域实质GDP、进口量、出口量的影响　246
表8-8　瑞士公式下不同A值对中国非农产业的影响　248
表9-1　1990～2007年中国进出口贸易的结构变化趋势　283
表9-2　2002～2007年中国主要出口贸易伙伴　283

表9-3	2002~2007年中国主要进口来源地 284
表9-4	1993~2007年加工贸易在中国对外贸易中的比重 284
表9-5	2002~2007年中国出口企业性质构成变化趋势 285
表9-6	2002~2007年中国进口企业性质构成变化趋势 286
表9-7	1985~2007年中国服务贸易情况 291
表9-8	中国服务贸易与世界服务贸易增长率比较 292
表9-9	2001~2007年世界主要国家和地区服务贸易发展 292
表9-10	1993~2007年中国服务贸易占世界份额和排位情况 293
表9-11	1998~2007年中国服务贸易进出口情况 294
表9-12	1998~2007年中国服务贸易各项目差额情况 296
表9-13	1993~2007年中国服务贸易TC指数变化情况 297
表9-14	1993~2007年中国服务贸易RCA指数变化情况 297
表9-15	1993~2007年中国服务贸易CA指数变化情况 298
表9-16	1993~2007年中国服务贸易NC指数变化情况 299
表9-17	截至2007年外商直接投资情况 304
表9-18	1992~2007年实际使用外资占全社会固定资产投资情况 305
表9-19	截至2005年对华投资前十五位国家和地区的情况 306
表9-20	2007年分行业外商直接投资及其增长速度 307
表9-21	1992~2006年外商投资企业进出口增加值及占全国比重 308
表10-1	欧盟一般产品安全（GPSD）与某些部门指令之间的关系之一 342
表10-2	欧盟一般产品安全（GPSD）与某些部门指令之间的关系之二 345
表11-1	部分国家和地区外贸依存度高峰时期情况对照 365
表11-2	中日贸易摩擦焦点一览 375
表11-3	中欧贸易摩擦焦点一览 377
表11-4	中国商务部贸易摩擦及争端解决有关司局具体职能 386
表11-5	中国主管WTO协议/协定部委一览 407

参考文献

一、中文部分

1. [美] 安妮·克鲁格：《作为国际组织的WTO》，黄理平等译，上海世纪出版集团2001年版。

2. [美] 保罗·克鲁格曼：《战略性贸易政策与新国际经济学》，海闻译，中国人民大学出版社2000年版。

3. [美] 伯纳德·霍克曼：《世界贸易体制的政治经济学》，法律出版社1997年版。

4. [美] 布鲁斯·克拉伯：《美国对外贸易法和海关法》，蒋兆康等译，法律出版社2001年版。

5. [美] 弗里德里克·艾博特：《世界贸易体制下的中国》，李居迁译，法律出版社2001年版。

6. [美] 马丁·费尔德斯坦：《20世纪80年代美国经济政策》，经济科学出版社2000年版。

7. [美] 尼古拉斯·拉迪：《中国融入全球经济》，隆国强译，经济科学出版社2002年版。

8. 裘元伦：《欧盟对华长期政策与中欧经贸关系》，社会科学文献出版社2000年版。

9. 盛斌：《中国对外贸易政策的政治经济分析》，上海人民出版社2002年版。

10. 王梦奎：《中国：加入WTO与经济改革》，外文出版社2002年版。

11. 尹翔硕：《加入WTO后的中国对外贸易战略》，复旦大学出版社2001年版。

12. 余永定：《中国"入世"研究报告：进入WTO的中国产业》，社会科学文献出版社2000年版。

13. 张向晨：《WTO后的中美关系——与美国学者对话》，广东人民出版社2002年版。

14. [韩] 赵淳著, 陈闰齐译:《面对全球化和 WTO 的韩国和中国》, 载《城市管理》, 2003 年第 4 期。

15. 张玉卿:《WTO 新回合法律问题研究》, 中国商务出版社 2003 年版。

王新奎等:《世界贸易组织十周年: 回顾与前瞻》, 人民出版社 2005 年版。

16. 《世界贸易组织百科全书》编辑委员会:《世界贸易组织百科全书》, 中国大百科全书出版社 2006 年版。

17. 陈同仇、薛荣久等:《国际贸易》, 对外经济贸易大学出版社 1997 年版。

18. 杨国华:《美国贸易法"301 条款"研究》, 法律出版社 1998 年版。

19. 罗昌发:《美国贸易救济制度》, 中国政法大学出版社 2003 年版。

20. 李明德:《美国知识产权法》, 法律出版社 2003 年版。

21. 商务部世界贸易组织司、中国政府世贸组织通报咨询局:《美国贸易政策——世界贸易组织对美国贸易政策审议》, 中国商务出版社 2005 年版。

22. 钟小平:《日本服务贸易发展状况及其影响因素分析》, 载《亚太经济》, 2006 年第 3 期。

23. 岳希明、张曙光:《中国服务业增加值的核算方法》, 载《经济研究》, 2002 年第 12 期。

24. 商务部:《国别贸易投资环境报告》, 人民出版社 2002~2006 年版。

25. 朴英爱、车春野:《中日韩的 FTA 进程及其政策比较分析》, 载《现代日本经济》, 2006 年第 4 期。

26. 龙永图主编:《入世与农产品市场开放》, 中国对外经济贸易出版社 2000 年版。

27. 伯纳德·霍克曼、迈克尔·考斯泰基:《世界贸易体制的政治经济学——从关税贸易总协定到世界贸易组织》, 法律出版社 1999 年版。

28. 张健雄:《欧盟经济政策概论》, 中国社会科学出版社 2006 年版。

29. 刘丽云、张惟英、李庆四:《美国政治经济与外交概论》, 中国人民大学出版社 2004 年版。

30. 石培华、王学梅:《美国新经济走向评析》, 贵州人民出版社 2001 年版。

31. 胡国成、韦伟、王荣军:《21 世纪的美国经济发展战略》, 中国城市出版社 2002 年版。

32. 石广生:《中国加入世界贸易组织知识读本》, 人民出版社 2001 年版。

33. 张幼文:《多哈发展议程: 议题与对策》, 上海人民出版社 2004 年版。

34. 孙中才:《世界农业发展与欧盟共同农业政策》, 法律出版社 2003 年版。

35. 盛斌:《国际贸易政策的政治经济学: 理论与经验方法》, 载《国际政治研究》, 2006 年第 2 期。

36. 盛斌:《贸易保护的新政治经济学:文献综述》,载《世界经济》,2001年第1期。

37. 马风涛:《美国贸易保护政策的政治经济分析》,载《硕士学位论文》,2004年。

38. 谭融:《美国利益集团政治研究》,中国社会科学出版社2002年版。

39. 孙大雄:《政治互动:利益集团与美国政府决策》,载《博士学位论文》,2002年。

40. 王勇:《美国对华政策中的利益集团因素》,载《战略与管理》,1998年第4期。

41. 刘文秀、埃米尔·J·科什纳等:《欧洲联盟政策及政策过程研究》,法律出版社2003年版。

二、外文部分

1. Aaditya Mattoo (World Bank), Randeep Rathindran (University of Maryland) and Arvind Subramanian (IMF), "Measuring Services Trade Liberalization and its Impact on Economic Growth", The World Bank Development Research Group, August 2001。ADB (2001). Asian Development Outlook 2001. Update and statistical tables. Manila, Asian Development Bank.

2. Afontsov S. Political economy of trade policy, in D. Tarr, Trade Policy and WTO Accession for Economic Development in Russia and the CIS: A Handbook (Russian Ed.) World Bank Institute Publication, 2006.

3. Athukorala P. (1993). Manufactured exports from developing countries and their terms of trade: A reexamination of the Sarkar-Singer results. World Development, 21: 1607 – 1613.

4. Baldwin, Robert (1984) The Structure and Evolution of recent US Trade Policy, Ann Arbor: The University of Chicago Press.

5. Baldwin R. The Political Economy of U. S. Import Policy. Cambridge: MIT Press, 1985Baybars Karacaovali. Productivity Matters for Trade Policy: Theory and Evidence. World Bank Policy Research Working Paper 3925, 2006 (5).

6. Belderbos R., Capannelli G and Fukao K (2001). Backward vertical linkages of foreign manufacturing firms: Evidence from Japanese multinationals. World Development.

7. Bhagwati J. (1958). Immiserizing growth: A geometrical note. The Review of Economic Studies, XXV (3), June.

8. Bhalla A. S. and Qiu S. (2002). China's WTO accession-Its impact on Chinese

employment. UNCTAD Discussion Paper. Forthcoming. Geneva.

9. Bhagwati, J., "Regionalism and Multilateralism: An Overview", in J. de Melo and A. Panagariya (eds.), New Dimensions in Regional Integration (Cambridge: Cambridge University Press), 1993.

10. B. Hoekman and C. A. Primo Braga, 1997, "Protection and trade in services: a survey", Open Economic Review.

11. Bleaney M. F. (1993). Liberalisation and the terms of trade of developing countries: A cause for concern? TheWorld Economy, 16: 453 – 466. B. M. Deakin and K. D. George, "productivity trends in the service industries, 1948 – 1963", London and Cambridge Economic Bulletin, March 1965.

12. Braga, C. P., "Trade-Related Intellectual Property Issues", in W. Martin and A. Winters (eds.), The Uruguay Round and the Developing Economies (Washington DC: World Bank, forthcoming), 1995.

13. Breyer, Stephen, "regulation and its reform", Cambridge, MA: Harvard University Press, 1982.

14. Broadman H. G. (2000). China's Membership in the WTO and Enterprise Reform: The Challenges for Accession and Beyond. Washington, DC, World Bank.

15. Bruce E. Clubb: *United States Foreign Trade Law* Little, Brown and Company 1991.

16. Chadha, R. (1998). The Impact of Trade and Domestic Policy Reforms in India: a CGE Modeling Approach. Ann Arbor: the University of Michigan Press.

17. Chad P. Bown, "the world trade organization and antidumping in developing countries", world bank policy research working paper, September 2006.

18. Cooper C. (2000). The Impact of China's Accession to the World Trade Organization: Implications for Korea and Japan. Seoul, Korean Economic Institute.

19. Cottier T. (2000), Regulatory Barriers and the Principle of Non-Discrimination in World Trade Law. Ann Arbor: the University of Michigan Press.

20. Dani Rodrik, What Does the Political Economy Literature on Trade Policy Tell Us That We Ought To Know?, NBER Working Paper, No. 4870, September 1994.

21. Elhanan Helpman, Politics and Trade Policy, NBER Working Paper, No. 5309, October 1995.

22. Esfahani H. S. and S. Leaphart. Testing the political economy models of trade policy. No 563, Econometric Society World Congress, contributed papers, 2001.

23. FCC, Strategic Plan, 2006 – 2011.

24. Feenstra R. C. (1996), The Political Economy of Trade Policy, Cambridge: MIT Press. Finger M. (2002). Institutions and Trade Policy. Cheltenham: Edward Elgar.

25. Feketekuty, G., International Trade in Services: An Overview and Blueprint for Negotiations (Cambridge Mass: Ballinger Publications), 1988.

26. Finger M. and Nogués J. (2001). The unbalanced Uruguay Round outcome: The new areas in future WTO negotiations. Policy Research Working Paper, 2732. Washington, DC, World Bank, December.

27. Fisher, R. W. (2002), China's WTO Accession: America's Choice. Washington, DC: National Policy Association.

28. Fung. K. C&Lau. L. J 2003 – 2004 The China-US bilateral trade balances: how big is it really, H. K. Monthly Digest of statistics.

29. Gang Zhang. Knowledge-based Industries in Asia. OECD report No. 2090653, 2000.

30. Gawande K. and P. Krishna. Lobbying competition over US trade policy. NBER Working Paper No. 11371, (2005).

31. Gawande K. and U. Bandyopadhyay. Is protection for sale? A test of the Grossman-Helpman theory of endogenous protection. Review of Economies and Statistics 89: 139 – 152, 2000.

32. Gawande K., ed. Foreign lobbies and US trade policy. NBER Working Paper No. 1020, 2004.

33. Globerman, S., "North American Trade Liberalization and Intra Industry Trade", Weltwirtschaftliches Archiv, 1992.

34. Günseli Baygan. Venture capital policy review: Korea. OECD STI Working paper 2003/2.

35. Hertel T., ed. (1997). Global Trade Analysis-Modeling and Applications. New York, Cambridge University Press.

36. Henk Kox, Hildegunn Kyvik Nordas. Services Trade and Domestic Regulation, OECD trade policy working paper No. 49, 2007 (2).

37. Hudec Robert E. (1993), Enforcing International Trade Law: the Evolution of the Modern GATT Legal System. Salem, NH: Butterworth.

38. Ianchovichina E. and Martin W. (2001). Trade Liberalization in China's Accession to the WTO. Washington, DC, World Bank, May.

39. I. M. Destler: *American Trade Politics*, Beijing, China Market Press.

40. I. M. Destler and Peter J. Balint. Trade and Labor, in The New Politics of

American Trade: Trade, Labor, and the Environment, Institute for International Economics, 1999.

41. I. M. Destler and Susan Collins, Trade Politics and Labor Issues: 1953 – 1995, in Imports, Exports, and the American Worker, Washington: Brookings Institution, 1998.

42. Investment policy co-operation with non-oecd economies oece annual report 2006.

43. Jackson J. (1989), The World Trading System: Law and Policy of International Economic Relations. Cambridge: the MIT Press.

44. James R. Barth, Juan A. Marchetti, Daniel E. Nolle, Wanvimol Sawangngoenyuang, Foreign Banking: Do Countries' WTO Commitments Match Actual Practices? WTO Working Paper, October 2006.

45. John H. Jackson, William J. Davy, Legal Problems Of International Economic Relations, 2nd edition, West Publishing Co. 1986.

46. Juan A. Marchetti, Developing countries in the WTO services negotiations, WTO Working Paper, October 2006.

47. Julia Nielson and Daria Taglioni, "SERVICES TRADE LIBERALISATION: IDENTIFYING PPORTUNITIES & GAINS", OECD Trade Policy Working Paper No. 1, 06 – Feb – 2004.

48. Krueger, A. (1996), The political economy of American trade policy. Ann Arbor: University of Chicago Press.

49. Laird S. (1999). Regional trade agreements-Dangerous liaisons? The World Economy, 22 (9), December.

50. Laird S. and Yeats A. (1990). Trends in nontariff barriers of developed countries, 1966 – 1986. Weltwirtschaftliches Archiv, 126: 235 – 299.

51. Lawrence, R. and Litan, R., "The World Trading System After the Uruguay Round", Boston University International law Journal, 1991.

52. Long. J. William. U. S. Export Control Policy, Colubia University Press, New York: 1989.

53. Low, P. and Subramanian, A., "TRIMs in the Uruguay Round: An Unfinished Business?", in W. Martin and A. Winters (eds.), The Uruguay Round and the Developing Economies (Washington DC: World Bank, forthcoming), 1995.

54. Mansfield, E., "Intellectual Property Protection, Foreign Direct Investment, and Technology Transfer", IFC Discussion Paper no. 19 (Washington DC: World

Bank), 1994Markus Schneider, and Rudi von Arnim, February 2006, www. newschool. edu.

55. McCalman P. Protection for sale and trade liberalization: An empirical investigation. Review of International Economics 12: 81 – 94, 2004.

56. Messerlin, P. A. (2001), Measuring the Costs of Protection in Europe: European Commercial Policy in the 2000s. Washington, DC: Institute for International Economics.

57. Milner, C. (2002), Trade Liberalization, Competition and the WTO. Cheltenham: Edward Edgar.

58. OECD Background paper NDEELSA/ED (2000) 5.

59. OECD (2002), China in the World Economy: the Domestic Policy Challenges. Paris: OECD.

60. OECD Country note No. 1963048 . Review of career guidance policies. , 2002 (9).

61. OECD Country report DSTI/ICCP/IE (2003) 9/FINAL.

62. OECD country report No. 1739978, 2001 (2).

63. OECD, "Growth in services: fostering employment, productivity and innovation", meeting of the OECD Council at Ministerial level, 2005.

64. "OECD in Figures, statistics on member countries", 2005 edition.

65. Organisation for Economic Co-operation and Development.

66. OECD (2002), Regional Trade Agreements and the Multilateral Trading System. Paris: OECD.

67. OECD, "the service economy", business and industry policy forum series, 2000.

68. Panagariya A (2000). The Millennium Round and developing countries: Negotiating strategies and areas of benefits. G – 24 Discussion Paper Series, 1. New York and Geneva, UNCTAD and Center for International Development, Harvard University, March.

69. "Recent trend in US services trade, 2000 – 2007annual report", ITC.

70. "R. Jones and A. Krueger (eds), "The Political Economy of International Trade", Basil Blackwell, 122 – 139.

71. Robert M. Stern, 2004, Services in the International Economy, the University of Michigan Press.

72. Rosendorff, B. P. , Endogenous Trade Restrictions and Domestic Political

Pressure, The Political Economy of Trade Policy, Cambridge: MIT Press, 1996.

73. Schott, J., (ed.), Free Trade Areas and US Trade Policy (Washington DC: Institute for International Economics), 1989.

74. "Services Liberalization: Identifying Opportunities and Gains", TD/TC/WP (2003) 23, OECD, 2003. 6.

75. Spurring Growth Dynamics from Services Offshoring, Melissa Mahoney, William Milberg, WTO Working Paper, 2004.

76. Srinivasan TN (2003), Integrating India with the World Economy, Washington DC: Institute for International Economics.

77. Stern, Robert M. (2001), Services in the International Economy. Ann Arbor: the University of Michigan Press.

78. The library of Congress, Depository Institutions Act of 1982.

79. The library of Congress, Competitive Equality Banking Act of 1987.

80. The library of Congress, Gramm-Leach-Bliley Act of 1999.

81. "The United States of America, Initial Offer", Office of the United States Trade Representative.

82. UNCTAD/WTO (2000). The post-Uruguay Round tariff environment for developing countries' exports: Tariff peaks and tariff escalation. Joint Study (TD/B/COM. 1/14/Rev. 1). Geneva, UNCTAD/World Trade Organization, January.

83. UNCTAD, Trade and Development Report 2005.

84. UNCTAD (2001a). World Investment Report, 2001. United Nations publication, sales no. E. 01. II. D. 12. New York and Geneva.

85. United Nations, 2002, Manual on Statistics of International Trade in Services.

86. USTR, "Report to Congress on China's WTO Compliance", 2004.

87. USTR, "NAFTA, Final NAFTA Text", 1994.

88. Walter Goode, Dictionary of Trade Policy Terms, Fourth Edition, Cambridge University Press, 2003.

89. Walmsley T. L. and Hertel T. W. (2001). China's accession to the WTO: Timing is everything. The World Economy, 24: 1019 – 1049.

90. Wang Z. (2000). The Impact of China's WTO Accession on the World Economy. Washington, DC, Economic Research Services, United State Department of Agriculture.

91. Weiler, J. H. H. (2001), The EU, the WTO and the NAFTA: Towards a Common Law of International Trade. Oxford: Oxford University Press.

92. William Rappard, Proceedings of the WTO/World Bank, WTO Secretariat Centre 1999.

93. World Bank, World Development Report (Washington DC: World Bank), 1986.

94. Working Party of the Trade Committee OECD open service market matter TD/TC/WP (2001) 24/FINAL 2001 (12).

95. Working Party on the Information Economy. ICT Diffusion to business: Peer review: Korea.

96. World Bank, Global Economic Prospect, 2005.

97. World Bank (2002), WTO Accession, Policy Reform and Poverty Reduction for China. Washinton, DC: the World Bank.

98. WTO (various years). Annual Report. Geneva, World Trade Organization, 5 October.

99. WTO, International Trade Statistics, 2000-2007.

100. WTO (2001d). Market Access: Unfinished Business. Post-Uruguay Round Inventory and Issues. Special Studies, 6. Geneva, World Trade Organization.

101. WTO, World Trade Report, 2001-2007.

102. WTO (1998, 2000,). Trade Policy Review: European Union 1997. Geneva.

103. WTO, Trade Policy Review of US, 2001, 2003, 2006.

104. WTO, World Trade Report 2004, 2005, 2006.

后 记

本项目自 2003 年 9 月开始申请，在评审通过后，根据评审专家意见，课题组首席专家张汉林教授与课题组成员刘光溪博士、桑百川教授、范黎波教授、杨荣珍教授、郑建明博士、屠新泉博士以及李阳博士、李计广博士进行了深入细致的研讨，并对项目进行了分工。2004 年 3 月本项目首席专家与教育部社政司正式签署合同，项目的研究工作顺利进行。2005 年 8 月通过了项目中期检查，2007 年 3 月本项目通过了鉴定。在项目的进行过程中对外经济贸易大学中国 WTO 研究院内外的所有研究人员和博士生及部分硕士生给予很多支持，在此不一一列名，但是对于他们的贡献，本课题组表示衷心的感谢。鉴于篇幅的限制我们对 WTO 主要成员贸易政策体系部分进行了大幅度的删改，结项时该部分每一章大致都在 6 万字左右，还对加拿大、巴西、韩国、东盟以及正在申请加入 WTO 的俄罗斯的贸易政策体系进行了分析，我们准备通过出版相关专著体现这部分研究成果。

本项目的主要分工及作者如下：第一章导论由张汉林、李杨撰写；第二章 WTO 体制的发展及其对全球经济贸易的影响由张汉林、李杨撰写；第三章区域贸易体制的发展以及与 WTO 的互动由张汉林、李杨、孙娜撰写；第四章国际贸易体制对内贸政策体系的影响由张汉林、刘光溪撰写；第五章贸易政策体系形成的政治经济分析由张汉林、邱薇撰写；第六章 WTO 主要成员贸易政策体系由屠新泉、李计广撰写；第七章 WTO 主要成员贸易政策体系对其经济贸易发展的影响由张汉林、魏磊撰写；第八章中国贸易政策体系绩效评估及模型分析由付亦重撰写；第九章中国贸易政策体系的发展与完善由张汉林、李计广、屠新泉、桑百川撰写；第十章 WTO 主要成员贸易摩擦预警与争端解决机制由张汉林、李计广、王淳、太平撰写；第十一章中国对外贸易摩擦预警与争端解决机制的建立与完善由张汉林、孙娜、魏磊、王婧、杨荣珍撰写。

在本项目成果出版之际，课题组对相关部委及专家、学者对我们的长期关心和支持表示衷心的感谢。在本书撰写过程中参阅了国内外相关研究文献，我们对这些专家、学者表示崇高的敬意，报告难免有错误与疏漏之处，敬请读者提出宝贵意见。

已出版书目

书 名	首席专家
《马克思主义基础理论若干重大问题研究》	陈先达
《网络思想政治教育研究》	张再兴
《高校思想政治理论课程建设研究》	顾海良
《马克思主义文艺理论中国化研究》	朱立元
《弘扬与培育民族精神研究》	杨叔子
《当代科学哲学的发展趋势》	郭贵春
《当代中国人精神生活研究》	童世骏
《面向知识表示与推理的自然语言逻辑》	鞠实儿
《中国大众媒介的传播效果与公信力研究》	喻国明
《楚地出土戰國簡册 [十四種]》	陈 偉
《中国特大都市圈与世界制造业中心研究》	李廉水
《WTO主要成员贸易政策体系与对策研究》	张汉林
《全球经济调整中的中国经济增长与宏观调控体系研究》	黄 达
《中国产业竞争力研究》	赵彦云
《东北老工业基地资源型城市发展接续产业问题研究》	宋冬林
《中国民营经济制度创新与发展》	李维安
《东北老工业基地改造与振兴研究》	程 伟
《中国加入区域经济一体化研究》	黄卫平
《金融体制改革和货币问题研究》	王广谦
《中国市场经济发展研究》	刘 伟
《我国民法典体系问题研究》	王利明
《中国农村与农民问题前沿研究》	徐 勇
《城市化进程中的重大社会问题及其对策研究》	李 强
《中国公民人文素质研究》	石亚军
《生活质量的指标构建与现状评价》	周长城
《人文社会科学研究成果评价体系研究》	刘大椿
《教育投入、资源配置与人力资本收益》	闵维方
《创新人才与教育创新研究》	林崇德
《中国农村教育发展指标研究》	袁桂林
《高校招生考试制度改革研究》	刘海峰
《基础教育改革与中国教育学理论重建研究》	叶 澜
《处境不利儿童的心理发展现状与教育对策研究》	申继亮
《中国和平发展的国际环境分析》	叶自成
《现代中西高校公共艺术教育比较研究》	曾繁仁

即将出版书目

书　名	首席专家
《中国司法制度基础理论问题研究》	陈光中
《完善社会主义市场经济体制的理论研究》	刘　伟
《和谐社会构建背景下的社会保障制度研究》	邓大松
《社会主义道德体系及运行机制研究》	罗国杰
《中国青少年心理健康素质调查研究》	沈德立
《学无止境——构建学习型社会研究》	顾明远
《产权理论比较与中国产权制度改革》	黄少安
《中国水资源问题研究丛书》	伍新木
《中国法制现代化的理论与实践》	徐显明
《中国和平发展的重大国际法律问题研究》	曾令良
《知识产权制度的变革与发展研究》	吴汉东
《全国建设小康社会进程中的我国就业战略研究》	曾湘泉
《数字传播技术与媒体产业发展研究报告》	黄升民
《非传统安全与新时期中俄关系》	冯绍雷
《中国政治文明与宪政建设》	谢庆奎